Leopold von Orlich

Indien und seine Regierung

Zweiter Band

Leopold von Orlich

Indien und seine Regierung
Zweiter Band

ISBN/EAN: 9783743412378

Hergestellt in Europa, USA, Kanada, Australien, Japan

Cover: Foto ©ninafisch / pixelio.de

Manufactured and distributed by brebook publishing software (www.brebook.com)

Leopold von Orlich

Indien und seine Regierung

Indien und seine Regierung.

Nach
den vorzüglichsten Quellen und nach Handschriften
von
Leopold von Orlich.

> „Regna bellaque per Gallias semper fuere, donec in nostrum jus concederetis. Nos, quanquam toties lacessiti, jure victoriae id solum vobis addidimus, quo pacem tueremur. Nam neque quies gentium sine armis, neque arma sine stipendiis, neque stipendia sine tributis haberi queunt." Tacitus, Hist. IV. 74.

Zweiter Band.
Zweite Abtheilung.

Castenwesen, religiöses Leben, Volkscharakter, Erziehung, Kunst und Wissenschaft, Regierung und Verwaltung, Produkte, Handel und Finanzen, Landbau und Reists.

Leipzig,
Verlag von Gustav Mayer.
1861.

Culturgeschichte Indiens,

enthaltend

Schilderungen des Castenwesens, religiösen Lebens, des Volkscharakters, der Erziehung und Mission, der Kunst und Wissenschaft, der Regierung und Verwaltung, der Produkte, des Handels und der Finanzen, des Landbaus und der Reiots.

Mit Benutzung des Nachlasses von Leopold von Orlich und nach den vorzüglichsten Quellen

von

Dr. Karl Böttger,
Professor am Gymnasium zu Dessau.

Leipzig,
Verlag von Gustav Mayer.
1861.

Vorrede.

Obgleich der Herausgeber dieser letzten Abtheilung des großartig angelegten und aus weit umfassenden Studien über alle Verhältnisse des indischen Reiches hervorgegangenen Orlich'schen Werkes aus vielen Gründen kein Freund längerer Vorreden ist, die gewöhnlich doch nichts weiter sind, als mehr oder weniger maskirte Lobreden, so hält er es doch für zweckmäßig, ja selbst für nothwendig, einige Bemerkungen über die Entstehung dieses letzten Bandes vorauszuschicken, dessen Abfassung und Abrundung ihm besondere Schwierigkeiten bot. Herr Major Leopold von Orlich, der schon durch seine in Briefen an Alexander von Humboldt und Carl Ritter abgefaßten Reisebeschreibungen bewiesen hatte, wie gründlich er Ostindien aus eigener Anschauung kannte, hatte zu dem vorliegenden Werke außerdem höchst sorgfältige und weit ausgedehnte Quellenstudien gemacht (in Indien ging ja überhaupt das Studium der Bücher dem der Menschen vor), als ihn ein allzufrühzeitiger Tod dahinraffte. Der Verleger wandte sich unter diesen Umständen mit der Anfrage an den Unterzeichneten, ob er nicht versuchen wolle, den noch nicht erschienenen letzten Band druckfertig zu machen und übersandte zugleich die von Orlich hinterlassenen Excerpte und Manuskripte. Da mir nun diese auf den ersten Blick sehr reichhaltig und fast druckfertig erschienen, da ich ferner seit längerer Zeit mich mit geographischen, freilich vorzugsweise oceanischen Studien beschäftigte, besonders aber, da es mir fast unmöglich war, dem verehrten Verleger, den ich seit einer Reihe von Jahren kenne und hochschätze, eine dringende Bitte abzuschlagen, so entschloß ich mich zu der Herausgabe, die mir aber später weit mehr Schwierigkeiten bot, als ich anfangs erwartet hatte. Ich fand nämlich nur das ganze erste Kapitel über das Kastenwesen und die größere Hälfte des zweiten über die Religion und das religiöse Leben der Hindus in einem Zustande vor, der den Abdruck nach einer sorgfältigen Revision ermöglichte. Diese erste Hälfte des vorliegenden Bandes ist daher im Wesentlichen in der Form der Öffentlichkeit übergeben worden, wie sie der Verewigte abgefaßt hatte. Was aber die folgenden sechs Kapitel anbelangt, so überzeugte ich mich bald, daß ich von den Orlich'schen Manuskripten gar wenig direkt brauchen könne, sondern neben diesen, welche allein einen kleinen Koffer füllten, auch alle Originalquellen — namentlich die, welche der Verfasser schon benutzt hatte, — nochmals genau durchstudiren müsse. Durch diese Studien häufte sich mir selbst eine Masse von Material über das interessante Land im Gedächtnisse und auf Zetteln auf, das ich gern recht frei und selbständig verarbeitet haben würde, wenn nicht gewisse Rücksichten und Bedenken diese freiere Bewegung wieder gehindert hätten. Ich hielt mich nämlich von Anfang an für verpflichtet, alles nur irgend Brauchbare, namentlich von den eigenen — oft englisch oder halbdeutsch und bisweilen sehr flüchtig hingeworfenen — Gedanken v. Orlich's in den Text zu verweben und fürchtete zugleich, durch eine zu weit getriebene Vorliebe für eigene Studien dem letzten Bande ein fremdartiges Gepräge zu geben, ein Übelstand, den ich vor Allem vermeiden wollte und im Allgemeinen auch vermieden zu haben glaube. Aus den erwähnten Gründen ist mir die einem denkenden und nicht bloß compilirenden Schriftsteller stets wünschenswerthe freiere Bewegung nur da möglich gewesen, wo sich im Nachlasse kein oder fast kein

Material vorfand, z. B. in den Kapiteln von der Erziehung und Civilisation und zum Theil auch in der Schilderung des National-charakters. Die nicht eben leichte und jedenfalls mühevolle Arbeit des Herausgebers bestand demnach vorzugsweise darin, Orlich'sche Bemerkungen und Excerpte zu einem zusammenhängenden Texte zusammenzustellen oder in denselben einzuweben. Aber es fanden sich auch wieder Partien des Buches vor, für welche der große Sammelfleiß des Verstorbenen eine ungemein reiche Fülle von Material, das freilich mitunter sogar Widersprüche enthielt, gesammelt hatte; hier war also eine Beschränkung und kritische Sichtung nöthig. Zu diesen Partien gehörten namentlich die Armeeverhältnisse, welche in ihren Grundzügen schon vom Verf. selbst am Ende der ersten Abtheilung dieses Bandes dargestellt sind. Auch in Bezug darauf stellte ich die sonstigen Notizen des Verf. zusammen und sammelte eigene aus den mir vorliegenden Blaubüchern des englischen Parlaments. Ich bedauerte aber bei diesen Studien, daß mir hier die so unbedingt nöthige lebendige Anschauung fehlte, welche v. Orlich gerade hier in hohem Grade besaß. Ich gewann es daher über mich, auf die Veröffentlichung dieser viele Bogen füllenden Studien — einige Fragmente im Anhange ausgenommen — zu verzichten und wurde überdies dazu noch durch zwei Gründe bestimmt. Ich sah nämlich bald ein, daß ich doch nur Zustände und Verhältnisse schildern würde, welche schon durch die indische Revolution ganz und gar modificirt worden sind, in der neuesten Zeit aber eine radikale Umgestaltung erfahren werden, und bemerkte ferner, daß diese auch viele statistische Tabellen enthaltende Abtheilung gegen 10 Bogen füllen würde, während mir von vornherein für die Bogenzahl dieses letzten Bandes vom Verleger eine bestimmte Gränze festgesetzt war. Aus ähnlichen Gründen verzichtete ich auch auf eine einigermaßen vollständige Darstellung der commerciellen Verhältnisse Indiens, welche zugleich einen Abriß der Handelsgeschichte nöthig gemacht haben würde, obgleich ich hierzu außer einzelnen Orlich'schen Notizen namentlich in den Werken Macgregor's, Neumann's u. a. reichhaltigen Stoff vorfand. Ebenso fehlte es auch an Raum für die Vervollständigung der im zehnten Abschnitte des ersten Bandes bereits entworfenen Geschichte der Revolution, welche überdies noch keineswegs zu einem Abschlusse gelangt ist, ferner für eine Reihe von Biographien, aus der nur die des Raja Rammohun Roy für den Anhang ausgewählt wurde. Mögen nun auch diese Weglassungen zum Theil gemißbilligt werden, so hoffen wir doch, durch diesen Band, wie er aus den eigenthümlichen Verhältnissen seiner Entstehung heraus sich gestaltet hat, einen Beitrag zur nähern Kenntniß der indischen Cultur gegeben zu haben und namentlich, wie dies schon ein Blick auf das Register zeigen wird, nicht dem Tadel zu verfallen, daß derselbe arm an Stoff und allzu frägmentarisch sei. Das Register selbst ist insofern nicht bloß von relativer Wichtigkeit, als in dasselbe noch einige Notizen eingefügt wurden, für welche sich im Buche selbst keine passende Stelle fand. Wir bitten zum Schlusse den geneigten Leser, uns diejenige Nachsicht gütigst zu Theil werden zu lassen, welche ein unter so schwierigen Umständen entstandenes Werk wohl beanspruchen darf.

Dessau, den 3. November 1861.

K. Böttger.

Inhalt.

	Seite.
Das Classen- oder Casten-Wesen der Hindus.	1
Die Religion und das religiöse Leben der Hindu's	47
Schattenseiten des Volkscharakters. Menschenopfer und Mord	217
Mission, Erziehung und Civilisation	264
Lebensweise und Charakter nebst einigen Bemerkungen über indische Kunst und Wissenschaft	281
Regierung und Justizverwaltung	303
Produkte und Handel, Finanzverwaltung	319
Landbau, Pachtsystem und Rajats oder Reiots	337
Anhang	369

Zweite Abtheilung.

1.

Das Classen- oder Casten-Wesen der Hindu's.

> „It is, perhaps, in the division and employment of the classes that the greatest alterations have been made since Menu."
>
> *Elphinstone.*

Unter allen Völkern des Alterthums, welche einen höhern Grad menschlicher Ausbildung erreichten, sind die Hindu's das einzige, von welchem wir keinen Bericht besitzen, dem wir den Charakter des Geschichtlichen beimessen könnten. Was wir aus ihren Schriften und Ueberlieferungen zu entziffern im Stande sind, beruht auf Bruchstücken, die uns von ihren fürstlichen Geschlechtern, von deren Herrschaft und Wirksamkeit berichten; aber Alles ist in so unchronologischer Weise zusammengestellt und mit so viel Fabeln verwebt, daß man vergeblich nach einem Faden des Zusammenhangs forscht. Selbst die Daten der merkwürdigsten Ereignisse und Persönlichkeiten vor Alexanders Zug nach Central-Asien und längs dem Indus sind schwankend. Jahrtausende sind in Dunkel gehüllt, aus welchem, durch große Zwischenräume getrennt, einzelne Lichtblicke hervorbrechen. So giebt ein großer Forscher die Gesammtzahl der Regierungen der Monarchen Nepals auf 3085 Jahre an, wo die zwei ersten Dynastien allein 2121 Jahre herrschten, und die dritte Dynastie 1323 Jahre vor Christo zu regieren anfing [1]).

Es war im westlichen Asien, dem Caucasus, Iran und den angränzenden Ländern, wo unsere Urväter, die Aryas oder Arier lebten, und von wo aus ein Theil derselben, vielleicht vor fünf Jahrtausenden, sich in Bewegung setzte. Diese jüngeren und weniger gebildeten Stämme drangen gegen Europa vor, bevölkerten Griechenland, Italien, Deutschland, Frankreich und den Norden Europa's. Was sie zu dieser Wanderung vermocht, welche, wie alle solche großen und gewaltigen Bewegungen, in verschiedenen Zeiträumen stattgefunden haben muß, ist in ein tiefes Dunkel gehüllt.

Der Hindu war der Letzte dieses Bruderstammes der arischen Völker und der älteste und Urstamm des Ariergeschlechts [2]). Er richtete seine Wanderung nach Südosten, theils durch die schwierigen Pässe des Himálaja, theils zu Wasser. Jene folgten dem Laufe des Fünf-strom-gebiets, welches den Indus bildet, unterwarfen oder vertrieben die dortigen Einwohner aus den fruchtbaren Thalebenen und machten sich zu Herren des Landes. Hier blieben sie unberührt von den großen und gewaltsamen Bewegungen Persiens, Assyriens, Griechenlands und Roms, durch welche die nach Nordwesten ziehenden Aryanischen Völker die Leiter und Lenker der Weltgeschichte geworden sind, hier bildeten sie in sich abgeschlossen ihre eigene Welt, gründeten Reiche und machten sich nach Jahrhunderte langen und blutigen Kämpfen zu Herren von Indien. Es war in diesen Kämpfen, wo die Kschatrija-Caste (Krieger-Caste) ausgerottet wurde, und es den Brahmanen möglich machte, sich die Oberhand zu verschaffen [3]). Aber ihre Herrschaft bedurfte der Krieger. Deshalb kamen nach dem berühmtesten Barden Rághaputra Kandra die drei großen Götter: Brahma, Vishnu und Çiva auf dem Berge Arbuda zusammen, um nach der Vernichtung der Kschatrija-Geschlechter durch Parasu-Rama neue Kriegergeschlechter zu erschaffen [4]).

Nach Jahrhunderten folgte der zweite große Kampf der Hindu's gegen die Ureinwohner im Süden Indiens, beschrieben im poetischen Rámáyana, der Ilias der Inder, als der Kampf eines göttlichen Helden gegen böse Geister und ungeschlachte Riesen. Auf diesen folgt eine dritte große Bewegung, ein abermaliger Kampf um die Herrschaft, wie solcher in den Mahábhárata geschildert wird; aber das uralte Epos ist in dieser Dichtung von den Brahmanen in eine didaktische Legende umgewandelt worden.

Wenn die Geschichte der Hindu-Dynastien, deren Bildung, Leben und Wirken in Dunkel gehüllt sind, so doch nicht die Gesetze, Religion, Sitten und Gebräuche der frühesten Hindu's, aus denen wir den Charakter und das Wesen dieses ewig merkwürdigen Volkes kennen lernen. Darin sehen wir, wie der Hindu diese Existenz als einen Durchgang zu einer anderen und besseren Welt ansah; nach dieser waren alle seine Gedanken gerichtet, weshalb das Leben für ihn nur deshalb Werth hatte, weil er fühlte, daß er durch dasselbe erst zu einem andern Sein, dem der Ewigkeit, gelangen konnte. Er schloß seine Augen dieser

Welt äußern Scheins und rastloser Thätigkeit, um sie der Welt des Gedankens und der beschaulichen Ruhe zu öffnen.

Die ältesten und den Hindu's heiligsten ihrer Schriften sind die Veda's ᵃ). Sie begreifen in sich die frühesten theologischen und philosophischen Werke der Hindu's und sind theils in Poesie, theils in Form von Gesetzbüchern abgefaßt. In ihnen ist ihre früheste Autorität niedergelegt, es sind für den Hindu Worte der Ewigkeit, welche dem Forscher über alles Auskunft geben, was er wissen und wonach er leben soll. Sie sind für ihn das heilige Buch, der Inbegriff all seines Wissens von Gott und der Welt, die Richtschnur seines zeitlichen Lebens, damit er des ewigen versichert sei.

Uralten Ursprungs vererbte sich diese geistige Gedankenwelt viele Jahrhunderte hindurch in mündlicher Ueberlieferung, weshalb Vieles aus dem Veda-Zeitalter, diesem Hintergrunde der gesammten Indischen Welt, für uns verloren gegangen ist; manche Werke sind vielleicht gänzlich verschwunden, andere wohl noch verborgen, so daß Jahre vergehen werden, bis alle Schriften aus jenem fernliegenden Zeitalter zum Verständniß gebracht sind. Dann aber werden wir die geistige Entwickelung der Menschheit aus jener Urzeit mit klarerem Blicke zu beurtheilen und richtiger zu erkennen im Stande sein.

In den frühesten Gesängen der Veda's ist wenig des Mystischen, in denen des Rig-Veda geschieht der philosophischen Betrachtungen nur geringe Erwähnung. Der Kampf zwischen Königen, zwischen herrsch- und eifersüchtigen Ministern, Triumphe oder verlorene Schlachten nebst Kriegsgesängen und Verwünschungen bilden hauptsächlich deren Inhalt, wogegen das thätige Leben des Menschen in den Rischis seinen Ausdruck findet.

Je mehr die Hindu's nach Indien vordrangen, wo sie sich der reichen Thäler und üppigen Waldungen des Ganges und Central-Indiens bemächtigten, desto mehr zog sich ihre Gedankenwelt von dem äußeren Leben ab, um sich völlig ungestört dem Seelenleben überlassen zu können. Obwohl eingedenk dessen, was Recht und Unrecht, was Tugend oder Sünde, wie man dem Gesetze gehorsam sein müsse, hatte doch das Leben nur in dem geistigen Dasein, in dem Versinken nach dem Ewigen und Unerforschlichen Werth für die alten Hindu's ᵇ). Der Freude oder dem Genusse entsagen zu können, und sich dem Schmerze oder den mühseligsten Prüfungen und Entbehrungen hinzugeben, war das Ziel, wonach ihr nach dem Höchsten ringender Geist strebte. Die Hindu's waren eine Nation von Philosophen. Ihre Kämpfe waren die Kämpfe des Gedankens. Die Geschichte bietet uns kein Beispiel, daß das innere Seelenleben die praktischen Fähigkeiten eines Volkes so völlig absorbirt hätte.

Vergeblich ist es, den Zeitraum festzustellen, wann die Veda's zusammengetragen wurden. Einige gelehrte Forscher setzen die Zusammenstellung der Jajur Veda's in das Jahr 1580 vor Christo; Andere, wie Colebroote, versetzen Vyâsa, den Zusammensteller der Veda's, zwischen das 14. und 12. Jahrhundert, wogegen die Hindu's behaupten, daß er 3000 Jahre vor Christi Geb. gelebt habe. Die Annahme, welche auf die in den Veda's vorkommende astronomische Eintheilung gegründet ist, widerspricht dem und bietet mehr Wahrscheinlichkeit für jene Behauptung 7).

Der Veda hat ein zwiefaches Interesse: er gehört zur Geschichte der Welt und zur Geschichte von Indien. In der Geschichte der Welt füllt er eine Lücke aus, welche kein literarisches Werk irgend einer anderen Sprache zu ersetzen im Stande ist. Er versetzt uns in Zeiten, über welche wir sonst nirgendwo Auskunft erhalten können. Die Veda's geben uns die wirklichen Worte eines Menschengeschlechts, von welchem wir sonst nur vermöge der unsichersten Schlußfolgerungen eine Kenntniß hätten erhalten können. Die erste Stelle in der langen Reihe von Büchern, welche die Schilderungen dieses Aryazweiges der Menschheit enthalten, wird ewig dem Rig-Veda angehören 8).

An die Veda's reiht sich das Gesetzbuch Menu's an, welches uns zuerst ein vollständiges Bild des gesellschaftlichen Zustandes der Hindu's giebt, und da die Veda's dem heutigen Brahmanen unverständlich sind, so begnügt er sich mit den Gesetzen von Menu und den sechs philosophischen Systemen der Puránas und der Tantras. Menu erklärt, was auch die alten Gesetzbücher Sûtrás ausdrücken, daß die Veda's die Wurzel des Gesetzes sind. Er sagt: „Den Dahingegangenen, den Göttern und den Menschen ist der Veda ein ewiges Sein; der Veda ist erhaben über Vernunft und Macht des Menschen. Ueberlieferte Gesetzverordnungen, die nicht auf die Veda gegründet sind, sowie alle verwirrten Theorien des Menschen, erzeugen keine gute Frucht nach dem Tode. Sie entspringen alle aus der Finsterniß. Was sie auch sein mögen, sie werden blühen und hinsterben, und in den letzten Tagen entstanden, sind sie eitel und falsch. Die vier Classen der Menschen, die drei Welten, die vier Stufen des Lebens, Alles ist gewesen, ist und wird erkannt durch den Veda. Der ewige Veda erhält alle Geschöpfe, und ist deshalb das höchste Mittel zur Erlösung des Geschöpfes Mensch. Den Befehl über königliche Armeen, königliche Gewalt, die Macht zu strafen, die fürstliche Herrschaft über alle Völker, verdient nur der, welcher die Veda's vollkommen versteht. Sowie das Feuer mit zunehmender Kraft selbst saftige Bäume in Asche verwandelt, so wird der, welcher die Veda's versteht, jeden Keim der Sünde aus seiner Seele verbannen, die aus bösen Werken entstand. Derjenige, welcher den Sinn der Veda's vollkommen versteht, nähert sich, obgleich er in einer der vier Stufen des Lebens verbleibt, der göttlichen Natur, troß dem, daß er in dieser niedrigen Welt wandelt."

In jener Urzeit war es Niemand verboten, die Veda's zu hören oder zu lesen. Auch finden wir in den Veda's sehr oft fünf Classen von Menschen erwähnt, aber niemals wird der Sudras oder der Kschatrija's gedacht. Da auch unter den alten Hindu's wie unter den alten Persern nur vier Classen existirten, so bildeten die Gefangenen, Feinde oder Sclaven die fünfte Classe. Die Rischis flehen zu Indra, den Ungläubigen „die schwarze Haut abzuziehen."

Die Veda's, welche Menu bei Abfassung seines Gesetzbuches zur Grundlage dienten, waren ihm eine unbestreitbare Autorität. Menu's Gesetzbuch wird in der Form, in welcher wir es besitzen, in die Zeit von 1280 bis 880 vor Chr. versetzt; aber eben diese Unsicherheit macht es um so schwerer, den Zeitraum festzustellen, in welchem die viel älteren Schriften der Veda's entstanden sind. Die Religion des Menu ist die der Veda's; weder der Lieblingsgötter des heutigen Hindugeschlechts, des Rama, Crishna und Anderer wird darin ehrfurchtsvoll gedacht, noch geschieht darin der großen Streitfragen unserer Tage irgend eine Erwähnung, z. B. der neuen Lehren, besonderer Orden, Verbrennung der Wittwen und anderer Dinge. Denn die Brahmanen können sich des Kuhfleisches und sonstiger heute verbotener Nahrung bedienen und Frauen aus niederen Classen heirathen. Obgleich wir weder von Menu, noch von den uralten Commentatoren eines Callûca und Anderen darüber belehrt werden, so ist es doch unbezweifelt, daß das Hindu-Volk schon viele Jahrhunderte vorher ein auf hoher Stufe der Cultur und Geistesbildung stehendes Geschlecht gewesen sein muß, ehe ein solches Gesetzbuch zusammengetragen werden konnte. Der weise Compilator wollte vielleicht seiner Zeit das Werk eines vollkommenen Gemeinwesens unter Hindu-Institutionen ans Herz legen [9]).

In Menu's Gesetzbuch werden wir zuerst von der Eintheilung überrascht, welche die menschliche Gesellschaft in vier Classen oder Casten theilt: den Priesterstand (Brahmanen), den Soldatenstand (Kschatrija), die Gewerbtreibenden (Vaisja's) und die Dienenden (Sudra's) [10]). Seit Menschengedenken findet sich unter beinahe allen Völkern des Alterthums dies Sichabsondern der Menschen in verschiedene Stufen, welche entweder auf religiösen Verordnungen beruhen oder durch Zeit und Gewohnheit eine Geltung fanden. Aber unter keinem Volke, selbst nicht unter den alten Aegyptern, ist diese Classenscheidung eine so scharfe, eine so unersteigliche Kluft geworden, wie unter den Hindu's. Obgleich dies Castenwesen gleich allen menschlichen Einrichtungen im Laufe der Zeit untergraben worden ist, obgleich der Brahmane von heute nicht mehr dem der Veda's gleicht, noch der Sepoy seinen Vorfahren, den Kschatrijas nahe steht, so hält er doch mit einer uns schwer begreiflichen Starrheit zu seiner Classe — seiner varna, jâti, kûla, gotra, pravara und charana wie er es nennt — sich dabei auf die heiligen Veda's berufend, nach denen seine Vorfahren sich schon vor Jahrtausenden dieser Classen-Rechte erfreueten. Denn nach diesem Buche der Offenbarung — Scruti — ist die Caste ein heiliges Recht, welches Brahma göttlichen Weisen, begeisterten „Rischis", offenbarte, die von menschlichen Flecken frei waren, und es den von Schwächen heimgesuchten Menschen, je nach den Stufen ihres Daseins, verkündeten.

Aber diese Veda's, von welchen die Brahmanen in frühern Zeiten ganze Theile während vieler Jahre auswendig lernten [11]), sind den heutigen Brahmanen nur noch eine Sage; nur von sehr wenigen werden sie gelesen und verstanden. Die Meisten können nur einzelne Gebete aus denselben hersagen, wie solche der Priester bei Opfern hinplappert; denn die Sprache der Veda's ist in einem dem Brahmanen unverständlich gewordenen Sanskrit abgefaßt. Selbst der gelehrteste Pandit Bengalens vermag nur schüchtern von den Veda's zu reden; ja es ist, wie ein Hindu-Student des Sanskrit zu Calcutta vor drei Jahren öffentlich erklärte, wahrscheinlich in ganz Bengalen nicht ein vollständiges Exemplar der Veda's zu finden.

Diese Unwissenheit erschwert die Verbreitung des Christenthums; denn, wenn Missionäre von den Geboten im alten Testamente oder von den Lehren Christi zu den Brahmanen reden, so antworten sie: es ist in dem Veda zu finden. Verlangten dieselben in ihrem Unglauben, dies Buch zu sehen, so wurde ihnen entgegnet, daß den sündlichen Blicken eines Ungläubigen solch ein Buch nicht aufgeschlagen werden könne. Die Veda's nun den Hindu's zum Verständniß zu bringen, sie in einer den Brahmanen verständlichen Sprache zu verbreiten, ist seit zehn Jahren das Bestreben der britisch-indischen Regierung gewesen [12]).

Nach einer Stelle im Mahâbhârata werden die Brahmanen von weißer Farbe, die Kschatrijas von rother, die Vaißjas von gelber Farbe und die Sudras schwarz genannt; aber dies ist ein mehr bildlicher Unterschied, indem immer nur einer hellen und dunkeln Menschenclasse Erwähnung geschieht. Diese dunkle Race wird auch von den Arischen Eroberern die ziegennasige oder nasenlose genannt, wogegen die Aryagötter ihrer schönen Nasen wegen gepriesen werden; und in den Veda's werden diese Nicht-Aryas als Heiden und Barbaren geschildert, welche keine heiligen Feuer unterhielten, böse Götter anbeteten und rohes Fleisch aßen. Zu den Aryas [13]) gehörten die drei ersten Classen; diejenigen, welche die Völker anführten und die Schlachten fochten, sind die Raja's oder Könige; wogegen diejenigen, welche sich beim Kampfe nicht betheiligten, eine mehr untergeordnete Stellung einnahmen und die Vis, Vaißjas oder Haushalter genannt wurden [14]). In den Veda's selbst geschieht der Casten keine Erwähnung; in deren ältesten Gesängen heißt es nur an einer Stelle, daß die vier Casten: Priester, Krieger, Landmann und Knecht, alle von Brahma entsprangen.

Im Menu, wo der Rechte und Pflichten jeder Caste ausführlich gedacht wird, sind die Brahmanen die ersten, mit einem Nimbus von Heiligkeit umgeben und mit allen Tugenden begabt, welche den Menschen weit über seine Mitgeschöpfe erheben, während die dienende und besonders die niedrigste derselben, die der Paria, mit einer Berechnung ohne Gleichen herabgesetzt wird. Obgleich die drei ersten Casten ein gemeinsames Ganze bilden, bei gewissen heiligen Gebräuchen zu gleichen Berechtigungen berufen sind, so waren sie doch im Leben streng von einander gesondert; aber es sind diese drei Casten, welche eine Gemeinde bildeten und für welche dies Gesetzbuch abgefaßt war. Der dienenden Classe und der der Verworfenen geschieht nur insofern Erwähnung darin, als sie zum Nutzen der anderen Casten etwas beitragen konnten.

Zu allen Zeiten und unter allen Völkern hat es Casten gegeben; auch in dem christlich civilisirten Europa zeigen sich diese Classen-Sonderungen in allen Ländern. Geburt, Stellung in der menschlichen Gesellschaft, Reichthümer und vor Allem geistige Bildung trennen einen Theil der Menschen von demjenigen, der sich in niederer Sphäre bewegt und durch die Kraft und das Geschick seiner Hände den Lebensunterhalt findet. Wie scharf und peinlich tritt dieser Casten-Unterschied in England hervor, wie schroff sondert sich in Wien die hohe Aristokratie ab und wie kleinlich und oft wie lächerlich zeigt sich die

Kluft zwischen den Classen namentlich in den kleinen Residenzen Deutschlands! Das Castenwesen wirkt überhaupt verderblich oder wenigstens störend auf die Entwickelung des menschlichen Geistes. Der Brahmane, der sich seit seiner Geburt und durch dieselbe ausschließlich zur höchsten geistigen Erkenntniß berufen glaubte, erschlaffte in diesem Vorrechte, während die Befähigteren der niederen Casten von den ihnen angeborenen geistigen Kräften keinen Gebrauch machen konnten. Wenn der Sudra sich überall verachtet sah, so lernte er sich selbst zu erniedrigen und hielt sich für unfähig, sich aus dieser Versunkenheit emporzuraffen. Moralischer Verfall drang durch alle Classen. Eben so zerrüttend wirkten die Casten auf den gesellschaftlichen Zustand des Volkes; weder Wissenschaft und Kunst konnte sich zu rechter Blüthe entfalten, noch das Rationalgefühl und alle aus demselben entspringenden Tugenden sich Bahn brechen. Die so streng in Classen gesonderte Menschheit muß zur Maschine herabsinken, in der jeder Theil nur genau das verrichtet, was ihm vorgeschrieben ist und auch dies Eine nur bis zu einem gewissen Grade und in geistiger Sclaverei.

Mit der Vernichtung der Kschatrija-Caste beginnt die Oberherrschaft der Brahmanen; denn obgleich sie nicht nach der Königswürde griffen, so waren sie doch in Wirklichkeit die herrschende Macht, nur durch sie konnte die göttliche Gnade gewonnen werden, ihre Lehren galten für unumstößlich, ihre Götter wurden als die einzigen wahren Götter angesehen und ihre Schriften als eine Verkündigung des göttlichen Willens [12]).

Die Götter zu verehren, war dem Hindu das Heiligste, aber ebenso wichtig war es ihm, zu fechten und den Boden zu bebauen; denn die Götter sind es, die den Feind besiegen und ebenso sind es die Götter, welche das Land mit reicher Ernte segnen. Kein Volk der Welt verrichtete diese Dienste mit so viel Eifer und Gewissenhaftigkeit als die alten Hindu's. Gesundheit, Reichthum, Familienglück, Freunde, Heerden und Gold sind ein Geschenk der Götter. „Ohne Dich, O Varuna!" heißt es in einem der Vedagesänge, „wäre ich nicht Herr meiner Augenlider. Ueberliefere uns nicht dem Tode, obgleich wir Tag für Tag gegen Deine Befehle handeln. Nimm unser Opfer, vergieb unsere Beleidigungen, laß mich reden zu Dir, wie zu alten Freunden."

So wurde es möglich, daß die Purohita's [13]), jene uralte Priesterschaft, schon in den allerfrühesten Zeiten so großen Einfluß auf die Menschen gewannen; aber bald gedachte sie, wie alle Priester, nur ihres eigenen Vortheils, und je mehr diese Selbstsucht die Oberhand gewann, je mehr schwand das wahre

Religionsgefühl. Unter allen Gewalten der Menschen über den Menschen ist keine so verführerisch und so unersättlich, als die über die Gewissen der Menschen; mit dem Mantel der Demuth bekleidet, weist sie öffentlich eine Herrschaft ab, welche nur in dem Geheimnißvollen gedeihen kann. In dem Priester sah der Hindu die Lebensquelle aller Religion, durch ihn glaubte er Gott näher zu kommen, und der Priester ließ ohne seine Fürsprache Niemand sich den Göttern nahen, und kein Opfer ohne seinen Rath und sein Zuthun darbringen. Daher hat der Priester das Castenwesen mit einem Heiligenscheine umgeben, welcher gleich einem aus Millionen von Fäden gewobenen Spinngewebe die Classen, die Familien und die Menschen von einander sondert, ohne sie gänzlich zu trennen. So kam es, daß Niemand sich seiner Caste schämte, und daß in gewisser Beziehung ein moralisches Leben geführt wurde, um nicht seiner Caste verlustig zu gehen.

Der Brahmane ist das Höchste aller geschaffenen Wesen, dem die Welt und alles was darinnen ist gehört, und durch ihn erfreuen sich andere Sterbliche erst ihres Lebens. Wenn ein Brahmane das Licht der Welt erblickt, so ist er über alles geboren, der erste von allen Wesen in der Welt, dem die Sorge für die Pflichten der Religion, ihre Schätze und die des Lebens angehören. „Die Brahmanen sind von denen anzubeten, welche den Himmel zu erlangen wünschen." (Varna Parva, chap. 199). Seine Verwünschungen genügen, einen König mit seinem Heere, Elephanten, Pferden und Streitwagen zu vernichten. „Nur der König, welchem der Priester den Weg bahnt, ist allein sorglos in seinem eigenen Hause, nur gegen diesen verneigt sich das Volk; — der König, welcher dem Priester Reichthümer giebt, der seinen Schutz für sich erfleht." Dagegen finden wir in den Veda's Könige, die ihre eigenen Gesänge den Göttern darbrachten, königliche Sänger (Râjârshis), welche die priesterliche und königliche Gewalt in sich vereinigten.

Das Wort des Brahmanen war hinreichend, andere Welten und Regionen von Welten ins Leben zu rufen, sowie neue Götter und neue Sterbliche. Sein Leben und seine Person sind heilig, wer ihm zu nahe tritt, muß der furchtbarsten Strafen in der künftigen Welt gewärtig sein, weshalb auch einem Brahmanen mit mehr Achtung begegnet werden muß, als einem Könige. Welch ein Verbrechen er auch begangen haben mag, sein Leben darf nicht angetastet werden. Sein Vergehen gegen andere Casten wurde mit Nachsicht geahndet, wogegen jedes Vergehen derselben gegen ihn die härtesten Strafen nach sich zog.

Aus der Sâmayâchârika, welche der dritten Classe der Sûtrâs angehört, entnehmen wir die Vorschriften, nach denen ein Brahmane sein tägliches Leben einrichten sollte. Den Studien, der Entsagung und Beschauung in stiller Zurückgezogenheit sich widmend, muß ihm der daraus hervorgehende geistige Vorzug allein genügen, der Stolz seines Lebens sein. „Die Inder schätzten die durch Enthaltsamkeit, Gerechtigkeit und Liebe zu den göttlichen Dingen sich auszeichnenden Menschen höher, als die übrigen in ihrem Lande wohnenden, weil sie besser als andere ihres Geschlechts ihren Obrigkeiten Genüge zu leisten vermochten" [17]). Aber diese geistige Ueberlegenheit war seinem Dasein nicht immer genügend, er benutzte solche, um vermöge derselben weltlichen Reichthum, Macht und Glanz zu erwerben.

Sein Leben zerfällt in vier Abschnitte. Im ersten als Brahmachârin sind seine Tage den Studien gewidmet, er soll allem Genusse entsagen, in Demuth wandeln, sich unaufhörlich mit den Veda's beschäftigen und jedes andere weltliche Wissen von der Hand weisen; er soll in Gehorsam und Achtung vor seinem Lehrer — Guru — erscheinen, und der Familie desselben in Zuneigung zugethan sein; er soll sich befleißigen ihm dienstbar zu sein, dabei für sich selbst schaffen, indem er die zum Opfer erforderlichen Dinge, sowie das Wasser zur Reinigung herbeischaffte. Seinen Unterhalt sollte er sich allein durch Betteln von Thür zu Thür erwerben. Es sind Verordnungen vorhanden, wie der junge Schüler den Text der Veda's auswendig zu lernen und als einen Theil seiner täglichen Gebete zu wiederholen hatte. Nachdem er mit der heiligen Schnur (yajnopavîtin) bekleidet ist, hatte er besondere Opferhandlungen zu vollziehen; aber zu welcher Zeit ihm diese Schnur gebührte, wie und in welcher Weise und von wem sie ihm über die Schulter befestigt wurde, wird uns nicht erzählt. Dagegen wissen wir, wie er sich beim Erwachen den Mund zu reinigen hatte (âchânta) und wie er seine Morgen- und Abendgebete verrichten sollte [18]).

Die zweite Periode seines Lebens ist seiner Frau und Familie gewidmet, wobei er die einem Brahmanen obliegenden Pflichten ausübt, das heißt: die Veda's liest und lehrt; Opfer verrichtet oder Anderen bei deren Ausübung beisteht; Wohlthaten spendet und Geschenke empfängt. Doch ist ihm ernstlich verboten, Gaben von Niedriggeborenen, bösen oder unwürdigen Personen zu nehmen, auch soll er es vermeiden, unnöthige Geschenke anzunehmen oder eine Gewohnheit daraus zu machen. Die Erlernung der alten heiligen Schriften im Hause seines Guru oder bei einem Âchârya wird fortgesetzt. Obgleich die

Frauen von der Kenntniß der heiligen Lehren ausgeschlossen waren, welche der Brahmane allein wissen durfte und wissen mußte, bevor ihm erlaubt wurde, die Opfer zu verrichten, so mußte er doch gewisse Gesänge und Opfer mit seinem gesetzlichen Weibe zusammen vollziehen, wobei diese die Hymnen nachsprach, welche er hersagte. Die Frauen waren von dem höchsten Wissen, dem des Atman oder der Brahmanen ausgeschlossen. „Denn würden sie davon Kenntniß haben, so würden sie es denen mittheilen, die kein Recht hatten, es zu wissen und möchten aufhören, die Sclaven Anderer zu sein."

Nach den Sámayáchárika-sûtras oder Dharmasûtras, wo der Vorschriften und Ceremonien gedacht wird, können häusliche Opfer (grihya) sowohl als heilige Gelöbnisse von Eltern oder Priestern für das Wohl ihrer Kinder oder Schüler verrichtet werden. In den Acháras dieser Gesetzbücher finden sich alle Pflichten verzeichnet, die derjenige erfüllen muß, welcher eine solche Fürbitte thut. Da ist für jede Caste eine besondere Vorschrift; wie der Schüler herangebildet werden soll, womit sich der verheirathete Mann zu beschäftigen hat, das Erbrecht und die Pflichten des Königs sind darin festgestellt, sowie die Ausübung des Gesetzes in allen Einzelheiten.

Wenn wir bedenken, daß der Rig-Veda, welcher aus 1017 Hymnen besteht, nicht zu Papier gebracht war und auswendig gelernt werden mußte, damit er vermöge mündlicher Ueberlieferung von Geschlecht zu Geschlecht im Gedächtnisse der Menschen fortgepflanzt werden konnte, so werden wir erkennen, daß die Aufgabe des Lehrers die schwierigste und die höchste war [19]). Mit einem Gegenstande allein beschäftigt, ohne jedwede Zerstreuung, war seine Gedankenwelt in dem Einen so versunken und concentrirt, daß es dem von frühester Kindheit angeregten Gedächtnisse leichter möglich wurde, so viel Wissen in sich aufzunehmen und Anderen einzuimpfen.

Nur aus dem Munde des Guru durfte der Brahmane sein Wissen empfangen, dieser wußte allein, was ihm dienlich war. Sowie in jener Zeit mündlicher Ueberlieferung, so ist es auch noch heute; denn wie es in den Mahâbhârata heißt: „Diejenigen, welche die Veda's verkaufen, und selbst diejenigen, welche sie niederschreiben und diejenigen, welche ihre Worte nicht rein bewahren, sollen der Hölle verfallen." Und an anderer Stelle wird ausdrücklich bemerkt, daß das Wissen der Wahrheit werthlos ist, welches aus dem Veda gelernt wird, wenn derselbe nicht recht verstanden worden ist, wenn er aus der Schrift gelernt oder von einem Sudra erhalten ist. Auch im Menu heißt es:

„Da Menschen oft unwahr reden und dem Irrthume ausgesetzt sind, indem keine göttliche Vorschrift gegeben ist, so kann nur der Glaube als Richtschnur dienen."

Eine Brahmane hatte wenigstens 12 Jahre seiner Jugend sich mit den Studien zu beschäftigen, ehe er Grihastas oder Ehemann werden konnte; wogegen der dem Eheleben entsagende Brahmane 48 Jahre als Schüler zubringen durfte. Der Unterricht war mit der Beobachtung der strengsten Regeln verknüpft. Der Guru nahm seinen Sitz entweder gegen Osten, Norden oder Nordosten, und wenn er nicht mehr als zwei Schüler hatte, so nahmen sie ihm zur Rechten Platz, wenn mehrere, so vertheilte er sie je nach dem Raume im Zimmer. Sobald die Schüler eintraten, umarmten sie ihren Lehrer und sagten: „Herr, lies!" Dieser antwortete ernst und würdevoll: „Ja" (Om) und begann mit einer Frage (prasna), die aus drei Versen bestand, welche er mit lauter Stimme deutlich aussprach, damit den Schülern kein Laut verloren ging, wobei er einzelne Worte zweimal wiederholte. Bei schwierigen Fragen ließ der Guru den ersten Schüler das erste Wort nachsprechen, hielt dann ein, um eine Erklärung darüber abzugeben. Wenn jeder der Schüler seine Aufgabe vollendet hatte, drehte er sich zur Rechten, und ging um seinen Lehrer herum. Aber da eine Vorlesung aus sechzig und mehr prasnas oder ungefähr 180 Versen bestand, so muß der größte Theil des Tages darauf verwendet worden sein. Der Unterricht schloß mit einer Umarmung des Lehrers [20]).

So wurde schon von frühester Kindheit die sich entwickelnde geistige Kraft, das Seelenleben des Menschen nur für das Eine, die Veda's, empfänglich gemacht, und nicht ohne Bedeutung waren die strengen Formen, unter denen der Schüler seine Laufbahn begann; durch solche Ceremonien wurde er allmählig in das Heiligthum eingeführt. Diese strenge Ausübung der Lehrerpflichten wird heute selbst nicht mehr von denen befolgt, die sich ausschließlich den Studien hingeben.

Wenn alle anderen Religionen dem Priester vorschreiben, den Tempel- oder Kirchendienst zu verrichten, so heißt es im Menu, daß es für den Brahmanen entwürdigend wäre, gottesdienstlichen Handlungen vorzustehen, oder bei Opferfesten oder Processionen die Leitung zu übernehmen. Dies kann sich jedoch nur auf die niederen Priesterdienste beziehen, denn nach den Veda's gehörten die religiöse Erziehung, die Verrichtung der Opferdienste und die Empfangnahme der Belohnung dafür, ausschließlich den Brahmanen an; wie ja auch der uralte Name eines Priesters im Amte Purohita war. Im Beginn ihrer Herrschaft und deren Ausbreitung über Indien wurden ihre Vorrechte nicht so streng beansprucht, als es in späteren Zeiten geschah. Denn je tiefer eine Macht und Herrschaft Wurzel gefaßt hat, desto weiter geht sie in ihren Ansprüchen. In diesen ersten Zeiten war es, wo die Hymnen im zehnten Buche des Rig-Veda, welche von Kavasha Ailûsha sind, dem Sohne eines Sclaven, Aufnahme fanden; als Unreiner wurde er einst vom Opferdienste vertrieben, — später jedoch wieder zugelassen, „weil er bei den Göttern in besonderer Gunst stand." — Und Kakshivat, welcher entweder der Sohn eines Brahmanen oder eines Kshatrija war, nahm keinen Anstand, in seiner königlichen Stellung den Dienst eines Kriegers und Priesters zugleich auszuüben.

Der Brahmane war außerdem der Freund und Rathgeber des Königs oder Häuptlings, der Minister desselben und des Königs Gefährte im Kriege und im Frieden. Eine solche Würde, des Purohita, erblich zu erhalten, war das Bestreben der Familien, indem sie, wie schon erwähnt, dadurch eine politische Bedeutung gewannen; ja, wie aus den Hymnen der Veda's hervorgeht, gab der Priester dem Könige erst die hohe Stellung und ging ihm bei öffentlichen Aufzügen voran. Aber unter den vier hohen Priestern war es nur der Brahmane, dem diese Würde zufiel. Seine höhere geistige Begabtheit hatte ihn in den Augen der Welt so hoch gestellt, daß ihm diese besonders bevorzugte Stellung in Indien als ihm angeboren eingeräumt wurde [21]). Wenn einem Brahmanen die gebräuchlichen Quellen zum Lebensunterhalte fehlten, so war ihm erlaubt, um sein Leben zu fristen, zu betteln, sich dem Landbau zu widmen oder selbst Handel zu treiben. Dagegen darf er niemals dienen, muß freundschaftliche Unterhaltung meiden, sich der Musik, des Singens, Tanzens, Spieles, wie überhaupt jedweder Handlung enthalten, welche seine persönliche Würde oder Haltung beeinträchtigen könnte. Aber er sollte sich nicht nur der weltlichen Freuden entziehen, sondern auch die Reichthümer verachten, weil sie ihm bei der Erforschung der Veda's hinderlich wären; desgleichen weltliche Ehren wie das Gift meiden. Weder Fasten noch Casteiungen sind geboten; denn alles lag in dem einen Gebote, den vorgeschriebenen Studien und Pflichten obzuliegen und stets würdevoll zu erscheinen.

Sowie die Regeln für sein Leben und Wirken genau angegeben sind, so auch die Art sich zu kleiden. Der stille und demuthsvolle Brahmane soll reinlich und bescheiden einher gehen, den Leidenschaften entsagen, sein Haar und den Bart kurz geschnitten tragen, sich goldener Ringe an den Händen und in den Ohren bedienen, sein Obergewand so weiß und rein wie den Körper halten; er soll, auf einen Stab gestützt, mit den Veda's in den Händen erscheinen. Wenn er den drei Pflichten genügt hat: die Schriften zu studiren, einen Sohn zu zeugen und die regelmäßigen Opfer zu leisten, dann war es ihm erlaubt, alles seinem Sohne zu geben und als Schiedsrichter oder Orakel in seinem Hause zu bleiben ²²).

Den dritten Abschnitt seines Lebens soll er als Einsiedler im Walde verleben, die Âranyakas (Abhandlungen des Waldes) lesen, jene heiligen Schriften, welche, wie es scheint, nur für die Vanaprasthas (Brahmanen, die der Welt entsagt) bestimmt waren. In Baumrinde und in Blätter oder in die Haut der schwarzen Antilope gekleidet, darf er sich weder das Haar scheeren, noch die Nägel beschneiden, muß sich mit der bloßen Erde als Ruhestätte begnügen, „ohne Feuer, ohne Obdach, nur von Wurzeln und Früchten schweigsam allein der Selbstbeschauung leben, und seine Tage in Betrachtungen über die Gottheit zubringen." Wie es in den Arunikapanishad heißt, soll der Saunyâsin, der Brahmane, welcher nicht mehr die Mantras hersagt, und keine Opfer mehr vollzieht, von allen Veda's nur die Âranyaka oder die Upanishad, die Essenz der Veda, lesen. „Denn das göttliche Selbst kann nicht durch Ueberlieferung erfaßt werden, weder durch Erkenntniß, noch durch alle Offenbarung; sondern durch Ihn, den Er selbst wählt, durch Ihn allein kann Er begriffen werden. Das Selbst wählt seinen Körper als seinen eigenen" ²³).

Nächst diesen Entsagungen mußte er sich harten Büßungen unterziehen, sich nackend den heftigsten Regengüssen aussetzen, feuchte Bekleidung anlegen, und, von fünf Feuern umgeben, unter den brennenden Sonnenstrahlen des Sommers stehen. Dabei muß er sorglich allen Opfern nachkommen und es als eine heilige Pflicht ansehen, die vorgeschriebenen Formen und Gebräuche der Religion zu erfüllen. Die Trennung von seinem Weibe, bevor er sich in die Wald-Einsamkeit auf ewig zurückzieht, wird uns in folgendem Dialog zwischen Yâjnavalkya und Maitrêyî in erhaben einfacher Weise geschildert: ²⁴)

„Maitrêyî, sagt Yâjnavalkya, ich gehe hinweg von diesem meinem Hause (in den Wald). Zuvor jedoch muß ich eine Vereinbarung zwischen Dir und meinem anderen Weibe Kâtyâyanî machen."

„Maitrêyî entgegnet: „Mein Herr, wenn diese ganze Erde voll von Reichthümern mir angehören sollte, könnte ich dadurch unsterblich werden?"

„Nein, erwiedert Bâjnavalkya, dem glücklichen Leben reicher Menschen gleich wird Dein Leben sein. Aber es liegt keine Hoffnung auf Unsterblichkeit im Reichthume."

Und Maitrêyî sagt: „Was soll ich mit dem machen, wodurch ich nicht unsterblich werden kann? Was mein Herr (von Unsterblichkeit) weiß, möchte er es mir sagen!"

Bâjnavalkya antwortet: „Du, die Du mir in Wahrheit theuer bist, Du sprichst liebe Worte. Setze Dich nieder, ich will es Dir erklären und höre wohl auf das, was ich Dir sage." Und er hebt an: „Ein Gatte wird geliebt, nicht weil Du den Gatten liebst, sondern weil Du (in ihm) den Geist Gottes (âtmâ, das absolute Selbst) liebst. Die Frau ist geliebt, nicht weil wir in ihr das Weib lieben, sondern weil wir (in ihr) den göttlichen Geist lieben. Kinder sind geliebt, nicht weil wir die Kinder lieben, sondern weil wir den göttlichen Geist in ihnen lieben. Dieser Geist ist es, welchen wir lieben, wenn es scheint, daß wir Reichthum, Brahmanen, Kschatrijas, diese Welt, die Götter, alle Wesen, dies Weltall lieben. Der Geist Gottes, o geliebtes Weib, kann gesehen, gehört, wahrgenommen, über ihn kann nachgedacht werden. Wenn wir ihn sehen, hören, wahrnehmen und ihn kennen, o Maitrêyî, dann ist das ganze Weltall uns bekannt."

„Wer unter dem Brahmanenthume nach etwas Anderem blickt, als nach dem Gottesgeiste, sollte von den Brahmanen verlassen werden. Wer da unter der Kschatrija Macht nach etwas Anderem blickt, als nach dem Gottesgeiste, sollte von den Kschatrijas verlassen werden. Wer da in dieser Welt nach den Göttern, nach allen Wesen, nach dem Weltall, als nach etwas Anderem blickt, als in dem Gottesgeiste, sollte von ihnen allen verlassen werden. Dies Brahmanenthum, diese Kschatrija-Macht, diese Welt, diese Götter, diese Wesen, dies Weltall, alles ist der Gottes-Geist." — „Siehe, sowie wir nicht die Töne einer Trommel äußerlich durch sich selbst fassen können, sondern erst den Ton aufnehmen, indem wir die Trommel ergreifen, oder darauf schlagen — sowie wir nicht die Töne einer Seemuschel durch sich selbst erfassen können, sondern den Ton aufnehmen, indem wir die Seemuschel ergreifen oder den Muschelbläser hören, — sowie wir nicht die einzelnen Töne der Laute erfassen können, sondern uns des Tones bemächtigen, indem wir die Laute oder den Lautenspieler hören, — so ist es mit dem göttlichen Geiste."

„Sowie Rauchwolken aus einem Feuer aufsteigen, welches aus trockenem

Holze angezündet wird, so, o Maitrêyî! sind alle heiligen Worte aus dem großen Wesen ausgehaucht worden."

„Sowie alle Wasser ihren Mittelpunkt im Meere finden, so finden alle Empfindungen ihren Mittelpunkt auf der Haut, aller Geschmack auf der Zunge, alle Gerüche in der Nase, alle Farben in dem Auge, alle Töne in dem Ohre, alle Gedanken im Geiste, alles Wissen im Herzen, alle Handlungen in der Hand und alle heiligen Schriften in der Sprache."

„Wenn wir in den Geist Gottes eindringen, so ist es mit uns, wie wenn ein Klumpen Salz in's Meer geworfen wird; es löst sich in dem Wasser auf, aus welchem es entnommen war, und kann nicht mehr daraus genommen werden. Aber wo immer Du das Wasser nimmst und schmeckst es, es ist Salz. So ist das große, unendliche und unerfaßliche Wesen nur eine Masse von Erkenntniß. Sowie das Wasser wieder Salz wird, und das Salz wieder Wasser, so ist der Geist Gottes aus den Elementen erstiegen und verschwindet wieder in ihnen. Wenn wir aufgehört haben zu leben, dann ist auch unser Name dahin. Dies, sage ich Dir, mein Weib! Also sprach Bâjnavalkya."

Maitrêyî sagte: „Mein Herr, Du hast mich hier erschreckt, sagend, daß kein Name mehr bleibt, wenn wir dahin gegangen sind."

Und Bâjnavalkya entgegnete: „Mein Weib, was ich sage, ist nicht schreckbar, es genügt für die höchste Erkenntniß. Denn, gesetzt, daß zwei Wesen da wären, dann würde das Eine das Andere sehen, hören, wahrnehmen und kennen. Aber wenn das eine göttliche Selbst alles dies in sich begreift, wen oder durch wen sollte er sehen, hören, wahrnehmen oder kennen? Wie sollte er sich selbst kennen, durch den er selbst alles weiß. Wie, mein Weib, sollte er sich selbst, den Alles Wissenden kennen? So, bist Du nun belehrt, Maitrêyî, dies ist Unsterblichkeit." — Nachdem Bâjnavalkya dies gesagt hatte, verließ er sein Weib auf immer und ging in die Einsamkeit der Wälder." —

Der vierte und letzte Lebens-Abschnitt des Brahmanen ist eben so einsam und der Welt entsagend, als der vorhergehende; aber er ist der Erfüllung von Formen und der Casteiungen entbunden, seine Kleidung ist die eines gewöhnlichen Brahmanen und er lebt nun der Selbstbeschauung, der seelenvollen Entzückung des Erforschers der Gottheit bis der Augenblick kommt, wo seine Seele den Körper verläßt, gleich dem Vogel, der nach Gefallen von dem Zweige des Baumes hinwegfliegt [25]).

So, abgeschlossen von der Welt, den Prüfungen und Entsagungen geweihet, war das Leben eines Brahmanen, als die uralten Gesetze noch in voller Reinheit beobachtet wurden. Doch selbst in jenen Zeiten waren es nur sehr Wenige, welche alle vier Lebensstufen streng inne hielten; viele begnügten sich mit der ersten, einige mit zweien und von der Zahl der Auserwählten, welche ihr Leben im Sannyasi endigen wollten, fiel sicher mancher als ein Opfer der Tiger.

Aber die verführerischen Lüste, welche in dem Bestreben, Macht und Reichthümer zu erlangen, liegen, sollten dem Brahmanen nicht fremd bleiben; auch er konnte ihnen nicht widerstehen, und die strengen Vorschriften und die Lebensweise seiner Vorväter wurden vergessen. Es kamen Zeiten, welche es zum Gesetze machten, daß der König einen Brahmanen zu seinem vertrautesten Rathgeber haben mußte, und daß es ein Brahmane sein sollte, der ihn mit seinen Herrscherpflichten: dem Recht, der Politik und den Wissenschaften bekannt zu machen hatte. Die Gerichtsbarkeit, insofern solche nicht vom Könige selbst ausgeübt wurde, sowie die Auslegung der Gesetze, gehörte den Brahmanen an; auch waren sie allein befähigt, den Sinn und die Bedeutung der heiligen Bücher zu entziffern [26]). Ein Brahmane, heißt es, ist bekannt durch seine Wahrhaftigkeit, ein Kschatrija durch seinen Streitwagen, sein Pferd und durch seine Waffen, ein Vaisja durch seine Kuh, sein Korn und sein Geld, und ein Sudra „durch alle seine Sünden."

Das Eigenthum und die Reichthümer der geheiligten Caste des Brahmanen sind eben so bevorzugt, als seine Macht; ihn mit Wohlthaten zu überhäufen, wird zwar Jedem geboten, der die Tugend liebt, ist jedoch die besondere Pflicht eines Königs. Opfer und Büßungen, sowie alle Ceremonien der Religion gebieten Geschenke, aber reichlich sollen die den Brahmanen zugedachten sein. Wehe dem kärglich Spendenden, er setzt sich der Gefahr aus, seinen Verstand und seinen guten Ruf zu verlieren, ja sein Leben, seine Kinder und seine Heerden sind in Gefahr und die Glückseligkeit nach dem Tode geht verloren. Selbst die ärgsten Vergehungen können durch große Gaben an einen Brahmanen Vergebung finden.

Der Brahmane, nicht zufrieden mit der priesterlichen Würde, machte sich den Göttern auf Erden gleich, dieselben Ehren beanspruchend, welche Bischnu und seines Gleichen besaßen. „Verehrung Dir, so heißt es in der Papa prashamanastava, o du geheiligter Baum; die Brahmanen sind Deine Wurzel, die Kschatrija's Dein Stamm, die Vaisja's Deine Zweige, die Sudra's Deine Rinde. Die Brahmanen mit ihrem eigenthümlichen Feuer, welches ihrem

Munde entströmt, die Könige mit ihren Waffen von Deinem Arme, die Vaisja's von Deiner Lende, die Sudra's von Deinen Füßen."

Wenn ein Brahmane einen Schatz findet, so ist derselbe sein ausschließliches Eigenthum, jede andere Classe muß das Gefundene an den König abliefern, welcher wieder die Hälfte davon an die geheiligte Caste abgeben muß. Der gesammte Nachlaß von Erblosen fällt dem Könige zu, ausgenommen der von einem Brahmanen, welcher seiner Caste verbleibt. Ein gelehrter Brahmane ist von allen Abgaben entbunden, ist er dagegen der Hülfe bedürftig, so ist es die Pflicht des Königs, ihm diese angedeihen zu lassen. Kein Verbrechen auf der Erde ist so groß, als einen Brahmanen zu tödten, und der König darf selbst nicht im Geiste dem Gedanken an solch ein Vorhaben Raum geben [27]). Die strengsten Strafen treffen den, der einen Brahmanen bestiehlt, er muß beinahe immer mit dem Tode büßen; und wer ihren Heerden Unheil bringt, dem soll der halbe Fuß abgenommen werden. „Wenn ein Brahmane als Reisender in ein Boot steigt, soll er dem Bootsmanne nichts zahlen; er soll der erste sein, der da eintritt und der da ausgeht." Daher kann man nicht überrascht sein, wenn es eine sprüchwörtliche Redeweise der niederen Casten giebt: „Das ganze Weltall ist unter der Macht der Götter, die Götter stehen unter dem Einflusse der Mantras, die Mantras sind unter dem Einflusse der Brahmanen, deshalb sind die Brahmanen Götter."

Dem Brahmanen zunächst hat die Classe der Kschatrija's (des Kriegerstandes) den größten Einfluß; wenn er auch weit unter demselben steht, so soll ihm doch mit Ehren begegnet werden; denn unter seinem Schutze gedeiht der geistliche Stand, sowie der Kschatrija nicht ohne den Segen des Brahmanen bestehen kann. Von dem versöhnlichen und gedeihlichen Zusammenwirken Beider hängt das Heil der Menschheit ab. Der Krieger-Caste werden im Criminalgesetzbuche den unter ihnen stehenden Vaisja's gegenüber dieselben Vorrechte eingeräumt, welche die Brahmanen ihnen gegenüber besitzen. Der König und seine gewöhnlichen Rathgeber gehören dem Kriegerstande an, er ist geborener Soldat und geborener Befehlshaber, weshalb auch ihm allein der Oberbefehl und die ausübende Gewalt zustehen. Der Brahmane ist der Ausleger des Gesetzes, der König oder seine Kschatrija-Räthe setzen es in Vollzug. Die Pflichten der Kschatrija's sind, das Volk zu vertheidigen, Almosen zu geben, zu opfern, die Veda's zu lesen, und den Krieg um des Krieges willen zu meiden [28]).

Des Vaisja wird nicht mit derselben Ehrerbietung im Gesetzbuche gedacht. Der Brahmane soll zwar, wenn er Gastfreundschaft ausübt, diese selbst dem Kaufmanne angedeihen lassen, ihm aber die Nahrung durch seine Diener reichen lassen. Dem Vaisja wird geboten, Wohlthaten zu spenden, zu opfern, und die Veda's zu lesen; seine Pflichten sind, Heerden zu weiden, Handel zu treiben, Geld auf Interessen zu leihen und das Land zu bebauen. Seine Wirksamkeit und Thätigkeit gehören recht eigentlich dem praktischen Lebensberufe an, er soll sich Kenntniß von der Viehzucht verschaffen, sich mit der Art und Weise bekannt machen, wie der Boden am besten zu cultiviren ist, sich deßhalb mit den Früchten des Landes und den Bedürfnissen der Bewohner desselben vertraut machen, er soll deren Dialekte kennen, was für den Handel am geeignetesten ist, ausfindig machen und wissen, welch ein Lohn den Dienern gebührt [29]).

Der Sudra hat nur eine Pflicht, Anderen und besonders den Brahmanen zu dienen; kann er diesen seine Dienste nicht widmen und fehlen ihm die Mittel, sein Leben zu fristen, so ist ihm gestattet, einem Kschatrija zu dienen, und kann er auch bei diesem kein Unterkommen finden, dann möge er einem wohlhabenden Vaisja beistehen. In den Sâmayâchârikasudras sagt Apastamba, daß vier Varna's sind: Der Brahmane, der Kschatrija, der Vaisja und der Sudra, aber, daß die Einweihungsgebräuche, insbesondere der Upanayana, nur für die drei ersten Casten bestimmt sind. Wenn nun auch des Sudra's niemals bei Anordnung der Ceremonien gedacht wird, so erscheint er doch auch nicht als der geborene Diener oder Sclave der anderen Casten. Ja, ein Sudra, welcher dem Gesetze treu gehorcht, kann neugeboren und ein Vaisja werden, der Vaisja ein Kschatrija und dieser ein Brahmane; wogegen der Brahmane, welcher das Gesetz verletzt, zum Kschatrija herabsinkt u. s. w. [30])

So ist es auch in Zeiten der Noth, während einer Hungersnoth und in ähnlichen Bedrängnissen, jeder höheren Caste gestattet, sich das Leben mit Hülfe von Beschäftigungen der unter ihr stehenden zu fristen, ohne jedoch dabei die Pflichten der oberen Casten zu vernachlässigen. Aber ein Sudra, der keine Classe unter sich hat, mag in solchen Zeiten sich dem Tischler- oder Maurerhandwerke, dem Malen oder Schreiben widmen, um seine Existenz zu sichern [31]). Selbst die Erlaubniß, sich dem Handel oder dem Ackerbau hinzugeben, soll ihm ertheilt worden sein; wie sich denn auch heute der größere Theil der Sudra-Caste dem Landbau gewidmet hat [32]).

Ein Sudra kann die Opfergebräuche ausüben, darf sich jedoch nicht des Textes der heiligen Bücher bedienen; aber einen Brahmanen um Auslegung derselben zu befragen, oder ihm in seinen religiösen Verrichtungen beistehen zu wollen, wäre eine tiefe Beleidigung für denselben. Sollte er es wagen, ihm in der Religion einen Rath zu geben, so verdient er, daß ihm heißes Oel in Mund und Ohren gegossen werde. Denn ein Brahmane darf in Gegenwart eines Sudra die Veda's selbst nicht lesen, und wehe dem Brahmanen, der ihm das Recht lehrt oder die Wege angiebt, wie er der Sünde entsagen kann, er verfällt dem Asamvrita, der Hölle. Unter den strengsten Androhungen ist es dem Brahmanen untersagt, Geschenke von einem Sudra anzunehmen; dagegen mag ein vor Hunger umkommender Brahmane trockene Körner von einem Sudra annehmen, aber nimmer etwas Gekochtes. Der Sudra soll von den Ueberbleibseln der Tafel seines Herrn leben, oder von der Spreu der Körner und sich in die abgetragenen Gewänder desselben kleiden. Er darf keine Reichthümer sammeln, selbst nicht, wenn sich ihm die Gelegenheit dazu darbietet, weil dies dem Brahmanen Schmerzen verursachen könnte [33]).

Die Vergehungen des Sudra gegen die drei anderen Casten sind mit den härtesten Strafen belegt; wenn einem Brahmanen für ein Vergehen das Augenlicht geraubt wird, verfällt jener den qualvollsten Martern. Sollte ein Sudra es wagen, sich beleidigender Ausdrücke gegen eine der höheren Casten zu bedienen, so soll ihm die Zunge abgeschnitten werden, und setzt er sich auf dieselbe Stelle, wo ein Brahmane geruht hat, so ist ihm der körperliche Theil, welcher den Flecken berührte, zu brandmarken. Selbst der Schatten eines Sudra verunreinigt den Brahmanen, sowie auch ein Sudra nicht in den Schatten eines Brahmanen treten durfte.

Schon der Name Sudra bezeichnete die tiefe Verachtung und Niedrigkeit, in der diese Caste den anderen gegenüberstand. Sollte ein Brahmane einen Sudra tödten, so ist es genügend für ihn, sich derselben Buße zu unterwerfen, als habe er einen Hund, eine Katze, eine Eidechse oder einen Frosch getödtet. Ein von seinem Herrn freigelassener Sudra ist von seiner Dienstpflicht doch nicht befreit; „denn, heißt es, wie und durch wen kann er entbunden werden, wenn sein Zustand der ihm natürliche ist?" Aber, wie gesagt, der Sudra ist, all dieser unmenschlichen Gesetze ungeachtet, nicht der Sclave eines Menschen, er kann seine Dienste anbieten, wem er will, selbst Handel treiben und Eigenthum besitzen, und seine Person ist gesetzlich vor Unbill gesichert, gleich den Frauen, Kindern, Mündeln und jüngeren Brüdern.

Dennoch ist es unbezweifelt, daß sich unter den Sudra's Sclaven befanden, sowie auch Menschen anderer Classe der Sclaverei verfallen konnten, wenn sie von dem Sieger gefangen wurden, oder, um ihr Leben zu retten, ihre Freiheit opferten. Nach Menu war die Lage des Sudra keine so entwürdigende, wie die der Sclaven des alten Griechenlands oder Roms, und im Laufe der Zeit schwand mehr und mehr dieser schroffe Unterschied zwischen den Classen. Den Weg dazu bahnte das eheliche Leben, indem den drei ersten Casten freie Wahl gelassen war, sich ihre Frauen aus niederen Casten zu wählen, nur sollte ihnen dann nicht der erste Platz in der Familie gegeben werden; aber heute wird auch diese Erlaubniß als entwürdigend verdammt. Dagegen wird eine Verbindung der niederen Casten mit Frauen aus einer höheren Caste aufs strengste bestraft, und Kinder aus einer solchen Ehe stehen tief unter der Caste der Eltern. So ist der Sohn von einem Sudra und einer Brahmanen-Frau, ein Chandâla, „der niedrigste unter den Sterblichen," und seine Verbindung mit Frauen höherer Casten „erzeugt ein Geschlecht, noch tiefer, als das seines Vaters," — wogegen der Sohn eines Brahmanen von der Frau einer niederen Caste eine Stellung zwischen Vater und Mutter einnimmt, und die Töchter, wenn sie in sieben Geschlechtern fortfahren, sich nur mit Brahmanen zu vermählen, wieder die Reinheit der geheiligten Caste erreichen [31]).

Jede Caste nahm, abgesondert für sich, ihre Nahrung zu sich. Wenn der Brahmane dem Gaste seiner Caste den ersten Rang einräumt, so bereitet er dem Krieger, wenn er ihn gastlich empfängt, das Mahl nach dem Brahmanen. Menu verbot jedoch nicht, mit anderen Casten zu essen, oder sich das Mahl von ihnen bereiten zu lassen. Heute wird es so streng gemieden, daß der dagegen Handelnde seine Caste verliert, als habe er ein Verbrechen begangen, oder die erlassenen Vorschriften nicht erfüllt. Wenn der Brahmane sein Mahl im Freien kocht, so umgiebt er den Heerd mit einem Kreise, ein Unreiner, der in diesen tritt, oder dessen Schatten den Kochtopf bedeckt, hat ihm die Nahrung vergiftet und mit Abschen und Widerwillen wirft er solche hinweg [30]). Dagegen ereignete es sich, daß in den Heeren der Eingeborenen ein Brahmane von hoher Caste, der die Stelle eines gemeinen Kriegers bekleidete, seinem General ein von ihm gekochtes Gericht als ein Zeichen besonderer Hochachtung zuschickte, welches dieser in ehrfurchtsvoller Ergebenheit annahm und dankend verzehrte.

Da in keiner der Casten der Kunst und des Handwerks besonders gedacht wird und die Künstler, wie es scheint, den vermischten Casten angehörten, so glaubt ein großer Forscher, daß die Casten-Eintheilung stattfand, als sich die Künste noch in ihrer ersten Kindheit befanden ³⁶).

Wenn wir in dem Vorhergehenden zeigten, was die Veda's und Menu's Verordnungen zu ihrer Zeit dem Hinduvolke als Richtschnur ihres Lebens ans Herz legten, so wollen wir jetzt, indem wir den gegenwärtigen Zustand dieses merkwürdigen Volkes darzustellen versuchen, sehen, welche Veränderungen sich seitdem zugetragen haben. Denn so streng auch der Hindu den Gesetzen seiner Vorväter treu blieb, so abgeschlossen und in sich gekehrt er lebte, so fest er vor allen Völkern der Erde seinen Sitten und Gewohnheiten anhing, so haben doch mehr als zweitausend Jahre auch hier nicht vergeblich an dem Alten und Bestehenden gerüttelt und namentlich auf die Casten-Trennung verändernd eingewirkt. Die Brahmanen sagen, daß die Krieger- und die Handel treibenden Casten untergegangen seien, ja selbst die Sudra's seien verschwunden; wogegen die Radschputen die reine Abstammung von den Kschatrija's beanspruchen, und einige der Handel treibenden Casten dies von den Vaisja's behaupten.

Dem Brahmanen ist es jedoch im Allgemeinen gelungen, die übrigen Casten von der Kenntniß der Veda's auszuschließen und sich als die allein bevorzugte Caste zu erhalten, welche der Träger des göttlichen und menschlichen Willens ist. Nur sehr Wenige unter ihnen verstehen die Veda's in ihrer ursprünglichen Sanskritsprache, indem deren wahre Kenntniß beinahe ganz unter ihnen verloren gegangen ist. Das, was die Brahmanen als den Veda's entnommen angeben, ist ein Gewebe von Lüge und Wahrheit; vermöge priesterlicher Herrschsucht haben sich solche Weisungen dieser heiligen Schriften fortgepflanzt, welche dem Einflusse und der Macht der Priester förderlich sind. Deshalb ist der heutige Brahmane in manchen Dingen, besonders solchen, die seine Bevorzugung und Sonderung von den anderen Casten herausstellen, noch strenger geworden, wogegen er sich in Anderem, wenn seiner Stellung dadurch kein Abbruch geschieht, nachgiebiger zeigt. Welch ein Einfluß sich aus der Verbreitung der Veda's ergeben wird, welche durch Herrn M. Müllers Sorgfalt und tiefe Gelehrsamkeit allgemein bekannt werden, läßt sich noch nicht beurtheilen; aber wohl mit ziemlicher Sicherheit kann man voraussetzen, daß die allgemeine Verbreitung derselben den gebildeten Theil des Volkes zu ernstem Nachdenken auffordern muß. Die Zeit liegt nicht fern, wo der Hindu einzelne Stellen der Veda's mit ähnlichen des alten Testaments, namentlich der Psalmen, vergleichen wird; und dann kann es nicht ausbleiben, daß sich das ewige Wort der Wahrheit Christi vor seinem Seelenauge aufthun muß. Mit diesen geistigen Elementen, welche auf die Denkweise der Hindu's einwirken werden, müssen die Eisenbahnen in anderer Richtung die gesellschaftlichen Zustände von Indien gänzlich umwandeln und einer neuen Zeit zuführen. Dann werden die Wahnsinnigen verschwinden, welche einen Besen mit sich führen, um den Boden vorher zu fegen, damit kein Insect von ihnen getödtet werde, oder Diejenigen, welche ein Tuch vor dem Munde tragen, damit kein Insect von ihnen eingeathmet werde.

Einige der Brahmanen-Casten in Hindostan essen das Fleisch der Opferthiere, im Dekan dagegen, wo diese Art von Opfern überhaupt beinahe unbekannt ist, rührt der Brahmane kein Fleisch an; das Gesetz von heute verbietet den Genuß des Fleisches und die Ehe mit Frauen einer niederen Caste. Unter den Brahmanen und Radschputen der Benares-Provinz fühlen sich einige zu stolz, um hinter dem Pfluge herzugehen; jenen widerstrebt es, thierisches Leben zu zerstören oder Dünger auszubreiten. Er fürchtet sich, sich des Ochsen zu bedienen, weil er dadurch dessen Blut vergießen könnte. Auch der Radschpute, welcher dem Brahmanen an Stolz nicht nachsteht, meidet in jenen Gegenden die Landarbeit, sobald er den Juneo oder die heilige Schnur um seinen Nacken empfangen hat [37]).

Nur wenige der Brahmanen widmen ihr Leben der Erforschung der heiligen Schriften, und ebenso selten ist es unter ihnen geworden, den Freuden dieser Welt zu entsagen oder sich nach eigener Wahl körperlichen Qualen zu unterwerfen; aber wo sich solche zeigen, werden sie vom Volke als Heilige angesehen und verehrt. Das Gebot, Reichthümer und Wohlthaten vor allen Dingen dem Brahmanen zuzuwenden, hat beinahe ganz aufgehört, und die Zahl derer, welche auf diese Weise ihr Leben fristen, ist ebenso gering, als die der Büßenden. Daher sieht man heute in allen Geschäften des Lebens, selbst in solchen, die für die bevorzugte Classe entwürdigend sind, den Brahmanen, ganz besonders aber im Kriegerstande und als Landmann.

Wenn der Brahmane zu Menu's Zeiten nur als Richter oder Rathgeber des Königs auftrat, so hat er heute seine Macht und seinen Einfluß den weltlichen Dingen zugewandt. Im Süden von Indien ist es ihm gelungen, sich beinahe aller Aemter zu bemächtigen, welche der schriftlichen Auffassung bedürsen; die Minister der Raja's, sowie die Rechnungsführer der kleinsten Ortschaften, ja die ganze Schaar, welche das Beamtenthum ausmachen, gehörten ihnen an, sowie sich auch in ihren Händen der Religions-Unterricht befindet. In Hindostan hingegen, wo mit der Herrschaft der Mongolen auch die persische Sprache eingeführt wurde, verschaffte deren Kenntniß vielen Muselmännern und solchen unter den Sudra's (z. B. den Cayeten), die sich dieselbe angeeignet hatten, die Verwaltung von Aemtern. Auch im Dekan mußte der Nizam Muselmänner begünstigen, wenngleich seine Finanz-Minister, die einflußreichsten im Reiche, stets der Brahmanen-Caste angehörten.

Welchen Mißbrauch die Brahmanen von ihrem Einflusse auf die weltlichen Herrscher machten, beweist das arge Spiel, dessen sie sich vor fünfzig Jahren gegen den Raja von Travancore bedienten. Der Raja, welcher einer niederen Caste von Brahmanen angehörte, wünschte neu und höher geboren zu werden. Nach mancherlei lächerlichen und mühseligen Ceremonien mußte er durch den Leib einer Kuh gehen, doch nicht durch den einer lebenden, sondern durch den einer zu diesem Zwecke angefertigten goldenen Kuh; aber als er deren Leib entkommen war, verblieb die goldene Kuh den Brahmanen als ein Geschenk für die erfindungsreiche Wiedergeburt [38]).

Je mehr der Brahmane an weltlicher Macht gewann, je mehr er sich der weltlichen Herrschaft widmete, desto mehr verlor er an religiösem Einflusse. An den Ufern des Ganges hat seine hierarchische Gewalt beinahe ganz aufgehört, und von seinem wissenschaftlichen Forschen weiß man kaum etwas; denn die Wenigen, welche ihr Leben den Studien und Forschungen widmen, bringen es beinahe unbeachtet zu. Selbst in der Herrschaft über die Gewissen der Menschen sind sie von den Gosayens und anderen Mönchsorden verdrängt worden, welche heute einen größeren Einfluß auf das Familienleben und auf die Individuen ausüben, als der Brahmane [39]). Dennoch ist ihnen in Bengalen bei den niederen Classen viel von der Verehrung früherer Zeiten geblieben und mancherlei Wohlthaten werden ihnen gespendet. Die Verwaltung der Tempel, die Leitung religiöser Handlungen ist in ihren Händen, und in einigen Theilen Indiens, wie in dem westlichen Hindostan und in dem Mahratten-Lande, ist ihnen die alte geistliche Autorität geblieben, obgleich sie auch dort viel von ihrem Einflusse und von der Anhänglichkeit des Volkes verloren haben [40]). Denn der Mahratte kann es dem Brahmanen nicht vergeben, von ihm in der Verwaltung des Landes verdrängt worden zu sein. Er, in dessen Augen die ritterlichen und die Soldatentugenden allein Werth haben und eine Berechtigung zur Herrschaft geben, sieht den Brahmanen in dieser Beziehung als weit unter sich stehend an ⁴¹).

Es haben sich seit Menu's Zeiten unter den beiden niedrigsten Casten in Folge ehelicher Verbindungen oder vermöge weltlicher Einflüsse unendlich viel gemischte Casten gebildet, deren jede in sich abgeschlossen mit einer peinlichen Sorge ihre Absonderung beobachtet, und die sich weder durch Heirathen, noch durch gemeinsame Rechte oder beim Mahle einander nähern. So finden sich allein in Puna und in dessen Umgegend gegen hundert und funfzig verschiedene Casten, wobei die verschiedenen Gewerbe, wie Tischler, Maurer, Goldarbeiter u. a. m., jedes eine für sich abgeschlossene Caste bilden ⁴²). Es ist dies auch der Verordnung Menu's nicht entgegen, welcher den gemischten Casten die Rechte der Erblichkeit in ihren Beschäftigungen anempfiehlt.

Die Stellung der Brahmanen selbst, dieser irdischen Götter, deren Munde einst das heilige Feuer entströmte, durch das sie gleich einem feuerspeienden Berge ihre Feinde vernichteten, ist, seitdem die Mohamedaner dieselbe erschütterten, ganz und gar verändert worden. An Umsicht haben die Cayasthas oder Câyeten sie erreicht, welchen sich selbst der Brahmane sehr oft unterthan gemacht hat. Der Vorsteher des Dharma Sobha in Calcutta ist ein Cayastha und Sudra, während der Secretär ein Brahmane ist. Dennoch giebt es Brahmanen, welche den Stolz und die Reinheit ihrer Vorfahren beanspruchen, auf den Sudra mit Verachtung blicken und sich weigern würden, religiöse Dienste für ihn zu verrichten; aber auch unter diesen befolgt keiner mehr die von Menu verordneten Lebensstufen. Sie werden einträgliche Aemter nicht von der Hand weisen, und selbst ihr Wissen für Schätze feil bieten, nach den Shastras das abscheulichste Verbrechen.

Unter den Brahmanen ist noch heute eine hohe geistige Ueberlegenheit zu finden, sie leben jedoch mehr in sich abgeschlossen, während die Lage der gemischten Casten eine viel günstigere geworden ist. Wo sich der Glaube im Hinduismus erhalten hat, genießt der Brahmane die alte Verehrung. Noch vor funfzig Jahren mußte ein Brahmane zu Calcutta, weil er von einem Goldarbeiter ein Geschenk angenommen hatte, zwei Tage fasten, einen heiligen Spruch hunderttausendmal hersagen und seinen Mund mit Kuhdünger reinigen, indem er ihn mit der Nahrung des Goldarbeiters verunreinigt hatte. Man sieht noch heute Hindu's niederer Caste mit Einsammeln des Staubes beschäftigt, der den Brahmanen von den Füßen herabfällt, um sich desselben als Heilmittel zu bedienen oder die Stirne damit zu bemalen, wenn sie eine Reise antreten. Es giebt Sudra's, welche selbst die Blätter sammeln, deren sich die Brahmanen als Teller bei ihrem Mahle bedienten und solche in dem Glauben verzehren, daß sie nach dem Tode dafür als Brahmanen geboren werden. In ihren demüthigen Verrichtungen gehen manche Brahmanen durch Gelöbnisse und Casteiungen so weit, daß sie jedes im Menschen lebende edlere Gefühl verläugnen und zum Thiere herabsinken; aber es geschieht in dem Glauben, den Göttern näher zu kommen und den Ruf wahrer Heiligkeit zu erlangen. So gelobte ein Brahmane, so lange zu essen, bis er vom übermäßigen Genusse platzen würde; ein Anderer gelobte, eine bestimmte Masse Ghy oder geschmolzene Butter hinunterzuschlucken, welches ihn aber in einen so qualvollen Zustand versetzte, daß er sich mehrere Stunden hindurch in Todesangst auf der Erde krampfhaft umherwarf. Einige Brahmanen essen nichts anderes, als das Korn, welches unverdauet durch den Magen einer Kuh entleert wird; denn keine Nahrung erscheint ihnen heiliger und reiner, als solche aus den Excrementen ausgelesene Körner. Andere leben nur von Milch, und damit ihre erhabene Natur nicht durch den gewöhnlichen Prozeß entehrt werde, suchen sie sich der nur zum Theil verdaueten Nahrung vermöge eines dünnen baumwollenen Fadens zu entledigen.

Der Raja Krishna Ray von Nadiya, welcher sich um die Mitte des vorigen Jahrhunderts durch seine wissenschaftlichen Bestrebungen auszeichnete, machte Nadiya seine Hauptstadt zum Sammelplatze der Gelehrten seiner Zeit, und hat dadurch wesentlich zur Ausbildung der bengalischen Sprache beigetragen. Dennoch war dieser merkwürdige Mann so von Vorurtheilen befangen, daß er einst einen Sudra tödtete, weil er die Tochter eines Brahmanen geheirathet hatte. Das Gesetz sagt, wer die Tochter eines Brahmanen baden sieht, verdient mit dem Tode bestraft zu werden. Bei Gelegenheit des Darga Púja-Festes brachte der Raja, den Brahmanen zu gefallen, der Gottheit in sechzehn Tagen eine solche Menge von Opfern, daß er 65,535 Ziegen, Schafe und Büffel getödtet hatte, deren Körper den Brahmanen als Geschenke zufielen. Als Kirtibas (1790) die Ramanyana ins Bengalische übersetzte, war der literarische Verein der Brahmanen zu Nadiya so empört darüber, daß er erklärte: „Da es nicht das Werk eines Pandit ist, so darf es nicht gelesen werden" [48]).

In Bengalen sind die Vaisja's und Sudra's als reine Caste ausgestorben, auch die Kschatrija's sind selten. An der Spitze der vermischten Casten stehen die Vaidja's, welche auch das Vorrecht des zweimal Geborenen beanspruchen und als Aerzte sich auszeichnen; ihnen zunächst kommen die Kajastha's, die sich den Titel Dasses oder Sclaven der zweimal Geborenen anmaßen. Da sie mit der Feder vertraut sind, so widmen sie sich ausschließlich Schreibergeschäften.

Dagegen ist das Heirathen unter den höheren Casten mit Frauen niederer und umgekehrt heute sehr streng verboten; wenn früher ein Brahmane die Tochter eines Sudra heirathen konnte, so würde ihn dies heute seiner Caste berauben. Solche eheliche Verbindungen und Gastfreundschaft sind untersagt. Die vielen Abzweigungen derselben Casten, durch die Schaffung von Kalins eingeführt, hat wesentlich dazu beigetragen, die Casten-Sonderung bis ins Unendliche fortzuführen. Die Brahmanen in Bengalen sind nämlich in verschiedene Srenies getheilt, diese wieder in Kalins, Srotriya's und Vangsaga's; wenn diese Gastfreundschaft und eheliche Verbindung schließen, so werden die Srenies sich davon fern halten. Den Brahmanen und Kajastha's ist Beides mit anderen Casten verboten, ja selbst mit vielen Familien ihres eigenen Ordens müssen sie sich jeder Annäherung enthalten. Bei Heirathen muß erst zuvor die Frage des Kulinismus entschieden werden.

Aus der Vermischung der vier Casten entstanden zwölf Casten oder Classen, die sogenannten Sankara Varnas, welche sich bis auf sechzehn ausdehnten. Denn die Hindutheorie von Casten ist eine dreifache, diejenige, welche sich aus den Veda's ergiebt, die der Smiriti, der Purana's und anderer Shastra's, und diejenige, welche sich aus dem Gebrauche des Tages ergiebt; aber ebenso wie diese, ist das Castenwesen selbst in den verschiedenen Epochen verschieden. Menu würde beim Anblicke des Castenwesens der heutigen Hindu's erschrecken.

All dieser Vermischungen ungeachtet werden gewisse Vorschriften der Casten-Sonderung mit einer Strenge und Peinlichkeit befolgt, die ans Unbegreifliche gränzt. Namentlich wird dies nicht nur, wie wir bereits wissen, bei Zubereitung des Mahles beobachtet, sondern selbst das Auge eines Ungeweiheten kann Verderben bringend sein. Zur Zeit der Hungersnoth von 1838 in den Nordwest-Provinzen, wo Mütter ihre Kinder verkauften, um ihr Leben fristen zu können, wurde auch die Castenscheidung vergessen und verletzt; denn man sah Brahmanen die Ueberreste des Mahles der Dhoms (der niedrigsten Caste) heißhungrig verschlingen.

Auch bewies Lord Hastings feste Handlungsweise, was von diesen Castenvorrechten zu halten ist. Es befanden sich zu seiner Zeit gegen 20,000 Leute aus Orissa, meist der höheren Caste angehörend, als dienende Leute in Calcutta. Viele derselben gehörten zur Dienerschaft des General-Gouverneurs. Einem dieser ersten Diener befahl Lord Hastings eines Tages, das Waschbecken zu reinigen. Er weigerte sich, angebend, seine Caste dadurch zu beschimpfen. „Wenn das Waschbecken nicht von dir ausgegossen und gereiniget wird, so wirst du und all deine Orissa-Landsleute sofort Calcutta verlassen und nach ihrer Heimath zurückkehren." Sie kamen eilig zusammen, beriethen sich und stimmten dafür, daß der Diener das Waschbecken zu reinigen habe.

Unter allen Casten halten die Radschputen am hartnäckigsten an jenen strengen Vorschriften, unter ihnen hat sich noch bis heute ein Castenstolz bewahrt, welcher das Leben für werthlos, ja unerträglich hält, wenn ihre Castenpflicht verletzt worden ist. Ein Beispiel wird genügen, die schreckbaren Folgen davon zu zeigen.

Im Jahre 1776 wanderten einige Mohamedaner durch ein Dorf unweit Baroche, woselbst eine Radschputenfamilie wohnte. Die Mohamedaner naheten sich dem Hause und warfen zufällig einen Blick in ein Zimmer, in welchem eine ältliche Frau ihr Mahl verzehrte. Als sie dieselbe essen sahen, zogen sie sich sofort zurück; aber dieser Umstand, von Ungeweiheten gesehen worden zu sein, war für die Radschputenfrau eine solche Entwürdigung, daß nach ihren Begriffen nichts in der Welt sie von diesem Schimpfe befreien konnte. Sie wohnte zu jener Zeit mit ihrem Enkel, einem schönen jungen Manne, zusammen, der damals gerade abwesend war, als die Mohamedaner die Hausschwelle betreten hatten. Als er heimkehrte, erzählte sie ihm, was sich zugetragen habe, und daß sie entschlossen sei, den Schimpf nicht zu überleben. Sie drang aufs ernstlichste in ihn, sie zu tödten, indem sie sich der Selbstentleibung nur enthalten habe, weil sie wünsche, von seiner Hand zu fallen. Die Hingebung und Liebe des jungen Mannes für die alte Großmutter, sowie sein verständiger Sinn, bewogen ihn, sie von dem Vorhaben abzuhalten; er bat sie flehentlich, nicht mehr daran zu denken, indem ja Niemand als ihre eigene Familie von der ihr widerfahrenen Unbill etwas wüßte, und die Leute, welche die unschuldige Ursache dazu gewesen wären, nicht die Absicht gehabt haben könnten, ihr wehe zu thun. Die Alte blieb bei ihrem Entschlusse, und da sie weder ihren Enkel noch irgend ein anderes Mitglied ihrer Familie bewegen konnte, das Todesopfer an ihr zu vollziehen, so wartete sie bis zu dem Augenblicke, wo sie sich allein befand. Alsdann stieß sie mit solch einer Gewalt ihren Kopf gegen die Mauer, daß der heimkehrende Großsohn sie im furchtbarsten Zustande unter Todesschmerzen liegend fand. Sie flehete ihn an, um das Opfer an ihr zu vollziehen und sie vom Elende dieser Welt zu befreien. Er stach ihr den Dolch ins Herz, worauf sie verschied [44]).

Wie tief das Festhalten an Castenrecht und Castenruhm in den Geist der Hindu's eingedrungen ist, beweisen die Bhaut's, ein besonderer Stamm, der in Guzerat und den angränzenden Ländern lebt. Sie stehen im Rufe großer Heiligkeit und sind die Gewährsmänner bei Traktaten. Wenn ein Vertrag von ihnen garantirt worden ist, so glauben sich die betreffenden Theile in ihren Rechten und den übernommenen Verpflichtungen gesichert. Sollte jedoch einer der Theile es wagen, ihn zu brechen, so kommen die Bhaut's, die ihn garantirt haben, mit ihren Familien zusammen und tödten sich. Ihr Blut fällt rächend auf denjenigen, der seiner Verpflichtung nicht nachgekommen ist, und der Glaube an ihre Verwünschungen ist so allgemein verbreitet, daß eine von ihnen übernommene Gewährleistung als das sicherste Pfand angesehen wird [45]).

Seine Caste verloren zu haben, heißt mehr als dem bürgerlichen Tode anheimgefallen zu sein; denn solch ein Unglücklicher geht der Erbberechtigung verlustig, kann keine Verpflichtungen eingehen, kein Zeugniß ablegen, und aus der menschlichen Gesellschaft verbannt, irrt er gleich einem Ausgestoßenen in der Welt umher. Seines Vaters Haus ist ihm für ewig verschlossen, seine nächsten Verwandten meiden ihn, die Tröstungen der Religion existiren nicht für ihn, und die Hoffnung auf ein künftiges Leben voll Glückseligkeit sind für ihn ewig verloren, wenn er sich nicht bemüht, durch qualvolle Büßungen das begangene Verbrechen abzuwaschen, — die einzige Möglichkeit, sein Castenrecht wieder zu erlangen. Wenn nicht furchtbare Verbrechen oder gänzliche Nichtachtung aller Casten-Vorschriften die Ursache sind, so kann der Hindu auf diese Weise heute sehr leicht seine verlorene Caste wieder gewinnen; ja der Verlust derselben wird ihn kaum merkbar getroffen haben; denn, obgleich von den Gerichtshöfen Anklagen wegen ungerechter Ausschließung aus der Caste vorgebracht werden, so ist es doch heute unerhört, daß ein seiner Caste verlustig gegangenes Individuum so verlassen und ausgestoßen in der Welt umher irren sollte, wie obige Vorschriften angeben.

Es findet sich heute in Indien nicht mehr die niedrige und verachtete Classe der Dienenden und der Paria's, jener Verworfenen, die eine Klingel um den Nacken tragen mußten, damit der Brahmane von deren Annäherung zeitig Kunde erhielt; — Sclaven, deren sich Einige unter den Berg- und Jangleſtämmen im südlichen Indien befanden, waren vielleicht die Reste der alten Sudra's. Aber auch diese sind frei, weil Sclaven nicht mehr in Indien geduldet werden. Wenngleich die reine Caste der Sudra's mehrfach in Frage gestellt ist, so behaupten doch gelehrte Brahmanen, daß die Mahratten dieser Caste angehören; die Meisten derselben beschäftigen sich heute mit dem Ackerbau, Andere widmen sich dem Soldatenstande. Ein den Sudra's angehöriger Stamm sind die Cäyeten in Bengalen, welche den Brahmanen in Kenntnissen und im Geschäftsleben wenig nachstehen, und ihre Gewandtheit mit der Feder sich als ein Vorrecht uralter Zeiten anrechnen [40]).

Dennoch wird von diesen Cäyeten oder Cayots, den Nachkommen der Urvölker, berichtet, daß sie, gleich den Paleahs in Malabar, vor wenig Jahrzehnten keine Wohnung besitzen durften, und sich bei Annäherung eines Brahmanen in Gräben oder auf Bäumen bergen mußten. Wenn ein Brahmane oder Nair einem Paleah begegnete, so war es ihm erlaubt, ihn gleich einem wilden Thiere niederzuhauen. Wollten diese Unglücklichen, vom Hunger gequält, sich ihrer Handelsprodukte entledigen, so legten sie solche an dazu bestimmten Orten in der Nähe der Dörfer nieder; von dort nahmen die Bauern die Waaren in Empfang und legten nach Gutdünken die Lebensmittel an deren Stelle. Die niedrigsten aller Casten sind die Molangres, welche sich mit dem Sieden des Salzes in den Sauderbands beschäftigen. Sie bewohnen eine sandige, von undurchdringlichen Wildnissen umgebene Küste, die ein Labyrinth von Wasserströmen durchzieht, zwischen denen Tiger, Rhinocerosse und giftige Schlangen leben. Während einige von ihnen mit dem Sieden des Salzwassers beschäftigt waren, bewachten andere den Tiger am entgegengesetzten Ufer, und da sie keine Waffen zu ihrer Vertheidigung besaßen, so flüchteten sie sich in die zu diesem Zwecke gegrabenen Höhlen.

So verderblich das Castenwesen dem Hinduvolke in seiner freien Entwickelung gewesen ist, indem dasselbe dadurch seit Jahrtausenden, von Jahrhundert zu Jahrhundert, unverändert seine Eigenthümlichkeiten bewahrt hat, und sich noch heute wenig verschieden von seinen Vorvätern zeigt, wie Alexanders Krieger sie fanden, so hat es dennoch dem Unternehmungsgeiste der Individuen keine Schranken gesetzt. In keinem Theile der Welt sind die Wechsel des Glückes so schnell, wird die Lage der Menschen so plötzlich und so gewaltsam verändert als in Indien. Es giebt keinen indischen Hof eingeborener Fürsten, an dem nicht Männer zu finden wären, die aus den niedrigsten Stellungen zu den höchsten und einflußreichsten Aemtern gelangten. Die Regierungen der Großmoghule, der Könige von Audh, der Nizam's, der Peischwa's und der Sickh-Maharadscha's geben Beispiele davon. Der letzte Peischwa hatte zu verschiedenen Zeiten zwei erste Minister, von denen der Eine die erniedrigenden Handlungen eines Priesterdieners oder Sängers an einem Tempel ausgeübt, und der Andere, ein Sudra, als Läufer gedient hatte; der erste Minister des Raja's von Jeypur war ein Barbier, der Stammvater der Holcar's war ein Ziegenhirt, der des Scindia ein gemeiner Diener und Beide gehörten den Sudra's an. Die einflußreiche Familie der Rastia im Mahrattenlande folgte anfänglich den Beschäftigungen der Brahmanen, danach sehen wir Glieder derselben als große Geldwechsler und zuletzt als Heerführer. Aehnliches würde sich im Geschäftsleben der Hindu's finden; war doch der berühmteste Miniaturmaler in europäischem Stile ein Grobschmidt.⁴⁷).

Noch müssen wir der Mönchsorden gedenken, welche sich gleichsam als eine neue Caste gebildet haben. Ihr Ursprung ist schwer zu ergründen; vielleicht, daß sie aus dem dem Brahmanen nach Menu's Gesetzbuch vorgeschriebenen vierten Lebens-Abschnitte hervorgegangen sind, unbezweifelt aber ist es daß das Mönchswesen durch den Buddhismus eine besondere Belebung erhielt und in den Hinduismus überging. Denn der in der Einsamkeit lebende Brahmane, welcher sich an die Entsagungen eines Einsiedlers gewöhnen sollte, ist von allen äußerlichen Vorschriften entbunden, um seine Zeit der Selbstbeschauung, dem Sichversenken in das göttliche Wesen widmen zu können. In dieser Zurückgezogenheit und Stille hatte seine Heiligkeit etwas Anziehendes für Individuen, die Trost und Aufrichtung suchten, sich zu ihm gesellten, seinen Worten zuhörten und nach und nach seine Gewohnheiten annahmen und an seiner Abgeschlossenheit Gefallen fanden. Solche Mönchsorden fanden sich schon zu Alexanders Zeiten, aber wie sie sich gebildet hatten und unter welchen Gesetzen sie lebten, welchen Einfluß und welche Wirksamkeit sie ausübten, ist uns unbekannt geblieben.

Es giebt eine alte Sage, daß der Dämon Tarika eilfhundert Jahre gebüßt haben soll, und zwar in solcher Weise, daß die Götter besorgten, ihn deshalb belohnt zu sehen; denn er stand auf einem Fuße die Sonne anstaunend; er stand auf seinen großen Zehen; er lebte von Wasser, dann von Luft; er lebte eingetaucht in Wasser, dann unter der Erde, dann im Feuer; er stand auf seinem Kopfe, die Füße gen Himmel; dann auf einer Hand; hing mit seinen Händen an einem Baume; klammerte sich dann mit seinen Füßen daran fest, den Kopf herunterhängend und viele andere Dinge mehr. Aber obgleich die Shastra's sagen, daß er all dieser Büßungen ungeachtet vernichtet wurde, so hat sein Beispiel bis auf heutige Tage viele Büßer erweckt, deren Handlungsweise meist an Wahnsinn gränzt.

Nach den Hinduschriften ist das achte Jahrhundert die früheste Zeit, in der die Gründung von Mönchsorden erwähnt wird; aber unter den heute noch bestehenden Mönchsorden sind wenige älter als fünfhundert Jahre. Daß schon in Menu's Zeiten etwas diesem Mönchswesen Verwandtes bestanden hat, sollte man daraus schließen, daß Begräbniß-Rechte solchen Ungläubigen verweigert wurden, welche einen besondern religiösen Anzug trugen, den die Veda's nicht vorgeschrieben hatten [48]).

Einige dieser Orden bestanden ausschließlich aus Brahmanen, die meisten jedoch bildeten sich aus allen Classen, wobei jeder Casten-Unterschied verbannt wurde; die Brahmanen entsagten ihrer heiligen Schnur, sowie die anderen Casten auf alle bisher angenommenen Rechte Verzicht leisteten, damit nach Verbannung jeden Unterschiedes Alle in ihren Rechten, Pflichten und Entsagungen gleich seien. Zu diesem gewaltsamen Schritte entschlossen sich diese Mönchsorden nach Professor Wilson's Angabe erst am Ende des 14. Jahrhunderts. Sie zeigen jedoch nichts von der Abgeschlossenheit und dem specifischen Charakter christlicher Mönchsorden, machen sich aber wie diese durch ihre Kleidung bemerkbar, indem Einige den Turban und den Shawl von einer gelblich schmutzigen Farbe tragen, Andere mit einer bloßen Thierhaut bedeckt einhergehen und noch Andere sich ganz nackend, mit Asche oder Staub bedeckt, zeigen. Jedes Mitglied ist durch Gelübde mannigfacher Art gebunden, alle nehmen Almosen an, obgleich nicht alle darum betteln.

Einzelne Fanatiker, welche von besonderen Ideen begeistert waren, sammelten Anhänger um sich, gründeten dann einen eigenthümlichen Orden oder bildeten besondere Sekten, deren Lehren sich oft weit über Indien verbreiteten und mit Begeisterung aufgenommen wurden oder auf eine bestimmte Lokalität beschränkt blieben und nur wenige Bekenner fanden. Die Mitglieder mußten sich einer Prüfungszeit von ein bis zwei Jahren unterwerfen, in welcher Zeit sich der Novize unter Anleitung eines Lehrers oder Guru's vorbereitete, welcher dem Vorsteher über ihre Fortschritte und ihren Wandel Auskunft zu geben hatte. Die meisten dieser Sekten besaßen Klöster, zu einigen derselben gehörten Ländereien, andere wurden von den Beiträgen gläubiger Seelen unterhalten oder von den erbettelten Gaben ihrer Mitglieder, wie die der christlichen Bettelmönche, oder durch Handel, welcher in einzelnen Fällen offen, meist jedoch in versteckter Weise von den Mönchen getrieben wird. Solche Klöster stehen unter einem Mohant oder Abte, den sich jede Gemeinde entweder selbst wählt, oder der von den verschiedenen Mohants des Ordens eingesetzt wird, oder den der Vorgänger bestimmt; an manchen dieser Klöster ist auch diese Würde erblich. In Bengalen findet sich ein Orden, welcher beide Geschlechter in demselben Orden beherbergt, die sich dem Gelübde der strengsten Abgeschiedenheit und Keuschheit unterwerfen müssen.

Selbst unter den Muselmännern finden sich Büßer, die wegen ihrer Heiligkeit auch von den Hindu's verehrt werden. So lebt zu Salone in Audh ein solcher Heiliger, Shah Puna Ata, der auf derselben Matratze sitzt, die seine heiligen Vorfahren besaßen und die ihm gleichsam als Thronsessel dient, wenn er die Huldigungen empfängt. Dieser Erbe verläßt nie sein Haus, empfängt die Gläubigen, giebt seinen Segen und Nahrung an alle diejenigen, die zu ihm wallfahrten und der Hülfe bedürftig sind. Der König von Audh hatte ihm zwölf Dörfer taxfrei gegeben, welche ihm jährlich 25,000 Rupien einbrachten, die er an seine Familie und an Hülfsbedürftige vertheilte. Außerdem empfing er von Mohamedanern in Indien jährlich 25,000 Rupien in Geschenken, und brüstete sich, von General-Gouverneuren und Residenten brieflich die schmeichelhafteste Anerkennung gefunden zu haben [49]).

Viele dieser Gosâyen's ziehen das Wander- und Bettlerleben dem Aufenthalte im Kloster vor, Andere machen sich von jeder Regel frei, indem sie sich nur in einzelnen Dingen dem Mohant unterwerfen, und allein den Büßungen folgen, die sie sich selbst aufgelegt haben. Zu ihnen gehören diejenigen Büßenden, welche sich den strengsten Entsagungen oder den schmerzhaftesten Martern unterwerfen, der Menschheit gleichsam mit Verachtung aus dem Wege gehen, im Dickicht undurchdringlicher Wälder leben, daselbst sehr oft ein Raub der

Tiger oder anderer wilder Thiere werden, und, wenn nicht mitleidsvolle Menschen sich ihrer annähmen, dem Hungertode erliegen müßten. So wurden, um wenigstens einen Fall anzuführen, auf der Sägar-Insel sechs solcher Einsiedler in drei Monaten von Tigern verzehrt [50]).

Einige dieser Orden unterwarfen sich den strengsten Gelöbnissen; die Meisten müssen dem Ehestande entsagen, solchen aber, denen das eheliche Leben gestattet ist, wird es erlaubt mit ihren Familien zu leben. Ein dem Krischna geweiheter Orden hält es für seine Pflicht, sich in schöne Gewänder zu kleiden und mit reichen Schmucksachen zu behängen und nur von ausgesuchter Nahrung lebend, können diese Epikuräer sich jedem unschuldigen Vergnügen überlassen. Ihre den sinnlichen Freuden gewidmete Hingebung erniedrigt sie nicht in den Augen ihrer Mitmenschen, im Gegentheile üben sie oft einen unbegränzten Einfluß über dieselben aus, und von ihnen mit allem aufs reichlichste versehen, können sie ihren liberalen religiösen Begriffen ungestört nachgehen.

Ihnen entgegengesetzt sind solche Orden wie die Jogi's und Topasivie's, die sich den größten Martern unterwerfen, wie man sie täglich in Bombay sehen kann; einem Gelübde zufolge halten sie z. B. ihre Arme oder Füße in irgend einer Lage unverändert fest, bis sie in derselben festgewachsen sind oder lassen durch die Gegenstände, die sie mit ihren Händen erfaßt haben, die Nägel hindurchwachsen. Das Volk kommt dann täglich, sie zu reinigen, zu küssen und ihnen Speise zu reichen. Andere liegen auf Nagelbetten, ewigem Stillschweigen ergeben; oder vom Schmutze beinahe verzehrt, suchen sie das Interesse ihrer Mitmenschen anzuregen, indem sie sich mit Messern die Glieder zerfleischen. Noch andere lassen sich an einem bestimmten Flecke befestigen, legen sich niemals nieder, sondern schlafen gegen einen Baum gelehnt. Einer von diesen Büßern that am Ende des vorigen Jahrhunderts das Gelübde, den Weg von Benares nach Jagannath, mehrere hundert Meilen, mit der Länge seines Körpers zurückzulegen, das heißt, sich der Länge nach von Fleck zu Fleck hinzulegen. In Bengalen sieht man während gewisser religiöser Festlichkeiten mehrere dieser Büßenden zugleich sich eiserne Haken durch das zusammengepreßte Rückenfleisch ziehen und auf einem Schwingbalken sich durch die Lüfte drehen, ohne dabei irgend einen Schmerzenslaut von sich zu geben [51]). Diejenigen, welche ganz nackt umher gehen, denen Kopf- und Barthaar wild und verworren über den Körper herabfällt und die sich mit Asche und Staub bestreuet haben, erregen einen höchst widerlichen Eindruck. Zu diesen gehören die Nâga's, welche sich zu Zeiten als Söldner vermiethen, und sich dann unter ihrem eigenen Führer bis zu Tausenden versammeln. Es ist nicht die Liebe für die Religion, welche sie dazu treibt, sondern ihre angeborene Lebensweise und die Kampflust. In früheren Zeiten, wenn sich keine Gelegenheit darbot, einem Fürsten oder einem Freibeuter zu dienen, durchzogen sie das Land in kleinen Haufen, plünderten und erhoben gewaltsame Erpressungen. Bei solchen Gelegenheiten ereignete es sich, daß diese bewaffneten Mönche mit anderen Sekten in Berührung kamen, sich dann gegenseitig beschimpften und ihre Anfeindungen mit dem erbittertsten Kampfe endigten. Solch ein Gemetzel ereignete sich auf dem großen Jahrmarkte zu Hardwâr im Jahre 1760, wo es zwischen den Nâga's des Siva und denen des Vischnu zu einer so blutigen Schlacht kam, daß 18,000 Menschen auf dem Platze todt geblieben sein sollen [32]).

Zu den verschiedenen Casten der fechtenden Shûdra's in Indien, deren Dharma oder Religion es ist, sich dem Kriege und der Plünderung zu widmen, gehören auch Einige, die da behaupten, von den Kschatrija's abzustammen. So auch der Nair von Malabar, der einer ganz niederen Caste angehört, aber behauptet, daß seine Vorfahren der königlichen oder fechtenden Classe angehörten; weshalb er den Jannö oder die Schnur des zweimal Geborenen trägt.

Unter den Gosayen's lebt eine Sekte des Siva, die Jogi's, der Selbstbeschauung und giebt sich allerlei kindischen Versuchen hin, wie dem Sichverhalten des Athemholens, um dadurch der Gottheit näher zu kommen, gleichsam mit ihr vereinigt zu werden. Die niedrigsten dieser Classe behaupten Mirakel thun zu können, einige von ihnen wandern gleich Taschenspielern mit abgerichteten Affen und musikalischen Instrumenten umher, um durch sie und ihre Künste die Einwohner an sich zu ziehen. Dagegen suchen Andere ihre Heiligkeit als eifrige Beter, die mit gewissen Künsten und Kräften vertraut sind, an den Tag zu legen, und stellen diese Wunderdinge dem Volke nicht für Geld, sondern ihrer Heiligkeit wegen zur Schau. Zu diesen gehören jene merkwürdigen Menschen, welche, uns unerklärlichen Ursachen oder Kräften gemäß, mehrere Minuten bis vier Fuß über der Erde gleichsam in der Luft zu schweben wissen, indem sie sich dabei keiner anderen Stütze bedienen, als derjenigen, welche ihnen eine Krücke gewährt, auf welche der Rücken einer Hand gestützt ist, während die Finger eifrig bemühet sind, die Bohnen ihres Kranzes zu zählen [33]).

Die Pandarama's, Anhänger des Siva, reiben Gesicht und Körper mit der Asche verbrannten Kuhdüngers, und laufen, Hymnen singend, durch die

Straßen. Die Carv-patry pandaram's haben das Gelübde gethan, nie zu sprechen. Sie gehen umher, Almosen erbettelnd, indem sie dabei die Hände aneinander schlagen, leben nur von Reis und würdigen keinen Menschen oder keine Sache ihres Anblicks, versunken in stierem Betrachten irgend eines Gegenstandes. Die Jadinam's gehen singend umher, Vischnu's Ruhm verkündend, und tragen dabei kleine Schellen an ihren Aenkeln, ihr Kommen zu verkünden.

Eine höchst merkwürdige und uns noch unerklärliche Thatsache ist es endlich, daß sich einige Individuen dieser Sekten begraben lassen, und nach gewisser Zeit wieder zum Leben gebracht werden. Ein Fall der Art wurde vom britischen Residenten in Baroda beobachtet, wo sich ein Fakir zum Schlaftode vorbereitete und auf vierzehn Tage begraben ließ. Sein Grab wurde Tag und Nacht beobachtet und alle solche Vorkehrungen getroffen, die einen Betrug unmöglich machten. Der merkwürdigste Fall ereignete sich jedoch bei Lahore unter Rûnzit Sing's Regierung zur Zeit, als sich Sir Claude Wade als Bevollmächtigter der Ostindischen Regierung an dessen Hofe aufhielt. Der Fakir unterwarf sich hier einer förmlichen Hunger-Cur, in den letzten Wochen vor seinem Begräbnisse nur von Milch lebend, und war so abgemagert und ermattet, als man ihn in den Sarg legte, daß er kaum sprechen konnte. Sir Claude Wade erzählt den Hergang seiner Ausgrabung in folgender Weise: „Ich befand mich am Hofe Rûnzit Sing's, als der Fakir, dessen Capitain Osborne gedenkt, sich auf sechs Wochen begraben ließ; obgleich ich wenige Stunden nach seiner wirklichen Beerdigung eintraf und diesem Theile des Phänomens nicht beiwohnte, so hatte ich doch Rûnzit Sing's Zeugniß und das anderer glaubwürdiger Personen an seinem Hofe, an deren Wahrheit nicht zu zweifeln war. — Am Tage der Ausgrabung begab ich mich zur festgesetzten Stunde mit Rûnzit Sing nach dem Orte, woselbst der Fakir begraben lag. Es war ein viereckiges Gebäude, barra dûrra genannt, in der Mitte eines Gartens gelegen, der mit dem Palaste von Lahore in Verbindung stand, war von einer Veranda umgeben und besaß nur in der Mitte ein ganz abgeschlossenes Gemach. Rûnzit Sing war von seinem ganzen Hofe umgeben, und als er davor eingetroffen von seinem Elephanten stieg, forderte er mich auf, mit ihm das Gebäude zu untersuchen und zu sehen, ob auch alles verschlossen und in solchem Zustande war, wie er es verlassen hatte. Dies geschah; es befand sich nämlich auf jeder der vier Seiten eine Thüre, drei derselben waren mit Ziegelsteinen zugemauert worden, die vierte Thüre, welche sehr stark war, hatte man bis zum Schlosse in derselben

Weise vermauert. Das Schloß hatte Rûnzit Sing mit seinem Privatsiegel selbst versiegelt, als der Fakir begraben worden war."

„Der Maharajah erkannte das Siegel als das seinige an. Er selbst so ungläubig als irgend ein Europäer es bei solchem Falle sein konnte, hatte, um jedweden Betrug zu vermeiden, zwei Compagnien seiner Leibwache während der sechs Wochen in der Nähe des Ortes ausgestellt, von welcher vier Schildwachen ausgesetzt waren, die alle zwei Stunden abgelöst wurden. Außerdem hatte ein höherer Offizier des Palastes den Auftrag gehabt, den Ort öfter zu besuchen und jederzeit zu berichten; endlich mußte der Offizier der Wache Morgens und Abends Meldung machen."

„Wir setzten uns in die Veranda, der Thüre gegenüber, während die Leute die Mauer von der Thüre wegräumten, und einer der Offiziere das Siegel ablöste und das Vorlegeschloß aufmachte. Als die Thüre geöffnet wurde, zeigte sich ein dunkles Gemach. Rûnzit und ich gingen vom Diener des Fakirs begleitet hinein; ein Licht wurde herbeigebracht, und wir stiegen ungefähr drei Fuß unterhalb des Bodens in eine Art Celle. In derselben stand aufrecht ein hölzerner Kasten, gegen fünf Fuß lang und vier Fuß breit mit dachförmiger Bedeckung, in welchem der Fakir sich befand; auch dieser Kasten war vermöge eines Siegels und Schlosses verwahrt. Indem wir dieselben öffneten und den Deckel abhoben, sahen wir eine Gestalt in weiße Leinwand gehüllt, welche mit einer Schnur über dem Kopfe zusammengezogen war. Bei deren Enthüllung wurden Geschütze abgefeuert und die außerhalb stehende Menge drängte sich neugierig bis zur Thüre, um das Schauspiel betrachten zu können. Nachdem Jedermann seine Neugierde befriedigt hatte, trat der Diener des Fakirs hinzu, umschlang mit seinen Armen die in dem Kasten liegende Figur, nahm sie heraus, und die Thüre des Kastens wieder schließend, legte er den Körper des Fakirs, der gleich einem Hindugötzen in den engen Raum gezwängt worden war, mit dem Rücken auf dieselbe."

„Rûnzit Sing und ich stiegen in die Celle, welche jedoch so eng war, daß wir dem Körper gegenüber auf dem Boden sitzen mußten, denselben mit unseren Händen und Füßen dabei berührend. Der Diener begann nun warmes Wasser über den Körper auszugießen; aber da ich genau den Hergang sehen und jedem Betruge vorbeugen wollte, so schlug ich Rûnzit Sing vor, die Leinwand zu öffnen, um den Körper genau beobachten zu können. Ich that es und bemerkte dabei, daß dieser leinene Sack sich anfühlte als wäre er einige Zeit begraben gewesen. Die Beine und Arme des Körpers waren zusammengeschrumpft und steif, das Gesicht voll, der Kopf lag auf der Schulter gelehnt, wie der einer Leiche. Ich rief nun einen Arzt herbei, der mich begleitet hatte, den Körper zu untersuchen und dieser konnte weder im Herzen, noch an den Schläfen oder an den Armen ein Leben des Pulses fühlen. Dagegen zeigte sich einige Wärme am Gehirne, dem einzigen Theile des Körpers, wo solche wahrzunehmen war."

„Der Diener begann nun den Körper mit warmem Wasser zu waschen, dann allmählig Arme und Beine aus der leblosen Haltung befreiend, ergriff Rûnzit sein rechtes und ich das linke Bein, um durch Reibungen Leben in dieselben zu bringen. Während dieser Zeit hatte der Diener einen heißen Kuchen, einen Zoll dick, aus Weizenteig gemacht und auf den Wirbel des Kopfes gelegt, nahm ihn dann wieder ab und wiederholte dies zwei- bis dreimal. Alsdann zog er aus den Nasenlöchern und Ohren das Wachs und die Baumwolle heraus, und nach großen Anstrengungen öffnete er vermöge einer Messerklinge, die er zwischen die Zähne einzwängte, den Mund, und während er die Kinnbacken mit der linken Hand offen hielt, zog er die Zunge mit der rechten hervor, welche dabei einigemale seinen Fingern entschlüpfte und in die frühere gebogene Lage zurückschnellte. Nun rieb er die Augenlider einige Sekunden mit Ghy (geklärter Butter), bis sich dieselben öffneten; die Augen erschienen jedoch glasig und bewegungslos."

„Nachdem der heiße Kuchen das dritte Mal auf den Wirbel des Kopfes gelegt worden war, begann der Körper in convulsivische Bewegungen überzugehen, die Nasenlöcher bewegten sich vom Athem, ein Schweiß brach hervor und die Glieder bekamen eine mehr natürliche Fülle; aber der Puls zeigte sich noch immer kaum fühlbar. Der Diener legte etwas von dem Ghy auf die Zunge, so, daß der Fakir es herabschlucken mußte. Wenige Minuten darauf zeigte sich Leben in den Augäpfeln, dieselben gewannen allmählig ihre ursprüngliche Färbung, und der Fakir, indem er Rûnzit erkannte, stammelte in gebrochener, aber kaum hörbarer Stimme die Worte: „„Glaubst du mir jetzt?"" Rûnzit Sing bejahete es, hing dem Fakir ein Perlhalsband um, und befestigte zwei prächtige goldene Armbänder an seine Arme, ihm außerdem ein förmliches Khelat in seidenen Stoffen, Muslin und Shawls schenkend."

„Von dem Augenblicke an, wo die Kiste geöffnet war, bis zu dem, wo der Fakir seine Stimme wieder gewann, mochte eine halbe Stunde verflossen sein; und nach Verlauf einer anderen halben Stunde redete der Fakir mit mir und den Personen, die ihn umgaben, jedoch in sehr mattem Tone, gleich einer kranken Person" [51]).

Von einem anderen glaubwürdigen Augenzeugen wird uns ein anderer Fall der Art erzählt, welcher sich in Jessalmier im Jahre 1835 zutrug [55]). Ein junger Hindu, gegen dreißig Jahre alt, reiste zu jener Zeit durch die Radschputenstaaten, um sich auf Wochen oder Monate lebendig begraben zu lassen. Der Raja von Jessalmier machte von seinem Anerbieten Gebrauch, daß er sich auf vier Wochen beerdigen lassen wolle, in der Hoffnung, durch Befürwortung dieses heiligen Mannes alsdann einen Thronerben zu bekommen. Man hatte das Grab nahe den Ufern eines gemauerten Teiches in einem kleinen, aus Felssteinen erbaueten Gebäude eingerichtet; dasselbe war nur zwölf Fuß lang und acht Fuß breit. In dem Boden dieses Gebäudes wurde ein Loch von 3′ Länge, 2½′ Breite und 4′ Tiefe gegraben, welches als Grab diente und wo dieser Mensch in sitzender Lage hineingelegt wurde. Sein Körper war in ein leinenes Tuch genähet worden, und zwar so, daß sich die Knice gegen das Kinn gedrückt befanden, die Füße den unteren Theil des Magens berührten und die Hände gegen die Brust lehnten. Das Grab selbst war ausgemauert worden, und mit wollenen Tüchern ausgelegt, damit der Begrabene sich vor der weißen Ameise oder anderen Insecten gesichert wußte. Zwei schwere Steinplatten, mehrere Zoll dick, bedeckten das Grab und über diese war Erde geschüttet worden. Das Haus selbst war zugemauert und wurde Tag und Nacht aufs strengste bewacht.

Er wurde am 1. April in gänzlich leblosem Zustande herausgenommen; die Augen waren geschlossen, der Magen zusammengefallen, die Hände lagen krampfhaft, aber machtlos am Körper, und der Mund war so fest geschlossen, daß die Umstehenden die Zähne mit voller Gewalt vermöge eines eisernen Instrumentes öffnen mußten, um etwas Wasser einträufeln zu lassen. Er begann sich hierauf allmählig zu bewegen und zu erholen, sein Leben kehrte zurück und nach und nach konnte er seine Glieder rühren. Es hatte sich viel Volk an dem Orte eingefunden, um ihn zu sehen. Als er die ersten Lebenszeichen von sich gegeben hatte, begrüßten die Leute ihn mit einem Salam und bemüheten sich, sich seines Anblicks zu erfreuen, den sie für Seegen bringend hielten. Lieutenant Boileau redete ihn an, er antwortete ihm mit schwacher, aber vernehmlicher Stimme, dabei äußernd, daß er bereit sei, sich wieder auf einige Monate begraben zu lassen.

Er hatte sich von früher Jugend an zu diesem Unternehmen vorbereitet, sich zuerst bemühet, den Athem auf lange Zeit einzuhalten, und er brachte es bald dahin, gleich den Perltauchern, mehrere Minuten athemlos zu bleiben. Dabei eignete er sich das Vermögen an, den Mund zuzuhalten und die innere Oeffnung seiner Nasenlöcher vermöge der Zunge abzuschließen.

Bevor er sich der Begrabung unterwarf, enthielt er sich auf längere Zeit aller kräftigen Nahrung und lebte nur von Milch. Denn, wie er vorgab, bewahre er dadurch den Magen vor Fäulniß, auch ist die Wirkung, welche dies auf die Haare äußert, dadurch bemerkbar, daß sie aufhören zu wachsen. Einst ließ er sich auf vierzehn Tage in Pushkar von einem englischen Offizier, der an seinem Vorgeben zweifelte, in einem hölzernen Kasten im Zimmer an der Decke in freier Luft aufhängen, wo Jedermann ihn sehen konnte.

Obgleich dieser aus dem Grabe wieder Erstandene seinen Zweck erreicht hatte, für einen Heiligen, für ein Wesen, welches mit den Göttern in nächster Verbindung stehe, angesehen zu werden, so erfüllte der Raja dennoch nicht die Hoffnungen, die er auf ihn gesetzt hatte, und nachdem er einige Tage vergeblich auf ein Geschenk gewartet, setzte er sich selbst in Besitz eines der Kameele des Raja's und ritt auf demselben unangefochten von dannen. Natürlich konnte der Raja unter solchen Umständen keinen Thronerben erwarten.

Unter den ihre Pflichten streng beobachtenden Gosayens oder Jogi's ist es ein hergebrachter Gebrauch, daß sie, wenn sie einer Krankheit zu erliegen fürchten, den Athem einhalten und sich begraben lassen.

Einige der Gosayens sind anspruchslose, ihrem Glauben ergebene Heilige, selbst viele der achtbarsten Kaufleute und mehrere unterrichtete Männer gehören ihnen an; aber die Mehrzahl sind unverschämte Bettler, die, vom Müßiggange angezogen, sich dem vom Orden sanktionirten Wanderleben ergeben haben. Zu diesen gehören meist die Anhänger des Çiva, wogegen die achtbarern Classen unter Bischnu stehen; aber jene schwinden mehr und mehr, indem die große Masse des Hinduvolkes für diese Art Heilige wenig Interesse hegt. Die Verehrung einiger der Vâishnava-Anhänger für ihre bettelnden Führer geht soweit, daß einige derselben, namentlich in Bengalen, ihren geistlichen Rathgeber für das höchste Wesen der Gottheit achten.

Das Nichtvorhandensein eines gemeinsamen Hauptes in der Hindu-Religion ist die Ursache der gesetzlosen und leichtfertigen Disciplin so vieler ihrer Orden, des gänzlichen Mangels an Regeln unter den einzelnen Beirâga's und

Yogi's und der revolutionären Zusammenkünfte der kriegerischen Nāga's ⁵⁶). Aehnliche Zustände ereigneten sich unter mehreren der christlichen Orden, bis es den Päpsten gelang, dieselben bestimmten Regeln zu unterwerfen. Daß aber auch diese päpstliche Disciplin verrottet ist und einer Auflösung entgegengeht, liegt in dem Princip, welches auf Lug und Betrug gegründet ist, damit priesterliche Tyrannei gefördert werden kann. Unter den Hindu's sind es die Brahmanen, welche vermöge ihrer Kenntniß der heiligen Schriften und Gesetze einen gewissen Einfluß auf diese vielen Orden ausüben; aber unter den leicht erregbaren Gemüthern der Hindu's wird ein Fanatiker, dem Geist und Charakter nicht fehlen, in ihren Augen bald als Urvater erscheinen, Tausende werden sich ihm anschließen und Gut und Leben zum Opfer bringen.

Wenn wir in dem Vorstehenden die Grundzüge des indischen Castenwesens in seiner Entstehung und Fortentwicklung dargestellt zu haben glauben, so verkennen wir keineswegs, daß an einem vollständigen Bilde, namentlich der so zahlreichen Castenspaltungen der neuesten Zeit noch mancher wichtige Zug fehlt. Viele Trennungen sind selbst im Gegensatze zu den heiligen Schriften entstanden. Man findet sogar z. B. in Bengalen Brahmanengeschlechter, welche weder gegenseitige Verheirathungen, noch andere freundliche Berührungen unter einander gestatten. Im Lande Meisor begegnen wir bei den Hindu's 486, bei den Dschana's 26 und bei den Römisch-Katholischen 70 Casten, welche weder zusammen essen, noch sich durch Heirath vermischen. Ueberhaupt zeigt fast jede einzelne Provinz besondere Entwickelungen dieses unseligen Castenwesens, auf welche aber hier nicht näher eingegangen werden kann ⁵⁷). Im Gegensatze hierzu üben die Castenvorurtheile bei anderen Stämmen wenig Einfluß, z. B. bei dem Gebirgsvolke der Khond's. Unter ihnen giebt es Individuen, welche weder zum Khond-, noch zum Hindustamme gehören. Man unterscheidet hier drei Classen: 1) die Dombango, in den Niederungen mit dem Hindu-Namen Panwa, Weber, genannt; 2) die Gahinga, in den Niederungen Sitra; 3) die Gunah, die bei den Hindu's denselben Namen führen. Die Hauptgeschäfte der Dombango, welche im Allgemeinen keinen Grundbesitz haben, sind Weben, Schacher und Diebstahl. Sie sind die Vermittler des Verkehrs zwischen Khond's und Hindu's, auf ihnen ruht auch zunächst der Verdacht, daß sie die Menschen zu den Opfern der Kali herbeischaffen und verkaufen. Die beiden andern Racen stehen noch tiefer.

Quellen-Angaben und Erläuterungen.

1) Ch. Lassen, Indische Alterthumskunde, III. Band, Seite 478; — M. Elphinstone, History of India, pag. 11. — James Prinsep giebt in seinen Useful Tables jede der Regierungen durchschnittlich auf 18 Jahre an. Vgl. noch K. F. Neumann, Gesch. des englischen Reiches in Asien. II, 102

2) Prof. Max Müller, M. A. A History of Ancient Sanscrit Literature so far as it illustrates the primitive Religion of the Brahmans. 8. London. 1859. p. 12. „Der Völkerzug, sagt M. Müller, war so unwiderstehlich, wie die Zaubermacht, welche in unsern Tagen die Celtischen Stämme in die Prairien oder in die Goldregionen über den atlantischen Ocean treibt. Es ist ein starker Wille oder vielmehr eine große vis inertiae erforderlich, um dem Andrange solcher nationalen oder besser ethnischen Bewegungen widerstehen zu können. Wenige nur werden zurückbleiben, wenn Alles fortzieht. Aber die Freunde ziehen zu lassen und dann selbst eine Straße zu ziehen, welche uns denen, welche unsere Sprache sprechen und unsere Götter verehren, nie wieder zuführen kann, das ist ein Entschluß, welchen nur Menschen von stark ausgeprägter Individualität und großer Selbstständigkeit zu fassen im Stande sind. Eine solche Bahn verfolgte der südliche Zweig der Aryanischen Familie, die Brahmanischen Arya's Indiens und die Zoroastrischen Irans." Daß die Hindu's ihre Ursitze zuletzt verlassen haben, macht Müller p. 14 durch mehrere Gründe wahrscheinlich. Vgl. über diese Völkerzüge noch Lassen, Ind. Alt. I. S. 527 und K. Graul, Reise in Ostindien, IV. 147. Plinius Hist. nat. XII, 18. Contermina Indis gens Ariana adpellatur.

3) Paraſu-Rāma reinigte die Erde drei Mal sieben Mal von der Kschatrija-Caste, und füllte mit deren Blut die fünf großen Seen von Samanta-pantschaka, von denen er der Brighu-Race Traukopfer darbrachte; dieses heilige Opfer dem Könige der Götter darreichend, gab Paraſu-Rāma die Erde den dienstthuenden Priestern. Nachdem er die Erde an Kaśyapa verliehen, zog sich dieser Held von unendlicher Tapferkeit in die Mahendra-Gebirge zurück, wo er noch weilt. Auf diese Weise entstand Feindschaft zwischen ihm und der Race der Kschatrija's und so wurde die ganze Erde durch Paraſu-Rāma erobert. — Viśhnu Purāna, p. 403. — Im Mahabhārata werden der Erde die Worte in den Mund gelegt: „Die Väter und Großväter dieser Kschatrija's sind von dem unbarmherzigen Rāma meinetwegen im Kampfe getödtet worden." — Lassen schreibt Katrija.

4) Ch. Lassen, Indische Alterthumskunde III. Band. Seite 464.

5) Ueber die hohe Bedeutung des Veda vgl. M. Müller a. a. O. S. 9.

6) „Befreie mich von der Sünde, wie von einer Schlinge, laß mich den Pfad der Gerechtigkeit wandeln. Möge der Faden (meiner Gedanken) nicht reißen, wenn

ich meine Gebete webe; möge die Form meines frommen Werkes nicht verwesen, bevor es zur Reise gekommen ist." Gesang der Gritsamada's, Rv. II. 28, 5. Prof. Max Müller, History of Ancient Sanscrit Literature p. 26.

7) Sir William Jones etc. Colebrooke in den Asiatic Researches, Vol. VII. p. 283 und Vol. VIII. p. 489.

8) Max Müller, History of Ancient Sanscrit Literature. p. 63.

9) M. Elphinstone, History of India. p. 12. Man kann in gewisser Beziehung Platon's Republik mit dem Menu vergleichen.

10) Das Wort „Caste" kommt aus dem Portugiesischen von „casta", und wurde in alle Sprachen von Europa aufgenommen, weil die Portugiesen die Ersten waren, die sich in Indien festsetzten und die uns mit dem Classenwesen der Hindu's näher bekannt machten. Sir William Jones bedient sich in seiner Uebersetzung des Menu des Wortes: Classe. — Drei Ursachen liegen den Castenunterschieden zum Grunde: das Zusammenkommen verschiedener Racen; die politische Classe, die nach der Oberherrschaft strebt und die aus dem Gewerbe hervorgehende Classe. — Der keiner Caste angehörige heißt Paria, Paleja, Hutta, Tschudala.

11) Max Müller's History of Ancient Sanscrit Lit. p. 27.

12) Mit der Uebertragung der Veda's ist der berühmte Sanskritforscher Herr Prof. Max Müller beschäftigt. Dieselbe wird unter dem Titel: »Rig-Veda-Sanhita, the Sacred Hymns of the Brahmans, together with the Commentary of Sayana-charrya, edit. by Max Müller. London, William Allen 1856. 4.« herausgegeben. Davon sind vier starke Quartbände erschienen und der Verfasser hofft in nicht mehr langer Zeit seine Riesen-Arbeit vollendet zu haben. Diese Veda-Ausgabe macht den tiefsten Eindruck in Indien; im südlichen Indien, wo die Pandits mit derselben mehr vertraut sind, hielten diese es für unmöglich, daß ein Deutscher ihnen ihre Veda verständlich machen könnte. Seitdem diese Ausgabe unter den Hindu-Gelehrten bekannt ist, haben sie selbst eingeräumt, daß sie vollständig und authentisch wäre. Einer ihrer Priester machte die treffende Aeußerung, daß es in der That ein merkwürdiges Zeichen von der Unbeständigkeit menschlicher Dinge sei, daß die Abkömmlinge der heiligen Rishis an den Ufern der Bhagirathi und des Jamna ihre heiligen Schriften studiren sollten, welche von einem Mlecha übertragen und an den Ufern der Themse veröffentlicht worden sind."

13) Arya — edel — kommt von arya, welches einen Haushalter bedeutet, und war ursprünglich als Name für die Vaisya's oder dritte Classe gebraucht; oder ist Aria mit Hari — der Sonne — verwandt?

14) Bispati oder Herr der Bis wurde der gewöhnliche Name für König, wie im alten Persischen Bispaiti und im Litauischen wieszpatis der König.

15) Max Müller's History of Ancient Sanscrit Lit. p. 81.

16) Der Purohita (praepositus, praeses) war eigentlich mehr als ein Priester; er war Minister des Königs und in sofern von politischem Einflusse; diese Brahmanen wurden um so mächtiger, weil sie ihre Aemter erblich zu machen verstanden.

17) Dion Chrysostomos orat. de recus. magist. II. 249 edit. Reiske Lassen's Ind. Alterth.-Kunde. III. Band p. 339. Ueber die Verderbniß des modernen Brahmanenthums vgl. Graul, Reise in Ostindien. III. S. 55 flg.

18) Menu's Codex Chap. I. 96, 100; — Ch. IX. 313, 315, 332; — VIII. XI. 205—206; — IV. 165—169; — VIII. 205, 206, 272, 276, 283, 325, 377—379. — Desgleichen in den Sâmayâchârika-sutras des Âpastamba; siehe Max Müller's Hist. S. 204.

19) Wir finden in der uralten Geschichte der Literatur Indiens keine Spur von Schreibmitteln, weder der Borke, noch der Thierhaut, oder des Papiers und Griffels geschieht Erwähnung oder Andeutung. Max Müller's Hist. etc. p. 502. Man wird an ähnliche Zustände in der ältesten Periode der griechischen und römischen Culturwelt erinnert, wo sich ähnliche Beispiele von großer Gedächtnißstärke aus gleichen Gründen vorfinden.

20) In der Lalita-Vistara, Adhyâya X. heißt es: „Als der junge Prinz heranwuchs, wurde er in die Unterrichtsschule geführt." — Max Müller's Hist. of Sanscr. Lit. p. 517.

21) M. Müller, Hist. etc. p. 59, p. 468.

22) Menu's Cod. Ch. III. 180; Ch. IV. 16, 17, 35, 36, 63, 64, 84, 109—111, 162, 186, 205 und 257.

23) Katha-upanishad, II. 23. M. Müller's Hist. etc. p. 318.

24) Es gehört dem Brichadaranyaka an und bildet den fünften Brahmana des vierten Adhyâya, Schriften, welche, wie M. Müller sagt, der späteren Veda-Literatur angehören. Siehe M. Müller's, Hist. etc. p. 22—24.

25) „So wie der Strom den Baum an seinen Ufern fortreißt, oder der Vogel den Zweig des Baumes verläßt, so trennt er sich von seinem Körper, und wird von der verzehrenden Gewalt dieser Welt befreiet. Mögen seine edeln Handlungen Denen zu gut kommen, die ihn liebten, und seine bösen Thaten auf Diejenigen fallen, die ihn haßten, möge er durch fromme Forschung mit dem ewigen Geiste vereinigt sein." Menu. Ch. VI. 1—29; 33.

An einer Stelle heißt es: „Tag und Nacht, Abend und Morgen, Winter und Frühling schwinden und kommen wieder. Die Zeit eilt. Jahrhunderte vergehen, Hoffnung und Wind folgen ungehindert. — Wenn der Körper dahin schwankt, das Haupt ergrauet, der Mund zahnlos wird; wenn der leichte Stab in der Hand zittert, die er stützen soll, bleibt das Gebäude des Begehrens noch unersättlich. — So schnell geboren, so bald todt — so lange in deiner Mutter Schooß liegend — so große Verbrechen werden in der Welt begangen! Wie denn, o Mensch! kannst du hier auf dieser Erde in Wohlgefallen leben?" Sir W. Jones Works. Vol. VI. p. 428—29.

26) Menu, Ch. VII. 55, 43; Ch. VIII. 1, 9, 10, 11 und 60; Ch. X. 1; Ch. XII. 118—103.

27) Menu, Ch. VIII. 381. Eine Jungfrau der Brahmanencaste im geheiligten Teiche baden zu sehen, wurde mit dem Tode bestraft.

28) Menu, Ch. IX. 322; VIII. 267, 268; VII. 54 und I. 89.

29) Menu, Ch. III. 112; I. 90; IX. 329—332.

30) Max Müller's Hist. of Sanscr. Lit. p. 207, 208.

31) Menu, Ch. I. 91; IX. 334; X. 99, 100 und 121.

32) Colebrooke, Asiatic Researches V. 63.

33) Menu, Ch. I. 91; IX. 334; X. 121; X. 99, 100, 109—111, 127, 128; XI. 42, 43; IV. 80, 81, 91; XI. 194—197; — und X. 111, 125 und 129.

34) Ch. VIII. 414; II. 24; VIII. 299, 300, 416, 238—240, 366 und 374—77; IX. 157; III. 13, 14 und 19; X. 6, 11—19, 29, 30 und 64; — M. Elphinstone, Hist. of India, p. 16, 17 und 18.

35) L. v. Orlich erzählt, daß er in seiner Unwissenheit und in seiner Wißbegierde, sich mit Allem bekannt zu machen, diese Regel verletzt, aber einige Male mit Bedauern gesehen habe, wie Brahmanen-Sepoys des Bengal-Heeres ihr appetitliches

Essen fortwarfen; aber sie hielten es nicht unter ihrer Würde, eine Rupie dafür anzunehmen.

36) M. Ephinstone, Hist. p. 18.

37) Charles Raikes, Magistrate & Collector of Mynpoorie, Notes on the North-Western Provinces of India, 8. London 1852. p. 137.

38) Prof. Wilson, Asiatic Researches, Vol. XVII. p. 310 u. 311.

39) Lt. Col. James Tod, Annals and Antiquities of Rajast'han. Vol. I u. II. 4. London, 1830—32. 1 Vol. p. 511, 512.

40) Malcolm's Central India, Vol. II. p. 124; Elphinstone, p. 55.

41) Oriental Memoirs; selected and abridged from a Series of Familiar letters written during seventeen years Residence in India etc. by James Forbes, four Vols. 4. London 1813.

42) Steele, Summary of the Laws and Customs of Hindoo Casts, p. XI. Graul, Reise in Ostindien. III., 65.

43) Quarterly Friend of India, Vol. IV. p. 152. Calcutta Review, Vol. XIII. p. 131.

44) Der junge Mann wurde als Mörder eingezogen und zur Untersuchung nach Bombay geschickt. Nachdem er von der großen Jury als Mörder vor Gericht gestellt worden war, verurtheilte ihn die kleine, zu gleichen Theilen aus Europäern und Eingeborenen gebildete Jury zum Tode und die Richter bestätigten das Urtheil. Der durch eine würdevolle Erscheinung sich auszeichnende Radschpute hörte mit der diesem Volke eigenen Charakterstärke das Urtheil an und ein Ausdruck von Entzücken, vermischt mit einem Gefühle von Verachtung sprach in diesen Augenblicken aus seinen schönen Gesichtszügen. „Ich habe nichts begangen, dessen ich mich zu schämen brauche, sagte er, ich habe mir nur vorzuwerfen, die Gefühle der Menschlichkeit und kindlichen Liebe, den Pflichten und der Ehre meiner Caste nachgestellt zu haben. Das Leben ist für mich werthlos, ich könnte es nicht ertragen, seitdem ich mit Verbrechern der niedrigsten Caste essen und leben mußte, und je schneller ich in eine andere Welt kommen kann, je glücklicher werde ich sein." Das Urtheil wurde an ihm vollzogen, in der Hoffnung, dadurch Andere von Aehnlichem abzuhalten. — Forbes, Oriental Memoirs.

45) Der Bhat wird zuerst versuchen, den Friedensstörer, welcher den Vertrag gebrochen hat, dadurch zur Umkehr zu bewegen, daß er, sich aller Nahrung enthaltend, vor seiner Thüre sich niederläßt; rührt ihn dies nicht, so tödtet er sich (er begeht die Tragga). In Guzerat herrschte noch eine Sitte, der Gerechtigkeit Eingang zu verschaffen; wenn ein Vertrag gebrochen war, wurde nämlich eine alte Brahmanen-Frau geopfert, deren Blut dann auf den Schuldigen fiel, und nur dann abgewaschen werden konnte, wenn der verletzte Theil befriedigt worden war. — Wir werden im Abschnitte von der Verbrennung der Wittwen und der Ermordung der weiblich geborenen Kinder auf die Bhats näher einzugehen Gelegenheit nehmen. Col. A. Walker's Information relative to the former Condition of Guzerat; Baroda, March 1805.

46) Colebrooke, Asiatic Researches, Vol. V. p. 85.

47) Elphinstone's History, p. 56.

48) Menu, V. 69; — Elphinstone, p. 57.

49) Sleeman, Kingdom of Oude I. Vol. p. 237.

50) Mr. Ward, On the Hindoos. Vol. III. p. 342.

51) Eine photographische Abbildung dieser qualvollen Handlung verirrter Hindu's wurde auf der großen Ausstellung in Paris gezeigt, und von einigen der französischen Blätter der Ultrakatholiken als das Mittel angegeben, dessen sich die

Engländer in Indien bedienten, um von den Widerspenstigen die rückständigen Abgaben einzuziehen. Natürlich wurde es von vielen Franzosen geglaubt, was bei der tiefen Unwissenheit der Massen des französischen Volkes nicht befremden kann.

52) Cap. Raper, Asiatic Researches, Vol. II. p. 455.

53) Professor Wilson erwähnt in den Asiatic Researches, Vol. XVII. p. 156 eines solchen Falles nach dem Berichte eines Augenzeugen in dem Asiatic Monthly Journal für März 1829.

54) Observations on France; or Human Hybernation, by James Braid. 12. 1850. Dr. Braid sagt in dieser Broschüre, daß Doktor Cheyne von einem Oberst Townsend berichtet, daß er beinahe 24 Stunden leblos bleiben konnte. Im Dabistan wird erzählt, daß einige Personen ihren Athem auf drei Stunden hätten anhalten können. Einer habe es auf zwölf Stunden gebracht und von Balik Natha, der hundert Jahre alt wurde, wird berichtet, daß er während zwei Tage athemlos bleiben konnte. Wie das Einhalten des Athems eine heilige Vorschrift bei einigen der Gebete der Brahmanen ist, werden wir später ersehen.

55) Personal Narrative of a Tour through the Western States of Rajwarr in 1835; comprising Beekaner, Jesulmer and Jodhpoor, by Lieut. A. H. Boileau. Calcutta 1837. 4. with illustrations. p. 41 u. ff. — Sir Ch. Trevelyan hatte im Jahre 1829—30 in Kotah der Ausgrabung desselben Fakirs beigewohnt.

56) Elphinstone, History of India, p. 60; Asiatic Researches Vol. XVI. p. 119.

57) Eine recht ausführliche Abhandlung über das indische Castenwesen findet man im Calcutta Review (March 1851). Auch ist v. Orlich, Reise in Ostindien, Brief XIII. der 2. Aufl. zu vergleichen.

2.

Die Religion und das religiöse Leben der Hindu's.

> „Die Religionen der alten heidnischen Welt waren nur die Milch der Natur, auf die, als die Zeit erfüllt war, das Brod des Lebens folgen sollte."

Ein mystisches Dunkel verbirgt unserem Forscherauge das Seelenleben des alten Arier-Volkes. Vergeblich suchen wir nach jenen Ueberlieferungen einer ersten Verbindung des Menschen mit Gott, wie sie uns im alten Testamente hinterlassen worden sind. Denn der Veda, dies ewige Buch der Hindu's, voll von Hymnen zur Verherrlichung des Schöpfers, voll Weisungen, Regeln und Warnungen für ihre Priester und Könige, erzählt uns nichts von jener Urzeit, in der die ersten Menschen in Unschuld und Reinheit vor ihrem Schöpfer wandelten.

Aus welchen Ursachen, vor vielleicht vier oder fünf tausend Jahren, unsere Urväter die reichen und schönen Gefilde zwischen dem Hindukusch, Caucasus, dem persischen Golf und rothen Meere verließen; und, wie ein Volksstamm nach dem Osten und Süden, ein anderer nach dem Westen seine weiten Wanderungen antrat, wird uns ewig ein Geheimniß bleiben. Aber sowie die Felsgrabmale der Etrusker an der Westküste von Italien uns durch ihre Statuen, ihre Waffen und ihre Schmucksachen an die Hindu's lebhaft erinnern, so die runden Thürme Irlands an die religiöse Auffassungsweise der alten Arier [1]).

Je tiefer wir in den Geist der Sprachen der Caucasischen Völker eindringen, je mehr werden wir von den verwandtschaftlichen Verbindungen derselben mit dem Sanskrit, jener Ursprache der Menschheit, überzeugt; und, wenn es sich bestätigen sollte, daß an den Ruinen von Persepolis Schriftstellen aus den Veda's sich aufgezeichnet finden, so wird uns dadurch wiederum bestätigt, was wir aus diesen ewig denkwürdigen Schriften entziffert haben. An eine Verwandtschaft oder eine Verbindung zwischen der Parsi-Religion und der der alten Hindu's ist nicht zu zweifeln, wenn wir die in beiden vorkommende Anbetung der Sonne und des Feuers allein in Betracht ziehen ³). Die Sonne ist die besondere Gottheit der Pharaonen, „der Kinder der Sonne", welcher Rameses, der Gott von Heliopolis, wie er sich nannte, im Tempel zu Ipsambul opferte. Es kann uns daher nicht überraschen, wenn die Sepoy-Hindu's im Jahre 1801, als sie in Aegypten einrückten, beim Anblicke der dortigen Tempel und Götzenbilder ausriefen: „das sind unsere Götter!"

Der Veda, das die Religion und alle Lebens-Verhältnisse der alten Hindu's feststellende Buch, ist einfach eine Sanhitá oder eine Sammlung von Hymnen. Ihr Autor ist Vyása oder Vyása-deva, nach seinem Vater Paráshara, nach seiner Mutter Satyavati-suta. Auf einer aus schwarzem Erdreiche gebildeten Insel des Iamna geboren, wird er Dwaipáyana oder Krischna-dwaypáyana genannt und Badaváyna nach dem Platze, wohin er am meisten pilgerte. Er war der illegitime Sohn des Paráshara, eines Brahmanen und der Satyavati, der Gemahlin des Königs Sháutanu. Nach dem Tode seines Bruders, eines Enkels des großen Weisen Vashishta, heirathete er dessen Frauen und hatte von dreien derselben Söhne, die sich berühmt machten. Seinen fünf Schülern lehrte er die Veda's, dem einen die Rig-Veda, dem andern die Bagar-Veda, ferner die Sama-Veda, Atharva-Veda und den Suta die Puranas. Die Sama- und Bagar-Veda begreifen eigentlich die Rig-Veda unter andern Formen. Die Atharva-Veda gehört einer neuern Zeit an und ist überhaupt von zweifelhafter Autorität ²). Die obenerwähnten Hymnen bilden die Mantra oder den Ritual-Veda und sind der wahre Veda. Hindu-Schriftsteller haben jedem Veda eine Sammlung von Compositionen, genannt Brahmana's, beigefügt, welche theils liturgisch, theils legendisch sind; und in dem Upanishad erscheinen solche mehr metaphysisch oder mystisch. Veda-Hymnen und Veda-Philosophie sind zwei ganz verschiedene Dinge. Außer diesen Schriften besteht noch eine andere, die Veda's ergänzende Literatur, welche Philologisches, Commentare, Sutras oder Aphorismen begreift.

In den Satapatha brahmana ⁴), wo uns die Kämpfe um die Herrschaft zwischen Brahmanen und Königen geschildert werden, wird uns von Menu als dem Vorvater der Menschen erzählt, daß er sich wie Noah vor den Gefahren der Sündfluth zu retten suchte; aber nicht von Gott selbst davor gewarnt, sondern von einem Fische, der am Morgen dem Menu aus dem Waschwasser in die Hand kommt. Auf dessen Anrathen bauet sich Menu ein Schiff; vermöge desselben rettet er sich, als die Fluth kam, welche alles Lebende verschlang. Sein Schiff wird von dem Fische über das nördliche Gebirge geführt, es sinkt mit der abfließenden Fluth allmählig, bis es den festen Boden erreicht, und nun begiebt sich Menu aus Land, einen Hymnus dichtend, damit ihm Nachkommen erstehen mögen. Ein Weib taucht nach Jahresfrist aus den Fluthen des Wassers herauf, mit welcher er sich vermählt, und die Nachkommenschaft des Menu mit ihr erzeugt. In einem der Felsentempel zu Ellora soll Menu's colossales Schiff, wie es auf den Fluthen treibt, dargestellt sein.

Von anderen Anklängen, welche uns an die im ersten Buche Moses enthaltenen Ueberlieferungen erinnern, vernehmen wir nur in wenigen der Veda-Hymnen ähnliche Gedanken. So die Hymne der zehnten Mandala: „Da war weder Sein noch Nichtsein; jener glänzende Himmel war nicht, noch breitete sich darüber des Firmamentes weiter Teppich. Was bedeckte das All? was schützte, was verbarg es? War es des Wassers bodenloser Abgrund? Da war kein Tod — deßhalb auch nichts Unsterbliches, es war keine Schranke zwischen Tag und Nacht; aber Das (tad, das höchste Wesen, Brahma) athmete ohne Anhauch allein mit Ihr (Svadhá), die in ihm enthalten ist. Etwas anderes als er existirte nicht. Dunkelheit herrschte und das All war zuerst in tiefen Nebel gehüllt, — ein Ocean ohne Licht. Der Keim, der noch verdeckt lag in seiner Hülse, brach heraus durch die glühende Hitze, als eine Schöpfung. Dann kam zuerst die Liebe herab, der neue Frühling des Geistes — ja, Dichter unterschieden nachsinnend in ihrem Herzen dies Band zwischen geschaffenen und ungeschaffenen Wesen. Kommt dieser Funke aus der Erde, durchdringend, alles durchleuchtend, oder von dem Himmel? Dann wurden Saaten gesäet und mächtiges Walten erstand — unten die Natur, und Macht und Willen droben. Wer kennt das Geheimniß? wer verkündet es hier, woher diese mannigfaltige Schöpfung entsprang? Die Götter selbst traten später ins Dasein. — Wer weiß es, woher diese große Schöpfung entsprang? — Er, von dem diese ganze große Schöpfung kam. Ob sein Wille schuf oder stumm war, der höchste Seher, der im höchsten Himmel thront, Er weiß es — oder möglich, daß Er selbst es nicht weiß... *).

Es sind drei große bestimmt hervortretende Epochen, denen wir unsere Aufmerksamkeit zu widmen haben. Die erste Epoche von den uralten, den Veda-Zeiten, bis zum Auftreten Buddha's; die zweite die Verbreitung der Lehren Buddha's über Indien, und die dritte Epoche das gänzliche Verschwinden des Buddhismus und die ausschließliche Herrschaft des Brahmanenthums über Indien bis auf unsere Tage.

Erste und zweite Epoche;
von den Zeiten des Veda bis zu der Vernichtung des Buddhismus und der alleinigen Herrschaft des Brahmanismus in Indien.

Die Eindrücke, welche die menschliche Seele zuerst bewegten, wohin das von Ehrfurcht und Dank erfüllte Herz sich wandte, waren diejenigen, welche dem Geschlechte der Veda-Zeiten die Natur und die Elemente einflößten, sowohl die schaffenden als die zerstörenden Kräfte des ewigen Wesens. Wir werden an Zoroasters Lehren erinnert, wenn wir erkennen, wie die alten Hindu's der Sonne oder dem Lichte, dem Monde, dem Feuer und dem Wasser die Ergießungen ihres Herzens darbringen. Obgleich dunkele Ahnungen von einem allmächtigen Wesen, dem Schöpfer aller Dinge, sich in den frühesten heiligen Gesängen ihrer Rishi's kund thun, so wird doch jedes besondere Gestirn, jedes Element, jede Kraft oder Macht, die von demselben ausströmt, einem besonderen Gotte zugeschrieben.

Wir werden mitten in dem Erhabensten, das die menschliche Seele bewegen kann, plötzlich von kleinlichen, ja lächerlich kindischen Gedanken überrascht. Es sind dieselben Eindrücke vom Erhabenen und doch im Einzelnen fast Lächerlichen, welche den Beschauer ergreifen, wenn er im Anschauen der Götterwelt der alten Aegypter, wie sie sich in ihren Ruinen darbietet, versunken ist. Dann knüpfen sich wiederum an die reinsten Begriffe so sinnliche Ideen an, daß wir uns überrascht fragen, wie dasselbe Geschlecht für den Weisen, den Rishi, der dem sinnlichen Wesen und der Genußsucht seine Lobgesänge darbrachte, ebenso hohe Verehrung hegen konnte, als für jenen Rishi, welcher, gleich einem David, in reinster Seelenbegeisterung Gott zu danken und zu preisen weiß.

Wir werfen unsern Blick zuerst auf die ältesten Zeiten.

Indra, der höchste der Götter, steht da gleichsam über allen; Er ist das Firmament mit all seinen Phänomenen, Er war der Jupiter, der König der Götter und Menschen. Varuna (der Uranos der Griechen), einer der Aditya's, der Söhne der Zeit, der Kronione der himmlischen Heerschaaren, gehört zu jenen Göttern, welche die Menschen vor Gefahren schützen und vor Versuchungen bewahren. Agni, der Herr des Feuers und der Sonne verwandt, wird, wenn angerufen, als der erste der Götter dem Indra gleich gestellt; dieser ist vergessen, wenn jenes gedacht wird. Die Sonne war der Sûrya oder Sara oder Savitri der Veda's und erscheint auch als weibliche Göttin; wir finden aber auch manchmal Indra mit dem Sûrya identificirt. Devi, die Göttin der Morgenröthe, welche „gleich einer jungen Frau jedes lebende Wesen zur Thätigkeit aufweckt," wird mit allen Göttern angerufen, ihren Seegen herabzusenden *). So nennen sie den Höchsten Indra, Mitra, Varuna, Agni; dann ist es der gutgeflügelte Garûtmat; „dann ist Einer, der Weise, der nennt es auf vielerlei Art; sie nennen es Agni, Jama, Mâtarisv'an." Die zwölf Götter oder Aditya's sind eigentlich nur verschiedene Namen für dieselbe Gottheit, von denen jeder einem besondern Monate angehört zu haben scheint. Die Viswamitra's oder Angirasa's — ein besonderer Stamm von Einwanderern, Viswa-Mitra, „die Menschen oder das Volk von Mitra", — waren die Ersten, welche in verschiedenen Sakta's oder Veda's Agni und Indra anbeteten.

Es waren jedoch nicht nur die erhabenen Werke des Ewigen im Weltall, oder die gewaltige Macht der Elemente, welche den Rishi begeisterten, wenn er der in ihm lebenden Seelenstimmung in Worten Ausdruck gab, sondern auch die ihn umgebende Natur, die Wünsche und Bedürfnisse des Lebens, Gesundheit, langes Leben, und vor allen Dingen der Wunsch, mit Reichthümern, besonders Kuhheerden, begnadigt zu werden. „Sie scheint, die glänzende Göttin des Tages-Anbruchs, wie Vasischtha (VII. 77.) solche anruft, auf uns, gleich einer jungen Frau, jedes lebende Wesen anregend, an sein Werk zu gehen. Das Feuer (d. h. das auf dem Hausaltare) wird von Menschen angezündet; sie bringt Licht, indem sie die Finsterniß vertreibt."

„Sie erhebt sich, weit und fern ausbreitend, und gegen Jedermann sich bewegend; Sie wächst in Klarheit, ihre glänzenden Gewänder tragend; die Mutter der Kühe (der Morgen-Wolken), die Leiterin des Tages, scheint sie goldfarbig, lieblich anzuschauen."

„Sie, die Glückliche, welche das Auge des Gottes bringt, welche den weißen und lieblichen Renner (der Sonne) leitet, die Morgenröthe ward gesehen, enthüllt durch ihre Strahlen, folgt sie mit glänzenden Schätzen Jedermann."

„Du, die du ein Seegen bist, wo du dich nahest, treibe weit hinweg die Unfreundlichen; mache die Weiden weit, gieb uns Sicherheit! Entferne die

Neider, bringe Schätze! Häufe auf Reichthümer den dich Anbetenden, du mächtiges Morgenroth."

„Scheine für uns mit deinen besten Strahlen, du glänzendes Morgenroth, du, welche unser Leben verlängerst, du, die Liebe von allen, die du uns Nahrung giebst, die du uns Reichthümer in Kühen, Pferden und Streitwagen giebst."

„Du, Tochter des Himmels, du hochgeborenes Morgenroth, welches die Vasischtha's mit Gesängen verherrlichen, gieb uns Reichthümer hoch und weit: all ihr Götter, schützt uns für immer mit deren Seegnungen!"

Obgleich die Götter bald als groß oder klein, dann wieder als alt oder jung angerufen werden, so waren dies eben nur Begriffe, um die Gedanken in ihrem Ausdrucke zu vereinfachen. Denn in den Veda's wird beinahe jeder einzelne Gott als der Erhabene und Allmächtige dargestellt. So ruft der Dichter den Varuna an: „Du bist der Herr über das All, über Himmel und Erde," oder, „du bist der Herr über Alle, über die, welche Götter sind, und über die, welche Menschen sind." Varuna ist hier dem Betenden der Allwissende, der die Vergangenheit kennt, die Zukunft weiß, in das Herz des Menschen blickt, die moralische Welt überwacht und den züchtigt, welcher den Gesetzen Varuna's entgegenhandelt. An ihn wendet sich der reuige Sünder, „wir brechen deine Gesetze von Tag zu Tag, Menschen, wie wir sind, o Gott, Varuna!" Er preist dann seine Macht und Güte und sein Erbarmen und bringt ihm gleich dem Naturkinde, zum Opfer, Honig und Köstliches dar, und im Glauben nun versöhnt zu sein, ruft er aus: „Sei jetzt gut, und laß uns wieder mit einander reden." Sich Trost zurufend, singt er in einer anderen Hymne: „Er ist barmherzig, selbst gegen den, welcher die Sünde beging ¹)."

Von den Aditya's werden am häufigsten Mitra, Varuna und Aryaman angerufen, seltener Púshan-Bhaga, Vishnu und Tvashtri. Púshan-Bhaga ist der Schutzgott der Straßen und der Reisenden, und Tvashtri der Vulkan oder Schmidt der Götter. Vishnu's wird nur leicht berührend gedacht; aber drei Tageszeiten bilden den Keim des Ganzen: Sonnen-Aufgang, Mittag und Sonnen-Untergang.

Unter den geringern Göttern nehmen die Marût's oder Winde die erste Stelle ein, ihnen zunächst und beinahe gleich geachtet sind die Aswin's. Es sind Zwillingsbrüder, die Söhne des Meeres, welche manchmal die Vorläufer der Strahlen der Sonne zu sein scheinen, dann wiederum die aus den Wogen des Meeres aufsteigende Sonne oder der Mond. Sie werden beinahe immer auf einem dreiseitigen Wagen, der auf drei Rädern ruhet und von Eseln gezogen wird, dargestellt. Der Name scheint von „aswa", — ein Pferd — abgeleitet zu sein, und erinnert an die beiden Sonnenrosse. Sie sind ein schwer zu entzifferndes Götterpaar, den alten Hindu's besonders werth, weil die reichsten der Sukta's in Legenden an dieselben gerichtet sind; sie stehen unbezweifelt mit den astronomischen Vorstellungen der Hindu's in Verbindung [9]).

Der Dichter der Rishi's war damals Führer, König und Priester seines Stammes und seiner Familie; seine aus tiefer Herzensbegeisterung strömenden Gesänge sind der Ausdruck eines frommen und einfach lebenden Geschlechts, dem die gläubige Menge ehrfurchtsvoll zuhörte, weil sie dasselbe nicht nur für edeler, weiser und besser hielt, sondern auch überzeugt war, daß es den Göttern näher stehe. Ihre Religion, ihre Gesetze und ihre Lehren waren so einfach als ihr Leben; deßhalb besitzt auch die Sprache dieser frühesten Zeit, voll Wahrheit und Originalität, eine wunderbare Anziehungskraft, welche sie in späteren Zeiten nicht mehr aufweisen kann.

In einer ihrer Hymnen wird der Begriff eines einigen Gottes am schärfsten und im Geiste des großen Psalmisten wahrhaft erhaben ausgedrückt:

„Im Anfange da erstand die Quelle des goldenen Lichtes — Er war der einzig geborene Herr von allem, was da ist. Er schuf die Erde und diesen Himmel; — Wo ist der Gott, welchem wir unsere Opfer darbringen sollen?"

„Er, welcher Leben giebt, Er, welcher Kraft verleiht; dessen Seegen alle glänzenden Götter wünschen, dessen Schatten die Unsterblichkeit ist, dessen Schatten der Tod ist; Wo ist ꝛc. ꝛc."

„Er, welcher durch seine Macht der einzige König der athmenden und lebenden Welt ist; — Er, welcher alles regiert, Mensch und Thier; — Wo ist der Gott, ꝛc. ꝛc."

„Er, dessen Macht diese schneebedeckten Gebirge; dessen Macht die See mit dem fernen Flusse verkündet — Er, dessen diese Regionen sind, als wären es seine beiden Arme; — Wo ist ꝛc. ꝛc.

„Er, durch welchen der Himmel glänzend und die Erde fest ist — Er, durch welchen der Himmel gegründet war, ja selbst der höchste Himmel — Er, welcher das Licht in der Luft ausmißt; — Wo ist ꝛc. ꝛc."

„Er, zu welchem Himmel und Erde, durch seinen Willen fest stehend, innerlich erbebend, hinaufblicken — Er, über welchen die aufgehende Sonne hinstrahlt; — Wo ist der Gott ꝛc. ꝛc.

„Wo immer die mächtigen Wasserwolken gingen, wo sie den Samen ausstreueten und das Feuer anzündeten, da erstand Er, welcher das einzige Leben der glänzenden Götter ist; — Wo ist der Gott ꝛc. ꝛc."

„Er, welcher durch seine Macht selbst über die Wasserwolken blickt, die Wolken, welche Kraft gaben und das Opfer anzündeten, Er, welcher ist Gott über alle Götter. Wo ist der Gott ꝛc. ꝛc."

„Möge Er uns nicht vernichten, Er, der Schöpfer der Erde; oder Er, der Gerechte, welcher den Himmel schuf; — Er, welcher auch die glänzenden und mächtigen Wasser schuf; — Wo ist der Gott ꝛc. ꝛc."

Himmel und Erde — Aditi und Prisni — und der Ocean werden nur selten angerufen, auch an die Sonne sind vergleichsweise nur wenige der Sûkta's gerichtet. Zuweilen werden den Flüssen Lobpreisungen dargebracht, namentlich dem Saraswati. Wenn die alten Hindu's sich dieser Natur-Anbetung hingeben, wird auch der Kühe, der Wälder und selbst des Opferplatzes — Japa — gedacht. Der Planeten geschieht keine Erwähnung, denn Brihaspati oder Brahmanaspati ist „der Herr des Gebets." Obgleich keine der Sûkta's an den Mond gerichtet ist, so wird doch seiner gedacht. „Laßt uns Brennholz herbeischaffen, laßt uns Huldigungen darbringen, Dein gedenkend an jedem Mondwechsel. Mache unsere heiligen Handlungen vollkommen, damit wir lange leben. Laß Deine Freundschaft nicht von uns gehen, O Agni!" Auch giebt es Hymnen, welche sich auf die dem Neu- und Vollmond dargebrachten Opfer — die Darsapûrnamâsa — beziehen, die sicherlich zu den ältesten Gebräuchen gehören. Andere der Hymnen, die vielleicht zu den erhabensten und zugleich lieblichsten gezählt werden können, sind an die „Ûsha's" gerichtet, an die das Aufsteigen der Sonne verkündende Morgenröthe. — Varuna, der Himmel oder das Sterngewölbe, welches über den Wassern schwebt, ist der Uranus der Griechen. Niritti oder Raritti, die scheußliche, häßliche und gefürchtete Erdgöttin, die nur vermöge Menschenopfer besänftigt werden konnte, ist die Göttin der Bergvölker, der Khond's und Anderer, die noch heute derselben Menschen opfern. Aus ihr ist die blutdürstige Göttin Kali entsprungen. Alle diese Götter werden für die Nachkommenschaft des Himmels und der Erde erklärt [9]). —

Die Sprache war den alten Hindu's das Mittel, der von erhabenen Empfindungen erfüllten Seele in Worten solchen Ausdruck zu geben, daß der Hörer unwillkührlich zum Nachdenken über das Gesagte aufgefordert wurde;

es war ihnen der geistige Funken, welcher den Hörer ergreifen und ihn begeistern sollte. Daher kommt es auch, daß sie sich in den Veda's in poetischen, philosophischen, ja fast philologischen Betrachtungen über die Sprache und ihre wunderbare Kraft ergehen. Saraswati, die Göttin der Rede, wird als eine der mächtigsten Gottheiten geschildert. Aber das wissenschaftliche Forschen in der Sprache begann erst, als die uralten heiligen Strophen der Rishi's schriftlich verewigt wurden. Bis dahin waren diese Gesänge mit so peinlicher Sorgsamkeit von Geschlecht auf Geschlecht überliefert worden, daß selbst ein Versehen in der Aussprache den abergläubigen Hörer mit Furcht erfüllte, als könnten die Götter dadurch erzürnt werden.

Die Religion der Veda's war eine Natur-Anbetung; ohne tiefe Forschung in die Geheimnisse des Weltalls oder seines Schöpfers, ohne Hoffnung auf Unsterblichkeit und ohne Liebe, durch welche das menschliche Sein sich dem Göttlichen nähert, erging sich ihre Seele in den Eindrücken dessen, was zunächst den größten Einfluß auf ihr Leben äußerte. Die Gebete und die Seegnungen, welche sie erflehten, bestanden meist aus zeitlichen und persönlichen Wünschen. Macht, Leben, Gesundheit, Nahrung, Nachkommenschaft, Viehheerden, Kühe und Pferde; nächstdem Schutz gegen die Feinde, Sieg über dieselben und Vernichtung derselben. Nur sehr leise und allgemeine Andeutungen finden sich von einer Hoffnung auf Unsterblichkeit oder auf eine Glückseligkeit nach dem Tode. An einigen Stellen wird Dama — und zwar gewöhnlich in Verbindung mit dem Damanaflusse — und sein Amt als Beherrscher der Todten aufgeführt [10]).

Der Gottesdienst der alten Hindu's war sehr einfach. Sie hatten weder Tempel, noch besondere von Menschenhänden erbaute Hallen, in denen sie sich hätten versammeln können, um ihren religiösen Pflichten nachzukommen; sondern in freier Natur unter irgend einem Baume, oder auf einer Anhöhe oder an einem Flusse richteten die Priester den Ort her, wo den Göttern geopfert werden sollte. Außer diesem öffentlichen Gottesdienste gab es noch einen häuslichen, zu welchem Zwecke jeder Familienvater einen heiligen Ort in seinem Hause besaß, wo er das heilige Feuer anzündete und seine Gebete verrichtete.

Nach den Schilderungen der Sakta's waren es Geschenke, Gebete und Lobpreisungen, die den Göttern dargebracht wurden; erstere bestanden aus Opfern, wobei geklärte Butter aufs Feuer gegossen, oder der in Gährung übergegangene Saft der Somapflanze den angerufenen Göttern in ledernen Flaschen dargebracht wurde [11]). Diese Gaben wurden, so scheint es, manchmal aufs Feuer gesprengt, manchmal auf den Boden, oder auf den Kuśa, den zu diesem Zwecke aufgerichteten Altar gegossen, oder der denselben umgebende Boden wurde mit geheiligtem Grase bestreuet. Der Somatrank war ein nothwendig gewordenes Mittel, eine Reinigung beim Veda-Gottesdienste, wie es bei den Parsi's der Homa war. Was von dem Opfer übrig blieb, wurde von den Opfernden verzehrt und ausgetrunken.

Die Hindu's der Veda's scheinen nichts ohne geistiges Getränk vorgenommen und entschieden zu haben. Indra und alle Götter thaten nichts, bevor sie sich nicht mit dem Somatranke erfrischt, oder wie die Rishi's der Veda's andeuten, überreichlich daran ersättigt hatten. Nach den Göttern kamen die Rishi's, wie Gorga sagt: „Dies Getränk begeisterte meine Rede. Dieser köstlich schmeckende Soma, welchen ich bei dieser Gelegenheit trank, ist mir überaus anregend gewesen;" und Viswamitra bemerkt an einer Stelle: „Weise und Heilige trinken zusammen mit den Göttern den süßen Saft des Soma." Betende und Götter lebten in so freundschaftlichem Umgange; ersterer Auffassungsweise war eine so kindliche, daß derselbe Rishi ausruft: „Setze dich nieder, Indra, auf das geheiligte Grab; und, wenn du Soma getrunken hast, dann kehre heim [12])."

Einige ihrer Gebete sind monoton, andere sind so spielender und kindischer Art, daß man sich zweifelnd frägt, ob es dem Betenden ein Ernst gewesen sei. So sind einige derselben an Indra gerichtete wenig würdevoll, unter andern die Hymne an die Göttin Anna — die Anna Devata, als Anna Purana in Bengalen bekannt, — und die Anrede an die Somapflanze. Dagegen offenbaren andere der Veda-Hymnen einen wahrhaft frommen, reinen und Gott ergebenen Sinn, wie wir ihn in erhaben einfacher und erbaulicher Weise in den Psalmen ausgesprochen finden:

„Weise und mächtig sind die Werke dessen, der die weiten Firmamente auseinander hält. Er hob in die Höhe den glänzenden und herrlichen Himmel; Er streckte gesondert aus das gestirnte Gewölbe und die Erde."

„Spreche ich dies zu meiner eigenen Seele? Wie kann ich zu Varuna gelangen? Wird er meine Gaben ohne Mißfallen annehmen? Wann kann ich, erleichterten Gemüthes, ihn gnädig sehen?"

„Ich flehe, O Varuna! gieb mir Erkenntniß dieser meiner Sünde. Ich gehe, die Weisen zu fragen. Die Weisen alle sagen mir dasselbe: Varuna ist es, welcher Dir zürnt."

„War es eine alte Sünde, o Varuna! daß du wünschtest, deinen Freund zu vernichten, welcher dich allezeit preiset? Sag' es mir, du unbesieglicher Herr, und ich werde mich in Eile mit Lob und Preis zu dir wenden, befreiet von Sünde."

„Erlöse uns von den Sünden unserer Väter, und von denen, welche wir mit unseren Leibern begingen. Befreie Vasischtha, o König! gleich einem Diebe, welcher an geraubtem Vieh sich ersättigte; befreie mich gleich dem Kalbe von der Fessel."

„Es war nicht unser eigenes Thun, o Varuna! es war Nothwendigkeit, ein betäubender Trank, Leidenschaft, Würfelspiel, Gedankenlosigkeit; der Alte ist nahe zu verführen den Jüngling; selbst Schlaf wird die Ursache von Ungerechtigkeit."

„Laß mich ohne Sünde Genugthuung geben, sowie der Sclave dem gütigen Herrn, dem Gott unserer Zuflucht. Gott der Herr erleuchtet den Thoren; Er, der Weiseste, leitet seinen Anbeter zu Reichthum."

„O, Herr Varuna! möchte dieser Gesang Dein ganzes Herz berühren; möchten wir gedeihen in dem, was unser eigen und was wir erworben! Beschützet uns, o Götter, immerdar mit euerem Seegen!"

Dunkele Andeutungen lassen vermuthen, daß den alten Hindu's Menschenopfer nicht unbekannt waren; denn aus der Geschichte des Sûnahsepha, wie solche in den Aitareya-brahmana und in den Sânkhâyana-sûtra's erzählt wird, entnehmen wir, daß selbst zu einer Zeit, wo unter den höheren Classen des Arya-Volkes ein hoher Grad von Bildung herrschte, ein König, der lange kinderlos geblieben war, den Göttern das Gelübde gethan hatte, ihnen seinen Erstgeborenen opfern zu wollen, wenn sie seine Ehe mit Kindern segnen wollten. Als die Götter seine Bitte erhört hatten, konnte er es nicht über sich gewinnen, sein Gelübde zu erfüllen, und er machte dem Rishi Ajigarta das Anerbieten, ihm statt dessen seinen Sohn Sûnah-sepas für hundert Kühe zu verkaufen. Der Vater erklärt sich nicht allein dazu bereit, sondern er selbst will den Knaben binden und das Opfer vollziehen. Indem er das Messer ergreift und im Begriffe ist, den Knaben zu tödten, hat Varuna ihn erhört und der zum Opfer bestimmte Knabe erhält im letzten Momente seine Freiheit wieder. Welch ein Zeichen es war, vermöge dessen der Gott sich befriedigt zeigte, wird uns nicht gesagt. Es wird nur erzählt, daß der am „dreifüßigen Baume mit drei Stricken" befestigte Knabe auf Viswamitra's Rath Gott Varuna angerufen habe, daß es ihm vergönnt sein möchte, Vater und Mutter wiederzusehen und daß er dann, mit Reichthümern überhäuft, von der Sünde frei wurde [13]).

Diese Begebenheit war den Brahmanen späterer Geschlechter so entwürdigend, daß Menu zur Ehre dieser Caste es nicht wagte, solcher in seinem Gesetzbuche zu gedenken. Menu sagt, daß Hunger für viele Vergehen entschuldigt, und daß auch Ajigarta, obgleich er den Sohn tödten wollte, keines Verbrechens angeklagt werden könnte, weil er es thun wollte, um seinen Hunger zu stillen. Dagegen wird Ajigarta's Handlungsweise in der Aitareya-bráhmana aufs schärfste verdammt, und der verkaufte Sohn dadurch jeder kindlichen Pflicht entbunden, für frei erklärt und von Biswamitra adoptirt.

In der Aitareya-bráhmana heißt es an einer Stelle, daß die Götter sich den Menschen zum Opfer ausersahen; aber als er ergriffen wurde, verließ ihn die medha — das Opfer oder der Geist — und begab sich in den Körper des Pferdes, dann ergriffen die Götter das Pferd, es wurde gefangen, aber medha verließ es und begab sich in den Ochsen. Dieser sollte nun das Opfer werden, auch ihn verließ die medha und begab sich ins Schaf, in die Ziege und endlich wurde die Erde das Opfer. Aus der Erde wurde Reis genommen und dieser wurde anstatt des thierischen Opfers in Form der Purolása dargebracht. Seitdem wurden alle diese Thiere unrein und durften nicht mehr gegessen werden [14]).

Obgleich niemals eines Tempels oder eines von Menschenhänden gebildeten Ortes, oder der Götzenbilder Erwähnung geschieht, in und vor denen den Göttern öffentlich die Ehrfurcht erwiesen wurde, so waren doch sehr bestimmte und in alle Einzelheiten gehende Gesetze und Verordnungen vorhanden, nach welchen die gottesdienstlichen Gebräuche verrichtet werden mußten. Der Mensch bedarf der Form in all seinem Thun, je höher sein Bildungsgrad ist, desto einfacher und erhabener wird solche sein.

Unter den alten Hindu's bestanden zwei Formen oder Regeln der Anbetung: die eine, die häusliche, welche dreimal täglich vorgenommen wurde, dann die öffentliche, welche selten und bei ganz außerordentlichen Gelegenheiten von den Priestern veranstaltet wurde. Die häuslichen Gebete verrichteten die Brahmanen mit Sonnen-Aufgang, zur Mittagszeit und beim Untergange der Sonne; sie waren ihm die „Rita", das Gesetz oder die Wahrheit. Desgleichen hatte er drei besonders heilige Feuer anzuzünden, jeden Morgen mit Tagesanbruch, am Neumonde und zur Zeit des Vollmondes, und zur Zeit jeder der großen Jahres-Abtheilungen. Beide Anbetungsweisen waren sehr materieller Natur; denn sobald dem Hersagen der vorgeschriebenen Hymnen genügt war, überließen sich die Anwesenden dem Genusse des geopferten Thieres und dem des Somatrankes.

Die erste häusliche Ceremonie, welche in den Grihya-sûtra's beschrieben wird, ist die der Heirath, das heißt, die Wahl der Braut den heiligen Verordnungen gemäß. An diese schließen sich die Ceremonien, welche mit dem heiligen Feuer vollzogen werden mußten, welches der Gatte zum ersten Male an seinem Hochzeitstage anzündete. Dies Feuer oder der Altar, auf welchem es brannte, wurde Grihya genannt, und solche Opfer konnten nur auf diesem häuslichen Altare vollzogen werden. Einem Brahmanen war es nur dann erlaubt, dies Feuer vor seiner Heirath anzuzünden, wenn sein Vater vorher gestorben war; denn ein Brahmachârin, dessen religiöse Erziehung noch nicht vollendet war, besaß kein heiliges Feuer als sein eigenes, und er mußte die mit Opfergaben verbundenen Ceremonien mit dem gewöhnlichen Feuer und ohne die heiligen Gefäße vornehmen.

Auf diese heiligen Verordnungen folgten die Sanskâra's, die Gebräuche, welche zu beobachten waren bei der Empfängniß, zu verschiedenen Zeiten vor der Geburt, zur Zeit der Geburt eines Kindes, ferner die Ceremonien bei der Ertheilung eines Namens, bei dem Heraustragen ins Freie, damit es das Licht der Sonne sehe, bei seiner Ernährung, beim Schneiden seines Haares, und endlich bei seiner Einkleidung als Schüler, wenn der Knabe einem Guru übergeben ward, um alle Pflichten und alles Wissen eines Brahmachârin, eines Religionsschülers, zu lernen. Wenn er diesen vollständig genügt hat und herangewachsen ist, wird ihm erlaubt zu heirathen, sich selbst das Opferfeuer anzuzünden, sich seine Priester zu wählen, und jährlich diejenigen heiligen Opfer zu vollziehen, welche ihm die Sruti (mündlich überlieferte Literatur) oder Smriti vorschrieben. Letztere sind in den späteren Büchern der Grihya-sûtra's verzeichnet, deren letztes umständlich die Begräbniß-Vorschriften angiebt und die Opfer vorschreibt, welche den Geistern der Verstorbenen darzubringen sind. In einfach kindlicher Weise wird ein Stück Holz auf das Feuer des heiligen Heerdes oder Altars gelegt, den Göttern ein Opfer gebracht und den Brahmanen werden Gaben verabreicht; denn Âsvatâyana beweist aus den Veda's, daß die Götter an diesen einfachen Gaben ein Gefallen finden, daß ein Gebet allein deren Gunst erwerbe, und daß ein Lobgesang so gut als Kühe und Stiere sei. „Der Sterbliche, welcher dem Gott Agni mit einem Scheite Holz opfere, mit einer

Opfergabe, mit einem Grasbündel, und dem Opferdienste in Ehrfurcht nachkomme, dessen Pferde werden schnell dahin eilen und sein Ruhm wird der glänzendste sein; nirgends wird Unglück ihn treffen, weder von den Göttern, noch von den Menschen." Und an einer anderen Stelle werden die Menschen aufgefordert „eine mächtige Rede zu sprechen, welche dem Indra süßer ist, denn Milch und Honig" — oder der Dichter singt: „Mit diesem Lobgesange, o Agni, bringen wir dir ein Opfer, das durch das Herz so geformt ist; mögen dies deine Stiere, deine Ochsen und deine Kühe sein 15).

In den Veda's wird das Opfer zu Zeiten als der Faden dargestellt, welcher die Lebenden mit den Verstorbenen verbinden sollte, und durch diese mit den ersten Vorfahren der Menschen, den Göttern. Der Sohn spinnt den Faden weiter, welcher durch den Tod des Vaters unterbrochen wurde, weshalb der Dichter im Beginne eines heiligen Gelübdes ausruft: „Ich glaube, ich sehe mit dem Auge des Geistes Diejenigen, welche in dahin gegangenen Tagen dies Opfer vollzogen." Viswamitra gedenkt in seinem Morgengebete seiner Väter, welche wie er die vor ihm aufsteigende Sonne anschaueten und die Macht der Götter priesen. „Zu Indra gehen meine Gedanken, aus dem Herzen gesprochen dringt es zu Dir, o Herr, wie der Barde es bildete. Es erweckt Dich, wenn es beim Opfer hergesagt wird; Indra, nimm das, was für Dich gemacht ist. Sich erhebend, noch ehe der Tag anbricht, Dich auferweckend, wenn es bei den Opfern hergesagt wird, gekleidet in weißen Gewändern, dies ist unser Gebet, das alte, das Gebet unserer Väter." Oder, wie es in den zuletzt gedichteten Hymnen der Rig-Veda mehrfach heißt: „Wie unsere Vorfahren dich gelobt haben, so wollen wir dich preisen." Einer der ältesten Rishi's schließt die erste Hymne mit den Worten: „Ich habe, o Agni, diese deine uralten Gesänge verkündet, und neue Gesänge für dich, der da alt ist. Diese großen Anrufungen sind Dem dargebracht, welcher uns mit Wohlthaten überhäuft: das heilige Feuer ist von Geschlecht zu Geschlecht bewahrt worden." Wie bei den Magiern Persiens, endete der Gottesdienst stets mit einer Hymne, die entweder gesungen oder gesprochen wurde.

Nach Âsvatâyana waren es die vier Priester: der Hotri, Abhvaryâ, Udgâtri und Brahmane, welche eigentlich die religiöse Feier vollzogen. Jeder derselben hatte drei Priester unter sich, und diese sechzehn Priester, begriffen unter dem Namen Ritwij, wurden von Demjenigen gewählt, zu dessen Gunsten das Opfer, die Sayamâna oder Svâmin, dargebracht wurde.

Der Hotri that, was der Rig-Veda, der Udgâtri, was der Sama-Veda, der Adhvarya, was der Bajûr-Veda vorschrieben, und der Brahmane handelte nach allen drei Veda's.

Andere Priester, wie die Samitry und Vaikarta's, welche das Opferthier tödteten und zerlegten, waren keine Ritwij; dagegen wurde der Sadasya, der das ganze Opfer beaufsichtigende Priester, als ein solcher angesehen. Diese Schaar von sechzehn Priestern wurde nur zu außerordentlichen Opfern, den Ahîna's, berufen, deren Dauer sich bis auf elf Tage erstreckte, und die siebenzehn Priester zu den großen Sattra's, welche dreizehn bis hundert Tage dauerten. Solche religiöse Feste wurden mit großer Pracht und vielen Ceremonien gefeiert; aber wegen der großen Anzahl von Stieren und Kühen, die bei solchen Gelegenheiten geopfert und wegen der kostbaren Opfermahle, die dabei verzehrt wurden, konnten sich nur Fürsten oder sehr reiche Leute derselben bedienen.

Den hauptsächlichsten Theil, oder, wie die Brahmanen sagen, den Körper jedes Opfers, mußten die Adhvaryâ-Priester vollziehen. Seiner Vorsorge waren alle handlichen Dienstleistungen übergeben. Er hatte den Opferplatz auszumessen, den Altar — vedi — aufzurichten, die zum Opfer erforderlichen Gefäße vorzubereiten, Holz und Wasser herbeizuschaffen, das Feuer anzuzünden, das Opferthier heranzuführen, es zu tödten und zu zerlegen. Einige dieser Verrichtungen galten jedoch für so erniedrigend, daß dazu Nichtpriester benutzt wurden. Deßhalb stand der Adhvaryâ in den Augen des Brahmanen am niedrigsten, und durfte die Verse der heiligsten Gesänge, welche das Opfer begleiteten, nur lispelnd hersagen. Die Hymnen oder Anrufungen, welche diese Chhandoga's und Adhvarya's herzusagen hatten, waren kürzer, mußten von ihnen erlernt sein, und wurden kaum verständlich ausgesprochen. Später wurden diese Hymnen von den Ceremonien-Regeln getrennt, und als eine Art Gebetbuch unter dem Namen der Bajûr-veda-sanhitá gesammelt. Das Hersagen der Vedaverse war für sie ein untergeordneter Theil ihrer Pflichten, denn die älteste Sanhitá des Adhvaryû-veda-Priesters — genannt Krishna oder der schwarze Bajûr-veda — ist keine Sammlung von Gesängen, sondern eine vollständige Beschreibung des Opfers, wie es der Adhvaryû zu vollziehen hatte, vermischt mit solchen Versen und Formalitäten, wie solche dem ausübenden Priester oblagen. Erst in viel späteren Zeiten, und wahrscheinlich, als eine Nachahmung der Sama-veda-sanhitá, wurde eine besondere Sammlung von Hymnen für den Adhvaryû-Priester gemacht, wo sie in den verschiedenen

Sákha's der Vajasaneyins in einem besonderen Brahmana, unter dem Namen Satapatha, begriffen sind ¹⁶).

Während der Adhvaryû-Priester diesen handlichen Pflichten oblag, verrichteten jene zwei anderen Priesterclassen, die Hotri- und Udgâtri-Priester, den mehr geistlichen oder poetischen Theil des Gottesdienstes, indem sie die für das Opfer bestimmten Hymnen, zum Lobe derjenigen Götter, denen der Opfernde irgend eine bestimmte Handlung zuschrieb, in ausdrucksvollem Tone hersagen oder in melodischem Klange hersingen mußten. Dabei war eine richtige und wohlklingende Aussprache und Betonung streng geboten. Dieser Priester-Classe gehörten die gebildetsten und gelehrtesten ihres Standes an, sie mußten die Bedeutung der Hymnen kennen, so wie alles, was in den Bahvricha-brâhmana enthalten ist, das heißt, die ganze Veda-Poesie auswendig wissen, weshalb ihre Gesänge, der Reihenfolge gemäß, in einem besonderen Gesangbuche, der Sama-veda-sanhitá, zusammengefaßt waren.

Die dritte Classe von Priestern hatte nichts mit den handlichen Pflichten zu thun, sondern allein die Opfergesänge nachzusprechen, jedoch nicht zu singen, und sie mußten dies streng nach den genauen und schwierigen Regeln, nach der alten Aussprache und der besondern Betonung thun.

Die Vertheilung des Ceremoniels zwischen den drei Priester-Classen führte zur Sammlung der beiden Sanhitá's: der Sama- und der Bajûr-veda's, welche die Abfassung der Brâhmana's in sich begreifen, und so kommt es, daß wir anstatt eines theologischen Gesetzes drei Sammlungen der Brâhmana's finden, welche die Pflichten und Rechte der drei Priester-Classen bestimmten. Aber selbst für einen Brahmanen, welcher die Sanhitá's und Brahmana's der drei Veda's nach ihren verschiedenen Sakta's studirt hatte, würde es sehr schwer gewesen sein, die Verrichtungen bei jedem Opfer genau zu kennen. Diesen Schwierigkeiten zu begegnen, wurden die Sutra's, eine Art Grammatik für die Veda-Ceremonien, zusammengetragen und von den Mitgliedern aller Charana's oder Sekten benutzt. Da der Brahmane nicht nur alle Ceremonien genau kennen, sondern auch mit allen Hymnen bekannt sein mußte, deren sich die anderen Priester zu bedienen hatten, so war zu seinem besonderen Gebrauche die Rig-Veda-sanhitá zusammengetragen worden, welche die meisten der wichtigsten Hymnen in sich begreift, und gleichsam als die letzte Sammlung der heiligen Gesänge anzusehen ist ¹⁷).

In späteren Zeiten zerfielen die Ceremonien wieder in Unter-Abtheilungen;

jeder beim Opfer beschäftigte Priester hatte seinen Antheil an der Opfergabe, vorausgesetzt, daß dieselbe hundert Kühe betrug. Sowie jede der priesterlichen Verrichtungen, so waren auch diese Vorrechte bestimmt, wobei jedoch der Brahmane gleich den anderen nur als Priester auftrat, und mit den drei anderen Priesterorden denselben Antheil empfing. Der Brahmane scheint gleichsam als Pûrohita oder Führer die Gebete hergesprochen zu haben. Er war es, der bei dem täglichen oder häuslichen Gottesdienste allein auftrat und sich auf diese Weise durch List und Schlauheit und eingeweiht in das innere Familienleben, mit der Zeit die priesterliche Oberherrschaft über alle anzueignen wußte. Der Brahmane machte sich zum Vertreter dessen, der das Opfer zu vollziehen wünschte, nur durch seine Vermittelung konnte man sich den Göttern nahen, und dadurch gründete er immer fester seinen Einfluß und seine Herrschaft über die Gewissen der Menschen.

Eine wichtige Rolle nehmen die Danksagungs-Hymnen — Dânastûtisbâ genannt — ein, welche von bestimmten Priestern für Geschenke dargebracht wurden, die sie von ihrem königlichen Schutzherrn oder reichen Privaten empfangen hatten. In ihnen wird des freigebigen Gebers lobpreisend gedacht, damit lebende und kommende Geschlechter seinem edlen Beispiele folgen sollen. Wie weit bereits auch hierin die Habsucht der Priester ging, beweist die 103te Hymne in der siebenten Mandala, die Lobrede der Frösche genannt, worin in satirischer Weise der Unersättlichkeit der Priester gedacht wird [18]).

Die uralten und erhebenden Gesänge galten den Autoren der Brâhmana's als für ihre Opfer geschrieben, und wurden in diesem Geiste von ihnen ausgebeutet. Die Götter, welche die alten Poeten anbeteten, verschwanden nach und nach, und neue Götter wurden aus Vorstellungen gebildet, welche nichts Göttliches in sich trugen. In der Veda-Zeit galt es als Regel, daß jeder Opfergesang an eine bestimmte Gottheit gerichtet werden mußte, weshalb in den verschiedenen Gesängen des Rig-Veda stets die Frage aufgeworfen wird, wer der wahre und mächtigste Gott sei, wobei sie sich des fragenden Ausrufs bedienten: „In welchem Gott sollen wir unsere Gaben bringen?" Aber um nun für die fehlende Gottheit etwas Anderes aufzufinden, bediente man sich der widersinnigsten Dinge: eines Geschenkes, einer Trommel, der Thiere oder Pflanzen, der Steine u. a. m., wobei diesen letzteren ein besonders farbiger Anstrich gegeben wurde.

Aus dieser Zeit stammen die in der Sutra-Periode verfaßten Werke, welche das verbindende Glied zwischen der Sprache der Veda's und dem spätern Sanskrit bilden. Sie zeichnen sich durch ihre kurzen, scharf zusammengedrängten Sätze aus — Sutra bedeutet Schnur, Band, — die größte Kürze galt den Pandit's für die höchste Vollkommenheit, denn es heißt: „ein Schriftsteller freuete sich über die Verkürzung einer halben kurzen Silbe eben so sehr, als über die Geburt eines Sohnes [19]." In diesen Sutra's ist, außer dem, was der Lehrer in dem solche begleitenden Commentare ausgedrückt hat, weder Geist noch Leben; denn das Bestreben ist vorherrschend, leicht faßliche Anweisungen denjenigen Schülern zu geben, die vor den mühsamen Studien schwer verständlicher Abhandlungen zurückschrecken könnten, um einen kürzeren Weg der Gnade in der heidnischen Predigtweise eines Buddha zu suchen. Obgleich in denselben weder dem Siva, noch dem Vischnu oder Brahma ein besonderer Vorzug eingeräumt wird, so werden doch bereits neue Götter erwähnt, und mehr gemeine und volksthümliche Ceremonien angegeben. Die Casten werden schärfer gesondert und werden zahlreicher. Unbedeutende Dinge werden in den Parisishta's als wichtig und in leichterem Style, bald in Prosa, bald in Versen abgehandelt. Es beginnt mit ihr der Verfall des alten Veda-Zeitalters, dem etwas Neues und Besseres, und dies war der Buddhismus, nothwendig folgen mußte.

Der Schüler in Indien lernt diese Sutra's nach ihrer grammatischen Bildung, in ihrer Philosophie oder Theologie, wie sich unserem Gedächtnisse das Alphabet oder die Rechentafeln eingeprägt haben. Wer sich weiter darin unterrichten will, muß ein halbes Leben darauf verwenden, bis er die vielen Sutra's, deren Commentare und Commentare zu diesen Commentaren auswendig weiß. Aber sie begreifen für den Brahmanen den Ausdruck des gesammten Wissens in sich, welches aus ihrem Nachdenken und ihren Forschungen hervorgegangen ist. Ihnen entgegen stehen die Sruti, literärische Werke, die der vorhergehenden Zeitepoche angehören, von den orthodoxen Hindu's als göttliche Offenbarungen angesehen werden, und ihnen als eine unumstößliche Autorität gelten. Wenngleich die Brahmana's einer neuern Zeit angehören, so werden sie dennoch den Sruti's gleich geachtet, weil die Brahmanen auf diese theologischen Abfassungen ihre ehrsüchtigen Vorrechte, als auf göttliche Autorität gegründet, herleiten. Daher kam es auch, daß Gesetze, welche in den Hymnen des Rig-Veda als nicht bindend angesehen wurden, in späteren Zeiten, als auf die Autorität der Veda's gegründet, beobachtet werden mußten.

Diesen heiligen Offenbarungen stehen die Ueberlieferungen — smriti — zur Seite. Wo nämlich die Gebräuche und Gewohnheiten unterjochter Völker mit dieser Brahmanen-Autorität nicht in Einklang gebracht werden konnten, fügten sich diese den herrschenden Gewohnheiten und Sitten solcher Völker und Länder. Obgleich nun die Beda's, Bedánya's, Sustra's und andere Schriften zur Richtschnur dienten, so fühlte man dennoch die Nothwendigkeit, den einmal herrschenden Gebräuchen nicht gewaltsam entgegen zu treten, wenn solches nicht im Widerspruche mit den heiligen Schriften stand; wie unter andern die eheliche Verbindung mit der Tochter des Onkels (Mutterbruders) verboten blieb.

Diese weit ausgedehnten Privilegien der Brahmanen, die gewaltsame Herrschaft, welche sie sich allmählig angeeignet hatten, und der moralische Verfall eines großen Theiles der Caste, führte die große religiöse Bewegung durch Buddha herbei, welcher deren Vorrechte und die daraus hervorgehenden Mißbräuche in so überzeugender Weise angriff.

Schon einige Jahrhunderte vor Buddha hatte Visvamitra, gleichfalls von königlicher Abkunft und ein Kschatrija, versucht, die Macht der Brahmanen zu brechen; aber ihm lag dabei weniger das Wohl der Menschheit am Herzen, als die Absicht, für sich und seine Familie Vorrechte zu erlangen, welche die Brahmanen bisher allein beansprucht hatten. In späterer Zeit nahm König Janaka von Videha das Recht in Anspruch, heilige Opfer ohne den Beistand der Brahmanen zu vollziehen.

Der Geist der Unzufriedenheit über die Anmaßungen der herrschsüchtigen Priesterschaft ergriff mehr und mehr alle Classen, trat jedoch da am schärfsten zu Tage, wo diese mit der weltlichen Macht den Einfluß theilen wollte, oder sich wohl gar bestrebte, diese ihrem Willen unterzuordnen. Eine solche Stimmung mußte einem Reformator den Weg bahnen.

Als ein solcher erschien Buddha Çákya Múni, im Jahre 615 vor Chr. Ein Königssohn und der Kschatrija-Caste angehörend, im Waffengebrauche und in Künsten und Wissenschaften unterrichtet, wurde er den Sitten seiner Zeit gemäß schon im 16ten Jahre verheirathet. Bis zum 28sten Lebensjahre verlebte er seine Tage im Palaste, den Genüssen hingegeben, „dann erwachte in ihm das Nachdenken über die Vergänglichkeit und den ewigen Wechsel weltlicher Dinge; er beschloß daher, sich in die Einsamkeit zurückzuziehen, um über die Mittel nachzusinnen, durch welche die Welt von den Uebeln, die Wesen von ihren Schmerzen befreiet werden könnten."

Buddha ²⁰), hoch begabt, voll Menschenliebe, dabei charakterfest und mit göttlichem Geiste erleuchtet, verließ gegen seines Vaters Willen seine drei Frauen und seine Paläste und zog heimlich aus der Stadt; alsdann schnitt er sich die Haare ab, legte seine kostbare Kleidung von sich und zog ein gelbes Kleid an. Erfüllt mit der Kraft und Hingebung eines Propheten, wollte er seinen erdrückten und verlassenen Mitmenschen die Wahrheit verkündigen, nämlich, daß der Mensch die Rettung von der Sünde und die Gnade Gottes auch ohne priesterliche Bevormundung erlangen könne, und daß alle Menschen vor Gott gleich seien.

Der Stifter des Buddhismus ²¹), des schönsten Zweiges der Religion der Inder, der den Völkern eine freie Entwickelung ihres geistigen Vermögens geben wollte, lebte von Almosen, begab sich zu den Einsiedeleien berühmter Brahmanen, nach Wahrheit forschend, und sammelte Schüler um sich. Er hatte sich anfänglich den Casteiungen und der Enthaltsamkeit von kräftiger Nahrung hingegeben; aber als er fand, daß dies seine Geisteskräfte schwächte, so entsagte er dem. Nachdem Çakyamuni sich durch Nahrung gestärkt hatte, versenkte er sich, unter einem Bodhi-Baume — ficus religiosa — sitzend, ganz in Betrachtungen und erreichte die vollkommene höchste Erkenntniß; er wurde dadurch Buddha oder der Erleuchtete. Er sandte seine Anhänger oder Missionare, — Bhizu — die von einem Geiste geleitet wurden, wie nur ein heiliger Zweck ihn entzünden kann, und über Indien seine Gesetze und Lehren verbreiten sollten. Er selbst durchwanderte neunzehn Jahre die Länder des mittleren und östlichen Indiens, seiner Lehre durch die Predigt überall Eingang verschaffend, sein erhabenes Werk durch seine Tugenden und seine einnehmende Persönlichkeit fördernd. Der Glaube an seine Wunderthaten und daß er im Besitze der höchsten Wahrheit sei, verschaffte ihm unzählige Anhänger, zu denen auch Könige gehörten.

Von einer gefährlichen Krankheit befallen, die er sich durch den Genuß von Schweinefleisch zugezogen hatte, erkannte er, daß sein „nirvâna" nahe bevorstehe; er versenkte sich dann ganz in seine Beschauung und starb, als er die fünfte und höchste Stufe erreicht hatte (543 v. Chr. G.). Sein Leichnam wurde verbrannt, die Asche in eine goldene Urne gelegt und später, nach vielen Jahren, als Reliquie nach unzähligen Tempeln Indiens gesandt.

Als Buddha erschien, hatte das Hinschlachten von Opferthieren in einer so schreckhaften Weise zugenommen, daß jedes Gefühl des Mitleidens dem menschlichen Herzen fremd zu sein schien; man hatte sein Wohlgefallen an den Schmerzens-Tönen der hingeopferten Thiere, und der große Reformator, den dies mit Abscheu und Widerwillen erfüllte, verkündete, daß Gott kein Wohlgefallen daran haben könne. Seiner Lehre und Warnung jedoch mehr Gewicht zu geben, verbreitete er den Glauben an die Seelenwanderung, als das geeignetste Mittel, solchem Unwesen ein Ende zu machen.

Die Anbetung der vier und zwanzig buddhistischen Patriarchen, der genii oder göttlichen Menschen, ist eine Entartung des ursprünglichen Buddhismus, wie das Anbeten von Heiligen in der christlichen Kirche. So verschieden die Brahmana's der Veda's von den Purana's und der Bhagavat sind, so ist es der Buddhismus eines Zeitalters von dem eines anderen. Der Buddhismus erkennt keine Priesterschaft an und doch finden sich heute in Nepal buddhistische Priester; verheirathete und unverheirathete Mönche.

Buddha's philosophische — abhidharma, — religiöse und moralische — vinaya — Lehren waren nicht auf die Veda's gebauet, und wurden deshalb, nämlich als der göttlichen Offenbarung ermangelnd, von den Brahmanen als unwahr verworfen; denn der Unterschied zwischen Offenbarung (sruti) und Ueberlieferung (smriti), diese Lebensfrage im Systeme der Brahmanen, mußte bei ihren Angriffen gegen Buddha als Grundlage dienen. Buddha's Lehren, von seinen Schülern in die Welt getragen, verbreiteten sich wie die ähnlicher Sekten in Indien viele Jahre unangefochten von den Brahmanen über alle Theile dieses weiten Reiches, bis sie unter König Açôka's Regierung ihren höchsten Glanz erreicht und sich zum beinahe allein herrschenden Glauben gemacht hatten. Buddha selbst kannte den Rig-Veda, war in allen Zweigen des brahmanischen Wissens unterrichtet, und seine eifrigsten Schüler und die größten Reformatoren gehörten den Brahmanen an.

So kam es, daß die Buddha-Religion Jahrhunderte hindurch das geistige und weltliche Reich mit dem Brahmanismus theilte, daß sie sich endlich weit nach China, Tübet und andere Theile von Asien verbreitete und eine Ausdehnung gewann, welche, wenn die Wahrheit des Glaubens einfach von der Zahl der Bekenner abhinge, sie zur wahrsten aller Religionen erheben würde. Der Buddhismus, welcher als eine Reform den bereits tief gesunkenen Veda-Gottesdienst von seinen Uebeln reinigen und dem Geiste und den Bedürfnissen der Zeit anpassen sollte, hatte wohl unbezweifelt beinahe fünf Jahrhunderte denselben, wenn nicht größeren geistigen und politischen Einfluß in Indien, als die Brahmanen. Diese selbst gestehen die Ueberlegenheit der philosophischen und literarischen Fähigkeiten der von ihnen gehaßten Gegner ein. Wie mächtig aber das religiöse Leben der Buddhisten sich noch zu Hiuen Thsang's Zeiten (630—40) zeigte, beweist dessen Mittheilung, daß zu Benares, wo der Hauptsitz des Buddhismus gewesen zu sein scheint, sich dreißig Klöster und 4000 Buddha-Priester und Schüler vorfanden. Die Buddhisten Tübets wollen ihre Lehre von dort erhalten haben.

Aller noch vor nicht langer Zeit aufgestellten Behauptungen ungeachtet, ist es heute als unzweifelhaft angenommen, daß der Brahmanismus, wie er in den Veda's sich uns darstellt, dem Buddhismus voranging [22]). Noch heute reden mehrere der merkwürdigsten Monumente aus jener Zeit zu uns: die Inschriften an den Löwen-Säulen von Tirhût, Allahabad und Delhi; die Säulenhallen des Bhilsa-Denkmals in Malwa und die Felsen-Monumente von Girrar und Dhauli in Kattiwar und Orissa lassen uns einen tiefen Blick in das Wesen des Buddhismus thun.

Diese Monumente jener ewig denkwürdigen Epoche im Geistesleben der Menschheit, die einst in Indien eintrat, zeigen sich in drei ganz verschiedenen Bauwerken. Es sind:

1. Die Thûpa's oder Grab-Denkmale, welche die Gebeine oder die Asche des Ra'hat oder Heiligen beherbergen.

2. Die Lâth's oder Sandstein-Obelisken, auf deren Spitze ein Löwe steht, und welche Kupferplatten mit Inschriften tragen, die Königliche Edikte enthalten. Diese beziehen sich auf die Beobachtung religiöser Gebräuche. Solcher Säulen finden sich eine zu Allahabad, zwei bei Delhi, drei am Gandahflusse und zwar eine bei Bakra in Nord-Behar, die zweite (jedoch ohne Löwen) zu Radish, und die dritte zu Mathiah. Alle daran befestigten Edikte sind Verordnungen des Königs Açôka, Enkels des Chandragupta (oder Sandracottus.)

3. Die Felsentempel. Sie sind entweder mit flachen Dächern versehen und beherbergen eine Riesenstatue Buddha's; oder sind von länglichen Formen mit gewölbten Dächern und Säulenreihen an den Seiten, die dem Eingange gegenüber am Ende des Tempels in einem elliptischen Bogen zusammenkommen. An dieser Stelle befindet sich eine Steinsäule mit einer Figur, die mit einer schirmartigen Bedachung versehen ist, entweder aus Holz oder Stein; diese Säule enthält Reliquien Buddha's [23]).

Die Thûpa's oder Mansoleen sind aus Felssteinen gebauet und

haben die Form einer Kuppel, welche sich aus einer niedrigen cylinderförmigen Grundlage erhebt. In denselben sind Urnen, aus Bronce oder Metall bestehend, gefunden worden, worin die Asche der Verstorbenen oder ihre Knochen eingeschlossen waren. Außerdem waren auch öfters Münzen darin, auf deren einer Seite sich griechische Buchstaben befinden, während auf der anderen Inschriften in Pali oder das Alphabet der Lath-Inschriften zu sehen sind. Der merkwürdigste dieser Tumuli ist der von Manikyála im Pendschab, den Ventura zuerst öffnete. Einige andere, doch nicht kuppelförmig, sondern mehr säulenartig errichtete Bauwerke der Art aus jener Zeit befinden sich selbst in Afghanistan; aber von Erdbeben erschüttert, stehen sie über dem Erdboden wie der schiefe Thurm zu Pisa [24]). In der Form sind solche den Säulen sehr ähnlich, die in den Felsentempeln die Reliquien Buddha's beherbergen.

Die Edikte sind von König Açôka 247 v. Chr. erlassen, zu welcher Zeit der Buddhismus in Indien seine Glanzperiode hatte. Vielleicht war dies die glückliche Zeit, wo jenes herrliche Land, wie uns Ueberlieferungen erzählen, „Pûnyabhûmi", das Land der Tugenden genannt wurde. Weisheit und Menschenliebe charakterisiren das Zeitalter dieses großen Indischen Fürsten. Dharma Açôka, mit dem Beinamen Devanampiya Piyádavi, „der von den Göttern geliebte," soll nach Mahavansa darum mit dem Namen Açôka belegt worden sein, weil er seinen Bruder ermordet haben soll. Aus welchen Ursachen, und wie sich dies zugetragen hat, ist uns ein Geheimniß geblieben.

Açôka erklärte den Völkern Indiens, daß er die brahmanischen Prinzipien seines früheren Glaubens für sündlich erachte, weshalb er das Blut- und Fleisch-Opfer, als seinem neuen Glauben zuwider, aufs ernsteste verbiete. Die Prinzipien der Shakya's-Reform beständen darin, Dhamma (oder Dharma), das heißt Tugenden, auszuüben; das erste Gebot der Religion müsse die Ausübung guter Werke sein. Sie mache sich kund durch Vergebung, durch Menschenliebe, Reinheit und Keuschheit. Alle, welche ein ewiges Glück zu erwarten hofften, müßten sich der Armen und der Bedrängten annehmen, und gütig gegen die Thiere sein." Endlich empfahl er seinen Unterthanen den sich weit ausbreitenden Feigenbaum (ficus indica), den Myrobolan, den großen Dathris und was immer einen Schutz gewähre, für heilig zu halten.

Die aus den Felsen gemeißelten Skulpturen und Bauwerke jener Zeiten sind zweierlei Art: Die Ersteren stellen Anbetungs-Gegenstände dar, welche die ursprünglich mehr einfache und philosophische Form des Buddhismus zu vergegenwärtigen suchen, indem sie das Wesen und die Wirksamkeit der Gottheit zur Anschauung bringen. In der zweiten erkennen wir durch die Mannigfaltigkeit der Gegenstände, denen eine Anbetung dargebracht werden soll, das mehr zusammengesetzte Brahmanen-Pantheon, nämlich die Sakta-Form des Hinduismus, die Anbetung Çiva's durch Bhairava in Verein mit seiner Gattin Uma oder Parvati.

Die Bauwerke der ersten Art bestehen aus meist gewölbten Tempeln, welche den Dehgop oder Steinthurm enthalten, von hemisphärischer Form, in welchem eine oder mehrere Abbildungen des Buddha, der sitzend dargestellt ist, sich befinden, sowie manchmal eine Anzahl kleiner Zellen und breiter Steinbänke, die längs den Wänden der Gemächer sich hinziehen, und hinreichend andeuten, daß solche zum Gebrauche mönchischer Brüderschaften, oder zum Unterrichte von Jüngern dienten, welche der Welt entsagt hatten. In diesen Tempeln finden sich lange Inschriften, in einer Sprache, welche weder reines Pali noch Sanskrit ist, sich Beiden jedoch insofern nähert, als sie mit Hülfe derselben entziffert werden können. Sie zeigen in ihren Charakteren nur geringe Abweichungen von den Inschriften der Açôka-Säulen.

Zu diesen gehören die Felsentempel von Karli, Kanari, Aurûngabad, Nasik, Junir, Mahar am Bankût-Flusse und die südlichen Tempel zu Ellora. In Kanari sind einige kleine Begräbnißplätze von Râhat's oder Heiligen, welche die Verwalter der Tempel waren. Einer derselben wurde im Jahre 1839 geöffnet, enthielt zwei kupferne Urnen mit Menschen-Asche, und in der einen Urne ein kleines goldenes Kästchen, worin ein Rest weißer Baumwolle lag, in dem eine Perle, ein Rubin und einige kleine Goldstückchen eingewickelt waren; in der anderen befand sich ein silbernes Kästchen mit Asche. Aber die merkwürdigste Reliquie, welche aufgefunden worden ist, waren zwei Kupferplatten. Eine derselben hatte eine Inschrift in den Lâth-Charakteren der Felsentempel, und die andere in einer mehr ausgebildeten Schreibart, welche der der Chattisgarh- und Sconi-Inschriften des 8ten und 9ten Jahrhunderts ähnelt und aus welchen die Alphabete des südlichen Indiens entsprungen sind.

Unter diesen letztern Inschriften findet sich das Glaubensbekenntniß des Buddha, am Fuße des Bildes von Tirhut, und aus der aus dem Thûpa zu

Sarnath nahe Benares entnommenen Inschrift erkennen wir diese als ein Buddha-Mausoleum.

Zur zweiten Classe dieser aus dem Felsen gearbeiteten Kunstwerke gehören die neun mittlern Felsentempel zu Ellora, diejenigen auf der Insel Elephanta und die zu Badami. An ihnen ist ein weiter ausgebildeter Stil, eine edlere künstlerische Darstellung bemerkbar. Da sehen wir Gruppen vieler Figuren des vielarmigen Vishnu und des Civa in ihren verschiedenen Avatar-Erscheinungen, Scenen in Miniatur, die Schlachten und Kämpfe aus den heiligen Epischen Gedichten, der Ramayana und dem Mahabarhata, darstellend, ferner die Dreiheit-Figur des Civa in Verein mit dem weiblichen Prinzipe oder dem Uma und Stein Linga's. Es ist eine großartige Auffassung der Darstellungen, und in Zeichnung und im Charakter der Figuren eine hohe künstlerische Hand erkennbar, so daß man an die prächtigen Hindutempel des zehnten und eilften Jahrhunderts erinnert wird. Im Verhältnisse zu der ersten Classe der Tempel ist die Zahl der aufgefundenen Inschriften in diesen Tempeln nur gering, und diejenigen, welche wir daselbst sehen, nähern sich so sehr dem Alphabete der lebenden Sprachen im südlichen Indien, daß an der Erbauung in einer neuern Zeit nicht zu zweifeln ist. Die geringere Anzahl kleiner Zellen, welche sich darin für die Priester befinden, geben uns Beweise, daß diese Tempelhallen weniger der Stille und Zurückgezogenheit gewidmet waren, sondern mehr zum öffentlichen Aufenthalte und für Pilger dienten, oder Tirtha's für die große Masse des Volkes waren.

Die Felsentempel von Ajanta sind ihrem Charakter nach verschieden und sie treten gleichsam vermittelnd zwischen jene beiden Classen von Bauwerken; in Ausdehnung und Größe sind sie der letzteren ähnlich, aber ohne dieselben Zeichen oder Merkmale des Hinduismus oder der Tantrika-Prinzipien, welche wir dem Buddhismus in den Felsentempeln zu Ellora angepaßt sehen. Wir finden zu Ajanta viele der Buddha-Figuren symbolisch durch eine besondere Classe von Thieren oder Dingen dargestellt, welche eine Abstammung von der Original-Anbetung des Buddha-Sakya andeuten; — und es mag hier die Wurzel jener Hinneigung der Sakya-Religion zu den Vaishnava-Prinzipien zu finden sein, wie solche in der Sri Bhagavata dargestellt sind, wo die verschiedenen Abstammungen und Formen der Gottheit als Vischnu der Ursprung der Jaina-Heiligen sind.

Die Götzen-Bilder in diesen Tempeln sind entweder nackend oder mit einem Gewande bekleidet dargestellt, und ihre individuellen, charakteristischen Eigenschaften finden sich an dem Fußgestelle oder Sinhasan eingegraben; da ist der Affe, die Lotusblume, die wilde Kuh, die Antilope, die Ziege und der Kumbha oder Jar. Alles dies sind den Jaina-Heiligen angepaßte Eigenschaften; Abhimandann, Padmaprabha, Vasupujaya, Santi, Kunthi und Malli. Wir wissen, daß die Buddha-Religion in Nepal unendlich viele Formen des Buddha, Sterbliche wie Himmlische, anerkennt. Aber die Vorstellung dieser Jaina-Symbole auf den Fußgestellen der Götzenbilder zu Ajanta, deren bekleidete und nackte Darstellungen, ähnlich denen der Swetambara und Digambara, Götzenbilder der Tirthankara's, sowie ein Bildhauerwerk zu Gaura, welches das Dach eines der Felsentempel stützt, haben Herrn James Bird zu dem Glauben veranlaßt, daß, weil einige der nachbarlichen Felsentempel zu Ellora den Tantrika-Prinzipien geweihet waren und die Çiva-Mythologie dem Buddhismus angepaßt war, die mehr uralten und ursprünglichen Buddha-Felsentempel zu Ajanta die Verderbtheit einer Vermischung mit den mehr dem Vaischna-Glauben eigenen Prinzipien zeigen. Der Vaischnava- und Çiva-Glaube war die volksthümliche Auffassungsweise der Geister in Indien vom 5ten Jahrhunderte bis zum Jahre Tausend unserer Zeitrechnung. Ferner glaubt Bird, daß die mehr moderne Hindu-Architektur ihren Ursprung nicht, wie Heeren aufstellte, von den Pyramiden entnommen habe, sondern, daß der zusammengesetzte Deghop das Vorbild gewesen sei, nach welchem sie ihre Bauwerke formten. Die Buddhisten-Tempel haben etwas den christlichen Basiliken Aehnliches: ein Mittelschiff, einige Seitenflügel oder Hallen und einen halbkreisförmigen Hintergrund, in welchem sich ein domartiger Abschluß befindet, der die heiligen Reliquien enthält. Die Decke, wenn gewölbt, zeigt die Form eines von Balken getragenen Daches. Das Licht fällt durch und über den Eingang in das Innere, und zwar so, daß seine Strahlen sich auf das am äußersten Ende des Schiffes stehende Götzenbild werfen. Die Seitenflügel, welche beinahe gänzlich in Dunkelheit bleiben, erscheinen in Tiefe und Umfang viel größer, als sie der Wirklichkeit nach sind. Der Eindruck, den das Ganze auf den Beschauer macht, ist ein gewaltiger, etwas Geheimnißvolles und Heiliges erfaßt die Seele. Wenn man die bemalten Figuren des Buddha und die der Heiligen, von Heiligenscheinen umgeben, betrachtet, mit denen die Wände und Säulen dieser Tempel geschmückt sind, so wird man von der großen Aehnlichkeit überrascht, welche dieselben mit vielen der römisch-katholischen Kirchen in Italien haben.

Die buddhistischen Vihára's oder Klöster bestehen aus einer großen, gemeinhin quadratförmigen Halle, das Dach ist von vier Reihen Säulen getragen, die sich längs der vier Seiten hinziehen und so einen Gang um das ganze Gemach bilden, was einen sehr wohlthuenden Eindruck gewährt. Dem Eingange gegenüber befindet sich das Heiligthum, in welchem Buddha's Statue in liegender Stellung ruht, gleichsam versunken in Selbstbeschauung, in jener Ruhe von Selbstbefriedigung nach vollendeter Wirksamkeit, die der Buddhismus für die höchste Glückseeligkeit erkennt. An den Wänden ziehen sich um die Halle die aus dem Felsen gehauenen Cellen für die Priester oder Schüler hin, wo die aus dem Felsen gemeißelten Sitze Ruhekissen andeuten. Außerhalb des Gewölbes befindet sich eine Colonnade oder Veranda, welche zu Bagh eine Länge von 220′ hat und eine Façade bildet. Einige dieser großen Hallen besitzen keine Cellen, sondern sind von Steinbänken umgeben, auf denen sich die Schüler niederließen, um den Religionslehrern zuzuhören. Aber in den diese Felsenklöster umgebenden Felsen befinden sich Cellen, Bienenkörben ähnlich, für Fromme, die in der Einsamkeit ein beschauliches Leben führen wollten.

Die Felsentempel der Brahmanen zeichnen sich vor denen der Buddhisten durch eine größere Mannigfaltigkeit in der Skulptur aus, indem beinahe alle ihre vorzüglichsten Götter in den verschiedensten Stellungen dargestellt sind. Der Felsentempel zu Elephanta ist in den Felsen gehauen, wogegen der Kylas-Tempel zu Ellora aus dem Felsen gemeißelt ist, innerhalb und außerhalb mit allerlei menschlichen und thierischen Gestalten, welche, mit größter Sorgsamkeit und kunstreich ausgeführt, sich auf die Geschichte früherer Zeiten und die Religion der Hindu's beziehen. Aus den Wänden erheben sich Götter oder Scenen aus deren Leben, aus dem Leben der alten Hindu's, Elephantenköpfe oder andere Thiergestalten, von dem Künstler bald mehr, bald weniger erhaben und mit einer Zierlichkeit ohne Gleichen aus dem Felsen gemeißelt; einige der Köpfe zu Ajanta sind mit einer wahrhaft vollendeten Treue und Einfachheit ausgeführt. Ein weißer Stucco bedeckte die Wände, welche, gleich den Figuren, bemalt waren, jedoch wenig ansprechend, im Style der heutigen Hindukünstler; dagegen sind die Zierrathen an der Decke und die architektonischen Verzierungen mit einem Geschmacke ausgeführt, der an eine classische Kunst-Epoche erinnert. Forschungen über den Ursprung der Künstler geben die Vermuthung, daß griechische oder baktrische Künstler den Hindu's zu diesen erhabenen Kunstwerken die Anleitung gaben, und der gelehrte Sanskritforscher Dr. Wilson zu Bombay will an einer Säule, die in der Front des Tempels zu Karli steht, entziffert haben, daß diese von Löwen getragene Säule ein Geschenk des Griechen Theonikos war [25]).

Wie diese Felsentempel gebauet oder vielmehr aus dem Felsen so großartig, ja riesenartig und künstlich gemeißelt sind, wollen wir uns in der Kürze zu vergegenwärtigen suchen.

Die Felsentempel von Karli. Sie liegen in der Nähe des Dorfes Ekvira, auf dem Wege von Bombay nach Puna, und sind das schönste Kunstwerk einer Buddha-Cathedrale. Mit einem gewölbten Dache, welches sich, in balkenartigen Linien geformt, 50 bis 60 Fuß hoch über dem Fußboden erhebt, aus dem Felsen gehauen, nimmt der innere Raum des Gebäudes 120 Fuß Länge und 24 Fuß Breite ein. Auf beiden Seiten zieht sich eine Säulenreihe, deren Capitäle Elephanten zieren, längs denselben in solcher Weise, daß sie am äußersten Ende zusammenkommen. Hier befindet sich ein steinerner Deghop, auf dessen Spitze eine schirmartige Bedachung in länglicher Form aus Holz angebracht ist, und vor dem Eingange des Porticus ist eine Säule oder Nadel, auf welcher Löwen stehen; diese Säule ist eine der Sonne geweihete Zueignung. Dem Portico zur Seite, seinen Eingang gleichsam bezeichnend, befinden sich drei riesenartige Elephanten, auf deren Hälsen Buddha-Statuen sitzen, und zur rechten Hand sind zwei Statuen von sechs Fuß Höhe zu sehen, die eine männlich, die andere weiblich. Außerdem befinden sich hier mehrere kleinere Aushöhlungen oder Cellen, welche den Dienern des Tempels zum Aufenthalte dienten.

Die Felsentempel zu Kanari, 22 Meilen von Bombay auf dem Wege nach Tanna, gehören derselben Zeit an, stehen jedoch an Größe und Kunst obigen weit nach. Dagegen sind die Felsentempel von Nasik, auch Pandu-Lena genannt, fünf Meilen von der Stadt Nasik gelegen, durch drei mächtige, von Löwen getragene, und von den gewöhnlichen Begleitern dieser Götzenbilder, den Chauri-Trägern und Engeln umgebene Buddha-Statuen ausgezeichnet. Sie erheben sich über Lotusblumen, deren Stengel aus Figuren gebildet ist. Den Eingang zu diesem Tempel, welcher ein flaches Dach besitzt und aus einem Viereck von 45 Fuß Seite besteht, ohne irgendwie von Säulen gestützt zu sein, ziert eine Veranda, die von sechs colossalen Riesen getragen wird. Sie sind nur im Relief ausgeführt und jeder derselben ist der Träger eines Balkens.

Der Felsentempel von Junir, auf zweien Bergen nahe der Stadt Junir gelegen, erwähnen wir als jener Zeit angehörend. Wir versuchen ferner, die vier Felsentempel von Aurangabad mit einigen Worten zu charakterisiren. Dieselben liegen an der südlichen Seite der Berge, welche sich nördlich von Aurangabad hinziehen. Diesen Tempeln zur Seite ist eine nur 8 Fuß tiefe Aushöhlung in den Felsen gearbeitet, in welcher eine schwarze Figur von acht Fuß Höhe so in sitzender Stellung sich befindet, daß die Fußsohlen sich nach oben wenden. Dieselbe hat die Hände in einander geschlungen und scheint im tiefsten Nachdenken über die Gottheit versunken zu sein; ihre Gesichtszüge sind von unedeln Formen, das Haar aus wolligen Locken bestehend, und die ganze Erscheinung hat so viel Aehnliches mit einem afrikanischen Neger, daß einige Forscher zu dem Glauben veranlaßt wurden, daß der Buddhismus aus einem anderen Welttheile nach Indien gebracht worden sei. Der Tempel selbst hat nicht mehr als 30 Fuß im Quadrate, seine Decke wird von zwölf viereckigen Säulen getragen, und eine Statue des Buddha, von vier Fuß Höhe, auf dem Sinhásan sitzend, ist an der Wand aus dem Felsen gemeißelt. In dem größten der drei anderen Felsentempel befindet sich gleichfalls eine Statue des Buddha.

Die Tempel bei Mahar sind einfache Buddha-Bauwerke. Einer späteren Epoche gehören jedoch die Felsentempel von Ajanta an. Es befinden sich daselbst zwei und zwanzig solcher Tempel. Der Mitteltempel ist im Inneren von acht und dreißig achteckigen Säulen gestützt, welche zwölf Fuß Höhe haben, und die Breite desselben zwischen den Säulen beträgt vier und zwanzig Fuß. Zwischen den Säulen und der Wand befindet sich eine sechs Fuß breite Veranda mit einem bogenförmigen Dache, welches noch Merkmale einer Fresko-Malerei erkennen läßt, die mit großer Sorgsamkeit und nicht ohne hohen Kunstsinn ausgeführt war. Desgleichen sieht man, daß sowohl die Tempelwände als die Säulen al fresco bemalt waren. In diesem Tempel sind viele Darstellungen von schwarzen und goldenen Buddha's, die mit untergeschlagenen Beinen sitzend ausgeführt sind; die Fußsohlen nach oben gewendet, und die Daumen der Hände aneinander haltend, scheinen sie in tiefes Nachdenken versunken zu sein. Diese Figuren sind mit einer Shehla oder einem Gewande bekleidet, welches so über die linke Schulter geworfen ist, daß nur ein Theil der linken Hand frei ist, wogegen die rechte Schulter und Brust ganz unbedeckt sind. Außerdem sieht man in diesem Tempel noch viele Gestalten, Männer und Frauen, in stehender Stellung: die Gewänder der ersteren sind dieselben, welche noch heute von den Arabern getragen werden, die Frauen dagegen haben einen Shawl nachlässig über die linke Schulter geworfen, welcher die rechte Brust unbedeckt läßt, und ihr lockiges Haar ist in einem Knoten über der Krone des Hauptes zusammengebunden.

Außer diesem großen Mittel-Felsentempel befinden sich hier gegen Westen noch elf Tempel und gegen Osten acht Tempel, deren einer aus zwei Stockwerken besteht.

Von allen diesen den Beschauer mit Staunen und Bewunderung erfüllenden Felsenbauten jener fernen Zeiten sind es die prächtigen Bildhauerwerke der Tempel zu Ellora, welche den Forscher von jeher am meisten angezogen haben. Dieselben sollen die Tantrika-Prinzipien, dem Buddhismus angepaßt, verherrlichen. Denn der Sakta-Form des Hinduismus sind die Prinzipien des Tantrika-Systems entnommen, und sie umfassen die religiöse Verehrung des Civa und Darga mit den Symbolen und Zaubersprüchen oder den Mantras [26]). In ihnen sind die theologischen und metaphysischen Ideen der Buddha- und Jaina-Sekten dargestellt. Diese beiden heterodoxen Sekten stimmen darin überein, daß sie den Tod und die Apotheose des letzten Buddha und des letzten Jaina in den Gränzen des südlichen Bahar annehmen. Beide Sekten verleugneten die Veda's und die Götter des Hindu-Pantheons, lebten in einer Art Cölibat in Klöstern und wählten ihre Priester von den Söhnen aller Classen ihrer Gemeinden. Sie haben noch heute die heilige Sprache des Pali oder Prakrit bewahrt, enthalten sich aller Nahrung nach Sonnen-Untergang, und fegen zuvor den Fleck, auf welchen sie sich zu setzen oder zu legen beabsichtigen, damit kein thierisches Leben von ihnen getödtet werde.

Die Felsentempel zu Ellora bestehen aus drei verschiedenen Classen von Felsen-Aushöhlungen. Die erste derselben oder die nördliche Reihe begreift die Adi-Natha, Jagganatha, Parisrama und Indra Sabhas in sich, nebst einigen geringeren Felsenbauten, die bereits beinahe ganz mit Erde angefüllt, und nach Erskine's Ansicht als Buddha oder Jaina-Tempel zu betrachten sind. Dann kommen die im Centrum gelegenen Felsenbauten, als: die Dumar-lena, Jan-wassa, Kumarwara, Ghana, Nilkantha, Ramaswara, Kailas, Das-Avatar und Rick-Ravan, welche sämmtlich für brahmanischen Ursprungs gehalten werden. Die dritte Classe sind die südliche Reihe, aus dem Tin-loka oder Tin-tala, dem Do-tala oder Dûthyaghar, Biswarkama und der Gruppe der sogenannten Dehreh-wara bestehend, welche dem reinen Buddhismus angehören.

Diese sämmtlichen Tempel, die bewunderungswürdigsten Werke menschlicher Kunst und Ausdauer, nehmen die westliche Abdachung einer Basalt-Bergreihe ein, welche sich ein und eine halbe Meile lang von Nordwesten nach Südwesten hinzieht, und über welcher die flache Hochebene von Royah liegt. Diese Bergreihe hat die Form eines Halbmondes, dessen Spitzen sich über das Ganze von 25 bis 80' erheben. Nördlich, an dem äußersten Ende, befindet sich die colossale, aus dem Basaltfelsen gehauene Statue des Parswa-Natha oder des drei und zwanzigsten Jaina-Heiligen, welcher auf einem Throne, den Elephanten und Tigerköpfe tragen, sitzend dargestellt ist. Die Höhe der Statue ist zehn Fuß; der Heilige ist mit untergeschlagenen Beinen dargestellt, die Hände liegen ihm auf dem Schooße, so daß die innere Seite nach oben gekehrt ist und das Haupt wird von der zusammengerollten Schlange mit sieben Köpfen beschattet. Es ist dies der Annahme widersprechend, welche nur fünf Köpfe, die Elemente andeutend, voraussetzt. Auf der Vorderseite der Platte, auf welcher das Götzenbild ruht, befindet sich eine lange Inschrift, welche, vermöge eines astrologischen Diagramms, in zwei Theile zerfällt. Auf der linken Seite liest man, daß die Statue im Jahre des Shalivahana-Shak, — dem 75sten Jahre christlicher Zeitrechnung, — aufgestellt wurde. Die Charaktere der Buchstaben sind diejenigen, welche dem modernen Devanghari-Alphabet vorangingen; Prinsep hat sie dem elften Jahrhunderte unserer Zeitrechnung zugeschrieben. „Sei es hoffnungsreich!" heißt es daselbst, „in dem glücklichen Jahre des Shaka 1156 und dem Jaya-Jahre der Brihaspati-Zeitrechnung, wo der gesegnete königliche Fußtritt des berühmten Königs Parswa-Natha in diesem Gebirge hergestellt war, dem Elephanten gewidmet, und glänzend mit der moralischen Liebe des dahingeschiedenen Gebers von Dharma (von Gerechtigkeit), des einzigen Auserwählten, Unsterblichen, der, wenn sichtbar, standhaft blieb in der Beherrschung der Leidenschaft [27])."

Die mittleren Tempelbauten werden von den Brahmanen Dûmar Lena genannt. Der Beschauer geht durch ein Thor, an dessen Seiten liegende Löwen Wache halten. An der Front des Tempels befindet sich eine Veranda, zur linken Seite steht eine colossale Statue Buddha's, von den Brahmanen

Darma Raja genannt; dieser gegenüber, zur Rechten, sieht man Maheswara Mahadeva, von Menschengruppen in Lebensgröße umgeben. Diese Tempel sind dem Linga gewidmet, welcher den viereckigen Tempel am Ende der Säulenhalle einnimmt, und zu welchem vier Portale mit acht colossalen Figuren an den Pforten führen. Eine schöne und offene Arena umgiebt diesen Tempel, zur Rechten derselben sieht man Çiva und Parvati auf Kailasa sitzend und vom Riesen Ravan gestützt. In den drei ersten Slokas der Inschrift von Mahamalajapur [28]), wird derselben in folgenden Worten gedacht: "Möge die Ursache der Erschaffung, des Bestehens und der Vernichtung, welche in sich selbst begründet ist, der Vernichter von Mansnaban — des Wunsches — günstig sein den Wünschen der Welt. — Möge Er, der mit Uma vereinigt ist, von vielen Arten der Einbildung, ohne Eigenschaft, der Zerstörer der bösen Neigungen, von unverderblichem Reichthume der Herr von Cuberan vortrefflich angesehen sein." — Möge diese Gottheit Çiva uns alle beschützen, welche der Sitz des Gedeihens ist, und durch deren Mittel Kailasa verschwand und zum Pautala herabstieg, nachgebend durch seine Schwere, welche er verursachte, indem er gestützt war von dem Ravanau mit zehn Gesichtern." — Der Dämon ist hier mit zehn Armen und fünf sichtbaren Gesichtern dargestellt.

Die diesen Felsbauten zunächst liegenden Aushöhlungen werden Janwassa oder die Geburts-Kammer genannt. Sie enthalten einen Linga, die drei Statuen des Maheswara, Vishnu und Brama und eine Bildhauerarbeit des Varaha, Avater oder Vishnu, in der Gestalt eines wilden Ebers, der Prithri oder die Erde trägt, wie es uns im vierten Capitel des Vishnu Purana berichtet wird.

Die an diese sich anschließenden Tempel, Ghana, Nilkantha und Rameswana genannt, enthalten Linga's, und in den Bildhauerwerken des letzteren dieser Felsentempel finden wir die Göttin Devi unter ihren verschiedenen Gestalten; ferner sehen wir an der Felswand zur Rechten acht Frauen in einer Linie sitzen, jede ein Kind in ihren Armen haltend, und Ganesa an ihrer Spitze in den Gestalten des Darga als Ganesa Gauani oder die Mutter des Gottes der Weisheit. Die Göttin Darga selbst ist in ihren abschreckendsten Gestalten dargestellt, als die Vernichterin des Büffel-Dämonen Mahesasur.

Aber der prächtigste dieser monolithischen Tempel, der Kailasa genannt, ist zugleich das größte und kunstreichste Bauwerk dieser Art. Derselbe besteht aus einer konisch geformten Pagoda von gegen hundert Fuß Höhe, die sich über einen Raum von vierhundert Fuß Tiefe erhebt. An der westlichen Wand finden wir Vorstellungen von Lakshmi, der auf einer Lotuspflanze sitzt, welche die Rüssel zweier Elephanten bewässern; derselbe ist aus dem Felsen gearbeitet und man erkennt an demselben zugleich, wie sehr sich der ursprüngliche Buddha-Glaube dem der Brahmanen näherte. Zu beiden Seiten dieser Figur führen rechts und links Oeffnungen zu einer Halle, in welcher sich die Statuen von zwei Elephanten aus Felsstein befinden. Die Halle des großen Tempels umschließt einen Raum von 66′ Länge und 55′ Breite, dessen Höhe aber nur 16 bis 17′ beträgt; zur Rechten und Linken derselben befinden sich kleinere Aushöhlungen. Die Rückseite des Tempels zeigt drei Säulengänge, jeder von einer Reihe kantiger Säulen umgeben, an deren Wänden in mannigfachen Feldern verschiedene Gottheiten in erhabener Weise aus dem Felsen gearbeitet heraustreten, welche die wesentlichsten Götter der Hindu's darstellen.

Die Felsen-Arbeiten im Süden, Tin Tal genannt, bestehen aus drei Etagen, die, nach Aussage der Brahmanen, die Hölle, die Erde und den Himmel darstellen sollen. Die unterste Etage oder Patala Loka birgt eine riesenartige Figur des Buddha, zu deren Rechten und Linken zwei kleinere Figuren sich befinden, und wahrscheinlich die Tri-Ratna oder die drei Buddha's der Dreieinigkeit vorstellen sollen. In der zweiten Etage ist eine mächtige sitzende Figur des Buddha, die zwei Hunde bei sich hat, welche nach Aussage der Brahmanen, Kuvera, den Gott der Reichthümer, vorstellen sollen. Die oberste Etage oder Swerga Loka ist mehr als 100′ lang und 70′ breit. Das riesenhafte Götzenbild am äußersten Ende dieser Halle sitzt auf einer Lotus und stellt Padma Pani dar.

Die Felsentempel von Badami sind aus einem Sandsteinfelsen gehauen, der unterhalb der Bergfeste von Badami gegen den Mallapahari-Fluß abfällt. Sie bestehen aus drei Tempeln und sind im Stile der Tempel von Ellora ausgeführt. Jeder derselben enthält einen Linga, wogegen die Figuren an den Wänden hauptsächlich Vishnu in den Avatars als Varaha, Vamana und Narasinha darstellen.

In den Felsentempeln von Mahalajapur, welche achtunddreißig Meilen südlich von Madras an der Meeresküste liegen, sehen wir eine riesenartige Figur des Vishnu auf der Sesha-Schlange ruhend, und Krishna, wie er die Heerden des Ananda hütet. Südlich davon liegen fünf Tempel, Rathas genannt, welche Darstellungen von Vishnu und seiner Sakthi enthalten; eine der Figuren heißt: „fest im Glauben" — der Schöne, wie Kama Deva ist — der Vertraute. —

In den von Herrn Erskine so sorgsam beschriebenen Felsentempeln zu Elephanta sieht man eine Riesen-Büste, ähnlich der zu Barolli, welche dem Çiva zugeschrieben wird [29]). Aber besonders interessant ist es, daß über dieser Büste sich aus demselben Steine zwei lebensgroße Statuen des Brahma und Vishnu befinden, jene über dem rechten dieser drei Gesichter, selbst mit drei Gesichtern (oder sind es vier?) und mit dem Vahana, der Gans, die wie gewöhnlich mit vier Armen und gabhi und chakra dargestellt ist. In diesen Tempeln auf der Insel ist keine Spur vom Buddhismus mehr zu sehen, alle Darstellungen zeigen den reinen Brahmanismus. Der Eingang zu dem Haupttempel, welcher in den nackten Porphyrfelsen gehauen ist, besteht aus einem weiten Thore; von zwei colossalen Säulen und zwei mächtigen Pilastern gebildet, besitzt es drei Oeffnungen. Der Tempel hat von Norden nach Süden 130½' Länge, ist 133' breit, und seine zwischen 15 bis 17' hohe, aber flache Decke wird von 26 Säulen und 16 Pilastern getragen. Die Wände schmücken riesenartige Menschen- und Thier-Gestalten, Götter, Heilige und Embleme darstellend, welche in so colossalen Formen aus dem Felsen in erhabener Art herausgemeißelt sind, daß einige derselben 15' Höhe besitzen.

Die ältesten Buddha-Sekten leugnen das Vorhandensein eines Wesens als Gott; einige, welche die Existenz desselben anerkennen, wollen jedoch in ihm den Schöpfer oder Regierer des Weltalls nicht anerkennen; denn nach den Begriffen dieser uralten atheistischen Sekte ist die Materie das allein Bestehende und ewig. Die Macht der Bildung ist erblich in der Materie; wenn auch das Weltall von Zeit zu Zeit einer Auflösung unterworfen ist, so ist die in der Materie liegende Kraft genügend, etwas Neues nach Verlauf der Zeiten ins Leben zu rufen, welches wiederum untergeht, um neuer Schaffung Raum zu geben, aber alles dies geschieht ohne die Leitung einer höheren Hand.

Im Laufe dieser Schaffung werden die höchsten Stellen von gewissen Wesen eingenommen, die sich Buddha's nennen, und welche sich, vermöge ihrer Handlungsweise und ihrer Entsagungen, nach einer langen Reihe von Verwandlungen in dieser und in früheren Welten, zu dem großen Ziele, einer vollständigen Ruhe und Apathie, erhoben haben.

Unter der mehr deistischen Sekte der Buddha's in Nepal herrscht der Glaube an ein über alles erhabenes Wesen, A'di Buddha oder die oberste

Geisteskraft, welche ewig, ohne Materie, geistig und mit freiem Willen und urmoralischen Eigenschaften begabt ist, aber in einem Zustande unbeweglicher Ruhe sich befindet, indem ihre Kräfte auf die anderen Theile der Materie so einwirken, daß es ihr keine Anstrengung veranlaßt. Denen, die an eine solche Gottheit glauben, ist selbige das ewige und alleinige selbst bestehende Prinzip. Andere verbinden mit der Materie, die mit ihm ist, den Begriff einer besondern Gottheit und setzen voraus, daß aus der Vereinigung Beider der wirkliche Schöpfer des Weltalls hervorging. Aus dieser Thätigkeit der Gottheit, und durch ihren Willen, wurden fünf oder nach Anderen sieben Buddha's aus ihrem Sein ins Leben gerufen; und von diesen Buddha's entsprangen wiederum fünf oder sieben andere Wesen, die Bhódisawata's genannt, deren Jeder der Reihe nach mit der Erschaffung der Welt beauftragt wird. Doch selbst diesen gilt Ruhe als etwas so Glückliches, als die wahre Vollkommenheit, daß nach den Ansichten der Buddhisten, die Bhódisawata's der Aufgabe so viel als möglich enthoben sind, ihre eigene Schöpfung zu überwachen. Nach Einigen ist das Weltall so von ihnen erschaffen, daß es sich nach gewissen Gesetzen durch sich selbst erhält; nach Anderen sind geringere Wesen für diesen Zweck geschaffen, und der Bhódisawata der gegenwärtigen Welt soll die Hindu-Dreiheit ins Leben gerufen haben, der er die Macht des Schaffens, Erhaltens und Zerstörens verlieh. Von diesen so erhabenen Buddha's denken Einige, daß sie besondere Schaffungen der Natur sind, die gleich anderen Menschen eine unabhängige Existenz erhalten, sobald sie den sehnsuchtsvoll erwünschten Zustand der Ruhe gewonnen haben. Viele solcher menschlichen Buddha's sind in dieser und früheren Welten gewesen, und von den sieben letzten wird Gótama oder Sakya vorzüglich hervorgehoben, weil er die gegenwärtige Religion offenbarte und die Regeln für den Gottesdienst und für die Moralität aufstellte. Obgleich er seit unendlichen Zeiten in einen höheren Zustand versetzt wurde, so wird er noch heute als das religiöse Haupt der Welt angesehen, und wird so lange darin verbleiben, bis er die ihm zugemessene Periode von fünftausend Jahren vollendet hat.

Nächst diesen Buddha's existirt eine unzählige Classe von Menschen, die, vermöge der Heiligkeit ihres Lebens und der Tugenden, die sie ausgeübt haben, sich den höheren Stadien der Vollkommenheit näherten; sowie andere himmlische und irdische Wesen, die dem Hindu-Pantheon entnommen sind [20]).

Der Einfluß des Buddhismus auf den Brahmanismus hat mehr als ein halbes Jahrtausend gedauert, seine Lehren fanden am frühesten in der Tartarei und in Tübet Eingang, aber nach China drangen dieselben erst 65 n. Chr., wurden jedoch erst 310 daselbst zur allgemein herrschenden Glaubenslehre. Wie tief aber die reinen Lehren Buddha's in Indien zu Anfange des fünften Jahrhunderts nach Christi Geb. schon gesunken waren und wie sich überall Zeichen des Verfalles kund thaten, wird uns von dem chinesischen Reisenden Fa-hian erzählt. Damals fand er den Buddhismus nur noch zwischen China und Indien blühend, im Pendschab schon im Verfalle, und zwischen dem Jamna und Ganges beinahe in gänzlichem Untergange. Selbst Capila, der Geburtsort von Buddha, war zur Wüste geworden, der die Menschen den Rücken gekehrt hatten; dagegen befand sich der Buddhismus auf Ceylon noch in voller Blüthe. Dieser chinesische fromme Buddha-Pilger schildert uns eine religiöse Prozession, der er in Kotan beiwohnte, welche so lebhaft an einige der religiösen Feste erinnert, wie wir solche noch heute in der römisch-katholischen Kirche zu Rom und in Neapel sehen, und so scharf den Charakter religiöser Denkweise der Zeiten bezeichnet, daß wir derselben gedenken müssen.

„Die Straßen waren gefegt," sagt Fa-hian, „und mit Wasser besprengt worden, die öffentlichen Gebäude festlich geschmückt, Tapeten und Teppiche hingen vor dem Thore der Stadt, woselbst der König, die Königin und die vornehmsten Frauen der Stadt ihre Sitze eingenommen hatten. Ungefähr zwei Meilen außerhalb der Stadt war ein Wagen gebauet worden, in Form eines Pavillons mit seidenen Vorhängen und mit sieben kostbaren Dingen geschmückt und auf vier Rädern ruhend. In demselben standen die gegen 18 Fuß hohen Götzenbilder. Das Götzenbild Buddha stand in der Mitte, die anderen beiden Götzen diesem zur Seite, alle drei mit Gold und Edelsteinen beladen und von den höchsten Priestern begleitet ³¹). Als sich die Götzen auf ungefähr hundert Schritte dem Thore genähert hatten, nahm der König seine Krone ab, wechselte seine Gewänder und ging, von seiner Umgebung begleitet, baarfuß den Götzen entgegen. Sobald er sich vor denselben befand, fiel er auf seine Kniee, betete dieselben an — (ein schweres Verbrechen gegen Buddha, der nur den Geist angebetet haben wollte), — brannte Wohlgerüche davor an und streuete Blumen auf den Weg, auf dem der Wagen mit den Götzen entlang ging. In dem Momente, wo der Wagen das Thor durchzog, warfen die Königin und ihre Frauen Blumen in solcher Menge auf die Götzen, daß dieselben beinahe davon bedeckt wurden."

Ein undurchdringlicher Schleier verdeckt unseren Forschungen die Kämpfe, welche später zur gänzlichen Ausrottung des Buddhismus und zur absoluten Herrschaft des Brahmanismus führten. Daß dies furchtbar blutige und unversöhnliche Kämpfe gewesen sind, welche den Buddhismus endlich so zurückdrängten, daß endlich in Indien nur noch unter der Jaina-Sekte einige Spuren von ihnen zurückblieben, möchten wir bezweifeln. Wir sind zu dem Glauben veranlaßt, daß das götzendienerische Wesen des Brahmanismus in den Gemüthern mehr Anklang fand, daß es den reinen Buddhismus mehr und mehr verdrängte und zuletzt so beeinträchtigte, daß die letzten und wenigen treuen Anhänger des Buddha, um ihr Leben zu retten, sich, wenn sie ihren Glauben nicht opfern wollten, gezwungen sahen, nach Osten (China und Tübet) und nach Süden (nach Ceylon) zu flüchten. Aber auch in diesen Ländern besteht nicht mehr der ursprüngliche Buddhismus, sondern ein durch Menschensatzungen verderbtes Götzenwesen.

Buddha's verfolgte und verachtete Anhänger sind wahrscheinlich durch Sancara Achârya aus dem Dekan im achten oder neunten Jahrhunderte vertrieben worden; in Bengalen, in Benares soll der Buddhismus noch bis zum elften Jahrhunderte gepflegt worden sein und in Guzerat selbst bis zum 12. Jahrhunderte. Mit den Einfällen der Mohamedaner nach Indien scheint dessen gänzliches Verschwinden einzutreten und seitdem fiel auch die Jaina-Sekte und ihrer Verbreitung nach dem Süden setzte das Verfolgungs-System der Brahmanen ein Ziel.

Wenngleich der Buddhismus in Indien verschwunden ist, so sind doch manche seiner Verordnungen von dem Brahmanenthume angenommen, andere ihm in veränderter Form angepaßt worden. Aus jenen Zeiten entsprang die Heiligkeit der Kuh und die Sorgfalt für thierisches Leben; aber auch Anderes wurde von den Brahmanen erhalten und gefördert, welches ihrem weltlichen Einflusse Vorschub leistete.

Auch für uns Christen ist diese Buddhistische Epoche und ihr Einfluß auf das geistige Leben der Menschheit von besonderer Bedeutung; denn aus dem Büßerleben der Brahmanischen Einsiedler und dem Klosterleben der Buddhistischen Mönche ist das Mönchthum der Christen hervorgegangen. Die Tonsur, der Gebrauch der Glocken, die Rosenkränze, das Weihwasser, die Räucherungen bei religiösen Verrichtungen, die frommen Gelübde und manche andere Dinge, die nichts mit dem wahren Christenthume, wie es uns das Evangelium verkündet, gemein haben, sind von den Buddhisten und Hindu's zu uns gekommen. So ist auch der Heiligenschein, mit welchem die Kunst christliche Heilige umgiebt, in den verschiedenen Felsentempeln zu sehen. Auch die dem Papste bei feierlichen Gelegenheiten zur Seite getragenen Pfauenwedel sieht man noch heute bei religiösen Aufzügen von den Brahmanen tragen, um ihre Götzen damit zu befächeln; und eine der Kopfbedeckungen des Papstes ist in Form und Schmuck jener ähnlich, mit welcher der Hindu-Götze Çiva im Felsentempel zu Elephanta dargestellt ist. So sind auch die Trachten der römisch-katholischen Priester denen der heidnischen Priester des alten Roms entnommen. Manche Ceremonien des päpstlichen Gottesdienstes zu Rom mahnen aufs Lebhafteste an das Brahmanenthum. Von den in den Abdhûta-brahmana erwähnten Formen bildlicher Götter heißt es, daß sie lachen, weinen, singen, schwitzen, tanzen und die Augen schließen können, — gerade so, wie die Wunderbilder römisch-katholischer Kirchen.

Es würde gewiß von dem höchsten Interesse sein, den Zeitpunkt bestimmen zu können, wann die alten Hindu's ihre „dewûls" oder Tempel (Pagoden genannt) zuerst errichteten; und welches genau die Zeit war, in welcher die berühmten Felsentempel zu Elephanta, Salsetta, Ellora und anderen Orten aus- und in den Felsen gehauen wurden. Ihre colossalen Räume, die in riesenhaften Größen mit seltener Kunst gemeißelten Figuren von Göttern, Menschen und Thieren haben die Beschauer in gerechtes Staunen versetzt. In ihnen ist nicht nur die Glaubenslehre jener Völker dargestellt, sondern auch Scenen aus dem Leben ihrer Könige, und es werden die Sitten und Gebräuche längst vergangener Zeiten versinnlicht. Aus den Darstellungen spricht ein Brahmanismus zu uns, wie ihn die heutigen Hindu's kaum kennen und es ist unbezweifelt, daß Brahmanen und Buddhisten gemeinsam zu verschiedenen Zeiten ihre Kräfte diesen sonderbaren Tempelbauten widmeten. Nächst diesen in ein geheimnißvolles Dunkel gehüllten Felsentempeln sind es einige der größten „dewûls," deren Bauart, Größe und Pracht uns zur Bewunderung hinreißt, von denen wir nicht wissen, wer die Gründer waren, oder welcher Zeit sie angehören. So die berühmte, dem Vishnu geweihete Pagode, eine Meile vom westlichen Rande der Insel von Seringham, wenige hundert Schritte vom Colerunflusse. Sie besteht aus sieben verschiedenen Quadrathöfen, jeder 350′ groß, und umgeben von 25′ hohen Wällen, mit vier Pforten zu jedem Hofe und mit hohen Thürmen in der Mitte derselben. Die äußere Eingangspforte im Süden ist aufs Reichste mit Säulen verziert, und aus Granitblöcken errichtet, deren einige 33′ lang sind und 5′ im Durchmesser halten; andere, welche das Dach des Eingangsthores bilden, sind noch größer.

In einem der obigen Felsentempel — die, wie die Sage geht, nicht von Menschenhänden gemacht sind — befand sich, wie uns Bardesanes, der zu Kaiser Antoninus Zeiten mit den Indischen Gesandten verkehrte, erzählt, eine aufrecht stehende, gegen zwölf Elten hohe Statue, deren Hände wie Pfähle empor gerichtet waren, die rechte Seite des Gesichts und Körpers war männlich, die linke weiblich; auf der rechten Brust war die Sonne, auf der linken der Mond eingegraben. Auf jeder Seite des Thronsessels der Statue war ein Götzenbild angebracht, und auf den beiden Armen war kunstreich eine Anzahl Engel (Deva) eingegraben, ferner alle Theile der Welt, der Himmel, die Gebirge und das Meer, die Flüsse und der Ocean, die Pflanzen, Thiere und alle daseienden Dinge. Diese Statue war wahrscheinlich aus Teakholz. Auf dem Haupte der Statue befand sich ein Götterbild und auf dem Thronsessel saßen einige Gottheiten. In der heißen Jahreszeit schwitzte die Statue und die Priester trockneten die Schweißtropfen ab, indem sonst die Umgegend mit Flüssigkeit überschwemmt worden wäre [32]). Der König des Landes wollte ein Haar am Halse der Statue ausziehen; als, nachdem dies geschehen, sogleich Blut floß, erschrak er und würde sein Leben verloren haben, wenn die Brahmanen nicht zu Gott für seine Rettung gebetet hätten. Im Inneren der Höhle befand sich eine von Lampen erhellte Stelle, woselbst eine Thüre war, aus welcher Wasser hereinströmte, und sich am äußersten inneren Rande bis zur Thüre ergoß. Nur die reinen, von den Makeln des irdischen Lebens befreiten Menschen durften dieselbe öffnen, und erblickten dann eine Quelle crystallhellen Wassers zum Trinken. Im Innern der Statue hatten die Brahmanen ihre Schätze niedergelegt; Priester leisteten Tag und Nacht dem Götzenbilde ihre Dienste.

Diese Statue hält Schlegel [33]) für den Gott Çiva, der als Ardhanâri oder Halbweib dargestellt ist; Çiva, der höchste einige Gott, der Erschaffer der Welt und Einrichter der Weltordnung; und das Götterbild auf Çiva's Haupte, sagt C. Lassen, wird ohne Zweifel die Flußgöttin Ganga gewesen sein [34]). — Vergeblich fragen wir uns, wann die Benutzung dieser Felsentempel aufgegeben wurde, und welches die Ursachen waren, welche die Brahmanen veranlaßten, diese wunderbaren Tempel auf immer verlassen zu haben.

Diese Kunstwerke, Schöpfungen eines Geschlechtes, welches, vom Glauben begeistert und gehoben, dem Drange nach etwas Großem und Herrlichem Raum geben wollte, sind heute der Zufluchtsort von Tigern und Schlangen oder dienen Fakirn zum Aufenthalte, und da weder das lebende Geschlecht noch die Regierung sich dafür interessiren, so sind sie der Zerstörung neugieriger Alterthumssammler ausgesetzt. In denen zu Cattack haben sich Fakire niedergelassen, die sich durch den Aufbau von Lehmwänden kleine Räume zu Wohnungen eingerichtet und das Innere gänzlich verunstaltet haben. Die Tempel von Ellora, Salsette, Janir stehen öde und verlassen, und die Fresko-Malereien sind beinahe ganz verschwunden; zu Elephanta, wo bereits manche der Figuren beschädigt sind, hat man, um fernerem Unheil vorzubeugen, einen invaliden Unteroffizier zum Wächter angestellt. Dagegen haben sich Brahmanen neuerdings der Felsentempel zu Karli bemächtigt und sie werden als dem Mahadeva gewidmete Hallen von ihnen benutzt. Ajanta ist jedoch gänzlich verlassen und wird nur von europäischen Reisenden besucht; hier waren die meisten Fresken noch vor funfzehn Jahren zu sehen, werden aber wahrscheinlich heute kaum mehr erkennbar sein. Die merkwürdigsten derselben hat Hr. Bird in seinem Werke veröffentlicht.

Das auf die Veda-Literatur gegründete Religionssystem sank, weil man das Prinzip der in ihm liegenden Einfachheit vernachlässigte, einige Götter zurücksetzte oder vergaß, Andere dagegen einführte und auf Kosten der alten voranstellte, weil man Sterbliche vergötterte und sich in dem Sektenwesen gefiel. Die Lehre, daß der Glaube an einen besonderen Gott wirksamer sei, als die Forschung nach der Wahrheit, oder, daß das Beobachten ceremonieller Formen wichtiger, als die Ausübung guter Werke, führt zu jenem götzendienerischen Wesen, welches der geistigen Freiheit feindselig ist, und die Seele im Anthropomorphismus gefangen und gebannt hält. Der reine Deismus, welchen die Veda's als den wahren Glauben einsaugten, welcher alle anderen Formen in sich begriff, wurde durch ein System von Vielgötterei der abscheulichsten Art ersetzt. So wie Vishnu den Indra verdrängt hatte, Mahadeva und Bhawani mit den Sakae's zusammenkam, so hatte Buddha Beide verdrängt. Aber nachdem seine Herrschaft mehr als ein halbes Jahrtausend gedauert hatte, sehen wir Vishnu, Brahma, Çiva, Dûrga, Kali, Rama, Krishna, Ganesa, Kartikeya und viele Tausende, ja Millionen anderer Götter deren Stelle einnehmen.

Wir finden einen überraschenden Unterschied zwischen der Mythologie des Rig-Veda und der der Heldengesänge und Pûrana's. Die Gottheiten, welche verehrt worden waren, sind zwar späteren Systemen nicht unbekannt geblieben, aber sie nehmen sehr untergeordnete Stellungen ein. Diese Gottheiten, welche die großen Götter, die Dii Majores der folgenden Periode sind, werden in den Veda's entweder gar nicht genannt, oder in sehr untergeordneter Stellung und mit gänzlich verschiedenen Eigenschaften erwähnt. Die Namen des Çiva, des Mahadeva, der Dûrga, der Kali, des Rama und des Krishna kommen niemals darin vor, soweit wir mit denselben bekannt sind. Wir haben einen Rudra, welcher in späteren Zeiten mit Çiva identificirt wird, welcher aber selbst in den Purana's sehr zweifelhaften göttlichen Ursprungs ist, während er in den Veda's als der Vater der Winde dargestellt wird, und unbezweifelt eine Form von Agni oder Indra sein soll. Mit der einzigen Ausnahme der einen Bezeichnung Kapardin (mit geflochtenen Haaren), die von zweifelhafter Bedeutung ist und einer anderen Gottheit zugeschrieben wird, giebt es keine andere Bezeichnung, welche dem Çiva beigelegt werden könnte. Auch ist darin weder die geringste Andeutung jener Form zu finden, in welcher er seit tausend Jahren beinahe ausschließlich in Indien angebetet worden ist, der des Linga oder Thallus; noch begegnet man daselbst der geringsten Spur eines anderen wichtigen Merkmals des späteren Hinduismus, der Trimûrtti oder Dreieinigkeit des Brahma, Vishnu und Çiva, wie sie durch die mystische Silbe OM (a-u-m) bezeichnet wird, obgleich die Trimûrtti das erste Element und der Lingam das zweite im Glauben der Hindu's war [35]).

Unter den heutigen Hindu's wird Indra, der Gott des Himmels und Herr der Elemente, als weißer Mensch dargestellt; er sitzt auf einem Elephanten, hält in seiner Hand den Blitzstrahl und ist mit Augen bedeckt, welche den Himmel vorstellen sollen. An die Sonne, von welcher es in der berühmten Gayatri des Rig-Veda heißt: „Om! Erde! Wir sind versunken in dem anbetungswürdigen Lichte des göttlichen Regierers, der Sonne; möge es unsere Geisteskräfte leiten" — richtet wohl der Brahmane seine Gedanken, aber sie ist keinem besondern Gotte einverleibt. Der Mond, „scheinend mit zehntausend Lichtstrahlen," ist bald männlich, bald weiblich; eine schöne jugendliche Göttin stellt ihn dar, die auf einem luftigen Wagen von Antilopen gezogen einherfährt. Agni, Pavana, Varuna und Yama haben zwar auch keine Tempel mehr, aber ihrer geschieht noch in manchen Ausrufungen Erwähnung.

Dritte Epoche.
Die Herrschaft des Brahmanismus bis auf unsere Tage.

Bevor wir die dritte große religiöse Epoche der Hindu's, von der Herrschaft des Brahmanismus und gänzlichen Ausrottung des Buddhismus, bis auf unsere Tage in Betracht ziehen, wollen wir unsere Leser mit dem Gange bekannt machen, den wir uns hierbei vorgesetzt haben.

Wir wollen zuerst das Glaubensbekenntniß der Hindu's uns zu klarer Anschauung zu bringen suchen, das heißt, soviel von ihrer Götterlehre kennen lernen, als zum richtigen Verständnisse ihres religiösen Denkens und Lebens nothwendig ist. Dann wollen wir, nach einigen allgemeinen, die Hindu-Religion und ihre verschiedenen Sekten betreffenden Betrachtungen, die dem Brahmanen gebotenen religiösen Pflichten, die Sandhya oder täglichen Gebete kennen lernen. An diese anknüpfend wollen wir uns mit dem Geiste und den Religionsgebräuchen der vorzüglichsten Sekten bekannt machen; die merkwürdigsten Religionsfeste an uns vorübergehen lassen, die wichtigsten Pilgerorte besuchen, an den dem Ganges geweiheten Huldigungen Theil nehmen, die gewissen Thieren erwiesene Anbetung kennen lernen; und endlich den barbarischen Gebräuchen der Verbrennung der Wittwen, der Ermordung der weiblich geborenen Kinder und anderen, aus religiösen Verirrungen hervorgegangenen Uebelständen unsere ganze Aufmerksamkeit schenken. Zum Verständnisse dieser wahnsinnigen Handlungen werden wir eine kurze Uebersicht von der Geschichte der Radschputen voranschicken, jener merkwürdigen Volksstämme Indiens, unter welchen diese die Menschheit tief entwürdigenden Verbrechen ganz besonders ausgeübt worden sind.

Nach der Religion der Hindu's ist der Glaube an ein höchstes und über Alles erhabenes Wesen, welches unendlich und ewig, das Licht der Lichter und die Seele des Weltalls ist, und von welchem Alles, was da ist, ins Leben gerufen oder aus ihm geschaffen wurde, noch nicht ganz verschwunden [36]). Wir lesen in einem ihrer Werke: „Das höchste Wesen ist unsichtbar, unbegreiflich, unbeweglich, ohne Form und ohne Gestalt. Niemand hat es je gesehen; die Zeit hat es nimmer erkannt; sein Wesen durchdringt jedes Ding, alles ist von ihm ausgegangen" [37]). — In dem Apanishad des Chándógga heißt es: „Sowie das Wasser nicht das Blatt des Lotus befeuchtet, so läßt die Sünde den unberührt, welcher Gott kennt; denn, sowie die Flocken, welche der Streichkaum abreißt, ins Feuer geworfen, zur Asche werden, so werden seine Sünden vom Feuer verzehrt werden. Alle Sünden meiden ihn. Des Herzens Knoten ist gelöst, alle Zweifel sind geschwunden, wenn er des ewigen Wesens ansichtig geworden ist" [38]).

Dies ist jedoch nur der Glaube der Weisen, Derer, welche sich zu den Höhen des Wissens erhoben, in die Geisteswelt versenkt haben, und denen das allmächtige Wesen als unbegreiflich und unerforschbar erscheint. Aber nach dem Prinzipe der alten Griechen und Römer, das Volk zu seinem eigenen Besten zu hintergehen, ist für die unverständigen, in Unwissenheit und Einfalt aufgewachsenen Massen, von den Lehrern dieses Glaubens eine leichterfaßliche, verständlichere Religion geschaffen worden; sie bedurften für diese Massen, um sie ihren Zwecken fügbar zu machen, eine in Formen gezwängte und mit allerlei Eigenschaften begabte Gottheit, obgleich ihre eigenen uraltesten Lehren ihnen sagen, daß der wahre Gott nichts von alle dem besitzen kann [39]). — So wurde ein System von Gottheiten gebildet, das ins Unendliche geht, und um dem mystischen Wesen des unerkannten Gottes sich nähern zu können, wurden mehr als 330 Millionen Gottheiten ins Leben gerufen, welche je nach dem Bedürfnisse mit besonderer Gestalt, Individualität und Charakter versehen und mit all den Leidenschaften und Schwächen begabt sind, mit welchen die menschliche Natur behaftet ist. Die Meisten derselben sind mit Aufträgen betraute Engel oder Geister in verschiedenen Himmeln oder Welten, ohne besondere Namen und ohne besondere Charaktere.

Wenn uns die heilige Schrift verkündet, daß Gott den Menschen nach seinem Ebenbilde schuf, so haben die Brahmanen umgekehrt ihre Götter nach menschlichen Vorstellungen gebildet; also auch mit all den Unvollkommenheiten, all der Versunkenheit im Bösen und all den furchtbaren Leidenschaften, wie sie sich die Phantasie von ihrem eigenen sündlichen Geschlechte nur zu bilden vermochte.

Die Geschichte dieses Heeres von Gottheiten schildern uns die achtzehn Purana's und die achtzehn Upa-Purana's; diese Schilderungen sind aber so weitschweifig und verwirrt, und widersprechen einander dabei so vielfach, daß selbst ein mit allen religiösen Schriften und Commentaren bekannter und in alle Mysterien eingeweihter Brahmane sich in diesem Labyrinthe doch verirrt. Unter den vielen Göttern sind es jedoch nur die folgenden siebenzehn, die zu den eigentlichen Gottheiten gehören, und der Anbetung vor allen würdig erachtet werden:

1. **Brahmá**, die schaffende Gewalt, 2. **Vishnu**, die erhaltende und 3. **Çiva**, die zerstörende; ihnen gehören die drei als ihre Gattinnen bezeichneten Göttinnen an, welche als die thätigen Mächte des sie betreffenden Gottes der Dreiheit aufzufassen sind. Nämlich 4. **Saraswati**, 5. **Lakshmi** und 6. **Parvati** auch **Dévi**, **Bhávani** oder **Dúrga** genannt. Dann 7. **Indra**, der Gott der Luft und der Himmel, 8. **Varuna**, der Gott der Wasser, 9. **Pávana**, der Gott der Winde, 10. **Agni**, der Gott des Feuers, 11. **Yama**, der Gott der Unterwelten und Richter der Todten, 12. **Cúvera**, der Gott des Reichthums, 13. **Cártikeja**, der Gott des Krieges, 14. **Cáma**, der Gott der Liebe, 15. **Súrya**, die Sonne, 16. **Soma**, der Mond und 17. **Ganésa**, der Gott der Weisheit, welcher die Wege angiebt, wie den Schwierigkeiten des Lebens zu begegnen ist.

Zunächst auf diese wirklichen Götter folgen die Avatar's oder incarnirten Götter, von denen einige heute die erste Stelle einnehmen; dann die Planeten, die heiligen Flüsse, unter denen der Ganges der berühmteste ist; als einer weiblichen Göttin widerfahren ihm Anbetungen und Darbringung von Opfern, deren sich kaum eine andere Gottheit rühmen kann. Endlich wird gewissen Thieren, dem Affen, der Schlange, dem Pfau und anderen, göttliche Verehrung erwiesen ⁴⁰).

Obgleich Brahma in gewisser Beziehung und unter den weisesten der Brahmanen den Vorrang vor allen Göttern hat und auch der Einzige unter den neueren Göttern ist, dessen Menu erwähnt, so ist er dennoch heute seines göttlichen Vorrechts auf Kosten des Vishnu und Çiva beraubt worden. Seiner geschieht nur noch in den heiligen Schriften Erwähnung. Der einzige Tempel in Indien, der diesem in gänzliche Vergessenheit gerathenen Gotte errichtet ist, befindet sich am westlichen Ufer des heiligen Sees zu Púshkar nahe Ajmier ⁴¹). Auch sein Standbild ist nur selten und nur unter den alten Denkmalen zu finden. So befindet sich bei dem alten Múndor unter den sechs riesenhaften, aus Stein gehauenen Figuren der vierköpfige Brahma. Auch erinnert das schöne Götzenbild auf einer Felseninsel im Ganges, gegenüber Süttau-gange in der Provinz Behar, welches auf dem Granitfelsen, genannt Jehangery, zu sehen ist, eben so sehr an Brahma, als an Vishnu, und doch soll es letzteren Gott vorstellen. Unter den vielen Bildern, die hier in Relief ausgehauen sind, ist der riesengroße, auf einer gewundenen Schlange ruhende Götze das schönste und mit seltener Kunst aus dem Granitblocke in Relief herausgemeißelt. Der gewaltige Gott ruhet auf der Schlange wie auf einem Ruhebette, unzählige Schlangenköpfe, deren spitze Zungen drohend herauszischen, umgeben ihn schützend, als wollten sie jeden Unberufenen abschrecken, sich ihm zu nahen; denn nach dem Glauben der Hindu's gehen nach dem Ende jeder „Kalpa" oder Schöpfung alle Dinge wieder in Brahma auf, und in dieser Zwischenzeit bis zum Beginne einer anderen Schöpfung ruhet er auf der endlosen oder ewig dauernden Ananta oder Sesha aus [42]).

In seiner Unendlichkeit lebend und auf der Ewigkeit — im Symbol der Schlange — ausruhend, wird Brahma, mit einer Krone auf seinem Haupte, in dunkler Goldfarbe, dem Wiederglanze seiner Zeugungskraft, mit vier Köpfen dargestellt, — welche nach den vier Himmelsgegenden gerichtet sind; er hatte einen fünften Kopf, den ihm aber im Kampfe um die Oberherrschaft der Gott Civa abschlug. In seinen vier Händen hält er in der einen das Buch der Veda's, in der zweiten einen Scepter, in der dritten einen Ring oder Kreis, als Emblem der Ewigkeit, die vierte ist leer, damit er seine Werke mit ihr vollbringen und schützen kann [43]). Nahe seinem Bilde, gleichsam über ihm schwebend, befindet sich der Flamingo, auf welchem er seine Wanderungen unternimmt.

Jeder der drei Götter der Trias ist mit einer Frau verbunden, in welcher die Begabtheit des Gatten repräsentirt ist; sie trägt den Namen Sakti oder ausübende Kraft. Die Gattin des Brahma ist Saraswati, die Göttin der Weisheit und der Erfindungsgabe, die Erfinderin der Sprachen und die Beschützerin der Harmonie und der Redekraft. Sie ist gemeinhin mit einem musikalischen Instrumente in der Hand dargestellt. Ihr werden heute größere Ehren als ihrem Gatten erwiesen; denn die Hindu-Studenten pflegen bei großen Festlichkeiten vor ihrem Bilde nackend zu tanzen, und sich dabei allerlei Unsittlichkeiten zu überlassen. Der Sage nach verbindet ihr göttlicher Einfluß Alles in Harmonie, unterstützt von Halbgöttern oder Genien. So herrscht ein Raga, (God of the mode, wie Cranfurd sagt) über jede der sechs Jahreszeiten; [44]) jedem Raga stehen fünf Ragnies oder Nymphen der Harmonie zur Seite, deren jede acht Söhne hat. Aber jeder Raga und seine Familie gehören einer bestimmten Jahreszeit an, in welcher die ihm allein eigenen Melodieen an bestimmten Tagen gesungen oder gespielt werden dürfen. Die Weise des Dipaca oder des zündenden Cupido ist der Sage nach verloren gegangen; denn ein Musikfreund, der es versuchte, sie ins Leben zu rufen, wurde vom Feuer verzehrt, welches vom Himmel herabfiel.

Brahma ist das Erste von allem Erschaffenen, er ist entsprungen aus dem Mittelpunkte der Gottheit. Der rohen Materie der Schöpfung hat sich Brahma entsponnen, wie das Gespinnst der Spinne. Aber er lebte in sich selbst, bis es ihm gefiel, Welten zu schaffen, weshalb er Maya gebar, und diese schuf das Weltall und alles, was darinnen ist. Diese in der Schöpfung sich kund gebende Kraft wurde unsterblich und ist unter dem Namen Nārayāna begriffen; aber die Vaishnava's machen ihm solche streitig und beanspruchen dieselbe für Vishnu, um ihn über all seine Rivalen stellen zu können. Die Weisen unter den Hindu's sagen, daß sie dem göttlichen Geiste, dem diese Eigenschaft angehört, ihre Anbetung darbringen. Denn, sagen sie, Niemand vermag dies alle Dinge mit Seelenleben durchdringende Sein zu begreifen, sein Selbst sei so geheimnißvoll, daß der Mensch es nicht zu fassen vermag, und das Ganze in sich aufnehmen zu wollen, läge in keines Menschen Geistesvermögen. Der menschlichen Denkweise die Eigenschaften Gottes näher zu bringen, wurden nun Bilder gemacht, drohend und abschreckend, in Gestalt und Charakter, in Eigenschaften und Farbe, und diese Bilder sollten dem menschlichen Auge beschreiben und versinnlichen, was der Geist nicht zu fassen vermochte. Diesen Bildern wurden Tempel errichtet, ihre Macht wurde in Gebeten und Lobliedern gepriesen, und Opfer und Büßungen wurden ihnen dargebracht.

Nach den verschiedenen Erzählungen von der Erschaffung der Welt, wie man solche in den Pūrana's findet und zwar nach der in der Skanda Pūran, lag Vishnu auf ananta, dem Spiegel der Wasser, schlafend, als eine Lotus seinem Nabel entwuchs, aus welcher Brahma, der pitamaha der Götter und Menschen, erstand. Ich bin der Erstgeborene, sagte Brahma, aber Vishnu leugnete ihm die Erstgeburt. Es entstand zwischen ihnen ein furchtbarer Kampf, der, kaum beendet, sie vermochte einen Dritten zu erzeugen, den Çiva, welcher nun selbst das Vorrecht vor Beiden beanspruchte.

Nach einer anderen Erzählung nahm das weibliche Prinzip die alleroberste Herrschaft ein, und schuf zuerst eine Göttin, die Bhavani. Diese gab dreien Söhnen: dem Brahma, Vishnu und Çiva, das Leben und verwandelte sich selbst in eine Dreiheit, um sich mit ihren eigenen Söhnen in Liebe ergehen zu können.

Eine dritte, den Çaiva's angehörige Auslegung, setzt die Geburt der Dreiheit von der Bhavani voraus, und erzählt, daß, als die Göttin sich in Liebe gegen ihre Kinder ergehen wollte und von diesen mit Widerwillen zurückgewiesen wurde, sie in ihrem Zorne, Brahma und Vishnu mit dem Feuer verzehrt habe, welches dem Auge ihrer Stirn entströmte. (Man vergleiche den Mythus der Medusa). Çiva, der nun ein gleiches Schicksal befürchtete, erklärte, sich ihrem Willen fügen zu wollen, wenn sie ihm zuvor die ätherische Gewalt ihres Auges überlassen wolle. Die von Liebe berauschte Göttin bekränzte ihn damit, aber Çiva, seine Kraft fühlend, vernichtete sie mit einem Blicke des Flammenauges. Nachdem er Brahma und Vishnu wieder ins Leben gerufen hatte, schuf er aus der Asche der Göttin die Saraswati, Lakshmi und Parvati.

Welches auch immer die verschiedenen Auslegungen sein mögen, alle stimmen darin überein, daß Brahma, der alleinige Gott, das Weltall schuf, und dessen Leitung den drei Untergöttern, Brahma, Vishnu und Çiva verlieh.

Brahma schuf nun Thiere und Menschen und brachte das Weltall in gesetzliche Bahnen. Sein Wirken, so wird erzählt, verursachte ihm so viel Mühen, daß er, seine Ohnmacht fühlend, in Thränen zerfloß. Den Çiva dauerte seine Lage, er wollte das schwierige Werk für ihn vollenden, brachte jedoch nichts als Dämonen und böse Geister zu Tage, und nun begann Brahma die Arbeit von neuem, und setzte, nach unzähligen Fehlgeburten, Mann und Frau ins Leben, oder vielmehr er ging in ihnen auf. Alsdann löste er sie von sich, ließ sie sich einander nähern und so entstand das menschliche Geschlecht.

Die ersten geschaffenen menschlichen Wesen waren zehn Brahmadica's oder Kinder des Brahma: Marichi, Atri, Angiras, Pytastya, Pulahu, Critu, Dackha, Vashishta, Vhrigu und Nared (Hermes). Ebenso sollen die sieben Rishi's: Casyapa, Atri, Vashishta, Viswamitra, Gantama, Jamadagni und Bharadwaja unmittelbar von Brahma abstammen; aber da zwei dieser Namen sich unter denen der ersteren befinden, so glaubt man, daß es dieselben sind, nur in verschiedenen Beziehungen Brahmadica's oder Herren der Schöpfung durch Geburt, und Rishi's oder Büßende, die sich aus eigener Wahl von den Mühen der Welt in die Einsamkeit zurückgezogen haben. Von diesen Brahmadica's ehelichte Casyapa die Aditi, und wurde der Vater der Unsterblichen oder der niederen Götter. Die Anderen erzeugten die sieben Munis oder unmittelbaren Vorväter der Menschheit.

Brahma's Charakter wird in den Vishnu-Purana's als höchst sinnlich dargestellt; er setzte selbst die Unschuld seiner Tochter auf die Probe und soll sogar hundert Jahre mit ihr gelebt haben. Bei der Verehelichung des Çiva und der Parawati soll Er, der Großvater der Götter und Menschen, sich so ungebührlich betragen haben, daß die durch den bloßen Anblick der Füße der Parawati in ihm erregten Gefühle die Geburt eines Sohnes zu Tage brachte. Selbst des Diebstahls ist er in jenen Sagen beschuldigt, indem er den wachsamen Kuhhirten Krishna hinterging und einige von dessen Kälbern entführte. Daher kann es nicht überraschen, wenn er seines göttlichen Vorrechts beraubt und seine Anbetung verboten wurde, und wenn seiner nur noch in Schriften Erwähnung geschieht.

Vishnu, der Lieblingsgott der Hindu's, wird als ein würdevoll schöner und milder junger Mann von dunkelblauer Farbe, mit vier Händen und im Gewande eines Königs frühester Zeiten dargestellt. Auch findet man ihn oft in den Gestalten seiner zehn Incarnationen, deren wir später gedenken werden, in sehr komischer Weise zur Anschauung gebracht. In seinen vier Händen hält er in der einen den Bogen, in der zweiten den Pfeil, in der dritten den Chakra und in der vierten die heilige Muschel; statt des Bogens und Pfeiles findet man auch mehrfach die Keule und die Lotusblume. Manchmal sieht man ihn auf der Lotus, zwischen seinen beiden Frauen Lakshmi und Satyavama, stehen; meistens jedoch mit der ersteren allein. Ungeachtet seiner Anhänglichkeit für diese Gattin hatte er allerlei Liebes-Abenteuer, verführte die wegen ihrer Keuschheit berühmte Brinda, dann die Tochter eines der Asura's, und hinterging sogar Çiva, indem er sich in der Gestalt des Mohinie, die er zu diesem Zwecke annahm, den ärgsten Ausschweifungen überließ.

Bei den Ruinen von Mavali purana, dem Mahabalipur oder der Stadt des großen Bali, welche nahe dem Meere zwanzig Meilen von Madras liegen, befindet sich ein schöner Dewûl (Tempel), dessen Säulen und Figuren aus dem Felsen gehauen sind. Die Wände sind mit Gottheiten bedeckt, deren größte eine riesenhafte Figur des Vishnu ist, welcher auf einem Ruhebette liegt, und eine zusammengerollte Schlange zum Kopfkissen hat. Von der berühmten Pagoda zu Tripetty bei Tanjore, welche dem Vishnu gewidmet ist und aus einer ungeheuren Masse von Gebäuden besteht, sagen die Eingeborenen, daß nicht Menschen, sondern Götter dieselbe erbauet hätten. Daselbst werden Vishnu, Lakshmi und die Schlange Sisha oder Ananta, die tausendköpfige, angebetet.

Die Sakti des Vishnu ist Lakshmi — auch Pedma, Camala und Sri genannt — die Göttin der Schönheit, der Anmuth, der Reichthümer und der Glückseligkeit [16]). Sie entstieg aus dem Geschäume des Oceans in so vollkommener Schönheit, daß sich alle Götter in sie verliebten; Çiva vergaß sich so weit, daß er, von Leidenschaft überwältigt, dem Jogadeva zufolge, das Gift trank, welches seine Kehle blau färbte, aber die Göttin wählte Vishnu. Sie ist das Bild der Lieblichkeit und Anmuth, in ewigem Jugendschimmer, der ein dem Lotusdufte gleicher Wohlgeruch achthundert Meilen weit entströmt. Von ihrer Keuschheit genügt es, zu wissen, daß sie mit Zustimmung ihres Gatten, drei schöne Söhne: Dakshinagni, Garhapatya und Ahavaniya, die heiligen Feuer, in die Welt setzte, und, daß Rama nahe daran war, ihret-wegen seiner Gattin untreu zu werden, und sich nur durch die Flucht retten konnte. Obgleich diese Göttin keinen Tempel besitzt, so werden ihr doch große Huldigungen erwiesen.

Çiva wird weiß oder silberfarben, auf einem weißen Stiere reitend dargestellt, wobei aus seinen Augen berauschende Dämpfe sprühen; aber da er bald als Gott des Guten und bald als der des Unglücks erscheint, so findet man an der Stirne seiner Krone den Halbmond angebracht; wie es in der Hitopadesa heißt: „Möge Er, dessen Diadem der Halbmond ist, dem Volke der Erde das Gedeihen bringen!" Nach den Purana's wird er als der Bote des Unheils folgendermaßen geschildert: „Er wandert umher, umgeben von bösen Geistern und Phantomen, berauscht, bald von einer Tigerhaut bedeckt, bald nackend, sein Kopfputz besteht aus gewundenen Schlangen, das Haar wild umherflatternd, mit der Asche von Scheiterhaufen bedeckt und geschmückt mit Todtenköpfen und Menschenknochen, sieht man ihn bald lachen, bald wei-nen." Die meisten seiner bildlichen Darstellungen sind dieser abschreckenden Beschreibung gemäß; manchmal mit fünf Gesichtern und vier Armen, mit drei Augen, einen Dreizack in der einen Hand, eine Streitaxt in der anderen, und das Haar wie das eines religiösen Bettlers herabfallend, sieht man ihn in tiefes Nachdenken versunken; denn die Legenden schildern ihn in dieser gedan-kenlosen Versunkenheit, und als wolle er mit seinen sprühenden Augen Jeden verzehren, der es wagen sollte, ihn zu stören. Nach Einigen sollen diese Ver-gangenheit, Gegenwart und Zukunft bedeuten, nach Anderen, Himmel, Erde und Hölle vorstellen. In einem Bilde, Ardha-nari genannt, ist er halb männ-lich, halb weiblich dargestellt. Seine beliebteste Darstellung ist jedoch das Aufstellen des Argha oder des Lingam auf dem Joni, nach welcher Çiva der Arganath genannt wird; und dies Emblem deutet eigentlich an, daß der Zer-störung die Neu- oder Wiedergeburt folgt. Diesem Gotte sind die meisten Tempel in Indien gewidmet, in Benares wird er ganz allein angebetet, wo nach dem Tempel des Viswesiwara seine Anhänger in nie endenden Schaaren strömen.

Der Sage nach besaß er anfänglich nur zwei Augen, welche einst Parvati, seine Gemahlin, im Rausche der Entzückung mit ihren Händen bedeckte. Es war nur auf einen Augenblick, aber ein Augenblick für die Götter ist ein Zeitalter für die Menschen. Eine undurchdringliche Finsterniß herrschte plötzlich im Weltall, Sonne und Mond verdunkelten sich und die Himmel und die Erde geriethen in Furcht und Schrecken, als plötzlich in der Mitte seiner Stirne ein drittes Auge hervorbrach, um die Schöpfung zu befreien. In Folge dieser Anstrengung der Gottheit flossen so gewaltige Schweißtropfen von seinen Brauen, daß sich ein Strom daraus bildete und dies war kein anderer, als der heilige Ganges [16]).

Çiva ist mit demselben leichtfertigen und verliebten Wesen begabt, wie seine Collegen. Nach seiner Verheirathung ritt er mit seiner Gattin unbekleidet auf dem Ochsen nach Kamrup und scheuete sich nicht, bei einer Verworfenen einzukehren. In Mohinie gelobte er allen Gaben für ein Geschenk zu entsagen, welches ihm zu gewähren, in ihrer Macht stehe; in Folge dessen entstand die Anbetung des Lingam. Noch entwürdigender betrug er sich zu Anjani, einem seiner Betplätze, wo er nackend vor Atio Rispie tanzte, um ihn in seiner Andacht zu stören. Mit seiner Gattin Parvati lebte er in fortwährender Uneinigkeit und im Streite, welcher nach einem Spiele so weit ging, daß sie sich im Zorne von einander trennten und nach ihren Lieblingsorten zurückzogen. Nachdem alle Götter sich bemühet hatten, die zürnenden Eheleute zu versöhnen, auch Parvati bereit war, sich ihm zu nähern, wollte er sie nur wiedersehen, wenn sie die Gestalt eines fremden Mädchens anzunehmen verstände. Auch konnte er nicht widerstehen, zugleich mit Brahma und Bishnu, die Keuschheit der Anasuya, der Gattin des Atri, anzutasten und sich dabei solchen Zuchtlosigkeiten hinzugeben, daß sie die Feder nicht zu schildern vermag. Sein Himmel ist in den Regionen des ewigen Schnees und der Gletscher von Keilás, einem der höchsten Kuppen des Himalaya. In seiner zerstörenden Eigenschaft erscheint er als ein wüthender Mann, mit einer um seinen Hals gewundenen Schlange; in der mehr wohlwollenden stellt ihn ein Ochse in bittender Stellung dar.

Parvati, seine Gemahlin, war die Tochter des Himavan, des Herrn der Berge, das Bergmädchen und die ausschweifendste von allen Sakti's. Dennoch gab sie Beweise einer guten Gattin und besonders in dem Akte, wo sie als Sati ihrem Leben ein Ende machte. Als die Berggeborene Göttin ist sie ihrer majestätischen Haltung und ihrer hohen Geistesbegabtheit wegen berühmt. Aber am wichtigsten ist sie als Maha Maya oder die große Täuschung, wo sie bald als Dûrga (die Schutzherrin der Götter), oder als Kali die Ewigkeit vorstellend, indem sie in riesenhafter Frauengestalt und in Wuth entbrannt ihren Gatten, den Vernichter, mit Füßen tritt; oder als Anna Pûrna, die Spenderin der Nahrung und die Hausgöttin in jeder Mahrattenfamilie, angebetet wird. Man kann sie in gewissen Beziehungen mit der Here, sowie den Çiva mit dem Bakchos zusammenstellen.

Während sie im südlichen Indien in der ansprechendern Form einer schönen Frau, die auf einem Tiger reitet, in zwar ernster aber drohender Haltung, als wolle sie einen der Riesen vernichten, gegen welchen sie in einer ihrer Incarnationen auszog, dargestellt ist, erscheint sie in Bengalen und in den östlichen Distrikten als Kali und Durga. Dann ist sie von schwarzer Farbe, von ihren entsetzlichen Gesichtszügen strömt Blut herab, Schlangen winden sich um ihren Leib und ein Halsband von Todtenköpfen und Menschenschädeln um ihre Brust. Einst sollen ihr Menschenopfer gebracht worden sein, wie sie noch heute ein großes Gefallen an blutigen Opfern hat. An einem ihrer Tempel nahe Calcutta werden monatlich an tausend Ziegen geschlachtet. Zu Bindabashni, wo die Bindyaberge dem Ganges am nächsten kommen, rühmen sich die Priester, daß das Blut vor ihrem Götzenbilde nie trocken wird. Das größte ihr zu Ehren veranstaltete Fest ist die Dasahara in Bengalen [47]).

Nächst diesen Göttern stehen die Avatar's oder Verkörperungen (Incarnationen), welche nach dem Glauben der Hindu's von Zeit zu Zeit in der Welt erscheinen, um die gedrückte Menschheit von ihren Leiden zu befreien, in hoher Verehrung, ja sie haben in einzelnen Fällen sogar die Götter selbst verdrängt. So wird dem Rama und Krishna von den Vaishnava's größere Auszeichnung bewiesen als dem Vishnu.

Von den Incarnationen Brahma's ist wenig zu sagen; sie sind bedeutungslos und ihre Zahl gering. Dashka, die wichtigste, würde vergessen sein, hätte derselbe nicht Çiva zum Schwiegersohn gehabt, mit welchem er, wie uns erzählt wird, in so heftigen Kampf gerieth, daß Himmel und Erde dabei erzitterten.

Dagegen nehmen die Incarnationen des Vischnu die wichtigste Stelle in den Fabeln der Pûrana's ein. In Folge des Fluches, den Bhrigu über ihn ausgesprochen hatte, war er zu sieben Verkörperungen oder sterblichen Geburten verdammt worden; aber er fand an diesen irdischen Verdammnissen ein solches Gefallen, daß er sich öfter verwandelte. Zehn dieser Incarnationen werden als die hauptsächlichsten angesehen; in neun ist er erschienen, in der zehnten und letzten wird er noch erwartet.

In der Gestalt eines Fisches erschien er als erster Avatar, um die Veda's, welche von einem Dämonen in der Sündfluth entführt worden, wieder zu Tage zu bringen; diese Erscheinung erinnert an die Sage Menu's von der Sündfluth ⁴⁸). Nächstdem kam er als Schildkröte, um den Göttern und den Asura's dabei behülflich zu sein, den Ocean zu bewegen, daß der Trank der Unsterblichkeit gefunden werde. In der Gestalt eines Ebers erschien er zum dritten Male, um die Erde, deren sich ein Dämon bemächtigt hatte, um sie nach dem Meere zu tragen, vor dem Wassergrabe zu retten; eine Sage, die gleichfalls mit der Sündfluth in Verbindung steht. Eine vierte Incarnation war ein aus Löwe und Mensch zusammengesetztes Ungeheuer, welches erschien, den Tyrannen und Ungläubigen Hiranya Kasipa zu vernichten. Derselbe war nämlich im Begriffe, seinen Sohn zu tödten, weil er seinem Glauben an Vishnu treu bleiben wollte. Bei seiner letzten Begegnung mit demselben zog er die Allgegenwart von dessen Lieblingsgotte ins Lächerliche, ihn höhnisch fragend, ob er in der Säule sich befände, welche die Halle stützte, in der sie standen. Der Sohn entgegnete ihm, daß es so sei, worauf der wahnsinnige Vater im Begriffe war, ihn zu tödten, als Vishnu in der Gestalt eines Menschen, mit Kopf und Tatzen eines Löwen, aus der Säule heraussprang und ihn in Stücke zerriß.

Der fünfte Avatar war ein Zwerg, um in dieser Gestalt den milden und tugendreichen Regenten Maha Bali hintergehen zu können, den Einige mit Bama identificiren. Derselbe hatte nämlich vermöge Opfer und Büßungen die Oberherrschaft über Erde und Meer erlangt; aber obgleich er keinen Mißbrauch von seiner Macht gemacht hatte, so waren die Götter „von eingebildeten Schreckensbildern, die bedrohlicher als die Wirklichkeit sind," so ergriffen, daß sie fürchteten, das letzte Opfer könne den frommen Mann selbst in den Besitz des Himmels bringen. Sie wandten sich deshalb an Vishnu, der es übernahm, Bali's Macht zu brechen. Er erschien in der Gestalt eines Brahmanzwerges vor dem Könige. „Was verlangst Du?" fragte der fromme Regent den kleinen schelmischen Brahmanen, der, vor ihm stehend, ein Almosen verlangt hatte. „Ländereien in Deinen Reichen und zwar so viel als ich in drei langen Schritten ausmessen kann." Der König lächelte und genehmigte seine bescheidene Forderung, als plötzlich Vishnu seine wirkliche Gottheit annahm, mit dem ersten Schritte über die Erde, mit dem zweiten über den Ocean schritt, und da kein Raum für den dritten blieb, den König von der Erfüllung seines Versprechens nur unter der Bedingung lossprach, daß er die Herrschaft über die Hölle übernehme. Seitdem erschien Vishnu nur in wirklich menschlichen Gestalten. Die sechste Verkörperung ist Paris Ram, ein Brahmanenheld, welcher die Kschatrijacaste bekriegte und gänzlich ausrottete. Die siebente war Rama; die achte war Balla Rama, ein Held, welcher die Erde von Riesen befreiete. Die neunte war Buddha, der Lehrer eines falschen Glaubens, dessen Verkörperung Vishnu sich bedient hatte, um die Feinde der Götter zu hintergehen.

Aber alle diese Erscheinungen sind von den Incarnationen des Rama und Krishna verdunkelt worden, welche nicht nur den Gott selbst in den Hintergrund gestellt, sondern die Anbetung der meisten anderen Gottheiten verdrängt haben. Als Rama (den Beglückenden) hat ihn der Dichter Valmiki in seinem unsterblichen Epos Ramayana verewigt und in den Ueberlieferungen über ihn sind die Spuren eines geschichtlichen Fadens erkennbar. Rama war ein König von Audh, der, durch unbekannte Umstände von seinem väterlichen Königreiche ausgeschlossen, viele Jahre in der tiefsten Einsamkeit eines Waldes religiösen Betrachtungen nachging. Seine Gemahlin hatte ihm der Riese Ravana nach Ceylon entführt; sie ihm wieder abzunehmen, drang er mit einem Heere durch den Dekan, besiegte seinen Gegner und führte seine geliebte Sita wieder heim. Bei diesem Kriegszuge war ein Heer von Affen, unter dem Befehle des Hunuman, sein Verbündeter gewesen; deshalb wird diesem Affenhelden gleichfalls eine göttliche Verehrung bewiesen, und sein Bild ist in vielen der Tempel, namentlich im Dekan, zu sehen. Rama's Ende war jedoch ein unglückliches; denn, nachdem er durch Unvorsichtigkeit den Tod seines Bruders Lakschmana herbeigeführt hatte, welcher alle Gefahren auf seinen vielen Unternehmungen mit ihm getheilt hatte, überfiel ihn ein so gewaltiger Trübsinn, daß er sich in Verzweiflung in einen Fluß stürzte, oder, wie die Sage erzählt, „mit der Gottheit wieder vereinigte." Er ist seitdem ein Gegenstand besonderer Anbetung geworden, und wird in seiner königlichen Persönlichkeit dargestellt. (Bd. I, 6.)

Seine Macht und sein Einfluß ist jedoch von einem anderen vergötterten Sterblichen in den Hintergrund gestellt worden, der zwar nicht zu den großen zehn Avatar's gehört, auch weder ein König noch ein Eroberer ist, aber dennoch der Liebling der Hindu's wurde. Krishna, zu Mathura oder Mutra an den Ufern des Jamna, als Sohn eines Königs (des Kschatrija Vasudiva, und der Divaki) geboren, wurde von einem Hirten in der Nachbarschaft aufgezogen, um ihn den Nachstellungen des Tyrannen Kangsa zu entziehen, der ihm nach dem Leben trachtete. Als Krishna erschien Gott Vishnu in all seiner Herrlichkeit, und in dem Glanze seiner Gewalt und seines Ruhmes, um die Sünder zu strafen und zu vernichten. Denn von einem Avatar, welcher in die Welt käme, die Sünder zu retten, weiß der Hinduglauben nichts zu erzählen. Wenn er in den vorigen Verwandlungen eines Avatar's nur einen Theil seiner göttlichen Natur besaß, so zeigte er sich in Krishna als der Parun Brahm oder die Gottheit selbst. Er kam, alle Sünder zu züchtigen, insonderheit seinen Onkel mütterlicher Seits, den Tyrannen und Bösewicht Kangsa, König von Mutra. Er wird als ein schöner Jüngling dargestellt, welcher die Flöte spielt.

Aber der große Weltverbesserer Krishna, welcher ein unerbittliches Strafgericht über alle Bösewichter zu halten berufen war, zeigt sich selbst als kein Tugendspiegel, sondern als ein unmoralischer und unsittlicher Mensch, der von den Lippen von 16,000 Milchmädchen Ambrosia trank, und bei Umarmung ihrer vollen Busen vom Freudenrausche erfüllt wurde. Zu seiner Entschuldigung führen seine Vertheidiger an, daß dies die Anzahl der Raja's oder musikalischen Weisen der Hindu's seien, welche Krishna so überaus liebte. Dagegen wird uns von seinen neun Frauen und den listigen Streichen, denen er nachging, manches erzählt, was eines Avatar sehr unwürdig ist. So stahl er bei einer Gelegenheit den Gopangona's, während sie sich im Jamna badeten, ihre Gewänder, um sich an ihrer Nacktheit ergötzen zu können. Ein gelehrter Vaishnava unserer Tage entschuldigt diesen Streich, indem er vorgiebt, daß er es in seinem Knabenalter gethan habe [49]). Auch war Krishna kein Freund der Wahrheit; denn den der Lüge und Falschheit abgeneigten Südhishthira wußte er zu vermögen, die Unwahrheit zu sagen. Er beraubte den Wäscher des Kangsa der Gewänder seines Herrn, indem er ihn tödtete, weil er die Anmaßung hatte, die Kleider nicht gutwillig herzugeben. Dennoch ist das Andenken an seine Thaten die Lieblingsunterhaltung der Hindu's; sie können sich nicht genug an seinen Kinderstreichen ergötzen, wie er den Milchmädchen die Milch zu stehlen wußte, wie er die Schlangen vernichtete, wie er die Flöte spielte, wie er tanzte, der Jagd nachging und andere Dinge mehr. Krishna, welcher die große und blutige Schlacht von Kûrût-Khetra entzündete, ist heute, und besonders unter den Frauen, der Lieblingsgott der Hindu's. Sein Bild ist überall, beinahe in jedem Tempel, zu sehen; das zu Jagannath ist aus einem Baume geschnitten, den Narad auf Brahma's Befehl dem Könige Indradûmna von Orissa überbrachte; aber der Baum selbst war ein Haar Vishnu's, welches auf die Erde fiel, Wurzel faßte und zum Baume heranwuchs.

Nach vielen Abenteuern erlangte Krishna sein väterliches Erbtheil; da er jedoch von Feinden bedrängt wurde, verlegte er seine Residenz nach Dwáraka in Guzerat. Er erschien später mit der Familie von Pándu verbündet, als diese gegen die ihnen verwandten Cûrûs wegen der Oberherrschaft von Hastinapûr Krieg führten ⁵⁰). Diese Kriege bilden den Hauptinhalt des berühmten Heldengedichtes: Mâha-Bhâra't, Krishna ist darin der große Held, der mit Sieg gekrönt nach seiner Hauptstadt in Guzerat heimkehrt. Sein Ende war gleichfalls unglücklich, denn in Bürgerkriege verwickelt, verbrachte er die letzten Tage seines Lebens in Unruhe, und wurde auf einer Jagd aus Versehen von einem der Jäger durch einen Pfeil getödtet ⁵¹).

Von den Incarnationen Çiva's ist wenig zu sagen. Candoba, als bewaffneter Krieger zu Pferde dargestellt, ein Lieblingsgott der Mahratten, soll eine derselben sein. Dagegen verdienen seine Kinder Ganesa und Kartikija genauere Erwähnung. Ersterer ist eigentlich nur dem Namen nach sein Kind; denn er war der Sohn der Parvati, die ihn aus dem Schmutze bildete, welcher in ihrem Waschbecken schwamm. Er wird in menschlicher Form mit dem Kopfe eines Elephanten dargestellt, eine Ratte, welche die Hindu's als ein vorsichtiges und erfindungsreiches Thier ansehen, begleitet ihn, und er wird als Gott der Klugheit und der Vorsicht verehrt. Er erscheint stets als Vorkämpfer für seine Mutter, für welche er sich sogar gegen Brahma, Vishnu und Çiva in den Kampf einließ. Es war bei einer dieser Gelegenheiten, daß ihm Çiva den Kopf abhieb; denn als Parvati sich eines Tages im Bade befand, wollte sich Çiva ihr nähern; aber die Schöne hatte, so etwas ahnend, aus Vorsicht Ganesa vor die Thüre als Wache aufgestellt, und da dieser ihm den Eintritt streitig machte, so hieb der ungestüme Çiva ihm den Kopf ab. Nach einer anderen Erzählung soll Ganesa seinen Kopf schon als Kind verloren haben, in Folge des verderblichen Anblicks von Sani, den Parvati, aus Stolz und Liebe für ihr Kind, eingeladen hatte. Die so hart gestrafte Mutter war untröstlich, sie bedrohete die Götter mit ihrem Einflusse und ihrer Stärke, und diese, weil sie nach langem Suchen den rechten Kopf nicht finden konnten, setzten ihm statt dessen einen Elephantenkopf auf; — sowie einst das ursprüngliche Haupt des Dacsha durch das einer Ziege ersetzt wurde. Ganesa besitzt unzählige Verehrer; kein Hindu unternimmt ein Geschäft, ohne vorher Ganesa's Beistand anzurufen, jedes Buch wird mit einem Gruße an ihn begonnen, und die Brahmanen flehen ihn zuerst an, wenn sie das Feuer-Opfer beginnen. Ueber dem Eingange vieler Häuser ist sein Bild angebracht. Die Gangaratie's betrachten ihn als die größte der himmlischen Mächte. Der Name sowohl als auch der Mythus selbst erinnern offenbar an den römischen Janus.

Kartikija, der Sohn der Mahadiva, ist der Mars der Hindu's und der Führer ihrer Heere. Die Geburt dieses Kriegsgottes ist folgende: Ein Dämon, Taraka, vermochte die Götter durch langjährige Büßungen, ihm die Gabe einer unerreichbaren Kraft zu verleihen, und daß er den Tod nur durch Çiva's eigenen Sohn erleiden könne. Çiva war zu jener Zeit unverehelicht und es war nicht zu erwarten, daß er sich verheirathen würde, weshalb Taraka sich für unsterblich hielt. In seinem Uebermuthe kannte er keine Gränzen, er hinderte die Sonne, ihre Wärme auszustrahlen, vermochte den Mond, stets in vollem Glanze zu bleiben, und ließ die Winde nach Gefallen toben. Die hierüber betrübten Götter beschlossen, dem Çiva eine Gattin zu geben; die Schwierigkeit bestand nur darin, dem ascetischen Gotte seine Entsagungen abzugewöhnen. Dies unternahm Kama-diva oder Candeo, damals Kûndûrpa genannt, bis Çiva ihn, da er eine günstige Gelegenheit wahrnehmen wollte, sein Vorhaben durchzuführen, durch seinen Blick in Asche verwandelt hatte. Dieser poetische Gott, der Gott der Liebe oder der Sehnsucht, war der Sohn des Maya (der Anziehungskraft) und der Ratti (der Zuneigung) und hatte den Vassant (Frühling) zum Busenfreunde. Er wird als ein schöner Knabe mit Smaragdflügeln dargestellt, der auf einem Papagei reitet, und von tanzenden Nymphen umgeben, (deren vorderste sein Emblem, den Fisch, auf rothem Grunde trägt) bei Vollmondnächten durch die drei Welten zieht. Die Bulbul oder indische Nachtigall, die summende Biene und aromatische Düfte sind seine Begleiter. Seine Waffen sind ein Bogen aus Zuckerrohr, die Sehne sind Bienen und an den Spitzen seiner fünf Pfeile (die fünf Sinne?) befinden sich Blumen von entzündlichen Eigenschaften [52]).

Ein solcher Liebesbote mußte gefährlich sein; obgleich Çiva ihn mit einem Blicke in Asche verwandelt hatte, so war es doch zu spät, ein Pfeil hatte ihn bereits getroffen, er fühlte plötzlich ihm bisher ungekannte Regungen, und die Parvati erhielt einen Gemahl. Anfänglich wollte keine Nachkommenschaft kommen, bis durch Agni's Einfluß und andere unerklärte Einwirkungen, Kartikija aus dem Körper der Gottheit ins Leben kam und in seiner noch unvollständig geformten Bildung in den Ganges geworfen wurde. Aus diesen Keimen entwuchs nach einiger Zeit der Kriegsgott, der plötzlich in der Gestalt eines bezaubernd schönen Knaben auf die Oberfläche des Ganges kam. In demselben Augenblicke badeten sich daselbst sechs Prinzessinnen; jede beanspruchte das Kind für sich, ihm ihre Brüste anbietend; der kleine Gott nahm sechs Köpfe an und wurde nun von allen gesäugt. Sobald der Knabe heranwuchs, tödtete er Taraka und seitdem ist er der Kriegsgott der Hindu's geworden. Sonderbar ist es, daß kinderlose Frauen sich betend an ihn wenden, sie mit Nachkommenschaft zu segnen. Die Sage giebt ihm Cammarie zur Gattin und Deva Sena zur Geliebten; aber er scheint mehr Anhänglichkeit für seine 6 Ammen gehabt zu haben, indem er diesen höhere Stellen im Himmel bereitete [33], als jenen zu Theil wurden.

Indra, der Gott der sichtbaren Himmel, hat Sacki zur Gemahlin; sein himmlischer Aufenthalt ist die Stadt Amaravati, wo er im Palaste Baijayanta wohnt, den der köstliche Garten Naudana umgiebt; er hat Matali zu seinem Wagenlenker und seine Waffe ist Vaira oder der Donnerblitz. Obgleich der Orient seiner besondern Vorsorge empfohlen ist, so ist sein Aufenthalt dennoch Merie oder der Nordpol, der als ein aus Gold und Edelsteinen geformter Berg dargestellt wird.

Varuna ist der Gott der Meere und Gewässer, und wird auf einem Crokodille reitend dargestellt [34]); Vayu, der Gott der Winde, reitet auf einer Antilope, mit einem Säbel in seiner rechten Hand; Agni, der Gott des Feuers, zieht auf einem Schaafbocke einher und hat vier Arme; die Erde ist die Göttin Vasuda oder Vasu-deva und wird in einem Verse der Hitopades auch Soerabby oder die „gesegnete Kuh" genannt. Der Sonnengott wird Sour oder Surya genannt, und die Wenigen, welche ihm noch heute besondere Huldigungen darbringen, heißen die Soura's. Ein Wagen, von sieben Pferden gezogen, ist das gewöhnliche Bild des Surya; in dem Tempel Vis Eishnur zu Benares findet sich jedoch eine Skulptur, woselbst der Gott in einem Wagen sitzt, den ein Pferd mit zwölf Köpfen zieht. Sein Wagenlenker ist die Morgenröthe, und ihm werden zwölf bestimmte Kräfte zugeschrieben, welche

Aditya's (Söhne des Aditi von der Casyapa) genannt werden. — Der Mond, **Chandara**, wird als ein im Wagen sitzender Gott dargestellt, den Antilopen ziehen, in der rechten Hand ein Kaninchen haltend.

Alle diese Götter besitzen heute keine Tempel mehr, einige sollen vor Jahrhunderten deren gehabt haben; indeß werden zu Zeiten die Bilder einiger derselben bei Aufzügen umhergetragen und dann ins Wasser geworfen. Selbst Kama diva, welcher seine Göttern und Menschen gleich gefährlichen Liebespfeile entsendet, und dessen Tempel und Haine, namentlich diejenigen in der Nähe von Agra, so vielfach besungen wurden, ist beinahe gänzlich vergessen. An diesen Götterkreis schließen sich noch viele Götter an, welche nur an gewissen Orten oder von einzelnen Individuen verehrt werden. Es giebt in beinahe jedem Dorfe ein oder zwei Götter, die als eigen gewählte Schutzherren angebetet oder als Quälgeister gefürchtet und angeflehet werden, die Menschen nicht zu beunruhigen. Sehr oft sind es die Geister von Personen, die eines gewaltsamen Todes gestorben waren, oder die von Brahmanen, welche sich aus Rachegefühl getödtet hatten, denen diese Auszeichnung widerfährt; aber sie besitzen keine Tempel, selten Bilder, sondern ein Haufen Erde oder Steine bezeichnet die zur Anbetung geheiligte Stelle.

Nächst all diesen Göttern werden Stöcke, Steine, wie der Shalgaram und Dhenki und Handwerkzeuge verehrt. Von den Thieren sind es die Kuh, der Affe, das Crokodill, der Schakal, die Schlange und der Hund; von Vögeln der Pfau, die Gans, die Eule und der Garura (eine Geierart); und von den Bäumen der Tulasie (eine Art Basilikum), der Butu (ficus Indica), Bukul (Mimusops elengi), der Nimba (Melia azodaracta), der Ushwata (Ficus religiosa) ꝛc., welche angebetet werden. Von den Flüssen wird dem **Ganges**, Jamna, Saraswati, Brahmaputra, Krishna, Caviri und Andern, göttlicher Einfluß zugeschrieben und Verehrung dargebracht.

Was die Anbetung der **Thiere** betrifft, so führen wir einige aus dem Leben der Hindu's gegriffene Gebräuche an, um die Vorliebe derselben für die als heilig verehrten Geschöpfe recht deutlich erkennen zu lassen. Das **Heiligste derselben ist die Kuh**, bei deren Tödtung die Mohamedaner sowohl als die Engländer große Rücksichten zu nehmen gezwungen waren; an einigen Orten, wie zu Hürdwar, Khunkut und mehreren anderen, mußte man, weil die Brahmanen-Zemindare sich darüber beschwerten, das Schlachten der Kühe gänzlich einstellen [55]. Im Pendschab benutzte man den Moment, als die Engländer siegegekrönt im Lande sich festgesetzt hatten, und die Regierung erklärte unumwunden, daß fernerhin auf die religiösen Bedenken der Eingeborenen keine Rücksicht mehr genommen werden könne.

Die Ehren, welche dem Affen, dem Repräsentanten Hunaman's zu Theil werden, gränzen ans Unglaubliche. So bereitete der Enkel des Raja's, Ischwara-chandra, zu Nadiya (1780) zweien Affen mit allen Ceremonien der Hindu's ein Hochzeitsfest, welches ihm hunderttausend Rupien kostete. Bei dem Heiraths-Aufzuge erschienen Elephanten, Cameele, Pferde, reich geschmückte Palankine, begleitet von unzähligen Fackeln und Lampen. Der männliche Affe war auf einem Palankin befestigt, trug eine Krone auf dem Kopfe und hatte zwei Hindu's zur Seite, die ihm mit Pfauenwedeln Luft zufächelten; Sänger, Sängerinnen und Tänzerinnen folgten, die ihre Künste vor ihm sehen ließen. Zwölf Tage hindurch wurden im Hause des Affen-Bräutigams allerlei Festlichkeiten veranstaltet, und die eigentliche Heiraths-Ceremonie wurde unter Leitung gelehrter Brahmanen vollzogen, wobei die Formeln aus den Schastra's vorgetragen wurden. Seitdem ist Nadiya die Stadt der Affen geworden, welche hier größere Freiheiten als die Menschen genießen [36]).

Dhúboy hatte, als General Goddard es 1780 einnahm, 40,000 Einwohner und eben so viele Affen, welche auf den oberen Dächern der Häuser lebten. Einer der Offiziere schoß einen weiblichen Affen und nahm die Beute mit sich nach seinem Zelte, welches unter einem Banyanbaume aufgeschlagen war. Kaum hatte er sich dorthin zurückgezogen, so wurde er von dem jämmerlichsten Geheul einiger vierzig Affen aufgeweckt, die das Zelt in der bedrohlichsten Weise umlagerten. Er trat heraus, seine Büchse zeigend, als wolle er ein neues Opfer suchen; dies veranlaßte den ganzen Trupp, mit Ausnahme des Führers, sich zurückzuziehen. Dieser, ein großer und kräftiger Affe, erhob jedoch ein so klägliches Geschrei, machte so zudringlich bittende Bewegungen und zeigte sich so entschlossen, nicht von der Stelle zu weichen, daß der Offizier erkannte, es sei ihm nur um die Leiche zu thun. Er brachte dieselbe heraus, der Affe nahm sie klagend in seine Arme und verschwand. Bald darauf erschienen die Brahmanen des Orts vor dem Englischen Residenten, ihn bittend, daß er den Befehl erlassen möchte, keine Affen zu tödten. Es geschah und der Resident mußte sich gefallen lassen, von den Affen in seinem Arbeitszimmer belästigt zu werden, die ein Gefallen daran hatten, ihn mit kleinen Steinchen zu bewerfen [37]). Die Hindu's sagen, daß, wer einen Affen schießt, einem plötzlichen Tode anheimfällt, und erzählen, daß der älteste Sohn des Königs Mohamed Ali Schah, welcher einen Affen tödtete, wenige Tage darauf vom Fieber befallen wurde und starb. König Rüssier-u-din Hyder schoß einen Affen im Dilkuscha-Park; aber als er nach Hause zurückgekehrt war, gerieth er mit seiner Lieblingsgattin Kudûsia in heftigen Streit; Beide wurden von Wuth befallen und die Begum vergiftete sich. James Forbes erzählt, daß in einem Brahmanen-Hospital zu Surat die von Alter und Arbeit erschöpften Thiere frei gefüttert werden, und daß man daselbst Bettler miethet, um dem sich darin aufhaltendem Ungeziefer Nahrung zu bieten.

Die Cobra capella wird von den Hindu's mit großer Zärtlichkeit als Vater, Bruder oder mit anderen Zuneigung verrathenden Namen angeredet, und als ein heiliges Wesen verehrt. Oberst Forbes wagte es nicht, selbst diejenigen zu tödten, die sich in den Schlingpflanzen eines Brunnens eingenistet hatten, der ein dicht dabei befindliches Bassin zum Baden mit Wasser versorgte. Aber eines Tages wurde eine der jungen Damen seines Hauses von einer dieser giftigen Schlangen in solche Furcht gesetzt, daß sie sich in ihrer Angst, um ihr Leben zu retten, nackend ins Haus flüchten mußte; seitdem mußten die bösen Nachbarn vernichtet werden. Die Hindu's weigern sich stets, die in Gewölben aufbewahrten oder verborgenen Schätze zu heben, weil sie sagen, daß eine Schlange darüber Wache halte und den Unberufenen tödten würde. Aehnliche Verehrung zollt man den Krokodillen. So beteten im Jahre 1807 die Hindu's nahe der Stadt Gour im nördlichen Bengalen zwei dieser Bestien an, weil sie deren eines für einen heiligen Muselmann und das andere für dessen Frau ansahen [38]).

Die Hindu's wagen es nicht, einen Pipalbaum zu fällen, wenngleich er ihre Häuser, Tempel oder Gräber zu zerstören droht [39]). Ebenso fürchten sie sich, einen Wolf zu tödten, selbst wenn er ihre eigenen Kinder gefressen hat, oder wohl gar noch im Rachen hält. Sie glauben, daß ein Mensch, der einen Wolf tödtet, ins tiefste Elend sinkt, und daß die Ortschaft, in dessen Nähe ein Wolf getödtet oder verwundet wurde, sicherem Untergange verfällt. Dagegen sind sie sehr froh, wenn andere Leute den Wolf tödten; dies muß jedoch fern von ihren Gränzen geschehen, weil ein Blutstropfen des Wolfs auf eigenem Grund und Boden Unheil säet. Einige der Radschputenfamilien in Audh, denen bereits viele Kinder von Wölfen geraubt wurden, haben sich über diese Vorurtheile hinweggesetzt. So giebt es auch ganze Gemeinden, welche sich von

Schakalen und anderen wilden Bestien ernähren, sie jedoch selbst selten tödten. Diesen sind die Höhlen der wilden Thiere eine Fundgrube, indem sie am Eingange derselben die Armbänder und andere Schmucksachen der von den Wölfen und anderen Thieren gefressenen Kinder finden ⁶⁰).

Unter allen der Anbetung für würdig gehaltenen Göttern, Thieren und leblosen Gegenständen steht keines in höherem Ansehen, als der Gangesstrom. In der Hindu-Mythologie suchen wir vergeblich nach einer Erklärung seiner die Sünden abwaschenden Kräfte; aber alle Erzählungen über den ewigen Fluß stimmen in der Annahme überein, daß er vom Himmel gekommen ist; durch wen jedoch, ob es der Himmel des Bycûnth oder Cailaſa, darüber streiten sich die verschiedenen Sekten. Die Vaiſchnava's sagen, daß der Ganges aus dem Schweiße entstand, der dem Bishnu von seinen Füßen herablief, die Çaiva's, daß er von den gewundenen Locken des Çiva kam. Die Vaiſchnava's wollen dies zugeben, fügen jedoch erklärend hinzu, daß Çiva den Schweiß von Bishnu's Fuß mit seinem Haupte auffing, damit er nicht in seinem Falle die Erde zerquetsche ⁶¹). Noch vielerlei andere Sagen werden über die Entstehung des Ganges erzählt, und es kann uns nicht überraschen, wenn wir hören, daß ein solches Geschenk der Erde, wie das des Ganges, selbst den Neid der Götter erregte. Diese wandten sich deshalb an Brahma, denn ihrer eigenen Sünden eingedenk, beschworen sie ihn, einen solchen Reiniger der Sünden nicht auf die Erde zu lassen; aber der Gott beruhigte sie, indem er ihnen versicherte, daß, obgleich dem Ganges erlaubt wäre, auf der Erde zu fließen, er dennoch dem Himmel angehören würde, und daß sie deshalb nach Gefallen fortfahren könnten, zu sündigen. Nun trat Hades, sich beschwerend, vor Brahma; wenn die Menschen sich von ihren Sünden reinigen könnten, klagte er, dann wäre sein Reich zu Ende. Auch er wurde beruhigt, indem der Strom, obgleich Ganga genannt, und durch Gang — die Erde — fließend, doch in Wirklichkeit nicht durch alle Theile der Erde flösse, und indem sich nur da die Menschen von ihren Sünden reinigen könnten, wo der heilige Fluß ströme und die Winde über ihn weheten.

Sein Wasser wird deshalb in besonderen kupfernen Gefäßen über alle Theile Indiens bis nach den fernsten Punkten versandt, und damit kein Betrug dabei stattfinden kann, werden die Krüge von Brahmanen versiegelt und den Trägern Bescheinigungen mitgegeben. An seinen Ufern sieht man täglich Tausende sich baden, weshalb, wo nur irgend die lokalen Verhältnisse es erfordern, große Freitreppen oder Ghat's angelegt sind, auf welchen der Badende sich aufs bequemste ins Wasser begeben kann.

Die vielen wunderbaren Sagen von der Heilkraft dieses Wassers, die vielen Erzählungen, welche die heiligen Bücher der Hindu's darüber enthalten, haben in der glühenden und unerschöpflichen Phantasie der Hindu's Gedanken rege gemacht, die uns mit Schauder erfüllen. In ihren heiligen Büchern wiederhallt das Lob des Ganges. „O, Du Mutter Bhagwáthi (Schwägerin des Barbatti, des Erdenkranzes), Wegweiserin der Himmel, zu Dir bete ich. Möchte ich, der an Deinen Ufern weilt, Deine Wasser trinken, die Gewalt Deiner Wogen fühlen, Dir vertrauen, unablässig nach Dir blicken, möchte ich in Dir sterben. — „Du gesegneter Kranz der Füße Vishnu's und des Çiva-Hauptes, Du Fahne der Freude, das Ende der Glückseligkeit, Du Zerstörer der Sünde, o rette und reinige mich!" — Oder: „O Mutter Ganga! ich neige mich jetzt zu Deinen Füßen, sei barmherzig gegen Deinen Knecht. Die erhabene Göttlichkeit Brahma's kann allein einige Deiner Eigenschaften schildern. — Du allein wirst die Quelle der Glückseligkeit genannt und der Retter der Menschen. Du bist die ewige Quelle von Allem."

„Wer an Dich denkt, Ganga, sei er auch achthundert Meilen von Deinen Ufern entfernt, ist von aller Sünde befreiet, und für den Himmel vorbereitet. Wenn ein Mensch in der Stunde des Todes an Ganga denkt, so erhält er eine Stelle im Himmel des Çiva." Und in der Agni Purana wird gesagt: „Diejenigen, welche sterben, wenn ihr halber Körper vom Gangeswasser bespült ist, sollen Tausende von Tausenden von Zeitaltern glücklich sein und Brahma ähnlich werden [62]).

Das Versenken eines Knochens von einem Gestorbenen ist das sicherste Mittel, den Himmel zu erreichen, und dies wird so allgemein von den Hindu's geglaubt, daß sie die Knochen derjenigen in den Ganges werfen, welche fern von seinen Ufern sterben. Daher läßt man die Leichen Derer, welche hier verbrannt werden, nicht gänzlich in Asche übergehen, und gewöhnlich ist es derjenige Theil, welcher den Nabel umgiebt, den man ins Wasser wirft. Die Armen, welche nicht die Mittel besitzen, die Leichen ihrer Angehörigen zu verbrennen, werfen sie in den Ganges [63]).

Im Ganges sich zu baden, ist eine tägliche Pflicht und wehe dem, der dies vernachlässigt. In seinen Wellen sein Leben auszuhauchen, ist das sicherste Mittel zu ewiger Glückseligkeit; aber, daß der Urheber dieser Weisungen die

Absicht dabei zu Grunde legte, die Menschen an Reinlichkeit zu gewöhnen und sich gehörigen Waschungen zu unterziehen, ist längst vergessen. Der Brahmane hat sich dessen bedient, um auch hier Macht und Einfluß über die Massen zu gewinnen, und einem der grausamsten Gebräuche das Wort geredet, indem er das Aussetzen der Kranken an seinen Ufern und dadurch die Ermordungen an den Ghats ins Leben gerufen hat.

Wenn nämlich ein Kranker sich in einem hoffnungslosen Zustande befindet, so ist es den Angehörigen zur heiligsten Pflicht gemacht, ihn nach den Uferbänken des Ganges zu tragen, oder, wie der Hindu sagt: „ihn dem Ganges zu übergeben." Der Brahmane behauptet, daß dies dem Kranken nicht schmerzlich wäre, im Gegentheile, er verlange es von den Seinigen, daß sie ihn nach dem Ganges brächten, weil dann alle seine Schmerzen aufhören würden. Solcher Personen, die an die sofort wirkende wunderbare Heilkraft dieses Gewässers glauben, giebt es jedoch nur Wenige; die Meisten widersetzen sich dem Vorhaben und bitten ihre Angehörigen, es so lange als möglich zu verschieben. Viele werden wider Willen fortgeschleppt, weil die Angehörigen sich ihrer zu entledigen wünschen.

Wenn die Angehörigen das Ende eines Kranken herannahen sehen, so pflegen sie demselben ins Ohr zu flüstern: „Laß uns Dich forttragen, den Ganges zu besuchen." Es ist dem Hülflosen die Schreckenskunde, sich zum Tode vorzubereiten, und die Meisten verfallen darüber in einen sprachlosen Zustand. Alsdann wird er in die schmutzigste der Decken gehüllt, die ihm auf seinem Krankenlager bisher zur Unterlage gedient hatte, und auf eine Trage gelegt, der sogenannten Khat für die Todten, und, von Fackelschein umgeben, von den nächsten männlichen Angehörigen nach dem Flusse getragen. Beim Aufbruche sind alle Freunde und Angehörige versammelt, die Frauen, welche nicht folgen dürfen, erheben ein klägliches Geschrei, Einige schlagen sich die Brüste oder vor die Stirne, während sich Andere auf die Erde hinstrecken und wimmern und stöhnen.

Auf dem Wege nach dem Flusse rufen die Träger und Begleiter die Namen der Götter und Göttinnen aus, deren man sich dabei erinnern muß. Das fortwährende Geschrei und Wiederholen der Götternamen, das Toben mit den Kholes und Kartals, den Lieblings-Instrumenten der Baischnab's, ist so durchdringend, daß es in weitester Ferne zu hören ist. Sobald sie am Flusse angekommen sind, bringen sie den Kranken dicht an die Oberfläche des Wassers und ermahnen ihn, einen Blick über den weiten Wasserspiegel zu werfen, wobei sie ihn auffordern, es auszusprechen, daß er gekommen sei, die Mutter Ganga zu sehen. Alsdann wird er nach dem Ghat getragen, wo man ihn entweder in eine niedrige, feuchte und dumpfige Hütte legt, oder in ein dabei befindliches steinernes Gebäude bringt, worin bereits unzählige Kranke und Sterbende liegen, und wo ein solcher Schmutz und Gestank herrscht, daß dies seinen Tod beschleunigen muß; denn in der Nähe dieser Ghats halten sich sogenannte Agenten auf, die Todten zu begraben oder zu verbrennen, und die Körper todter Thiere, namentlich der Kühe, werden dahin geschleppt, welches Alles tödtlich auf die Nerven einwirkt. Nachdem man sich überzeugt hat, daß der Kranke dem Tode nahe ist, wird er aus dem Khat genommen, und meist unter furchtbaren Schmerzen, unter Stöhnen und Wimmern, wieder an den Rand des Flusses getragen, wo er, halb im Flusse liegend, seinen Geist aufgiebt. Sollte ein Hindu, welcher nach dem Ganges gebracht ist und als todt angesehen wird, es versuchen aufzustehen, so werden seine Angehörigen ihn mit Keulen todt schlagen, weil sie glauben, daß sich ein böser Geist seiner bemächtigt habe. Wer aber so glücklich ist, sich zu erholen und zu entkommen, wird für einen Verworfenen angesehen, und kann nie mehr nach seiner Heimath zurückkehren.

Daher kommt es, daß man fortwährend Leichen auf der Oberfläche des Ganges schwimmen sieht. Es existirte noch im Anfange dieses Jahrhunderts eine Hindu-Sekte, die Paramahansa genannt, die, obgleich sie stolz auf ihre hohe Geburt sind, von den Körpern der Todten lebten, welche den Ganges herabgetrieben werden. Man hat diese Kannibalen selbst in der Nähe von Benares gesehen, wo sie, auf den Leichen sitzend, herabschwammen, sich von denselben ernährten, und an dem Gehirne, als etwas besonders Delikatem, großen Geschmack finden wollten. Sie haben etwas Aehnliches mit den Schaaffressern, die in einigen, an Bengalen gränzenden Distrikten leben und die so genannt werden, weil sie die Schaafe lebendig mit Haut und Wolle verzehren [86]).

Dies sind die wichtigsten religiösen Vorstellungsweisen der Hindu's; zweifelnd frägt man sich, wie Völker, die einen reineren Glauben besaßen, an solchen Fabeln und an solchem fast kindischen Wesen, welches an die Zeiten der tiefsten Barbarei erinnert, ein Gefallen finden konnten. Die Schastra's sagen: „Es ist für die Unwissenden, Gott in Holz und Stein zu sehen; der Weise sieht ihn im Geiste allein." So wurde das Vorhandensein Gottes in jedem Dinge —

was Voyasti genannt wird — und das Vorhandensein jeden Dinges in Gott (samasti) als Lehre aufgestellt. Für den Weisen sind die Natur und die Eigenschaften Gottes in der Natur aus der eigenen Schöpfung selbst zu entnehmen, „Gott ist das Licht, das sichtbare und das des Geistes, er ist ewig, durch Sich Selbst, unerforschlich und der Erhalter des Alls" [85]).

Eine besondere Lehre der Hindu's, aus der sich zugleich manche Erscheinungen im religiösen Leben dieses merkwürdigen Volkes erklären, ist die Seelenwanderung; sie glauben, daß sie auf den verschiedenen Stadien ihrer Existenz, je nach Verdienst, Tausende von Jahren der Glückseeligkeit genießen, oder Qualen der furchtbarsten Art zu leiden haben werden. Dennoch ist dem größten Sünder, nachdem er einige Zeit in der Narekhha (Hölle) gelitten hat, und dann durch neue Lebensstadien, sei es in den Körpern von Thieren oder Menschen, hindurchgegangen ist, die Hoffnung gegeben, daß auch er, nachdem alle seine bösen Neigungen überwunden und geheilt sind, in jene glückseeligen Himmel aufgenommen werden kann. Ewige Verdammniß kennt der Hindu nicht. Ihrer frühern Verkörperungen ist sich die wandernde Seele nicht bewußt; nur wenigen, besonders den Heiligen, ist die Kraft verliehen, einen Blick in ihr früheres Dasein thun zu können. Die Wohlthaten, deren sich Einige erfreuen, sind ein Lohn früherer Tugenden; aber sollten sie in ihrem neuen Leben Gott vergessen, seine Gesetze verachten, so werden sie von Neuem gerichtet, und diese wiederholten Verwandlungen werden dauern, bis der Mensch, ganz gereinigt, den höchsten Lohn empfängt und gänzlich in Gott aufgehen wird. Denn, wer in der Gottheit geistig aufgeht, wird von aller Materie endlich frei werden und nach ewigen Zeiten ein kleiner, doch wesentlicher Theil der Gottheit werden, wie es ein Tropfen Wasser ist, der sich mit dem Ocean vermischt. Jedes lebende Wesen ist einem Einflusse, Máyá genannt, unterworfen, dem Eindrucke des Geistes auf den Geist, der Zeit auf die Materie. Alles, was der Mensch sieht, fühlt, was er thut, worüber er sich freuet und was er leidet, ist Máyá. Aber nach Verlauf des einen Tages von Brahma sinkt die ganze Welt wieder in ihren ursprünglich chaotischen Zustand zurück. Eine Zeit wird kommen, wann alles, was wir jetzt wahrnehmen, verschwinden wird; dann wird diese geschäftige Welt mit allen ihren Wesen, wie ein Traum, ein Schatten oder eine Einbildung dahin sein. Dem Veda-Gelehrten ist das Ganze wie eine Erscheinung, Vielen ist diese äußere Welt keine Wirklichkeit, ihr eigenes Sein ist ihnen selbst nicht vorhanden, eine Negation.

Wenn wir die indische Auffassung des größten Werkes Gottes, der Erschaffung des Menschen, näher betrachten, so finden wir, daß dieser aus drei Theilen besteht. Der eine, der Geist, ist in zwei Hüllen oder Körpern enthalten, und ein wesentlicher Theil des erhabenen Wesens. Der körperliche Theil des Menschen besteht wieder aus zwei Körpern, dem Sthûl Sharir und dem Sûkshma oder Linga Sharir; jener, der rohe Stoff des Körpers, Fleisch, Knochen und Blut in sich begreifend, dieser der mehr himmlische Stoff, das Gegentheil von dem rohen und der Träger des Geistes, wenn der rohe Körper stirbt, besteht wiederum aus drei Theilen: Pranamaya-kosh, Vigyanamaya-kosh und Manomaya-kosh. Durch ihn wird die Erkenntniß des eigenen Seins erhalten, und die Person nach dem Tode so erkannt, als zuvor. Wenn der Geist in Brahma aufgehet, so verschwindet dieser Körper, sonst bleibt er durch jedes Stadium der Existenz unsterblich.

Es giebt zwei Wege, sich der Sünde zu entledigen; der eine wird empfohlen, ist der Brahmagyani und für die denkenden Geister; der andere ist erlaubt, ist Karmagyani und für die Massen. Die Brahmagyani sollen mit Verachtung auf alle gewöhnliche Götter und Göttinnen blicken, und durch tiefes Nachdenken und durch Entsagungen sich dem erhabenen Wesen zu nähern suchen; dagegen wird den Karmagyani empfohlen, die gewöhnlichen Götter zu achten, nach den Vorschriften des Shastra's zu leben und ihren Lohn nach den Werken zu erwarten.

Gastfreundschaft und Wohlthaten zu spenden sind als Wege dazu empfohlen. Sie sollen selbst dem Feinde erwiesen werden; „denn der Baum beraubt den, der ihn abhauet nicht des Schattens; — sowie der Mond sein Licht nicht der Hütte des Chandala (niedrigster Caste) entzieht." In den Hitopades heißt es: „Es ist ein Freund in der Welt, Religion, welcher Dir im Tode zur Seite steht, wenn alle anderen Dinge gleich Deinem Körper in Verwesung übergehen" [66]). Es sind dies die einzigen Andeutungen von Menschenliebe, denn von jener Liebe, die Christus in die Welt gebracht hat, weiß die Vedalehre und der Brahmanismus nichts.

Das Weltall ist in drei Theile getheilt: Alles, was auf der Erde, alles, was im Himmel, und alles, was unter der Erde sich befindet. Auf der Erde sind sieben Theile zu unterscheiden und ebenso viele unter derselben. Der Welten oder Regionen von Welten über der Erde sind sieben, die ersten drei, so wird vorausgesetzt, bestehen ein Jahr des Brahma oder 2160 Millionen

Jahre, die zweiten drei ein Hundert seiner Jahre und die letzte ist ewig. In dieser sind vier Arten von Glückseeligkeiten: Das Zusammensein mit Gott, die Aehnlichkeit mit Gott, die Vereinigung mit Gott und das Aufgehen in Gott. Der Welten oder Regionen auf der Erde sind sieben, deren letzte Pátal, die Hölle, ist; sie wird in Abtheilungen getheilt, je nach den Lastern, welche die Menschen begangen und den Strafen, die sie zu erdulden haben.

Nach den Purana's ist die Erde eine flache Ebene in Form einer Lotus, den geheimnißvollen Yoni vorstellend, und in ihrem Mittelpunkte ist ein Berg, der ursprüngliche Lingam, 48,000 Yojanas hoch und gleich einem umgestürzten Kegel nach oben zu breiter, als unten. Hier befindet sich Sumern — die Wohnung der Götter. Sie ist aus reinem Golde, vom Morgenglanze widerstrahlend und dennoch farbig, der Osten weiß, der Westen braun, der Norden roth und der Süden gelb; oder nach Anderen ist der Osten von Gold, der Westen von Silber, der Norden von Kupfer und der Süden von Eisen. Nur ein Fluß, der sich in vier Zweige theilt, bewässert dies Paradies der Götter und wird Mandacini genannt, auf der Erde ist es Ganga. Auf Sumern wohnen die Götter und mit ihnen die tugendhaften Seelen der Gestorbenen, sich von himmlischem Brode ernährend. Es ist Subha, denn daselbst halten die Devata's ihre Berathungen; aber der reinste und heiligste Ort heißt Ilavatta, weil Brahma dort wohnt. Die Himmel sind jedoch von verschiedenen Größen, diejenigen der ursprünglichen Götter überstrahlen alle, und unter diesen ist wieder der der Brahma's der prachtvollste [87]).

Die Guten wandern, sobald sie den Körper verlassen, nach dem Aufenthalte des Jama, auf köstlichen Pfaden, unter dem Schatten duftender Bäume, zwischen Strömen mit Lotus bedeckt. Ein Regen von Blumen fällt auf sie herab, und indem sie dahin wandeln, ertönen die Lüfte von dem Lobgesange der Gesegneten und den beseeligenden Melodieen der Engel.

Die Seelen der Sünder, deren Vergehungen Sonne, Mond und Sterne, Feuer, Wasser, Wind, Erde, Morgen und Abend, Tag und Nacht, und ein Heer unzähliger Zeugen kund gethan haben, werden je nach der Natur ihrer Sünden in besondere Höllen geschickt. Ihr Weg geht durch dunkele und drohende Pfade, bald über glühenden Sand, bald über schneidende Steine, sie sind nackend, vergehen in Durst, Blut und Schmutz bedeckt ihre Körper, und ein Regen von heißer Asche und brennenden Kohlen fällt auf sie herab. Schreckbare Empfindungen und die furchtbarsten Erscheinungen erwecken in ihnen solche Seelenschmerzen, daß die Lüfte von ihrem Geschrei und Gewimmer erfüllt sind. Da ist eine Hölle der Finsterniß, eine des siedenden Oeles, eine des brennenden Kupfers; eine Hölle der Schlangen, eine der Dornen; die Hölle für Ehebrecher, deren Anbetungsgegenstände glühendes Eisen sind, das sie zu umarmen verdammt sind. Da ist die Hölle, wo die Sünder mit Keulen geschlagen werden, eine andere, wo sie mit Pfeilen gestachelt, eine, wo sie von Hunden gebissen werden; die Hölle, wo Cannibalen sich am Fleische der Sünder sättigen und nachher von Raubvögeln zerrissen werden. Die Seele bleibt jedoch nicht auf ewig verdammt, dem Sünder wird es erlaubt, nach einiger Zeit wieder auf die Erde zurückzukehren, um ein neues Leben beginnen zu können.

Die Tempel und der Tempeldienst.

In keinem Lande der Welt tritt das religiöse Leben der Menschen so auffällig hervor als in Indien, wo jede Stadt ihre verschiedenen Tempel, jedes Dorf sein Dewal (Pagode) aufzuweisen hat, von der dürftigsten Capelle, welche das roheste Götzenbild umschließt, bis zu den großen Tempeln und ihren stolz gen Himmel strebenden Thürmen, mächtigen Höfen, Colonnaden und ummauerten Tonks. Während Priester und Fromme die Götzen bekränzen, ihnen Früchte und Blumen darbringen, verrichtet das Volk beim Aufgehen der Sonne im Wasser stehend, sich badend und übergießend, seine Andacht. Bei Tage zieht Gesang und Spiel die Betenden zur heiligen Stätte, oder es locken die anmuthigen Gruppen in duftige Schleier gehüllter Frauen, welche ihre Gaben dem Gotte darbringen. Ein strenger Brahmane bedarf täglich vier Stunden, um alle seine Ceremonien zu verrichten; aber ist er mit weltlichen Angelegenheiten beschäftigt, dann kann er auch in einer halben Stunde seine religiösen Pflichten erfüllen. Der Mann einer niederen Caste begnügt sich, während des Badens, den Namen seines Gottes wiederholt auszurufen. An Festtagen zieht das Volk in Prozessionen mit Palmzweigen, Blumen, Götzenbildern, Tempeln aus Papier, Wagen, Fahnen, Laternen aus buntem und vergoldetem Papier, aus seidenen Stoffen und Blumen, die auf hohen Stangen schweben, einher; die gepuzte Menge in ihren malerischen Gewändern, sowie die sinnig und geschmackvoll gearbeiteten Symbole, geben solchen Aufzügen ein ungewöhnlich heiteres und glänzendes Ansehen. Pilger, Fakire und religiöse Bettler begegnen dem Reisenden auf den Straßen, nach heiligen Orten ziehend, diese im Gewande ihres Ordens, oder gänzlich nackend, jene mit Symbolen des

Gottes, zu dem sie wandern, und dessen Namen oder Schutzwort dem Vorübergehenden als Gruß zugerufen wird.

Wenn der Hindu seine Gebete nicht im Tempel verrichten kann, so genügt es ihm, statt dessen gewisse religiöse Ceremonien in seinem Hause zu vollziehen; oder er unterwirft sich Büßungen, oder bringt den Priestern Geschenke dar, um sein Seelenheil und das seiner Verstorbenen gerettet zu wissen; oder er spendet Almosen an Büßer, Heilige oder Arme. Der Vorschrift gemäß soll er, gleich den Hindu's der Vedazeiten, dreimal des Tages, Morgens, Mittags und Abends, seine Seele zu Gott erheben, und sich dabei mit seinen Augen gen Osten wenden; gesegnet ist derjenige, der es an den Wassern des Ganges thun kann; wenn dies versagt ist, der soll ein fließendes Wasser aufsuchen, und ist ihm auch dies unmöglich, an einem stehenden Wasser sich dabei reinigen. Den Todten widmet er an den Tagen des Neu- und Vollmondes im Tempel einen Kuchen, Pinda genannt. Von dem Thieropfer, dem einer Ziege oder eines Schaafes, Ekiam genannt, können auch die Brahmanen genießen.

Ein hoher, massiv gebaueter Wall umschließt gewöhnlich das länglich geformte Viereck, auf welchem der Tempel steht. Ein großes Thor, über welches sich ein hoher, pyramidenartiger Thurm erhebt, in Umfang und Höhe dem Tempel angemessen, bezeichnet den Haupt-Eingang. Diesen Thurm kann man auf steinernen Stufen ersteigen, die im Inneren angebracht sind; er ist in Etagen getheilt, die in der Mitte, vermöge durchbrochener Arbeit, das Tageslicht einlassen, und dem Auge gestatten, sich bald an dem köstlichen Dunkelblau des Himmels, bald an der umliegenden Landschaft zu erquicken. Die Front, die Wände und die Spitze des Thores und des Thurmes sind mit allerlei Skulpturen bedeckt, welche die Götter und ihre Incarnationen darstellen, und wenn auch an sich künstlich gemeißelt, doch meist geschmacklos sind. Wenige Schritte vor dem Thore steht entweder eine hochemporstrebende, achteckige Säule, oder ein vierseitiges, offenes Gebäude, dessen Decke von hohen und massiven Steinsäulen getragen wird. Auf dem Boden liegt die colossale, aus Stein gehauene Figur eines Stieres. Wenn man das Thor durchschritten hat, kommt man in einen weiten, mit Steinplatten ausgelegten Hofraum, in dessen Mitte der innere Tempel steht, kaum höher als 3' über dem Boden; er ist offen und die hoch sich erhebende Decke wird von vielen Steinsäulen getragen. Am äußersten in sich besonders abgeschlossenen Ende dieses Tempels befindet sich das Heiligthum mit dem Götzenbilde. Den Hof umgiebt eine breite und mächtige Veranda, deren Dach von Säulen getragen ist, aus deren vordern Seiten die Götterbilder oder heilige Thiere, in den mannigfaltigsten Gestalten gemeißelt, heraustreten. Die übrigen Theile des Tempels sind mit allerlei Skulpturen bedeckt, das Leben der Götter darstellend. Da sieht man aus schwarzem Granit alle Incarnationen Vishnu's, oder den Zerstörer Civa, wie er auf dem Stiere reitet, die gewundene Schlange um seinen Nacken und den Halbmond über seinem Haupte; oder Krishna, den Apollo der Hindu's, mit der Flöte, oder Kamadiva, den schelmischen Cupido auf dem Papagei reitend. Nahe den meisten Tempeln befindet sich ein hölzerner, auf vielen Rädern ruhender Wagen in Form eines Tempels; er ist oft sehr sonderbar und künstlich aus Holz geschnitzt, das Leben der Götter und die obscönsten Gegenstände darstellend. Er dient den Götzen als Träger.

Beinahe alle Lieblingstempel haben ihre Debunties oder Debbasies, die Concubinen oder Frauen der Büßenden; sie gewähren ihre Gunst allen Männern, vom Priester bis zum Pilger. Ihre Aufgabe ist, durch Tanz und Gesang vor den Götzen die Betenden zu fesseln; dabei werden die reichen Gewänder in so geschickter Weise gewechselt, daß die schönen Formen des Körpers und der Glieder die Zuschauer anziehen; es geschieht dies jedoch in so obscöner Weise, und die Gesänge sind so wollustathmender Art, daß dies auf das sittliche Gefühl der Anwesenden tief verderblich wirken muß. Einige Sekten betrachten diese Verworfenen als Heilige, weshalb sie dieselben mit dem Namen Babbichardherma bezeichnen. Nach den Bramacharies kann deshalb eine Sakti nur von einer Tänzerin, einer weiblichen Büßerin, einer Waschfrau, eines Haarscherers Frau, einem Blumen- und einem Milchmädchen vollzogen werden.

In Kriegszeiten nahmen die Hindu-Heere tragbare Tempel mit sich. Wenn die Mahratten ein Lager aufschlugen, wurde in jeder Heeres-Abtheilung ein Zelt oder Dewal für die Brahmanen errichtet, welche darin ihre Gebete, Opfer und gewöhnlichen Ceremonien verrichteten.

Die meisten Tempel verdanken ihre Entstehung entweder einem Fürsten oder einer reichen Familie. Der Gründer sieht sich dann nach einem Brahmanen oder einer Brahmanen-Familie um, die Verwaltung zu übernehmen, und da der neue Tempel gewöhnlich sehr reich ausgestattet wird, so ist solcher für die ersten Priester eine Quelle des Reichthums. Der Kalitempel zu Panihati nahe bei Calcutta, welcher große Ländereien besitzt, legte den Grund zum Reichthume des Priesters Joygopal Babu. Tempel, deren Götzen im Rufe großer Heiligkeit stehen, sind besonders ergiebig für die Geldgier der Priester. Ein solcher war das Götzenbild des Modon Mohun in Bagh Bajar nahe Calcutta, dessen sich der Raja von Bishnapur bediente, um durch Versetzung des Götzen eine Summe Geldes aufzunehmen. Als das Einlösungsgeld zurückgezahlt war, fand sich, daß der zurückgeschickte Götze nur eine schlechte Nachbildung des versetzten war. Das Volk von Bishnapur, seines Gottes beraubt, betete nun den hölzernen Schuh des Götzen (Khorom) an und thut es noch bis heute.

Man kann die Hindu's in zwei große Classen theilen, je nachdem sie als tiefer in die Mysterien Eingeweihte Narganey-Puja, das Unsichtbare, oder Sarganey-Puja, die Götzen, zur Anbetung wählen; zu jenen gehören nur sehr wenige Brahmanen, diese bilden die große Masse von über hundert und vierzig Millionen Menschen. Sie beginnen ihre Andachts-Uebungen mit den Abwaschungen in einem Flusse oder in dem vor dem Tempel oder im großen Hofe befindlichen Teiche; dann nähern sie sich barfuß dem Götzenbilde, vor welchem Brahmanen, Tänzerinnen und Sänger die Ceremonien verrichten [68]). Der Brahmane, welcher die Ceremonie leitet, und nur ein Brahmane darf Priester sein, bedient sich bei diesen Verrichtungen einer kleinen Klingel oder bläst in die Seemuschel; alsdann taucht er den Daumen der rechten Hand in eine Farbe, um dem Götzen den Tiluk auf die Stirn zu malen, wobei er die Zeichen von unten nach oben zu macht; Farbe, Größe und Form des Tiluk sind von der Sekte abhängig, welcher er angehört. Wenn dies geschehen, werden alle Anwesenden in derselben Weise bemalt. Zum Schlusse werden Früchte, Reis und Blumen dem Götzen dargebracht, welche die anwesenden Brahmanen unter sich vertheilen, dann den Götzen wieder in seine Gewänder sorgsam einhüllen und an dem für ihn bestimmten Platze verwahren.

Nach diesen allgemeinen Schilderungen der Tempel und des Tempeldienstes wollen wir jetzt zu den täglichen Gebeten des Brahmanen übergehen.

Die Sûndhya oder täglichen Gebete der Brahmanen [69]).

Mit dem ersten Morgenroth sich erhebend, richtet der Brahmane sein erstes Gebet an seinen Guru, indem er sich dabei mit untergeschlagenen Beinen so auf einen Teppich oder eine Strohmatte setzt, daß der linke Fuß auf der Lende des rechten zu ruhen kommt; die Hände vorstreckend und flach zusammenhaltend, ruft er aus: „Ich rühme Dich, wahrhaft Guter, aus dessen Nabel der Lotus entsprang; Gott der Götter! Erhalter des Weltalls! so schön wie das Blau des Himmels; wolkengleich an Farbe; zierlich an Gestalt. Der Gemahl der Lakshmi, der Göttin mit den Lotus-Augen, würdig des Nachdenkens der Weisen! Vishnu, der Erhalter und Zerstörer der Welt! der einzige Herr des Weltalls!

„Ich rühme ihn, der ewig vor meinem Geiste ist, den Reiniger von allen Flecken, den Gewährer aller Wünsche, den Inbegriff aller heiligen Orte; welcher ist gelobt von Çiva und von Brahma, aller Welt Zuflucht, der Schmerzenstheiler seiner Diener, der Beschützer derer, die sich vor ihm beugen, das Fahrzeug, welches uns über den Ocean der Welt trägt. Ich preise Deine Lotusfüße, o mächtiger Male!"

Nachdem der Brahmane dies vollendet, so füllt er sein Zülpatvie [70]) mit Wasser, wäscht sich das Gesicht und reinigt sich die Zähne mit einem kleinen Hölzchen, dabei betend, daß alles Unreine von ihm weggenommen werden möge, damit er innerhalb wie außerhalb gleich rein sei. Alsdann begiebt er sich nach dem Wassertouk oder einem Flusse. — gesegnet ist der, welcher den Fluthen des Ganges nahen kann — und geht bis an die Kniee ins Wasser. Jetzt spritzt er mit der rechten Hand Wasser über sein Haupt, schöpft einiges mit der halb geschlossenen Hand, und, indem er es vor sich hält, ruft er die große Gottheit Bhagwan in folgenden Worten an:

„Vishnu! Vishnu! Vishnu! Anbetung der erhabenen Gottheit! dem ersten männlich Geborenen! Der wiederstrahlenden Sonne! Mögen die Wohlthaten, welche aus dieser Verehrung entspringen, mir zu Theil werden, der ich Anbetung ausübe in Jambû Duripa (Indien), im zweiten Theile des Lebens von Brahma, in der Kalpa des Varâha, in der Manwantra (Herrschaft des Menu), Vaiwaswata, an diesem heiligen Fleck, im Jahre..., in dieser Woche, während die Sonne im günstigen Zeichen steht! Denn ich bin bemühet, die Pflichten zu erfüllen, welche geboten sind durch die Pûrana's, die Smriti (das Gesetz) und die Sruti (Veda's)." —

Wenn dies vollendet ist, taucht er sich einige Male in den Ganges, und indem er jedes Glied seines Körpers mit dem Wasser reibt, singt er folgende Verse:

„Wenn ein Mensch in die heiligen Wasser tritt, muß er so ihr Lob singen! O Jüggütmata! wer immer Tag und Nacht sein Herz und seine Gedanken auf Dich richtet, ist gerecht und heilig in allen seinen Werken, und der, welcher Dich anbetet, in der Hoffnung, einen Platz im Himmel zu erhalten, wird nicht getäuscht werden. O Mata! (Mutter) alle meine Hoffnungen zur Errettung sind in Deinen Händen! Gewähre mir alles Gute in diesem Leben, und den Himmel in dem zukünftigen!"

„Diejenigen, welche Du mit schönen Gesichtszügen begabt hast, und vollen, lieblichen Augen, deren Schönheit ist Deinem Dienste geweihet, damit sie auf Dich mit Bewunderung und in Anbetung blicken mögen. O Mata! der, dessen Gehör taub dem Rauschen Deiner Wasser ist, ist Deines Anblicks nicht würdig."

„O Ganga! die Götter steigen herab aus ihren ruhmreichen Wägen, in Deinem heiligen Strome zu baden! Der Sünder, welcher zu den Regionen der Finsterniß und der Strafe verdammt ist, wird gereinigt, indem er sich in Deinem heiligen Wasser wäscht, und empfängt die Wohlthaten eines ewig dauernden Segens. Gesegnet ist das Land, durch welches Du fließest, denn Du befreiest das Volk darin von allem Kummer und allen Uebeln; und die Götter beten Dich an!"

„Der, welcher einen Priester schlägt, welcher Raubanfall begeht, die Frau seines Lehrers verführt und der, welcher dem Trunke ergeben ist; selbst der, welcher alle diese Verbrechen begangen hat, soll, wenn er sterbend zu Deinen heiligen Wassern gebracht wird, wenn er daraus trinkt, sicher den Himmel sehen."

„O Mata! alle Flüsse in der Welt haben ihre Quelle von Dir, O Jünani! selbst diejenigen, welche im Fegefeuer schmachten, Du kannst sie durch Deine Gnade mit einem Male in den Himmel versetzen."

„Wer immer badet, schwimmt, spielt und sich Deines schönen Stromes erfreuet, habe er auch die Macht aller anderen Götter abgeleugnet, und selbst die des Fegefeuers, und nur Dich angebetet, er wird dennoch geheiligt sein und in die Wohnungen ewiger Freude aufgenommen werden."

„Er, welcher dem Armen in diesem Leben giebt und gerecht ist in all seinen Werken, und heilige Dinge erforscht, indem er in Deinen Wassern badet, soll unmittelbar gen Himmel gehen; so auch Diejenigen, welche Dich loben und Dir Gaben darbringen.

„Der Elephant, das Pferd, das Kameel, die Ratze, Maus und der Moschushirsch, o Mata! selbst diese, indem sie von Deinen Wassern trinken, werden größer als die Götter. Der Raja und der Brahmane, welche Deine Anbetung vernachlässigen, sind der niedrigsten Caste der Menschheit verfallen."

„O Mata! Diejenigen, welche täglich in Ungerechtigkeit leben, und Verwüstung über die Welt verbreiten, und diejenigen, welche wahnsinnig, lieblos, ungerecht sind, und jede Art von Verbrechen begehen, — sollten sie in der Stunde des Todes dreimal rufen: „O Ganga!" so sollen sie Rettung finden und gen Himmel gehen."

„O Ganga! Bhawaniedas (mein Vater) ist Dein Knecht: erhalte ihn in Gedeihen und Glückseeligkeit; und gieb Söhne dem Rityanund (meinem Bruder)! O Mata! bewahre Ramrutna (meinen Sohn) vor aller Krankheit und allen Uebeln dieses Lebens, und wir werden ewig Deinen heiligen Strom anbeten." —

Wenn sich der Brahmane durch wiederholtes Uebergießen mit dem Wasser des heiligen Stromes gereinigt hat, so vertauscht er sein Dhotie oder Ueberwurf mit einem trockenen und farbigen Gewande, entweder roth, gelb oder orangefarben. Alsdann breitet er seine Matte auf einem trockenen Flecke am Ufer des Flusses aus, setzt sich mit untergeschlagenen Beinen so auf dieselbe, daß der rechte Fuß auf der linken Lende ruht, und bleibt in dieser Stellung zwei bis drei Stunden unbeweglich und nur mit seinen Händen und Fingern alle Ceremonien der Morgen-Andacht ausführend, wie solche den Göttern gewidmet ist, wobei er mit Mahadeo, Vishnu ꝛc. anfängt. Die verschiedenen Figuren, welche er dabei mit Händen und Fingern darzustellen hat, werden mit solcher Schnelligkeit ausgeführt, daß das Auge solchen schwer folgen kann; bei jeder derselben ruft er den jeder Figur gehörigen Namen aus: wie Ek Mukhum, Do Mukhum, Tien Mukhum, Choutah Mukhum. Dieser Mudra's sind vier und zwanzig, eine derselben heißt Kurma (die Schildkröte), wobei die beiden Hände die Gestalt derselben darzustellen suchen, eine andere stellt die geschlossene Lotusblume, eine andere die in voller Blüthe stehende dar u. s. w.

Nachdem diesem genügt ist, widmet er sich dem Pranayama, dem inneren Sein des Vishnu, Bhagwan und Mahadeo. Diesen inneren Blick thun zu können, drückt er das rechte Nasenloch mit den vier Fingern der linken Hand zu, den Namen jeder Gottheit dabei wiederholend, und indem er dies neun Mal an den Gliedern seiner rechten Hand mit großer Schnelligkeit herzählt, hält er die Augen halb geschlossen und bemühet sich, den Athem einzuziehen. Alsdann drückt er leise das linke Nasenloch mit dem Daumen der rechten Hand, nun ausathmend wiederholt er dieselben Namen in gleicher Anzahl; endlich das rechte Nasenloch vom Drucke befreiend, den Daumen jedoch noch am linken haltend, beschließt er sein Pranayama.

Jetzt erhebt er sich, nimmt Wasser in seine linke Hand, berührt es mit den Fingerspitzen der rechten Hand und spritzt es über sein Haupt. Alsdann schöpft er Wasser mit der rechten Hand, hält es an das rechte Nasenloch, zieht den Athem ein, und gießt das Wasser nach der linken Seite der Hand aus. Nun nimmt er die Urgha (ein längliches flaches Gefäß aus Kupfer), füllt es mit Wasser, streuet rothen und gelben Sandelstaub, Reis und einige Blumen darauf, erhebt sich von seinem Sitze, hält die Urgha mit beiden Händen, legt ein Ende des Janeo (Brahmanen-Schnur) über den Daumen und die Urgha, und richtet folgendes Gebet an die Sonne:

„O, Sonne von tausend Strahlen! erhabenster Herr der Welt! habe Erbarmen mit mir! Ich bin Dein Diener, empfange meine Gabe des Wassers, o, Herr des Tages!" — wobei er das in der Urgha befindliche Wasser ausgießt. Dann mit beiden Händen seine Augen so bedeckend, daß das linke Auge durch eine Oeffnung der Mittelfinger die Sonne anblicken kann, nimmt er seinen Sitz wie zuvor ein und wendet sich zur Gágatri-Jap:

„Welche der Sterblichen dieser Welt Dir Tag für Tag Dank darbringen, werden nimmer die Armuth in tausend Geburten empfinden."

Das Gagatri-Jap-Gebet ist so geheim, daß es nur einem Brahmanen offenbart werden kann, und auch diesem nur ins Ohr gelispelt werden darf. Die Gestalten, welche dabei mit der rechten Hand ausgeführt werden, während die Linke nachlässig über dem rechten Fuße herabhängt, müssen sorgfältig, vermöge eines rothen Tuches (Gamukhi genannt), das die Hand bedeckt, vor jedem unberufenen Auge verborgen werden. Wem der Gamukhi fehlt, der bedient sich dazu eines Theiles seines Gewandes. Zum Schlusse dieses geheimen Gebetes macht der Priester die Zeichen von acht Mudra's, dabei die Stellung seiner Hände verändernd, so, daß auch die Rechte frei über dem linken Knie herabhängt.

Nachdem diese an den Ufern des Ganges gebotenen Gebete vollendet sind, deren Ausübung nur von Wenigen vollzogen wird, indem sich die Meisten mit Hersagen einiger der Mudra's begnügen, widmet der Brahmane sich dem Puja des Vishnu, indem er Wasser über dem Saligram ausgießt.

Zu diesen und den anderen Ceremonien braucht er sechzehn verschiedene Dinge: 1. Die Seemuschel, 2. den Artie Puneh Purdip; dieses Geräth, welches Balgowind, ein Diener der Götter, in Händen hält, besteht aus fünf flachen aneinander gereihten Metalllampen. Die Lichter werden bei besonderen

Gelegenheiten vor der angebeteten Gottheit angezündet, wobei der Betende dieselben so wendet, daß die Lichtstrahlen gleichmäßig auf jeden Theil des Götzenbildes ausstrahlen. 3. Die Ghûnta, eine Klingel, deren Griff einen geflügelten Engel darstellt; sie wird geschellt, wenn der Betende in die Muschel bläst, um die Götter zum Aufhorchen aufzufordern. 4. Die Ûrgha, das kupferne Gefäß, um die Reinigungen damit vornehmen zu können. 5. Der Dhupdan, um Weihrauch vor dem Götzenbilde zu brennen. 6. Abkhora, ein vasenartiges Kupfergefäß, um den Göttern darin Trank darzubieten. 7. Der Stier mit dem Höker, auf welchem Mahadeo reitet und der den Lingam trägt. 8. Sampatnie, ein kupfernes Gefäß, um Gaben darzubringen. 9. Kuttorie, ein gleiches für Blumen. 10. Thalie, eine große kupferne runde Schüssel, Früchte und Süßigkeiten zu opfern. 11. Dhupbanie, ein kleineres, um Weihrauch darzubringen. 12. Ein gleiches, Sandelholzstaub darin zu mischen. 13. Singhasan, der Sitz oder Thron für das Götzenbild. 14. Brihût Achamani, ein großer Löffel, um dem Gotte damit Wasser darzureichen. 15. Laghû Achamani, um dem Gotte Wasser anzubieten, sich den Mund zu reinigen, und 16. Shûnk oder, wenn es auf einem Gestelle liegt, Taipûtrie oder Tictie genannt, um Wasser über das Götzenbild auszugießen.

Der Saligram oder Lingam ist den Pûrana's gemäß dem Vishnu geweihet, und wird, in der Form eines kleinen rothen Steines, als ein Götzenbild angebetet; ein kleines Kästchen aus irgend einem Metall, Eisen ausgenommen, birgt diesen Schatz [7]). Zur Anbetung des Saligram sind sieben von den oben erwähnten Dingen und außerdem Sandelblumen, Tulsie-Gras, Betelblätter, Zukarie, Arekanuß, Janeo, ein Stückchen rothes Tuch, den Saligram zu bedecken, und Süßigkeiten erforderlich. Der Betende hat sich dies Zeichen (!) zwischen den Augenbrauen mit dem Schlamme des Ganges gemacht, wohl auch Brust und Arme damit gezeichnet, und ein Halsband aus Tulsie-Samenkörnern umgehangen. Bei dieser Gelegenheit fleht er die Gottheit an, daß er nie wieder in dieser Welt geboren werde, sich dabei folgender Verse bedienend:

„O Dev! o Bhagwan! o Pûrmeswar! verlege Deine allseiende Gegenwart von den Gestaden des Aethers, und steige herab zu dem Aufenthalte der Sterblichen. Nahe Dich, o herrschende Gottheit! Sieh, ich lege meine Dankopfer vor Dir hin, damit Du zu allen Zeiten Gefallen an meinen Werken finden mögest."

Indem er nun das Götzenbild auf den Singhasan stellt, fährt er fort:

„O Prübhu! siehe, Dein Sessel ist aus dem reinsten Golde gemacht und eingefaßt, verziert mit den allerschönsten Edelsteinen, und die Gestalt ist darum jetzt wie die eines Löwen. Sitze Du auf Deinem Throne, gleichwie die Erde, welche die große Schlange Ihes-nág trägt, Dein Fußschemel ist."

„O Deva! siehe, zu Deiner Reinigung habe ich das Wasser gewärmt und mit Tausenden von wohlriechenden Blumen gewürzt. Empfange es und bade Dich; und sei barmherzig Deinem Diener."

„O Vishnu! siehe, hier ist ein Gewand für Dich, für Winter und Sommer, vom feinsten Gespinnste und den kostbarsten Stoffen; damit, wenn Du wohl gekleidet bist, Dein Angesicht in Wohlgefallen scheinen möge."

„O Deva! dieser Ieneo ist der eine, welchen Brahma mit Faden gewoben hat, und der Knoten des Vishnu ist daran. O Jünardün, empfange meine Gabe."

„O Deva! Malayachalis (Sandelholz) an Brust und Stirn angewandt, gewährt dem Innern Entzücken; solche Sandel empfange Du von meinen Händen."

„O Vishnu! diese Blumen, welche ich vor Dein Bild ausstreue, sind von verschiedenen Farben und Arten, und sind alle von dieser Jahreszeit; möchten sie Dir genehm sein."

„Siehe! ich tauche diesen Docht in geschmolzene Butter, und dies in Kampher, welches, mit Deiner Gnade, die drei Welten erleuchten wird."

„O Gottheit! Das Mahl, das ich vor Deiner mächtigen Gegenwart niederlege, ist von den ausgewähltesten Dingen, und besteht aus vier Gerichten in verschiedenen Weisen bereitet. Bhoksh (aus Milch, Reis und Halwa gemacht), Bhog (aus pura purie, chapatie, dall und carry von Gemüsen), Shükt (Eingemachtes), Ledge (Süßigkeiten) und Shût-rus (aus Salz, zuckerartigen, essigartigen, bitteren und zwei anderen scharfschmeckenden Dingen gemischt). Solch ein Mahl ist der Götter würdig. Empfange es aus meinen Händen."

„O Vishnu, ich bringe Dir diese Bel-Blätter, es sind diejenigen, welche sich um den Nagûrbat winden und schlingen. Und siehe! ich lege darauf: Arekanuß, Muskatnuß, Nelken, Cardamom, indem sie den aromatischen Duft und Geruch des Pûn erhöhen. Empfange es."

„O Dev! ich wandle um Dein Bild siebenmal [72], und Alles, was durch die heiligen Verordnungen für Ausübung der Ceremonien vorgeschrieben ist, das habe ich gethan, und Dir dargebracht in diesem Puja. Erfülle es alle seine Zwecke!" Und indem der Betende, die Hände zusammenhaltend, vor das Götzenbild tritt, schließt er:

„O Deva, ich bin ein großer Sünder! Ich werfe mich vor Dir nieder! Habe Erbarmen mit mir. Ich habe genau all die Verordnungen meiner Religion befolgt; aber es wird alles vergeblich sein ohne Deine andauernden Gnadenbeweise. Ich schwimme dahin auf dem Ocean der Welt. O! trage mich in Sicherheit hinüber nach der künftigen."

„Ich habe Dich angebetet, aber es ist ja nichts: Ich habe erfüllt alle Deine Rechte und Ceremonien, aber ohne Deine rettende Gnade ist alles vergeblich."

„O Süreswer! Ich habe vollständig Dein Puja vollzogen. Heilige mich."

„O Pürümeswer! Ich, der ich ein armer unwissender Sterblicher bin, vergieb mir alle meine Sünden!"

Nach Vollendung dieses Puja's wendet sich der Brahmane in einem Puja an Mahadev (oder Mahadeva), und fleht diese Gottheit an, ihm Macht und Reichthum zu verleihen; dabei bläst er zuerst in das Geweih des Hirsches, legt dann Früchte und Süßigkeiten auf den Kundie, sowie Blätter des Balfrucht-Baumes, einige Halme des Dhup-Grases und weiße Blumen dazu. Sein Jeneo umwindet er mit Arekanuß und Betelblättern; seine Stirne bemalt er in gelbem Sandelstaub mit diesem Zeichen ☰, wogegen Kopf, Hals und Gelenke Bänder aus dem Rudrakh (die rothen Beeren des Eleocarpus) zieren. Dann redet er die Gottheit folgendermaßen an:

„O Erde! all die erschaffenen Wesen, welche auf Dir leben! und Devie, welche Vishnu aus der Tiefe heraufgebracht hat, ich bin auch Dein Bewohner, heilige mich!" Hierauf nimmt er Wasser in die rechte Hand, und indem er diese Worte noch einmal wiederholt, spritzt er einige Tropfen unter die Matte, auf welcher er sitzt, nimmt einige Tropfen in den Mund, und dann die halb geschlossene Hand noch einmal mit Wasser füllend, fährt er fort:

„O Shiú! Vollende den Zweck dieses meines Gebetes zu Dir. Gieb mir alles, was mein Herz wünschet, und erlöse mich vom Uebel." Nun das Wasser aus der Hand ausgießend, beginnt er folgende Mantra:

„Om Hraug, Hring, Hroug, Shivaya-nama;" — wobei er seine geschlossenen Hände über den Kopf hebt; sich ehrfurchtsvoll vor der Gottheit neigend, breitet er dann Arme und Finger aus und läßt solche von Kopf bis zu den Füßen den Körper entlang gehen; alsdann macht er die Zeichen des Kurma-nyas, dann das des Hridayabi-nyas; dann seine Augen schließend und die Arme in einander schlagend, überläßt er sich einer inneren, den Göttern gewidmeten Seelenstimmung, indem er zu sich spricht:

„Ich bete Dich an, Shiñ! Du bist fortwährend in meinen Gedanken. Du scheinst gleich dem polirten Silber; und sowie der Mond sind Deine Ohrgehänge glanzvoll, und Deine Gestalt erscheint widerstrahlend von Glanz und kostbaren Edelsteinen. In einer Hand hältst Du eine Axt, und in der anderen das Fell des Hirsches. Du sitzest mit untergeschlagenen Füßen auf Deinem Throne; und alle Götter loben Dich."

„Dein Gewand ist des Löwen Haut; und Du bist der erste Männliche. Du bist das Zeichen der Welt; und Du befreiest die Menschheit von Furcht und Gefahr. Du hast fünf Gesichter. Solches bist Du, Shiñ. Ehrfurcht sei Dir dargebracht."

„Du bist das Licht des reinsten Kamphers. Deine Barmherzigkeiten sind unendlich. Der erste und der letzte in dem Weltall. Dein Halsgeschmeide ist von verwobenen Schlangen. Solches ist Shiñ: der Shiñ, welcher die Parbütie hinter sich sitzen hat. Ehrfurcht sei ihm."

Nachdem der Betende sich nun ein rohes Bild des Gottes Mahadev aus Schlamm geformt, dasselbe auf den Singhasün gestellt hat, und Reiskörner und weiße Blumen des Thotura darauf gestreuet hat, fährt er fort:

„O Supan, nahe Dich! O Pinakabhür, mögest Du hier sitzen!" und dann einige Reiskörner, Blumen und Sandel in die Ürgha legend, welche er mit beiden Händen vor dem Götzenbilde hält, redet er dasselbe also an:

„Von drei schrecklichen Krankheiten bist Du der Erretter; und Du schüttest Glückseeligkeit über die Menschheit. Empfange meine Gaben und bewahre mich vor diesen drei Betrübnissen. Sei barmherzig meinen Söhnen und Töchtern; und mögen sie Gnade vor Dir finden, O Bhuswamin!"

Jetzt schüttet er das, was in der Ürgha sich befindet, auf das Götzenbild, dann den Zeigefinger in Honig tauchend, berührt er es damit, spritzt Wasser über dasselbe und vollendet nun die Ceremonie der Reinigung des Bildes, indem er zuerst geronnene Milch, dann Wasser, dann geschmolzene Butter, dann Wasser und Honig, dann wieder Milch, und endlich alle fünf Dinge zusammen über dasselbe ausgießt und es zuletzt mit reinem Wasser begießt. Nun wird das Götzenbild angekleidet, ein besonderes Gewand noch darüber gelegt, und den Jeneo über dessen Schulter werfend, sagt er:

„Der Sájuopavîtin (Brahmanenschnur) ist ein Zeichen von Heiligkeit:

es wurde von dem Herzen Brahma's gebracht. Er, welcher es trägt, wird ein hohes Alter erreichen. Wirf deshalb hinweg, o Mensch, alle anderen Werke! und bekleide Deinen Körper mit dem Jeneo, denn er bringet Licht und Kraft."
— Nun Sandel, Reiskörner, Arekanüsse und Blumen darbringend, fährt er fort:

„Du bist in Dir selbst eine Frucht; und Du erweckest gute Früchte in dem, der Dich anbetet. Du bist von dem Genius Brihaspüt geboren." Jetzt reicht er die Suparie (Arekanüsse), die Blumen und die Blätter des Balbannes dem Götzenbilde dar; dann die Artie von elf Lampen. Nun Süßigkeiten, dann Wasser davor ausgießend, legt er Betel-Blätter und einige Münzen hin, nimmt Reis in die eine Hand, während er mit der anderen Körner auf das Götzenbild streuet, und wiederholt folgende Worte einige Male:

„Aghor, ich biete Dir dies an! Pûsupût, empfange es! Bhyrav, ich bringe dies dar! Kûpûrdie, nimm es an! Ifa, ich gebe es Dir! Maheswar, empfange meine Gabe!" Noch mehr Reis darauf streuend, fährt er fort:

„O Du, der Du in Dir selbst Erde, Wasser, Feuer, Wind und das Firmament bist, empfange meine Gaben und sei barmherzig gegen mich! Çiva und Parbûtie, habe Erbarmen mit mir und bewahre mich vor allen Leiden dieses Lebens." Mit gefalteten Händen fortfahrend, ruft er aus:

„Unzählig sind meine Sünden: und ich bin ohne Kenntniß der wahren Anbetungsweise. Weder weiß ich, wie ich Dich anrufen soll, und Dein Lob singen, noch ist mir irgend eine einzige Form Deiner Anbetung bekannt! Als solchem habe Barmherzigkeit mit mir und vergib mir meine Sünden."

„Derjenige, welcher Dein Lob singend verkündet, wenn des Tages Morgenroth anbricht, soll Vergebung der Sünden der vergangenen Nacht erhalten. Er, welcher zur Mittagszeit zu Dir betet, seine Sünden von seiner Kindheit an sollen abgewaschen werden; und Er, welcher Dich anbetet, wenn der Tag sich neigt, soll gereinigt werden von den Sünden von sieben Geburten. Sowie das Geschenk von fünf Millionen milchender Kühe an Brahmanen für den Geber hoffnungsreich ist, und lieblich in Deinen Augen, so mögen diese demüthigen Gaben Deines Dieners Gnade vor Dir finden."

„O Hur, o Maheswar, o Sambhû, o Çiva, o Pûsupût, Mahadev, Ehrfurcht sei Dir!" Dann Reiskörner und Wasser dem Götzenbilde gebend, schließt er:

„Empfange dies, O Gottheit und begünstige alle meine Unternehmungen, und erfülle alle Wünsche meines Herzens!"

In dem Puja an Devie (Çiva) bittet der Hindu um die Erfüllung all seiner Wünsche. Dabei legt er das Markundeya Puran-Buch auf ein rothes Tuch vor sich hin; auf dasselbe werden einige Halme des Dhup-Grases, rothe Blumen, Sandel, Reis, Betelblätter und Gewürz-Nelken gelegt. Der Betende sitzt so mit untergeschlagenen Beinen davor, daß die Hacken beider Füße nach oben liegen (eine sehr schwierige Stellung), und betet mit flach zusammengehaltenen Händen die Gottheit an, sich dabei sechs verschiedener Mudra's bedienend. Ein ovales volles Zeichen, in rother Sandelfarbe, ist zwischen den Augenbrauen auf die Stirn gemalt, und der Sputikmala (Halsband aus Crystallperlen bestehend) ist angethan. Nun redet er die Gottheit also an:

„Markundeya sagt: O Brahma, ich flehe zu Dir, unterrichte Deinen Diener in dem geheimsten der Gebete, welches das Wohl und Gedeihen der Menschheit fördert, daß es durch ihn wiederholt werde."

„Brahma antwortet und sagt: O Brahmane! O mächtiger Jogi! Die Geheimnisse, welche ich Dir zur Rettung des Menschen enthüllen will, sind das geheime Gebet an Devie, denn sie ist heilig. Höre darum meine Worte."

„Ihre Titel sind: Sylaputrie, Bramacharnie, Chandraghünta, Kolmünda, Scünda-Mata, Katyayani, Kalaratrie, Maha Gauri, Sibbhada, Durga [73]). Dies sind ihre Eigenschaften, bei diesen sollst Du sie anbeten."

„Er, welcher ihr Danksagung und Lob darbringt, und sie anbetet, soll wahrhaft groß sein."

„Rufet diese Namen auf dem Schlachtfelde an, und ihr sollt sicherlich siegen. Uebel soll immer von Dir fliehen, und Du sollst glücklich sein."

„Chamunda reitet auf einer Leiche, Varahie auf einem Büffel, Aindri sitzt auf einem Elephanten, und Vaischnavie auf einem Pelikan."

„Maheswarie reitet einen Stier; Cumarie sitzt auf einem Pfau."

„Die Göttin Lakshmi auf einer Lotus, die Blume, welche sie darauf in ihre Hand nimmt: die Geliebte des Vishnu, lieblich und schön anzusehen. Auch Iswara reitet auf einem Stiere."

„Brahmie auf einem Schwane, geschmückt mit all ihren Juwelen der seltensten und glänzendsten Gemmen. Und diese Göttinnen, wenn erfüllt mit Rache, kommen hervor, diese Waffen schwingend: Einige den Shunkh, einige den Discus, einige die Keule, einige den Speer, einige die Pflugschaar, einige die hölzernen Stampfer, einige die Streitaxt, einige die Pike, einige die Schlinge, einige die Lanze, einige den Dreizack und einige Bogen und Pfeile."

„Diese sind es, die sie führen, die Dämonen zu vernichten, zum Schutze der Guten und der Frommen und zum Wohle der Götter."

„O Jünger, haltet eure Hände in demüthiger Anbetung zu Devie und sagt: „„Ruhm sei Dir, welche mit mächtigem Schrecken begabt ist, von furchtbarem Stolze, Du stärkste, kräftigste. Du große Vertreiberin aller Furcht; befreie mich, o Göttin, welche Du schwer anzuschauen bist und Schrecken sendest unter alle Deine Feinde. Möge Aindri mich im Osten schützen; möge der Gott Agni in den südöstlichen Regionen mich schützen.""

Wenden wir uns nun zu dem der Sonne gewidmeten Puja. Zu diesem Zwecke stellt der Betende das auf einer silbernen Tafel eingegrabene Bild der Surya in ein Sumpüt (ein offenes kupfernes Gefäß), und bedient sich außerdem aller Götzenbilder und kupfernen Gefäße, deren er zu den täglichen religiösen Ceremonien bedarf. An der Stirn malt er sich dies Zeichen ⚋, den ovalen Punkt in Carmin, die Striche mit Sandel und legt ein Halsband von Crystall-Corallen an.

Außerdem bedient er sich der Reiskörner, Blumen, Dhup-halme, Betelblätter, der Arekanuß, rothen Seidenstoffes u. s. w. Wenn Alles in der gehörigen Weise auf die Matte gestellt ist, stellt sich der Betende auf den linken Fuß, lehnt den gehobenen rechten Fuß gegen die Lende des linken, und nimmt eine Cüttora, in deren Mitte sich, aus Teich geformt, ein anderes mit Ghy angefülltes Gefäß befindet, in welchem ein Docht brennt. Dies mit geschlossenen Händen darreichend, redet er das Sonnenbild in folgenden Versen an:

„O Du von tausend Strahlen! O Du große, Du mächtige Leuchte, Stützerin des Weltalls! Ich beuge mich vor Dir und bete zu Dir mit der Urgha: empfange meine Gabe, O Gott des Lichtes!"

„O Bhann! Du, die Du unsterblich bist! Die Himmel, die Erde, Wasser und Feuer, alle verkünden und danken Dir Deine Macht und Größe! Siehe, ich werfe mich vor Dir nieder, und bringe Dir die Gabe der Urgha dar! Möge es Dir angenehm sein!"

„Alle, welche Dir Danksagung darbringen, werden Macht und Größe besitzen, wäre deren Geburt auch tausendmal erneuert worden!"

„Du scheinest auf die Erde — in all den zwölf Monaten des Jahres — unter den Namen von Aditya, Divakara, Bhaskar, Huridaswa, Trailokyalochana, Mihira, Ravi, Dwijakara, Dwadsatmaka, Trimurtie, Surya [74])."

„Alle, welche diese zwölf Namen des Jahres wiederholen, und Dir Gaben darbringen, sollen glückliche Nachtträume haben, und sie sollen von Unruhe und Armuth erlöst werden."

„Du erlösest uns von all den Uebeln des Fleisches und von der Armuth. Sowie die heiligen Wasser Unreinlichkeit hinwegwaschen, so reinigt Deine barmherzige Güte den innern Menschen; denn der heilige Strom, in welchem sich die Sterblichen waschen, ist für Deine Anbetung und Danksagung."

„Selbst derjenige, welcher dabei sitzt und Deinen Worten und Deiner Anbetung beiwohnt, auch er soll glücklich sein; er soll immer Gesundheit haben und bis zu hohem Alter leben; und er soll den Himmel sehen."

„O Du, der Du Flamme dem Feuer giebst! Ehrerbietung sei Dir geweiht, denn Du bist übermächtig: Du sendest Regen der Erde, den Waizen zu beleben."

„Das Feuer verschwindet vor Dir, denn Du bist der erste unter den Planeten des Firmaments."

„Du bist wie die Augen des Weltalls; denn durch Dein Licht werden Mensch und Thier, Fisch und alle Dinge in der Welt sichtbar gemacht."

Das dem Ganesa geweihte Puja erfordert die gewöhnlichen Früchte und Gewürze; ein Halsband aus rothen Blumen wird dem Götzenbilde umgehangen, welches entweder aus rothem oder schwarzem Steine oder aus Metall geformt ist. Der Betende macht sich mit Carmin dies Zeichen (!) an der Stirn und ziert sich mit einem Halsbande aus den Saamenkörnern der Lotus. Alsdann mit einem Kuhschwanzwedel sich dem Götzenbilde nähernd, redet er es in folgenden Worten an:

„Ganesa hat zwölf Titel: Sumukh, Ekadanta, Kupil, Gnzakurnika, Lambodara, Baikrit, Bipudnas, Vinayak, Dhmuraketu, Balachundra, Gujanana, Gûnadisha [75])."

„Wer immer Dich anbeten wird unter diesen zwölf Titeln, und wer immer bewahrt und hört diese Namen, soll sicherlich gedeihen in dieser Welt."

„Wer immer diese zwölf Namen am Tage seiner Heirath oder Geburt wiederholt, oder bevor er eine Reise unternimmt, in die Schlacht geht, oder zu Krankheit fällt oder indem er eine neue Wohnung betritt, soll sicherlich von allen Uebeln dieses Lebens befreiet werden."

„O Bakratûnda! O Maha Kaya! [76]) Dein Gesicht strahlet wieder gleich tausend Sonnen! O Gott, begünstige alle meine Unternehmungen!"

„O Du Gewaltiger und klein von Gestalt, Dein Kopf ist gleich dem des Elephanten! Dein Ambrosia-Athem zieht die geflügelten Insekten aus der Luft herbei, Deine balsamischen Lippen zu umstellen. Dein Zahn ist so furchtbar, daß Du mit einem Schlage die Feinde niederstreckst, die Dich anbeten. Carmin ist auf Deinen Augenbrauen. Du bist der angenommene Sohn der Devie; und Du bist freigebig in Deinen Gaben."

„Solches bist Du, Ganesa! siehe, ich beuge mich vor Dir, denn Du bist schön, gelb an Farbe und Du hast drei Augen." Und nun das angezündete Artie in kreisförmiger Bewegung dem Götzenbilde darreichend, fährt der Betende fort:

„Du bist wohlbeleibt, Du bist der Regierer des Weltalls; und Du bist der adoptirte Sohn der Parbüttie. O Deo, befreie uns von Uebeln! Gottheit, befreie uns!"

„Menschen werfen sich vor Dir nieder und beten Deine Füße an, die erhaben sind über alle anderen Werke. Deine Nahrung ist nur von Süßigkeiten; Du bist von einer Maus geboren; und Dein Palast ist der wahre Glanz. O Gott, erlöse uns!"

„Du verleihest Reichthum allen, die Dich anbeten; und Du erfüllest alle ihre Wünsche! O Gott, hilf uns! Gottheit, erlöse uns!"

„Du bist breit von Gestalt. Du trägst ein Halsband von Crystallperlen; und Du bist der Feind der Bösen, und der Freund und Erhalter aller derer, die Dich anbeten. Gottheit, hilf uns! Gottheit, hilf uns!"

„Du hältst den Dreizack in einer Hand; und Du warest mir gnädig. Gottheit, hilf uns! O Gott, erlöse uns!"

„Die Götter zittern vor Dir; und Du erhebst Deinen Arm, die Dämonen zu züchtigen. O Gott, hilf uns! O Gott, erlöse uns!"

„O Du Erst-Angebeteter, gewähre mir Weisheit und Erkenntniß, und zerstöre in mir alles Schlechte und alles Eitele und mache mich heilig. O Gottheit, hilf uns! Gottheit, erlöse uns!"

„Es heißt, daß der, welcher den Shúnk oder die Trompete zu Deinem Lobe bläst und die angezündete Artie in Anbetung Dir darbringt, alle seine Wünsche erfüllt sehen soll. O Gott, hilf uns! O Gottheit, hilf uns!"

„Diejenigen, welche Dein Lob in den Versen des Gûnpati singen, sollen sicherlich gedeihen. Sei uns gnädig! O Gott, hilf uns! O Gott, hilf uns!"

Das letzte Pujah ist an den Hannuman gerichtet; wobei der Brahmane, indem er die Sûndya und tausend Verse der Gayatri wiederholt, das Götzenbild badet. Alsdann wird dasselbe mit Carmin, der in Ghy aufgelöst ist, angestrichen und ihm die gewöhnlichen Gaben in Früchten, Gewürzen, Blättern und

Blumen dargereicht. Mit einem Kutora in den Händen, in welches ein kleiner Mehlkuchen und Medicin gelegt sind, auf die Wasser gegossen wird, sitzt der Betende, das Lämpchen und die Opfergefäße vor sich, auf der Matte vor dem Götzenbilde, und redet es also an:

„Du bist schneller in Deinen Bewegungen als der Gedanke; und Du überholest die Winde! Du bist weiser als die Weisheit selbst; und Du nimmst all unsere Sinne gefangen! Du bist von den Winden geboren; und Du bist der König der Affen, der Liebling des Rama! Solches bist Du! O Hanuman! Ehrfurcht sei Dir bezeugt!"

„Du hast nicht Deines Gleichen an Stärke in dieser Welt! Dein Körper glänzt wie geschliffenes Gold! Du kannst die Daitya's in Asche verbrennen, und Du bist erhaben über alles Wissen und alle Weisheit!"

„Ehrerbietung Dir, O Hanuman! Befreie mich von der Macht der Uebelwollenden und Uebeldenkenden; und von der Macht der Beschwörer befreie mich! Befreie mich!"

„Bewahre mich vor Krankheit, Noth und allen Leiden dieses Lebens. Befreie mich! Befreie mich!"

„O Du von fünf Gesichtern! Ram Chander ist Dein Gott, und Unjünie ist Deine Mutter! Bewahre mich!"

Danach macht der Betende mit seinen Fingern die Zeichen des Unganyas, dann die Hridayadinyas, indem er seine Augen schließt und seine Arme in einander schlägt, und er wiederholt diese Verse:

„O Sohn der Unjünie und Bayn, der Gott der Winde! Deine Kraft ist groß, erhaben über alle Dinge in der Natur. Du bist der Befreier der Sita. Du bist der Vernichter des Lanka. Du bist der Freund des Urjun. Deine Stimme ist so mächtig, daß es durch das Weltall wiedertönt; und Du kannst über sieben Seen springen: Deine Augen sind gelb, Du betest die Sonne an! Du bist der Erhalter von Ungûd, Lakshman und des Affenheeres. Du bist der Zerschläger des Rawan; und Du giebst Entzücken an Rama und Sita. Eines Deiner Gesichter ist schwarz: es blickt nach dem Osten. Das Eine gegen Süden ist gelb; das westliche ist roth; das nördliche grün; und Dein fünftes Gesicht blickt gen Himmel: es ist weiß!" ⁷⁷)

Die religiösen Sekten der Hindu's.

Alle religiösen Sekten der Hindu's, so unendlich zahlreich dieselben auch sind, können unter fünf Haupt-Classen — den Pancha-upásak, wie sie heißen — begriffen werden; nämlich: den Shakta's, Vaischnawa's, Çaiva's, Saura's und Ganapatya's. Diejenigen, welche Vishnu und seine Braut oder die mannigfaltigen Formen derselben, als die schützende Gottheit anerkennen, gehören zu den Vaischnava's, diejenigen, welche in Çiva ihre besondere Gottheit ansehen, heißen Çaiva's. Die Anhänger des Surya, der Sonne, und des Ganesa oder Ganesch, sind unter dem Namen der Saura's und Ganapatya's bekannt. Die Shakta's dagegen begreifen die Anbeter von dem Shakti des Çiva, in all seinen furchtbaren Gestalten, in sich. Jeder Hindu, welches auch seine Stellung im Leben sein mag, muß zu einer dieser fünf Sekten gehören; sollte er auch allen drei und dreißig Coti's der Götter oder Göttinnen des Hindu-Pantheons Verehrung darbringen, so muß er dennoch eine der fünf Gottheiten, als seine Ishta-Devata oder erkorene Gottheit anerkennen. Deshalb besitzt jede dieser Sekten bestimmte Gebete und Formen, nach denen sie ihren religiösen Pflichten nachkommt, welche der Schüler aus den Shastra's oder aus dem Munde eines Brahmanen lernt. Außer diesen allgemeinen Mantra's, deren sich jeder Hindu, ohne Rücksicht auf seine besondere Sekte, bedienen kann, giebt es noch die Bij, oder besondere Formeln und Sprüche, die er nur von den geheiligten Lippen seines geistlichen Lehrers empfangen kann. Sie werden streng geheim gehalten, und müssen, als die heiligste der Pflichten, täglich hergesagt werden. Der Gott oder die Göttin, an welche die Bij oder Mala mantra gerichtet ist, wird des Betenden Schutzgott, dem er sich für ewig verbunden hat.

Unter den verschiedenen Glaubensgenossenschaften der Hindu's gehört die der Shakta's zu den zahlreichsten und einflußreichsten; denn sie umfassen beinahe drei Viertel der Einwohnerzahl von Bengalen, während von dem Reste drei Theile den Vaischnava's und ein Theil den Çaiva's angehört. Auch sind sie ihrer gesellschaftlichen Stellung nach von besonderer Bedeutung, indem sich unter ihnen die höchsten Classen befinden; denn ein Brahmane reinster Caste würde seine erhabene Stellung einbüßen, wollte er, als seinen Dienst verrichtender Priester, einem Sudra dienen; deswegen sind diejenigen Brahmanen, welche solche Pflichten übernehmen, von niederem Range, und werden dadurch Patita oder entwürdigte Brahmanen. Dagegen macht eine Classe von Brahmanen, die nicht so erniedrigt werden, hiervon eine Ausnahme, nämlich die Goschamni's, die erblichen Guru's der Vaischnava's, welche die Mantra's an Sudra's jeden Ranges geben dürfen und in deren Häusern essen können, ohne deshalb excommunicirt zu werden. Aber daher kommt es, daß die Vaischnava's unter den Shakta's stehen, weil diese keinen Brahmanen als ihren Guru anerkennen würden, der mit den Sudra's aller Classen verkehrt hat ⁷⁸).

Unter den Shakta's herrschen drei verschiedene Auffassungen ihrer geheimnißvollen Prinzipien: Shakti, Máya und Prakriti. Die älteste, aber am wenigsten Anklang findende Lehre ist die, welche Shakti als die Macht und Kraft der göttlichen Natur in ihrer Thätigkeit betrachtet, und diese thätige Energie ist nach der dem Hinduismus eigenen Idee in eine weibliche Form gekleidet. Eine solche Auffassungsweise entspringt den ältesten Schriften, nach denen der Wille und die Absicht, das Weltall zu schaffen, nicht bloß von dem erhabenen Brahma ausgeht, sondern als ein Theil und eine Braut von ihm und mit ihm verbunden ist. Wie die Sama-Veda sagt: „Er fühlte keine Wonne darin allein zu sein. Er wünschte ein Anderes (ein Nicht-Ich), und sofort wurde ein solches. Er verursachte sein eigenes Selbst zwiefältig, dualistisch zu werden, und so wurde Mann und Frau. Er nahete sich ihr und so wurden menschliche Wesen geschaffen."

Aus diesen metaphysischen Andeutungen bildeten sich wirkliche, sich an den Buchstaben haltende Begriffe, deren Annahme und Verbreitung die Purana's wesentlich förderten, indem sie den Begriff des weiblichen Prinzips von dem des erhabenen Brahma sonderten. Die erste Kundmachung der göttlichen Energie, der Wille oder Wunsch derselben, wird Shakti oder auch Ichharapá genannt, das heißt der Wunsch, eine Form anzunehmen, die in einer in sich gesonderten Existenz lebt, und diese Form, deren er sich bedient, ist die einer Frau. Deshalb heißt es in den Prakriti Khanda (einer Abtheilung des Brahma Vaibertta Puran, die ausschließlich dem weiblichen Prinzip geweiht ist): „Brahm oder das höchste Wesen, entschlossen, das Weltall auf die Macht des Yoga zu gründen, wurde in dieser Handlung in sich selbst zweifach, die rechte Hälfte wurde ein Mann, die linke eine Frau."

Nach den Theorien der Vedanta und denen der Purana's ist der philosophische Begriff aufgestellt, daß alle geschaffenen Dinge als vorübergehend, als nicht wirklich seiend, geschaffen sind, und der Shakti oder thätige Wille der

Gottheit wird stets als Máyá oder Máhámáyá (Einbildung, Täuschung oder Idee) bezeichnet. „Seine Selbstkraft, in sich die allverbreitende Form der ganzen Welt, heißt es in der Karma-Puran, wird Máyá genannt, denn so thut es der Herr, der Beste der Männlichen und begabt mit Einbildung, macht er, daß es in sich zurückkehrt. Das Shakti, von welchem dies Sein eine Täuschung ist, ist endloser Form und ewig, und entwickelt fortwährend das ganze Gebilde des Mahesa."

Eine andere Theorie, welche wesentlich dazu beigetragen hat, den Charakter des Shakti zu bilden, beruhet auf der der Sankhya-Philosophie. Nach deren System ist „die Natur — Prakriti, Mula Prakriti oder Adi Prakriti — bestimmt von ewiger Dauer zu sein, unabhängigen Ursprungs, verschieden vom höchsten Geiste, fruchtbar ohne erzeugbar zu sein und schaffendes Wesen aller Dinge, selbst die Götter inbegriffen." Den Anhängern des Çiva und des Shakti ist die Auflösung der Körper mit Bezug auf die Materie nicht wirklich, diese bleibe in sich unzerstörbar, obgleich ihre Veränderungen eine unabläßige Reihenfolge des Wechsels bedingen. Die Macht, welche diese Wechsel unabläßig erzeugt, müsse nothwendigerweise in sich selbst die Eigenschaften von Erschaffung und scheinbarer Vernichtung bergen. Aber diese Macht und Materie sind zwei ganz verschiedene, für sich bestehende Prinzipien in der Natur; die eine thätig, die andere leidend, die eine männlich, die andere weiblich; und die Erschaffung war der Ausdruck der geheimnißvollen Verbindung dieser Prinzipien.

Das ursprüngliche Prakriti wurde anfänglich unter einer bestimmten Zahl von Formen aufgefaßt; aber in Betracht der hauptsächlichsten Veränderungen im weiblichen Prinzip oder Element weichen die Hindu-Shastra's von einander ab, und im Geiste der Hindu-Religion, die sich in Bildern und Vorstellungen gefällt, wird dies durch drei verschiedene Formen, die den drei Guna's oder Eigenschaften des höchsten Wesens bei der Erschaffung der Welt zum Grunde liegen, ausgedrückt. Die thätige Kraft Brahmana's umfaßt drei Elemente: Satwa, Raja und Tama — Güte, Leidenschaft und Laster — als die weiblichen Eigenschaften, an welche, als erste Kundgebungen des Shakti, man glaubt. Vaischnavi, die Braut des Vishnu, ist die männliche Persönlichkeit des Satwa Guna; Brahmani, die Braut des Brahma, die männliche Persönlichkeit des Raja Guna, und Randri, die Braut des Çiva, die männliche Persönlichkeit des Tama Guna. Jede dieser drei weiblichen Gottheiten hat eine Menge verschiedener Namen, deren beliebteste sind: Lakshmi, Saraswati oder Savitri und Durga oder Kali.

Die Shakti bedeutet in ihrem weitesten Umfange die allegorische Vorstellung von der thätigen Energie Gottes und ist synonym mit Mûla' Prakriti, der ursprünglichen Quelle der Götter und Menschen. Im engeren Sinne ist sie allein in Çiva-Shakti begriffen, dem Tamasi oder dem Ursprunge der Dunkelheit und der letzten der drei Formen des ursprünglichen Prakriti. **Diese Braut des Çiva ist jener Shaktibegriff, welchen die Shakta's unter so mannigfaltigen Formen anbeten.** Die Anbeter des Vishnu Shakti gehören der Vaischnava-Sekte an; denn weder Brahma noch Brahmani, seine Braut, besitzen besondere Anbeter unter den Hindu's.

Die Hindu-Theologen haben sich vergeblich bemühet, irgend einem Gotte den ersten Rang einzuräumen, ihn gleichsam zum Herrscher über alle zu machen. Die Shakta's suchen in der Braut des Çiva, wie sie in einer oder der anderen ihrer furchtbaren Gestalten dargestellt ist, ihren Schutzgott. Sankaracharjya, der berühmte Ausleger der Veda's, kämpfte für die, dem Çiva zugeschriebenen Eigenschaften und befestigte die Sekte der Çaiva's, welche Mahadev als höchstes Wesen anbeten und die unabhängige Existenz des Vishnu und die anderer Gottheiten ableugnen. Madhava Acharjya und Vallabha Acharjya haben in derselben Weise die Sekte der Vaischnava's, die Vishnu als ihren Gott anbeten, ins Leben gerufen. Die Saura's verehren die Sonne und wollen von keiner anderen Gottheit etwas wissen. Die Ganapatya's verehren Ganesa als denjenigen Gott, der alle göttlichen Eigenschaften in sich vereinigt [79]).

Die Shakta's, welche die weibliche Eigenschaft als das besondere Göttliche ansehen, betrachten ihre Göttin als die einzige Quelle des Daseins und des Lebens. Sie ist ihnen in allen Dingen, alle Dinge in ihr und außer ihr nichts; denn Brahma und alle sind von ihr geboren, und von den beiden unsterblichen Dingen: Çiva und Shakti, ist dieses das größte. Deshalb sind aus den Purana's diejenigen Prinzipien entnommen, welche die Anbetung des weiblichen Seins hervorheben, und die Formen, unter denen die Anbeter ihren religiösen Pflichten nachkommen, finden sich in den Tantra's. Es sind Enthüllungen Çiva's an Parbatti, von Vishnu bestätigt, und heißen deshalb A'gama, von den Anfangsbuchstaben der drei Worte in einem Verse der Sadala Tantra. Denn, vom Munde des Çiva kommend, und gehöret von der berggeborenen Gottheit und angenommen vom Sohne des Vasudeva, wird es deshalb A'gama genannt.

Diese Enthüllungen sind in Form von Gesprächen zwischen Civa und seiner Braut abgefaßt, und zwar meist unter den Formen als Uma' und Parvati, je nachdem es dem Hinduschriftsteller am besten zusagte. In diesen Gesprächen der Göttin mit ihrem Herrn befrägt sie ihn, wo von der Religion die Rede ist, über die besten Mittel, einen Aufenthalt im Himmel und gänzliches Freiwerden zu erlangen, und über den Gebrauch der verschiedenen Ceremonien. Der Gott geht in weitläuftige Auseinandersetzungen ein und erklärt endlich, daß er allein aus Liebe zu ihr sich habe verleiten lassen, die Geheimnisse zu enthüllen, welche sonst Niemand wissen dürfe, und er müsse ihr deshalb Verschwiegenheit aufs strengste anbefehlen, damit nicht Unberufene eingeweihet würden [80]).

Die Shakta's bezeichnen sich durch drei Striche, welche in halbkreisförmigen Linien auf der Stirn herabfallen und mit der angefeuchteten Asche ihres heiligen Feuers gemacht werden, oder, wenn solche nicht zu haben ist, mit röthlichem Sandelholz. Manchmal fügen sie denselben einen kreisförmigen rothen Strich bei, der von der Mitte der Stirn bis zur Nase herabgeht, und dieser ist der Civasekte besonders eigenthümlich. Beim Hersagen der Mantra bedienen sie sich der Finger und wenn solche hundertmal wiederholt ist, legen sie als Symbol hundert Körner (Ahola) vor sich, welche zu diesem Zwecke vorräthig gehalten werden. Ihr Rosenkranz besteht gewöhnlich aus hundert Perlen, und wird in Japs getheilt, um die Namen der Göttin wiederholen zu können, und wo der Kranz endet, befindet sich eine Perle von größerer und anderer Form oder ein seidener Büschel. An jede Perle oder Bohne knüpft sich eine Bedeutung, — Shakshis, Zeugen — und wenn alle geschoben sind, werden Zeichen gemacht, welche die Anzahl der Wendungen andeuten. Die Perlen bestehen aus Korallen, oder einem Steine, Sphatic genannt, oder aus Menschenknochen, oder den Zähnen eines Shandala; diese sind die gesuchtesten, weil ihnen Wunderkraft beigemessen wird. Außerdem werden Bänder um den Hals, den Kopf und die Arme getragen, welche aus den Saamenkörnern der Nudrashka und aus den sunkhya gutika (ein Gemisch aus fünf Dingen, von denen Kuhdünger und die Asche von Kuhdünger zwei sind) gemacht sind.

Verschiedene mystische Figuren oder Zeichen, Jantra's genannt, besonderen Gottheiten zugeeignet, werden auf den Fleck gezeichnet, auf welchen das Opfergefäß gesetzt wird. Diesen Zeichen schreiben die abergläubischen Hindu's große Macht zu; die dem Vishnu geheiligte Jantra wird mit † bezeichnet, wogegen das heilige Zeichen der Çaiva's aus zwei in einander verschlungenen Dreiecken (dem Hexagramm ✡) besteht. Ein Triangel stellt Çiva dar, die drei großen Eigenschaften in sich vereinigend, der andere bedeutet seine Gemahlin und ihre Umgebungen. Das charakteristische Zeichen der Shakta's ist ein durch einen Strich getheilter Winkel.

Die Shakti's des Çiva, welche die Shakta's zum besonderen Gegenstande ihrer Verehrung machen, sollen anfänglich sechzig verschiedene Formen angenommen haben, deren jede wieder ihre eigenen Abtheilungen hatte, und diese zweiten Vorstellungen des Shakti erhielten wieder besondere Formen, welches so bis ins Unendliche fortgeht. Selbst die Kuh und der Schakal sind Theile des Bhagabati und werden verehrt. In der Hauptsache sind es jedoch nur zehn Formen des Çiva Shakti oder große Bidya's, unter denen die Shakta's die Braut des Çiva als ihre Schutzherrin anbeten [81]).

Die Shakta's zerfallen in zwei Abtheilungen, in die Dhakshinachári's und die Vamachári's, oder die Nachfolger der rechten Hand und die der linken Hand, der religiösen Form gemäß. Wenn die Anbetung des Shakti, den Púrani-Verordnungen nach, öffentlich und frei von allen obscönen und schmutzigen Gebräuchen, im Einklange mit den Veda's vollzogen ist, so begreift dies die Dhakshina oder rechte Handform des Gottesdienstes in sich, und diejenigen, welche sich dieser reineren Form zuwenden, sind die Dhakshinácharis [82]). Unter den verschiedenen Weisen, wie dieser Gottesdienst ausgeübt wird, sind die folgenden die wichtigsten.

Auchmana begreift das sich Reinigen der Betenden in sich, wobei dieser aus einem kleinen kupfernen, mit Wasser gefüllten Gefäße mit der linken Hand, vermöge eines kleinen kupfernen Löffels, Wasser herausnimmt, und in kleinen Tropfen auf das Innere der halbgeschlossenen rechten Hand ausgießt. Dies muß er dann mit den Lippen dreimal aufsaugen, und mit den Fingern in schneller Reihenfolge die Lippen, die Augen und andere Theile des Kopfes berühren, und dabei bestimmte Formeln hersagen. Die Vorschrift sagt, wie das Wasser genommen, aufgesaugt und getröpfelt wird, und, daß es gerade soviel sein muß, daß es bis zur Kehle reicht und nicht weiter.

Die Shasti Báchana ist der Theil der Ceremonie, welcher in der Absicht vollzogen wird, dem Anbeter glücklichen Erfolg in seinem Unternehmen zu sichern. Bei dieser Gelegenheit werden der Monat, das Alter des Mondes und der Tag, an welchem die Ceremonie stattfindet, ausgesprochen, und dann werden solche dazu passende Mantra's hergesagt, die, guten Vorbedeutungen gleich, einen glücklichen Ausgang erwarten lassen.

Sankalpa ist ein Gebet der Bitte. Der Betende spricht den Gegenstand offen aus, an dessen Erhörung sein Herz hängt, wobei wieder des Monats, der letzten vierzehn Tage, ob dunkel oder hell, und des Mondstandes Erwähnung geschieht. Zugleich muß er seinen eigenen Namen, sowie den seines Gotra aussprechen, welches einer der Rishi's oder der eines Heiligen ist. Während dieser Gespräche muß er eine Frucht, welches gewöhnlich eine Betelnuß oder eine Haretaki ist, in das in einem kleinen kupfernen Gefäße (kosha) befindliche Wasser legen und dies in der Hand halten.

Ghatastapana ist das Aufstellen des Topfes. Es besteht darin, einen aus Erde gebrannten oder aus Metall geformten Topf oder Wasserkrug auf einem kleinen, zu diesem Zwecke errichteten Erdhaufen zu stellen; wer sich hierbei des Schlammes der geheiligten Ganga bedienen kann, macht sich der Gottheit noch wohlgefälliger. Das Gefäß wird mit Wasser gefüllt, ein Bündchen Mangoblätter nebst einer Cocusnuß oder einem reifen Pisang werden auf die Oeffnung gelegt. Der die Ceremonie vollziehende muß sich dabei das heilige Castenzeichen — Jantra — mit rother Farbe auf die Stirn malen; denn dies dient der Gottheit zum vorübergehenden Aufenthalte, weil deren Anwesenheit im Gebete erfleht worden ist.

Samanya Argha Ithapana. Dieser Theil des Gottesdienstes wird durch Gebete eröffnet, welche an die zehn Cardinalpunkte gerichtet sind, nämlich Ost, Südost, Süd, Südwest, West, Nordwest, Nord, Nordost, den Zenith und den entgegengesetzten Pol, den Nadir, denen Indra, Agni, Jama, Rairit, Varuna, Bayu, Kubera, Isha oder Mahadeva, Brahma und Ananta vorstehen. Nach dieser Ceremonie, die Argha genannt wird, muß der Betende eine kleine Quantität in Wasser aufgeweichten Reis und einige Halme des Darva-Grases auf eine Muschel sich zur linken Seite hinlegen, und sollten sich außer ihm noch einige Brahmanen dabei befinden, so muß er jedem derselben einige Reiskörner reichen, welche alsdann alle den Reis auf den Topf werfen.

Ashan Suddhi, buchstäblich die Reinigung des Sitzes, technisch die Stellung, in welcher sich der Betende bei seiner Anbetung befinden muß; diese selbst verändert sich je nach dem Gegenstande, um welchen man bittet. Die Tantra's verordnen achttausend verschiedene Stellungen. Unter diesen sind der verschiedenen Weisen, wie Hände und Finger und Füße zu halten sind, unzählige, einige höchst lächerlich, andere kaum ausführbar. Eine, welche ungestörte Gesundheit verschaffen soll, besteht darin, daß der Körper, zur Hälfte geneigt, nur auf einem Beine ruhet, während das andere bis zur Brust geführt wird, die Arme sind dabei übereinander geschlagen und die Hände gefaltet. Sie sagen, daß in dieser Stellung, die eine große Anstrengung erfordert, der Appetit auf eine außerordentliche Weise angeregt wird, was ja der Gesundheit am zuträglichsten sei [83]). Die Art, sich zu setzen, von welcher bei diesem Gebete am meisten Gebrauch gemacht wird, heißt Kamalâsana oder der Liliensitz. Der Betende hat dabei beide Beine zusammengeschlagen und stützt sich allein auf das Gesäß. Welcher Stellung er sich nun auch bedienen mag, er hat jedesmal zu seiner Reinigung oder um seinem Gebete Nachdruck zu geben, noch gewisse Sprüche und Formeln herzusagen.

Bhûta Sûddhi oder die Reinigung des Körpers, heißt deshalb so, weil dem Hindu-Glauben gemäß der Körper aus fünf Elementarstoffen — Bhuta — Erde, Wasser, Feuer, Luft und Aether besteht. Bhûtayajna kommt als ein allen Wesen dargebrachtes Opfer schon in den Veda's vor. Bei Verrichtung dieser Ceremonie glaubt der Betende, daß sein alter Körper verwest ist, und, daß er einen neuen oder gereinigten wieder angelegt hat. Auf Grund des Glaubens, daß Feuer und Nektar — Amrita — sich im Gehirne jedes Menschen befinden, und daß durch dies Gehirnfeuer der alte Körper in Asche verwandelt wird, indem geistiger Nektar darüber getropft ist, findet auch die Wiedergeburt eines erneuerten Körpers statt, der durch Einfluß der Mantra's ins Leben gerufen wird.

Die Prânâyâin und Rishyadinyâ's sind Eingangsgebete, die Anwesenheit der Göttin erflehend. Der Betende muß, indem er die Mantra's hersagt, seinen Athem anhalten, wobei er sich die Nasenlöcher mit den Fingern zudrückt, und sich bemühet, in diesem Zustande so lange als möglich zu verharren. Dies Bemühen, sagen die Brahmanen, führt zu den wunderbarsten Eindrücken; der Betende beginnt sich leichter und leichter zu fühlen bis er in einen solchen Zustand geräth, der ihn glauben macht, sich nach Oben erheben zu können. Sollte er es mit Hülfe der Mantra's dahin bringen, daß er ohne zu athmen einige Stunden leben könnte, so würde er die Gesetze der Natur überwinden, und in dieser sitzenden Stellung in die Lüfte emporsteigen. Von vielen Personen wird es noch heute geglaubt, daß sie diese übernatürliche Macht besitzen.

Matrikanya's und Varnanya's sind sonderbare Weisen, in denen der Betende nach der Reihe alle Buchstaben des Sanskrit-Alphabets, sowohl Consonanten als Vokale von अ bis अ: und von क bis ह jeden mit dem Anaswara verbunden, als ang, áng kang khang, gang, ghang und sofort bis zu Ende hersagen muß **). Indem er diese funfzig Buchstaben hersagt, berührt er funfzig verschiedene Theile seines Körpers, je nach den Vorschriften wie sie, bis ins Kleinste, in den Tantra's angegeben sind. Wird dabei ein irdenes Götzenbild der Göttin zum ersten Male angebetet, so berührt der dienstthuende Priester die correspondirenden Theile des Götzenbildes.

Dyána ist die Gebetsart, bei welcher der Betende beide Augen schließen muß, damit er im Geiste die Form seiner Schutzgöttin zu bilden im Stande ist, und all seine Einbildungskraft dahin zu richten vermag. Die Mantra, welcher er sich bei dieser Gelegenheit zu bedienen hat, giebt eine vollständige Schilderung von der Form, dem Umfange, überhaupt den körperlichen Zügen der Göttin.

A´báhan, Cháksudán und Praupratishtá ist die Anbetungsweise ohne das Bild der Göttin; sie wird angerufen, sich im Gefäße niederzulassen. Dies ist einfach A´báhan (Einladung) und nach den Mantra's ruft der Betende: „O Göttin! komme her, komme her! bleibe hier! bleibe hier! Nimm Deinen Aufenthalt hier und laß Dir meine Anbetung gefallen." Soll jedoch ein irdenes oder anderes Bild ins Leben gerufen werden, so werden die Cháksudán und Praupratishtá-Weisen vollzogen, oder die Handlungen, um dem irdenen Götzen Augen und Leben zu geben, damit er ein Gegenstand der Anbetung werde. Der Betende berührt dabei mit dem Zeige- und Mittelfinger der rechten Hand die Brust, die Backen, die Augen und die Stirn des Götzenbildes, wobei er jedesmal diese Worte wiederholt: „möge die Seele der Göttin lange in Glückseligkeit in diesem Bilde verweilen."

Pujah, oder das Darbringen von Reis, Früchten, Blumen und Räucherwerk, besteht aus zwei Theilen: Panchopachára und Shorasopachára. Erstere, weniger kostbar, erfordert nur fünf Dinge: Dhúrpa, Räucherung, Dipa, eine brennende Lampe, Gandha, pulverisirtes Sandelholz, Pushpa, Blumen und Naibidda, aufgeweichten Reis in Form eines umgestürzten Kegels, verziert mit Früchten, Korn, geronnener Milch und Süßbrod. Die zweite Weise bedarf sechzehn Gaben, außer den eben erwähnten noch elf und zwar: Ashana, ein kleines Stückchen Gold oder Silber, den Sitz bedeutend, den die Göttin einnehmen soll; Swagata, eine Bewillkommung, bei welcher der Anbetende Devi frägt, ob sie glücklich angekommen ist, sich dabei selbst mit „sehr glücklich" beantwortend; Pádya, Wasser, die Füße zu waschen, welches vermöge eines Löffels von einem Gefäße ins andere gegossen wird; Arghy, aus zehn bis funfzehn Halmen des Dúrva-Grases, Sandelholz, Reis und anderen Dingen bestehend, wird als Gabe der Verehrung dargebracht; Auchmania, Wasser, den Mund zu reinigen; Madhuparka, ein kleines metallenes Gefäß mit Ghy, Honig und Zucker gefüllt; Auchmania, Wasser, den Mund zum zweiten Male zu reinigen; Snána, Wasser zum Baden; Basana, Gewänder; Avaran, Schmucksachen für die Fußgelenke, Arme, Finger, Nase und Ohren; Bandana, das **siebenmalige** Herumgehen des Gebete hersagenden und Lobgesänge anstimmenden Brahmanen-Priesters um das Götzenbild.

Außer diesen beiden regelmäßigen Methoden der Pujah giebt es noch andere sehr einfache und weniger kostbare, deren sich Personen von geringem Vermögen bedienen, und wobei nur Wasser, Blumen und Sandelholzpulver dargebracht werden; wenn selbst diese nicht zu haben sein sollten, so ist Wasser allein genügend. Die heutigen Hindu's begnügen sich meist mit dieser einfachen Weise.

Lelchi Múdra, oder die Ausführung der Handübungen, Lelchi genannt, besteht darin, daß das Innere der rechten Hand auf den Rücken der linken gelegt und die Finger geschüttelt werden. Nicht weniger als vier und sechzigtausend verschiedene Arten des Múdra sind in den Tantra's vorgeschrieben, ein Beweis, daß die Indier sich auf Combinationsrechnungen verstehen.

Abarana Pujah, oder die Anbetung des Mahákala des Çiva. Bei jeder Form des Shakti-Gottesdienstes bilden die göttlichen Ehren, welche ihrem Gatten Çiva erwiesen werden, einen wesentlichen Theil derselben. Die Shakti allein anzubeten, wird für eine große Sünde gehalten, und ist mit großen Strafen bedroht. Wer da Shakti anbetet, ohne des Çiva dabei zu gedenken, dessen Person ist verderbt, er ist ein Sünder und der Hölle verfallen.

Balidan oder das Opfer, gewöhnlich eine blutige Opfergabe. **Kabajan Pathel** ist das Wiederholen der glorreichen Thaten der Göttin, und ein sich Ergehen in Lobpreisungen.

Homa, die letzte der Ceremonien, besteht darin, daß gereinigte Butter über Feuer ausgegossen wird, welches zu diesem Zwecke auf einem Sandhaufen, einen Fuß im Quadrat, angezündet worden ist. Darauf werden die Blätter des Bilwabaumes und ein oder zwei Pisangs, in Ghy getaucht und verbrannt. Die Asche davon wird auf die Stirn gezeichnet und der Rest höchst sorgsam verwahrt und in einer Ecke des Hauses vergraben.

Es würde schwer, ja unmöglich sein, sich all diesen religiösen Verrichtungen täglich hingeben zu wollen; zum Glück ist auch schon eine hinreichend, und der von Geschäften bedrängte Hindu begnügt sich, seine Mula Mantra hundert und acht Mal herzusagen.

Unter den Opferweisen derer, die der rechten Hand folgen und zwar unter denen, welche eine Ausnahme von den allgemeinen Vorschriften bilden, und durch welche sich die Dhakhina's mit den Vamachari's beinahe auf gleiche Stufe stellen, ist vor Allem das Blutopfer zu nennen. Bei diesem widerlichen Akte [85]) werden unzählige Ziegen, Schaafe und selbst Büffel geschlachtet. Nach den Hindu-Shastra's giebt es zwei Arten des Bali: die Rajasa und Satwika; erstere, aus Fleisch bestehend, begreift drei Arten in sich; in diesen wird eßbares Korn und Reismilch, nebst Ghy, Honig und Butter dargebracht. Die meisten der Purana's empfehlen letztere und verdammen erstere, indem sie den Opfernden zur Sünde verleitet. Einige Purana's, wie die Stelle der Kalika Puran, die Rhudiradaya genannt, wo Civa sich an Betal, Bhairav und Bhairava wendet, empfehlen dagegen das Menschenopfer. „Durch ein Menschenopfer, so heißt es in dieser Anrede, ist Devie tausend Jahre wohlgefällig, sind es drei Menschen, hunderttausend Jahre."

Die zum Opfer bestimmten Thiere sind Ziegenböcke, Schaafe, Büffel und der Magura (Fisch). Nachdem das dazu ausersehene Thier im Flusse oder im Hause gebadet ist, legt der ausübende Priester seine Hand an dessen Stirn, zeichnet diese und die Hörner mit rother Farbe und liest eine Anrede an die Göttin: „O Göttin, ich opfere Dir diese Ziege, damit ich in Deinem Himmel leben möge bis an das Ende von zehntausend Jahren." Alsdann sagt er ihm eine Mantra ins Ohr, streuet Blumen und Wasser auf sein Haupt, und ergreift den Kharga. Es ist das Messer, mit welchem das Thier getödtet wird; auch dieses wird zuvor geheiligt, indem der Priester es mit rother Farbe bemalt, Blumen darauf streuet, und Zaubersprüche darauf schreibt, die den Jüngern der Göttin dazu angegeben sind. Nun legt er das Messer auf den Nacken des Thieres, bietet demselben Blumen als Seegenszeichen an, und reicht endlich — wenn er nicht selbst den Akt verrichtet — dasselbe dem Manne, welcher es tödten muß und gewöhnlich ein Grobschmidt ist. Alles kommt dabei darauf an, und dies gilt als Ehrensache, den Kopf des Thieres mit einem Hiebe vom

Körper zu trennen, weßhalb dasselbe mit dem Halse über einen Block gelegt wird. Mißlingt es dem Schmidt, so wird er verächtlich weggejagt; denn die Shastra's bedrohen ihn mit Rache, sein Sohn wird sterben oder die Göttin des Glücks wird von ihm weichen. Ein irdenes Gefäß, in welchem ein Pisang liegt und welches auf einem Pisangblatte steht, muß das herabfließende Blut auffangen. Wenn die Person, welche das Opfer vollzieht, nicht beabsichtigt, das Fleisch der Göttin zu opfern, so schneidet der Schlächter nur ein Stückchen vom Halse ab, legt es auf den Pisang, woranf Jemand dasselbe nebst dem Kopfe, auf welchen eine brennende Lampe gestellt wird, dem Bilde der Göttin darreicht, während der Priester bestimmte Gebetsformeln hersagt. Widerlich ist der Anblick, wenn bei großen Shakta-Opfern das Kabamati vollzogen wird, wobei sich alle Anwesenden das Gesicht und den Körper mit Blut, Schmutz und Erde beschmieren, und wenn der Kopf des Thieres auf den Harkâtblock — in Form eines Y — gelegt wird, und alle mit lauter Stimme: „O Mutter Dûrga, o! Kali, Jagadamba!" so lange schreien bis der Kopf vom Körper getrennt ist. Wenn dies vollzogen ist, ertönet das Getöse der Tamtams und der Becken und Flöten, und die Versammelten überlassen sich, gleich den wildesten Kannibalen, dem Tanze, schwülstigen Gesängen und den obscönsten Gliederbewegungen. Nachdem alles vorüber ist, baden sie sich in einem Teiche und kehren heim.

Die Vami's oder Vamachari's, das heißt: die Anbeter der linken Hand, bedienen sich ganz verschiedener Formen sie verehren nicht nur die Shakti des Çiva in all ihren abschreckenden Gestalten, sondern auch ihre feindlichen Umgebungen, die Vogini's, Dakini's und die Sankini's. Dem Çiva wird dabei sein Huldigungsantheil dargebracht und zwar in der Form des Bhairava, aber die Anbetungsweise geschieht nach einem Theile der Tantra's. Sie ist verschieden von jeder anderen Weise und die Vamachari's, besonders aber eine ihrer Sekten, die der Kanla's oder Kulina, machen das größte Geheimniß aus ihrem Glauben, denn würde ihre Opferungsweise bekannt, so gingen die Wirkungen verloren.

Welcher Formen sie sich nun auch bei ihrem Gottesdienste bedienen mögen, die fünf Makâra's sind unumgänglich nöthig; diese sind: Mansya, Matsya, Madya, Maithuna und Mudra — Fleisch, Fisch, geistige Getränke, Frauen und gewisse mystische Bewegungen — auch dem Zwecke entsprechende Mantra's sind dabei erforderlich, welche jedoch dem Betenden meist ganz unverständlich bleiben. Ihr Götzendienst ist höchst entwürdigend und besteht darin, daß sie sich den abscheulichsten Ausschweifungen hingeben, weshalb auch diese Sekte beinahe in allen Theilen Indiens verachtet wird. Ihre Versammlungen finden in der Nacht, an geheimen und abgelegenen Orten, statt, sie selbst meiden es, sich öffentlich zu dieser Sekte zu bekennen. Diejenigen, welche sich eine übermenschliche Macht anzueignen, oder irgend eine besondere Gunst zu erlangen streben, sind besonders abgeschlossen in ihren Verrichtungen, sie meiden jeden Genossen, selbst ihrer eigenen Brüderschaft gestatten sie es nicht, an ihren gottesdienstlichen Verrichtungen Theil zu nehmen.

Wenn sie sich zu Shibba's erhoben, das heißt: denjenigen Einfluß über ihre abergläubigen Mitgeschöpfe erlangt haben, der ihnen besondere, gleichsam überirdische Kräfte zuschreibt, so meiden sie allen vertraulicheren Umgang und verschließen geheimnißvoll in ihre Brust die Mittel und Wege, vermöge deren sie sich diese Gewalt erworben haben.

Unter den Vámáchári's ist der Genuß geistiger Getränke nicht nur eine Gewohnheit, sondern ein religiöses Gebot, denn ohne Wein wird keine religiöse Ceremonie verrichtet. Bei all ihren Religions-Verrichtungen, der Ausübung ihrer ceremoniellen Weisen, bei ihren öffentlichen religiösen Festen, und während sie ihre Sanskárá's und ihre demuthsvollen Huldigungen den Göttern darbringen, ist der Wein unumgänglich nothwendig. Jedes Opfer, welcher Art es auch sei, muß mit Wein besprengt werden. Aber dies darf kein fremder Wein sein, der orthodoxe Vámis wird sich vielmehr keines anderen geistigen Getränkes bedienen, als des im Lande gewonnenen Dvasta, den er aus einem Becher schlürft, welcher entweder aus einer Cocusnußschaale oder aus einem menschlichen Schädel gemacht ist. Dabei führen sie die Trinkschaale mit den Spitzen der drei Finger: des Daumens, des Zeige- und des kleinen Fingers der linken Hand, dem Munde zu. Zuvor wird jedoch das Getränk in großen Flaschen, meist in Chanpala's oder irdenen Krügen, der Göttin dargeboten, und dann unter die Gemeindeglieder vertheilt, deren jedes dabei sein eigenes Trinkgefäß darreicht. Sie rechtfertigen diesen Gebrauch durch die Shastra's, in denen es verordnet sei, den Göttern geistige Getränke darzubringen. „Der Gourd (das aus der Kürbißpflanze gewonnene Getränk), das Zuckerrohr, geistige Liqueure und gährende Getränke werden anderen Opfergaben gleich geachtet, und sind der Göttin ebenso wohlgefällig, in Bezug auf die Dauer ihrer Huld, als das Opfer einer Ziege."

Befindet sich der Betende allein, so gießt er sich das Getränk in das Trinkgefäß, und indem er es in der verordneten Weise vor den Mund hält und es dabei mit der rechten Hand bedeckt, sagt er seine Bij mantra; alsdann führt er den Becher, ob allein oder in Gemeinschaft, vor die Stirn, diese damit als ein Zeichen seiner Huldigung berührend, und leert es in einem Zuge. Kein Zeichen des Widerwillens darf sich äußern, kein Tropfen darf verloren gehen, indem dieser göttliche Nektar durch Hersagen des heiligen Textes in etwas Höheres verwandelt worden ist. Dreimal muß der Becher geleert werden, ehe der Betende andere Nahrung zu sich nehmen darf.

Sie bedienen sich bei diesem religiös bacchanalischen Feste gewisser technischer Ausdrücke; wenn Reis gereicht werden soll, so sagen sie: „vertheilt die Blumen;" der Becher heißt Pattra, Zwiebeln heißen Muskatnuß, die Flaschen oder Krüge Jantra's. Sie nennen sich und alle diejenigen, welche Wein trinken, Birs oder Helden, und diejenigen, welche sich desselben enthalten, Pasus, das heißt, Thiere. Sobald ein Kind geboren ist, so flößen sie in dessen Mund ein oder zwei Tropfen Weines ein, und zur Zeit von dessen erstem Sanfra, genannt anna prajana, welches beim Knaben im sechsten Monde, beim Mädchen im siebenten Monde nach der Geburt eintritt, geben sie dem Kinde Stückchen von Kork oder Shola in Wein getaucht, um daran zu saugen, damit das kleine Wesen schon von seiner Geburt an an den Genuß geistigen Getränkes gewöhnt werde.

Zur Zeit seines mantra grahana, das ist, wenn ihm der Guru die Bij mantra gelehrt hat, trinken Beide zusammen, wobei dieser ihn anweist, wie er sich dabei des Trinkgefäßes zu bedienen hat. Wenn der geistliche Lehrer eine Kaulafamilie besucht, so versammeln sich alle Mitglieder um ihn, Männer, Frauen und Kinder trinken seine Gesundheit, sowie er selbst deren Wohlsein. Es ereignen sich bei diesem gegenseitigen Anregen im Genusse geistiger Getränke, wenn der Wein zu Kopfe gestiegen ist, sehr oft die lächerlichsten Scenen; manchmal übt dann der Schüler die Pflichten des Lehrers aus, setzt diesem seine Füße auf den Kopf, und der Lehrer unterwirft sich willig all diesen Entwürdigungen. Das Prinzip: „trink und trinke, und trinke wieder bis Du flach auf den Boden fällst; im Momente, wo Du aufstehest, trinke wieder, und Du wirst gänzliche Befreiung finden," — hat die Vámáchári's zwar nicht zu Trunkenbolden umgeschaffen, aber doch moralisch so tief entwürdigt, daß sie den Religionslehrer, der ihnen der heiligste Gegenstand ihrer Verehrung sein sollte, so verächtlich zu behandeln wagen.

In einigen der Tantra's wird das zu genießende Quantum genau angegeben, es muß wenigstens zwei Loth sein, und darf sechs Loth nicht übersteigen. Viele befolgen genau diese Vorschrift, Einige sind jedoch so vorsichtig, daß sie in einer Phiole die nöthige Menge mit sich führen und den Wein, vermöge eines Strohhalmes, langsam aussaugen; Andere bedienen sich statt des Weines des Saftes der Cocosnuß, der in ein aus Kauja gemachtes Gefäß gegossen wird; oder des Saftes der Limone, welcher, mit Zucker vermischt, der Sonne ausgesetzt gewesen ist; oder rohen, in Wasser aufgelösten Zuckers, der in einem kupfernen Gefäß aufbewahrt wird; oder des Saftes der Somalatá. Wenn sie sich, den Vorschriften ihrer Religion folgend, zum Weintrinken versammelt haben oder zu ihrem täglichen Gottesdienste — Nityakria — zusammenkommen, so pflegen sie auch wohl vertraute Freunde dazu einzuladen; wenn diese sich weigern, den Wein zu kosten, so müssen sie wenigstens einen der Finger in die Patrá tauchen und mit dem Weine ein Zeichen an die Stirn machen.

Bei allen ihren religiösen Ceremonien ist die Gegenwart eines weiblichen Wesens geboten, als des lebendigen Repräsentanten, gleichsam des Typus der Göttin. Solche Ceremonien sind ihrer Natur nach verschieden und werden Sádhaná's genannt. An einigen derselben, die mehr Gefühl für Schicklichkeit zeigen, wozu die düsteren Verrichtungen des Kali-Dienstes gehören, nehmen ihre Frauen Antheil; gewöhnlicher sind es ihre Geliebten, die zu Genossinnen bei diesen Orgien gewählt werden. Dann nimmt die Handlung einen höchst unsittlichen Charakter an, die Schöne, aller ihrer Gewänder beraubt, muß sich auf die Lende des nackten Geliebten setzen; aber wehe! wenn ihnen dabei böse Gedanken oder Absichten in den Sinn kommen. Diese Anbetungsweise — Mantra Sadhaná — wird sehr geheim gehalten und soll übernatürliche Kräfte erwecken; sie besteht einfach im Wiederholen der Mula-mantra, der die gewöhnliche Shakta-Ceremonie vorangehen oder folgen kann. Selbige beginnt erst nach zehn Uhr Abends; der Betende zieht sich in ein Privatgemach zurück, ruft dahin seine Frau oder seine Geliebte, und nachdem er sich die für die Ceremonie erforderlichen Dinge, als: Wein, Reis, Wasser, einen Rosenkranz von Bohnen, besorgt hat und Thüren und Fenster geschlossen sind, setzt er sich mit seiner Geliebten vor eine brennende Lampe und trinkt mit ihr zusammen. Wenn die Aufregung des Weines das Gefühl der Scham verdrängt hat, dann nimmt die Geliebte ihren Sitz ein. Beide wiederholen ihre Mantra bis zwei oder drei Uhr des Morgens, allein unterbrochen vom Ausleeren des Trinkgefäßes, und überlassen sich dabei den unschicklichsten Hingebungen. Selbst reiche und im gesellschaftlichen Leben für achtbar gehaltene Hindu's ergeben sich diesen abscheulichen Orgien, und scheuen sich nicht, die Geliebte in ihrem Hause, mitten in ihrer Familie, zu beherbergen.

Eine andere Anbetungsweise, welche Shava Sâdhanâ genannt wird, dient dazu, über böse Geister, männliche sowohl als weibliche, als den Dana's, Tâl, Betal, Butas, Pretas, Saukinis, Dakinis, entweder Gewalt oder eine Zusammenkunft mit ihnen zu erhalten, damit sich der Betende derselben zur Ausführung irgend eines Vorhabens bedienen kann. Zu dieser Anbetungsweise ist ein todter Körper erforderlich, und ein Chandala wird allen anderen vorgezogen; aber am sichersten gelangt man zu diesen höllischen Regionen, wenn der Chandala eines gewaltsamen Todes und zwar an einem Dienstage oder an einem Sonnabende, oder beim gänzlichen Verschwinden des Mondes — Tagen, die der Kâli heilig sind — gestorben ist. Der Vorschrift gemäß muß sich der Betende um Mitternacht allein in einem Smashâna, oder auf einer Stelle befinden, wo Todte entweder beerdigt oder verbrannt worden sind, und die religiösen Ceremonien auf dem todten Körper sitzend verrichten. Nach den Aussagen Anderer muß er sich in der tiefsten Dunkelheit der Nacht vier leblose Körper verschaffen, deren Köpfe abschneiden und heimbringen. Nachdem er diese unter die vier Ecken eines Tischbrettes gelegt, setzt er sich darauf und unter Anleitung eines Guru vollzieht er die Verrichtungen, welche mit dem Genusse von Wein, Reis und Korn und dem Hersagen seiner Mula Mantra abschließen. — Bald nach diesem Gebete, das Jap genannt wird, werden sich des Anrufenden allerlei Empfindungen der Furcht bemächtigen und sich ihm unzählige furchtbare Erscheinungen nahen; nämlich höllische Wesen, einige gleich Gerippen, andere einfüßig oder mit rückwärts geformten Füßen; noch andere mit brennenden Fackeln in ihren Händen, die sie von den Scheiterhaufen der Todten hinweggeschleppt haben; oder andere von riesiger Größe mit schrecklichen Gesichtern, mit Würmern bedeckt, die vom Körper herabhängen, werden ihn in furchtbar wilder Weise tanzend umkreisen und ihn mit Vernichtung bedrohen. Der todte Körper, auf welchem er sitzt, scheint sich plötzlich zu beleben, seine matten Augen fangen an zu leuchten, werfen wüthende Blicke um sich, bald scheint er zu lachen, bald zu wimmern, dann öffnet er wieder den Mund, als wolle er den verschlingen, der seine Bürde ist, endlich sucht er sich zu erheben, als wolle er in die Lüfte steigen. Während all dieser schreckhaften

Erscheinungen muß sich der Betende ruhig verhalten, nur seiner religiösen Pflichten gedenken, und den ihm als belebt erscheinenden Körpern und Häuptern Wein und Nahrung darreichen, sie gleichsam damit zu beschwichtigen. Gelingt es ihm, seine ruhige Haltung zu behaupten, so hat er die bösen Geister bezwungen.

Der abscheulichste und das menschliche Gefühl am tiefsten verletzende Akt des Báma-Gottesdienstes ist dagegen der sogenannte Sri-Chakra, Purnabhisheka, der Ring oder die volle Einweihung. Dieser wird in Gemeinschaft beider Geschlechter von verschiedenen Casten ausgeübt, wobei hohe und niedere Casten zusammen trinken und essen; denn während dieser Ceremonien sind alle Casten Brahmanen, die sich wieder sondern, wenn dieselben vorüber sind. Der wesentlichste Theil dabei ist die Reinigung der dabei mitwirkenden Weiber, welche die Shakti vorstellen. Noch sind sie nicht so tief gesunken, ihre Frauen dazu einzuführen, sondern bedienen sich dazu der Tänzerinnen, der weiblichen Fakire, der Wäscherfrauen, der Frau eines Haarscheerers, der Blumen- oder Milchmädchen. Nach Einigen sind es sechsundzwanzig, nach anderen vierundzwanzig Frauen, die sich dazu hergeben, und unter dem Namen Kula Shakti bekannt sind.

Sie versammeln sich zu dem Zwecke inmitten der Nacht an geheimnißvollen Orten zu neun oder elf Paaren, wobei die Männer Bhairava's oder Vira's, die Frauen Bhairavi's oder Nayika's vorstellen. In einigen Fällen stellt eine Frau die Shakti vor, von je dunklerer Farbe dann ihre Haut ist, desto werther erscheint sie des Vorzugs. Sie sitzt entkleidet, mit Zierrathen und Juwelen reich geschmückt, zur Linken eines zu diesem Zwecke beschriebenen Kreises — chakra genannt — oder sie steht, mit lang heraushängender Zunge und wild herabfallendem Haare, vor den Anbetern, die sie durch Hersagen vieler Mantra's und Zaubersprüche zu reinigen suchen. Die Ceremonie endet mit Besprengung von Wein und dreimaligem Einflüstern des Bij mantra ins Ohr. Auf dieses folgt die Anbetung der Schutzgöttin, und dann die des Weibes mit geröstetem Fisch, Fleisch, Erbsen, Reiß, Wein, Süßigkeiten und Blumen. Es ist dem weiblichen Wesen überlassen, daran Theil zu nehmen; weigert sie sich jedoch, so wird ihr Wein auf die Zunge gegossen, den die Beistehenden in ein Gefäß auffangen, wenn er am nackten Körper herabfließt. Wir übergehen das Ende eines viehischen, die menschliche Natur aufs tiefste entwürdigenden Treibens, weil es unseren Gefühlen widerstrebt, in dessen Schilderung einzugehen; aber wir hielten uns für berufen, zu zeigen, wie tief der Mensch sinken kann, wie jeder Funken des Edleren und Besseren in ihm erstirbt, wenn er erst dem Götzendienste verfallen ist [86]).

Die Priester gewinnen über ein an solche Dinge glaubendes Geschlecht nur zu leicht großen Einfluß, und dasselbe in dem Wahne bestärkend, daß ihnen die größten Kräfte eigen sind, daß sie unmöglich Scheinendes vermögen, muß ihr Wirken höchst verderblich sein. Frauen, welche unfruchtbar sind, und Mütter, deren Kinder an unheilbaren Krankheiten leiden, suchen Hülfe bei diesen Shidda's. In deren Händen liegen, ihrem Glauben gemäß, Leben und Tod, weshalb von deren Macht die fabelhaftesten Dinge sich im Volke von Mund zu Mund verbreiten. Nächst ihnen ist eine andere Classe von Menschen sehr gefährlich, nämlich solche, welche vorgeben, daß sie Gewalt über böse Geister besitzen, unter allerlei Formalitäten — Chaudujagána genannt — ihre Betrügereien ausüben und die einfältigen Gläubigen seines Geldes berauben.

Die großen Feste, z. B. das Durga Puja, das Jagaddhatri, Kali Puja, der Charak, Bavanti, Rutanti und Falahari Puja sind alles Shaktya-Feste, welche durch ihre glänzenden, die Sinne aufregenden Aufzüge das jugendliche Gemüth und die so empfindsamen weiblichen Wesen gefangen nehmen. Die Shakta-Tempel, vor welchen eine gläubige Menge stehend oder im Staube liegend täglich das: „Kali, Kali, o Mutter, rette uns, schütze uns!" ausrufen, sind der Lieblings-Aufenthalt der Diebe, Räuber, Betrüger und Trunkenbolde und aller gefallenen Frauen.

Nach den Shakta's oder Sakta's nehmen die Vaishnava's die bedeutendste Stelle ein, denn diese Secte gehört zu den eifrigsten und rührigsten von allen, bereits zählen sich mehr als acht Millionen Hindu's zu derselben; beinahe jedes Dorf in Bengalen besitzt Anhänger des Vishnu, und noch immer nimmt die Secte an Einfluß zu und ihre Lehre gewinnt mehr und mehr Eingang unter den Gemüthern.

Der Vaishnava ist ein Verehrer des Vishnu, des Erhalters und Bewahrers der drei Welten, des Schützlings der himmlischen Mächte und des Retters der Menschen. Ohne die anderen Götter zu verachten, glaubt der Vaishnava, daß sein Ishta-Debta — sein Glauben — seine schützende Gottheit, der Gott seiner Wahl, der erhabenste Gott und der Aufenthalt alles Herrlichen ist. Es geschah durch Vishnu's Energie und auf sein Ansuchen, daß Brahma das Weltall schuf. Alle Dinge leben, bewegen sich, und haben ihr

Sein in ihm und durch ihn. Er war es, der in jenen fabelhaften Zeiten die Form des wundervollen Fisches, des göttlichen Ebers, des schrecklichen Mannlöwen und die der unbeweglichen Schildkröte annahm. Er war es, der sich in die Gestalt des heldenmüthigen Rama begab, den Ocean durchschiffte und Vernichtung auf den zehnköpfigen König des goldenen Lanka herabschleuderte. Er versetzte sich in die Gestalt des kühnen und ewig frohen Krishna, liebkoste in den Hainen von Brindában und gewann die Herzen der unschuldigen Milchmädchen. Und, wenn das gegenwärtige Kalpa vorüber ist, wird er noch einmal in der Gestalt des gewaltigen Kalki erscheinen. Seine Keule und Chakra — der gefürchtete Sudarsan — sind das Schrecken der Götter. Aber der mit glänzendem Haare und dem Lotusauge, Vaikantha, ist der Verscheucher des Kummers, der Gatte des Gedeihens und der Schützling der Musen.

Aber nicht alle Vaishnava's halten diesen Glauben. Sie können, ihrer besonderen Auffassungsweise nach, in vier Sampradáyi's oder Gemeinden getheilt werden: die Sri Sampradáyi, die Madhwá Sampradáyi, die Rúdra Sampradáyi und die Sanaka Sampradáyi; jede derselben zerfällt wieder in Unter-Abtheilungen, deren es vielleicht zwanzig giebt, jedoch existiren nur sehr wenige davon im unteren Bengalen [87]). Den Vaishnava's von Bengalen ist, wie gesagt, Krishna der Gott der Anbetung; er ist ihr Parám-Atma, die Seele des Weltalls; aber sie sind, gleich den beiden anderen Sekten, Pantheisten, ihr Himmel ist Vaikantha und der Götzenbilder von Krishna und Chaitanya giebt es unzählige unter ihnen.

Der Gründer der heutigen Vaishnava's von Bengalen ist Sri Krishna Chaitanya und seine Lehre, die Chaitanya-Charitámrita, oder „das Buch," ist von Krishna Dás zusammengetragen. Dies „Buch," in einem besondern Bengali geschrieben, und mit vielen Sanskritworten verwebt, macht Ansprüche, reich an poetischen Gedanken zu sein; aber es ermangelt nicht nur dieser, sondern ist schlecht, geschmacklos und sinnlos geschrieben. Ihre Lehrer geben vor, daß es der Auszug eines größeren Sanskritwerkes sei; es umfaßt siebenhundert eng gedruckte Seiten und zerfällt in drei Abtheilungen: die Adi-Lilá, die Madhya-Lilá und die Anta-Lilá; erstere erzählt die Kindheit und Jugendjahre des incarnirten Gottes, die zweite sein einsames Leben und seine mannigfachen Prüfungen und Entsagungen und die dritte die Gespräche, die er geführt hat, die Thaten seiner Nachfolger, seine Betrachtungen und die Entzückungen, die er gehabt hat.

Sri Krishna Chaitanya wurde von den Bewohnern von Nadiyá (Naba-Dwipa), seinem Geburtsorte, als ein Wunderkind erwartet, Zeichen und Verkündigungen der auffallendsten Art sollen seiner Geburt vorangegangen sein. Er war ein dreizehnmonatliches Kind, als er das Licht der Welt erblickte, zwei Monate nach Luthers Geburt, im Monat Phalgén 1485. Von nahe und fern eilte das Volk nach dem Orte, das Kind zu sehen, selbst die Himmel waren von Freuden erfüllt und die Debta's jauchzten vor Entzücken. Doch nicht nur Menschen, sondern unzählige Götter kamen und brachten dem Kinde Geschenke. Was die Eltern desselben jedoch am tiefsten ergriff, waren die zwei und dreißig Zeichen der Person des Náráyan an ihm; sie glaubten, daß in ihrem Kinde die zweite Persönlichkeit der Hindu-Dreiheit, des Befreiers und Erhalters der Götter und Menschen, incarnirt sei [88]).

Die ersten Jahre dieses angeblichen Wunderkindes sind nichts weniger als die eines unmittelbar von Gott gesandten Wesens, sondern voll der Ausgeburten eines kleinen Bösewichts, der mit allen nur erdenklichen Unarten überreich begabt ist, welche unserer sündlichen menschlichen Natur nur eigen sein können. Selbst die heiligste der kindlichen Pflichten wurde von ihm verletzt; seiner böswilligen Streiche wegen von seiner Mutter ermahnt, soll er die liebevollen Zurechtweisungen derselben mit so grausamen Schlägen zurückgewiesen haben, daß sie sich dem Tode nahe fühlte. Er stahl aus den Tempeln die Gaben, welche von Frommen den Göttern dargebracht wurden, und verunreinigte einst in seinem böswilligen Uebermuthe das Reisgericht eines geachteten Pandit von Nadyá.

Nachdem er unter dem Namen Nimai in den Wissenschaften herangebildet worden war, verheirathete er sich, und da bald darauf sein Vater starb, widmete er sich dem Lehramte. Obgleich er in diesem Wirkungskreise viele Wißbegierige an sich zog, so fühlte er sich dennoch unbefriedigt; nach etwas Höherem strebend, begab er sich auf Reisen und suchte und fand durch Studien und im Umgange von Brahmanen, „die Reichthümer der Liebe Krishna's." In diesem Zustande, dem Prit Práláp, fiel er in enthusiastische Krämpfe, warf sich auf die Erde, rollte sich im Staube, weinte, lachte und tanzte; er hielt den Tag für die Nacht und diese für den Tag, dabei ausrufend: Krishna! Krishna! Haribal! Haribal!

Als er sich aus diesem Zustande, dem Prem Práláp, hergestellt fühlte, verkündete er sich als Hari oder Krishna, als einziger Retter der Menschheit.

Als solcher nannte er sich Gourhari, zählte bald viele Anhänger und unter diesen auch Brahmanen. Vom Beifall und Zulauf seiner Verehrer ermuthigt, verwandelte er sich in den sechshändigen Vishnu, und verrichtete als solcher viele Wunder. Nach einer nächtlichen Versammlung, wo eine gläubige Menge ihm andächtig zugehört hatte, befahl er seinen Jüngern die Verbreitung seiner Lehre. „Gehet, sagte er, und verkündet in jedem Hause in Nadiya den Namen des Hari. Lehret Alt und Jung, den sündhaften Chandála sowohl, als den gerechten Brahmanen; dann werden sie leicht den Fluß des Todes überschreiten."

Als er Tages darauf, gefolgt von seinen Jüngern, im Aufzuge singend den Hari verkündete, wird er von zwei ihm feindlich gesinnten Brahmanen, dem Jagai und Madhai, gewaltsam angegriffen. Ein blutiger Kampf beginnt, welcher mit der Bekehrung seiner Feinde endet, die sich nun zu den eifrigsten seiner Anhänger zählen. Seit diesem Tage führt Chaitanya das Leben eines Asceten. Er entzieht sich dem Geräusche der Welt, aber bevor er seine Pilger-Wanderungen durch die Welt antritt, besucht er noch einmal seinen Geburtsort. Von hier pilgert er nun mit seinen Anhängern nach Orissa, Kattak und nach Jagannath; daselbst verweilt er viele Stunden, versunken im Anschauen des Götzenbildes. In neuen Wanderungen gekräftigt, wandert er nun nach dem Süden; Arme, Vornehme und Könige werden von ihm bekehrt, sein Eifer treibt ihn rastlos nach Bengalen und wieder nach Jagannath zurück. Nach seiner Weise überkommen ihn Entzückungen, die sich durch Tanz kund thun und ihm die Macht verleihen, neue Wunder zu verrichten. In diesem halb wahnsinnigen Zustande pilgert er über Benares, Allahabad und Mathura, überall tanzt er, und seine Phantasie entartet endlich zu solcher Verkehrtheit, daß ihm jeder Wasserbehälter als ein Ganges erschien; er bildete sich ein, unter den schattigen Hainen von Brindaban zu wandeln, tanzend und kosend mit den Hirtinnen und Milchmädchen; oder im Ganges zu baden, und von diesen wahnsinnigen Anfällen überwältigt, ertränkte er sich eines Tages im Meere.

Die Ansichten der Gauriya Vaishnava's zeichnen sich dadurch von allen anderen Glaubensbekenntnissen der Hindu's aus, daß sie die Lehre des Bhakti oder vom Glauben als geboten aufstellen; eine Lehre, welche den Hindu's bisher unbekannt war, indem sich all ihre Forschungen mit der Kenntniß Gottes beschäftigten. Ihre Glaubens-Artikel bestehen aus fünf Stufen: Santa, der kalte Glauben, Dasya, der dienende, Sakhya, der freundschaftliche, Bátsalya, die kindliche Liebe, und Madhurya, die Liebe zu Krishna. Die Sünder brauchen nur an Krishna zu glauben und mögen dann dem Chaitanya vertrauen. Den Prinzipien des Bhakti liegen große Tugenden zum Grunde; die Ausübung guter Werke, und die Entsagungen des Lebens und das Wissen dieser Welt stehen weit unter Bhakti.

Der Vaishnava macht sich durch seinen besondern Tiloka kenntlich, der aus zwei horizontalen Linien aus weißem Ocker besteht, die von der obern Stirn ausgehen, sich am Nasenbeine vereinigen und dann längs dem Rücken der Nase fortgehen. Nächstdem zeichnet ihn sein Halsband aus, das aus Tulasi-Bohnen besteht, und sein Japamálá oder Rosenkranz, der gewöhnlich aus 108 Körnern zusammengesetzt ist. Seine Brust, seine Schläfe und seine Arme, und sehr oft auch seine Gewänder, sind mit den Namen des Rádha und Krishna gezeichnet. Wenn er sein Haar abschneidet, so läßt er eine kleine Locke auf dem Wirbel des Hauptes, welche bis auf den Nacken herabhängt, und mit dem heiligen Namen Chaitanya-sikha bezeichnet wird. In diesem Aufzuge einhergehend, ruft er die Worte: Gour-bada, Rádha und Krishna aus.

Der Vairagi oder ascetische Vaishnava trägt noch außerdem einen Korb oder Topf, oder eine Kürbißschaale in seinen Händen, um darin Almosen zu sammeln; jedoch bittet er darum nicht, sondern stellt sich vor die Thüre desjenigen, von dem er ein Almosen erwartet und ruft dabei aus: „Ehre dem Rádha-Krishna!" Einige der Vaishnava's leben in Mönchsorden, Akra's oder Math's genannt, zusammen, die aus einem Tempel, einer Wohnung für den Makanta oder Obern, und aus den Hütten für die Mönche und solchen, die für Reisende bestimmt sind, bestehen.

Die religiösen Pflichten oder Gebote, das heißt, die Sádhána's der Vaishnava's, belaufen sich bis auf vierundsechzig. Das erste und wichtigste Gebot ist, sich von einem Guru, einem religiösen Lehrer, im Guru Pádásraya unterrichten zu lassen. Es werden jedoch nur die Auserwählten mit diesen Lehren vertraut gemacht, der Mehrzahl werden keine Lehren, sondern bloße Worte aus den Vaishnava-Mantra's zugeflüstert. In einem einsamen Gemache werden dem andächtigen Gläubigen, dem Sishya, die Worte: Kling Krishna, Kling Rádha und Kling Thúng mit schwacher Stimme ins Ohr geflüstert. Wer solche einem anderen Sterblichen anvertraut, macht sich der ewigen Glückseeligkeit verlustig.

Die erblichen Guru's der Vaishnava's, die Goshmani's genannt, nehmen den höhern Casten der Brahmanen gegenüber eine untergeordnete Stellung ein, deshalb stehen auch die Vaishnava's niedriger als die Shakta's, indem sie keinen Brahmanen als ihren Guru anerkennen, der mit den Sudra's umgeht, und hieraus ergiebt sich auch, daß die Männer der höheren Classen beinahe alle zu den Anbetern der weiblichen Gottheit gehören.

In den Augen der Vaishnava's ist ihr Guru, der Goshavámi, ein überirdisches Wesen. Er kommt zu seinem Schüler in großem Pomp wie ein Fürst dahergezogen, ein Herold, mit der Trisula in einer und der Trompete in der anderen Hand, geht ihm voran, seine Annäherung verkündend. Auf den Laut der Töne kommen die Bewohner aus ihren Häusern, den Gewaltigen zu bewillkommnen, denn sein Zorn ist gleich der alles zerstörenden Flamme. Der Schüler empfängt ihn in tiefer Ehrfurcht und wirft sich vor ihm auf die Erde, worauf der Guru von seinem Pferde steigt und den in Demuth hingestreckten Sishya segnet, indem er dessen Haupt mit dem Fuße berührt. Sobald sich der Aufzug dem Hause des Schülers nähert, kommen dessen Mutter und Frau heraus, erfassen die Füße des Guru's, waschen selbige und trocknen sie mit ihren Haaren. Das Wasser, womit dem heiligen Manne die Füße gereinigt wurden, wird als ein heiliger Nektar in tiefster Andacht von der ganzen Familie getrunken. Hierauf wird das Beste, was die Familie darzureichen vermag, herbeigeschafft, und zwar in solchem Ueberflusse, daß auch die Bhakta's ihren Hunger stillen können. Wenn der Guru sich gesättigt hat, kehrt er befriedigt heim, solche Einfältigen gefunden und glücklich gemacht zu haben ⁸⁸).

Die Vaishnava's halten ihre Heirathen für nicht sehr bindend, und können sich ihrer Frauen durch eine Geldzahlung entledigen; daher kommt es, daß sie sich leicht einem ausschweifenden Leben ergeben. Ebenso leicht setzen sie sich über Casten-Vorrechte hinweg, weshalb ein Brahmane unter ihnen nicht mehr geachtet ist, als ein Vairaṭi; eine Ausnahme hiervon machen die nicht priesterlichen Vaishnava's, welche streng am Castenwesen festhalten. Einige Vaishnava's begraben ihre Todten, die meisten ziehen jedoch das Verbrennen der Leichen vor.

Noch zweier Sekten wollen wir gedenken, die sich unter ihnen bemerkbar gemacht haben, der Spashtha Dáyaka's und der Kharta-Bhaja's. Erstere widersetzen sich dem Einflusse der Guru's und der von ihnen beanspruchten Verehrung, und sind wegen des mystischen Zusammenkommens der beiden Geschlechter bekannt. Die Kharta-Bhaja's werden als Anbeter eines Khartá oder Schöpfers so genannt und gehören zu den Anhängern des Oule Chánd, eines Fanatikers. Ihre Lehre liegt in dem Symbolum: „Gurú Dhara, Satya Pala, Sanga Chala" — Vereinige Dich mit Guru, folge ihm und rede die Wahrheit." — Sie stehen im Rufe, große Wunder verrichten zu können, heilen Krankheiten ohne Medikamente und senden Diakonen in die Welt, die Leute zu bekehren.

Außer diesen Sekten finden wir in Indien noch eine andere Sekte, welche, obgleich sie in ihrer religiösen Auffassung von der der Hindu's sehr abweicht, doch derselben Quelle entsprungen ist; nämlich die der Jaina's [90]).

Die Jaina's, eine buddhistische Sekte, unterscheiden sich von den Buddhisten außer manchen anderen Auffassungen, namentlich darin, daß sie vier und zwanzig vergötterte Helden anbeten, wogegen jene nur sieben verehren; sie beobachten das Castenwesen und ihre Götzenbilder sind nackend, wogegen die der Buddha's mit Gewändern bekleidet sind. Bahar, der Sitz der Mond-Dynastie, wo einst der Buddhismus in größtem Glanze herrschte, war die Wiege des Jaina-Glaubens; aber ob er daselbst entstanden, oder von scythischen Stämmen dahin gebracht worden ist, wie dies Forscher voraussetzen, müssen wir dahin gestellt sein lassen. Nach Indien kam der Jainaglauben, Wilson's Angabe gemäß, im 7ten Jahrh. nach Chr.

Wir erkennen in den Jaina's gleichsam die verbindende Kette zwischen den Buddha's und dem Brahmanenthum. Sie leugnen, gleich den Buddha's, das Vorhandensein eines Gottes, welcher sichtbar die Dinge der Welt leitet, und glauben dagegen an die Ewigkeit der Materie; sie beten vergötterte Heilige an; sind überaus gewissenhaft in Bewahrung thierischen Lebens und in der Vorsorge für Erhaltung aller lebenden Geschöpfe. Komarpal, der letzte König von Anhulwara, wollte deshalb seine Armee nicht in der Regenzeit marschiren lassen, weil dadurch viel thierisches Leben geopfert würde. Der strenggläubige Jaina brennt selbst in der Regenzeit keine Lampe, damit nicht die Insekten von der Flamme angezogen und getödtet werden [91]).

Die Jaina's besitzen keine erbliche Priesterschaft, sowie sie auch die göttliche Autorität der Veda's nicht anerkennen, keine Schlachtopfer verrichten, noch dem Feuer eine besondere Verehrung bezeigen. Dagegen stimmen sie in vielen anderen Punkten den Lehren der Hindu's bei; ihr strenges Festhalten an Casten-Unterschiede finden wir besonders im Süden und Westen von Indien vorherrschend; weniger auffallend zeigt sich diese Sonderung im Nordosten. Wenngleich ein Jaina die vier Casten der Hindu's nicht anerkennt, so wird er sich jedoch bei seiner Bekehrung zum Hinduismus für eine derselben erklären, und zwar für diejenige, von welcher er abzustammen glaubt. Unter ihnen selbst sind unzählige Classen-Sonderungen, die vorzugsweise bei Heirathen sehr gewissenhaft berücksichtigt werden.

Obgleich die Jaina's die Veda's nicht als göttliche Offenbarungen anerkennen, so räumen sie denselben doch in allen den Dingen Autorität ein, wo dieselben nicht mit den Grundprinzipien ihres Glaubens im Widerspruche stehen. Auch zollen sie allen Göttern der Hindu's ihre Verehrung, einige werden besonders angebetet, jedoch ihren eigenen Heiligen nachgestellt. Diese Gegenstände ihrer Anbetung sind Heilige, welche sich durch Entsagungen und Büßungen über die Götter erhoben haben; in Ansehn und Charakter denen der Buddha's gleich, sind sie indeß sehr verschieden durch ihre Namen und ihre geschichtlichen Ueberlieferungen. Sie heißen die Tirtankera's, die vierundzwanzig Heiligen der Vergangenheit, die vierundzwanzig der gegenwärtigen Zeit, und die vierundzwanzig der Zukunft. Von diesen wird in einigen Orten Rishoba, der erste der gegenwärtigen Zeit, am meisten angebetet; aber überall sind es Parasnáth und Mahávira, der dreiundzwanzigste und vierundzwanzigste der Heiligen jetziger Zeit, denen Anbetung widerfährt. Da alle Heilige, mit Ausnahme dieser beiden letzten, einen höchst fabelhaften Charakter haben, so glaubt man annehmen zu können, daß diese beiden die eigentlichen Gründer ihrer Religion sind. In Anbetung versunken, verhalten sie sich theilnahmlos gegen die Regierung der Welt [92]).

Die Verhältnisse und die Stellung der Hindu-Götter ist unter den Jaina's eine andere; sie geben den größten Göttern der Hindu's keinen Vorzug, haben dagegen die Zahl der Götter vermehrt und damit auch die Widersinnigkeiten dieses Religionssystemes erhöht. So stellen sie vierundsechzig Judra's und zweiundzwanzig Dévi's auf. Ebenso weichen sie darin von den Buddha's ab, daß sie den Reliquien keine Verehrung zollen und keine klösterlichen Einrichtungen besitzen. Ihre nichterblichen Priester, welche Játi's genannt werden, gehören allen Casten an, und obgleich in Kleidung und Haltung verschieden von den Brahmanen, sind sie doch denselben in mancher Beziehung sehr ähnlich. Sie tragen weite, den Körper leicht umhüllende weiße Mäntel, gehen unbedeckten Hauptes, Haar und Bart kurz abgeschnitten, führen einen schwarzen Stab und einen Besen mit sich, um die lebenden Geschöpfe wegzufegen. Aus dieser Vorsorge entstand vielleicht das Verbot des Badens, was dem Brahmanengebrauche diagonal entgegensteht. Sie stehen in ihrem Wissen und ihren Forschungen den Brahmanen wenig nach und übertreffen diese noch in phantastischen Ideen über Chronologie und Geographie. Wenn die Brahmanen von Millionen reden, führen die Jaina's Hunderte von Millionen an. Ihre heilige Sprache ist Magadi oder Pali.

Die Tempel der Jaina's übertreffen an Größe und Schönheit viele Hindutempel, aber ihrer Bauart wegen, welche meist flache Dächer, Säulenhallen und Höfe zeigt, erscheinen sie eher als die Wohnungen der Vornehmen, denn als Gotteshäuser. Einige ihrer Tempel sind denen der Hindu's sehr ähnlich, manchmal kreisförmig und von den colossalen Statuen der Tirtankera's umgeben; andere sind in Felsen gehauen, wie zu Ellora, Nassik und anderen Orten, oder mit großer Kunst und Pracht unter der Erde angelegt, wie der Tempel nahe Ahmedabad, der zu einer Zeit gebauet sein soll, als der Jaina-Glaube von den Brahmanen verfolgt wurde [83]).

Unter ihren colossalen Statuen ist die eines der Tirtankera's, in der Nähe von Chinräipatan in Mysore besonders bemerkenswerth. Sie ist aus einem Felsen gehauen und hat gegen 70' Höhe. Desgleichen befinden sich zu Mandor, im Lande des Raja von Jodhpor, achtzehn Riesen-Figuren, in bas-relief aus Stein gehauen, die Schutzgötter der Rahtor-Radschputen vorstellend. Sie stehen in einer Reihe an einen rothen Sandsteinfelsen gelehnt; drei derselben, unter diesen Ganesa mit dem Elephantenkopfe, stehen zwischen zwei Abbildungen des Bhairon, und in einem offenen Tempel; während die anderen, um gegen den Einfluß der Witterung geschützt zu sein, unter Dächern mit einem schirmartigen Vorsprunge, die von Säulen getragen werden, aufgestellt sind. Dieser Schutz ist nothwendig, weil diese Figuren mit einem farbigen Cement verziert sind, wogegen die ersten drei nur mit goldenen Linien gezeichnet und bloß roth bemalt sind. Zwei dieser neun Figuren, die aus dem Felsen gehauen sind, stellen die achtarmige Devie Mata, die Schutzgöttin der Pocken, vor, und eine mit untergeschlagenen Beinen sitzende Figur ist Kathjie, der mehrere Tempel im Lande des Raja's gewidmet sind. Die übrigen sind Halbgötter oder Helden der Vorzeit; sie sind, auf Rossen sitzend, in ihren Rüstungen und Gewändern und mit ihren Waffen aufs künstlichste gemeißelt. Sie heißen Mûlicnath, und ihnen zu Ehren wird die große Messe jährlich zu Tilwara gehalten, indem sich daselbst die Wittwe eines dieser Helden, des Rupa-deo, verbrannte. Sie steht vor dem Pferde ihres Gatten, nächst diesem befindet sich der Held Pabujie auf seiner berühmten schwarzen Stute, dann kommen Raudev, Hûrba, Gogo und Mewo.

In einem zweiten abgeschlossenen Raume sind sechs andere riesenhafte unbemalte Figuren vortrefflich erhalten, unter diesen der **vierköpfige Brahma**, Surya oder Apollo auf einem Wagen stehend, der von einem Pferde mit sieben Köpfen gezogen wird, ferner Hanumân oder Mûhavier, der Affengott. Die vierte Gruppe bilden Rama und seine Braut; in der fünften steht Krishna oder Kanhaja, von vier Milchmädchen umgeben, die Flöte spielend, während diese und einige wilde Thiere, die der heilige Girraj oder König der Berge, ausgesendet hat, ihm mit Entzücken zuhören [94]). Die sechste Figur stellt Çiva dar, von dessen Haaren der Ganges herabströmt [95]).

Unter allen Tempeln der Jaina's ist jedoch der aus weißem Marmor im edelsten Stile erbaute Tempel auf dem Berge A'bú, nördlich von Guzerat, das schönste derartige Bauwerk.

Die religiösen Feste der Hindu's und Jaina's und ihre vorzüglichsten Pilger-Orte.

a. Die religiösen Feste der Hindu's.

Die Festlichkeiten der Hindu's sind meist religiöser Natur; selbst diejenigen, welche ihrem geselligen Leben angehören, tragen stets den Charakter von etwas Religiösem an sich; denn der Hindu kann sich den Freuden des Lebens nicht hingeben, ohne dabei irgend eines seiner vielen Millionen Götter zugleich zu gedenken.

Das neue Jahr, welches mit dem Monat Baisakh oder Voishakha beginnt (in den letzten Tagen des April oder den ersten des Mai), gilt ihnen als eine besonders heilige, guten Werken und religiösen Pflichten gewidmete Zeit [96]). In diesen Wochen wehen die heißesten Winde über Indien, die Ebenen von Bengalen sind erstarrt von Trockenheit, eine unerträgliche Schwüle droht Menschen und Thiere zu ersticken, und der an vielen Stellen gespaltene Boden ist so heiß, daß der nackte Fuß des Wanderers von einem brennenden Gefühle gepeinigt wird. Um den lebenden Geschöpfen diese Leiden weniger fühlbar zu machen, haben religiöse Gesetzgeber den Hindu's vorgeschrieben, solchen Uebelständen nach menschlichen Kräften abzuhelfen. Vor den Häusern der Vornehmen befinden sich mächtige Gefäße mit Wasser, damit Kühe und andere Thiere ihren Durst stillen können, auf erhöheten Punkten stehen andere für die Vögel, und für die ermüdeten Wanderer sind Holzrinnen angelegt, in welchen Korn liegt und durch welche Wasser tröpfelt. An den Zweigen des sich weit ausbreitenden Ashwat-Baumes und am Stamme der Talsipflanze hängen mit Wasser gefüllte Töpfe, deren Inhalt auf die Wurzeln sich erfrischend ergießt. Selbst die Götterbilder werden in der Abendkühle häufiger als gewöhnlich mit Früchten und anderen köstlichen Speisen beschenkt, welche den Wächtern derselben zu Gute kommen. Ueber den Häuptern des Çiva und Shâlgrâms werden Krüge mit Gangeswasser aufgehängt, um sie vor dem Einflusse der Hitze zu schützen. Brahmanen werden mit Cocus- und Betelnüssen, Bananen, der heiligen Schnur, mit Badetüchern und mit Gold aufs reichste beschenkt.

In diesem Monate bringen Mütter für das Wohl und Gedeihen ihrer Kinder die mannigfaltigsten Gelübde dar, sowie die Eheleute andere für ihr gegenseitiges Lebensglück. Die ihren Mann liebende Gattin pflegt vor ihn hin zu treten und ihn anzubeten, das heißt, die Ceremonie Savitrievrata zu vollziehen. Sie beschenkt ihn zuerst mit neuen Gewändern, behängt ihn mit Blumenkränzen und nachdem sie seinen Körper mit rothem Zinn und mit Oel gesalbt hat, setzt sie sich auf ein Fußgestell, um ihn anzubeten. Gleich den Götzen bietet sie ihm Gaben an, sagt Gesänge her und betet zu ihm, daß sie ewig mit ihm vereint bleiben möge und nimmer eine Wittwe werde. Nachdem sie ihm noch andere Liebesdienste dargebracht hat, ladet sie ihn zu einer für ihn bereiteten Mahlzeit ein, und während er sich daran erfreuet, wandelt die liebevolle Gattin siebenmal um ihn herum [97]). — In Bengalen wird der Fluß Bhâgirathi angebetet und Gott Vishnu gebadet; aber die größten Verehrungen werden dem Dhenki dargebracht [98]). Denn durch ihn empfängt das Kind den ersten Reis, und beim Hochzeitsfeste und wenn dem Knaben die heilige Schnur angelegt wird, spendet der Dhenki den Reis zum Festmahle. Es sind die Frauen, welche an einem Tage dieses Monats mit großem Glanze dem Dhenki ihre Verehrung darbringen. Der Hammer wird dann roth bemalt, mit geheiligtem Oele bestrichen, und Reis und Darva-Gras werden ihm geopfert.

Der Sage nach soll ein Religionslehrer seinem Schüler befohlen haben, das Wort Dhenki wenigstens hundertundacht Mal des Tages herzusagen. Naran, der Musikant der himmlischen Mächte und der Schutzgott dieses Valtens, war so entzückt über die Frömmigkeit des Schülers, daß er, auf einem Dhenki reitend, zu ihm kam, ihn segnete und zum Lohne in den Himmel versetzte.

Nicht minder wichtig sind zwei Schwingfeste, deren eines dem Gott

Dharmaraj gewidmet ist, jedoch in Bengalen nur in wenigen Gegenden statt-findet. Mit diesen steht aber die Anbetung eines Stück Holzes, Debauki genannt (Theil einer göttlichen Eigenschaft) in Verbindung, welchem die Kraft beigemessen wird, heilige Orte auf unterirdischen Wegen besuchen zu können.

Dagegen sind diese religiösen Schwingfeste, Sudalu- oder Chedalfeste allgemeiner im südlichen Indien verbreitet, stehen mit dem sich Selbstzerfleischen in Verbindung, werden jedoch ausschließlich nur von den niederen Casten beobachtet. Der dem Schwingen sich Hinopfernde wird entweder vermöge eines eisernen Hakens, der ihm in die Rückenhaut gestochen wird, an einem um seinen Mittelpunkt sich drehenden Balken geschwungen; oder er sitzt in einem Korbe oder auf einem Stück Brett; oder eiserne Haken werden dem Büßer in die Seiten gestoßen, mit denen er um eine Pagoda wandern muß; oder der Büßer wird vermöge eines Strickes, der seine Brust umschlingt, an den Schwingbalken befestigt. Diese abscheulichen Feste, welche von vielen Brahmanen gemißbilligt werden, sind in der Präsidentschaft Madras auf dem Lande verbreitet, und finden am meisten statt, wenn Hungersnoth, Cholera oder ähnliche Plagen sich ereignen, sind mithin nicht immer an eine bestimmte Jahreszeit gebunden. Die zürnende Gottheit zu versöhnen, werden dabei zu gleicher Zeit Ziegen, Schaafe, Schweine und Geflügel geschlachtet, und die Reichen opfern selbst Büffel. Um die Büßer zu belohnen und die Kosten zu bestreiten, werden Beiträge gesammelt. Der Schwingpfahl befindet sich nahe bei dem Platze, auf welchem die Thiere geschlachtet werden; die Köpfe der getödteten Thiere werden auf einen Haufen aufgeschichtet; aber da Männer, Frauen und Kinder, festlich gekleidet, diesem Hinschlachten der Opferthiere bei-wohnen, und Zeugen des Todeskampfes derselben sind, so wird leider jedes Mitleid in ihnen erstickt; jedes Gefühl des Widerstrebens und Abscheus, das sie im ersten Augenblicke ergreift, ist bald verschwunden, der edlere, zartere Sinn geht verloren und die so aufgeregten Gemüther finden bald Gefallen an so grausamen Scenen ***).

Obgleich diese Gebräuche in keiner der religiösen Schriften der Hindu's erwähnt werden, so muß man dieselben dennoch als wirklich religiöse Cere-monien ansehen, indem sie der Gottheit Darmaroyswamy (wie das Tamul-Volk solche nennt, oder auch Virbadra Swamy, Sohn des Civa genannt) gewidmet sind. In einigen Gegenden dauern die Festlichkeiten zehn bis acht-zehn Tage und endigen am letzten Tage mit dem Gehen durchs Feuer. In diesem Zwecke wird ein Graben ein bis zwei Fuß tief und mehrere Schritte breit gemacht, und mit Brennstoffen angefüllt, durch deren glühende Kohlen der Büßer barfuß wandern muß. Nach einer Legende steht dieser Gebrauch mit Dropadie, der Gattin der Pancha Pandavas oder der fünf Brüder, deren im Mahabharata Erwähnung geschieht, in Verbindung. Am Ende des Feuers steht das anzubetende Götzenbild, neben einem Wasser, in welches sich der Büßer dann stürzt; Musik und der Beifall der zuschauenden Menge wirken aufregend auf seine Sinne und ermuntern ihn in seinem Vorhaben. Von Denen, die sich schwingen lassen, büßt mancher das Leben ein, die durch die glühenden Kohlen Wandernden sollen sich vor deren Einwirkungen vermöge eines Oeles zu schützen wissen.

Ein erfreuliches Fest ist dagegen das, auch in diesen Monat fallende Cocusnuß-Fest zu Surat. Der Nawab, umgeben von seinen Hofleuten, begiebt sich in feierlichem Aufzuge nach dem Taptiflusse, das Volk, festlich gekleidet, wogt in den Straßen oder umgiebt die Tempel und überall ertönen Musik und Freudengesänge. Am Flusse angekommen, wird der Nawab von den Brahmanen empfangen, welche nun folgendes Gebet hersagen:

„O Tapti-Göttin! Tochter der Sonne, Gattin des Meeres, vergieb uns all unsere Sünden. Sowie von Deinen Wellen eine auf die andere folgt, so laß uns die Glückseeligkeit zu Theil werden. Sende uns Fluthen von Gold und erhalte uns im Besitze von Reichthümern und Kindern."

Sobald dies beendigt ist, wirft der Nawab eine Cocusnuß in den Fluß. Hierauf werden zwölf große Körbe herbeigebracht, welche mit Cocusnüssen angefüllt und mit farbigen Blättern und Blüthen verziert sind und deren Inhalt unter die anwesenden Gäste vertheilt wird. In diesen Momenten ertönt der Donner der Kanonen von den Wällen, vermischt mit dem Freudenrufe der Menge.

Im Monate Jaischta (Mai—Juni) wird das Herabkommen des Gangá gefeiert, der Götze Jagannáth wird gebadet, die Schutzgöttin der Kinder wird angerufen und die Schwiegersöhne werden von den Vätern ihrer Frauen bewirthet. Der Tag, an welchem das Herabströmen des heiligen Flusses Ganga von der hoch gehobenen Spitze des Baikantha gefeiert wird, wenn seine köstlichen Wasser den triefenden Haaren des schelmischen Çiva entquollen, um den Fußspuren des mit Muscheln bedeckten Bhagirath zu folgen, dann bei unzähligen heiligen Orten vorüberfloß, die sechzigtausend Söhne des mächtigen Königs von Andh befreiete, und sich endlich in den ewig weiten Ocean ergoß, macht uns mit einem der lieblichsten Feste, dem Dasahara, bekannt, welches mit großem Glanze an den Uferbänken dieses heiligen Flusses gehalten wird, so daß die anmuthigsten Schilderungen der glühendsten Phantasie noch hinter der Wirklichkeit zurückbleiben.

Beide Ufer sind von vielen Tausenden von Menschen beider Geschlechter besetzt, die in ihren weißen oder farbigen Gewändern Kränze und Blumen dem Flusse opfern, sich dann in seinen reinigenden Fluthen baden oder damit besprengen und all die Anrufungen darbringen, welche Bittenden die Hoffnung geben, ihre Wünsche erfüllt zu sehen. Priester und Brahmanen werden reichlich beschenkt und nichts verabsäumt, sich den Flußgott verbindlich zu machen, weil seine Gunst die Sünden von zehn Geburten abwäscht. Mit Einbruch des Abenddunkels sieht man unzählige Frauen und Mädchen sich dem Flusse mit brennenden Lämpchen nähern, um solche seinen Wogen anzuvertrauen. Es sind die flimmernden Lämpchen die Schiffe, welche alle ihre Wünsche und Hoffnungen tragen, eine Jede verfolgt mit der ängstlichsten Spannung ihr brennendes Schiffchen; denn bleibt dasselbe so lange leuchtend, als das Auge es zu verfolgen vermag, so ist an deren Erfüllung nicht zu zweifeln; aber sollten die Wogen es früher ausgelöscht haben, so gehen mit ihm auch die Hoffnungen unter.

Die Schutzherrin der Mütter und Kinder, die Göttin Shasti, wird als eine Frau dargestellt, welche mit einem an ihrer Brust saugenden Kinde auf einer Katze reitet. Sie ist der Liebling der Mütter, ihr werden bei der Geburt jedes Kindes die wärmsten Huldigungen dargebracht, und bis zu der Zeit, wo das Kind seine Mannbarkeit erreicht, sucht man sich ihres gütigen Einflusses durch Geschenke zu versichern. Sind die Kinder herangewachsen, so hört dieser auf, und die Göttin ist vergessen. Wenn die Kinder von Krankheiten befallen werden, so wendet sich die Mutter in ihrer Herzensangst an Shasti; aber nicht der Göttin allein werden Geschenke gereicht, sondern auch ihrer Katze, die zu den bevorzugten Hausthieren gehört. Es sind sechs besondere Religionsfeste, welche dieser Göttin zu Ehren im Jahre gefeiert werden, das glänzendste derselben ist das im Monate Jaistha. Die Hindufrauen glauben, daß die Göttin es liebt, sich in dem Stamme des Bananenbaumes zu verbergen, weshalb jeder Ort in Indien einen solchen Baum besitzt, welcher dieser Göttin besonders geweihet ist. An einem bestimmten Tage versammeln sich die

Frauen des Ortes im Kreise unter demselben und festlich gekleidet, mit Juwelen und Blumen geschmückt, bringen sie mit frohen Blicken ihre Gebete und ihre Gaben dar, im Glauben, daß die Hoffnungen und Wünsche, welche ihre Herzen erfüllen, Gewährung finden werden. Solche, welche noch nicht mit Kindern gesegnet waren, kommen gesenkten Hauptes, tief klagend, und flehen in leise murmelnden Gebeten zur Göttin, sich ihrer zu erbarmen. Ein Priester oder eine Priesterin — denn wenn dieser fehlt übernimmt eine Frau sein Amt — sagt, vom Getöse der Tam-Tams begleitet, die hierauf bezüglichen heiligen Mantra's her, worauf die mit Kindern gesegneten Frauen die kinderlosen Frauen beschenken. Nachdem die hier Versammelten in feierlichem Aufzuge heimgekehrt sind, werden die Schwiegersöhne von ihren Vätern bewirthet und dabei mit Gewändern und Blumen beschenkt.

Ein anderes religiöses Fest ist das Baden des Jagannáth. Diesen Götzen, den „Herrn der Welt," stellt ein elendes und häßlich geformtes Stück Holz dar [106]). Dieser abscheuliche Götze wird an einem bestimmten Tage in Gewänder gehüllt, dann aus dem Tempel getragen und auf eine für diesen Zweck erbaute Erhöhung gestellt. Während die versammelte Menge den Brahmanen zuhört, welche Vedaverse hersingen und während sie den eintönigen Gesang derselben mit Freudengeschrei begleitet, wird der Götze entkleidet und im Wasser des Bagirathi gebadet. Sobald dies beendigt ist, bringen die Gläubigen dem rein gewaschenen Gotte Blumen, Süßigkeiten und Gold, welches die Priester für ihn in Empfang nehmen. In Bengalen wird dies Fest am glänzendsten im Dorfe Serampore (Mahesch) gefeiert, wo Alt und Jung beider Geschlechter, besonders Frauen, aus den fernsten Ortschaften zusammenkommen, und wo sich alle Welt in so ungezügelter Weise den Vergnügungen überläßt, daß das sittliche Gefühl der niederen Classen aufs Tiefste darunter leidet. Mit welcher Pracht dies Religionsfest an dem bekannten Wallfahrtsorte zu Orissa gehalten wird, werden wir später kennen lernen.

In den letzten Tagen des Juni und Anfangs Juli, im Monate Á'sárka, wird das mit jener Götzen-Anbetung in Verbindung stehende Ratha-Játrá oder Wagenfest gefeiert. Nachdem nämlich der Götze Jagannáth vierzehn Tage hintereinander gebadet ist, wird er auf einen ungeschickt und schwerfällig gebaueten hölzernen Wagen gesetzt, um sich dem Vergnügen einer Spazierfahrt überlassen zu können. Der auf acht bis sechzehn Rädern ruhende Wagen wird von unzähligen seiner Verehrer gezogen und glücklich wird der gepriesen, welcher an dem Wagen mitzieht. In großen Städten, wie zu Calcutta, findet man Hunderte solcher Wagen, und in Bengalen besitzt beinahe jedes Dorf einen solchen, auf welchem der berühmteste der Hindu-Götzen seinen Ausflug unternimmt. Dem Wagen gehen Musikanten voran, welche mit den tief tönenden Mridanga's und den weitschallenden Becken den Gesang der Priester und der Sänger zu übertäuben suchen, die sich dabei in Gesängen zum Lobe und Ruhme Krishna's hören lassen. Ergötzungen, welche das sittliche Gefühl der Anwesenden untergraben müssen, beschließen dieses die Menschheit entwürdigende Fest.

Im Monate Shrábana (Juli — August) sind es das Schwingfest und die Anbetung der Königin der Schlangen, welche alle Classen, insonderheit jedoch die niederen Stände, beschäftigen.

Beim Schwingfeste, dem Jhúlana-Játrá, wird Krishna, dem beliebtesten der Götter des Hindu-Pantheons, Anbetung dargebracht. In einem besonderen Gemache, dem Tempel dieses Gottes zunächst, hängt an Stricken, die an der Decke befestigt sind, eine Art Thron, der entweder aus Silber oder aus Holz gearbeitet ist, und auf welchem der schwarze Götze, in glänzende Gewänder gekleidet, gesetzt wird. Auf diesem Throne wird der schelmische Schaafhirt des Gokal wie in einer Wiege einige Zeit hin und her geschwungen, dann wieder nach seinem Tempel in feierlichem Aufzuge zurückgebracht, und nun versammeln sich seine Anbeter, um ihm unter Musik und Gesangbegleitung ihre Huldigungen darzubringen, und endlich werden die Wächter dieses Gemaches reichlich bewirthet. Am Abende versammeln sich Knaben und Männer, um Krishna's Liebeleien aufzuführen, wobei die hinreißend schöne Rhada und die reizenden Milchmädchen von Brindában unter den ekelhaftesten Gestalten und Grimassen dargestellt werden. Das mehr einem Geheul als Gesange ähnliche Getön von funfzig Gesängen, die hierbei hergesagt werden müssen, macht den widerlichsten Eindruck auf den Beobachter dieser abscheulichen Orgien, welche drei und manchmal fünf Nächte hintereinander gefeiert werden und Sitten und Moralität aufs Tiefste verletzen.

Die Anbetung der Schlange, der Verführerin der Mutter der Menschheit, ist den Hindu's ein Denkmal von der Gewalt und List dieses Thieres und des der Menschen unwürdigen Falles; andererseits sehen sie in der Schlange das Bild der Ewigkeit und ihrer Macht, und wollen nun durch Anbetung ihren gefürchteten Einfluß schwächen. Die Schlange war den alten Aegyptern das Emblem der göttlichen Natur, denn in ihr sahen sie die größte

Kraft, Lebensfähigkeit und das höchste Alter. In Caschmir waren nach dem Ayien Akbery gegen siebenhundert Orte, wo aus Stein oder Holz gearbeitete Figuren der Schlange angebetet wurden; die meisten der in den Felstempeln dargestellten Gottheiten haben entweder Schlangen in ihren Händen oder sind von denselben umwunden, und die Architektur der Pagoden zeigt die Schlange als ein religiöses Symbol [101]).

Während der Regenzeit kommen die Schlangen aus ihren Höhlen hervor, und jährlich erliegen viele Hundert Menschen ihrem tödtlichen Bisse. Sie zu besänftigen, wird zu verschiedenen Zeiten des Jahres die Königin der Schlangen, die gefürchtete Manása-Devi, mit Gelübden und allerlei religiösen Ceremonien angeflehet und Gaben werden ihr dargebracht, um ihren Zorn abzuwenden. Die Mütter, um ihre Kinder vor dem Bisse der Schlangen gesichert zu wissen, flehen die Gunst Manása's an; daher sieht man in den letzten Tagen des Monats die Frauen aus ihren Dörfern mit einem irdenen Gefäße nach dem nächsten Teiche wandern; in demselben sind Reis, Milch und Zucker zusammengemischt, welches sie der Göttin für den Schutz ihrer Kinder anbieten, und da der Götze es nicht genießen kann, so verzehren sie selbst die ihm dargebrachte Gabe. Im Glauben, daß ihre Bitte Erhörung gefunden hat, kehrt die Mutter heim. Wenn die Frauen verhindert sind, sich ins Freie zu begeben, so verrichten sie diese Ceremonie, Bhan-bhojan genannt, im Hause; aber all dieser frommen Verrichtungen ungeachtet, werden Kinder von den Schlangen gebissen. Wenn ein solches Unglück eintritt, so ist es jedoch nicht die Schuld der Göttin, sondern der Kinder, die in ihrer Verehrung für die Göttin sich vergaßen, oder der Mütter, welche die erzürnte Göttin nicht zu besänftigen verstanden. Bei der Ceremonie wird das Bild der Göttin, die auf einer Wasserlilie sitzt und von Schlangen umkreist ist, in Demuth angebetet. An einigen Orten wird sie durch einen Zweig des Schlangenbaumes (einer Art euphorbia), oder durch einen mit Wasser angefüllten und mit Schlangen bemalten Topf dargestellt. Unter allen Ortschaften, wo es gefeiert wird, ist es am glänzendsten in einem kleinen Dorfe im Distrikte von Hugly, wo sich viele Tausende zu dem Zwecke versammeln. Männer, Frauen und Kinder kommen mit Gaben, um den Zorn der Götter zu beschwichtigen.

Die wichtigste Rolle spielen dabei die Schlangenfänger oder Schlangen-Bezähmer, Má'ls genannt. Tribunen sind dem Bilde der Gottheit zu Ehren aus Bambus aufgerichtet, und dahin werden Gefäße gebracht, die mit

Schlangen der mannigfaltigsten Arten gefüllt sind, von der schlanken und harmlosen Hele bis zur Boa Constrictor und der furchtbaren Cobra de capello. Die Máls, von berauschenden Getränken aufgeregt, besteigen die Tribunen, nehmen die Schlangen aus den Gefäßen, um sich von ihnen in den Arm beißen zu lassen. Von dem betäubenden Beifallsgeschrei unzähliger Zuschauer aufgemuntert, lassen sie sich den Körper so lange von den Bissen zerfleischen, bis das Blut herabtröpfelt; einige fallen von der Tribune herab, als seien dies die Folgen der Wirkungen des Schlangengiftes, aber durch wiederholte Anrufungen zur Göttin gestärkt, erheben sie sich bald wieder, um dies wahnsinnige Treiben fortsetzen zu können. Alle diese blutigen, scheinbar so gefährlichen Vorstellungen sind nichts als bloße Spielereien, indem die Schlangen vorher, ihrer Giftzähne beraubt, unschädlich gemacht worden sind. Die von Bewunderung fortgerissene Menge der Zuschauer weiß dies nicht, sondern glaubt, daß die Mals die erwählten Diener des Çiva und die Lieblinge des Manása sind.

Die Kenntniß der Máls von der Natur, den Gewohnheiten und den Eigenschaften der Schlangen ist bewunderungswürdig; sie folgen der Schlange in ihre Schlupfwinkel und verstehen es, selbst die giftigste und gefährlichste dieser Reptile, wie die Cobra, ihrem Willen zu unterwerfen. Bei Ausübung dieses Geschäfts ist es ihre Gewohnheit, gewisse Zaubersprüche herzumurmeln, in denen die Namen Manása und Mahádeva am häufigsten vorkommen. Sie führen dabei stets ein Bündel von Wurzeln aus besondern Pflanzen mit sich, welches den wirklichen Zauber der Betäubung ausübt. Denn, sobald die Schlange aus ihrem Loche wüthend sich herauswindet und den Angreifer zornig mit dem Kopfe anhißt, während ihr Körper, zusammengerollt, zur Stütze dient, braucht der Mál ihnen nur diese Wurzeln vorzuhalten und sie sinken sofort gleichsam leblos wie ein gelähmter Aal zusammen.

Im Monate Bhádra (Ende August — Anfang September) wird das große Fest der Geburt Krishna's gefeiert. Dieses Fest, „die Freude des Nanda," Nandotsaba genannt, ist dem Andenken des berühmten Schaafhirten-Königs gewidmet und wird von den Vaishnava's vorzugsweise beobachtet. Sie reinigen Tages zuvor ihre Häuser, machen sich am Festtage einander Geschenke, kleiden sich in ihre besten Gewänder und überlassen sich dem Genusse der ausgewähltesten Speisen. Wenn das Fest vorüber ist, wird gefastet und gebeichtet. Für die Goschavámi's ist es eine Zeit der Erndte; denn an diesem Tage werden sie von ihren blinden Anhängern aufs Reichlichste beschenkt.

Die Ceremonien des Festes selbst sind höchst schmutziger Art. Wenn in früher Morgenstunde den religiösen Vorschriften Genüge geschehen ist, wird im Hofe ein Loch gegraben und in dasselbe geronnene Milch, Turmerica (eine Wurzel von gelblicher Farbe) und einige andere Dinge hineingeworfen. Die Anhänger Krishna's springen nun in dies Loch, beschmieren sich den Körper mit diesem Schmuße, und durchziehen in diesem Zustande Haus und Dorf so lange, bis ihre Kräfte erschöpft sind; dann stürzen sie sich in einen Teich, um sich den Körper zu reinigen. In der kühlen Abendstunde versammeln sich die Vaishnava's, um, vom Spiele der Mridanga begleitet, dem Radhá und Krishna Loblieder zu singen; dabei durchziehen die Ausgelassenen die Straßen, tanzen, lachen und weinen und die am höchsten Begeisterten werfen sich, von Entzückungen erfaßt, zur Belustigung der Anwesenden auf den Boden.

Eines der beliebtesten aller Feste wird im Monate Ashwina (Sept.—Okt.) der Göttin Dûrga zu Ehren gefeiert. Alle Geschlechter und alle Stände, die Männer, Frauen und Kinder der Armen sowohl als der Reichen, der stolze Brahmane sowie der verachtete Chandál sehen dem Tage mit Entzücken entgegen; Jedermann ist bemüht, diese Zeit im Kreise der Seinigen zuzubringen. In den Städten und selbst in Calcutta schließen die Mofúfsíliten ihre Läden, der Handwerker legt seine Werkgeräthe bei Seite, und der Landmann läßt seinen Pflug ruhen; denn in den drei Pajá-Tagen ist Jedermann bemühet, nach all seinen Kräften den höchsten Glanz zu entfalten und den größten Reichthum zu zeigen. Die Unbemittelten haben zu diesem Zwecke Ersparnisse gemacht und da diese nicht ausreichend sind, indem jede Familie neu gekleidet erscheinen will und es geboten scheint, sich der Lust und Freude auf die zügelloseste Weise hinzugeben, so wird in diesen Tagen sehr oft der Verdienst eines ganzen Jahres solchem unverständigen Wesen zum Opfer gebracht.

In allen Ortschaften ertönt der Klang der Musik des unmelodischen Tamtam, Ausrufungen der Freude lassen sich hören, Glückwünschungen werden gewechselt und nur frohe Gesichter sind zu sehen; denn Jedermann soll eingedenk sein, daß es der Zeit gilt, wo die Göttin Dûrga, das weibliche Wesen, durch deren Einfluß das Weltall geschaffen wurde, die Gattin des Bhang essenden Gottes Çiva, außer vielen andern unsterblichen Thaten, den Riesen Mahisa vernichtete, diesen Gewaltigen, der die Götter übel behandelte und die Bewohner der drei Welten unterdrückt hatte. Zu diesem Zwecke wird die Göttin als ein furchtbar drohendes, zehnarmiges Wesen dargestellt; mit verschiedenen

Waffen in ihren Händen, steht sie mit dem rechten Fuße auf einen Löwen gestützt, während sie mit dem linken dem Riesen auf die Schulter tritt. Eine Schlange, die sich ihren Armen entwindet, versetzt ihm den tödtlichen Biß ins Herz. Ueber ihrem Haupte ist sie von einem Bogen geziert, der, gleich einem Heiligenscheine, die widerliche Schöne umgiebt, und dahinter und zur Seite sind ihre vielen Begleiter auf dem Schlachtfelde, sowie das Gemetzel der zahllosen Verbündeten des Riesen in den buntesten Farben dargestellt. Der Göttin zunächst befinden sich, in anmuthsvollen Stellungen, ihre beiden Töchter, die Göttin „des Gedeihens" und die der „Weisheit," neben dieser steht Gott Ganesa mit dem Elephantenkopfe, neben jener der schöne Kartikeya, auf einem Pfau reitend [102]).

Dies aus Stroh und Thon geformte Götzenbild wird während der drei Tage verehrt und am vierten Tage in den nächsten Fluß oder Teich versenkt. Am ersten Tage erscheint die Göttin, nach allerlei Ceremonien und Vorschriften, als mit dem Geiste der Durga beseelt und ihr sowohl als ihren Begleitern werden Anbetungen erwiesen. Den zweiten Tag wird die Göttin unter großen Feierlichkeiten gebadet, wobei unzählige Betende sich einstellen, und die Wittwen fasten, damit aus dieser Entsagung für sie selbst und ihre Kinder Seegen erwachse; am dritten Tage wird die Anbetung nur einmal verrichtet. Während der drei Tage werden Ziegen, Schaafe und Büffel in großer Anzahl vor besonders dazu errichteten Altären von Brahmanen oder Grobschmieden geopfert; der letzte Tag ist der blutigste, aber an allen werden Brahmanen und Freunde mit Süßigkeiten, Früchten und geronnener Milch bewirthet. In den Abendstunden und während der Nächte werden vor der Göttin unter Musik und Gesang allerlei Tänze aufgeführt, die Natschmädchen erscheinen dabei gewöhnlich in so durchsichtigen Gewändern, daß jedes Glied, ja jeder Muskel, deutlich zu erkennen ist. An anderen Orten suchen Sänger sich durch ihre weit durch die Lüfte schallenden Töne zu überbieten, indem sie in ihren Gesängen den Ruhm der Göttin bis in die weitesten Fernen zu verkünden sich bemühen. Das entwürdigendste Schauspiel bieten Jünglinge dar, die sich den schamlosesten Darstellungen hingeben, um den Zuschauern die Rollen der hinreißenden Milchmädchen von Brindában zur Anschauung zu bringen.

Nachdem dies von den sittenlosesten Orgien begleitete Fest drei Tage gedauert hat, verrichten die Priester am vierten Tage gewisse religiöse Ceremonien, welche mit Gebeten schließen, die von dem Klagegetön der Frauen begleitet sind, indem sie nun der Göttin Lebewohl sagen und sie anrufen, im nächsten Jahre wiederzukehren. Hierauf werden von den Anwesenden Geschenke dargebracht, die Anbeter reiben sich die Stirne mit dem Staube von den Füßen der Göttin, und da ihr Geist bereits entflohen ist, so erscheinen kräftige Träger, welche das Durgá-Götzenbild in feierlichem Aufzuge durch die Straßen tragen, um sie dem Wasser anzuvertrauen. Zuvor hat sich jedoch ein Jeder bemühet, der Göttin etwas von ihren Zierrathen abzureißen, um solche als Amulete mit sich nehmen zu können. Wenn die Priester von diesem letzten der Göttin erwiesenen Dienste heimkehren, so sprengen sie heiliges Wasser über die Gläubigen, ebenso wie es der römisch-katholische Priester am Feste des St. Antonio vor jener Kirche über Menschen und Thiere verrichtet, und sowie dieser, entläßt auch der Hindu-Priester seine gläubige Gemeinde mit seinem Seegen. Nach diesem umarmt man sich gegenseitig mit Herzlichkeit, bewirthet die Freunde und berauscht sich mit einem aus Hanfblättern bereiteten Getränke.

Wenige Tage nach diesem Feste tritt der Neumond ein, an welchem der Göttin Lakshmi — der des Gedeihens — die Weihe dargebracht wird. Dem Branche gemäß wird der Korb, welcher jeder Haushaltung als Kornmaaß dient, mit Reis angefüllt, mit Blumen bekränzt und dann mit einem Shawl bedeckt. Bemittelte pflegen dabei das Bild der auf der Lotusblume sitzenden Göttin aufzustellen. Während der Nacht muß in jedem Hause wenigstens Einer wach bleiben, weil zu dieser Zeit die Göttin über alle Wohnungen der Menschen hinwegfliegt, aber nur diejenigen Häuser und Hütten segnet, in denen sie einen der Bewohner wachend findet. Um dem Schlafe nicht zu erliegen, wird in vielen Häusern diese Nacht mit Spielen und Trinken verbracht.

Im Monate Kartika (Ende Oktober und Anfang November) werden die Göttinnen Shyámá und Jagadbhátri verehrt. Das der Ersteren gewidmete Fest knüpft sich an den berühmten Krieg der Göttin Durga oder Kali mit Sambha und Nisambha an, wobei Kali den Sieg über Rakta Bija, den feindlichen Heerführer, erhielt. Von Wonne überwältigt, einen solchen Triumph erfochten zu haben, überließ sie sich dem Tanze, aber ihre Bewegungen erschütterten das Weltall bis in seine Grundfesten. Götter und Menschen liefen bestürzt zu ihrem Gatten Çiva, ihn anflehend, seine liebevolle Gemahlin von diesem furchtbaren Tanze abzuhalten. Çiva begab sich, den Göttern zur Liebe, in Eile nach dem Schlachtfelde, sah aber kein anderes Mittel, seine von Freuden berauschte Frau zu beruhigen, als, daß er sich selbst auf die bergehoch aufgeschichteten Todten warf. Sobald die Göttin wahrnahm, daß sie auf dem Körper ihres Gatten tanzte, blieb sie mit ausgestreckter Zunge wie starr und fest gebannt stehen. In dieser Stellung nun, den Körper Çiva's zu ihren Füßen, die Zunge lang herabhängend, ihre vier Arme weit ausgestreckt, in dem einen das Schwert, in dem anderen den Kopf des Riesen und die beiden anderen ihre unzähligen Heere andeutend, wird sie dargestellt. Ihre Ohrringe sind herabfallende Leichen, ihr Halsgeschmeide sind Todtenköpfe, ihre Brust umgiebt ein aus den Händen der gefallenen Riesen gebildeter Kranz, und ihre Zobelbesätze fallen bis zu den Knöcheln herab. Das Licht ihrer Augen, vom Blute der Feinde berauscht, sprüht rothglühende Zornblicke, die Augenbrauen sind blutroth gefärbt und Blut fließt ihre Brüste entlang.

Inmitten der Neumond-Nacht werden dieser Göttin im Hofe des ihr geweiheten Tempels unzählige Thiere hingeschlachtet, oft in so großer Menge, daß der Tempel im Blute zu schwimmen scheint. Die tiefe Dunkelheit der Nacht, die wehmüthigen Schmerzenstöne der hingemordeten Thiere, begleitet vom Getöse der Tam-tams und dem betäubenden Geschrei der Zuschauer, wirkt höchst verderblich auf die edlern Gefühle im Menschen, und jeder, in dessen Herz diese nicht ganz erstorben sind, muß sich mit tiefstem Abscheu von solch einem grausam ekelhaften Schauspiele wegwenden. Dazwischen hört man die weit schallenden Ausrufungen des Priesters, der das Jaya Tárá! (Singe dem Tárá) ausstößt, und das Rufen und Toben einer von geistigen Getränken berauschten Menge.

Der Anbetung der Göttin Jagadbhátri, welche auf einem Löwen reitet und in ihren vier Händen eine Seemuschel, eine Wurfscheibe, eine Wasserlilie und eine Keule hält, und eine der unzähligen Formbildungen der Göttin Dúrga ist, wird nur ein Tag gewidmet. Bei den ihr zu Ehren dargebrachten Ceremonien werden vor ihrem Bilde Zaubersprüche und heilige Geschichten hergesagt, dann blutige Opfer verrichtet und Geschenke dargebracht. Eine festliche Bewirthung an Brahmanen beschließt die Feier, wobei die gewöhnlichen obscönen Tänze und Gesänge nicht fehlen dürfen, und wenn diesen zum Uebermaße genügt ist, wird das Götzenbild dem Volke noch einmal gezeigt und dann in feierlichem Aufzuge, gleich allen Hindugötzen, nach dem nächsten Flusse oder Teiche getragen, um darin versenkt zu werden.

Nächst dieser Feier ist Rasa-Sátrá, nämlich die Jahresfeier der Jagden Krishna's mit den Milchmädchen von Brindaban, das bedeutendste Fest im

Monate Kartika, indem es drei Nächte hintereinander mit mancherlei Ceremonien und oft sehr glanzvoll gefeiert wird. Der Gott wird aus seinem Tempel herausgeführt und auf einem hohen und offenen, zu diesem Zwecke erbauten Gestell in ein Ruhebett gestellt, über welches verschiedene aus Papier geschnitzte Thiergestalten herabhangen. Diesem Schaubilde bringt die Menge ihre feierlichen, von Musik, Liebesgesängen und den abscheulichsten Jâtrá's begleiteten Huldigungen dar. Mit Sonnenaufgang wird das Götzenbild in seinen Tempel zurückgetragen, um in den beiden folgenden Nächten auf gleiche Weise verehrt zu werden. Das Fest fällt in die Zeit des Vollmonds, dessen hellglänzendes Silberlicht den erfrischenden, von Blumenduft erfüllten Lüften der Herbstnächte einen besondern Reiz giebt; Aller Herzen sind voll von Frohsinn und die so leicht erregbaren Gemüther überlassen sich ungezügelt den Erinnerungen an die Wonnestunden von Râdhá's schalkhaftem Liebhaber. Allerlei Unterhaltungen werden veranstaltet, schattige Räume hergerichtet und die kleinen Läden, in denen allerhand Süßigkeiten, Pân-Blätter und Betelnüsse verkauft werden, sind reizend mit Blumen geschmückt und mit unzähligen bunten Lämpchen erleuchtet. Aber mancher Festgenosse begeht, von diesem Getriebe aufgeregt und von geistigen Getränken berauscht, die unsittlichsten Dinge, und namentlich die Moralität der Frauen scheint bei einem solchen Feste jedesmal untergraben oder wenigstens sehr gefährdet zu werden.

Am Ende des Monats Kártika wird dem Gotte Kartikeja, dem Mars der Indier, einem Sohne des Çiva und der Durga, eine Festlichkeit bereitet. Unter welchen wunderbaren Umständen der Heldengott mit seinen sechs Gesichtern, zu einer Zeit, als die Sterblichen unter dem eisernen Scepter eines übermüthigen Riesen schmachteten, geboren wurde, wie die schöne Königstochter vom Himalaja mit dem mächtigen Herrn der Kaila's liebäugelte und wie der indische Amor durch Çiva's Zorn in Asche verwandelt wurde, da er den mächtigen Gott mit einem seiner in Liebeswuth versetzenden Pfeile verwundet hatte, dies Alles wird uns in dem großen epischen Gedichte Kumar Sambhava bis in das kleinste Detail von Káli Dás beschrieben.

Der ritterliche Kartikeja, der auf einem Pfau reitet und in seinen Händen Bogen und Pfeile hält, gehört zu den Lieblingsgöttern der Hindu's; aber dennoch dauern die Huldigungen, die ihm dargebracht werden, nur eine Nacht, in welcher aber Tausende seiner Bilder angebetet werden. In besonderer Gunst steht er bei ausschweifenden Personen, z. B. in Calcutta; denn da er mit einer

Concubine, die ihm der König des Himmels gegeben hat, in wilder Ehe lebt, so erzeigen diese ihm große Ehren und ergötzen sich dabei an höchst indecenten Tänzen und an bacchantischen, von Musik begleiteten Aufzügen.

Dagegen hat das sogenannte Erntefest der Hindu's, das des „neuen Reis" im Monate Agrahajana (Ende November, Anfang December), wo die ersten Früchte den Göttern dargebracht werden, einen mehr religiösen Charakter. Bevor wir dies Fest näher beschreiben, haben wir indeß noch zweier eigenthümlichen Gebräuche im Monate Kartika zu gedenken. Zwei Tage nach dem Shyama-Feste pflegen die Schwestern ihren Brüdern ein Fest zu bereiten. Sie malen ihnen mit einer rothen Farbe gewisse Zeichen auf die Stirn und sprechen dazu: „Indem ich diese Farbe auf Deine Stirne bringe, möge Dir der Weg zu den Regionen des Yama (des Gottes der Unterwelt) mit Dornen bepflanzt sein!" Nachdem man sich hierauf mit gewissen Gebeten an Yama gewandt hat, werden die Brüder mit allerlei köstlichen Speisen bewirthet und mit Gewändern beschenkt. — Zu Anfang des Monats Kartika pflegen die unverheiratheten Mädchen jedes Hauses in Bengalen dem Könige des Todes ihre Huldigung darzubringen, indem sie von ihm Gatten und Söhne (letztere auch wohl ohne erstere) geschenkt zu bekommen erwarten und durch seine Vermittlung von Strafen in der künftigen Welt befreit zu werden hoffen. Hierbei wird ein kleines Loch dicht vor der Front des Hauses in die Erde gegraben, darauf in die vier Ecken Gerste und Waizen gesäet und Zweige der Paradiesfeige hineingesteckt. Wenn dies geschehen, entkleiden sich die Schönen, werfen reine Gewänder über, bespritzen ihr Haupt mit Gangeswasser, begeben sich nach der Grube und bringen dem Gotte Yama Blumen dar. Dreißig Tage lang wird dann jeden Morgen ein Kauri (eine kleine Muschel, von denen 20 [eigentlich 26⅔] ein Peiß ausmachen, von denen wieder 192 auf die Rupie gerechnet werden) in einen irdenen Topf gethan und am letzten Tage werden diese 30 Kauri's der Person dargebracht, welche das Loch gegraben hatte. Danach lebt dann jede Jungfrau in der Hoffnung, einen liebenswürdigen Gatten und hinreißend schöne Knaben zu bekommen.

Wir kehren zu dem bereits erwähnten Erntefeste im Monate Agrahajana zurück. Die ersten Reisbüschel werden in dieser Zeit den Göttern dankend geopfert und dabei Reis mit Milch und nahrhaften Wurzeln unter großen Feierlichkeiten den Unsterblichen vorgesetzt. Eingedenk der Sitte der Vorfahren, welche den Mani's und Rishi's reiche Gaben darbrachten, wird auch jetzt noch der Brahmanen gedacht. Selbst die Thiere des Feldes werden nicht vergessen, und es werden für sie Gaben von dem neuen Reis an hochgelegenen Orten ausgestellt.

In dem Monat Poush oder Poasha (Dec.—Jan.) fällt das sogenannte Poushali, wo auf dem Lande — denn in den Städten ist dieses Fest unbekannt — an einem bestimmten Tage Gruppen mit Körben in den Händen und Lasten auf dem Rücken von Haus zu Haus wandern und sich Reis und Gemüse erbetteln. Wenn sie hinreichend beschenkt sind, so begeben sie sich nach einem Garten oder einem schattigen Platze außerhalb des Dorfes, um die nöthigen Vorbereitungen zu einem Festmahle zu treffen. Alle männlichen Glieder eines jeden Haushalts, welcher seine Gaben dazu beigesteuert hat, werden eingeladen; damit aber kein Streit über die Annahme der Speisen entsteht, übernehmen Brahmanen das Amt der Köche. Ist eine Ortschaft sehr groß, so bilden sich zwei oder drei solcher Gesellschaften. Während die Brahmanen der heiligen Kochkunst obliegen, vergnügen sich die Gäste mit Gymnastik, Laufen, Schwimmen und den kräftigern Uebungen des Dauda-guli und Habu-gabu. Wenn sie ihre Lust daran befriedigt haben, nimmt Jeder ein Bad im Teiche und, davon erfrischt, setzen sie sich in das Gras, um das köstliche auf Pisangblättern servirte Mahl zu verzehren. Zum Schlusse des ländlichen Festes werden Betelnüsse und Tabak gereicht und oft verplaudert die Gesellschaft bei ihren Hukah's die halben Nächte [103]).

Im Monate Poush wird ferner das Fest der Kuchen gefeiert. Gerade zur christlichen Weihnachtszeit versorgt sich in Bengalen jede Hütte, auch die ärmste, mit Kuchen. Dieselben bestehen aus Reismehl, welches zu einem Teige geknetet wird, dem man mit den Fingern die Form eines hohlen Tassenkopfes giebt; diese Höhlung wird dann mit einem Gemisch aus dem Kerne der Cocusnuß, Milch oder geronnener Milch ausgefüllt, dann mit dem Teige geschlossen und das Ganze mehrere Minuten in Wasser gekocht. Drei Tage lang überläßt sich Alt und Jung dem Genusse dieser schwer verdaulichen Kuchen und bringt dabei der Göttin des „Gedeihens" und der Königin der Schlangen Gebete dar. Am ersten Tage werden alle Möbel des Hauses mit Strohhalmen umbunden, zum Zeichen, daß sie nie aus des Besitzers Händen kommen mögen. In einigen Ortschaften wird auch der Göttin Shasti, der Beschützerin der Kinder, ein großer Kuchen, in Gestalt einer Katze, geopfert.

Im Monate Magha (Januar—Februar) wird Saraswati, die Göttin

des Wissens, angebetet. Die schöne, durch ihre Rednergabe berühmte Saraswati steht, die Flöte spielend, auf einer Wasserlilie und sie, welche einst den erhabenen Vyasa, den mächtigen Valmiki und den versereichen Kalidasa begeisterte, ist heute die Lehrerin des armen Sudra und führt den Brahmanen ein in die Geheimnisse des Nyaga und der Vedanta. Am fünften Tage dieses Monats wird diese Göttin bei zunehmendem Monde in jedem Palaste wie in jeder Hütte verehrt; aber hierin den Göttern der Hindu's unähnlich, besitzt diese schöne und liebenswerthe Tochter des Brahma keine besondere Caste, die sich ihr vorzugsweise gewidmet hätte. Allen Manuskripten, Büchern, selbst den Schreibmaterialien, wird an diesem Tage göttliche Verehrung erwiesen, indem gewisse Gebete hergesagt und die erwähnten Gegenstände mit Blumen bestreuet werden. Obgleich es eine Göttin ist, der die Hindu's diese Verehrung darbringen, so sind dennoch die Frauen von der Festfeier ausgeschlossen und die denselben bei diesem Feste vorgeworfenen Unsittlichkeiten werden von vorurtheilsfreien Beobachtern als vereinzelt und damit eigentlich in keiner Verbindung stehend angegeben ¹⁰⁴).

Im elften Monate des Jahres, dem Phalguna (Februar — März) wird dem Krishna zu Ehren das dem Rasa-Yatra verwandte **Dol oder Holi-Fest** gefeiert, eine Erinnerung an die Jagden und Scherze des heitern Liebhabers von Gokul mit den Milchmädchen von Brindaban. Am glänzendsten gestaltet sich diese Feier in den westlichen Provinzen, wo bereits vor den Tagen des Vollmonds, bei Aufzügen und nächtlichen Gelagen, allerlei Unfug getrieben wird. Ehe die Engländer in Besitz jener Länder kamen, artete die Carnevalslust dieses Festes während jener Tage oft zu den gröbsten Sittenlosigkeiten und ärgsten Verbrechen aus ¹⁰⁵). Noch heute ist es die Zeit, wo die schmutzigsten Gesänge in den Straßen ertönen, wo Vorübergehende beschimpft werden, wo Frauen dem Unglimpf ausgesetzt sind, wobei sie durch ein rothes Pulver, welches ihnen in die Augen gespritzt wird, auf einige Zeit der Sehkraft beraubt werden, wo Hazardspiele stattfinden und überall Musik ertönt, in deren Nähe betrunkene „Heilige" in wildem Tanze herumspringen. Die bessern Classen begnügen sich mit Gesang, Musik und Feuerwerk und schminken sich das Gesicht mit rothem Pulver.

Noch eine andere Göttin wird in diesem Monate verehrt, die liebliche **Ghentu**, die Schutzherrin der **Krätze**. Dieser schmutzigen Göttin wird auf dem Düngerhaufen geopfert, welcher sich in der Nähe eines jeden Hauses in Bengalen befindet. Dazu bedient sich der fromme Anbeter eines zerbrochenen irdenen Gefäßes, welches mit Kalk und rother Farbe angestrichen und mit einigen Zweigen der Ghentu-Pflanze auf einen Cocusnußstock befestigt das Bild der Göttin der Krätze darstellt. Bei dieser Gelegenheit übernimmt die Hausfrau das Amt einer Priesterin und nachdem einige nichtssagende Verse hergesagt worden, wird die erhabene Göttin in Stücke zerschlagen, worauf ihre Anbeter, Alt und Jung, auf dem Düngerhaufen herumtanzen und indem sie die einzelnen Stücke aufsammeln, Gesänge der Göttin zur Ehre oder Schande hersingen. Doch nicht nur die Krätze glauben sie durch diesen schmutzigen Dienst zu bannen, sondern noch zwei andere Göttinnen, die Shitala (Göttin der Pocken, welche bekanntlich im Orient noch arge Verheerungen anrichten) und die Ola Bibi (Schutzherrin der Cholera). Beiden werden von Zeit zu Zeit Gelübde und Gebete dargebracht, um sich ihren furchtbaren Verheerungen zu entziehen [106]).

Im Monate Choitra, dem letzten des indischen Jahres, findet das große Schwingfest, Subalu Chibdal oder Charak puja statt. Es soll von einem Könige in alter Zeit veranstaltet worden sein, der nach harten Büßungen sich eine Begegnung mit dem Schutzgotte und Herrn von Kailas verschaffte, dem zu Ehren diese Festlichkeit stattfindet. Dieses Fest feiern besonders die sogenannten Sannyasis, denen sich indeß Hindu's aller Casten, meist aber der niedrigsten, anschließen und dafür aus gemeinsamen Beiträgen der Dorfschaften einige Rupien zum Lohne erhalten. Sie unterwerfen sich zu dem Zwecke einige Wochen hindurch vorbereitenden Reinigungen, indem sie täglich nur eine Mahlzeit halten, jeden Tag Çiva's Lingam besuchen, seine verschiedenen Namen ausrufen, um seine Tempel tanzen und sich von jeder Verunreinigung fern halten; deßhalb kleiden sie sich auch in das heilige Upabit.

Nachdem sie so genügend vorbereitet sind, werfen sich die Sannyasis am ersten Tage des Festes von einem 20' hohen Bambusgestell herab, zu dessen Füßen Messer und eiserne Zackenspitzen auf Strohhaufen gestreuet sind; aber sei es nun die Art, wie diese Mordwerkzeuge hingelegt sind, oder sei es, daß die Sannyasi's sich mit besonderer Geschicklichkeit auf dieselben zu werfen verstehen, nur selten wird einer davon verwundet. Hierauf folgt der große Tag des Bohrens, an dem der Arm eines Sannyasi mit einem Speere durchbohrt wird; eine lange dünne Eisenstange wird einem zweiten durch die Zunge gebohrt, die Stange selbst hält er mit beiden Händen fest; ein dritter tanzt zwischen zugespitzten Stöcken, die seine Seiten stechen, andere haben sich unzählige Nadeln in alle Glieder des Körpers gesteckt oder die Seite mit einer dünnen Eisenstange durchbohrt; viele lassen sich vom Grobschmidt ein Loch durch die Zunge bohren. Alles dies geschieht mit allerlei Pantomimen.

Am letzten Tage findet das eigentliche, bereits obenerwähnte Schwingen statt. Zunächst wird ein wenigstens 20 Fuß hoher fester Pfahl aufgerichtet, auf dessen oberm Ende ein großer Balken in horizontaler Lage angebracht ist, welcher sich in seinem Mittelpunkte auf dem Pfahle wie um eine Spindel dreht. An den beiden Enden des Balkens werden dann Stricke befestigt, einer, um den schwingenden Heiligen festzuhalten, der andere, um den Balken zu drehen. Ein eiserner Haken wird dem Büßer in das Fleisch des Rückens eingebohrt und dieser dann an einem der Stricke befestigt. Auf ein gegebenes Zeichen wird der Charak (der horizontale Balken) in Bewegung gesetzt und der unglückliche Büßende nun plötzlich durch die Lüfte geschwungen [107]). Das neugierige Herandrängen der Zuschauer, die ängstlich nach dem greifen, was die Hängenden herabwerfen oder gar darauf warten, daß sie, herabgeschleudert, den Hals brechen mögen, die verzweifelten Ausrufungen der von Schmerz gepeinigten, aber denselben niederkämpfenden Büßenden, das Geschrei de pâk, de pâk! (drehe schneller) der Umstehenden, sowie das betäubende Getöse der Tam-tams machen diese Festlichkeit zu einem so wilden und entwürdigenden Schauspiele, daß man sich nur freuen kann, daß die englische Regierung derselben Hindernisse in den Weg legt und durch Einwirkung auf die höhern Stände Abscheu vor derselben zu erregen sucht. Dennoch finden sie besonders dann immer noch statt, wenn Cholera, Hungersnoth und ähnliche Leiden das Volk heimsuchen, welches die zürnende Gottheit hierdurch zu versöhnen wähnt. Dann werden auch dabei Ziegen, Schaafe, Schweine, Hühner und, wenn reiche Personen sich betheiligen, Büffel in großer Menge geschlachtet. Die Köpfe der geopferten Thiere werden am Fuße des Pfahles hingeworfen, was auf die leider auch dem Schauspiele zusehenden Kinder anfänglich einen sehr widerlichen Eindruck macht. Bald aber gewöhnen sie sich an den grausigen Anblick und sehen dem Hinsterben der Thiere mit einer peinlichen, an Freude gränzenden Aufregung zu [108]). Man verlegt dies Fest gewöhnlich in die Nähe einer Pagode, welche zum Andenken an eine Sutie (Wittwenverbrennung) errichtet worden ist.

Ein zweites, beinahe zu derselben Zeit gehaltenes religiöses Fest, an welchem auch die Muselmänner zur Zeit des Mohaerem sich betheiligen, ist das

Naruppa Terumaul- oder Feuerfest, welches gewöhnlich in der Nähe einer besondern Art von Pagoden, der sogenannten Dharmarajah, gehalten wird und an welchem nur die niedrigsten Casten Theil nehmen. Es ist dies Fest der Verehrung der Gottheit Durmaroysawmy, wie die Tamulen oder Vierbabrasawmy, wie die Telugu sie nennen, gewidmet und dauert 8 bis 18 Tage, während welcher Zeit gesungen und getanzt wird und die Götzen in Procession herumgetragen werden. Das Fest soll mit einer Legende aus dem Leben der Dropabie, der Frau der Pancha Pandava's (5 Brüder), in Verbindung stehen, die im Mahabharata vorkommt. Nach Andern soll es gefeiert werden, um den Zorn des Virabuddrudu, des Sohnes des Civa, eines Hausgottes, zu beschwichtigen, damit dadurch dem Familienunglück vorgebeugt werde. Am letzten Tage findet das Durchschreiten des Feuers statt. Zu diesem Zwecke wird ein mehrere Schritte langer, einen bis zwei Fuß tiefer Graben gebildet, mit Holz ausgefüllt und nachdem dieses zu Kohlen verbrannt ist, wandert der Büßende mit bloßen Füßen über dieselben nach dem am Ende aufgestellten Götzenbilde. Hier ist ein Loch mit Wasser angefüllt, in welches er dann hineintritt. Bei diesem kindischen Feste, an welchem oft gegen 100 Menschen Theil nehmen, ereignen sich, wie bei dem des Schwingens, selten Unglücksfälle; die durch das fortwährende Barfußgehen gehärteten Fußsohlen sind meist nur wenig verbrannt; dagegen kommen dabei öfters Selbstverwundungen vor, welche sich einige dieser Wahnsinnigen im Akte der Handlung mit scharfen Messern beibringen und während welcher sie den Zorn der Gottheit über gewisse Personen herabrufen. Eine Caste im südlichen Indien, die Lingadharln, unterwirft sich der Feuerprobe, um ihre für verloren geglaubte Heiligkeit, das verlorene Lingam, wieder zu erlangen [109]). Werfen wir zum Schlusse noch einen Blick auf einzelne Figuren des sich zu dem Festaufzuge drängenden Haufens; da sehen wir den Brunnengraber, einen Korb in der einen, die Hacke in der andern Hand, den nackten Körper mit Erde bedeckt, den Schulknaben mit seinem kurzen Kleide und zusammengebundenen Haar, Palmblätter unter dem Arme, den zusammengeschnürten Bhisti mit seinem ledernen Massack und seinem Schöpfeisen, den halbtrunkenen Mather, in einer Hand den Besen haltend, während er sich mit der andern den Schnurrbart dreht, den Kartoffelverkäufer mit einem Korbe auf dem Kopfe und fortwährend seine Waare mit melodischem Rufe feil bietend, Birmanen in ihren sonderbaren Gewändern, mit prächtigen Ohrringen, ununterbrochen ihr po-po-po schreiend, dann den bemalten und mit Goldpapier geschmückten Tempel, in dem der Priester sitzt und liest und die versammelte Menge anredet; seltsam geformte Boote, die nach dem Takte der Musik dahinrudern, endlich die glänzenden Gemächer, in welchen tanzende Bengalesinnen nach den Tönen ihres weithin schallenden Gesanges ihre hinreißend schönen Formen entfalten. — Ehe wir die wichtigsten Wallfahrtsorte Indiens aufsuchen, schildern wir wenigstens in einem kurzen Ueberblicke

b. Die Feste der Jaina's.

Die Jaina's feiern während des Jahres mehrere Feste, z. B. das der Fahnen, das Jambu-dwipu, das des Wassers, der Weihe, des Wagens; ein anderes, wo 800 Gegenstände, je 8 von einer Art, einer Jaina-Gottheit dargebracht werden; aber das größte unter allen ist das Sibbha-chakra-puja, welches zweimal jährlich, in den Monaten Ashwina und Choitra, je 9 Tage lang gefeiert wird. Er schreibt dabei neun Namen, denen er seine Verehrung zollt, auf Papier oder auf die Erde, in einen Kreis mit 10 verschieden gefärbten Abtheilungen, den Namen Arihanta in die Mitte. Außerhalb des Kreises sind die Namen der 10 Beherrscher der Erde, der 64 sogenannten herrschenden Göttinnen, der zwei Bhoirawa's, der zwei Dakha's und der der Schutzgöttin dieses Kreises, Chakrischwari, aufgezeichnet. Täglich werden alle diese Namen verehrt und jeder einzelne auch der Reihe nach mit besondern Ceremonien geehrt. Die Farben der dargebotenen Blumen und Kleider müssen mit denen der einzelnen Sektoren, in denen die Namen stehen, übereinstimmen. Den gewöhnlichen Ceremonien bei der Anbetung (dem puja) fügt man Lobgesänge auf fromme Jaina's zu.

Am fünften Tage des zunehmenden Mondes haben die Jaina's monatlich ein Fest, zu Ehren von Mahaviru, dem sie je fünf Bücher, Schreibfedern, Tintenbehälter, Blätter und sonstige Gegenstände darbieten. Am 11ten Tage des zunehmenden Mondes wird ein anderes Fest, zu Ehren des Manasavrati, eines Jaina-Einsiedlers, gefeiert. Die Person, welche die Kosten dazu hergiebt, beobachtet zugleich einen Tag und eine Nacht ein Gelübde des Schweigens.

Zu Ehren der 22 andern Häupter der Jaina-Sekte werden jährliche Feste an dem Geburtstage jedes einzelnen gefeiert. Einmal jährlich, aber zu einer nicht fest bestimmten Zeit, findet das Vishavajirmana-Fest statt.

Im Monat Bhadra hören alle Jaina's aus ein und derselben Stadt acht Tage lang den Kalpa-sutra von einem ihrer ersten Bettelmönche vorlesen, der ihn beim Lesen zugleich erklärt. An dem diesem Feste vorhergehenden Tage wird das Buch reich verziert und in Procession auf dem Kopfe eines in einem Palankin sitzenden Knaben herumgetragen, indem die Jaina's auf Pferden oder in Palankinen zugleich mit Musikern und Tänzern folgen. Im Versammlungshause wird das Buch auf einen Thron gelegt, während die Gesellschaft mit gefalteten Händen davor steht; sie setzen sich darauf eine Weile und hören frommen Gesängen zum Lobe ihrer Heiligen und ihrer Religion zu. Während eines Theiles des Festtags wird gefastet, nachher aber ein gemeinschaftliches Mahl verzehrt. Dem Buche und dem Leser werden auch Gaben geopfert und während des Lesens beweisen die Zuhörer gelegentlich ihre Aufmerksamkeit, indem sie dschi-dschi rufen. Auch nach der Geburt jedes Kindes wird eine Art von Fest mit besondern Ceremonien gefeiert; ebenso beim Tode namentlich der Jaina-Bettler. Im letztern Falle findet dies aber erst 12 Tage nachher statt, da 11 Tage hindurch die Verunreinigung durch die Todten dauert. Die fünf Sekten, in welche die Jaina's zerfallen, sind die Digambara's, welche ebenso wie ihre Götterbilder keine Kleider tragen, die Tera-panthi's, Dhurija's, Lunka's und Buddha's; alle diese Sekten werden von den Brahmanen für Gottesleugner angesehen und verachtet.

c. Die bedeutendsten Wallfahrtsorte Indiens.

Es kann natürlich nicht in unserem Plane liegen, eine Rundreise durch die ungemein große Menge aller jener geheiligten Plätze zu unternehmen, welche die Zielpunkte indischer Pilgerfahrten sind; wir verzichten von vorn herein auf Vollständigkeit. Dagegen wollen wir versuchen, in unsern fragmentarischen Schilderungen einige Beiträge zur Charakteristik der indischen Pilgerfahrten zu geben. Zuvörderst bemerken wir, daß der Hindu für prunkende Aufzüge und bunte von Waffenglanz und flatternden Fahnen belebte Processionen eine ganz besondere Vorliebe hat. Bei den Pilgerfahrten rufen die lange angespannte Erwartung der zu vollbringenden Verehrung, das Beispiel anderer die Gottheit laut anrufender Wallfahrer und die Heiligkeit des Ortes bis zu einem gewissen Grade andächtige Gefühle hervor; man hat gewisse Ceremonien durchzumachen und manchmal nimmt die ganze Versammlung an ihnen Theil, so daß, wenn viele tausend Augen auf einen Punkt gerichtet sind und alle Stimmen zusammenbrausend denselben Namen rufen, selbst auf den gleichgültigsten Beobachter eine gewaltige Wirkung hervorgebracht wird. Dennoch ist selbst bei den Pilgerfahrten die Reizung zum Vergnügen größer als der religiöse Eifer und die meisten Wallfahrtsorte sind zugleich Märkte und Handelsplätze und die an ihnen gefeierten Feste gewinnen deßhalb den Charakter großartiger Messen und Jahrmärkte ¹¹⁰).

Wir beginnen mit dem Distrikte Soruth ¹¹¹), in welchem eines der in den Pûraṇa's erwähnten fünf unschätzbaren Dinge (Ratûnanie: Fluß Gumtie, schöne Frauen, gute Pferde, Somnath und Dwarka) liegt. An heiligen Orten ist überhaupt kein Theil Indiens reicher, als Soruth; hier finden wir Somnath, Pattan, Tulsieschâm, Girnar und Mul Dwarka. Der berühmteste heilige Platz ist Somnath Pattan, am Zusammenflusse der drei Flüsse Hirna, Kupula und Sirsuttie, wo sich viele Tausende von Hindu's baden, um ihre Sünden abzuwaschen. Der Ort heißt eigentlich Pattan und erhielt den Namen Somnath von einem berühmten Mahadev-Götzenbilde, welches die frommen Pilger hierher zog; denn Somnath ist eines der Dwadûsjotieling oder zwölf Symbole des Mahadev, welche der Sage nach vom Himmel herabkamen. Sein Tempel hatte solche Berühmtheit erlangt, daß sich Mahmud von Ghazni dahinbegab, den Ort nach furchtbarem Gemetzel erstürmte, plünderte und das Götzenbild Lingam zerstörte ¹¹²). Die Hindu's behaupten dagegen, daß es nicht in der Macht Mahmud's lag, den Lingam zu zerstören und daß sich dieser in das Meer zurückzog. Mehrere mohamedanische Fürsten folgten Mahmud's Beispiel und richteten ihre Eroberungszüge dahin. Der letzte war Sultan Mohamed Beghûra von Ahmedabad. Bei dieser Gelegenheit widersetzte sich ihm der Gohel-Häuptling von Lathie, wurde aber getödtet und Mohamed bauete auf der Stelle, wo der alte Tempel gestanden hatte, eine Moschee. Vor fünfzig Jahren ist aber von Ahilabaï, einer der Frauen Holkar's, ein neuer Tempel gebauet und wieder ein Symbol des Mahadev darin aufgestellt worden.

Die Pilger, welche sich nach Somnath begeben, müssen an den Nawab eine Taxe von 7 Kurie's bezahlen; nach der durch dieselbe erzielten Einnahme (ungefähr 30,000 Kurie's) zu urtheilen, muß aber die Wanderung dahin sehr abgenommen haben. Die meisten kommen in der Hoffnung dahin, daß Gott ihr Gebet, ihnen Nachkommen zu schenken, erhören werde, weßhalb der Ort auch Purbas Pattan genannt wird ¹¹³).

Zwei Meilen von Somnath liegt, am Ufer des Sirsuttie, unter einem Pipulbaume, Bhalka, wo Krishna die tödtliche Pfeilwunde erhielt, mit der seine Incarnation abschloß. Es heißt auch Deoswurg (Gotteshimmel) oder Pipulswurg (Pipulhimmel). Die Götzenbilder des Tulsishanm oder der Göttin Tulsi und ihres Gemahls Shanm, d. h. der Bhowani und des Shri Krishna, stehen in einem Tempel zu Babriawar, woselbst sich auch heiße Quellen befinden, zu denen die Hindu's wallfahrten und in denen sie, ohne eine Taxe zu bezahlen, baden dürfen. Auch aus dem Girnar-Berge sprudeln viele heiße Quellen hervor, an denen sich Tempel befinden. Die merkwürdigste ist die Mahta Girnari mit den zugleich das Fort von Girnar bildenden Tempeln der Götter Himnauth und Ummijira (der Wassertropfen); Wasser tröpfelt hier vom Kinne des Idols herab (Umme bedeutet „Ausschwitzung" und jurro tröpfeln). Desgleichen ist Mull Dwarka (Mull bedeutet Wurzel oder ursprünglich, Mull Dwarka also die Pforte zum Dwarka) merkwürdig, indem hier Krishna nach seiner Flucht von Mattra oder Mathura sich zuerst niederließ. Der daselbst befindliche Tempel von Runchorji enthält kein Götzenbild.

Wir werfen, Radschputana, auf das wir später zurückkommen, durcheilend, zunächst einen Blick auf das heilige Delhi und die Ufer des Ganges, nach dessen Bett fast in seiner Gesammtausdehnung, von der Quelle bis zur Mündung, die Hindu's, besonders an gewissen Festtagen, wallfahrten. Da wo der Dschamna in den Ganges tritt, bei Allahabad, ist eine Stelle, pranagwals genannt, wohin die Hindu's vorzugsweise wandern, um sich unter Leitung von Brahmanen zu baden und den nöthigen Ceremonien zu unterwerfen. Zuvor werden das Haupthaar und überhaupt alle Haare des Körpers abgeschoren; denn für jedes in den Strom fallende Haar werden Millionen Jahre im Himmel versprochen. Nicht weniger als 400 Haarscheerer finden hier auf solche Weise volle Beschäftigung. Im Jahre 1810 erhob die Regierung eine Steuer von jedem Pilger; der Fußgänger hatte eine Rupie, wer im Wagen fuhr, zwei und wer auf einem Elephanten kam, 20 zu bezahlen. Dies ergab durchschnittlich eine Jahreseinnahme von 100,000 Rupien [111]).

Calcutta selbst hat wahrscheinlich seinen Namen von dem heiligen Wallfahrtstempel Kali Ghat, welcher an der Stelle von Tolley's Nala stand und eine der Kali geweihete Pagode war; bei ihr soll der Ganges ursprünglich vorbeigeflossen sein.

Auch in der Nähe von Madras finden wir Wallfahrtsorte, vor Allen die großen Pagoden von Conjeveram am Palar, wohin jetzt eine Eisenbahn führt. Es befindet sich dort in Groß-Conjeveram ein dem Mahadeva gewidmeter Tempel aus Felsgestein; aus Stein gehauene Figuren schmücken ihn reich und den Eingang ziert ein 200 Fuß hoher Thurm von 60 Fuß Breite. Inmitten des heiligen Raumes befindet sich ein ausgemauerter Teich, aus dessen Mitte sich wieder die große Halle oder Mondop erhebt, deren Decke von unzähligen Säulen getragen wird. In der kleinen Stadt ist eine andere Pagode, der Tempel des Vishnu, der hier Devarajswami oder „Herr der Götter" genannt wird. Die Halle im Innern ist von ungewöhnlichem Umfange, tausend Säulen, die alle aufs Reichste mit Götzenbildern verziert sind, tragen die Decke. Große Gärten mit alten schattigen Bäumen umgeben die Pagode. An hohen Festtagen wird der Gott Vishnu in feierlichem Aufzuge herausgetragen, auf einen mächtigen Wagen gesetzt und von 2000 Gläubigen gezogen, um seinem gewaltigen Rivalen in Groß-Conjeveram einen Besuch abzustatten; zu andern Zeiten schwimmt das Götzenbild, von Musikern und Sängern begleitet, auf dem Teiche, wobei Feuerwerke abgebrannt werden. Tausende von Pilgern kommen jährlich zu diesen Prozessionen. Im Jahre 1795 nahm die ostindische Compagnie auf Antrag des Collectors Lionel Place diese Pagoden unter ihre besondere Obhut und Place selbst beschenkte dieselben.

Ein noch berühmterer Wallfahrtsort ist Gayá, wo die Hindu's den Gestorbenen Todtenbrode weihen und allerlei Ceremonien verrichten, damit den Seelen der Dahingeschiedenen im Himmel des Vishnu die ewige Glückseeligkeit zu Theil werde; denn hier lebte einst ein ungeheurer Riese, nach dem der Ort benannt ist. Vishnu griff ihn an, konnte ihn aber nicht besiegen. Er willigte jedoch endlich auf Vishnu's Verlangen darein, in die Hölle zu gehen, wofern ihn der Gott mit seinem Fuße hinunterdrücken könnte. Vishnu that dies und das Zeichen seines Fußes — der Vishnu-Pad genannt — ist bis heute am Felsen zu sehen. In der Nähe dieses Zeichens werden die Opfergaben dargebracht und die Gebete gesprochen, wobei die Namen der Gestorbenen ausgerufen werden. Der Raja von Nagpur soll bei einer solchen Gelegenheit die schmale Silber-Einfassung, welche das Zeichen einschließt, mit Rupien ausgefüllt und dazu drei Lack (etwas mehr als 200,000 Thaler) verwendet haben.

In Gayá leben 1300 Priesterfamilien in 6500 Häusern, in denen auch die Pilger ein Unterkommen finden. Diese Gayawall's führen die Frommen umher und wissen sie an den heiligen Orten ihrer Habe zu berauben und sie sogar zu überreden, ihnen noch nachträglich reichliche Gaben zu überschicken.

Sie senden auch Reisende durch das Land, um möglichst viele Pilger durch sie herbei zu ziehen. Die Regierung erhob eine Taxe von den Wallfahrern, welche oft bis zu 100,000 Rupien jährlich eingebracht hat.

Der Parasnath-Berg an der Ramgargränze, 136 Meilen südlich von Baglipur, ist der berühmteste Wallfahrtsort der Jaina's. Der Berg hat seinen Namen von den Tempeln, die darauf erbauet und dem Parasnath, dem 23sten der vergötterten Heiligen, gewidmet sind. Er führt auch den Namen des Madhuvanam oder des süßen Haines, in welchem in früheren Zeiten verschiedene Früchte und Blumen gepflegt wurden. Auf der höchsten Spitze, dem Berge Abu, „dem Sinai der Wüste," steht ein prachtvoller Tempel. Dieser besteht aber, sowie die anderen Tempel, aus je einem großen vierseitigen Gebäude mit einer Kuppel in der Mitte und kleineren Kuppeln auf den Ecken, welche mit vergoldeten Kupferplatten bedeckt sind, die in der Sonne wie reines Gold glänzen. An der Fronte jedes Tempels zieht sich eine Gallerie (Nabütkhana) hin, von welcher aus vom Auf- bis Untergang der Sonne das Getöse der Becken und Trommeln ertönt. Man ersteigt den 4250' hohen Berg auf einem steilen Pfade, der sich durch Waldungen windet. Je höher hinauf man kommt, desto gewaltiger erscheint der Bergesumfang. Durch eine Oeffnung des Waldes sieht man die acht scharfgezackten Felsspitzen aus den Wolken hervorragen und hoch im tiefen Blau des Himmels schweben und unten im Thale dehnt sich der Terry Jungle unabsehbar aus. Die Spitze des Berges wird von den Jaina's der Asmied Sikur oder der Pik des Seegens genannt und besteht aus einer Fläche, die von zwanzig kleinen Jaina-Tempeln umgeben ist, welche zum Theil auf dem scharfen und schmalen Felsrücken, zum Theil an den Abhängen des Berges erbauet sind. Auf einem der Hügel sind die zwanzig Fußtapfen des Jaina Tirthakar's zu sehen, welcher hier die Erlösung von der Materie und persönlichen Existenz erlangte. Seitdem wurde dieser Punkt der große Wallfahrtsort der Jaina's von nah und fern. Der Jainakönig, welcher zu Rajgriha regierte, verschönerte den Platz und bauete drei Tempel, und obgleich die Muselmänner Hindernisse in den Weg legten und die kleinen Häuptlinge die Pilger mit Abgaben belasteten, so wurden dennoch deren fromme Wanderungen nicht aufgegeben. 1769 bauete ein reicher Jaina-Kaufmann zu Murschidabad einen Tempel und richtete Wohnungen für die Set-Priester ein; seinem Beispiele folgten andere Bewohner des Ortes. Der zu Benares geborene Parasnath erreichte hier sein Mukh (seine Erlösung von der Materie.)

Murschidabad (zu Fa-Hian's Zeit Champa genannt) besaß zehn Klöster und 200 buddhistische Geistliche und war einst die Residenz der Set's, einer reichen Jaina-Familie; die Stadt war zugleich ein Zufluchtsort der Jaina's, welche daselbst 6 bis 7 Tempel mit vergoldeten Thürmen und Kuppeln besaßen, in denen sich viele Götzenbilder aus weißem und schwarzem Marmor von Jagpur befanden. Auch das nordwestlich davon am Ganges liegende Bagalpur hat drei vom Könige Srenika erbauete Jainatempel und behauptet, einen Abdruck von Buddha's Fuß zu besitzen, weßhalb Buddha-Priester dorthin wandern. Wir selbst wenden uns nun südwestlich, nach Orissa. Als Akbar's General, Sivai Jay Sing, 1580 hierher vordrang und als er einen Blick auf den heiligen Mahanaddy gewann, mit seinen hochragenden Tempeln und all den Wundern, welche die alte Hauptstadt Bhuwaneswar umgaben, da rief er aus: „Dies Land ist nicht zur Eroberung bestimmt, noch ein Zielpunkt menschlichen Ehrgeizes; den Göttern allein gehört es an und ist ein heiliger Pilgerort." Er scheint, wie die von Rom abziehenden Hunnen, wirklich heimgekehrt zu sein, nachdem er nur bis zum heutigen Bhobaneser vorgedrungen war. Noch heute bietet der Mahanaddy hier einen überraschenden Anblick dar, auf einer Fläche von 3 Meilen Länge stehen prächtige Tempel theils noch unversehrt, theils in großartigen Ruinen. Aber unter allen Tempeln von Orissa ragt der von Jagannath bei der Stadt Puri Jagannath hervor; auf Jagannath blicken die Hindu's hin wie auf den Herrn der Welt, hier ist der Hauptsitz des finstern Brahmanenthums [115]). Die Geschichte von Orissa ist, wie die alte Geschichte Indiens überhaupt, in Fabeln gehüllt. Drei Zeitalter, das goldene (Satya-Jug), silberne (Treta-Jug), bronzene (Dwapar-Jug) sollen vergangen sein und wir selbst leben im Kali-Jug, dem eisernen. Die Fürsten, welche hier herrschten, werden im Maha-Bhárat erwähnt und nach den Annalen von Orissa sollen 13 von ihren Rajah's 3173 Jahre regiert haben. Unter dem 5ten dieser Könige soll Orissa sich vom Hugly bis Rajahmundry am Godavery erstreckt haben, welche letztere Hauptstadt von Mahendra Dev gegründet sein soll.

Beinahe alle Fürsten werden als fromme Anbeter des Götzenbildes zu Jagannath angegeben, am eifrigsten soll Rajah Schewak Dev, der achte in ihrer Reihe gewesen sein. Drei oder vier Jahrhunderte vor Chr. sollen Fremde, welchen der Name Bavana's beigelegt wird, Orissa bedroht haben, aber stets zurückgeschlagen worden sein [116]). Aber im Jahre 318 vor Chr. nahete ein

Fremder, Bakta Bahú (der rotharmige) mit einer großen Flotte den Küsten von Puri und bemächtigte sich der Hauptstadt durch Ueberraschung. Der schwache Raja Subhan Dev flieht mit dem Idole und verbirgt es nebst all seinem Schmucke und seinen Juwelen im Westen des Landes. Durch das siegreiche Vordringen des Feindes, der Stadt und Tempel plündert, noch mehr geängstigt, vergräbt er das Götzenbild und flieht in die Jungle, wo er stirbt. Die Javana's rücken mit voller Macht vor, „um nun auch den Ocean zu züchtigen," die See zieht sich zwei Meilen zurück und die übermüthigen Eindringlinge nehmen eine Stellung auf den Sanddünen, von der aus sie noch weiter vordringen; aber in demselben Moment tritt eine gewaltige Fluth ein, verschlingt einen Theil des Heeres und überschwemmt das ganze tiefgelegene Küstenland. Seit dieser „außerordentlichen Begebenheit" ist daselbst der schöne malerische Tschilka-See entstanden, dessen entzückende Ufer den Reisenden fesseln. Vielleicht wüthete hier der letzte Kampf zwischen Buddhisten und Brahmanen, indem die ersteren von chinesischen Tartaren oder Persern unterstützt wurden.

Die eigentliche Geschichte von Orissa, welche wir hier in der Kürze einfügen wollen, beginnt mit dem Jahre 473 nach Chr. und zwar mit der Regierung des Raja Kesari Pat oder Pansa. Er befreite das Land vom Einflusse der fremden Javana's, gewährte den Priestern von Jágannath oder Dschaggarnat Sicherheit, entdeckte die verborgenen Götzen und stellte die Anbetung derselben in ihrem früheren Glanze wieder her. Zugleich mit dieser Wiedereinführung des alten Götzendienstes wurde die Aufstellung eines neuen Götzenbildes für nöthig erachtet. Der Raja suchte und fand ein geeignetes Stück Daru (Baumstamm), meißelte das Bild, kleidete und schmückte es und brachte es mit 5 alten Bildern in großem Aufzuge nach Puri. Ein neuer Tempel wurde zur Seite des alten errichtet, der bereits verfallen und von Sand überwehet war. Der Raja setzte 3 Götzen, Jaggernath, dessen Bruder Bulbhubra und Schwester Subdhara hinein und diese nebst dem 4ten neu gefertigten wurden nun im 13ten Jahre seiner Regierung mit großer Pracht und unter dem Zujauchzen unzähliger Menschen auf ihre Sinhason oder Throne gestellt. Besondere Beamten wurden angestellt, Feste verordnet, Throne errichtet und das Land um Puri für den Unterhalt des Tempels angewiesen. An diesem großen Tage empfing der Raja den Titel Indradhumna. Der Tempel, wie er heute steht, ist 1198 erbaut; alle 3 Tempel, von Dschaggernat, Bhabaneser und die schwarze Pagode sind überhaupt im Laufe eines Jahrhunderts vollendet worden.

Die Stadt Bhobaneser mit ihren 42 Straßen und unzähligen Tempeln fiel in Ruinen, als eine neue Dynastie sich aufwarf und Kattack[111]) zur Hauptstadt machte. Von diesen Fürsten, welche 400 Jahre regierten, bauete der Raja Langorah Narsinh Dev die gewaltige, massive schwarze Pagode am Meere und Unungh Bhim Dev den Tempel. Die unabhängigen Fürsten von Orissa wurden 1558 von den Mohamedanern bedroht und gegen Ende des Jahrhunderts begab sich der hohe Priester von Jaggernath mit zwei eifrigen Genossen in einem bedeckten Wagen mit den drei sorgfältig eingewickelten Götzenbildern auf die Flucht. Sie verbergen ihre Schätze in den Bergen am Chilka- oder Tschilka-See. Seit dieser Zeit datirt sich die Pilgrimtaxe; denn die Mongolenherrscher wollten den Gläubigen nur gegen eine Abgabe erlauben, nach Jaggernath zu wallfahrten und sollen jährlich 900,000 Rupien (600,000 Thaler) eingenommen haben. Die Mahratten und Engländer thaten dasselbe; ja einer der Mahratten-Häuptlinge nahm von den durch sein Land ziehenden Pilgern 13 Rupien und ein Hindu-Raja, der mit mehr als 2000 Leuten hinzog, hatte mehr als ein Lack zu zahlen. Die ostindische Compagnie begnügte sich mit einer Steuer von 1 bis 6 Rupien von jedem Pilger.

Die jetzigen Raja's von Orissa stammen von Ramchander Dev, welcher 1580 von Akbar's General zu diesem Range erhoben wurde. Das Geschäft der alten Raja's von Jaggernath war das des Chandal oder Fegers des Ruth Jatra und man sieht sie noch heute an einem bestimmten Tage mit dem Besen dies Amt verrichten.

Der Distrikt von Puri umfaßt 8800 (engl.) ☐ Meilen (110 Meilen lang, 80 breit). Die Umgegend von Puri selbst ist eintönig und sandig und an der Meeresküste rollen die Wogen über untergegangene Städte und Tempel hinweg; Bali soll dort begraben sein und die berühmte Stadt Dwarka, von der einst Vishnu auszog.

Puri Jaggernath zählt 5741 Häuser; jede Spanne ist dort heiliger Boden. „An diesem Ruhepunkte," sagen die Brahmanen, „empfängt der Geist seinen letzten Sonnenblick, wenn alle Lebenshoffnungen ihrem Ende entgegen gehen." Das ganze Land ist abgabenfrei aber die Besitzer müssen gewisse Dienste im Tempel und um denselben verrichten. Die Hauptstraße besteht beinahe ganz aus den religiösen, Math's genannten Anstalten, die aus Stein erbauet und mit niedrigen, auf Säulen ruhenden Veranda's versehen sind, zwischen denen schattige Bäume stehen. Sie ist sehr breit und an ihrem Südende erhebt sich der Tempel, der einen ebenso malerischen als majestätischen Anblick gewährt. Aber diese Eindrücke werden dem Beschauer durch den argen Schmutz und den übeln Geruch der Schwärme von Pilgern und Bettlern wieder verdorben. Schöne fruchtbare Gärten und anmuthige Haine umgeben die Stadt an der Landseite und liefern vortreffliche Früchte. Man sieht herrliche Exemplare von Calophyllum, Inophyllum und von Cashew-Nußbäumen. In den Umgebungen sind einige schöne Teiche, und sehr alte, sonderbar aussehende religiöse Gebäude liegen zwischen der Stadt und Küste zerstreut, viele zum Theil im Dünensande begraben. Die Einwohnerzahl wird, wie dies bei einem solchen Wallfahrtsorte sehr erklärlich ist, höchst verschieden, auf 40,000 bis 80,000 angegeben. Priester sollen 4000 dort sein. Der Ort liegt 42 Meilen südlich von Kattack, 298 von Calcutta. Der Handel ist nicht bedeutend und Alles, Reis ausgenommen, theuer. Kinder verfertigen Netze, andere sammeln Muscheln; man sieht Gruppen religiöser Bettler, die betrügen oder sich betrügen lassen und einzelne Fakire stehen in der Sonne und rufen ihre Götter an.

Eine halbe Meile von der Stadt liegt an der Seeküste Surgdwar (Swerga-dwara, das Thor des Himmels, swerga, eigentlich das Paradies Indra's), ein Ort, wo die Hindu's ihre Todten verbrennen. Zwei Meilen südwestlich davon steht ein kleiner, dem Çiva gewidmeter Tempel, Lokenath. Nahe bei einem andern Tempel, Velessur, ist der Begräbnißplatz der Engländer.

Indem man durch Puri wandert, kommt man zuerst zum Sinh Durwazeh — dem Löwen oder östlichen und Haupteingange zur großen Pagode; denn eine 30 Fuß hohe Steinmauer umschließt dieselbe und hat je einen besonderen Eingang auf jeder Seite. Weder Christen, noch Muselmänner dürfen eintreten. Das Ganze ist ein Quadrat von 650 Fuß Seite, innerhalb dessen gegen hundert, den vorzüglichsten Hindu-Göttern geweihte und 70 bis 80 Fuß hohe Tempel stehen. Mitten vor dem Sinh Durwazeh steht auf einem reich gegliederten Fußgestelle eine schöne schwarze, ungefähr 40 Fuß hohe (dorisch-korinthische?) Marmorsäule, die vom Sonnentempel zu Kanaruk stammt und zu beiden Seiten des Eingangs liegen zwei riesige Greifen. Auf der Säule stand einst das Bild des Affengottes Hanuman. Eine breite Freitreppe führt von dem Sinh Durwazeh aus auf eine 20 Fuß hohe Terrasse von 445 Fuß

im Quadrat, die von einer zweiten Mauer eingeschlossen ist und woselbst sich
das Gemach des Bhog Mandap befindet, welchem fortwährend Speisen und
Geschenke dargebracht werden. Mit demselben steht ein niedriges, auf Steinsäulen ruhendes Gebäude in Verbindung, das sogenannte Jugmohún, woselbst
der Garú oder Garúr, der Vogelgott, aufbewahrt wird. An dieses stößt
zunächst der Unsurpínda, wo die Götzen nach dem Badefeste oder Jnanjatara,
während ihrer Krankheiten verehrt werden. Dieser öffnet sich nach dem großen
Thurme und zu allen diesen einzelnen Gebäuden führen besondere Eingänge
und Thüren. Unsurpínda und Bhog Mandap haben je 60′ im Quadrat.
Der große Thurm, Bar Dewal, soll an seinem Fuße 35 Fuß im Quadrat
haben und erhebt sich an 180 Fuß hoch über die melancholische Landschaft.
In ihm befindet sich eine marmorne Plattform, welche Rüttúnsinghasún oder
Thron genannt wird. Die drei Götzen, Jágannath, sein Bruder und seine
Schwester sind hier aufgestellt. Der große Thurm und die angränzenden
Gebäude haben das Chakra- oder Vishnu-Symbol auf ihrer Spitze. Sonst
sieht man auf den pyramidischen Dachspitzen eine Art von Urne stehen.

Die pyramidalen Dächer der Gebäude, besonders das des Bar Dewal,
sind mit allerlei scheußlichen Figuren von Dämonen und Riesen bedeckt, die
aufs Zierlichste ausgehauen sind und auch in den Nischen der äußeren Mauer
befinden sich ebenso geschickt ausgearbeitete Figuren, in denen freilich die den
Hinduskulpturen eigenthümliche Obscönität stark hervortritt. Garúr, der
Vogelgott [118]) in dem Jugmohún, hält in bittender Stellung seine zusammen-
gelegten Hände dem Götzen Jágannath entgegen. In den Vishnu-Tempeln
ist Garúr ein Götzenbild von hoher Wichtigkeit. Vishnu, der in menschlicher
Gestalt, doch mit einem Kreise von Häuptern und vier Händen dargestellte
Gott, stellt das allsehende und allwissende Wesen vor. Er reitet auf dem
Garúr oder sitzt auf einer vielköpfigen Schlange. Der Vogel selbst ist als
großer brauner Geier mit weißem Kopfe dargestellt und steht mitunter auch
vor dem Vishnubilde [119]).

Die erhaltende Macht — in der sich die Hindu-Religion den Begriffen
von Gottes Allmacht und Güte nähert — verschaffte Vishnu eine große Anzahl
von Verehrern. Er wird manchmal auf einer vielköpfigen Schlange ruhend
dargestellt, die auf der Oberfläche des Oceans schwimmt. Der Gott scheint in
Betrachtungen versunken über die Erschaffung der Welt. Aus seinem Nabel
wächst eine Lotusblume hervor, in deren Kelche Brahma sitzt, bereit, das Werk

der Schöpfung zu vollenden. Die Lotusblume ist überhaupt das Emblem der Welt. Von den vier Händen des Vishnu war bereits die Rede. Auch reitet er bisweilen auf einem aus Adler und Mensch zusammengesetzten Wesen, mit einem Bogen in der Hand, das Paradies mit seiner Gattin Lakshmi, der Hindu-Göttin der Schönheit ersteigend [120]). Diesem Gotte Vishnu zu Ehren soll der Tempel zu Jaggernath erbauet worden sein.

Ein besonderes Symbol des Gottes Çiva — nach dem Vishnu bei den Hindu's der beliebteste — ist das Lingam oder Linga, von dem wir schon gelegentlich sprachen. Es ist des Hindu's heißester Wunsch, daß seine Frau Kinder gebiert, die nach seinem Tode für seine Seele beten, damit er aus dem Fegefeuer und den ihn erwartenden Strafen befreit werde. Sowie nun Yoni die weibliche, so repräsentirt Lingam die männliche Kraft. Das Yoni von Bhavani — die weibliche Kraft des Çiva — wird von Frauen ausschließlich angebetet, doch auch dem Lingam zollen sie ihre Verehrung.

Der Lingam [121]) oder Haupttypus des wiedererzeugenden Çiva ist nichts weiter als ein kegelförmiger, glatter, schwarzer Stein. Die Anhänger des Çiva-Dienstes in Arcot sind Telúgú-Brahmanen (18 Casten) und Malabar-Brahmanen (8 Casten), auf welche noch sechzig verschiedene Classen als Anbeter des Vishnu und Çiva folgen. In Bahar und Orissa ist die Çiva-Anbetung im Abnehmen und es scheint, daß in früheren Zeiten das Volk gewaltsam zum Vishnudienste gezwungen wurde; denn in dem Mahabharata heißt es, daß die Brüder Bali Rama und Krishna, große Eroberer, den berühmten König von Bahar bezwangen, das Volk zur Anbetung Vishnu's nöthigten und die alte Anbetung des Çiva beinahe vernichteten. So kam es, daß Vishnu unter dem Titel Jágannath (Herr der Welt) ungefähr 50 vor Chr. angebetet wurde.

Unter den Incarnationen Vishnu's, welche sehr verwirrter Natur sind, ist es genügend, sich die siebente und achte, Rama und Krishna, zu vergegenwärtigen; vom Parasú Rama und Rama Chandra war überdies schon oben die Rede. Letztern Namen führt Jágannath gewöhnlich in Orissa.

Was nun die äußere Gestalt der so hoch verehrten Jágannath-Götzen anbetrifft, so sind es ungeschickte, abscheuliche hölzerne Büsten. Der ältere Bruder, Bulbhuddra, ist 6 Fuß hoch, der jüngere, Jágannath, 5 und die Schwester, Subhudra, 4 Fuß. Alle drei ruhen auf einer Art Piedestal. Die Augen des Jágannath sind rund, die der beiden andern oval. Die Götzen sind schwarz, gelb und weiß bemalt, ihre Gesichter sind ganz unverhältnißmäßig groß und ihr Körper mit buntfarbigen Gewändern bekleidet. Die beiden Brüder haben Arme, welche horizontal von den Ohren ausgehen, die Schwester ermangelt jeder äußeren Auszeichnung, ja selbst der menschlichen Form [122]). Die Erneuung dieser Idole heißt Knah Küllebúr und findet nach je 70 bis 80 Jahren statt. Zu diesem Zwecke wird eine melia azadorata, ein Rim-Baum, ausgesucht, auf welchem sich weder eine Krähe, noch ein Rabe niedergelassen hat, wie man dies an gewissen Zeichen erkennt. Nachdem Tischler das Zuschneiden aus dem Rohen besorgt haben, übernehmen bestimmte Priester in mysteriöser Abgeschlossenheit die Vollendung. Einer von ihnen muß aus dem alten Götzen eine kleine, den Geist enthaltende Büchse herausnehmen und sie in den neuen hineinlegen; der Priester aber, welcher dieses Amt verrichtet, überlebt nie das Jahr, in dem er dies gethan — also ein Menschenopfer im Geheimen! [123]). In diesem Kästchen soll ein dem Zahne Búddha's ähnlicher Knochen Krishna's aufbewahrt sein.

Drei große Wagen werden gegen die Mitte jedes Jahres für die drei Götzen gebaut, um sie auf demselben in öffentlichem Aufzuge 1½ Meile weit bis Gondicha Ranour oder Gottes Landhaus zu fahren. Diese Wagen werden von Kallabethia's oder Kulie's und Tausenden aus dem Haufen der Pilger gezogen, nachdem die Götzen zuvor von den Dyta's oder Wagenlenkern feierlich auf den Wagen gelegt worden. Der größte ist 45 Fuß hoch, hat 16 Räder, jedes 7 Fuß im Durchmesser und eine Plattform von 35 Quadratfuß. Der Ruth des Bulbhndra ist 44 Fuß hoch, hat 14 Räder von 6½ Fuß Durchmesser und eine Plattform von 34 ☐ Fuß. Ein niedriges Gitter von 8 Zoll Höhe umgiebt dieselbe, hat aber vorn eine Oeffnung, durch welche das Götzenbild hindurchgeschoben werden kann. Die sich zudrängenden Tausende machen, während die Götzen vermöge eiserner Klammern auf den Wagen gerollt werden, ein ganz erschreckliches Getöse.

Nach einem alten Dokument begaben sich die Vorfahren einer gewissen Classe von Brahmanen in uralten Zeiten nach Jágannath, wo ihnen die Raja's die Vollführung ihrer religiösen Ceremonien gestatteten. Unter der Mahratten-Herrschaft vermehrte sich die Zahl der Pilger und man nannte Puri einen „ehrwürdigen Ort der Hindu-Anbetung." Wir haben schon erwähnt, daß nach der Behauptung dieser Brahmanen der Geist an diesem Ruhepunkte den letzten Lichtstrahl empfängt, wenn auch alle Lebenshoffnungen zu schwinden scheinen. Die Brahmanen haben nun auch Alles gethan, um möglichst große Menschenmassen nach diesem Wallfahrtsorte zu locken. Eine Menge von den Gosai's oder Gosain's gestiftete Klöster oder Muth's finden sich in Puri. Jedes derselben hat einen Mohunt zum Vorsteher, dem der Abhi Kari zur Seite steht. Man zählt einige 30, die sich Ländereien im Werthe von mehr als 2 Lack Rupien Rente angeeignet haben. Der Marquis Wellesley schrieb an den Obristl. Campbell, als dieser mit der Armee gegen Jágannath vordrang, daß er den Tempel nicht antasten, sich aber auch gegen die Brahmanen auf keine Verpflichtungen einlassen solle.

Die ersten Priester von Puri, welche auch innerhalb der Gränzen des heiligen Tempellandes wohnen, heißen Purharri's, Púrcha's oder Pundah's. Sie sind die eigentlichen Diener des Götzen und es ist ihre Pflicht, die sieben inneren Thürme der Pagode zu bewachen. Sie begleiten die Pilger durch den Tempel, stellen sie den Götzen vor und heißen dieses letzten Aktes wegen auch Prútti-harri. Sie werden von vier Sirdar's befehligt, deren einer der Gomaschta ein Geschenk von den Pilgern empfängt. Es giebt über 400 Purharri's, von denen ein Theil Indien durchzieht, um Pilger herbeizuziehen. Die Púrcha's sind die Hohenpriester des Tempels, welche namentlich die financiellen Angelegenheiten sehr zu ihrem Vortheile zu leiten verstehen. In den letzten Jahren kamen jährlich gegen 200,000 Pilger nach Jágannath, darunter sehr viele Frauen aus Bengalen. 1846 zählte man 180,000. In Jágannath wird es übrigens nicht mehr gestattet, sich unter den Ruth Játra zu werfen; dagegen geschieht dies an Jágannath-Festen noch in anderen Distrikten, z. B. in Backergünge. In Kattack hat die britische Regierung ein vortreffliches Pilgerhospital eingerichtet, das einem sehr dringenden Bedürfnisse abhilft.

Wir schließen diese Schilderung Jágannath's mit der Aufzählung der hauptsächlichsten dort gefeierten Jahresfeste. Es sind folgende: 1) Chúnbún Jattra, das „süßriechende Pulver." Dies Fest beginnt am 3ten Tage des zunehmenden Mondes im Mai oder Baisakh und dauert 21 Tage. Während dieser Zeit werden Mudún Mohún und fünf andere Mahadebs oder große Götter auf Wagen nach einem Teiche Nurrunbur geführt, bei welchem sich die Götter in einem dazu errichteten Tempel ausruhen. Zwei Chaups oder heilige Boote fahren auf dem Teiche, reich verziert, Nachts mit Lampen erleuchtet und Tag und Tag von rauschender Musik erklingend. In einem dieser Boote ruht Mudún Mohún, von Priestern und Frommen umgeben, die allerlei Dienste und Ceremonien verrichten; auch Tulliesawuck dauries oder Freudenmädchen sind auf dem Boote, die ihn mit Tänzern zu unterhalten suchen. Das andere Boot trägt die 5 Mahadevs, denen Sänger und Musikanten Unterhaltung gewähren.

Unzählige Chaumudia's oder Ruhebetten sind von den Muthbharrie's und andern religiösen Sekten vor ihren Wohnungen auf der großen Straße von Singhdúrwazah nach Jágannath bullúbh errichtet, wo Früchte und Süßigkeiten dargeboten werden. Während dieser Festtage überläßt sich das Volk dem Genusse des Bhang und anderer berauschenden Getränke und schwimmt im Teiche, der von Crocodillen angefüllt ist, welche sich gelegentlich einen der Schwimmer zur Nahrung erhaschen. Am 20sten Tage sieht man wohl 40,000 Menschen am Teiche versammelt und am letzten Tage des Festes wird mit Gelbwurz gefärbtes Wasser über die heiligen Boote und die Pilger gesprengt.

2. Rukunie-Huru-Ekednsie. — Dies Fest findet am 11ten Tage des zunehmenden Mondes statt. Mohun entführt mit Gewalt Rukunie, um sich mit ihr zu verehelichen, nachdem er mit ihrem Bruder Rokun, der die Verbindung der bereits mit Sisupal verlobten Schwester hindern will, gekämpft hat. In der Nacht wird die Heirathsceremonie in dem Tempel nahe dem Burtrie oder der Ficus Indica vollzogen.

3. Das bereits erwähnte Badefest Snan Jattra wird am Vollmonde, im Monate Juni gefeiert; bei dieser Gelegenheit werden die Götzen Jágannath, Bulbudhra und Subhudra von den Dyat's (ihrem Throne) genommen und nach dem Snan Munduþ zum Baden geführt. Nach verschiedenen Ceremonien schmücken sie die Priester mit Blumen und befestigen aus Stroh gearbeitete Rüssel vor deren Gesichter, um ihnen das Aussehen von Elephanten zu geben. Dann tragen sie dieselben in das Gemach Unsur, das sie 15 Tage als schwer Erkrankte hüten müssen. Während dieser Zeit ist es, außer den Hohenpriestern, Niemand erlaubt, die Götzen zu besuchen.

4. Ova, das Glanzfest, wird nach Verlauf dieser 15 Tage gefeiert, wenn die Idole wieder aus dem Unsur hervorgehen und Jedermann freien Zutritt hat. Hier pflegt das Gedränge furchtbar zu werden, und es verunglücken stets eine Menge Pilger.

5. Netur Ochub, das Fest des Bemalens der Augen.

6. Das oben bereits erwähnte Rath oder Ruth Jattra, die Spazierfahrt der Götzen. Das Gedränge wird hier im Innern des Tempels so groß, daß der Magistrat von Puri selbst erklärte, daß, wenn keine Polizeimannschaft in dem Tempel aufgestellt würde, Diebe und Vagabunden sich desselben bemäch-

Feste im Jâgannath.

tigen würden. Auch der Raja gestand in dieser Beziehung seine Ohnmacht ein und so haben denn von 100 von den Engländern angestellten Polizisten fortwährend 16 den Dienst im Tempel, beim Ruth-Feste sind aber 164 thätig und dennoch finden beständig Streitigkeiten, Angriffe und Räubereien statt. Auch sind im Innern des Tempels enge und finstere Wege, zu denen ausgetretene und vom heiligen Wasser angefeuchtete Stufen führen. Wenn hier einzelne Pilger fallen, so wälzt sich die nachdrängende Menge über sie hinweg und viele Menschen werden erdrückt. So wurden 1853 bloß an einer Stelle 22 Menschen getödtet.

7. Hara Punchúmie, der fünfte Tag des Wagenfestes. Lukhiedebie besucht ihren Gatten Jâgannath in der Nacht auf dem Wagen.

8. Bahurah, das Zurückkehren der Wagen vom Goudîcha Múndúp.

9. Syn-Ekadusie, das Fest des Niederlegens, am 11ten Tage des zunehmenden Mondes, im Juni.

10. Niladri Biejey, das Fest des Eintretens in den Tempel. Wenn die Karren vom Múndúp heimkehren und die Götzen von den Dyat's wieder nach dem Tempel getragen werden, werden am Löwenthore mannigfache Ceremonien verrichtet und die Bilder endlich wieder nach ihrem Throne zurückgebracht.

11. Júmím, das Geburtsfest in der Nacht des 8ten Tages bei abnehmendem Monde. Ein Freudenmädchen, Bhietúrgaonie, vertritt die Stelle der Mutter, ein Priester die des Vaters von Jâgannath und die Ceremonie der Geburt wird darauf im Tempel vollzogen.

12. Kallie Dúmúm, das Fest der Kallie-Zerstörung (der giftigen cobra de capella). Die Ceremonie wird im Teiche Markúnd vorgenommen, wohin Múdún Mohun am 11ten Tage des abnehmenden Mondes getragen wird. In der Nacht verzieren viele Priester den Jâgannath mit Juwelen und an seine Stümpfe werden goldene Hände befestigt. Darauf wird um das Bild von Kopf bis zu Fuß eine aus weißen und schwarzen Lappen zusammengenähete und ausgestopfte Schlange geschlungen.

13. Bamún Júnúm, das Zwerggeburt-Fest. Die Priester schmücken den Götzen mit dem Kleide eines Zwerges (ein Zwerg gehört gewöhnlich zu den Dienern eines Hindu-Tempels) und befestigen einen Sonnenschirm und ein goldenes Wassergefäß mit einer Schneppe an seinen Händen.

14. Kumar Punace, ein Fest zu Ehren des Sudúrsún, der vom Tempel nach der Stadt getragen wird.

15. Uthapún Ekabusie, das Auferstehen des Jágannath aus seinem Schlafe.

16. Ubhieshek, das Einweihungsfest, wenn Jágannath mit einem königlichen Gewande bekleidet und mit großer Pracht angebetet wird.

17. Ghornagie, das Fest des Bekleidens mit warmen Gewändern.

18. Mukúr. Dem Jágannath wird ein Blumenkranz aufgesetzt und Reis dargebracht.

19. Dole Jattra, das Schwingfest. Ungefähr 200 Schritt vom Tempel ist eine Plattform, Dole Múnchúp genannt; hierher werden die Götzen Múdún Mohún, Lúkhie, Súrasúttie, Ram und Kishen am Vollmondstage des Phalguna (Februar) von den Priestern getragen und in Sesseln, die an Ketten, welche an schwarzen Steinsäulen befestigt sind, hängen, hin und hergeschwungen und nachher mit rothem Pulver bestreuet.

20. Ram Núbomie, das Geburtsfest des Ram, an welchem Jágannath das Kleid des Ram anzieht, der im Treta Jug, dem zweiten silbernen Zeitalter der Welt geboren ist. (Das jetzige vierte beginnt nach Bentley's Angabe im 11ten Jahrhunderte vor Chr. Geb.)

21. Dyna Chorie, das Fest des Dyna- (Artemisia Indica) Stehlens. Zu dem Zwecke werden die Götzen Múdún Mohún, Ram und Kishen nach dem Garten von Múth Jágannath-búllúbh geführt, um die Dyna zu stehlen, wobei die Priester unter dem Zusammenströmen unzähligen Volkes die Ceremonie verrichten.

22. Rúbanko Berrha, das neunmalige Umherziehen um den Tempel. Man betet dabei die Götter mit Reis an, welchen nach der Aussage der Priester der Geist Jágannath's in sich aufnimmt.

23. Khettúr Púrriekrúma, wobei das Volk, von den Priestern geleitet, die Stadt Puri von Südwest nach Südost umzieht.

Die mehrfach erwähnten Wagen oder Gerüste auf Rädern werden in jedem Jahre auf dem Platze Rúthpúdda, nahe dem Búrband oder der großen Straße, neu gebaut. Man beginnt damit am 3ten Tage des zunehmenden Mondes im Mai und muß sie im Juni zum Rúth-Feste fertig haben.

Es giebt zwei Reinigungen des Tempels, Mahasnan und Búr Mahasnan. Erstere findet statt, wenn der Tempel mit Blut oder durch andere Befleckungen verunreinigt ist, oder wenn irgend Jemand die Götzen berührt hat; Búr Mahasnan ist nothwendig, wenn Jemand im Innern des Tempels seinen Geist aufgiebt. Diese Reinigungen dauern vier Stunden. Während derselben hört jede andere Ceremonie auf und auch die heilige Nahrung, Mahapurshad, wird während derselben den Pilgern nicht gegeben. Diese Nahrung wird den Gözen vier Mal täglich dargebracht, als Morgen-, Mittag-, Abend- und Nachtmahl. Jede Mahlzeit dauert eine Stunde, während welcher die Thore des Tempels geschlossen werden und es nur den Leibdienern des Gözen gestattet ist, anwesend zu sein. Die Tänzerinnen tanzen während dieser Zeit in der Säulenhalle, Jugomohún, der Säule des Garur gegenüber, und die Byragie's oder Hindu-Heiligen stehen an den Thoren von Jye und Bijye, mit großen Fächern in den Händen und Loblieder zu Ehren des Jágannath singend. Beim Klange einer Glocke wird das Thor des Tempels geöffnet und die heilige Nahrung von den niederen Tempeldienern weggetragen. Die zum Verkaufe bereiteten oder von den Einwohnern und Pilgern bestellten Speisen sind im Bhog-Múndup zusammengehäuft, wo sie von den Gözen gesehen und aus der Ferne gesegnet werden können. Dies heißt Chuttúrbhoge und geschieht gleich nach dem Morgenmahle; außer diesem Bhoge wird eine andere und köstlichere Nahrung für große Festtage gewährt. Die meisten Pilger essen diese von den Tempelköchen bereitete Nahrung, welche besonders an großen Festen sehr theuer bezahlt wird. An solchen, wie z. B. an den Rúth Játtra, wird oft für 90,000 Menschen die Kost bereitet, wobei 400 Familien von Köchen beschäftigt sind. Da dieselbe in stets neuen Töpfen weggetragen wird, so machen natürlich auch viele Töpfer ein gutes Geschäft.

Nach dem Abendmahle, gegen die 11te Stunde, vollziehen bei abnehmendem Monde die Chnarah's die Ceremonien des Anzündens der Mahadiep's oder heiligen Lampen auf den Spitzen des großen Thurmes und der beiden angränzenden Tempel, um damit den Raja zu ehren. Mit lauter Stimme rufen sie dann aus: „Ramchúnder Deb Maharajanku súmrajyo aghya hau; Sric ungo aroghyo than!" (Befiehl das Königreich dem Maharajah Ramchúnder Deb und erhalte ihn bei guter Gesundheit!)

Bei zwei Gelegenheiten wird das Volk aus dem Tempel selbst und sogar aus dessen Nähe vertrieben. Diese Reinigungen heißen Purah Deole Shode und Údha Deole Shode. Erstere findet statt, wenn die weiblichen Mitglieder der Familie des verstorbenen Ex-Raja's von Khurdah den Tempel besuchen, um dort ihren religiösen Verrichtungen obzuliegen. Die Fürstinnen werden in Palankinen und ihr Gefolge in Dulie's nach dem Tempel getragen. Diese

Proceſſion, welcher der Raja beiwohnt, heißt Guhumbejey, der Königin Gang mit den Ehrendamen (puelics). Sobald die Prozeſſion den Tempel betreten hat, werden die Thore geſchloſſen, die Palankine werden im Jugonohún niedergeſetzt, die Damen wandern zu den Götzen und werden dieſen vom Raja vorgeſtellt. Sollten andere Fürſtinnen den Vorzug einer ſolchen Privat-Anbetung wünſchen, ſo müſſen ſie dem Raja oder Tempelverwalter einen hohen Preis bezahlen. Die zweite iſt eine theilweiſe Reinigung, wenn die Frauen des Raja ſelbſt, ſowie die Häuptlinge der tributpflichtigen Mahal's und deren Frauen eintreten. In ſolchen Fällen iſt der Eintritt gegen ein Chaamu Chittar oder eine ſchriftliche Erlaubniß des Raja, für welche eine Abgabe gezahlt werden muß, geſtattet. Während die Frauen ihren Anbetungen nachgehen, halten die Prieſter und Leute des Raja den Jagmohún beſetzt. Beide Ceremonien können nur des Nachts vorgenommen werden und den Eintretenden ſind nicht mehr als zwei Fackeln erlaubt.

Die Unkoſten für Lebensmittel (Kote oder Sircariebhoge) zum Gebrauche der Götzen und ihrer Diener, in Butter, Reis, Salz u. ſ. w., betragen jetzt täglich 4 Pf. Sterl. 8 Schill. 3¾ d. (beinahe 30 Thlr.). Die ſämmtlichen Ausgaben werden auf 31,000, die Einnahmen auf 46,291 Rupien berechnet [121]).

In Benares ſelbſt, wohin wir noch einmal zurückwandern, wird der Haupttempel des Viſhnu und ſeiner Frauen ſtark beſucht. Es ſind 15 Tage erforderlich, bis die frommen Pilger allen Pflichten genügt und Gaben und Früchte jedem Götzenbilde und Geſchenke in Geld den Prieſtern dargebracht haben. Die Schweſter des Raja von Nagpur kam 1502 nach Benares, um ihre religiöſen Pflichten zu erfüllen; aber die 7000 dort lebenden Brahmanen wollten ihr dies nicht erlauben, weil ſie die verlangte Geldſumme nicht bezahlen konnte. Die Engländer unterhandelten für ſie mit den Brahmanen, welche dann auch mit ſich handeln ließen. Dergleichen Geldgeſchäfte ſind noch heute an den berühmteſten Tempeln gewöhnlich.

Verfolgen wir den Lauf des Ganges ſtromaufwärts, ſo haben wir vor Allem noch Hardiwar's zu erwähnen, jenes Thores des Viſhnu, durch das der heilige Strom aus dem Himalaja in die Ebene Hindoſtans eintritt. Jährlich pilgern die Hindu's hierher zu einem Feſte, das zugleich mit einem Jahrmarkte (Mela) verbunden iſt; alle zwölf Jahre aber wird ein beſonders großes religiöſes Feſt gefeiert. Bei einem dieſer Feſte ſah Oberſt Hardwicke als Augenzeuge am letzten Tage durch die Sikhs 500 Fakire tödten und beinahe 1000 ver-

wurden. Bei dieser Gelegenheit schätzte Hardwicke die Zahl der aus allen Theilen Indiens zusammengeströmten Menschen auf 2½ Millionen. „Gegen das Ende des Festes, erzählt Capitän Raper, ist jede Straße gedrängt voll Menschen, die aus allen Weltgegenden heranströmen. Diejenigen, welche nur um sich zu baden kommen, treffen in früher Morgenstunde ein und nachdem sie ihre Waschungen verrichtet, kehren sie noch denselben Abend oder spätestens am andern Morgen heim. Hierdurch entsteht ein fortfährendes Hin- und Her-wandern von Pilgern, das einen merkwürdigen Anblick gewährt. Diese Fremden, welche nur auf wenige Stunden kommen, bringen ihren Proviant mit sich; aber Tausende von Wagen führen auf den Straßen Getraide heran, die meisten vom Duab her, so daß, trotz des ungeheuren Verbrauches, Ueberfluß zu herrschen scheint. Der zehnte April, erzählt Hardwicke weiter, war der Púrbi oder letzte Tag des Badens. Das Gedränge wurde nun furchtbar, jeder Zugang zum Flusse war von Menschen vollgestopft und die zum Flusse führenden Treppenstufen waren so von Zuströmenden überfüllt, daß die Untenstehenden in den Strom gedrängt wurden. Diese Cúmbha Mela war in früheren Zeiten häufiger Mordthaten wegen übelberüchtigt, aber die britische Regierung hat durch polizeiliche Maßregeln denselben ein Ende gemacht, indem sie namentlich das Waffentragen streng verbot. Dieselben müssen gegen Scheine abgeliefert werden und werden erst den Heimkehrenden wieder eingehändigt.

Ein berühmter Zielpunkt indischer Wallfahrten ist ferner Gangoutri. Wer dorthin geht, ist von allen Sünden und Strafen dieser Welt befreit und der Durchgang durch alle Stufen der Seelenwanderung, die er durchzumachen hat, ist ihm gesichert. Da, wo sich der Hauptarm des Ganges, Bhágirathi, und der Alcananda bei der Stadt Srinagur vereinigen, steht ein dem Ramachandra geweihter Tempel in Form einer vierseitigen, in der Mitte sich ausweitenden und nach oben spitz zulaufenden Pyramide. Eine weiße, von hölzernen Säulen getragene und mit Kupfer gedeckte Kuppel mit steil abfallendem Dache endet in der Spitze mit einer vergoldeten Kugel und einem Thürmchen. Die viereckige Terrasse, auf welcher diese 70 Fuß hohe Pagode steht, hat nur 6 Fuß im Quadrat. Im Tempel steht eine bronzene Figur in Menschengestalt mit einem Adlerschnabel und zwei von den Schultern ausgehenden Flügeln. Dies ist der chinesische Luishin, der Geist, welcher über Blitz und Donner herrscht [125]). Die dort lebenden Brahmanen wissen nicht, wer den Tempel erbaut hat, behaupten jedoch, daß derselbe 10,000 Jahre stehe. Eine ihrer täglichen Beschäftigungen besteht darin, daß sie die Fische (Cyprinus denticulatus), von denen einige 5 Fuß lang sind, mit Brod füttern, das diese ihnen aus den Händen nehmen. Eben daselbst sind der Hindu-Venus und der Rassa Devi, der Göttin der Liebe, Tempel errichtet. In dem der ersteren geweihten Tempel leben viele Tänzerinnen, die sich der väterlichen Gewalt entzogen und den Brahmanen hingegeben haben.

In dieser Gegend feiern die Gebirgsbewohner dem Berggotte zu Ehren das sogenannte Bhart- oder Bheda-Fest, um seines Schutzes für ihre Saaten versichert zu sein. Bei dieser Gelegenheit wird das eine Ende eines langen dicken Seiles nahe am Flusse an einem Pfahle befestigt und das andere von 80 bis 100 Menschen nach einer Bergspitze, fast 4000 Fuß (?) hoch, hinaufgetragen und dort so fest als möglich um den Stamm eines großen Baumes geschlungen. An diesem Stricke läßt sich nun ein Hindu von der Caste der Rat's oder Gaukler herunter, wobei Sandsäcke an seine Beine befestigt werden, um ihn im Gleichgewichte zu erhalten. Nur wenige erreichen den Fluß lebendig; wer aber herabfällt, dem wird sogleich das Haupt vom Körper getrennt, um die erzürnten Götter damit zu versöhnen.

Ein anderer erwähnenswerther Pilgerort ist Manah. Dort sind die Bewohner, wie Raper erzählt, trotz ihres tartarischen Gesichtsausdruckes, sehr schön, besonders die Frauen. Sie und ihre Kinder waren so mit Gold- und Silberschmuck behangen, daß sie von demselben wirklich belästigt wurden. Daselbst ist der Tempel von Bhädrinath, nahe bei einer warmen Schwefelquelle, woselbst beide Geschlechter ungescheut zusammen baden. Außerdem sind noch mehrere Quellen daselbst, welche der arme Pilger alle besuchen muß, natürlich nie, ohne die Brahmanen beim Eintritte zu belohnen. Je reiner er sich wäscht von seinen Sünden, je leerer wird auch seine Börse. Siebenhundert Dörfer gehören zu diesem Tempel, welcher jährlich von 40,000 Pilgern, meist Fakiren, besucht wird. Sobald alle Reinigungen vollendet sind, müssen die Pilger, welche ihre Väter und die Frauen, die ihre Männer verloren haben, sich das Haupt scheeren lassen, wodurch sie erst fähig werden, vor dem Angesichte der Gottheit zu erscheinen. (Sollten die Massen abgeschnittenen Haars weggeworfen werden?)

Einige andere Pilgerorte, namentlich aus der Gegend von Calcutta, z. B. das stark besuchte Hughly, sind absichtlich übergangen worden, da sie schon in der in Briefen an A. v. Humboldt und C. Ritter geschilderten Reise in Ostindien näher beschrieben wurden [128].

Quellen-Angaben und Erläuterungen.

1) Die lebensgroßen Terra cotta-Figuren, welche in den letzten zwanzig Jahren in den etruskischen Gräbern gefunden worden sind, und die sich in Campana's Sammlungen befanden, gaben dem Verfasser ein so sprechend ähnliches Bild von den heutigen Hindu's, erinnerten so lebhaft an den schönen Menschenschlag der Bengalesen, daß er zu glauben geneigt war, diese Statuen wären von Indien dahin verpflanzt worden. Der Ausdruck des Gesichts, die Art, wie das Haar getragen wird, der Schmuck und die Weise, wie sie sich desselben bedienten, sowie die Gewänder und die Art, solche anzulegen, Alles dies ist in ganz ähnlicher Weise noch an den heutigen Hindu's zu beobachten.

Der Verfasser hat dem Studium der runden Thürme Irlands seine ganze Aufmerksamkeit gewidmet, an Ort und Stelle zwar nur zwei derselben genau durchforscht, ist jedoch zu der Ueberzeugung gekommen, daß diese Thürme die religiösen Versammlungsorte der Priester jener ersten Einwanderer waren, welche von dort aus die Sonne, den Mond und die Gestirne anbeteten und dem Feuer ihre Verehrung darbrachten. Im Inneren dieser Thürme zogen sich in schlangenartigen Windungen, vermöge wenig vorspringender Steine, Linien bis zur Spitze herauf. Auf den kleinen Absätzen standen wahrscheinlich brennende Lampen, was einen höchst glänzenden und überraschenden Anblick gewährt haben muß. Als die alten Irländer durch Missionare und besonders durch den heiligen St. Patrick zum Christenthume bekehrt wurden, fanden diese es weise, die ersten christlichen Kirchen neben diesen runden Thürmen zu erbauen, indem das Volk daran gewöhnt war, sich daselbst zu versammeln. Daher kommt es, daß man noch heute neben vielen dieser runden Thürme christliche Kirchen — meist in Ruinen — und Begräbnißplätze findet.

In George Viscount Valentin's Voyages and Travels to India, Ceylon, the Red Sea, Abyssinia and Egypt in the years 1802—1806, three Volumes. 4. London 1809, findet sich Seite 85 die Abbildung von Thürmen, die noch heute bei Bhangulpore in Bengalen zu sehen sind, und welche, wie gedachter Reisende bemerkt, den Irländischen Thürmen sehr ähnlich sind. Niemand weiß, wer sie erbaute, auch knüpfen die Hindu's keine religiöse Verehrung daran.

2) The Parsi-Religion: as contained in the Zand-Avasta and propounded and defended by the Zoroastrians of India and Persia, unfolded, refuted, and contrasted with Christianity. By John Wilson, D. D. M. R. A. S. Bombay American Mission Press. 1843. S. 610 Seiten.

In diesem Werke hat der unermüdliche Forscher und Beförderer christlichen Geistes, welcher das religiöse Leben der Parsi's an Ort und Stelle viele Jahre hindurch beobachtete und die religiösen Pflichten ihrer heutigen Lehrer durchforschte, die Parsi-

Religion aus der Zand-Avastá zu klarer Anschauung gebracht, indem er zu diesem Zwecke das ganze System der Vandidád, wie solche im Original Zend enthalten ist, gründlich studirte. Dennoch, sagt Wilson (Seite 12), sei es ihm oft nicht möglich gewesen, das Dunkele und Geheimnißvolle, welches nur zu oft in den Blättern des Zend herrscht, entziffern zu können; wie dies auch den Parsi's selbst bis heute nicht möglich gewesen ist. Die alte Zendsprache ist übrigens todt und es finden sich heutigen Tages nur in Ghilan und Masenderan noch Reste derselben.

Das Corpus oder die Gesammtheit der Zendschriften ist in der Zend-Avesta oder dem Zend-Worte enthalten, welches der Verfasser in einer gesammelten Form niemals in den Händen der Parsi's sah. Es besteht aus der Vandidád, welches die sogenannte eigentliche Vandidád in sich begreift, und den beiden großen liturgischen Werken, der Jacna und Vispard; der Khúrdah-Avasta oder kleineren Liturgie, den Jast's, und anderen gesonderten Abtheilungen. Die Vandidád besteht aus einem Berichte eines angenommenen Gesprächs zwischen Hormazd und Zoroaster. Die Jacna oder Izashne, der große Opferdienst, ist in 72 Theile oder Há's getheilt; ihr Zweck ist die Anbetung des Hormazd und der ganzen Schöpfung, der belebten und unbelebten, die, wie es heißt, durch ihn hervorgerufen wurde.

Die Vispard ist ihrem Inhalte nach der Jacna ähnlich und hat ihren Namen von der Zueignung „an alle Herren" oder Gegenstände der Reinheit, angerufen von den Anhängern des Zoroaster. Sie ist in 27 kleine Abtheilungen oder Kardha's getheilt.

Die höchsten Priester der Parsi's heißen „Dastúr's," diesen zunächst stehen die „Mobed's," und die niedrigsten sind die „Herbad's." — Die Parsi's beten zum Feuer als zu einem Emblem Gottes, als dem Haupt-Werkzeuge zur Bildung des Weltalls, weshalb ewig Feuer in ihren Häusern brennt. Sie stehen Stunden lang vor ihren Lampen in Gebeten versunken, mit gefalteten Händen und die Augen gen Himmel gehoben. Selbst während ihrer Geschäfte, welcher Art solche auch sind, werden Gebete ausgestoßen. Wenn man mit Hunden an ihren Wohnungen vorübergeht, so hört man den Ruf: „jo! jo!" indem dann Jeder bemühet ist, den Hund zu füttern.

3) Zu der Veda-Literatur ist noch zu bemerken, daß Ramnohun Roy durch einen neuen Vedantismus, den Jüttwa bodhini Shaba, den sinkenden Hinduismus wieder aufzurichten suchte.

4) In den Satapatha-brahmana (1. S. 1. 1. Prap. VI., 3. 1.) wird Menu als der Vorvater der Menschen geschildert, als der Noah, dem ein Fisch den Weg der Rettung angiebt. — M. Müller, History of the Sanscrit Literature, erzählt p. 425, 564 den Hergang des Gesprächs zwischen Menu und dem Fisch.

5) Max Müller, Hist. of Sanscrit Lit. p. 564., Colebrooke's Abh. üb. d. heil. Schr. d. Ind. üb. von Poley, S. 31.

6) Siehe die Hymne des Vasischtha, VII, 77. M. Müller, Hist. of S. L. p. 551, 552.

7) M. Müller, History of the Sanscrit Lit. p. 535, 540.

8) Calcutta Review No. LXIV. 1859, Serampore. S. p. 411.

9) Rig-Veda Sanhita. Translated from the Original Sanscrit, by H. W. Wilson. M. A. Vols. 3. London, 1857. 8. — India, Three Thousand Years ago, by John Wilson. D. D. Bombay, 1858. S. p. 276.

Von den fünfhundert Hymnen, welche Doktor Wilson übersetzte, die Hälfte aller bekannten und die wesentlichsten, vertheilt sich die Widmung in folgender Weise: 178 an Indra, 147 an Agni, 28 an die Aswin's, 24 an Marúts, 17 an Mitra,

20 an Varuna, 11 an Uſhas, 5 an Sûrga oder Savitri, 6 an Vaŷú, 3 an Rudra, 2 an Brihaspati, 1 an Saraswati und 2 an Vishnu. Mithin bleiben gegen 60 Hymnen anderen Gottheiten gewidmet.

10) Wilson, Vol. I. p. 25.

11) Die ſäuerlich ſchmeckende Asclepias, welche ſich nur in den Gebirgen von Mazenderan bis zum Indus und bis zu den Bergen des Bholan-Paſſes vorfindet. Sie wurde zwiſchen zwei Steinen ausgepreßt, mit Milch oder Gerſtenſchleim vermiſcht und bekam im gährenden Zuſtande den Geſchmack und die Wirkungen des Brandweins.

12) Wilson, Vol. I. p. 415.

13) Aehnliche Erzählungen findet man in Ward, View of the Hist., Lit., and Rel. of the Hindoos. II, 48. M. Müller, Hist. of S. L. 412.

14) M. Müller, Hist. of the Sanscrit Lit. p. 420. Die Viśvamitra's oder Ongirasa's — ein beſonderer Stamm von Einwanderern, Viśva-mitra, Menſchen oder Volk des Mitra — waren die erſten, welche in verſchiedenen Sakta's der Veda's Agni und Indra anbeteten.

15) ibid. p. 205.

16) ibid. p. 179.

17) Die berühmteſten Dichter der Veda's ſind diejenigen, deren Hymnen zwiſchen dem erſten und letzten Buche der Sammlung ſtehen und Mâdhyama's genannt werden, wogegen die neu hinzugefügten Hymnen gemeinhin am Ende jeden Capitels unter dem Namen Khila's bekannt ſind. M. Müller, Hist. of the Sanscrit Lit. p. 479.

18) Max Müller, a. a. O. p. 494. Man bemerke die ähnliche Idee in der ſatiriſchen Darſtellung der homeriſchen Helden. Der Hymnus lautet: Nachdem ſie ein Jahr lang, wie ein Gelübde vollziehende Brahmanen, auf dem Boden gelegen, haben die Fröſche, von den Regenſchauern des Himmels aufgeweckt, ihre Stimme ausgeſandt. Als das himmliſche Gewäſſer auf ſie fiel wie auf einen in einem Teiche liegenden trockenen Fiſch, da klang die Muſik der Fröſche zuſammen, wie das Brüllen der Kühe mit ihren Kälbern. Wenn beim Herannahen der Regenzeit der Regen ſie durchnäßt hat, da ſie vor Durſt verſchmachteten, ſo geht der Eine zu dem Andern, indem er wie ein Sohn zu ſeinem Vater ſpricht, ſagend: Akhala. Einer umarmt den Andern, wenn ſie in dem Waſſerguſſe vor Freude ſpringen und der braune Froſch, emporhüpfend, nachdem er untergetaucht war, vereint ſeine Rede mit dem grünen. Während einer von ihnen die Rede des andern wiederholt, wie ein Zögling und ſein Lehrmeiſter, iſt jedes ihrer Glieder gleichſam im Wachſen, wenn ſie beredt auf der Oberfläche des Waſſers ſich unterhalten. Einer von ihnen iſt Brüllkuh, der andere Meckergeis, einer iſt braun, der andere grün; ſie ſind verſchieden, obſchon ſie denſelben Namen führen und ihre Stimme beim Sprechen mannigfach moduliren. Wie Brahmanen bei dem Somaopfer des Atiratra, die rund um einen vollen Teich ſitzen und ſchwatzen, ſo feiert ihr, o Fröſche, dieſen Tag des Jahres, an dem die Regenzeit beginnt. Dieſe Brahmanen mit ihrem Soma haben ihren Spruch geſprochen, indem ſie den jährlichen Ritus vollziehen. Dieſe Adhvarya's, die da ſchwitzen, während ſie die heiligen Töpfe ſchleppen, huſchen davon wie Eremiten. Sie haben ſtets die Ordnung der Götter beobachtet, wie ſie im Jahreslauf zu verehren ſind; dieſe Leute laſſen ihre Zeit nicht außer Acht; die Fröſche, die ſelbſt wie heiße Töpfe waren, ſind nun erlöſt, da die Regenzeit eintritt. Brüllkuh und Meckergeis, der Braune und der Grüne, geben uns Schätze. Die Fröſche, die uns Hunderte von Kühen geben, verlängern unſer Leben in dem reichen Herbſte."

19) Benares Magazine, October, 1849.
20) Vgl. über Buddha, Bd. 1. S. 11.
21) Abel Rémusat verwandte zwanzig Jahre seines Lebens auf die Durchforschung des Buddhismus. B. Hodgson widmete eine ebenso lange Zeit dem Studium des Buddhismus während seines Aufenthalts zu Katmandu, und hat seine Forschungen in dem Werke: Illustrations of the Literature and Religion of the Buddhist's, Serampore 1841. 5. niedergelegt. Es sind ferner vorzüglich wichtig für uns die Quellen chinesischer Dokumente; die Uebersetzung des Mahavanso oder des Pali Buddhist, Historical Annals of Ceylon, by Mr. Turner, eine geschichtlich poetische Abfassung, woraus sich die systematische Chronologie der Könige von Ceylon und Behar während 2400 Jahren ergiebt; ferner die entzifferten Münzen von Prinsep; die Mackenzie Manuscripte vom Rev. Taylor zu Madras, welche Prof. Wilson analysirt hat. Oberst H. Sykes hat in seinen »Notes on the religious, moral and political state of India, before the Mohamedan Invasion die Reise-Berichte der beiden chinesischen Buddha-Missionäre Fa Hian und Hiuan-Thsang zu Grunde gelegt. Wir können jedoch nicht dem gelehrten Forscher beipflichten, daß die buddhistische Lehre schon lange vorher sich im Deccan verbreitet haben sollte, ehe die Brahmanen solchen Einfluß erlangt und ehe Buddha solche allgemein kund machte. Endlich verweisen wir noch auf eine kleine, aber belehrende Abhandlung: Max Müller, Buddhism and Buddhist Pilgrims. — A Review of Juliens »Voyages des Pélerins Buddhistes:« with a Letter on the original Meaning of Nirvàna. 1857. 8. London, Williams & Norgate.

22) »and it is established beyond doubt, that Brahmanism, as developed in the Veda's, preceded Buddhism.« — James Bird, Historical Researches on the Origin and Principles of the Bauddha and Jaina-Religions« etc. in der Vorrede p. IV.

23) Wir folgen hier vorzüglich dem überaus schätzbaren Werke des Herrn James Bird, Historical Researches on the Origin and Principles of the Bauddha and Jaina-Religions: — illustrated by descriptive accounts of the Sculptures in the Caves of Western India, with Translations of the Inscriptions from those of Kanari, Karli, Ajanta, Ellora, Nasik etc. etc. which indicate their connection with the Coins and Topes of the Panjab and Afghanistan. — Bombay, 1847. Folio. Diesem Werke, welches mit der sorgsamsten Forschung an Ort und Stelle und mit strengster Kritik abgefaßt ist, gingen James Fergusson's Illustrations of the Rock-cut Temples of India, with Text. London 1845, folio voran; in Darstellung und Beschreibung ergänzt es dieses Werk und ist nächstdem das beste, was wir besitzen.

24) Der Verfasser besaß Zeichnungen von allen diesen Bauwerken, die an Ort und Stelle aufgenommen wurden und die er illustrirt herauszugeben gedachte.

James Fergusson theilt die Felsentempel in fünf verschiedene Classen. Die erste derselben, die Bihara oder klösterlichen Tempel, spaltet er wieder in drei Unter-Abtheilungen. Die erste Abtheilung, aus mehr natürlichen Felshöhlen bestehend, welche nur wenige Nachhülfe durch Menschenhand erhielten, waren unbezweifelt die ältesten; die meisten dieser Tempel findet man in Behar und Kattack, einige auch zwischen den Tempeln im Westen. Die zweite Unter-Abtheilung sind Tempel, die eine Veranda haben, aus welcher man von der Rückseite aus in Zellen tritt, welche den Priestern zum Aufenthalte dienten; die einfachsten dieser Bauten bestehen aus einer viereckigen Zelle mit einem Portiko wie zu Kattack wogegen zu Ganesa Gúmpha die

Zelle 30′ lang ist, und zu Ajanta die Veranda zu einer viereckigen Halle führt, an deren drei Seiten sich die Zellen befinden. In der dritten Unter-Abtheilung finden wir die Vihara-Tempel zu einer so großen Halle ausgearbeitet, daß deren Mitte die Stütze von Pfeilern und Säulen erforderte. Außer den Zellen, welche diese Halle umgeben, befindet sich in einer tiefen Höhlung, dem Eingange gegenüber, die Statue Buddha's und seiner Umgebung, welches genügend darthut, daß die Halle den Priestern nicht allein zum Aufenthalte, sondern auch zum Gottesdienste diente. Zu Bhang ist diese Statue durch einen Daghop ersetzt. Zu dieser Art von Tempeln gehören die meisten Buddha-Felsenarbeiten, wie die prächtigen Tempel zu Ajanta.

Die zweite Classe sind die buddhistischen Chaitya-Tempel, welche sich bei allen Felsentempeln im Westen von Indien befinden, keiner derselben jedoch im Osten Indiens. Der Plan und die Einrichtungen dieser Gotteshäuser ist sich immer gleich, in Ausführung der Bildhauer-Arbeiten erkennen wir die verschiedenen Epochen, welche sich in der, denen die Karlitempel ihre Entstehung verdanken, am vollendetsten zeigen; aber Fergusson ist der Ansicht, daß das Innere dieser Tempel eine Nachbildung anderer kunstvoll aufgeführter Gebäude ist, von deren Existenz heute keine Spur mehr in Indien aufzufinden ist. Alle diese Tempel bestehen aus einer äußeren Halle, einer Art Portiko oder Gallerie für Musikanten, und einer inneren Gallerie über dem Eingange, und aus einem Flügel im Centrum, dem Schiffe unserer Kirche ähnlich, mit gewölbtem Dache und zweimal so lang als breit ist; dieser endet mit einem halbkreisförmigen, gewölbten Raume, in dessen Mitte entweder ein Daghopa oder ein Haitya steht. Ein schmaler Gang, meist mit flachem Dache, selten leicht gewölbt, umgiebt das Ganze, durch eine Reihe massiver Säulen von dem Schiffe des Tempels gesondert.

Die dritte Classe besteht aus den brahmanischen Felsentempeln. In ihrer Erscheinung gleichen sie den Buddha-Vihara's und scheinen Nachahmungen derselben; aber bei näherer Betrachtung sieht man, daß weder die Säulenstellung, noch die Lage des Heiligthums dieselben sind. Hier finden wir keine Zellen und die Wände sind, statt mit Fresko-Malereien geziert zu sein, mit Bildhauerarbeiten bedeckt. Die schönsten derselben befinden sich zu Ellora und Elephanta.

Die vierte Classe bilden Felsen-Modelle von brahmanischen Tempeln, und zu diesen gehören die Kyla's zu Ellora, der Civite-Tempel zu Dunmar und die Rûth's zu Mahavellipore; alle, mit Ausnahme des letzteren, stehen in Vertiefungen, so, daß sie gleichsam von den sie umschließenden Wänden erdrückt werden.

Zur fünften Classe zählt Fergusson die reinen Jaina-Felsentempel, welche, mit Ausnahme jener zu Khandagiri in Kattack und einiger im südlichen Indien, keine besonderen Vorzüge besitzen und unbedeutend sind. In einigen Felsen, namentlich bei Gwalior, sind die colossalen Figuren eines oder des anderen der Thirthankar's so aus dem Felsen gehauen, daß eine Art Zelle zum Schutze derselben gleich einem Schirme sich davor befindet. — Fergusson's Text zu den Illustrations, p. 5, 6 u. 7. —

25) Ueber die Pancha Tantra und über die Anbetungsweise von Padmanidhi, siehe Prof. Wilson, Transactions of the R. Asiatic Society, Vol. I. p. 133; und James Bird, Seite 17 und 18. Sir Charles Mallet hat in den Asiatic Researches, Vol. VI. p. 391 und Colonel Sykes in den Transactions of the Bombay Lit. Society, Vol. VIII. p. 265 die Felsentempel zu Ellora beschrieben, jedoch haben neuere Forschungen erwiesen, daß manche der von ihnen ausgesprochenen Ansichten auf irrthümlichen Voraussetzungen beruhen.

26) James Fergusson, An Historical Inquiry into the true Principles of Beauty and Art. — Dr. Wilson, Second Memoir on the Cave Temples and Monasteries, and other ancient Buddhist, Brahmanical and Jaina remains of Western India; Journal of the Bombay Asiatic Society, January 1853.

Die Anbetung des Padmanidhi oder der neun göttlichen Schätze — welche nach dem Tantrika-System als Halbgötter verkörpert dem Kuvera, dem Gotte des Reichthums und der Lakshmi, der Göttin des Gedeihens, — beigegeben sind, lautet: „Laß den Anbeter Padmanidhi anbeten, welcher dasitzt mit seiner Gattin, die Göttin ihm zur linken Hand: Beide von der Farbe von Mennig(?), sich einander umarmend, und Jedes eine rothe und eine blaue Lotus haltend; Beide im Begriffe, Edelsteine auszuschütten, und Jedes eine Lotus als Wappenschild tragend, der männliche Padmanidhi wohlbeleibt, der weibliche schmächtig und zart." — Dieser Anbetungsweise waren die ersten Buddha's und die ersten Jaina-Sekten zugethan, wie es in den Fresken zu Ajanta zu sehen ist.

Die Pancha Tantra, das Original der Fabeln von Bidpai oder Pilpay, wurde zuerst aus dem Sanskrit ins Arabische übertragen und Kalita Damana genannt. Wie Masudi uns erzählt, wurde selbige um 550 aus Indien nach Persien gebracht, zur Zeit, als König Naosherwan gegen Balkh und Khatlan zu Felde zog, und den König Akhavan der Hagatelah's oder Ephthalites tödtete, welche unter dem Namen der weißen Hunnen die nördlichen Distrikte von Persien bewohnten. Sie zeichneten sich vor allen anderen Hunnen dadurch aus, daß sie kein Wandervolk waren, sondern unter einer gut organisirten Regierung als civilisirte Stämme von Königen beherrscht wurden.

27) Uebersetzt von Fl. Babington in der Royal As. Soc. Vol. II. p. 266.
28) Im Belgaum-Collectorat.
29) Niebuhr giebt in seinem Reisewerke eine Abbildung einer Büste, welche Maurice, im I. Bande S. 90 seiner Indian Antiquities, irrthümlich als die Drei-Gottheit von Indien angiebt; wogegen Fergusson, in seinen Illustrations of the Rock-Cut Temples of India, Seite 55 sagt, daß selbige der allgemeinen Annahme gemäß den Gott Civa vorstellt. Die Höhe derselben ist 13', das Gesicht des mittleren Kopfes hat 5' Höhe und die Büste ist von Schulter zu Schulter 20' breit. Dies Mittel-Gesicht ist beinahe ganz verschwunden, das zur Rechten trägt einen Kranz von Todtenköpfen, hat das Stirn-Auge offen und zeigt einen Ausdruck von Strenge und Aerger; auch am linken Gesicht befindet sich ein Stirn-Auge, aber da es keinen Augapfel zeigt, soll es wohl als geschlossen anzusehen sein. Civa ist hier, wie auch schon Maurice andeutet, als der Erschaffer, Erhalter und Zerstörer dargestellt.

30) Asiatic Researches, Vol. XVI. p. 446. Essay by Mr. Hodgson; Journal of the Asiatic Society of Calcutta.

31) Oberst Sykes' höchst interessanter Aufsatz in dem Journal of the Royal Asiatic Society No. IX. bespricht diese Wanderungen der chinesischen Pilger.

Remusat sah in der erwähnten Dreiheit: Gott, das Gesetz und die Kirche.

32) Es war dies wahrscheinlich eine aus dem Felsen kommende Quelle, die zu der heißen Jahreszeit dahin geleitet worden sein mag. Im Felsentempel zu Elephanta befindet sich noch eine solche Quelle, deren Wasser so kristallklar und so eisig kühl ist, daß man dies köstliche Trinkwasser als eine große Delikatesse nach Bombay bringt.

33) In seiner Ind. Bibl. II. S. 462.
34) C. Lassen, Indische Alterthumskunde, 3. Band. S. 348, 349 u. 351.

35) Nach Kreuzer. — Prof. Wilson's Uebersetzung der Rig-Veda, Vol. I., p. 26, 27. Vgl. über das geheimnißvolle, heilige „Om." K. Graul's Reise nach Ostindien, III. p. 71. Mit diesem Worte beginnen namentlich die an Çiva und Kali gerichteten Zauberformeln zur Hinwegräumung der Feinde. Craufurd, I. 163.

36) Ausgezeichnete und hochgelehrte Brahmanen, welche mit dem berühmten evangelischen Missionar Ziegenbalg in brieflicher Verbindung standen, gaben als Grund dafür, daß sie Gott nicht anbeten könnten, an, daß das ewige Wesen ohne Form unbegreiflich sei, so daß sie sich keine Idee von ihm machen könnten; deßhalb sei die Anbetung von Götzen in ihrer Religion geboten, indem Gott solche als Ihm selbst dargebracht ansehen würde. Unter diesen Brahmanen ist eine Sekte, Gnaniguenl's genannt, welche über den Rargheuny-Gottesdienst oder der Anbetung des Unsichtbaren geschrieben haben. In der Para-babbû, einem ihrer Werke, wo es unter andern heißt: „Das Wesen der Wesen ist der einzige Gott, ewig, und überall gegenwärtig, welcher jedes Ding in sich begreift; es ist kein anderer Gott als dieser" — werden die Liebe zu Gott und die Pflichten der Moralität gepredigt. Einer dieser Brahmanen schrieb an Herrn Ziegenbalg: „Gott kann erkannt werden durch seine Gesetze und seine wundervollen Werke; und es ist durch die Vernunft und die Erkenntniß, die er dem Menschen gegeben hat, daß Er erkannt wird, Er, der Erschaffer und Erhalter aller Wesen. Es ist die gebotene Pflicht jedes Menschen, an diesen Gott zu glauben und ihn zu lieben. Unser Gesetz befiehlt dieß. Diese beiden Prinzipien sollten in seiner Rede, in seinem Geiste sein; sie sollten alle seine Handlungen leiten, auf diese Prinzipien sich fest stützend, sollte er Gott anrufen und sich bemühen, Alles Gottes Willen gemäß zu vollbringen." — Sketches etc. of the Hindoos, by Q. Craufurd. 2 Edit 1792. 2 Vols. I. Vol. p. 156 u. ff.

37) De la Croze, Hist. du Christ. des Indes, Tome II. liv. 6.

38) Colebrooke's Essays. Vol. I. On the Vedanta.

39) An einer Stelle der Pûrana's heißt es: „Der Narr, welcher aus Unwissenheit den einen und einzigen Gott vernachlässigt, und ein Bild von Thon, Stein, Metall oder Holz anbetet, handelt wie derjenige, welcher gereinigte Butter auf Asche ausgießt, anstatt aufs Feuer." — Ein gebildeter Hindu zu Calcutta, Brajamohûn, schrieb vor nicht langer Zeit: „Die Ratzen und Mäuse sind klüger, denn sie nehmen das Holz für Holz und graben sich darin ein; aber der Mensch bildet sich ein, daß der Block von Holz ein Gott ist, dem er selbst Mund, Nase, Gesichtszüge, Hände und Füße gegeben hat. Er kann verbrannt oder in Stücke geschlagen werden, ein Gott in seiner Gestalt. So macht sich der Mensch, indem er sich weise dünkt, zum Narren." Calcutta Review, Vol. XXIV. p. 230.

Ein arabischer Schriftsteller beweist, daß die Beduinen nur von Propheten beherrscht und regiert werden können; und es scheint, daß die Kaufleute des Alterthums ihre wilden Nachbarn in Arabien wie anderswo nur durch die Religion bezähmen konnten. The Life of Mohammad, from Original Sources by A. Sprenger, M. D. Allahabad. 8. 1851. p. 4.

40) Asiatic Researches; Kennedy's Researches into the Hindoo Mythology; Ward, on the Hindoos; Craufurd's Sketches of the Hindoos, Vol. I.; Moore's, Hindoo Pantheon; Coleman's Mythology of the Hindoos; Wilson's Vishnu Puran; Powtalika Probadha und Calcutta Review, Vol. XXIV.

41) Todd's Rajasthan. 4. Vol. I. p. 774; Lt. A. E. Boileau, Perso-

nal Narrative of a Tour through the Western States of Rajwara in 1835. Calcutta, 1837. 4. p. 126.

42) Wilkins, in seiner Uebersetzung der Hitopadesa.

43) In einer Schilderung der Persönlichkeit Brahma's, Calcutta Review, XXIV. Vol., wird angegeben, daß er in der dritten Hand eine Corallenschnur halte, was wohl auf einem Irrthume beruhen muß.

44) Die feuchte Jahreszeit (Siesár), die kalte (Hiemát), die milde oder der Frühling (Vasánt), die heiße (Grieshmá), die Regen-Jahreszeit (Varsá) und der Herbst, das Ende der Regenzeit (Sárát). Bei der Regenzeit wollen wir noch erwähnen, daß überhaupt die fruchtbaren Gewässer des Himmels', die als Regen niederträufeln und von denen also das irdische, Labung und Kraft spendende Wasser abstammt, wie das Wasser selbst, vielfach als „Mutter" angerufen und als das erzeugende, Leben schaffende Prinzip verherrlicht wurden. Vgl. Weber, Indische Studien, IV. 3. S. 397.

45) In den uralten Tempeln nahe Gaya ist das Bild der Lakshmi, eine Frau mit vollen Brüsten, und eine Schnur, die sich unter ihrem Arme windet, gleich dem Füllhorne des Ueberflusses, erinnert an die Ceres der alten Griechen und Römer; ihre Geburt ist der der Aphrodite ähnlich; s. Ward I., 170.

46) Calcutta Review, Vol. XXIV. p. 195; Craufurd's Sketches, Vol. I. p. 184.

47) Asiatic Researches, Vol. V. p. 371; Ward's Hindoos, Vol. III. p. 126; Craufurd's Sketches. I. Vol. p. 185; Calcutta Review, Vol. XXIV. p. 206.

48) Siehe Seite 48. 49.

49) Calcutta Review, Vol. XXIV. p. 204.

50) Es soll nordöstlich von Delhi gelegen haben, gegen 40 Meilen von dem Punkte entfernt, wo der Ganges nach Hindostan kommt.

51) Todd's Rajastan, Vol. I. p. 50 und 533; — Asiatic Researches, Vol. I. p. 2591, Vol. III. p. 185, Vol. XV. p. 101, Vol. VI. p. 508. — Ward's Hindoos, Vol. III. p. 148; Calcutta Review, Vol. XXIV. p. 204. — Krishna wird auch Mohùn — der Liebenswerthe — oder Maenhober — der Herzendieb — genannt.

52) Als Tangara von den Engländern genommen wurde, fand man daselbst ein Bild dieses Liebesgottes Kama-diva, der auf einem Elephanten ritt, dessen Körper aus sieben in einander verschlungenen Frauen gebildet war, die in höchst erfinderischer Weise die Form dieses großen Thieres bildeten. — Nach andern Angaben ist Kama-diva ein Sohn des Brahma. Seine Gemahlin heißt Rati.

53) Die Indier bringen das Sternbild des großen Bären mit Kartikija und seinen 6 Krittika in Verbindung. W. Ward a. a. O. I. 64.

54) Im ersten Buche der Atharvaveda erscheint Varuna als Alles bedeckender Himmel (ουρανός) und ist als solcher der allgegenwärtige Richter der menschlichen Thaten, der gewaltige, dessen Willen und Satzung wahrhaftig ist. Indische Studien von A. Weber, IV. 3. p. 403.

55) Minute on the Administration of Pergunnah Jounsar in Dhera Dhoon; Proprietary Right in Land in Rohilcùnd, 17. Febr. 1848.

56) Raja Krishna Chandra Raj Chaitra, by Rajib Lochan, Serampore. 6.; Calcutta Review, Vol. XIII. p. 131. Ward, a View etc. S. 251.

57) James Forbes; Oriental Memoirs; selected and abridged from a

Series of Familiar Letters, written during seventeen years Residence in India: including observations on Parts of Africa and South America, and a Narrative of Occurrences in four India Voyages. Illustrated by Engravings etc. four Volumes. 4. 1813.

58) M. Wylie, Bengal, a Field of Missions. p. 225.

59) Ein heiliger Hain muß nach den Begriffen der Hindu's aus folgenden Bäumen bestehen: Bûnyan oder Bûrgût, Pipal (ficus religiosa), Mango, Tamarinde, Jamûn (eugenia jambolana), Bele (cratoeva marmelos), Pakûr (ficus venenosa), Mhowa (bassia latifolia), Oula (phylantus emblica), Gulûr (ficus glomerata), Khyta (feronia elephantum), Khûtal od. Jac, Mulsarie ob. Bukul (mimusops elengi), Kůchnar (bauhinea variegata), Nimba (melia azadirachta), Bere (fizyphus jujuba), Horseradish (sajhuna), Shieshům (dalbergia sisa), Tun (adrela tuna) und Chůndůn oder Sandel; — Sleemann's Kingdom of Oude. 2 Vol. p. 63. — Solche Haine, von Fruchtfeldern umgeben, sind das schönste und malerischste landschaftliche Bild, welches die Natur dem menschlichen Auge darzubieten vermag.

60) Sleemann's Kingdom of Oude, I. Vol. p. 206, 207. Derselbe Verfasser erzählt bei dieser Gelegenheit einige sehr interessante Fälle von der Entführung von Kindern durch die Wölfe. So sah im Jahre 1846 ein die Eskorte bildender Dragoner im Distrikt Chandour eine Wölfin, von drei ihrer Jungen und einem kleinen Knaben gefolgt, ihrer Höhle zueilen. Der Knabe lief auf Händen und Füßen und schien mit den wilden Bestien gleichsam eine Familie zu bilden; denn er wurde, wie sich's ergab, von der Wölfin ebenso sorgsam bewacht, wie ihre eigenen Jungen und war mit ihnen aufgenäht worden. Mit großer Mühe gelang es dem Dragoner, sich mit Hülfe der Bewohner des nächsten Dorfes des Knaben zu bemächtigen; aber der Knabe war wild und unbändig und wollte sich fortwährend in Löchern verbergen, so daß man sich genöthigt sah, ihn zu binden. Seine Sprache war ein wildes Heulen oder höchst widerliche, dem menschlichen Ohre schmerzliche Töne; vor erwachsenen Menschen fürchtete er sich, dagegen machte er Miene, die Kinder, gleich, einem Hunde, anzufallen oder zu beißen. Gekochtes Fleisch rührte er nicht an, das rohe Fleisch verschlang er jedoch wie ein Hund. Ungeachtet er Monate hindurch aufs Sorgsamste gepflegt und beobachtet wurde, so konnte er doch nicht zum Sprechen bewogen werden, wollte keine Kleider tragen, behielt alle Gewohnheiten eines Hundes, und zog Knochen und rohes Fleisch jeder anderen Nahrung vor. Nach vier Jahren starb er, ohne sich in irgend einer Art aus seinem thierischen Zustande erhoben zu haben. Wenige Minuten vor seinem Tode hörte man ihn das einzige Wort: „es schmerzt" sagen. Man hatte ihn niemals weder froh noch lachend gesehen, er zeigte sich gleichgültig und theilnahmlos für Alles; selbst gegen seine Eltern, die ihn wieder erkannten, fühlte er keine Zuneigung. Er ging zwar aufrecht, zog es jedoch vor, auf allen Vieren zu laufen. — Noch von einigen anderen Kindern, die von Wölfen aufgenährt wurden, werden glaubwürdige Berichte gegeben, und überall stellte es sich heraus, daß Kinder, die bis zum 8ten oder 10ten Lebensjahre unter Wölfen geblieben waren, nie mehr dem thierischen Wesen entsagen und zu keiner geistigen Regsamkeit gebracht werden konnten.

61) Die Idee, daß der Ganges von den Haaren des Çiva herabströmte, soll, wie General Hodgson behauptet, durch den Anblick entstanden sein, den das fortwährende Herabtröpfeln der Tropfen von den Eiszapfen in der Schneegrotte zu Gangatri darbietet.

62) Calcutta Review, Vol. X. p. 412, 413, 414.

63) Ganga, the Goddess mother Stream,
Has taken her mortal birth,
All in our iron age
With sin a war to wage;
Has sought our nether earth
Us mortals to redeem,
Redeemer she of Gods above,
Redeemer she of men below etc.

Gaga Benares fair,
Dwarka, Mattura there
With Gererajos cave
They all are sacred I have said,
Like Vishnu for they all are made
By Ganges holy wave.

Calcutta Review, Vol. XIII. p. 42, 43. The Ramayana of Valmiki, translated from the Original Sanscrit by Kirtibas Pandit. 7 Vols. 8 Serampore. 1849.

64) Oberſt Forbes und Lady Anſtruther beſaßen Abbildungen von Männern dieſer Paramahanſa-Sekte, welche nach der Natur im Akte des Verzehrens der Leiche von Hindu-Malern dargeſtellt ſind. Siehe Col. Moore's Hindoo Pantheon.

65) In dem Geſpräche zwiſchen Kriſhna und Arjun, welches die Bhagavat Gita anführt, ſagt Kriſhna: „Ich bin der Schöpfer aller Dinge, und alle Dinge kommen aus mir. Diejenigen, welche mit geiſtiger Weisheit begabt ſind, wiſſen dies und beten mich an. — Ich bin die Seele, welche in den Körpern aller Dinge iſt, ich bin der Anfang und das Ende. Ich bin Zeit; ich bin der alles verſchlingende Tod; und ich bin die Auferſtehung. Ich bin der Saamen aller Dinge in der Natur, und da iſt nicht ein Ding lebend oder unbelebt ohne mich. Ich bin die myſtiſche Figur Oom. (Dieſe drei Buchſtaben ſollen ein Emblem für: Erſchaffer, Erhalter und Zerſtörer ſein), der Rig-, der Sam-, und der Jagûr-Beda. Ich bin der Zeuge, der Tröſter, das Aſyl und der Freund. Ich bin die Wiedergeburt und Auflöſung: in mir ſind alle Dinge verborgen. — Das ganze Weltall iſt durch mich ausgebreitet. Die Narren kennen meine erhabene und göttliche Natur nicht; ſie blicken vergeblich auf Hoffnung, vergeblich bemühen ſie ſich, denn ſie ermangeln der Vernunft; während die wahrhaft Weiſen mir in ihrem Herzen dienen, ungeſtört von anderen Göttern. — Diejenigen, welche andere Götter anbeten, beten mich an. Ich bin in dem Opfer, in den Wohlgerüchen, in den Anrufungen, in dem Feuer, in dem Opferthiere."

Hierauf erwiedert Arjun: „Du biſt der erſte Schöpfer — Ewiger Gott! Du biſt der Erhabene! Durch Dich wurde das Weltall ausgebreitet! Du biſt Vargu, der Gott der Winde, Agni, der Gott des Feuers; Varun, der Gott des Weltmeeres: — Ehrfurcht ſei Dir dargebracht, ewig und ewig Ehrfurcht, o Du, welcher Du in allem biſt! Groß iſt Deine Macht, groß iſt Dein Ruhm! Du biſt der Vater aller Dinge; deshalb beuge ich mich tief vor Dir, mit meinem Körper im Staube liegend, flehe ich um Deine Barmherzigkeit. Herr, würdig angebetet zu ſein, habe Nachſicht mit mir als ein Vater mit ſeinem Kinde, ein Freund mit ſeinem Freunde, ein Geliebter mit ſeiner Geliebten." — —

66) „Er, welcher nicht von Jama abweicht, dem Richter der dahingeſchiedenen Seelen, welcher nicht mit Vaisaswata, der ſtrafenden Göttin, entzweit iſt, oder mit dem unbegreiflichen Genius, der im Herzen wohnt, wird nicht von den Ebenen des Kura ausgeſtoßen werden, oder von den Waſſern des Ganga." — Er, der die unſterbliche Seele verletzt, „des Menſchen beſten Zeugen," verliert die Frucht jeder guten Handlung, wird mit der Tortur, die dem Kindesmörder und dem Brahmanen-Tödter trifft, beſtraft werden, vernichtet die Leben derer, die ihm zunächſt ſtehen, und wird in die tiefſten Tiefen des Naraka verſenkt werden." — Ein Menſch, welcher die

Unwahrheit unter dem Motiv des Dharma redet, soll nicht vom Swarga ausgeschlossen werden, „weil solche Aussage, als die Rede Gottes anzusehen ist." — Menu.

67) Unter den Hindu's herrscht auch die Glaubens-Ansicht, daß einigen Sterblichen die Macht verliehen sei, ihre Seele nach Gefallen vom Körper zu trennen, durch die Lüfte zu eilen, entfernte Länder zu sehen und sich wieder in ihren Körper zurück zu begeben. Dieses geheimnißvolle Vermögen wird durch ein Gebet, Mandiram genannt, erlangt, welches, wie uns im Leben von Vivamarken erzählt wird, einst ein mächtiger Fürst sich zu erwerben suchte, indem er, von Sehnsucht getrieben, sich dieses überirdischen Vorrechts zu erfreuen, sich täglich, von nur einem vertrauten Sclaven begleitet, nach einem in tiefer Einsamkeit gelegenen Tempel begab, um die Göttin anzuflehen, ihm die Wege zur Erlangung des Mandiram kennen zu lehren. Obgleich Sterbliche meist nicht wissen, was sie verlangen und die Götter nur Barmherzigkeit zeigen, wenn sie ihre Wünsche unerfüllt lassen, so gewährte ihm die Göttin dennoch, nach langen ernsten und andachtsvollen Gebeten, sein Anliegen, und das Geheimniß enthüllte sich vor ihm. Der Sclave, dem zwar befohlen war, in einiger Entfernung seines Herrn zu warten, hatte, von Neugierde getrieben, nicht widerstehen können, zu sehen, was seinen Herrn veranlasse, sich so lange allein abgeschlossen zu halten; er hatte sich leise der Tempelpforte genähert. So wurde er Zeuge, wie der Priester seinem Herrn die Mandiram lehrte, und nachdem er sich genau davon unterrichtet hatte, kehrte er leise nach seinem Orte zurück. Bald darauf kam auch der Fürst, auf dessen Gesichtszügen eine unbeschreibliche Freude ausgedrückt lag.

Nach diesem Tage begab sich der Fürst sehr oft mit seinem Lieblings-Sclaven nach den ödesten Gegenden eines nachbarlichen Waldes, und befahl ihm dort, seinen Körper zu bewachen, indem er sich auszuruhen gedenke. Nachdem er die Mandiram hergesagt, gab er seiner Seele Flügel und wanderte in den Himmeln umher. Diese Lebensweise entzückte ihn so, daß er seine Herrscherpflichten darüber vergaß, sie waren ihm langweilig geworden, er fand kein Gefallen mehr daran, wie ihm überhaupt alles, was ihm bisher Freude und Glückseligkeit gewährt hatte, gleichgültig wurde. Selbst seine ihrer Schönheit und ihrer Tugenden wegen berühmte Gemahlin wurde vergessen, denn gleich einem Verliebten konnte er kaum die Stunde erwarten, in der er die Pracht und den Glanz seines Hofes verließ, um in den Sphären sich fern von allem, was ihm lieb und werth gewesen, ergehen zu können. Eines Tages war der Fürst so entzückt von seiner ätherischen Reise, daß er die seinem Sclaven festgesetzte Stunde darüber vergaß. Der Sclave, des langen Wartens müde, wünschte heimzukehren, sah bald nach dem Körper seines Herrn, bald in die Lüfte, und um sich die Zeit zu vertreiben, beschloß er das Geheimniß zu versuchen, welches er lauschend an der Tempelpforte erspäht hatte. Er vollzog die Mandiram, und siehe, seine Seele verließ plötzlich den Körper. Da sah er nun eine schönere Form vor sich, er zog sie der seinigen vor und begab sich in den Körper des Fürsten. Damit dieser sich jedoch nicht in seinen früheren Körper zurückbegeben könne, so schlug er demselben den Kopf ab. Die Seele des Fürsten kehrte heim, aber es war zu spät, er ahnete, was sich zugetragen, und nachdem seine Seele auf längere Zeit in klagenden Tönen über dem Walde geschwebt hatte, wurde ihm befohlen, sich in den Körper eines Papagei's zu begeben. Er floh sofort nach seinem Palaste, wurde gefangen und seines schönen Gefieders wegen der Fürstin gebracht. Diese fand großes Gefallen an ihm, nahm ihn in ihr Gemach; er sah seinen treulosen Diener, wie er sich mit seiner Krone geschmückt und seines Bettes bemächtigt hatte; er hörte, wie man seine letzten Handlungen und seine Fehler beurtheilte, seine Schwächen lächerlich machte; und wenn er im Aerger all die Worte wiederholte, welche er gehört hatte, so erregte dies nur das Gelächter der Sclaven. Niemand kannte das Geheimniß, bis nach vielen Jahren ein frommer Einsiedler es kund machte. — Lettres édif. & cur. Tom. XII. p. 170. Paris 1751. Schreiben des Pater Bouchet an Monf. Huet, Bischof von Abranches. — Craufurd's Sketches, I. Vol. p. 215 u. ff.

68) Calcutta Review, Vol. XVII. p. 157.

69) Die Götzenbilder erhalten ihre Einweihung vermöge Waschungen mit Gangeswasser; bevor dies nicht geschehen ist, darf kein Götze aufgestellt oder angebetet werden.

70) »The Sundhya or daily Prayers of the Brahmans, Illustrated in a Series of Original Drawings from Nature, demonstrating their attitudes, and the different signs and figures performed by them during the Ceremonies of their morning devotions, and likewise their Poojas; in twenty-four Plates. Fol. by Mrs. S. C. Belnos. 1851. Die ausgezeichnete Verfasserin, welche das lehrreiche Buch Ancient India als Mrs. Spier herausgegeben hat, stellt in diesem ebenso kunstvoll aufgefaßten als belehrend dargestelltem Werke ein Bild von diesen Ceremonien dar, wie wir es bisher nicht kannten. Es war dies um so schwieriger, weil all diese Ceremonien sehr geheimnißvoll gehalten werden; daß es der Verfasserin dennoch gelang, in diese Tiefen eines dem Ungeweihten bisher so sorgsam verschlossenen Geheimnisses einzudringen, und Brahmanen zu finden, die sich willig zeigten, sie mit allem bekannt zu machen, zeigt von dem tiefen Verfalle des Hindu-Gottesdienstes oder vielmehr von dem Untergange des Brahmanismus.

71) Ein kleines messingenes Töpfchen in Form eines Kreuzes ohne Griff.

72) Wir werden auf die Bedeutung des Lingam näher eingehen, wenn wir der Ceremonien und Glaubensweise der Vaishnava-Secte gedenken werden.

73) Die Zahl sieben erscheint in der Religion der Hindu's als eine besonders heilige Zahl. In den uraltesten Tempeln sind stets sieben Eingänge, die sieben Pforten zu Kaltinjar und die sieben Leitern in den Felsentempeln, dem Mithra-Dienste geweihet; jede dieser Leitern hatte sieben Portale, eines über das andere (Saturn, Venus, Jupiter, Merkur, Mars, den Mond und die Sonne vorstellend). Sieben Wälle und sieben Thore wiederholen sich beinahe an allen alten Hindu-Bauten. — Description of the Antiquities at Kalinjar, by Lieut. F. Maisey 67 N. J. 1845. p. 2. ff.

74) Tochter der Berge, Jungfrau, gleich der Mondglocke, Kürbißgeformte, Mutter von Scanda, Katyayani, Mitternacht, große Gauri oder schönfarbige, Gewährerin des Unternehmens, schwer Erreichbare.

75) Aditya entspricht dem März, Divakara dem April u. s. w.

76) Der Schöne, Einzahnige, roth und gelb gezeichnete, der mit Elephantenohren, der Wohlbeleibte. Mißgestaltete, Befreie mich vom Uebel, der Führer, Rauchfahnige, Niederer Mond, der mit dem Elephantengesicht, Haupt der Banden der Halbgötter.

77) Elephanten-Rüsselartiger, Gewaltiger Gestalt.

78) All dieser Götzendienerei ungeachtet, beweisen die Brahmanen gegen Andersgläubige, wenn deren Tugenden und edeln Eigenschaften ihr Herz gewonnen haben, nicht den strengen Bigotismus, den man bei ihnen vorauszusetzen geneigt ist. Dies erfuhr Herr James Forbes, welcher uns in seinen interessanten und belehrenden "Oriental Memoirs" erzählt, daß, als er Dhuboy zu verlassen im Begriff war, wo er mit so viel Umsicht und Menschenliebe die Regierung geleitet hatte, ihn die Brah-

manen des Orts und der Umgegend begrüßten, um ihr tiefes Bedauern bei seinem Scheiden auszudrücken. Sie baten ihn, Geschenke anzunehmen; aber er wies alle Anerbietungen von der Hand. Da sie ihm bemerkten, daß seine Weigerung höchst schmerzhaft für sie wäre, so sagte er ihnen, daß er ein Geschenk annehmen könne und wolle, nämlich, wenn sie ihm einige von ihren Götzenbildern geben wollten, welche sich in den ruinenartigen Dewals des Orts befänden. Er beabsichtige, dieselben nach England zu nehmen und in seinem Garten aufzustellen. Nachdem sie auf diese Forderung ihn und sich untereinander längere Zeit schweigsam angesehen hatten, wünschten sie zu wissen, warum ein Christ solche Götzenbilder zu besitzen den Wunsch hegen könne. Er suchte ihnen begreiflich zu machen, wie solche Dinge indischer Architektur für den Europäer großen Werth hätten, und, daß sein Wunsch nichts mit der Religion zu thun habe. Sie schienen dies nicht zu begreifen; aber als er von den Gefühlen sprach, die diese Reliquien in ihm in der Heimath erwecken müßten, wie sie ihn an ein Land und an einen Ort erinnern würden, an welchem sich so viel liebe Erinnerungen für ihn knüpften, da brachen sie in Thränen aus und baten ihn, sich deshalb mit ihren Brüdern berathen zu können. Sie kehrten Tages darauf zurück, und erklärten ihm, daß er sich auswählen und mit sich nehmen solle, was ihm beliebe.

79) Sketch of the Religious Sects of the Hindoos. By H. H. Wilson. Calcutta 1846. 8.; Calcutta Review, Vol. XXIV. p. 31 u. ff., worin sich ein höchst belehrender Artikel befindet, welcher von einem Missionair geschrieben zu sein scheint, der an Ort und Stelle vieljährige Beobachtungen gemacht haben muß.

80) Colebrooke, Asiatic Researches, Vol. VII. p. 279.

81) Das Idol des Lingam ist stets in dem Inneren, dem heiligsten Theile eines Civatempels aufgestellt. Manchmal stellt es beide Geschlechter, den männlichen und weiblichen Theil der Schöpfung dar, manchmal nur ersteren. Dem Verfasser wurde es gestattet, in einem Tempel zu Benares wenigstens einen Blick auf dieses von Lampen erleuchtete Idol vom Eingange aus thun zu dürfen. Eine Lampe brennt Tag und Nacht vor dem Idole; wenn die eigentliche Ceremonie vor sich geht, wird die siebenarmige Lampe angezündet, welche in Form oft dem Candelaber aus dem Tempel von Jerusalem vollständig ähnlich ist, wie wir ihn an dem Triumphbogen in Rom dargestellt sehen. Verheirathete Frauen sieht man sehr oft mit einem kleinen goldenen Lingam am Halse oder am Arme. Der besonderen Anbetung des Lingam und seiner in ihm lebenden Kraft, unfruchtbaren Frauen Nachkommenschaft zu verschaffen, wird von den Hindu's folgende Fabel zum Grunde gelegt.

In uralten Zeiten hatten einige Büßende großen Ruhm und hohe Verehrung erlangt, aber die Reinheit des Herzens fehlte ihnen, und ihre Handlungen standen mit ihren Worten oder geheimen Gedanken nicht in Einklang. Sie brüsteten sich mit ihrer Armuth, aber ihr Herz hing an den Dingen dieser Welt, denn Geschenke, welche Fürsten und Edle ihnen sandten, wurden dankbar angenommen. Sie lebten abgeschlossen von den Menschen, in der Einsamkeit, aber in prächtigen und bequemen Räumen, umgeben von vielen und schönen Frauen. Den allwissenden Göttern blieb dies nicht verborgen und Civa beschloß, ihre Schande vor der Welt aufzudecken. Er ersuchte Prakriti, ihn zu begleiten; er selbst nahm die Gestalt eines Pandaram von anmuthiger Gestalt an, Prakriti blieb in ihrer eigenen jugendlichen schönen Gestalt. Sie ging nach dem Orte, wo sich die Büßer mit ihren Anhängern versammelten, um ihren Waschungen und religiösen Ceremonien beim Aufgange der Sonne nachzukommen. Als sie sich ihnen näherte, spielten die erfrischenden Morgenlüfte mit ihren wallenden Gewändern, so, daß sie ihre herrlichen Körper-Formen in all ihrer Schön-

14*

heit entblößten. Mit niedergeschlagenen Augen, die sich von Zeit zu Zeit mit scheuem, doch zärtlichem Blicke erhoben, und mit einer hinreißenden Stimme bat sie, an dem Opferdienste Theil nehmen zu dürfen. Die Büßer blickten auf sie mit starrer Bewunderung. Die Sonne erhob sich, aber die Reinigungen wurden vergessen, die Gegenstände für den Puja lagen unbeachtet auf der Erde und alle Verehrung wurde nur der Fremden gezollt. Der Ernst im Wesen der Büßer war dahin, sie umgaben die Schöne, wie die Fliegen in der Nacht eine brennende Lampe, angezogen von ihrem Lichte, von dessen Flamme sie verzehrt werden. Sie fragten, von wo sie käme und wohin sie ginge? „Sei nicht böse, daß wir uns Dir nahen, verzeihe unsere Dreistigkeit, aber Du kannst ja nicht zürnen, nur Seegen kommt von Dir. Wer Du auch sein mögest, welch ein Umstand Dich auch hierher führte, nimm uns auf unter die Zahl Deiner Sclaven, gönne uns wenigstens den Genuß, Dich anblicken zu können." Hier erstarben ihnen die Worte auf den Lippen; die Seele schien bereit sich zu entwinden; alle Gelübde, alle jahrelang verrichteten Ceremonien waren vergessen. — Während die Büßer in ihre Leidenschaften versunken und aus ihrer Heimath entrückt waren, trat Civa mit einem musikalischen Instrumente in seiner Hand in ihr Dorf, singend und spielend wie einer, der ein Almosen erbittet. Bei dem Tone seiner Stimme verließen die Frauen ihre Häuser, zu sehen, was sich zutrüge, und da war ein Spielmann so schön als Krishna auf den Ebenen von Mattra. Einige ließen ihre Juwelen unbeachtet fallen, anderen glitten die Gewänder vom Körper, ohne daß sie bemerkten, daß sie auch das, was Eifersucht oder Schamgefühl zu verbergen gebietet, enthüllt hatten; alle drängten sich mit ihren Gaben heran; alle wünschten zu sprechen, jede beobachtet zu sein, und indem sie Blumen vor ihm hinstreuten, sagten sie zu ihm: „Du verlangst Almosen! Du, der Du gemacht bist, Herzen zu beherrschen! Du, dessen Gesichtszüge so frisch sind wie die Morgenluft, dessen Stimme ein Entzücken, und dessen Athem gleich dem Lenz (Basant) in der aufbrechenden Rosenknospe, bleibe bei uns und wir wollen Dir dienen, wir wollen Deine Ruhe nicht stören, nur eifersüchtig wollen wir sein, Dir zu gefallen!

Der Pandaram fuhr fort zu spielen und sang die Liebe der Kama des Krishna und der Gopia; dabei sehnsüchtig lächelnd und um sich blickend, führte er sie nach einem nachbarlichen Haine, der dem Vergnügen und der Zurückgezogenheit gewidmet war. Surya (die Sonne) begann die westlichen Gebirge mit Gold zu beleuchten, und der Wunsch nach Ruhe folgte dem des Vergnügens, und der Schlaf schloß ihre Augen und wiegte ihre Sinne ein. Am Morgen war Pandaram verschwunden. Als sie erwachten, blickten sie mit Erstaunen um sich und senkten ihre Blicke wieder auf den Boden. Einige sahen diejenigen an, die ihres verschämten Wesens wegen bekannt waren, aber ein Schleier bedeckte ihre Augen. Nachdem sie einige Zeit in Schweigen dagesessen, erhoben sie sich langsam, gedankenvoll wankten sie nach ihren Wohnungen zurück. Die Büßer kehrten zu derselben Stunde von ihren Wanderungen zur Prakrity heim. Tage der Schaam und der Verlegenheit folgten, die Frauen hatten ihre Ehrbarkeit verletzt, die Büßer ihr Gelübde gebrochen. Sie waren zwar betrübt über ihre Vergehungen, aber mancher zärtliche Seufzer entfuhr ihnen doch, die Männer blickten zu Zeiten nach dem Orte, wo ihnen zuerst die Jungfrau erschien, die Frauen nach Pandaram.

Inzwischen erkannte das Volk, daß das, was die Büßer vorhergesagt, sich nicht bestätigte. Ihre Anhänger vernachläßigten sie, die Geschenke der Fürsten und Edeln wurden geringer und seltener. Sie begingen nun allerlei Büßungen, sie suchten einsame Orte in den Wäldern auf, und nachdem sie sich gänzlich und wirklich der Welt entzogen hatten und in tiefes Nachdenken über ihr Vergehen versunken waren, entdeckten sie, daß Civa der Urheber ihrer Leiden war. Unverständig, anstatt sich in Demuth zu beugen und ihrer Heuchelei eingedenk zu sein, überließen sie sich den Ausbrüchen ihres Zornes und sannen auf Rache. Sie begingen neue Opfer und Anrufungen, die nur die Unverständigkeit solcher Menschen an den Tag brachten, welche sich nicht dem Willen des Himmels unterwerfen wollen. Ihre Zaubersprüche brachten zuerst einen Tiger hervor, dessen Rachen gleich einer Berghöhle und dessen Gebrüll gleich dem Donner in den Gebirgen war. Sie schickten ihn gegen Civa, welcher sich mit Prakriti in einem Thale vergnügte; er lächelte über ihre Ohnmacht, tödtete den Tiger mit einem Keulenschlage und kleidete sich in sein Fell. Aber durch diese Vereitelung ihres Vorhabens nicht entmuthigt, sandten die Büßer Schlangen der giftigsten Art gegen ihn aus; aber als sie sich ihm näherten, wurden sie harmlos und er wand sie um seinen Nacken. Nun schleuderten sie Flüche und Verwünschungen gegen ihn, die jedoch auf sie zurückfielen. Alles dies erschütterte sie nicht, sie sammelten alle ihre Gebete, ihre Büßungen, ihre Wohlthaten und andere gute Werke, die annehmbarsten aller Opfergaben, damit ihrem Rachegefühl Genugthuung werde, und schickten ein alles verzehrendes Feuer aus, seine männliche Kraft zu verzehren. Civa, empört hierüber, schickte das Feuer über das menschliche Geschlecht, und die Menschheit würde gänzlich vernichtet worden sein, wenn nicht Bishnu ihn gebeten hätte, im Zorne einzuhalten. Auf sein Ansuchen hielt Civa ein, befahl jedoch, daß dieselben Theile angebetet werden sollten, welche die falschen Büßer sich freventlich bemühet hatten zu zerstören. Craufurd's Hindoo Sketches. 1. Vol. p. 204 u. ff. Die Figur des Phallus findet sich bekanntlich beim Osiris- und Dionysosdienste wieder. Bei den Osirisfesten wurde sie von den ägyptischen Frauen getragen.

82) Kali, Tára', Shorasi, Bûbaneshwari, Bagala Chinamasta, Dhumábati, Bhairavi, Mantangi und Kamalátmika.

83) Kasinath, Dakshinachára, Tanta Raja.

84) Calcutta Review, Vol. XXIV. p. 43.

85) Das Sanskrit-Alphabet hat funfzig Buchstaben, von denen sechzehn Vokale sind, das ri und Jri inbegriffen, beide lang und kurz. Aber die Zahl der einfachen Articulationen kann auf achtundzwanzig — fünf Vokale und dreiundzwanzig Consonanten — beschränkt werden. Benfey bezeichnet 34 consonantische Laute.

86) Bali dana, gegebenes Opfer. Geben, offerre, heißt aber hier den Göttern Fleisch der Thiere darbieten.

87) Nähere Angaben, namentlich über das Ende dieser Orgien, findet man in dem Devi Rahasya, einer Abtheilung der Rudra Kamal.

88) Calcutta Review, Vol. XV. p. 169 u. ff.

89) ibidem. Vol. XV. p. 174.

90) Calcutta Review, XV. p. 193. Einige der Sadhana's halten es unter ihrer Würde, gewisse Worte herzusagen, und dergleichen Besuche abzustatten.

91) Der Name kommt von dschei, erobern und Tschaina heißt eigentlich der, welcher die acht großen Verbrechen besiegt hat: in der Nacht zu essen; ein Thier zu tödten; die Früchte der Bäume mit Milchsaft, Kürbisse, und junge Bambuspflanzen zu genießen; Honig oder Fleisch zu kosten; Andere ihres Reichthums zu berauben; eine verheirathete Frau gewaltsam zu entführen; Blumen, Butter oder Käse zu essen und die Götter anderer Religionen anzubeten.

92) Transactions of the Bombay Geographical Society. S. Vol. III. p. 503 etc. an Essay by Mr. Erskine. — Annals & Antiquities of Rajast-

han; by Lieut. Col. James Todd. II. Vols. 4. Vol. I. p. 519. W. Ward, a View of the History etc. of the Hindoos, Vol. II. Chap. III. Account of the Joinus, p. 243—269.

93) Transactions of the Royal Asiatic Society, Vol. I. p. 422, 424. — Asiatic Researches, by Prof. Wilson, Vol. XVII. p. 248, 270. — Elphinstone's History, p. 107—109.

94) Transactions of the Royal Asiatic Society, Vol. I. p. 422.

95) Dieser heilige Berg ist ein kleiner Hügel zu Gavardhûn, nahe bei Mathûra.

96) Personal Narrative of a tour through the Western States of Rajwara in 1835, by Lt. Boileau. 4. p. 125.

97) An dem indischen Neujahrstage pflegen die Handelsleute ihre Jahresrechnung abzuschließen, neue Rechnungsbücher anzulegen und an ihre Thüren die Bilder des Gottes Ganesha zu malen. Wer seine kleinen Ersparnisse sicher bewahrt wissen will, bringt dieselben an diesem Tage den Kaufleuten zur Aufbewahrung; letztere lieben es, zu dieser Zeit ihre Bücher mit Geldgeschäften anfüllen zu können.

98) A View of the History, Literature and Religion of the Hindoos etc. by the Revd W. Ward. II. Vol. p. 74, 3. edit. 1817.

99) Thenki ist ein in seinem Mittelpunkte schwebender Balken, an dessen einem Ende ein starkes Stück Holz so in horizontaler Weise befestigt ist, daß es, gleich einem Hammer, dem in ein Loch geworfenen Reis seine Hülsen abstoßen kann. Dieser Balken oder Thenki wird von einer Frau mit ihrem Fuße in Bewegung gesetzt, und beinahe jede Haushaltung besitzt ihren Thenki. — Calcutta Review, Vol. XVIII. 1852. p. 50.

100) Selections from the Records of the Madras Government. Reports on the Swinging Festival and the Ceremony of walking through Fire. Madras. 1845. 8. In 38 Jahren fanden in 1500 Dörfern, die zum Distrikte Masûlipatam gehörten, 953 Schwingfeste statt, zu denen 1666 Rupien beigesteuert wurden.

101) Jâgannath ist aus zwei Worten zusammengesetzt: jagan (Jagab von Indien), die Welt, und nâth, der Herr.

102) Calcutta Review, Vol. XVIII. p. 53. — Indian Antiquities or Dissertations, by Thomas Maurice, 7 Vols. 8. 1800, 2. Vol. p. 194.

103) Craufurd, Sketches etc. Vol. I. p. 185.

104) Calcutta Review, Vol. XVIII. p. 65. Zu der Angabe der Feste in den einzelnen Monaten ist auch W. Ward, a View etc. Vol. II. p. 23 u. folg. zu vergleichen; seine Festaufzählung dürfte indeß auf die Gegenwart nicht mehr in allen Punkten passen.

105) Dies ist auch die Ansicht W. Ward's in seiner schätzbaren History, Literature and Religion of the Hindoos.

106) Vgl. über das Holi und andere Volksfeste Graul, Reise nach Ostindien, III. 83.

107) Ueber eine moderne „Fleischwerdung" der Choleragöttin vgl. Graul, Reise nach Ostindien, III. 72.

108) Oft hängen mehrere Büßende an ein und demselben Charak-Baume. So wurden einmal im Dorfe Santipur, nahe Kishnagur sogar 32 solcher Fanatiker zu gleicher Zeit an demselben Balken bemerkt. Auf der Gewerbe-Ausstellung zu Paris war eine Photographie eines solchen grausamen Aktes zu sehen.

109) Vgl. über das ganze Fest: Selections from the Records of the Ma-

dras Government, Reports on the Swinging Festival and the Ceremony of walking through Fire. Madras. 1854.

110) Vgl. Elphinstone, History of India, p. 178. Uebrigens sind in L. v. Orlich's Reise in Ostindien mehrere Wallfahrtsorte bereits genauer beschrieben, z. B. der Tempel der Göttin Devy bei Calcutta, ein Wallfahrtsort der Thug's (S. 258.)

111) Der alte Distrikt Soruth, wie er in der Kholasi Tawarikh angegeben ist, erstreckte sich in der Länge von Aramra bis Gogo — 250 Meilen — und in der Breite von Diù bis Sirdar — 140 Meilen.

112) Vgl. Band I. S. 17, wozu wir noch bemerken, daß Mahmud nur Türkenheere befehligte. Die in Somnath aufgehäuften Kostbarkeiten müssen von großem Werthe gewesen sein; so hing die Betglocke an einer massiv goldenen Kette, die vielleicht mehr als eine halbe Million Thaler werth war; s. Elphinstone, Hist. of India, p. 283. Sehr werthvolles Material über Somnath findet man in Colonel Alex. Walker's Reports on the Province of Kattywar and the Ceded Districts in Guzerat etc. Selections from the Records of the Bombay Government No. XXXIX. (In 2 Parts). Bombay, 1856. S. 197 u. a. a. O.

113) Purbu ist im Sanskrit einer der Namen des Gottes und „As" bedeutet Hoffnung. Auch wird der Ort Jadwistulli Pattan oder das Pattan, wo die Jado's fochten und sich einander tödteten, genannt; ferner Bilawul Pattan von seinem Hafen Bilawul oder Birawul. Nach der Kholasi Tawarikh soll nämlich vor 5000 Jahren hier eine blutige Schlacht zwischen Jado-Stämmen geschlagen worden sein.

114) Die Einnahmen von den Pilgerorten, namentlich zu Jagaunath, Gaya, Allahabad, Tripety, Pajode und Dharwar in Puna, belief sich von 1810—1830 auf 2,027,767 L. Sterling. Calcutta Review, Vol. XVII. p. 128. Lord Auckland selbst besuchte 1839 Brindaban und andere Pilgerorte der Hindu's und gab den verschiedenen Götzen Geschenke.

115) Ueber Jagannath ist zu vergleichen: An Account, Geographical, Statistical and Historical of Orissa Proper or Cuttack. By A. Stirling, Esq.; ferner: The History of Puri: with an Account of Jagannath etc. by Brij Rishore Ghose, Head Clerk. Cuttack. 1848.

116) Calcutta Review, Vol. X. p. 209. Man hat diese Yavana's für Perser oder Tartaren gehalten, vielleicht waren es baktrische Griechen.

117) Kattack oder Cuttack bedeutet Sitz des Reiches, Residenz.

118) Ueber Garur oder Gurooru vgl. B. Ward, I. S. 256.

119) Q. Craufurd, Sketches etc. London, Vol. I. p. 181.

120) The Hindu Pantheon, by Edw. Moor, F. R. S. London, 1810. In einigen bildlichen Darstellungen soll Lakshmi der Demeter und Ceres der Griechen und Römer ähnlich sein. Calc. Review, Vol. X. p. 229.

121) Die Lingam-Anbetung des Civa war überall in Indien verbreitet, als die Muhamedaner zuerst in das Land eindrangen. Der Hindu warf sich vor dem Götzenbilde, dem konischen Steine, nieder, indem er dem Priester seine Gabe darreichte und indem dieser ihm das Zeichen auf die Stirne machte. Das gewöhnlichste und einfachste dieser Stirnzeichen hat die Form einer Oblate. Die einzelnen Sekten werden bezeichnet durch die horizontal gezogenen breiten Striche der Çaiva's und die perpendikulär herabfallenden der Vaishnava's, wobei wieder Abweichungen vorkommen, welche sich auf die besondere Gottheit beziehen, an welche sich der Betende wendet. Die 3 horizontalen Striche der Çaiva's werden mit der Asche des heiligen

Feuers gezeichnet. Die Anbeter des Krishna werden Gocullaft-has (von Gocal, Kuh-hirt des Krishna) genannt und zeichnen sich eine horizontale Doppellinie mit einem rothen Kreise in der Mitte mit Kalk und Asche auf die Stirne, die des Rama dagegen eine aufrechte rothe Linie, in deren Mitte eine doppelte weiße angebracht ist. Der kleine rothe Kreis, den man oft auf ihre Stirne gemalt findet, ist besonders bei den Radschputen gewöhnlich.

122) Nach Col. Phipp's Bericht (Asiatic Research. March, 1824. Hist. of Puri p. 19, 20), sind anstatt der Arme zwei Stümpfe (stumps) an dem Holzblocke angebracht, an welche die Priester gelegentlich goldene Hände ansetzen.

123) Pegg's India's Cries to British Humanity, London 1830. S. 216.

124) Die Engländer lassen in Jagannath, Allahabad, Gaya rc. die Tempelsteuern bestehen, haben aber die reichen Tempelgüter in der neuesten Zeit eingezogen und fangen an, es aus christlicher Selbstsucht und Heuchelei für sündlich zu halten, heidnische Greuel zu unterstützen. Die gläubigen Hindu's führen natürlich über die Verweigerung jeden Beitrages bittere Klage. Vgl. Reumann, Gesch. des engl. Reiches in Asien, II. 530. Indian News, Juli, 1851. Nach anderen Angaben scheint aber die Regierung, welche sich ja überhaupt aller Missionsbestrebungen enthält, wenigstens indirekt die Tempel zu Jagannath, Tripety u. s. w. doch noch zu unterstützen. Sie hat auch die Ländereien des Tempels (Sattales Hazarie Mehal) nicht geradezu eingezogen, sondern dem Raja von Khurda überlassen, welcher nun als Oberaufseher des Tempels denselben auch unterstützt. Er soll seitdem jährlich 23,321 Rupien erhalten haben. Auch übernahm der Raja die Verpflichtung, den Bhog für den Erie Tan herbei zu schaffen. Schließlich bemerken wir noch, daß 17 verschiedene Classen niederer Caste vom Besuche des Tempels ausgeschlossen sind und daß die Pilger selbst in mehrere Classen zerfallen, von denen z. B. die erste, die Loll jattries, für 16 Tage 10 Rupien, die 3te, die Burhang's für 4 Tage 2 Rupien zahlt.

125) Wir gedenken hierbei gelegentlich eines anderen chinesischen Gottes, des metallenen zu Baharat stehenden Dreizacks. Die Stange ist 12 Fuß, die Gabeln sind 6 Fuß lang; das ganze ist das Bild eines Flußgottes. Maurice verbreitet sich in seinem 7bändigen Werke weiter über diese Dreizackgestalten.

126) Vgl. noch Band II., Abth. 1. S. 126, 284, 286, 291, 292.

3.

Schattenseiten des Volkscharakters. Menschenopfer und Mord.

> Mos fuit in populis ...
> Poscere caede Deos veniam ac flagrantibus aris
> (Infandum dictu!) parvos imponere natos. Silius Ital.
> **Weisheit Salomonis**, XII, V. 3—7.

Einleitende Bemerkungen.

Obgleich wir den innigen Zusammenhang, in welchem die verschiedenartigen und in Indien leider noch sehr häufigen Tödtungen von Menschen mit den religiösen Ansichten der Indier stehen, sehr wohl kennen, so haben wir dennoch diese Erscheinungen von der Darstellung der Religion selbst trennen zu müssen geglaubt und zwar um so mehr, als wir in die Betrachtung derselben manche Episode einzuweben beabsichtigen, welche zugleich den Charakter namentlich einzelner Stämme des indischen Volkes, bei welchen diese beklagenswerthen Gebräuche vorzugsweise sich finden, näher beleuchten soll. Auch entfernen wir uns, indem wir das Thema des Kindermordes näher erörtern, insofern schon weiter von den religiösen Anschauungen, als hier die Heirathsgebräuche einzelner Stämme ganz besonders in Betracht gezogen werden müssen, welche auch bei den Suttie's mit zu beachten sind.

Der Hindu kennt keine Erlösung der Menschheit. In der Verehrung der einzelnen Götter spiegelt sich zugleich der Charakter der verschiedenen Volksstämme ab; ein Aelpler verbindet mit seinen Göttern andere Begriffe, als der weichherzigere, sanftere Bewohner des Flußthales. Wollen wir daher die mannigfachen Formen, in denen der Mord in Indien theilweise sogar als vollberechtigt und unsträflich auftritt, näher betrachten, so haben wir uns zuerst nach solchen Stämmen und Casten umzusehen, welche theils eine entschiedene

Vorliebe zum Kriege und seinen Grausamkeiten zeigen, theils zugleich mit der Selbstständigkeit und Freiheitsliebe eine rohe, sich von der Culturwelt abschließende Barbarei bewahrt haben. In diesen Beziehungen haben wir besonders die Radschputen und die Choub's hervorzuheben und zwar zunächst die erstern, um durch die Schilderung ihres Charakters einen natürlichen Uebergang zu den Suttie's und Ermordungen der weiblichen Kinder zu finden, während uns die Charakteristik der Choub's zu den Menschenopfern und dem gräßlichen Thuggie hinüberführen soll.

Das Vaterland der Radschputen oder Radschputana liegt nordwestlich von Hindostan, vom Dschamna nach Osten, vom Malwa im Süden begränzt und gegen Westen an die Wüste Thurr stoßend, welche gegen den Indus ausläuft. Mewar, Marmar, Bikanir, Dschessalmir, Ambir, Bundi, und Kotah heißen die einzelnen Staaten. Die Religion des Radschputen und die Rechte des Har, des Schlachtengottes, stehen in sehr geringer Verbindung zu denen der demüthigen Hindu's, der Nachkommen des Hirtengottes, welche die Rinder verehren und von Früchten, Kräutern und Wasser leben. Der Radschpute liebt das Blut; als Gaben bringt er dem Kriegsgotte Blut und Wein, sein Opferbecher ist ein Menschenschädel. Er liebt sie als Embleme der von ihm angebeteten Gottheit; Har selbst, wie ihm gelehrt wird, trinkt Blut aus dem Schädel des Feindes und ist im Frieden der Schutzherr des Weines und der Frauen. Der Radschpute schlachtet Büffel, jagt und ißt den Eber und den Hirsch und schießt wilde Enten und Hühner; er verehrt sein Roß, sein Schwert und die Sonne und hört lieber Kriegsgesänge als die Litanei des Brahmanen. Selbst der ärmste Radschpute hat noch heute den Stolz seiner Ahnen bewahrt, der oft seine einzige Erbschaft ist. Er verabscheut den Pflug und will sich seiner Lanze nur zu Pferde bedienen. In diesen Ideen wird er durch die Art, wie die Mächtigern und Reicheren seiner Stammgenossen ihn behandeln, bestärkt und seine Untergebenen müssen sie achten. Es zeigt sich in den Ranggraben und Ehrenstufen ein sehr künstlich ausgebildeter gesellschaftlicher Culturzustand. Jeder höhere Offizier hat bei ihnen das Recht, ein Banner zu führen, ebenso kleine Pauken, denen Herolde mit Silberstäben vorangehen; besondere Geschenke und persönliche Ehren werden, eingedenk der von den Vorfahren verrichteten Thaten, jedem vornehmen Radschputen gewidmet.

Die Radschputen können die Lehnbücher der Häuptlinge und ihrer Vasallen von 5 Jahrhunderten aufweisen, ebenso das große Abgabenverzeichniß ihres Landes; in ihnen ist jedes Gut detaillirt und die Zahl der Reisigen zu Pferde und zu Fuß angegeben. Die Aemter am Hofe der Fürsten sind meist erblich, die Dienste persönlich. Die Häuptlinge waren in Classen getheilt und zwar

1) Solche, deren Besitzungen wenigstens 50,000 Rupien Rente abwarfen. Diese erscheinen vor dem Fürsten nur auf besondere Einladung, um Festlichkeiten oder feierlichen Handlungen beizuwohnen und sie sind zugleich erbliche Räthe der Krone.

2) Solche mit 5000 bis 50,000 Rupien Einnahme. Diese mußten stets Kriegsdienste thun und aus ihnen wurden die Offiziere gewählt. Die 3te Classe, von noch geringerem Einkommen, mußte die Person des Regenten fortwährend umgeben. Endlich wurde noch eine Classe aus den Seitenlinien der königlichen Familie gebildet, denen Jahresrenten zufielen.

Die Revenuen der Krone erwuchsen aus den Kronländereien, dem Durchgangshandel, aus dem Prägen des Geldes, den Minen, direkten Taxen bei besonderen Veranlassungen, aus Abgaben bei Bestätigung des Besitzes, Strafgeldern u. s. w. Die Häuptlinge hatten die Rechtspflege auf ihren Besitzungen, wogegen die Habutra's oder Gesetzesstufen in der königlichen Khalisa ihren Sitz hatten. Ein Vasall mußte zu Zeiten der Krone die Rozina leisten, d. h. einen Herold mit 4 bis 20 Pferden aufnehmen und ernähren. In guten Zeiten hatte Mewar 15,000 Pferde; mancher Häuptling, von denen jeder Lehnsherr eines Landstrichs war, erschien mit 500; denn auf 1000 Rupien Einnahme mußten 2 bis 3 Reiter gestellt werden. Jeder mußte ins Feld rücken, wenn es verlangt wurde. Der Vasall betrachtete den Fürsten als das Oberhaupt des Staates, aber seinen Lehnsherrn als das Haupt, dem er zu gehorchen hatte.

Ein Theil der Ländereien wurde als Allodialgut (Bhumia, von Bhum, Land) gehalten und die Pächter desselben sind die ältesten der Clan's, welche als solche nicht mehr an den Hof kamen. Sie widmeten sich nun dem Pfluge, ohne indeß jemals die Waffen abzulegen; beim Ackern wie auf der Weide behält der Radschpute seine stolze Haltung, nur daß er hier nachgiebiger und weniger anmaßend wird, als sein bei Hofe lebender Bruder.

Die ganze Hofhaltung eines großen Häuptlings ist eine Copie der fürstlichen in kleinerem Maßstabe; dieselben Aemter vom Minister bis zum Mundschenken. Er hat seine Prachtgemächer, seine Gärten mit der Terrasse am Palaste, seinen Privattempel für den häuslichen Gottesdienst. Wenn er die Teppichhalle betritt, gehen ihm Sänger voran, die seine und seiner Familie Thaten preisen; er nimmt seinen Sitz auf einem Throne, während die zu beiden Seiten aufgestellte Umgebung „Heil unserem Häuptlinge" ruft. Er verneigt sich dankend, setzt sich und alle schlagen jetzt auf ein gegebenes Zeichen die Schilder gegen einander. Wenn ein Häuptling stirbt, so genügt es dem Sohne, sein „An" oder den Eid der Treue in seinem Bezirke verkünden zu lassen. „Ich bin Dein Kind, mein Haupt und mein Schwert ist Dein und mein Dienst ist zu Deinem Befehl" ist die Antwort jedes Reisigen an seinen Thacur. Selten kommt es vor, daß ein Radschpute seinen Thacur verräth, wogegen viele Fälle nachzuweisen sind, wo sich Vasallen für ihren Herrn geopfert haben. Treue steht in hohem Werthe. Von Jugend auf lernt ein Jeder die Bardengesänge, in welchen der ruhmvollen Thaten der Ahnen gedacht wird, denen er nun nachzustreben sucht. Den auf die Jagd gehenden Thacur begleiteten Vasallen und lagerten sich mit ihm zum gemeinsamen Mahle, wo man zum Eber- oder Hirschbraten den Becher in die Runde herumgehen ließ. Heute sind diese edeln Züge im Volkscharakter fast verloren, Streitigkeiten und Armuth haben sie fast vernichtet.

Der Stammvater des ganzen Volkes, Kenekseu, kam von Nordosten und blühete 144 vor Chr. Gegen 524 wurde das ganze Land von den Abdelites, einem weißen Volksstamme, durchzogen und Bawlpur oder Balabipur, die Hauptstadt, gänzlich verwüstet. Nur ein Sprößling des königlichen Geschlechts, Bappa Rawûl, entkam mit dem Leben. Bappa vertrieb einen Mori-Fürsten von Chietore, der spätern Hauptstadt der Rana's von Mewar und begründete hier 728 das Königshaus von Mewar, nach mancherlei wunderbaren Lebensschicksalen und nach harten Kämpfen mit mohamedanischen Sarazenen. Sein vierter Nachfolger, Khoman, hatte 813 bis 833 einen zweiten Einfall der Mohamedaner auszuhalten, wobei er, nach den Berichten der Barden, an der Spitze einer großen aus indischen Fürsten gebildeten Macht, die carminfarbene Fahne von Mewar erfolgreich vertheidigte, den vom Feinde verlangten Tribut verächtlich verweigerte, dem Feinde entgegenzog, ihn in weiter Ebene vernichtete und Mohamed, den Anführer der Feinde, selbst gefangen heimführte. Während der 200 Jahre, wo die Ghazneviden und ihre Nachfolger in Khorassan herrschten, entzieht sich Rajasthan fast ganz der geschichtlichen Forschung. Endlich 1150 nach Chr. erhalten wir durch den Dichter Chünd Kunde von einer glorreichen und interessanten Epoche. In dessen 69 Gesängen, welche an 100,000 Stanzen enthalten, wird von den Thaten des Pirthi Raj berichtet, wobei jeder der edeln Familien Rajasthan's Erwähnung geschieht. Darin finden sie die ritterlichen Thaten ihrer Ahnen verzeichnet, wie sie die „Wogen der Schlacht anstrauken in den Pässen von Kirman, als die Wolke des Krieges vom Himachil bis zu Hindostan's Ebenen sich ausbreitete." In Chûnd's begeisterten Gesängen sind die Kriege von Pirthi Raj, seine Verbindungen, seine zahlreichen und mächtigen Tributfürsten, sowie deren Heimath und Abstammung, verwebt mit Mythologie, Sitten und Gebräuchen der Völker lebhaft und anziehend dargestellt. Er erzählt, wie sich Samarsi, der Fürst von Chietore, im gefährlichsten Momente mit Pirthi Raj, dem Tuar-Könige von Delhi, vereinigte. Chûnd's Gesänge leben im Gedächtnisse der Guru's und ihn zu lesen ist der sicherste Weg zu Ehren. Chûnd schildert seinen Helden Samarsi, der an der Spitze der großen indischen Fürstenverbindung stand, welche durch Heirathen und gemeinsame Interessen zusammengehalten wurde, als tapfer, besonnen, geschickt im Kampfe, klug, weise, redegewaltig im Rathe, fromm und rücksichtsvoll bei allen Gelegenheiten, geliebt von seinen Häuptlingen und verehrt von den Vasallen des Chohan. Auf dem Marsche konnte Niemand mit mehr Vorsicht handeln, im Felde keiner die Reiterschaaren geschickter ordnen oder so daß Schlachtroß tummeln und die Lanze führen wie Samarsi. In seinem Zelte sammelten sich nach dem Marsche die ersten Führer, welche er in der Schlacht durch seine hinreißenden Worte zugleich begeisterte und belehrte. Am letzten Tage eines dreitägigen verzweifelten und höchst blutigen Kampfes fällt Samarsi nebst seinem Sohne Calian, den tüchtigsten Häuptlingen und 13,000 Mann seiner besten Truppen. Seine Geliebte, Pirtha, hat kaum die Nachricht erhalten, daß ihr Gatte getödtet, ihr Bruder gefangen und daß die Helden von Delhi und Chietore „an den Ufern des Caggar durch die Woge des Stahles schlafen," als sie sich mit ihrem Herrn durch die Flamme vereinigt, damit sie nicht Zeuge sei von Delhi's Erstürmung und von dem Tode des letzten der Chohan's, des Fürsten Rainsi. Von den großen Hindureichen erlagen damals Delhi, Kanuj und Anhûlwara. Einige Häuptlinge von königlicher Abstammung aus Kanuj gründeten den Radschputenstaat von Marwar und nahmen den Namen Rahtores an (S. Bd. 1, 194). Mewar hielt sich und Chietore bewahrte für jetzt seine Unabhängigkeit, um 100 Jahre später einem um so traurigeren Schicksale zu erliegen. Zu jener Zeit regierte das Kind Rana Lakůmſi unter der Vormundſchaft ſeines Onkels, Bhiemſi. Gegen ihn zog Alá-ud-din mit einem zahlloſen Heere, doch nicht um Mewar zu erobern oder zu plündern, ſondern um Angelica, die Schönſte ihres Geſchlechts, zu gewinnen.

Angelica war die Gattin des Bhiemſi und zugleich die Urſache unzähliger Uebel. Ihr Beiname, Pudmani, drückte ihre übergroße Schönheit aus und als Pudmani iſt ſie in den Bardengeſängen verewigt. Ihre Schönheit, ihre Vollkommenheit und Erhabenheit, ſowie ihr mit beſonderen Umſtänden verknüpfter Untergang bilden den Gegenſtand der beliebteſten Ueberlieferungen des Rajwarra. Nach langer vergeblicher Belagerung begnügt ſich Alá-ub-din mit dem Wunſche, nur einmal ihre unausſprechliche Schönheit ſchauen zu dürfen und willigt darein, daß ſie ihm im Spiegel gezeigt werde. Dem Worte des Radſchputen vertrauend, betritt er Chietore, nur von wenigen Getreuen umgeben, und nachdem man ſeinen Wunſch erfüllt, kehrt er zurück. Bhiemſi will dem Könige im Vertrauen nicht nachſtehen und begleitet ihn bis an den Fuß der Feſte, wo er unter vielen Entſchuldigungen, ihm ſoviel Mühe bereitet zu haben, im Begriffe iſt, Abſchied zu nehmen, als eine im Hinterhalt liegende Schaar ſich ſeiner bemächtigt und ihn als Gefangenen in das tartariſche Lager ſchleppt; ſeine Freiheit ſoll ihm nur geſchenkt werden, wenn Pudmani dem Alá-ud-bin übergeben wird.

Die Kunde von dieſer treuloſen That verbreitet Verzweiflung in Chietore. Pudmani erklärt ſich bereit, ſich dem Feinde zu ergeben, beräth ſich jedoch mit ihrem Onkel Gorah und ihrem Neffen Badúl, wie ihr Vorhaben ſo ausgeführt werden könne, daß zugleich ihre Ehre unbefleckt bleibe und ihr Fürſt und Herr befreiet werde. An Alá-ud-bin wird die Antwort geſandt, daß Pudmani an dem Tage, an welchem er die Belagerungsgräben verlaſſen würde, mit einer ihrem Range angemeſſenen Begleitung von Freundinnen und Dienerinnen ihm zugeſandt werden würde. Doch wurde, damit die Heiligkeit der edeln Fürſtin nicht verletzt werde, die rückſichtsvollſte Behandlung verlangt und bewilligt. Nicht weniger als 700 Palankine wurden nach dem königlichen Lager getragen; doch jeder barg einen der tapferſten Vertheidiger von Chietore, den je 6 bewaffnete Kämpfer, als Träger verkleidet, forttrugen. Sie erreichten glücklich das Lager. Die königlichen Zelte waren von Kanat's (Tuchwänden?) umgeben. Hier wurden die Palankine niedergelaſſen und Bhiemſi eine halbe Stunde gegönnt, um auf ewig von ſeiner Gattin Abſchied zu nehmen. Dann wurde der Hindufürſt in eine Sänfte gelegt, um nach der Feſte getragen zu werden.

Aber Alâ-ud-din wollte sich nicht von seinem Gefangenen trennen. Eifersüchtig wegen der langen Abschiedsscene, wollte er eben den Fürsten festnehmen lassen, als die Krieger aus ihren Palankinen sprangen. Alâ-ud-din war leider zu gut bewacht und die Tapfern erlagen trotz heldenmüthiger Gegenwehr. Nur soviel hatten sie erlangt, daß Bhiemsi auf einem in Bereitschaft gehaltenen Pferde entfliehen konnte. Er erreichte Chietore, vor dessen äußersten Wällen der Kampf, heiß und blutig, fortgesetzt wurde. Viele der edelsten Helden, von Gorah und Badûl geführt, suchten die stürmenden Feinde abzuhalten, um ihren Fürsten zu befreien und die Ehre ihrer Königin zu retten. Obgleich Alâ-ud-din vom Sturme sich zurückziehen mußte, so überlebten doch nur wenige den Kampf, Bhiemsi und die Edelsten von Mewar waren erlegen. Badûl, der nur 12 Jahre zählte, that Wunder der Tapferkeit. Den verwundet heimkehrenden fragt die schöne Pudmâni, bevor sie sich mit dem Gatten vereinte, wie ihr Herr sich benommen habe. „Er war, sagt der Ermattete, der Schnitter der Schlachtenernte, ich folgte seinen Schritten, demüthig Nachlese haltend. Auf dem blutigen Bette der Ehre breitete er einen Teppich von Erschlagenen aus; ein Barbarenfürst ward sein Ruhekissen; er streckte ihn nieder und schläft, umgeben von todten Feinden." Noch einmal fragt sie ihn: „Sage mir, Badûl, wie meine Liebe (picar) sich benahm?" — „O, Mutter! Wie soll ich Dir weiter seine Thaten schildern, wie ihn preisen, der keinen Feind übrig ließ, ihn zu fürchten oder zu bewundern?" Sie lächelte dem Knaben ein Lebewohl zu und mit dem Rufe: „Mein Herr wird meiner warten!" sprang sie in die Flammen.

Nach den Annalen der Barden kehrte Alâ-ud-din 1290 (Ferischta giebt 1303 an) zurück und belagerte Chietore von Neuem. Ein anderer Fürst sucht mit Hülfe seiner 12 Söhne die Feste zu vertheidigen. Während er nach einem hartnäckigen Kampfe auf seinem Lager besorgt in die Zukunft blickte und erwog, wie er wenigstens einen von seinen Söhnen am Leben erhalten könne, rief eine Stimme durch die Todtenstille der Nacht: „Ich bin hungrig" (Myn bhuka ho) und indem er seine Augen aufschlug und bei dem düstern Scheine einer Lampe nach der Gegend blickte, woher die Worte erklungen waren, sah er zwischen den Granitsäulen die majestätische Erscheinung der Schutzgöttin von Chietore. „Noch nicht gesättigt, ruft der Rana aus, obgleich 8000 meines Geschlechts Dir geopfert sind?" „Ich muß königliche Opfer haben, und wenn nicht zwölf von denen, die das Diadem tragen, für Chietore bluten, so wird das Land Dir genommen werden." Bei diesen Worten verschwand sie. Als der Rana am Morgen den Häuptlingen erzählte, was ihm begegnet war, hielten sie Alles für einen Traum. Er befahl ihnen, ihm in der folgenden Nacht zur Seite zu bleiben. Abermals erschien die Göttin und erklärte, nur dann unter ihnen bleiben zu wollen, wenn ihre Forderung erfüllt würde. „Wenn auch Tausende von Barbaren die Erde bedecken, so schloß sie, was sind diese für mich? An jedem Tage kröne einen Prinzen. Laß den Sonnenschirm, den rothen Regenschirm und den fliegenden Schweif des wilden Stieres in goldenem Griffe seine Herrschaft verkünden und drei Tage lang gehorche seinen Befehlen, am vierten laß ihn den Feind und sein Schicksal aufsuchen. Nur dann will ich euch treu bleiben!" Ein edler Kampf entspann sich nun zwischen den Brüdern; jeder wollte sich zuerst aufopfern. Ursi machte seine Erstgeburt geltend und wurde gekrönt; der Schirm schützte sein Haupt und am 4ten Tage fand er einen ehrenvollen Tod. Ajeysi, der nächste und Lieblingssohn des Rana, verlangte zu folgen; aber vom Vater überredet, ließ er die andern Brüder vorangehen. Schon waren elf gefallen, da berief der Rana die Häuptlinge und sagte: „Jetzt werde ich mich selbst für Chietore hingeben!" Diesem Akte der Selbstaufopferung mußte jedoch die Johür vorangehen, d. h. die Opferung der Frauen, um sie vor Schande und Gefangenschaft zu bewahren. Der Scheiterhaufen wurde innerhalb eines großen unterirdischen Gewölbes in Räumen aufgeschichtet, wohin niemals das Tageslicht drang und dahin führten Chietore's Vertheidiger in feierlichem Aufzuge die Königinnen, ihre Töchter und Dienerinnen, mehrere Tausend Frauen. Die Oeffnung wurde hinter ihnen geschlossen, damit ihre Ehre auf ewig durch das alles verzehrende Element gerettet werde. —

Nun erhob sich ein Streit zwischen dem Rana und seinem einzigen, noch lebenden Sohne, aber Ajeysi gab nach, ging dem Befehle gemäß durch die feindlichen Linien und erreichte Kailwarra unverletzt. Der Rana, nun zufrieden, daß sein Stamm nicht ausgestorben sei, machte sich jetzt bereit, seinen tapfern Söhnen zu folgen. Er rief die Kampfgenossen zusammen, für welche das Leben keinen Werth mehr hatte, öffnete die Thore, drang in die Ebene vor, wo alle verzweifelt fechtend Tod unter den dichten Kriegerhaufen Alá-ud-din's verbreiteten, aber bis auf den letzten Mann fielen. Der Tartarenfürst fand eine öde Stadt voll Todter, die Höhle noch rauchend, wo die Schönen ihren Tod gefunden hatten; seitdem ist diese Höhle heilig geblieben; kein Auge hat in ihre Dunkelheit geblickt, denn eine gewaltige Schlange hält vor ihr Wache, und ihr giftiger Athem würde jeden Unberufenen tödten, der es wagen möchte, der Opferstätte zu nahen.

Der überlebende Sohn des Rana behauptete in der uneinnehmbaren Feste Kailwarra seine Unabhängigkeit. Ihm folgte sein Neffe Hama, seines ältern Bruders Urü Sohn, welcher 64 Jahre lang mit den Tartaren kriegte und sich nach einer blutigen Schlacht durch ein geschicktes Manöver wieder zum Herrn von Chietore machte. Seitdem wehete die Fahne der Sonnen-Dynastie zwei Jahrhunderte hindurch auf den Wällen der Hauptstadt, ohne sich vor einem Feinde zu senken. In dieser Zeit regierte Khumbho, der prachtliebendste der Könige von Mewar, und baute viele starke Schlösser; aber er fiel nach 50jähriger Regierung durch die meuchelmörderische Hand seines Sohnes. Ueber die Regierung dieses Frevlers Uda wird uns nichts berichtet; der Sänger gedenkt seiner nur als des Mörders (Hatiaro). Um seine Regierung zu sichern, wollte er eine Verbindung mit dem mohamedanischen Fürsten von Delhi anknüpfen und bot ihm seine Tochter an. Er hatte sich aber kaum dem Könige empfohlen und seinen Divan verlassen, als ein Blitzstrahl ihn todt zur Erde streckte. Ihm folgte 1474 Racmul, in dessen Regierungszeit blutige Fehden seiner Söhne Sanga (später der ruhmreichste der Könige von Mewar) und Pirthi Raj, des Cid seiner Zeit, fallen. Der Hauptanstifter dieser traurigen Kämpfe war Surajmúl, der Onkel von Pirthi Raj. In einer Schlacht hatte jener Held seinen Vater, den Rana, aus Lebensgefahr gerettet, den Oheim angegriffen und gefährlich verwundet und die brüderlichen Heere lagerten, von der Schlacht ermüdet, um am andern Morgen den wüthenden Kampf zu erneuern. Da tritt Pirthi Raj kühn in das Lager, um seinen Onkel aufzusuchen, den er in einem kleinen Zelte, gegen einen Strohsack gelehnt, antrifft. Der Wundarzt, der seine Wunden verbunden, hatte ihn eben verlassen. Surajmul erhebt sich, um seinen Neffen mit der ihm gebührenden Achtung zu empfangen, wie wenn nichts zwischen ihnen vorgefallen wäre. Aber durch die Anstrengung beim Aufstehen öffneten sich einige Wunden von Neuem, woraus sich folgendes Gespräch entspann: „Nun, Onkel, wie steht's mit euren Wunden?" — „Sie sind ganz geheilt, seit ich die Freude habe, Dich zu sehen." — „Aber, Onkel, ich habe noch nicht den Dewanji [den Rana, seinen Vater] gesehen; ich eilte, erst Euch zu sehen und bin sehr hungrig; habt Ihr etwas zu essen?" Ein Mahl wurde bald bereitet und das sonderbare Paar setzt sich nieder, ißt aus derselben Schüssel. Pirthi Raj zögert noch, die Speise zu essen, welche Jener ihm zum

Abschied bietet. „Ihr und ich, ruft er ihm zu, wir werden unsern Kampf morgen beendigen." — „Mir ganz recht, entgegnet ihm der Onkel, „aber komm nur zeitig!" — In früher Morgenstunde begann die Schlacht, aber obgleich beide an diesem Tage und im Verlaufe des Krieges einander oft begegneten, so fiel doch keiner von Beiden. Als endlich eines Tages Pirthi Raj ins feindliche Lager eingedrungen war, verlangt der Onkel ihn zu sprechen, und indem er ihm zuruft, dem Kampfe Einhalt zu thun, sagt er: „Wenn ich getödtet werde, was schadet das? Meine Kinder sind Radschputen und werden ihr Land behaupten; aber wenn Du fallen solltest, was wird dann aus Chietore werden? Mein Antlitz wird geschwärzt sein und mein Name auf ewig verwünscht!" Das Schwert entsank ihm und Neffe und Onkel umarmten sich.

Während der Regierung Sanga's, des älteren Bruders von Prithi Raj, geriethen beinahe alle Reiche der eingeborenen Fürsten unter Baber's Botmäßigkeit (s. Bd. 1); auch Sanga blieb im Kampfe, aber Mewar behauptete seine Unabhängigkeit. Ein zweiter Sturm drohte dem Reiche Verderben, denn Buhadur, der Sultan von Gudscherat, drang mit einem mächtigen Heere gegen Chietore vor. Der damals regierende Rana, Bikramajiet, war bei seinen Unterthanen verhaßt, erlag im Kampfe und floh in die Gebirge; aber die Radschputen eilten von allen Seiten herbei, um ihr Blut für die Entsetzung von Chietore zu vergießen. Die Feste konnte nur durch einen König vertheidigt werden, weßhalb der unmündige Sohn Sanga's gekrönt und dann eiligst bei dem Raja von Bundi in Sicherheit gebracht wurde. Die Besatzung kleidete sich in gelbe Gewänder und die Johur wurde eilig errichtet, denn es war keine Zeit zu verlieren, wenn der Scheiterhaufen fertig werden sollte. Schon viele der Tapfersten waren gefallen, die Bresche stand offen und so wurden brennbare Stoffe in den unterirdischen Räumen und Felsenhöhlen zusammengeschleppt und Pulver darunter gestreut, um eine schnelle Fortleitung des Feuers zu bewirken. Kurnavati, die Mutter des Fürsten und Schwester des tapfern Arjun Harr, führte die Procession der sich willig opfernden Jungfrauen, deren **13,000 sich auf einmal dem Flammentode hingaben.** Dann wurden die Thore geöffnet und der Häuptling Deola, ein Sohn des Surajmul, stürzte sich an der Spitze der Ueberlebenden in den Feind, um mit Ehren unterzugehen.

Der edeln Fürstin Kurnavati, die sich dem Flammentode übergeben hatte, war ein Rächer ihres Todes und ein Beschützer ihres Sohnes erstanden. Sie hatte vorher an Sultan Humayun, ihren „Rakhi" gesandt; dieser hatte ihn angenommen und sich so zum Ritter ihrer Ehre und zum Vertheidiger ihrer Rechte erklärt. Das Fest des Rakhi oder die Uebersendung des Armringes wird im Frühjahre gefeiert; es ist einer der wenigen an frühere ritterliche Zeiten erinnernden Gebräuche, in welchen sich noch die beiden Geschlechter frei bewegten und die Schöne sich unter den Rittern von Radschputana ihren Kämpfer wählte. Sowohl Frauen als Jungfrauen konnten den Armring senden, aber es geschah nur in der größten Gefahr und der Erwählte trat dann an die Stelle eines Adoptivbruders. Er erklärt sich durch die Annahme bereit, sein Leben für seine Dame zu opfern und obgleich weder ein Lächeln noch ein Dank von der seinen Blicken entzogenen Schönen ihm zu Theil wird, so preist er sich dennoch glücklich, ihr „Rakhi-bûnd-Bae," ihr durch den Armring verbundener Bruder, zu sein. Als Zeichen, daß er den Armring angenommen, dessen Werth von dem Stande der Uebersenderin abhängt, sendet er ihr den Katschli oder das Corset aus Seide oder einem mit Perlen verbundenen Goldgewebe zu, welches dann die Dame für immer anlegen muß. Oft begleiteten Tausende den Katschli bis zu seinem Bestimmungsorte. Der Herrscher von Delhi, Humajun, war über die Zusendung des Rakhi so erfreut, daß er sofort seinen Marsch begann, die Angreifer aus den rauchenden Ruinen von Chietore vertrieb und den eingeborenen Erbfürsten in sein Reich wieder einsetzte. Obgleich Humajun sich so ritterlich und uneigennützig benommen hatte, so ließ sich sein Sohn Baber dadurch doch nicht abhalten, als Eroberer in Mewar einzuziehen.

So hat es also Zeiten in Radschasthan gegeben, wo hochgestellte Radschputenfrauen sich nach eigenem Belieben ihren Gatten wählen konnten und wenn sich an einem bestimmten Tage die Häuptlinge versammelten, um den Frauen ihre Huldigungen darzubringen, war sie es, welche ihm die „Mala," den Bräutigamskranz, über die Schultern warf. Diese Brautwerbungen endeten aber nur zu oft mit so heftigem Kampfe, daß es zuletzt fast unmöglich wurde, ihnen ungefährdet zu entkommen. Noch heute pflegt die heranwachsende Jugend in Duab die köstlichen Sommernächte mit uralten Gesängen von Ala und Udûn zu verbringen, worin der Liebeskämpfe der Vorfahren gedacht wird; denn einst wurde im Kampfe zwischen Jychûnd und Pirthie Raj so viel edles Blut vergossen, daß seit diesem Tage keine Mala mehr geworfen wurde. Die Radschputenstämme rieben sich in endlosen Fehden auf, sie vergaßen den ritterlichen Sinn früherer Zeiten und das zarte Geschlecht, das diese Zerrüttungen veranlaßt hatte, mußte dafür leiden. Die eng abgeschlossenen Frauen mußten nun von anderen Stämmen durch List oder Gewalt gewonnen werden und so wurde nach und nach der Vater des Mädchens von dem Gatten desselben abhängig. Ein Radschpute darf heutzutage seinem Schwiegersohne nichts verweigern und er würde sich erniedrigen, wenn er selbst nur ein Mahl von demselben wollte. Es geht die Sage im Duab, daß einst ein Chohan Thakur aufs peinlichste von seinem Schwiegersohne bedrängt worden sei und daß er, seine Erniedrigung fühlend, seine Söhne zusammen berufen und sie zu dem eidlichen Versprechen gezwungen habe, jedes Mädchen, das ihnen geboren würde, zu tödten, damit nicht auch ihnen solche Verachtung zu Theil werde. Die Chohan's, welche zu dem kriegerischsten der 36 königlichen Radschputengeschlechter gehören und von den Göttern abzustammen behaupten, sollen so den ersten Anstoß zum Kindermorde gegeben haben.

Wir haben das vorstehende Fragment aus der Geschichte Radschputana's gegeben, um den kriegerischen Charakter der Männer und das lieber Tod als Sclaverei wählende Ehrgefühl der Frauen und Mädchen, die ein Radschpute z. B. auch nie an Jemand, der einen Mord begangen hat, verheirathen würde, zu schildern. Einige andere Erzählungen mögen noch eine andere Seite im Charakter dieses merkwürdigen Volkes beleuchten.

Achúl Singh, das Haupt der Radschputenfamilie der Kulhún's, regierte gegen das Ende des 17ten Jahrhunderts über die Distrikte zwischen Gouda und Wuzier Gauga und lebte in Kurassa. Da er mit einem der größeren Grundbesitzer, der sich ihm nicht unterwerfen wollte, Streitigkeiten hatte, so bat er einen Geldwechsler, Rútún Pandie, eine Zusammenkunft zu veranstalten, damit er sich mit seinem Gegner verständigen könne. Rútún übernahm den Auftrag, verlangte aber, daß der Raja bei dem an Kurassa vorbeifließenden Flusse Sarju schwören möge, seinen Feind höflich zu empfangen und demselben kein Leid zuzufügen. Der Grundbesitzer vertraute auf die Versicherungen, erschien, befand sich aber kaum in der Gewalt des Raja's, als ihn dieser ermorden ließ. Der Geldwechsler nahm sich diesen Treubruch so zu Herzen, daß er sich aller Nahrung enthielt und, während seine Kräfte schwanden, den Fluß Sarju gegen den treulosen Fürsten zur Rache anrief. An seinem Todeslager besuchte ihn eine der Frauen des Raja, die schwanger war und beschwor ihn, den Fluch dem Kinde, das sie unter ihrem Herzen trüge, zu Liebe, aufzuheben.

Aber der Sterbende erklärte, daß er dies nicht thun könne und daß sie, wenn sie ihr Kind retten wolle, das Haus des Raja verlassen müsse, denn der Fluß werde Niemand verschonen, der bei dem Fürsten bliebe. Sie folgte seinem Rathe, der Geldwechsler starb nach 20 Tagen und gleich nach seinem Tode schwoll der Fluß, während ein Orkan losbrach; die Stadt wurde überschwemmt und der Raja ertrank mit Allen, die sich um ihn befanden. Die Ruinen der alten Stadt werden noch bisweilen bei niedrigem Wasserstande da sichtbar, wo der Fluß jetzt einen großen und tiefen See bildet. Das heutige Dorf Kurassa liegt mitten zwischen Gouda und Wüzier Ganga [1]).

Wenn in diesem Berichte der Glaube an ein göttliches Walten, das den Meineidigen straft, unverkennbar hervortritt, so zeugen andere von weit abergläubischeren und dunklern Vorstellungen, aus denen der noch heute über ganz Indien verbreitete Glaube an Zauberei hervorgegangen ist.

Der Raja Roo Suchman Singh von Patûn, Häuptling des Tour-Stammes der Radschputen, hatte sich durch Ermordung seines Vaters auf den Thron geschwungen. Seine Augen stierten aus ihren Höhlen, als sei er Tag und Nacht von Visionen geplagt. In dem Zimmer seines Palastes, wo er die Frevelthat beging, hing ein Vorhang quer von Wand zu Wand. Ich sah hinter denselben, erzählt Boileau, und bemerkte ein einfaches Ruhebett, das mit einem weißen Tuche überdeckt war und dem zur Seite eine Flasche Rosenwasser und einiges Hausgeräth stand, das der Ermordete täglich zu gebrauchen pflegte. Der abergläubische Mörder stand nämlich noch immer in dem Glauben, daß der Geist seines Vaters dort weile und sich freue, diese Dinge täglich bereit zu finden.

Erklärt sich hier der Aberglaube aus der Gewissensangst des ruchlosen Mörders, so zeigt er sich dagegen in vielen anderen Zügen aus dem Indischen Leben noch viel auffälliger und unmotivirter. So leben die Tilokchundie Byses der Ueberzeugung, daß kein Schlangenbiß ihnen schaden könne und behaupten, obgleich sie nichts dagegen thun, daß keiner ihrer Caste daran gestorben sei. Sie sagen, daß sie von Salbahûn abstammen, welcher unmittelbar vom Schlangengotte selbst entsprossen sei. Wir finden ferner in den Regierungsberichten häufig Zauberer und Hexen erwähnt, die auch noch heute in Indien die leichtgläubige Masse betrügen [2]). Wenn in Jowar eine Frau der Hexerei angeklagt ist, so werden ihr Geldstrafen auferlegt, und läßt sie dann noch nicht von ihren Zaubereien, so werden ihr Nase und Zunge abgeschnitten. In einigen

Gegenden, wie in den Penthländern, findet man oft ganze Dörfer verlassen, weil man sie für behext und verzaubert hält. Schon zur Zeit des letzteren Rik-Liedes muß der Vorwurf des Hexens ziemlich häufig gewesen, ja sogar dem Dichter desselben, Basishtha, selbst gemacht worden sein. (Man vergleiche Virgil als Zauberer). Jeder Atharva-Priester ist in gewisser Beziehung ein Bâtmant, da ja fast das ganze Ritual aus einem Verfluchen und Verwünschen der Feinde besteht [3]).

Wir gehen zu einigen Bemerkungen über die Jharija's über, da dieser Radschputenstamm an sich eine nähere Beachtung verdient und da wir aus ihrer Geschichte noch ein charakteristisches Beispiel von indischem Aberglauben anführen können.

Diese Jharija's sind die Nachkommen eines der vier Jadow's und entkamen der Vernichtung, welche vor 5000 Jahren zu Bilawûl Pûttun über das Geschlecht hereingebrochen sein soll. Sie behaupten, einst Sind beherrscht zu haben und stammen wohl aus Persien. Sie haben keine Achtung vor irgend einer Religion. Sehr sonderbare Gebräuche sind bei ihnen zu finden, z. B. in der Familie des Rao von Kûtsch. Wenn sich nämlich der neue Jam (ein Ehrentitel, gleich Fürst, Häuptling) zum ersten Male auf den Gabie setzt, tritt ein Muttang oder Brahmane an ihn heran und malt mit Blut ein Zeichen auf seine Stirne. Erst nach dieser Ceremonie, welche gleichsam die Oelung bedeutet, begrüßen ihn die Unterthanen als ihren Häuptling und dieselbe wird jährlich zu Düsera wiederholt. Nach der Sage soll nämlich ein Brahmane von großem Rufe und astronomischen Kenntnissen vor dem Einfalle des Jam Unar von Kûtsch, dem damaligen Rao (dem Churasama, Fürst von Junagûr) verkündet haben, daß der dem Jam Unar geborene Sohn die Ursache seines Todes sein würde. Jam Unar fiel allerdings in die Halbinsel ein, belagerte jedoch Ghumlie vergeblich und kehrte unverrichteter Sache heim, worauf sein Sohn später die Ehre seines Hauses rettete. Der Brahmane hatte auch verkündet, daß der Jam Bamunia seinen eigenen Tod herbeiführen würde; er hatte aber unterdessen eine Dher-Frau geheirathet und sich selbst dieser Caste angeschlossen. Eines Tages verlangte er von Bamunia, daß er ihm den Kopf abhaue. Als der Prinz dies verweigerte, bespritzte der Mattang seine Augen mit Wasser und verlieh ihm dadurch die Macht, in die Zukunft zu schauen und zugleich erkannte er nun, daß es weise sein würde, den Brahmanen zu tödten. Als am folgenden Tage dessen Kopf vom Körper getrennt worden war, sprach derselbe noch eine Stunde lang und verkündete Alles, was den Jharija's begegnen würde, besonders in Bezug auf ihre Festsetzung im Lande. Auf diese Fabel soll sich nun der erwähnte Gebrauch gründen. So stolz übrigens die Jharija's auf ihre hohe Geburt sind, so scheuen sie sich doch nicht, mit Muselmännern und anderen Casten zu essen, und kennen überhaupt die strengen Castenregeln der Hindu's nicht.

Obgleich wir nach den mancherlei Abschweifungen, welche wir uns erlaubten, nun endlich zu unserem bisher nur ganz indirekt berührten Thema, dem Morde in seinen verschiedenen Erscheinungen, übergehen müßten, erlauben wir uns doch noch eine kurze Darstellung der Heirathsgebräuche einzufügen, weil dadurch zugleich Suttie und Kinderermordung erklärt wird.

Es gab nach Menu acht verschiedene Wege, auf denen das eheliche Band geschlossen werden konnte, zwei jedoch, die Asúra, wenn der Vater der Braut ein Geschenk von seinem Schwiegersohne empfängt, und die Paisacha, wenn eine Entehrung durch Betrug statt gefunden hat, werden von ihm verdammt. Von den anderen sechs sind nur vier vorwurfsfrei; der Bräutigam erscheint in der einen mit den Veda's bekannt, die Braut sitzt da mit Schmuck bedeckt, das Brautgeschenk besteht aus einem Paar Kühen und der Vater spricht über Beide den Segen aus: „Möget ihr beide vereint die Pflichten des Lebens erfüllen!" *). Die eine der Heirathsweihen, die Gandharva, ist die einfache eheliche Beiwohnung und die Rakshasa oder dämonische eine solche, wo das weinende und Hülfe schreiende Mädchen mit Gewalt aus dem Hause entführt wird; ihre Freunde und Angehörigen sind entweder verwundet oder getödtet und deren Wohnungen gewaltsam erbrochen. Selbst eine solche Heirath ist dem Kschatrija gesetzlich erlaubt.

Die Frau wurde nach ihrer äußeren Schönheit geschätzt, ihre moralischen Tugenden waren gleichgültig; sie wird nie unabhängig, sondern ist dem Vater, dem Gatten und endlich den Söhnen unterthan. Die Erfüllung der häuslichen Pflichten ist ihre edelste Aufgabe, damit sie die Zufriedenheit und das Lob ihres Hausherrn erlange.

Der Brahmane kann nach dem Absterben seiner Gattin wieder heirathen und muß während seines ehelichen Lebens, selbst wenn er für andere Frauen ein Auge hat, von seiner zu Ergebung und Geduld geborenen Gattin als „ein Gott" angesehen werden.

Wenn bei den Brahmanen in Audh der Bräutigam kommt, um die Braut abzuholen, so liest ihnen der Priester die ehelichen Regeln vor, die Aeltern waschen der Braut und nachher dem Bräutigam die Füße. Während beide nach diesen Ceremonien zusammensitzen, legen die Aeltern der Braut ein Gefäß mit Gold, Silber und Juwelen in die Arme und geben ihr reiche Gewänder und solche Dinge, welche sie in ihrem neuen Haushalte nothwendig braucht und erflehen dann den Segen der Götter über das Ehepaar. Während also hier die ganze Feier einen ernsten Charakter trägt, kommt bei den Hochzeiten in den niederen Casten die Vergnügungssucht oft auf sehr zügellose Weise zum Ausbruche. So pflegt man bei den Hochzeiten von Sudra's viele Stäbe, auf denen brennende Lampen befestigt sind, in den Boden zu stecken und in diesem Lichtglanze die Braut an der Hand herumzuführen. Ueberhaupt sind Hochzeiten bei dem Hange der Indier zum Wohlleben und zu prunkenden Festen im Allgemeinen sehr kostspielig. Die große Anzahl von Bettlern (Mangta's), Barden, Tänzerinnen, Taschenspielern und Brahmanen, welche für ihre Lobpreisungen und Huldigungen bei diesen Festen bezahlt sein wollen, bei denen überdies die Freigebigkeit früherer Raja's in den glühendsten Worten gerühmt wird, zwingen den Vater der Braut zu Ausgaben, die seine Mittel weit übersteigen. Chûnd, der Barde der Radschputen, sagt: „Der Dahirna leert seine Koffer bei der Hochzeit seiner Tochter mit einem Pirthie Raj, aber füllt sie dafür mit den Lobpreisungen der Menschheit." So kam es, daß selbst der wenig bemittelte Raja von Udipur bei der Heirath seiner Tochter dem ersten Barden eine Lack Rupien schenkte. Hätte man die Häuptlinge verpflichtet, eine bestimmte Taxe für solche Feste ein für allemal festzustellen, welche Niemand überschreiten dürfte, so wäre dem Uebel des Kindermordes wohl schon früher wirksam entgegengearbeitet worden. Der große Häuptling Iye Singh von Amber, dem heutigen Iyepur, hatte allerdings jedem Fürsten im Radschputenstaate ein Dekret übergeben, welches ihren Vasallen mitgetheilt werden sollte, um die Mitgift und die anderen bei der Hochzeit erforderlichen Ausgaben zu regeln; er hatte diese auf eine Jahres-Einnahme aus dem Gesammtbesitze des Vaters der Braut festgesetzt, aber der Chundawut von Salumbra hintertrieb diesen heilsamen Plan, indem er bei der Verheirathung seiner Tochter größere Summen verschwendete, als sein Fürst zu zahlen im Stande gewesen wäre, um sich von den Barden und Genealogisten verewigen zu lassen. Die Chohan Thakur's haben sich endlich (22. Nov. 1851) in einem nach Iye Singh's Plane abgefaßten Dekrete über eine Ordnung und Feststellung der Heirathsausgaben geeinigt.

Es herrscht überhaupt, besonders aber unter den alten und höheren Radschputenfamilien die Sucht, die Tochter stets in noch ältere oder höhere Familien zu verheirathen und daher erhalten sie bei der Verheirathung eine große Mitgift, zu der sich noch bedeutende Summen fügen, wenn eine solche Verbindung von der niedriger stehenden Familie heftig gewünscht und eifrig betrieben wird. Daher kommt es auch, daß die Töchter hoher Radschputenfamilien gestohlen und verkauft werden [5]).

Beim Abschlusse eines Heirathsvertrags zwischen den Eltern wird bei den Radschputen vom Vater des Bräutigams dem Vater der Braut eine Geldsumme übersandt. Der Betrag ist kaum mehr als der zehnte Theil der Mitgift (Zühiez) der Braut. Dies Geschenk ist gleichsam das Draufgeld des Bräutigams und wenn einmal diese Ceremonie des Tillúk stattgefunden hat, kann der Vater der Braut nicht mehr zurücktreten. Diesem folgt der Lúggún, der Tag, an welchem die Hälfte der vorher festgesetzten Mitgift ausgezahlt und der Tag des Hochzeitszuges (Búrat) bestimmt wird. Am Búrat, dem eigentlichen Hochzeitstage, muß der Brautvater die Gäste bewirthen, ein Fest, welches mehrere Tage dauert und wo der stolze Radschpute möglichst großen Glanz entfaltet. Sollte es an irgend etwas fehlen, so trifft den Gastgeber dafür Verachtung.

In solchen Fällen, wo Kinder aus den höheren Classen mit einander verlobt werden, sind eigentlich drei Heiraths-Ceremonien zu unterscheiden. Die erste findet statt, wenn das Paar noch in den Windeln liegt, die zweite, wenn der Knabe acht bis neun, die Braut fünf bis 6 Jahre alt ist, die dritte, wenn sie der Bräutigam als erwachsen in das Haus erhält. In der Zeit zwischen der ersten und zweiten Ceremonie können die Verlobten sich sehen, sie spielen zusammen und wissen, daß sie einst zusammen leben sollen, wobei selbst in dieser frühen Zeit eine gegenseitige Neigung entsteht. Nach der zweiten Heirathsceremonie werden sie getrennt und die Braut besonders sorgfältig abgeschlossen und bewacht. Wenn sie den höheren Ständen angehört, verlebt sie ihre Tage bei den Frauen und erscheint erst wieder, wenn der Priester als Zeichen der Fruchtbarkeit über Bräutigam und Braut mehrere Hände voll Reis ausstreut. Die Braut zieht dann, nur von ihren nächsten Verwandten begleitet, nach dem Hause ihres Gatten [6]).

Die Hindu's heirathen übrigens niemals in dieselbe Familie und dürfen weder einen der Verwandten ihrer Frauen, noch irgend einen Nachkommen der weiblichen Linie, so lange noch ein männliches Glied aus der Familie existirt, adoptiren. Bei einzelnen Stämmen, z. B. bei den Kattie's in Kattiwar, deren Frauen sich durch große Anmuth auszeichnen und bei denen Bigamie herrscht, kommt es vor, daß, nach dem Tode des älteren Bruders, der jüngere sich dessen Wittwe als Gattin zulegt; dagegen heirathet der ältere Bruder niemals die Wittwe des jüngeren. Wenn ein Kattie-Bräutigam, von seinen Freunden umgeben, sich in feierlichem Aufzuge dem Dorfe nähert, wo seine Braut wohnt, so kommen deren Freunde und die Männer ihnen entgegen, und versuchen durch Werfen von Steinen und Lehmklumpen den Bräutigam vom Eintreten ins Dorf abzuhalten. Dieser muß sich seinen Weg mit Gewalt bahnen, und, wenn dies nicht in seiner Macht steht, seine Ohnmacht anerkennen und um Einlaß bitten. Hierauf wird dem Bräutigam und zweien Freunden der Eintritt gestattet, der Rest muß bis Mitternacht draußen bleiben, fortwährend bittend, daß auch ihnen diese Gunst gestattet werden möge. Sobald sie alle eingelassen sind, beginnen die Heiraths-Ceremonien. Diese Sitte soll den jungen Kattie daran erinnern, sein Haus und alles, was ihm werth ist, mit allen Kräften zu vertheidigen [7]).

Die bedeutend hohe Mitgift, von der wir sprachen, ist aber keineswegs bei allen Volksstämmen Indiens üblich. So wird unter den Mûtûrrica-Brahmanen bei Heirathen nichts für die Zeit der Verlobung geschenkt. Unter ihnen bestehen vier Arten von Heirathen: Die Awul-bea (Su, Soweya), der erste Tag der Hochzeits-Ceremonien kostet hier 100, der 2te 125 Rupien; Doem Seukra, erster Tag 50, 2ter 150 Rupien; Tiesra-Pûchisya, 25 und 50 Rupien und Kora, wo nur eine Rupie von der Umgebung der Braut gezahlt wird.

Die Suttie.

Wir gehen von diesen Schilderungen der Heirathsgebräuche sogleich zur Betrachtung der Katastrophe über, welche oft eintritt, wenn der Tod der Familie ihr Haupt entreißt. Nach der Lehre der Brahmanen kann nur diejenige Frau selig werden, welche zugleich mit dem Gatten auf den Scheiterhaufen gelegt wird, noch ehe dessen Seele durch das Feuer vom Körper geschieden ist. 35 Millionen Haare, heißt es, befinden sich am menschlichen Körper; das Weib aber, welches mit ihrem Manne den Scheiterhaufen besteigt, wird eben so viele Jahre im Himmel leben. Da übrigens nach den Veda's die zweite Heirath für ungesetzlich gilt, so hat auch nur die erste Frau das Vorrecht, sich mit der Leiche ihres Gatten zu verbrennen; dennoch wird in dem Mahâbhârata, beim Tode Kunti's, erzählt, daß nicht sein ihm gesetzlich angetrautes Weib, sondern die von ihm heiß geliebte Mâdri, in deren Armen er gestorben, das Vorrecht genossen habe, sich mit der Leiche zu verbrennen. Uebrigens erwähnt selbst Menu noch nicht dieses barbarischen Gebrauches, der aber doch jedenfalls sehr alt ist und vor Christi Geburt hinaufreicht [8]). Wir glauben, daß nicht sowohl die Verachtung und Entwürdigung, welche einer Frau, die ihren Gatten überlebt, zu Theil werden soll, als eine gewisse enthusiastische Erregung des überdies von dem Todesfalle erschütterten Gemüths und der feste Glaube, daß sie, mit dem Gatten vereint, unmittelbar in den Himmel eingehen, die meisten Wittwen in das Feuer treibt; daß die Verwandten namentlich in solchen Fällen, wo die Wittwe vermögend ist, dieselbe zu dieser Opferung überredet hätten, dürfte kaum in einzelnen Fällen zu erweisen sein. Im Gegentheile suchen dieselben vereint mit den Kindern, und in neuerer Zeit selbst die Brahmanen, die Wittwen vom Scheiterhaufen zurückzuhalten und namentlich während der verhängnißvollen Momente der Leichenverbrennung ihre Aufmerksamkeit abzulenken. Auch ist der Gebrauch keineswegs über ganz Indien verbreitet und findet sich namentlich nicht im Süden vom Flusse Kischna. In Audh waren die Suttie's (wie eigentlich die armen Opfer heißen) in früheren Zeiten ungemein häufig [9]). Beinahe jede Stadt und jedes Dorf ist von vielen Suttie-Denkmälern umgeben, um die sich die Radschputen, weil sie weder zu ihrem Stolze, noch zu ihrer Börse in näherer Beziehung stehen, wenig kümmern. Die Anzahl der jährlich verbrannten Wittwen ist schwer zu bestimmen und überdies für die einzelnen Distrikte in denselben Jahren sehr verschieden [10]). Während der Jahre 1815—1824 wurden im Distrikte von Calcutta 3752 und in Benares 968 Wittwen verbrannt. Der Prischwa suchte oft Wittwen von ihrem Vorhaben abzubringen, aber meist erfolglos [11]).

In Gudscherat ist die Verbrennung besonders häufig und die Stelle, wo sie stattfand, wird durch ein Pallia verewigt, d. h. durch ein Denkmal, an welchem ein weiblicher Arm nebst der Hand und eine Beschreibung des ganzen Aktes eingegraben ist. In Jhalawar herrscht dieser Gebrauch nur unter den niedrigsten Casten, aber unter diesen nehmen die Wittwen selbst ihre Kinder mit ins Feuer; auch ist es vorgekommen, daß sich der Mann mit der Leiche seiner Frau verbrannte und daß sich eine Frau dem Feuertode opferte, indem der Mann als Zuschauer dabei stand und nur das Bedauern äußerte, sich nun nach einer anderen Frau umsehen zu müssen.

Obgleich wir voraussetzen, daß der Hergang bei diesem erschütternden Akte im Allgemeinen sehr bekannt ist, so wählen wir doch aus den Dutzenden von Beschreibungen, welche uns vorliegen, wenigstens ein paar besonders charakteristische aus [12]).

Hafner erzählt die Verbrennung einer Frau, die im Jahre 1790 stattfand, folgendermaßen: „Wir trafen gegen 3 Uhr in dem Dorfe ein, wo die Heldin, eine 23jährige Frau, welche sich dem Feuertode opfern wollte, wohnte. Sie saß vor der Thüre ihres Hauses und war von einigen Personen beiderlei Geschlechts umgeben, welche ihre Verwandten zu sein schienen. Sie gab ihnen von Zeit zu Zeit Betelnüsse und bewegte die Lippen, ohne jedoch ein hörbares Wort auszusprechen. Ihr Gesichtsausdruck war edel und anziehend und über ihr ganzes Wesen hatte sich eine himmlische Ruhe verbreitet. Der Scheiterhaufen war beinahe 1000 Schritt vom Dorfe errichtet, ungefähr 10 Fuß lang, 8 Fuß breit und 8 Fuß hoch und die Hindu's waren noch beschäftigt, brennbare Stoffe darauf zu häufen. Von Musik begleitet, nahete sich die Wittwe inmitten ihrer Angehörigen. Sie hielt eine Citrone, in die einige Gewürznelken gesteckt waren, in der Hand und roch von Zeit zu Zeit daran. Die Procession näherte sich zuerst einem in der Nähe befindlichen Teiche; bevor sie denselben erreichte, entkleidete sie sich und schenkte ihre Gewänder den sie begleitenden Frauen. Nachdem sie sich im Teiche gebadet hatte, legte sie weiße baumwollene Gewänder an und ging nun festen und feierlichen Schrittes, nach dem Tone der Musik, von Brahmanen umgeben, wie im Triumphe nach dem Scheiterhaufen. Die Priester sagten Hymnen her, um ihr Muth einzuflößen. Inzwischen hatte man den Scheiterhaufen mit hohen Matten so umgeben, daß der Unglücklichen der Anblick desselben so lange als möglich entzogen blieb. Nahebei lag die Leiche ihres Gatten. Indem sie sich derselben näherte und ihre Augen auf sie richtete, sprach sich ein tiefer Kummer in ihren Gesichtszügen aus, sie schlug sich die Brüste und weinte bitterlich. Alsdann verneigte sie sich vor der Leiche, ging dreimal um den Scheiterhaufen, und jedesmal, wenn sie an der Bahre vorüberkam, bedeckte sie ihr Gesicht mit beiden Händen und verneigte sich tief vor ihrem Gatten. Endlich blieb sie vor der Leiche stehen und wandte sich an ihre Verwandten und Freunde, um von ihnen Abschied zu nehmen. Nun wurde ihr ein Gefäß mit Oel gegeben, wovon sie einen Theil über die Leiche ausgoß, es dann auf ihren Kopf setzt, und nun dreimal mit lauter Stimme „Narvina!" rief. Im Augenblicke waren die Matten entfernt, die

Leiche auf den brennenden Scheiterhaufen geworfen und mit ihr stürzte sich die Wittwe ohne irgend ein Zeichen von Furcht in die auflodernden Flammen. Ein Geschrei der herumstehenden Frauen und das Getöse der Musik endete den Akt und die Umstehenden beider Geschlechter warfen Reisbündel auf sie, so daß sie ganz von ihnen bedeckt wurde [13])."

Ueber einen anderen Fall berichtet der Lord Bischof von Calcutta, Reginald Heber, als Augenzeuge. Die Wittwe war zu Pferde; Blumenkränze hingen ihr über Kopf und Schulter und ihr Gesicht war mit Sandelholz gefärbt. In der einen Hand hielt sie einen Spiegel (um sich von dem gefaßten, ruhigen Ausdrucke ihrer Mienen zu überzeugen), in der anderen einen Dolch, auf dessen Spitze eine Citrone steckte. Ihr Anzug war der gewöhnliche der Hindufrauen, den sie bei dieser Gelegenheit Sarie nennen. Da der Gatte, ein Soldat, im Felde geblieben war, so konnte die Wittwe sich nicht mit der Leiche verbrennen, mußte aber etwas, was er bei Lebzeiten getragen, mit sich nehmen; so hatte sie einen seiner Schuhe bei sich. Sie sah fast wie ein Kind aus, und war kaum 17 Jahre alt, aber gefaßt, ernst und würdevoll stieg sie vom Pferde, badete sich unter Anleitung der Brahmanen und vertheilte dann Blumen und Zuckerwaaren. Nachher hatte sie noch einige Ceremonien zu verrichten; sie stellte sich auf einen Stein, in den zwei Fußtapfen eingehauen waren und hatte einen größeren Stein, gleichsam einen Altar, vor sich, auf dem ein Feuer brannte. Nachdem sie so 5 Minuten verbracht, bestieg sie ruhig den Scheiterhaufen und setzte selbst die Baumwolle, welche denselben bedeckte, in Brand. Dann hüllte sie sich in ihre Gewänder, legte sich in die Flammen nieder und verbrannte.

In einigen Theilen Indiens wird kein Scheiterhaufen aufgebaut, sondern ein tiefes Grab gemacht, in welches die Leiche gelegt wird. Um dasselbe brennt 3 Tage lang ein Feuer und dann wird die mit einem Schleier aus den Blättern des Bananenbaumes bekleidete Wittwe dahin geführt, um sich in die Flammen zu stürzen. In anderen Theilen wird die Leiche in ein Grab gelegt, die Wittwe legt sich dann auf dieselbe und wird so lange mit Erde überschüttet, bis ihr Körper bis zum Halse bedeckt ist. Alsdann tritt ein Brahmane heran, sie tröstend und segnend und nachdem er sie erwürgt hat, wird über beide Leichen Erde geschüttet [14]).

Alia Bhye, die berühmte Mahrattenfürstin, welche nach dem Tode ihres Gatten (1765) Holcar's Thron bestieg und mit seltener Weisheit ihr Land 30 Jahre lang regierte, welche von ihren Unterthanen aufrichtig geliebt und von allen Fürsten ihrer Zeit so gefürchtet wurde, daß Niemand es wagte, ihr ihren Besitz streitig zu machen, konnte oder wollte es nicht verhindern, daß ihre Tochter, die sie unbeschreiblich liebte, sich bei dem Tode ihres Gatten in ihrer ersten Jugendblüthe mit der Leiche verbrannte. Sie versuchte es wohl, die Prinzessin von diesem Schritte abzuhalten. „Du bist alt, Mutter, wandte die Tochter ein, und in wenigen Jahren wird Dein frommes Leben beendigt sein. Mein einziges Kind und mein Gatte sind dahin und wenn Du ihnen folgst, so weiß ich, daß mir das Leben unerträglich sein wird, die Gelegenheit aber, mein Leben ehrenvoll zu endigen, ist dann auf ewig verschwunden!" — Die Mutter wohnte dem tragischen Schauspiele selbst bei.

Gegen Ende des Jahres 1818 wurde ein junges Mädchen zu Chandernagor unter besonders traurigen Umständen verbrannt. Kaum 15 Jahre alt, sollte sie dem Gatten angetrauet werden; Alles war zur Hochzeit vorbereitet, die beiderseitigen Verwandten waren dazu eingetroffen, als den Abend vorher der Bräutigam in wenigen Stunden der Cholera erlag. Als der jungen Frau die Kunde überbracht wurde, erklärte sie sogleich auf das Bestimmteste, sich auf dem Scheiterhaufen mit der Leiche verbrennen zu wollen. Nach langer Berathung zwischen den Verwandten der Braut und den Priestern erklärten die Shastúr's, daß dieselbe dem Verstorbenen bereits angehört habe und so wurde sie am folgenden Tage an dem Ufer des Ganges mit der Leiche zur tiefsten Betrübniß ihrer Angehörigen verbrannt.

In demselben Jahre überreichten mehrere Hindu's der Regierung eine Bittschrift, in welcher sie darauf drangen, daß nur solchen Wittwen die Verbrennung gestattet werden solle, denen die Shastúr's dieselbe zuerkennen würden. Andere verlangten die gänzliche Abschaffung dieses grausamen Gebrauchs. Bykúnthnanth Bainajie, Sekretär der Brama- oder unitarischen Hindu-Gemeinde, erklärte in einem Traktate, daß es zwar die Pflicht der Wittwen sei, der Welt auf ewig zu entsagen, daß aber diejenigen, welche eine Wittwe zum Opfertode zwingen würden, des Mordes anzuklagen wären. Hierauf bezog sich ein Hindu, Hurrihuramund, als er unter dem 27. März 1818 die Europäer anklagte, Personen, die sich dessen schuldig gemacht, nicht der allgemeinen Verachtung Preis gegeben zu haben; zugleich verlangte er von den Babu's und Panditen, daß sie ihr Betragen durch die heiligen Hinduschriften rechtfertigen sollten [18]).

In dem Civil- und Criminal-Codex der Hindu's finden sich 5 Abschnitte mit Bestimmungen über die Verbrennung der Wittwen vor. Im ersten sind neun Paragraphen enthalten, in welchen dieselbe untersagt ist und zwar: 1) wenn die Wittwe noch nicht 16 Jahre alt, 2) wenn sie schwanger oder Schwangerschaft zu erwarten ist, 3) wenn sie ihre Reinigung, 4) wenn sie ein Kind unter 4 Jahren, 5) wenn sie ein Kind von 5 bis 7 Jahren hat, dessen sich Niemand annehmen will, 6) wenn sie die Wittwe eines Brahmanen ist und sich auf einen anderen Scheiterhaufen zu verbrennen beabsichtigt, 7) wenn sie einer anderen Caste angehört, und, von ihrem Gatten entfernt, sich bei der Nachricht von seinem Tode nicht sogleich verbrennt, 8) wenn sie sich nicht sofort mit der Leiche ihres Gatten verbrennt und 9) wenn sie sich nicht gesetzlich verheirathet hat oder ihrem Gatten nicht treu gewesen ist.

Nach dem 2ten Abschnitte werden alle Personen bestraft, welche es versäumt haben, der Polizei Anzeige zu machen. Nach dem 3ten muß ein Polizei-Officiant die Wittwe befragen, ob sie sich zum Tode willig und bereit zeigt. Der 4te verbietet es den Wittwen des Jogie-Stammes, sich mit den Leichen ihrer Gatten zu verbrennen u. s. w.

Die ostindische Compagnie sowohl als die englische Regierung hat in ihrem Territorium schon seit etwa 40 Jahren auf die Abschaffung der Suttie's hinzuwirken gesucht. Schon der alte Gouverneur Charnock (der Vater von Calcutta,* vgl. Bd. 1. S. 85) hatte ja in seiner Weise dagegen angekämpft. Dieser sah einst eine sehr junge Frau, welche mit der Leiche ihres Gatten, den sie kaum gekannt hatte, verbrannt werden sollte und befahl seiner Wache, die Wittwe gewaltsam zu entführen. Die Wache führte dies aus und es fand sich, daß die Entführte erst 15 Jahre alt und von seltener Schönheit war. Charnock nahm sie unter seinen Schutz und vermählte sich mit ihr. Nach ihrem Tode ließ er ihr ein prachtvolles Grabmal errichten, und, so lange er lebte, jedes Jahr an ihrem Todestage einen Hahn opfern, um ihre Manen zu versöhnen(!).

Lord Amherst (Bd. S. 1. 324) trug noch 1827 Bedenken, energisch einzuschreiten und hoffte nur, daß die fortschreitende Civilisation die barbarische Sitte verdrängen werde. Dagegen trat Lord William Bentinck entschiedener, wenn auch mit Vorsicht, auf und verbot noch vor Ende des Jahres 1829 die Suttie's in den englischen Provinzen bei strenger Strafe [16]). Die Maßregel war kühn und dennoch ihr Erfolg vollkommen; aber in den unabhängigen Staaten bestand die Sitte fort, bis auch da einzelne Fürsten dagegen anzukämpfen begannen; denn die Engländer selbst hielten, wie in allen nicht rein finanziellen Fragen, eine direkte Einmischung dort für unpolitisch, desto bedeutender war ihr indirekter und im Stillen geübter Einfluß [17]). Am 23. April 1846 erklärte auch die Regierung von Jhepore den Akt für ungesetzlich und noch vor Ende des Jahres hörte die Sitte in 11 Radschputenstaaten ganz auf. Auch der Raja von Jaudspor und die Häuptlinge von Bekanier und Kischengurh sind dem guten Beispiele gefolgt und schon 1847 konnte der General-Gouverneur Lord Hardinge ankündigen, daß Suttie, Kindermord und Sklaverei selbst in dem entlegensten Hindu-Staate, in Caschmir, verboten seien.

Der Kindermord.

So unnatürlich und fast unglaublich es auch erscheint, daß Aeltern sich mit dem Blute ihrer unschuldigen Kindlein beflecken sollten, so uralt ist dennoch dies Verbrechen und leider ist es unter allen Völkern und zu allen Zeiten zu finden. In Indien ist diese entsetzliche Sitte durch Aberglauben und Hochmuth tief eingewurzelt. In früheren Zeiten wurden Tausende von Kindern den Flußgöttern im Ganges oder Dschamna geopfert, in unseren Tagen vorzüglich dem Hochmuthe der Aeltern, der leider in den höheren Casten am stärksten hervortritt. In Europa tödtet manches entehrte Mädchen in der Verzweiflung ihr männliches oder weibliches Kind, in Indien werden nur die letzteren getödtet. Treibt in Europa das Gefühl ihrer Schande die Mutter zum Verbrechen, wirkt hier das Bewußtsein, daß sie sich schwer versündigt hat, indem sie außer der Ehe geboren hat, so ist in den höheren Ständen Indiens die kalte Berechnung, daß das Mädchen nicht heirathen kann und schließlich unehelich gebären wird, die Veranlassung zum Morde.

Der Hindu glaubt überhaupt nicht an weibliche Ehre oder Tugend. Die Jungfrau bewacht er mit Mißtrauen, die Gattin mit Eifersucht und das Wittwenthum ist ihm so verhaßt, daß er der Wittwe aus ihrem Leben selbst einen Vorwurf macht. Das Leben eines weiblichen Wesens ist namentlich bei den Radschputen eine Kette von Leiden und Prüfungen. Jede ihrer Lebensstufen wird vom Todesengel bedroht. Sobald das kleine Mädchen sein Auge dem Tageslichte öffnet, droht ihm Opium oder sonst ein gewaltsamer Tod, im Alter der Scheiterhaufen und in der Zwischenzeit hängt die Existenz des Weibes vom Waffenglücke ab; denn, wenn in Kriegszeiten, nach verlorener Schlacht, der häusliche Heerd bedroht ist, so opfert der Radschpute erbarmungslos das weibliche Geschlecht, weil ihm die Gefangenschaft schrecklicher erscheint als der Tod.

Die Frau des Hindu duldet schweigend; es scheint als unterwerfe sie sich gern und willig ihrem harten Schicksale; sie verehrt den Gatten, von dessen Untreue sie überzeugt ist, sie selbst zündet den Scheiterhaufen an, welcher ihren Körper zugleich mit dem Leichnam ihres Gatten in Asche verwandeln soll und unter den Radschputen hat manche Mutter jedes der von ihr geborenen Mädchen mit eigener Hand umgebracht.

Wenn wir oben sagten, daß der Hindu nicht an die Keuschheit des weiblichen Geschlechtes glaube, so folgt daraus von selbst, daß er jedes heirathsfähige Mädchen, wenn sie nicht Gattin wird, für entwürdigt zu halten geneigt ist. Um sie vor dieser Schmach zu bewahren, sucht er nach einem Manne, der einem Zweige seiner Caste angehört und wo möglich höher steht als er selbst. Einem Radschputenvater fällt es demnach oft schwer, für seine heirathsfähige Tochter einen Gatten zu finden, besonders wenn er ein Chohan oder Rathore ist, und er muß eventuell den hohen Castenrang und die vornehme Abstammung des Schwiegersohnes theuer bezahlen. So hat er nur zwischen bedeutenden Ausgaben oder der Entwürdigung zu wählen; um beiden zu entgehen, entschließt er sich zum Morde und so vielen Kummer dieser auch manchem nicht ganz gefühllosen Vater bereitet, er sucht sich seiner Herzensangst zu entledigen, indem er den Brahmanen, der bei ihm als Hauspriester fungirt, mit Geschenken überhäuft.

Die erste Kunde von der Kinderermordung brachte Jonathan Duncan, Resident zu Benares [18]) 1791 zur Kenntniß des General-Gouverneurs und Sir John Shore veröffentlichte 1794 Duncan's Berichte im 4ten Bande der Asiatic Researches. Ein besonderer Hindu-Stamm, die Rajekumar's, an den Grenzen des Distrikts Juanpur, zog in dieser Beziehung 1789 zuerst die allgemeine Aufmerksamkeit auf sich; indessen wurde das Verbrechen auch bei anderen Stämmen nachgewiesen, namentlich bei den Rajebünsie's, in der Provinz Benares. 1800 machte Duncan, der Gouverneur von Bombay, darüber Mittheilung, daß die Radschputenhäupter ihre Töchter tödteten und daß in ganz Guzerat und Kutsch nur wenige diesem Gebrauche entsagten.

Der Capitän Seton, Resident in Kutsch, schrieb 1805: Der Gebrauch, die weiblichen Kinder zu tödten, herrscht in Gajra Bye's Familie seit undenklichen Zeiten und jedes von einer gesetzlich angetrauten Ranie geborene Mädchen wird sofort in die Erde eingegraben und in Milch ertränkt. Alle Radschputenstämme in Guzerat beobachten denselben Gebrauch und unter den

Jharijah's waren nur zwei Männer von Bedeutung zu finden, die ihre Töchter leben ließen. Diese Jharijah-Familien in Kůtsch und Kattywar zählten nach Col. Walker 125,000 Köpfe und von diesen wurden nach den Berichten der Eingeborenen jährlich 20,000 Mädchen getödtet. Er hält dies für übertrieben, behauptet aber, daß in Kattywar jährlich gewiß wenigstens 1000, in Kůtsch 2000 Mädchen getödtet würden, in Guzerat nach anderen Angaben 5000, also seit 300 Jahren wenigstens eine Million. Auch bei den Sikhäuptlingen findet sich der Gebrauch.

Wenn in früheren Zeiten einem Häuptlinge unter den Jharijah's ein Mädchen geboren wurde, so wandte sich derselbe an den Familien-Brahmanen oder Hauspriester, daß er sich nach einem passenden Gatten für dieselbe umsehen möchte. Der Brahmane wanderte weit umher und bemühte sich nach Kräften; wenn er aber unverrichteter Sache heimkehrte, so sagte er dem Vater: Da es gegen unsere Religionsgesetze ist, daß Du Deine heranwachsende Tochter in Deinem Hause beherbergst, so werde ich sie mit mir nehmen und verbrennen(?), doch nur unter der Bedingung, daß Du mir gelobst, wenn Dir wieder ein Mädchen geboren wird, es gleich nach seiner Geburt zu tödten. Thust Du dies nicht, so soll Unheil über Dich und Dein Haus kommen.

Nach einer anderen Sage soll dieser abscheuliche Gebrauch folgenden Ursprung haben.

Einem mächtigen Raja der Jharijah's war eine Tochter von seltener Schönheit und mit allen Vorzügen des Geistes und Herzens geboren worden und er beauftragte seinen Priester, sich nach einem Fürsten, der als Gatte ihrer würdig wäre, umzusehen. Der Radschpute reiste durch viele Länder, kehrte aber endlich mit der Botschaft heim, daß er Niemand gefunden, der sich zum Gatten für die Prinzessin eigne. Der Raja fühlte sich gedemüthigt und war zugleich tief betrübt, seine Tochter nicht verheirathen zu können. Der Radsch-gůr rieth ihm, der Schande, sie als alte Jungfer bei sich zu behalten, dadurch vorzubeugen, daß er sie tödte. Der Raja widerstand lange diesem Vorschlage, da die Tödtung eines weiblichen Wesens in den Shastra's streng verboten ist, ließ sich aber dennoch endlich überreden, die schöne Tochter dem Tode zu opfern.

Wenn sich hier in dieser Erzählung, der wir noch mehrere ähnliche an die Seite stellen könnten, doch noch ein menschliches Erbarmen in der Brust des Vaters regt, so zeigen leider diese Mordscenen, besonders, nachdem die Mutter den ersten Mord verübt hat, gewöhnlich keine Spur davon. Die Väter sagen, es ist eine Angelegenheit der Frauen und der Kinderstube, mit der wir Männer nichts zu thun haben. Ein einziger bedeutungsvoller stummer Wink des Vaters besiegelt das Schicksal des Kindes und er pflegt selbst zwischen seinen Fingern die verhängnißvolle Opiumpille zu bereiten oder die Mutter reibt sich die Brustwarzen mit Opium ein, so daß die erste Muttermilch sich für das kleine Wesen in Tod bringendes Gift verwandelt. „Wie kann es schwer sein, rief ein Häuptling aus, einer Blume das Leben zu ersticken!" Eben diese Grabesstille, mit der sich das Verbrechen selbst umgiebt, erschwert jede Verfolgung, die nur dadurch möglich wird, daß an vielen Orten das ermordete Kind in einen Korb gethan und von dem Familienpriester fortgetragen und begraben wird. Für diesen Dienst empfängt er dann ein Geldgeschenk und ein Mahl. In Kūtsch pflegen die Frauen dieser Radsch-gūr's der Mutter das neugeborene Kind abzunehmen und es zu ermorden. Dieselben Menschen, welche sich scheuen, in der Regenzeit umherzuwandern, um nicht Thiere zu zertreten, welche aus derselben Vorsicht den Staub vor ihren Schritten wegfegen, welche den Mund bedecken, wenn sie athmen und sprechen, damit kein lebendes Wesen den Tod erleide, welche Krankenhäuser für Affen errichten und Krokodille hegen und pflegen, — tragen so kein Bedenken, die Neugeborenen ihres eigenen Geschlechts grausam zu vernichten. Erst in der neuesten Zeit haben die energischen Bemühungen namentlich vieler menschenfreundlichen Engländer das Uebel in engere Gränzen zurückgedrängt. So wirkte z. B. Oberst Hall unter dem rohen Volksstamm von Mairwarra mit Erfolg gegen Kinderermordung und Weiberverkauf. Beide Verbrechen, schreibt er 1827, hängen eng zusammen, indem sie aus den großen Kosten der Heirathscontrakte hervorgehen. Die Summen, welche der Vater zu zahlen hat, sind bedeutend und gleich groß für Reich und Arm. Wie sie zuerst festgestellt worden, weiß keiner anzugeben, aber sie stehen unabänderlich fest. Dagegen erwirkte eben Hall ein Puuchayāt und sein Nachfolger, Oberst Dixon, berichtet 20 Jahre später, „daß der Kindesmord seinen Todesstoß durch die Verminderung der Kosten bei der Verheirathung erhalten habe." Mit diesen rohen Mair's konnten aber die Engländer eher über solche Lebensfragen verhandeln, als mit den stolzen, ritterlichen Radschputen des centralen und westlichen Indiens. Man hielt hier jede direkte Einmischung für bedenklich. Dennoch kam Sir John Malcolm, der damalige Gouverneur von Bombay, 1831 nach Buj und hielt an die dort versammelten Iharijah-Häuptlinge über das abscheuliche Verbrechen eine Ansprache. Er erklärte ihnen, daß man in

England solche Greuel in so hohem Grade verabscheue, daß die ostindische Compagnie mit einem damit befleckten Volke allen Verkehr abbrechen werde. Der Erfolg war aber nur, daß die Häuptlinge ihre Unschuld betheuerten und die schönsten Versprechungen gaben, die aber nur theilweise gehalten wurden. Der Mord wurde nur in tieferes Dunkel gehüllt. Doch nicht blos die Engländer, vor Allen der menschenfreundliche Wilkinson, wirkten dagegen, wir lesen z. B. auch von der edeln Menschenliebe eines Arabers, Jemedar, der dem Häuptlinge von Kersura sein ganzes erspartes Vermögen unter der Bedingung gab, daß er seine Tochter leben ließe. Einzelne Radschpuien, wie der räuberische Häuptling Huttaj, machten auch aus freien Stücken eine rühmliche Ausnahme. Bei diesen traf Walker zwei hübsche Mädchen von 6 bis 8 Jahren, welche der Vater mit der innigsten Zärtlichkeit aufzog und in seiner Gegenwart liebkoste. Sie waren aber wie Knaben angezogen, trugen Turbane und versicherten, sich ihres Geschlechts gleichsam schämend oder im Gefühle einer unbestimmten Furcht, mit kindlicher Unschuld, daß sie keine Mädchen seien und daß ihr Vater dies bezeugen könne. Derselbe Walker giebt an, daß der Kindermord unter den Jharijah's schon seit 500 Jahren allgemeiner Gebrauch sei. Die Häuptlinge von Nowanaggar und Goubal waren 1807 die ersten, welche „aus Freundschaft für die ostindische Compagnie" sich verpflichteten, ihre Töchter leben zu lassen und das gute Beispiel derselben vermochte viele andere, sich gegen die Unsitte zu erklären. Man erkannte nun auch immer deutlicher, daß dieselbe gegen die Shastra's und den wahren Hinduglauben verstoße. Ueberhaupt ist der wilde Bergstamm der Mina's nach Wilkinson's Angabe der einzige, welcher behauptet, daß die Vernichtung der weiblichen Kinder der Wille des Himmels sei. Sie berufen sich auf die Autorität einer Wittwe, die beim Besteigen des Scheiterhaufens diesen Gebrauch als einen der Göttin Bhanwani höchst wohlgefälligen anempfohlen habe [19]). Wenn sich so der religiöse Wahn zu den finanziellen Vortheilen und Rücksichten gesellt, ist freilich die Ausrottung des Uebels sehr erschwert. Es ist auch unter den Radschputen noch nicht ganz verschwunden. Die Senger's in Audh, wo der König schon 1833 den Kindesmord und die Castrirung verbot, sind vielleicht der einzige Stamm, wo die Mädchen nie getödtet werden, wogegen gerade dieser in Bandelkand, Boghilkand, Rawa und den Saugorländern der einzige ist oder war, der alle weiblichen Kinder tödtete. Kaum einer der Häuptlinge dieser Radschputenstämme kann sich einer legitimen Abstammung rühmen, fast alle sind adoptirte

Kinder von Frauen niederer Grade. Die Erfahrung soll gezeigt haben, daß die Häupter der Familien, welche diese Abscheulichkeit begehen, von Aussatz, Blindheit, Taubheit u. s. w. heimgesucht werden und beinahe immer an einer schrecklichen Krankheit sterben. Eine Radschputenfrau klagte weinend, daß ihr drei kleine Mädchen vom Gatten getödtet worden seien und ihr viertes Kind, ein schöner Knabe, sei ihr gestorben [20]). Nach der Ermordung des weiblichen Kindes, welches gewöhnlich in dem Boden des Zimmers, wo es geboren wurde, lebendig begraben wird, glauben die Aeltern bei der Gottheit in Ungnade gefallen zu sein und schicken nach Verlauf des 12ten Tages zum Familienpriester (Prohût), um von ihm durch Geschenke Vergebung ihrer Sünden zu erhalten. Dies ist nothwendig, denn Niemand wird ihr Haus betreten oder mit ihnen essen und trinken, bis der Priester die Vergebung ausgesprochen hat. Der Priester erhält dafür gewöhnlich nur Speisen, dagegen, wenn den Aeltern ein Sohn geboren wird, 10 Rupien. Bisweilen lassen sie eine Tochter im Dorfe leben. Die Radschputen glauben, daß weder die, welche ihre Töchter leben lassen, noch die, welche sie tödten, Segen haben. Ein Häuptling sagte, dies sei ein uralter Gebrauch; die Mütter weinten und schrieen das erste Mal, würden jedoch ruhiger, wenn der Mord zwei oder dreimal stattgefunden hätte. Die besseren Brahmanen meiden übrigens allen Umgang mit solchen, die ihre Mädchen ermordet haben, trinken kein Wasser aus der Hand eines solchen Radschputen und verabscheuen den Priester, welcher die Absolution ertheilt.

Am 13ten Tage muß der Priester auf dem Grabe Reis, Gerste und Sesam in einem metallenen Gefäße kochen. Er gießt, wenn das Gericht gar ist, Ghi darüber und verzehrt das Ganze; dies ist das Opfer „Hom", und indem der Priester es über der Grabesstelle genießt, nimmt er den ganzen „Rüttia" oder die Sünde auf sich und reinigt so die Familie. Einige Väter tödten ihre Kinder, indem sie ihnen die Milch der asclepias gigantea in den Mund tröpfeln. In der Präsidentschaft Bombay machte Willoughby diesem Verbrechen ein Ende, indem er den Radschputenhäuptern rundweg erklärte, daß, wer sich desselben schuldig mache, sein Land verlieren würde.

Die Sitte, die Mädchen zu tödten, findet sich auch unter vielen der mittleren Chond-Stämme, westlich von Suradah, in Kottingiah, Buni, Goladaji, Tarabandy, Jibbnboby u. s. w., wo nach Russel's Bericht noch 1836 die Tödtung der Mädchen fast allgemein war, um die Kosten der späteren Verheirathung zu ersparen und wo man die Frauen aus anderen Theilen des Landes kauft ²¹). Nur in Boboghoro verabscheut man diesen uralten Gebrauch. Sonst werden nur die erstgeborenen Mädchen und Töchter von Häuptlingen, welche eine Verschwägerung mit anderen beabsichtigen, verschont. Die Zahl der in diesen Distrikten (Pandacole, Goldi, Digi, Buri und Cundomi) jährlich getödteten Kinder wird auf 1200—1500 angegeben. Die Chond's glauben, daß die Seelen innerhalb der Familien, in denen sie zuerst entstanden und aufgenommen sind, in beseelte Menschengestalten zurückkehren, aber erst am Namenstage, 7 Tage nach der Geburt. Der Tod eines weiblichen Kindes vor jener Aufnahmeceremonie schließt also nach ihrem Glauben die Seele vom Familienzirkel aus und vermindert zugleich das Eintreten weiblicher Geburten für die Zukunft. Die Regierung ergriff hier insofern eine kluge Maßregel, als sie vom Tode errettete Mädchen unter ihrer Vormundschaft erziehen ließ und nachher an Häuptlinge verheirathete. Ueber die Entstehung des Gebrauches bei diesen Bergvölkern schreibt Oberstlieutenant Campbell Folgendes: Wir erfuhren von den Chond's von Jaudingibandy, Grinobandy, Sobrobandy ꝛc., daß in alten Zeiten ein Mann lebte mit Namen Danko Muluku; dieser hatte 4 Söhne; die drei ersten erzeugten je 8 Söhne, der letzte Bruder hatte 2 Töchter, die keine Männer bekommen konnten und sich in Folge dessen mit einigen ihrer Vettern vergingen. Dies Verbrechen veranlaßte die Brüder, deren Söhne nicht schuldig waren, den Bruder, dessen Söhne den Töchtern ihres Onkels beigewohnt hatten, aller seiner Habe zu berauben. Deßhalb ertränkten sich die beiden schuldigen Frauen in einem Teiche, Reda Bondho. Nachher söhnten sich die Brüder wieder aus und beschlossen nun, daß von jetzt an ihre weibliche Nachkommenschaft getödtet werden sollte und sie gaben diesem Beschlusse eine religiöse Weihe, indem sie die Gottheiten Pobudy und Bura Pennu anriefen. Ihr Beispiel soll dann Nachahmung gefunden haben und aus dieser Zeit die Ermordung der Mädchen stammen.

Cooverjee Rustomjee Mody beweist in seiner geist- und gefühlvoll geschriebenen Preisschrift (vgl. Anm. 18) sehr klar aus den Purâna's, daß alle religiösen Satzungen der Hindu's dem Kindermorde entgegen sind. Er schließt mit den Worten: O Gott, Quell der Erkenntniß, Sonne der Gerechtigkeit, gieb den Jadeja's und anderen Radschputen in Guzerat Weisheit, zu unterscheiden zwischen den guten und bösen Gebräuchen ihrer Vorfahren und verscheuche durch Dein Licht das Dunkel, welches über den Radschputen schwebt.

Der, welcher einer Seele das Leben rettet, soll sein wie wenn er dem ganzen Menschengeschlechte das Leben gerettet hätte [22]).

Menschenopfer und Selbstmord.

Der verdienstvolle Civilbeamte Russel zu Madras hat zuerst in einem Berichte vom 12. August 1836 über Menschenopfer in Indien genaue Mittheilungen gemacht, die in den bis dahin fast unbekannten Bergländern von Gumsur unter den bereits erwähnten Chond's vorkommen. Die genauere Bekanntschaft mit dem Leben und Wesen dieser Stämme in den Bergen von Orissa verdanken wir aber dem Lieutenant Charters Macpherson bei der Madras-Armee, der überall, wohin ihn seine amtlichen Pflichten führten, mit scharfem, klarem Blicke beobachtete, und deßhalb auch bald bemerkte, daß man hier den Göttern zu diesem Zwecke gekaufte oder aufgezogene Menschen als Opfer darbrachte. Von dem menschenfreundlichen Streben angetrieben, diese scheußlichen Gebräuche auszurotten, verwandte nun Macpherson die äußerste Sorgfalt und Mühe darauf, sich zunächst mit den gesellschaftlichen Zuständen der Chond's und mit ihren religiösen Ansichten genau bekannt zu machen.

Die Chond's zerfallen in zwei große Sekten, die indessen gewisse Glaubensartikel gemeinschaftlich annehmen. Sie glauben alle an ein höchstes Wesen, einen Gott des Lichts und Quell alles Guten, das sich eine Gattin, die Erdgöttin, eine Göttin der Finsterniß, von der alles Uebel herrühre, geschaffen habe. Nun nehmen aber die einen an, daß der Gott des Lichts dies böse Princip gänzlich besiegt habe, die anderen halten aber die Erdgöttin noch für unbesiegt. Sie hält nach der Letzteren Glauben die Wage des Guten und Bösen in ihrer Hand, sie lenkt die Schicksale der Menschen und jede Wohlthat, jedes Glück, das ihnen zu Theil wird, muß dadurch erkauft werden, daß man sie durch Opfer, unter denen wieder die Menschenopfer die wirksamsten sind, günstig stimmt. So kommt es, daß bei dieser Sekte der Chond's die Opferung von Menschen für einen heiligen Gebrauch gilt. Daß die Kinder gesund heranwachsen, daß die Ernte gedeiht, der Huldi eine tiefe, schöne Farbe erhält, daß die Heerden sich mehren, daß sie selbst vor den Anfällen der Raubthiere gesichert sind, daß sie ihre Feinde besiegen, daß keine Krankheit sie befällt und kein Unwetter ihnen schadet und kein Blitz sie trifft, — alles dies hängt von der gewissenhaften Beobachtung dieses heiligen Ritus ab, den daher die ganze Nation gegen die Erdgöttin — Tari Pennu — beobachtet. Zum Glücke ist es diesen

Aelplern nie eingefallen, solche Opfer in Massen darzubringen, wie die Mexikaner vor der spanischen Invasion oder wie noch heute der Negerkönig von Dahome. Man hat hier stets nur wenige Menschen geopfert, die man kaufte (besonders in Zeiten der Hungersnoth, wie sie jetzt (1861) wieder einen Theil Indiens bedroht) oder auf den Ebenen stahl. Oft schon in ihrer Kindheit der Erdgöttin geweiht, ließ man sie heranwachsen, sich sogar mit anderen Meriah's — d. i. Schlachtopfern — verheirathen; Land bebauen, Heerden halten und sich Vermögen erwerben; die Gemeinde, für die sie ihr Leben dahin geben sollten, beschenkte sie sogar und erwies ihnen mancherlei Wohlthaten. Die gewöhnliche Classe von Meriah's besteht nämlich aus solchen Individuen, welche für ganze Stämme oder Dörfer bei öffentlichen Festen getödtet werden. Bisweilen sind es aber auch Opfer, welche von einer einzelnen Familie, um den Zorn der Göttin abzuwenden, dargebracht werden. Die gewöhnlichen gemeinschaftlichen Opfer, sagt Macpherson, werden im Allgemeinen von den Stämmen oder ihren Abtheilungen so eingerichtet, daß jedes Familienhaupt wenigstens einmal im Jahre sich ein Stück Fleisch für seine Aecker verschaffen kann und zwar gewöhnlich um die Zeit der Saat für die Haupternte, d. h. im Januar, häufig auch während des Tonka-Festes. Ein Repräsentant jedes Stammes oder Dorfes wird dann nach dem Opferplatze abgesandt, um dies Stückchen Fleisch zu erhalten, während seine Brüder daheim in strengem Fasten und eifrigem Gebete seiner Rückkehr harren. Der dienstthuende Priester versetzt dem an einen Pfahl gebundenen Schlachtopfer den ersten Streich, worauf die herumstehende Menge mit ihren Beilen sich herandrängt und das zuckende Fleisch dem Meriah von den Knochen ablöst [29]). Jedes Stückchen wurde dann sorgfältig in Blätter gewickelt nach den einzelnen Dörfern gebracht und dort auf einer Rasenbank an einem öffentlichen Platze niedergelegt, wohin die Familienhäupter mit dem Priester sich in feierlicher Procession begaben. Dann theilte der letztere das Fleisch in zwei Theile, vergrub den einen und zerstückelte den anderen in kleine Stückchen für die anwesenden Familienhäupter. Darauf folgte eine Scene wilder Lustbarkeit; man jauchzte, focht, rang, schrie, und zerstörte selbst Häuser und schlug sich die Köpfe blutig. Dann vergrub Jeder seinen Antheil in seinem liebsten Acker und kehrte heim und aß und trank und war vergnügt. Darauf folgten dann noch drei Festtage, an denen man auf der Opferstätte einen Büffel schlachtete, dessen ungenießbare Theile dem Geiste des Meriah dargebracht wurden, und während welcher man sich den rohesten Ausschweifungen hingab.

Arbuthnot berichtete im Nov. 1837, daß ein Stamm der Codulu, an der Gränze von Nagpore und Hyderabad, in ähnlicher Weise an dem Sonntage vor oder nach dem Pongal-Feste dem Gotte Jenkery Menschen opfere, die dazu gekauft würden. Dies Opfer fällt in jedem Dorfe binnen zwölf Jahren höchstens einmal und zwar stets nur eines. In Bustar sind aber auch schon 20 Personen auf einmal geopfert worden. Das Volk findet indeß auch hier, wie unter den Chond's, eigentlich keinen Gefallen an diesen überdies kostspieligen Opfern [24]), glaubt aber, daß der Erntesegen von ihnen abhänge.

Das Gouvernement von Madras suchte schon 1837 auf die Abschaffung dieser barbarischen Gebräuche hinzuwirken, beschränkte sich aber doch zunächst auf sehr indirekte Maßregeln, indem es wohl in einzelnen Fällen einschritt, aber das Uebel nicht mit der Wurzel auszurotten versuchte. So durchzog z. B. Kapitän Campbell die Ghat's kurz vor der gewöhnlichen Zeit der Opferung mit einer Abtheilung bewaffneter Fußsoldaten und befreite 100 Meriah's. 1838 machte der Steuereinnehmer Bannerman selbst eine Inspektionsreise durch das Gebiet der Bergstämme und überraschte die Bewohner eines Chond-Dorfes mitten in ihren Vorbereitungen. Er fand einen viereckigen, mit Flechtwerk umgebenen Platz und dicht neben dem rohgearbeiteten Dorfgötzen eine ungefähr 40 Fuß hohe Bambusstange, an deren Spitze ein Bild in Gestalt eines Vogels mit Pfauenfedern befestigt war. An diese Stange sollte das Opfer, „eine junge Frau aus der Ebene" festgebunden werden. Er befreite sie und ebenso sieben andere in Nachbardörfern versteckte Opfer, die man ihm mit Widerstreben überließ. Seine Versuche, sich mit den Dorfhäuptern in Unterhandlungen einzulassen, blieben ziemlich erfolglos, da sich fast alle in trunkenem Zustande befanden. Seine Expedition führte jedoch wenigstens in sofern zu einem Resultate, als man sich von der Existenz einer Classe von Unterhändlern überzeugte, welche mit den Meriah's förmlichen Handel trieben. Aber selbst gegen diesen Auswurf der menschlichen Gesellschaft ergriff die Regierung keineswegs energische Maßregeln. Wie bei dem ebenfalls schwer zu bekämpfenden Thuggie und professionellen Dakoitie wollte man zu einer Lockerung der streng gesetzlichen Formen und zu einem summarischen Verfahren schreiten; aber obgleich die Civil- und Militär-Beamten in Gumsur im Einzelnen sich um die Abstellung dieser Gräuel verdient machten, geschah doch im Allgemeinen wenig. Lord Elphinstone, der damalige Gouverneur von Madras, richtete im Mai 1841 eine sehr ausführliche Eingabe an den Generalgouverneur, in der er zu kräftigeren, entschiedeneren Maßregeln gegen diese cannibalischen, unter den wilden Stämmen von Ganjam und in den benachbarten Distrikten von Orissa und Behar gewöhnlichen Opfer rieth. Er empfahl 1) die Eröffnung von Straßen und Pässen durch diese Wildnisse, besonders zwischen Aska und Innagubda [25]); 2) die Förderung des Handelsverkehrs zwischen den Bergdistrikten und den Ebenen, besonders durch Einrichtung von Märkten; 3) die Aufstellung einer halbmilitärischen Polizeimannschaft auf solchem Fuß, wie die der Paik-Compagnie in Kattack. Um diese Pläne auszuführen, stellte man dem Commissär von Gumsur in der Person des Hauptmann Macpherson einen Specialagenten zur Seite, denselben verdienten Mann, der bereits über die Chond's eine treffliche Monographie verfaßt hatte. Er hatte aber mit eben so gewaltigen Schwierigkeiten zu kämpfen wie unter ähnlichen Verhältnissen Outram und Ovans im Lande der Bheel's, vor allem mit dem Fieberklima und dem Mißtrauen der Bergvölker, ja selbst mit seinen Instruktionen, welche ihm jede direkte Einmischung in die religiösen Gebräuche der Eingeborenen — also auch in die Opferung der Meriah's untersagten. Er ließ sich durch nichts abschrecken und es gelang ihm endlich, die Häuptlinge wenigstens von den wohlwollenden Absichten der englischen Regierung zu überzeugen und sogar Gerichtstage unter den Chond's abzuhalten. Namentlich durch eine geschickte Schlichtung der früher oft zu blutigen Kämpfen führenden Rechtsstreitigkeiten wußte Macpherson endlich solchen Einfluß zu gewinnen, daß ihm 124 Schlachtopfer freiwillig ausgeliefert wurden. Zu dieser Verbesserung der Rechtsverwaltung kam nun ein regelmäßigerer Handelsverkehr mit den Bewohnern der Ebene, welche bisher die rohen Bergstämme auf alle mögliche Weise betrogen und überlistet hatten. Dennoch kamen immer noch einzelne Fälle von Menschenopfern vor, wenn schon sie nicht mehr von ganzen Stämmen, sondern von einer fanatischen Minderzahl ausgingen. Auf diese übte besonders ein schlauer Intriguant, ein Hindu, Sam Bissye, großen Einfluß, der als erbitterter Feind des edeln Macpherson den Chond's vorhielt, daß die Regierung selbst die Menschenopfer gestatte und daß sie überdies Steuern aufzulegen beabsichtige. Aber auch diesen Gegner wußte Macpherson zu stürzen und so konnte er 1844 berichten, daß in Gumsur die Opfer gänzlich aufgehört hätten. Leider bemerkten aber die Chond's selbst die Unsicherheit und Inconsequenz in den Maßregeln der Regierung, da in Bengalen und Nagpore, wo auch Chondstämme wohnten, fast noch gar nichts geschehen war und Macpherson wurde deßhalb

1845 zum Generalgouverneur für die Unterdrückung der Menschenopfer und des Kindermordes in den gesammten Bergdistrikten von Orissa ernannt. Er überschritt nun die Gränze und wirkte mit Erfolg in dem zur Präsidentschaft Bengalen gehörenden Boad-Distrikte, wobei ihm besonders zwei vortreffliche Ernten in Gumsur zu Statten kamen, statt deren der abergläubische Theil der Bevölkerung in Besorgniß vor der erzürnten Erdgöttin Hungersnoth und Elend erwartet hatte. Die Boad-Stämme nannten deßhalb die Engländer das Volk des Bura Pennu, des Gottes des Lichts. Unterdessen kam es in Gumsur zu einer allgemeinen und feierlichen Abschwörung der alten Menschenopfer-Ceremonien. Unter den Boad-Stämmen brachte dies eine eigenthümliche Wirkung hervor; sie schlachteten 120 (!) Opfer auf einmal, nahmen aber damit von ihrer als ohnmächtig erkannten Erdgöttin feierlich Abschied. Macpherson hatte aber dennoch mit neuen Schwierigkeiten zu kämpfen, denn der Raja von Boad sah, so wie früher Sam Bissye, das ganze seine Macht beeinträchtigende Treiben der Engländer mit scheelen Augen an und lieferte statt der Hunderte von Meriah's, von denen Macpherson Kenntniß hatte, nur einige 20 aus. Unterdessen brachten die aus anderen Gründen in Ungul und Gumsur ausgebrochenen Revolten neue Personen auf die Scene. Der General Dyce, der die Truppen befehligte, trieb Macpherson aus dem Lande und bewirkte sogar, daß Sir Herbert Maddock, der damalige Deputy-Governor von Bengalen und Präsident des Rathes, ihn und alle seine Gehülfen entließ. Obgleich sich Macpherson gegen die Beschuldigungen und Anklagen Dyce's glänzend vertheidigte, so ging er doch jetzt wegen seiner sehr angegriffenen Gesundheit nach Europa zurück, seine beiden Hauptagenten im Chond-Lande, Dr. Cadenhead und Lieut. Pinkney, traten aber wieder in ihre Funktionen ein. Oberst Campbell arbeitete nun pflichtgetreu an dem guten Werke weiter, dessen schwieriger Anfang dem unverdrossenen Eifer Macpherson's so wohl gelungen war. Die verschiedenen Meriah-Familien siedelten sich in Gumsur als Landbauern an und bezahlen jetzt schon ihre Steuern und die Opfer selbst werden nur noch höchst selten und in tiefster Verborgenheit dargebracht [26]).

Auf solche Weise ist es der Regierung gelungen, die Menschenopfer fast vollständig auszurotten, die Suttie's und den Kindesmord wenigstens sehr zu beschränken; dennoch erscheint der Mord in Indien noch immer in vielen anderen Formen, zu denen wir leider auch die ganz moderne Erfindung des Wegblasens der an Kanonenmündungen fest gebundenen Meuterer rechnen müssen. Wir betrachten zunächst die bereits erwähnten Bhat's und Charun's etwas näher.

Die Geschichte der Bhat's verliert sich in Fabeln [27]). Sie sind jedenfalls sehr alten Ursprungs und werden schon in den Mahabharat und Ramayanum erwähnt. Sie sind nicht blos über Guzerat, sondern über verschiedene Theile Indiens, besonders solche, wo Radschputen leben, verbreitet. Es giebt Wechsler und Landwirthe unter ihnen, aber keine Kaufleute [28]); ihr eigentliches Geschäft besteht im Absingen lobpreisender Gedichte und im Halten der Stammbäume und Chroniken für die Familien der Judsman's oder Radschputen. Einige Bhat'sfamilien verwalten dieses Amt erblich, wie die Wutum Weritie. Sie lassen sich insofern mit den alten Barden in Wales vergleichen. Ein ächter Bhat soll aber eigentlich nur von Almosen leben und die ihm gegebenen Geschenke an die gemeinschaftliche Casse seines Zweiges abgeben. Während der Regenzeit leben sie bei ihren Familien und bebauen ihr Feld, aber nachher wandern sie zu ihren Jahresbesuchen bei den Familien ihrer Patrone umher, wobei sie die Wuhie oder Chopra (das Stammregister der Familie) mit sich führen. Danach pflegen auch alle Streitigkeiten über Erbtheilungen geschlichtet zu werden und der Bhat heißt in sofern Wuhiewancha oder Ausleger des Familienbuchs. Nächstdem haben sie als Bürgen großen Ruf erlangt, eine Stellung, die ihnen schon in alter Zeit der Raja Todur Mall angewiesen haben soll. Wir haben schon oben (Band I. 191) gesehen, daß der Bhat, wenn seine Bürgschaft sich als unsicher und falsch erweist, sich das Leben nimmt. Er begeht dann die Tragga (Selbstverwundung, im Sanskrit Tyaga, Selbstmord). Diese Tragga wird bald von Männern, bald von Frauen vollzogen und selbst die Kinder sind vor ihr nicht sicher. Der Oberstlieut. Walker erzählt z. B. in seinem Berichte über das westliche Guzerat: „Der Jharijah-Häuptling von Mallia hatte einen Bhat als Bürgen gestellt, kam aber seinen Verpflichtungen nicht nach. Der Bhat war nun zum Selbstmorde entschlossen, aber ein anderer Bhat wollte für ihn, der für eine Familie zu sorgen habe, eintreten. Eine hitzige Debatte entwickelte sich zwischen beiden und endlich entschloß sich der ursprüngliche Bürge, seine jüngste Tochter zu opfern. Die beiden Männer brachten die Nacht fastend und betend zu und früh am Morgen holte der Vater das 6 Jahre alte Kind und sagte ihm, daß es um seiner Ehre willen sterben müsse. Das unschuldige Kind unterwarf sich stillschweigend seinem Schicksale; es wurde nach einem geeigneten Orte geführt, setzte sich freiwillig zurecht und nahm seine langen Haare auf, damit der Hieb nicht von ihnen gehindert werde und der von Liebe und Mitleid erfüllte Vater war doch so voll Castenstolz und zugleich so hingerissen von der Hingebung des kleinen Schlachtopfers, daß er wirklich das Haupt vom Rumpfe trennen konnte. Seine Glaubensbrüder billigten aber den grausamen Akt nicht. Es ist übrigens keineswegs selten, daß Kinder freiwillig in solchen Fällen ihr Leben darbieten. Obgleich für den ersten Augenblick diese Einrichtung der Bhatbürgschaft von der großen Rohheit dieses Volksstammes zu zeugen scheint, so hat sie doch immerhin als einzige Maßregel, die ungezügelten Gelüste der Grasia's und Kuli's einigermaßen im Zaume zu halten, ihre Bedeutung. Auch muß bemerkt werden, daß der Bhat nur für Personen, welche er näher kennt, Bürgschaften übernimmt und daß dadurch zwischen den beiden Personen eine engere Verbindung und Verpflichtung eintritt. Er erhält für seine Dienstleistung auch gewisse Gratifikationen.

Die Charun's sind eine ganz ähnliche Caste, jedoch niedriger gestellt und nur in Kûtsch und Guzerat bekannt. Sie weichen von den Bhat's nur in sofern ab, als sie auch als Soldaten dienen und Handel treiben. Dabei kommt ihnen die ihrer Person gezollte Achtung zu Gute, denn sie sind fast die einzigen, welche in einem Lande, wo das Eigenthum von den Kattie's und vielen Räubern fortwährend gefährdet ist, sicher Handel treiben können. Viele Dörfer in Kattywar sind nur von ihnen bewohnt, sie bezahlen keine Abgaben und sprechen jeden Reisenden von Stande, der durch ihre Dörfer kommt, um milde Gaben an. Fast überall in Kattywar findet man auf offenen Plätzen, nahe am Eingange zum Dorfe grabsteinähnliche Pallia's [39]), welche an irgend eine muthige That oder an ein Ereigniß erinnern sollen, durch das ein Charun das Leben verloren hat. Sie sind also Zeichen der von Männern oder Frauen vollzogenen Tragga, durch welche die räuberischen Kattie's, im Allgemeinen mit Erfolg, am Wegtreiben der Rinderheerden gehindert oder zur Erstattung der gestohlenen gezwungen werden sollten. Der Name des Opfers, Zeit und Ursache, sind auf diesen Pallia's angegeben und eine rohe Sculptur zeigt die Art des Todes an. Männer steigen gewöhnlich zu Pferde und stoßen sich ein Schwert oder einen Speer durch das Herz, Frauen ein Kuttar durch die Kehle. Wir haben schon erwähnt, daß solche Pallia's mit dem Symbole eines Frauenarmes, auch an den Stätten, wo sich Wittwen verbrannt haben, errichtet werden. Die Suttie selbst zeigt ja eine nahe Verwandtschaft mit dem Tragga; man wirft eben das Leben, da man es nicht mehr mit Ehren bewahren zu können glaubt, wie ein unnützes, werthlos gewordenes Gut, fort. Man wird es unter solchen Verhältnissen ganz erklärlich finden, daß der Selbstmord in Hindostan sehr gewöhnlich ist, indem er nicht entehrt, sondern sogar verdienstlich erscheint. Er findet besonders unter den höheren Classen mit ihrem feiner entwickelten Ehrgefühle statt, z. B. unter Wittwen, die schon als Kinder dem Wittwenstande verfallen. Ein Liebesverhältniß spinnen die nicht eben keuschen Mädchen gar häufig an, sie werden schwanger und nehmen sich dann kaltblütig das Leben. Oft treibt aber auch religiöser Fanatismus zum Selbstmorde, sowie er die Charak Pujah, eine Selbstverstümmelung, welche Fanatiker zur Osterzeit mit sich vornehmen, veranlaßt. Charakteristisch ist folgendes Beispiel wohlüberlegten Selbstmords:

Ein frommen Betrachtungen sich hingebender Hindu, der in der Nähe von Bombay lebte, erklärte einst seiner Frau, sie möge ihn mit ihren vier Kindern zum Meeresstrande begleiten, wo er sie auf eine längere Reise vorzubereiten gedenke. Sie fragte ihn nach dem Ziele der Reise und nun eröffnete er der Frau, daß Gott ihn nach dem Himmel eingeladen habe, wohin er seine Familie mitzunehmen wünsche; sie wollten deßhalb nach dem Meere gehen. Die Frau zeigte sich vollkommen zufrieden und wanderte willig mit ihren Kindern nach dem Opferplatze. Die Eltern trieben die beiden ältesten Kinder ins Meer und die Wellen zogen sie bald in die Tiefe hinab; dann ertränkten sie die beiden jüngeren; die Frau folgte ihnen, ging ruhig in das Meer und verschwand bald. Der Gatte war in Begriff ihnen zu folgen, als er sich erinnerte, daß das Verschwinden einer ganzen Familie Nachforschungen veranlassen und seinen Nachbarn Ungelegenheiten bereiten könnte. So beschloß er heimzugehen und von dem vollzogenen Akte Anzeige zu machen. Sein Hindu-Nachbar hörte mit charakteristischer Gleichgültigkeit den entsetzlichen Bericht, ja schien sogar den Akt zu bewundern; nicht so ein Muselmann, der so überrascht und aufgebracht war, daß er den Mörder zwang, ihn zum Magistrate zu begleiten. Der Wahnsinnige wurde verhört und zum Tode verurtheilt, eine Strafe, die er sich längst gewünscht hatte. Er bedauerte nur, daß er so lange abgehalten worden sei, die Reise nach dem Himmel anzutreten.

Solche geheime Wunden eitern an dem Körper der indischen Nation, solch ein geheimnißvoller, systematischer Krieg, dessen Grenelscenen lange Jahre hindurch den Engländern zum großen Theil verborgen blieben, wird fast in allen Theilen des scheinbar so glücklichen, vom Himmel so begünstigten Landes noch immer gegen das Leben und auch gegen das Eigenthum seiner Bewohner geführt. Obgleich wir aber bereits eine lange Kette trauriger Scenen aufgerollt haben, so bleiben doch noch manche Glieder derselben übrig, von denen wir nur der Thuggie und Dakoitie noch mit einigen Worten gedenken wollen.

Alle monströsen und verabscheuenswerthen Erscheinungen im Leben der Hindu's stehen mit religiösen Legenden in irgend einem Zusammenhange und werden so sowohl für den abergläubischen als den verworfenen Theil der Bevölkerung gewissermaßen geheiligt. So bringen die Thug's oder Thag's ihr schändliches Mordgewerbe mit der Göttin Kali und ihrem Kampfe gegen ein riesenhaftes Ungeheuer, aus dessen Blutstropfen wieder Dämonen entstanden, in Zusammenhang [30]). Wirklich war auch ihre „königliche Profession" so uralt, daß sich ein Thug rühmen konnte, daß sie von seinen Vätern schon in 20 Generationen ausgeübt worden sei. Diese Profession besteht aber bekanntlich in dem plötzlichen Ueberfallen und Erdrosseln einzelner Reisenden [31]). Die Thug's bildeten eine große Gemeinde, welche sich unter mancherlei Ceremonien, namentlich durch den Genuß von einer Art Rohzucker, in welchem ihre Gottheit verkörpert gedacht wurde, eng verbrüderten. Sie wußten sich, um ihre Mordthaten selbst in stark bevölkerten Gegenden auszuführen, wie die vollendetsten Schauspieler, in den verschiedensten Verkleidungen mit Sicherheit zu bewegen. Auch kam es ihnen, besonders früher, sehr zu Statten, daß man in Indien im Allgemeinen für den Anblick von Leichen, die an Landstraßen liegen oder in den Strömen, vor Allen im Ganges, schwimmen, sehr gleichgültig und theilnahmlos ist [32]). So konnten ganze Hekatomben der Göttin Davie geopfert werden, ohne daß man davon Notiz nahm. Dazu kam, daß die Thug's vorsichtig genug waren, nicht etwa solche Personen zu ihren Opfern zu wählen, die leicht vermißt werden konnten oder in solchen Fällen, wenn der Raub sie anlockte, ganz besonders listige Kunstgriffe erdachten. Eben deßhalb wählten sie z. B. besonders gern auf Urlaub und mit ihren Ersparnissen in ihre Heimath ziehende Sepoy's aus, da diese weder von ihrer Familie, noch bei ihrem Regimente in der nächsten Zeit vermißt werden konnten, oder reisende Unterbeamte, welche Staatsgelder bei sich hatten, da man bei deren Verschwinden zunächst an eine Veruntreuung denken und die Behörden durch allerlei List leicht von der Verfolgung der eigentlichen Mörder ablenken konnte. Wenn sie einen angesehenen Mann tödteten, so mußten auch alle seine Begleiter, bis zum letzten Mann, sterben. Dabei hatten sie ihre besondere Gaunersprache und ihre Erkennungszeichen und einen ebenso geübten Scharfblick für gute „Mordplätze" wie ein trefflicher Maler für pittoreske Landschaften oder ein guter Jäger für das Lager des Wildes. Auch waren sie größtentheils, wie die italienischen Banditen, in Dörfern ansässig, wo ihre Familien wohnten und wo sie mitunter selbst Oekonomie im Großen trieben und viele Arbeiter beschäftigten. Ihre Nachbarn ahnten dann gewöhnlich wohl, warum sie so häufig und auf längere Zeit abwesend waren; aber der Zemindar und die Polizeibeamten zogen wohl selbst noch Vortheil von dem Blutgelde, das die Thug's mitbrachten, indem sie sich ihr Schweigen bezahlen ließen. Natürlich hütete sich auch jeder Thug, die Nachbarschaft seiner Heimath zum Schauplatze seiner Thaten zu wählen. Hehler gab es auch stets unter den in der Nähe wohnenden Krämern, welche nach der Rückkehr der Thug's von ihren Expeditionen mit ihnen ihr Geschäft machten. Dabei zogen die Thug's ihre Kinder förmlich zu ihrem Gewerbe heran, welches ja der Göttin Davie so wohl gefiel, daß sie ihre Theilnahme durch allerlei Anzeichen und Omina zu erkennen gab, welche die Thug's mit der ängstlichsten Sorgfalt beobachteten und an welche sie fest glaubten. Waren diese Vorzeichen günstig, so wurde der Mord nicht bloß zu einer religiösen Pflicht, sondern auch zu einem angenehmen Geschäfte, das der Thug, als ein willenloses Werkzeug der Gottheit, vollführt, ohne eine Entdeckung befürchten zu müssen. Auch strafte die Göttin nach dem Glauben dieser Mörder jeden, der ihnen entgegen zu treten wagte, so z. B. den Raja von Jhalone, den Madhajee' Scindiah und viele Radschputen-Häuptlinge. Nur an der Compagnie erlahmte selbst der rächende Arm der Göttin Davie. Obgleich bis 1829 wenig gegen die Thug's geschehen war, so waren doch die von Lord William Bentinck angeordneten energischen und höchst einsichtsvollen Maßregeln bald von den glänzendsten Erfolgen gekrönt. Das Hauptverdienst erwarb sich hierbei Sleeman und seine Gefährten, welche sich von bestochenen Thug's in allen Geheimnissen des schändlichen Gewerbes unterrichten ließen und bald zahlreiche Banden aufhoben. Auch die, welche in die Nachbarstaaten flohen, erreichte selbst dort der englische Einfluß. Wenn die vielen Formalitäten des englischen Criminalprocesses noch manchem schlauen Thug eine Hinterthür offen gelassen hatten, so wurde auch diese durch die Akte XXX vom Jahre 1836 verschlossen. So ist es denn gelungen, das System der Thuggie zu zerstören und die Gilde aus einander zu sprengen, und es zeigen sich gegenwärtig nur noch seltene und ganz vereinzelte Spuren von dem einst über ganz Indien verbreiteten Uebel [33]).

Ein anderer böser Feind der indischen Gesellschaft blieb aber noch zu bekämpfen; es ist dies das Dakoitiewesen, von dessen Auftreten im Pendschab schon in der ersten Abtheilung dieses Bandes (S. 262 flg.) die Rede war. Die Dakoit's in Bengalen waren Räuber von Profession und sogar von Geburt; sie waren in regelmäßigen Gemeinden vereinigt und ihre Familien lebten von dem erbeuteten Raube [34]). Sie bilden also eigentliche Räubercasten, zu denen besondere Stämme, wie die Buddak's, Hurrie's, Kheejuck's, Dosad's u. s. w. gehörten, welche ihre Mitglieder feierlich in die Dakoitie einweihten. Den eigentlichen Kern bildeten die Janam chor's, die Räuber von Geburt mit ihrem Ilm (der Geheimlehre). In vielen Beziehungen waren diese Dakoit's mit den Thug's verwandt. Sie hatten ihre Diebessprache und ihre besonderen Zeichen; sie wählten die verschiedensten Verkleidungen, sie brachten der Diebesgöttin ihre Opfer, besonders Ziegen, sie beobachteten gewisse Auspicien, glaubten an die Bedeutung des Schakalgeheuls, schworen Eide der Treue und Verschwiegenheit, standen unter Sirdar's und waren vollkommen gleichgültig gegen das Glück ihrer Nebenmenschen. Banden von 30 bis 40 bewaffneter Dakoit's pflegten in der Nacht solche Häuser, wo sie reiche Beute zu finden hofften, zu überfallen und deren Bewohner meist zu tödten. Der Zemindar des Dorfes und der Thannadar nahm dann seinen Antheil an dem gelungenen Raube (wenigstens ein Viertel) in der Stille an, wie dies schon Warren Hastings bemerkte und hart bestrafte. Die Spürer aber sagten noch in der neuesten Zeit aus, daß die meisten Mustadschir's (Zollpächter) ihre Würde nur in der Hoffnung auf ihren Löwenantheil an der Beute der Räuber annehmen, was sich vom Purneah-Distrikte bestimmt behaupten läßt. Leider pflegte die Polizei mit diesen „Dorfschulzen" der Indier nur zu oft unter einer Decke zu stecken. Die Dakoitie weiß noch immer dieselbe legale Maschinerie, die sie vernichten soll, auf höchst verschlagene Weise zu ihrer Vertheidigung zu benutzen. Sie scheut kein noch so großes Opfer, um sich wenigstens einen Theil ihrer Beute zu sichern und besticht deßhalb vor allen die Thannadar's (Bezirksvorsteher) und Zollpächter. Endlich, im April 1837, entschloß sich die Regierung zu außerordentlichen Maßregeln gegen diese frechen und oft mit den größten Grausamkeiten verbundenen Räubereien [35]), indem sie Hugh Fraser zum Commissär für die nordwestlichen Provinzen ernannte. Dieser erzielte indeß nicht so günstige Erfolge, wie Sleeman bei der Ausrottung der Thuggie, der deßhalb auch 1839 die Oberleitung der Commission erhielt und in Rohilkund residirte. Aber auch Oberst Sleeman konnte gegen das tief eingewurzelte Uebel erst dann etwas ausrichten, als 1843 eine Akte (Nr. XXIV) die Bestrafung jeder Person verfügte, die irgend zu einer Dakoit-Bande gehört hatte und zwar auch in dem Falle, daß ihr kein Raub speciell nachgewiesen werden konnte [36]). Die Bemühungen der Engländer um die Unterdrückung dieser Raubmorde übten auch auf die Nachbarstaaten ihren wohlthätigen Einfluß aus. Wenn aber auch die eigentlichen Räubercasten vernichtet wurden, so erhielt sich dennoch die Dakoitie, obgleich sie jetzt mit weit mehr Vorsicht und im Verborgenen ausgeübt wurde. Soviel ist aber in neuester Zeit, namentlich durch die große Thätigkeit des höchst intelligenten Wauchope, erreicht worden, daß wenigstens der sonst so häufig und in so grausamen Formen mit der Dakoitie verbundene Mord sehr selten geworden ist; wo irgend aber diese Straßenräubereien, z. B. in der Nähe von Calcutta selbst, noch häufiger vorkommen, da liegt auch stets der Verdacht nahe, daß die Zemindare selbst im Geheimen dabei betheiligt sein dürften; ein Indigo-Pflanzer, der lange in Purneah gelebt hatte, behauptete geradezu, daß ein oder zwei Mustabschir's die Führer jeder Dakoit-Bande seien [37]).

Quellen-Angaben und Erläuterungen.

1) Vgl. Major Gen. Sir W. H. Sleeman, K. C. B. A Journey through the Kingdom of Oude in 1849—1850 in two Volumes. London. Bentley, Vol. I. p. 126. Sonst sind wir in den obigen Erzählungen meist Todd in seinem großen Werke über Rajasthan gefolgt. Ganz vortreffliche Schilderungen giebt auch Raikes, von denen wir in dem Cap. über den Ackerbau eine Probe mittheilen.

2) Selections from the Records of the Bombay Government. Bombay, 1856. 8. S. 23, 103. Graul, Reise nach Ostindien, III. 55.

3) Wir hielten es kaum für nöthig und jedenfalls für unerquicklich, die Belege für den tief eingewurzelten Aberglauben der Indier weiter zu vervollständigen. Nur einer Erscheinung wollen wir noch gedenken, daß nämlich mehrmals in ihren abergläubischen Ansichten gleichsam die Extreme sich berühren. So gilt z. B. Wasser und vor Allem das Ganges-Wasser für heilig und doch hütet sich jeder Hindu, das Wasser des Caramnasa, welcher die Gränze zwischen Bengalen nebst Behar und den nordwestlichen Provinzen bildet, nur zu berühren, da er sich dadurch zu beflecken glaubt. — Der Brahmane, welcher Wittwen zum Scheiterhaufen führt und es Müttern zur Pflicht macht, ihre eben geborenen weiblichen Kinder den Ameisen und Raubvögeln zu überlassen, welcher die Kinder beredet, ihre bejahrten Eltern in die Fluthen des Ganges zu stoßen oder, noch ehe sie ausgeathmet, ihnen Mund und Nase mit dem Schlamme aus dem Ganges zu verstopfen, welcher dem Súdra siedendes Oel ins Ohr gießt, eben derselbe Brahmane hält es für ein schweres Verbrechen, ein Insekt zu tödten!

4) Wir erwähnen bei dieser Gelegenheit einen Hochzeitgesang aus dem ersten Buche des Atharvavedas.

    Der Bräutigam spricht:

1. Der Jungfrau Glück und ihre Zier
  nehm' ich mir, wie vom Baum den Kranz.
Festgewurzeltem Berge gleich bei meinen Eltern wohn' sie lang.

    Die Verwandten der Braut.

2. Hier die Jungfrau, o König, Dir
  Bänd'ger! sei unterthan als Weib.
Ans Haus der Mutter bind' sie sich,
  des Bruders und des Vaters Dein.

3. Stammmutter sei sie Dir, König! Wir übergeben sie Dir jetzt.
  Lang wohn' sie bei den Eltern Dein, Segen strömend, von Haupt zu Fuß.

Der Bräutigam spricht:
4. Mit dem Spruche des Asita, des Kaçyapa und des Gaya
Dein Glück ich für mich binde zu, wie die Truhe die Schwestern dein.

5) Die Tilokchúndie-Byses nehmen die Töchter von Radschputen, die einen Grad niedriger stehen, für ihre Söhne, geben aber ihre Töchter nicht an dieselben.

6) Wir wollen doch nicht unterlassen, darauf hinzuweisen, daß Braut im Sanskrit Praudhâ heißt. Dies ist herzuleiten von pravah und bedeutet „die fortgeführte, curru vecta," wodurch also vor Allem die feierliche Heimführung der Jungfrau bezeichnet wird.

7) Wir können hier natürlich auf die Hochzeitgebräuche aller der einzelnen Völkerstämme Indiens nicht speciell eingehen, verweisen aber doch wenigstens in Bezug auf die Tamulen noch auf Graul's Reise. Band IV., 173, 179.

8) Vgl. Diodorus Siculus, 19, 2, wo ein Fall in der Armee des Eumenes (ungef. 300 vor Chr.) erwähnt wird. Auch Strabo gedenkt dieser Sitte.

9) Den 15. Mai 1833 hat der König von Audh die Suttie's verboten. Ueber die Verbreitung der Sitte ist vorzüglich J. W. Kaye, the Administration of the East India Company, S. 529, zu vergleichen.

10) Es unterliegt keinem Zweifel, daß die Suttie's mehr und mehr abnehmen. Selbst schon ältere Monumente bezeugen dies. So liegt 4 Meilen von Bekanier Tevie-Kund, wo die verstorbenen Raja's verbrannt wurden und wo über ihrer Asche Denkmäler errichtet sind. Einige dieser Monumente haben Marmorkuppeln, das Fundament besteht aus rothem Sandstein. Viele derselben zeigen unterhalb der mittleren Kuppel Marmortafeln mit den Bildnissen des Fürsten, seiner Frauen, namentlich derjenigen, welche sich mit der Leiche des Fürsten verbrennen ließen. Einige sind ganz mit Figuren bedeckt, aber die Anzahl der Frauen, welche sich dem Feuertode widmeten, wird mit jedem Geschlechte kleiner. Mit einem der Raja's wurden 84, mit einem anderen 18 Frauen verbrannt und der letzte Maharaja wurde ohne Suttie begraben. Kinderlose Frauen widmeten sich meist dem Tode.

11) Aus den Parlamentsberichten, welche natürlich nur die Suttie's angeben, von denen die Engländer Nachricht erhielten, wollen wir nur folgende Zahlen excerpiren; 1815: 378, 1816: 442, 1817: 707, 1818: 839(!), 1819: 650, 1820: 597.

12) Eine vortreffliche und sehr umständliche Beschreibung einer Suttie giebt unter Anderen Kaye, a. a. O. S. 525.

13) Hafner, Voyages, Vol. II. p. 59.

14) Dillon, a Voyage to the East-Indies, London. 1698. Translated from the French. S. p. 50.

15) Calcutta Journal, 11. April 1819.

16) Vgl. A regulation for declaring the practice of Suttee, or of burning or burying alive the widows of Hindoos, illegal and punishable by the Criminal Courts. Passed by the Governor-General in Council on the 4th December, 1829. Das Regulativ ist in J. W. Kaye's trefflichem Werke, S. 538 fl. abgedruckt.

17) Vor Allen ist in dieser Beziehung der Oberst Ludlow zu nennen, der besonders unter den Radschputen gegen die Suttie's agitirte und eine Schrift gegen dieselben veranlaßte, die klar bewies, daß sie in den Hinduschriften nicht vorgeschrieben seien.

18) Vgl. J. W. Kaye, S. 553. Hindu Infanticide. An Account of mea-

sures adopted for suppressing the Practice of the Systematic Murder by their Parents of Female Infants; edited, with Notes and Illustrations, by Edw. Moor, F. R. S. London 1811. — Selections from the Records of the Government of India. No. V. History of the Rise and Progress of the Operations for the Suppression of Human Sacrifice and Female Infanticide in the Hill Tracts of Orissa. Calcutta, 1854. — An Essay on Female Infanticide by Cooverjee Rustomjee Mody etc. Bombay, 1849. — An Essay on Female Infanticide by Bhawoo Dajee, assistant teacher in the Elphinstone Institution. Bombay, 1847, eine sehr begeisterte und mit tiefer Sachkenntniß geschriebene Preisschrift.

19) Major Walker stellt die allerdings wahrscheinliche Meinung auf, daß der Gebrauch bei den Radschputen daraus entstanden sei, daß sie ihre Töchter nicht mit den siegreich eindringenden Muselmännern verloben wollten. In schroffem Gegensatze zu den kurz vorher im Texte erwähnten Mina's stehen einige Stämme im Himalaja, welche von hoher Radschputencaste abzustammen behaupten und bei denen dennoch die Geburt einer Tochter viermal höher geschätzt wird, als die eines Sohnes, indem die Töchter dort sonst von den Aeltern gekauft werden müssen.

20) Wir werfen noch einen Blick auf einen alten Stammsitz hoher Radschputengeschlechter, wo das Verbrechen Jahrhunderte lang gewüthet hat. Nahe bei Mynpurie steht eine der uralten Festen, welche das Thal des Jesún-Flusses beherrschen, wo seit langer Zeit die Raja's von Mynpurie, Abkömmlinge des einst berühmten Pirthi Raja und rein königlichen Blutes residiren. Von ihren Wällen herab haben oft Freudenfeuer die Geburt eines Sohnes oder Enkels verkündet, aber in ihren Räumen ist eben so oft jedes weibliche Kind gleich nach der Geburt geopfert worden. Im Jahre 1845 wurde hier das erste Mädchen am Leben erhalten. Der Raja, deßhalb von der britischen Regierung beglückwünscht und mit einem Ehrenkleide beschenkt, fühlte sich ermuthigt, der abscheulichen Sitte des Mädchenmordes ein Ende zu machen. Sein Beispiel wirkte auf das Volk; noch in demselben Jahre wurden 57 Mädchen gerettet, 180 im folgenden. Nach 6 Jahren fanden sich in diesem Distrikte, wo früher kein einziges Chohan-Mädchen zu finden war, 1400 am Leben. Die Väter unter den Radschputen fangen endlich an, für ihre Töchter Liebe zu fühlen, welche sie oft britischen Offizieren, die durch diese Ortschaften kommen, auf ihrem Arme vorzeigen.

21) Ueber die Chond's oder Khond's sind vor Allem Kaye's treffliche Untersuchungen zu vergleichen, S. 552 flg. Wir werden bei den Meriah's auf dieselben zurückkommen.

22) Es würde uns viel zu weit führen, wenn wir noch weitere Details über die von den Engländern, in neuerer Zeit auch mit erfreulichem Erfolge, gegen das Infanticidium ergriffenen Maßregeln mittheilen wollten. Die schon in Anm. 18 citirten Selections from the Records etc. theilen die Operationen in Madras, Bombay und unter der unmittelbaren Controle der Indischen Regierung sehr ausführlich mit. Wir haben jenen Berichten nur noch zuzufügen, daß Mr. Montgomery in jedem Orte einen Chûprassie ernannte, dessen Pflicht es war, die Geburt jedes Mädchens anzuzeigen; desgleichen wurden der Gorait, Chowkidar und die Hebamme unter Androhung hoher Geldstrafen verpflichtet, von der in der betreffenden Thannah stattfindenden Geburt sogleich Anzeige zu machen. Endlich wurde der Thannabar angewiesen, beim Tode eines weiblichen Kindes sofort einen Thatbestand aufzunehmen und dem Civilarzte zur Untersuchung darüber Bericht zu erstatten. Der Thesildar und Thannabar wurden dazu gemeinschaftlich verpflichtet, damit die Ueberwachung

um so sicherer sei; beiden wurden reiche Belohnungen versprochen, wenn ihre Bemühungen den Erfolg haben sollten, diesem abscheulichen Verbrechen ein Ziel zu setzen. Es gelang in den ersten Monaten, von vier Mädchen wenigstens 3 zu retten und in der allerneuesten Zeit scheint das scheußliche Verbrechen, das aber freilich bei manchen außerindischen wilden Völkerschaften noch sehr häufig begangen wird, entschieden abzunehmen.

23) Dies war die gewöhnlichste Art der Tödtung. Man liest aber auch von Fällen, wo das Opfer durch ein schwaches Feuer langsam getödtet wurde. Nach den Angaben von Ricketts werden die Opfer zwischen zwei Brettern oder Bambus, von denen eines quer über die Brust, das andere über die Schultern gelegt ist, zu Tode gequetscht, der Körper wird dann unterhalb der Bambus in zwei Theile gehauen. Der Gebrauch, ihn nachher zu zerstücken und die Theile in möglichst weiter Verbreitung zu vergraben, scheint aber vorzuherrschen. Man findet übrigens die Sitte allgemein verbreitet, die Opfer, selbst die jungen Mädchen, vorher vollkommen betrunken zu machen. An vielen Orten wurde auch vor dem Bilde der Thadha Pennu (der Erde) ein Schwein geschlachtet, das Blut in eine Grube gesammelt und das berauschte Opfer mit dem Kopfe in den blutigen Schlamm gedrückt. Am gräßlichsten ist jene Art der Opferung, wo der Priester dem Meriah das Fleisch nach und nach von den Knochen abschneidet und vertheilt.

24) Der Preis schwankte bei den Khond's zwischen 15 bis 25 Rupien.

25) „Ich kann nicht viel für dieses Projekt sagen, bemerkt Kaye, die Idee scheint mir die einer Straße ohne Ausgangs- und Endpunkt."

26) Wir bemerken schließlich noch, daß einzelne Stämme, z. B. die von Chinna Kimedy das Opfer nicht blos der Erdgöttin, sondern noch vielen anderen Gottheiten, deren Gunst sie gewinnen wollen, darbringen, z. B. dem Manuki, Seri, Bura Pennu und Tadi Pennu. Die Meriah's befanden sich nicht bei den Reiot's, sondern stets bei den Sirdar's jedes einzelnen Dorfes. Man ließ sie auch einander beiwohnen und schlachtete dann auch ihre Kinder. Die Khond's glaubten vor Allem, daß Turmerica oder Gelbwurz, welche sie vorzugsweise bauen, in guter Qualität nur durch diese Opfer gedeihe.

27) Aus den Selections from the Records of the Bombay Government. No. XXXIX. Part II. Bombay, 1856. S. 275 flg. Die Bhat's behaupten, dem Schweiße des Mahadev bei seiner Heirath mit Parbuttie, einer Incarnation, der Tochter der Dukshprajaputtie, zu entstammen. Man hat den Namen Bhat aus den Sanskritwörtern: Bha „Platz der Freude" und Altum „gehen" herleiten wollen, so daß er also einen zu festlicher Freude Gehenden, einen Festfeiernden bezeichnen würde. Andere leiten ihn ab von Bhat, Stirn, und Alta, geboren, also „stirngeboren," aus dem Stirnschweiße des Mahadev entsprossen.

28) In v. Orlich's Nachlasse wird das Letztere behauptet, ich folge aber den oben citirten Selections. B.

29) Pal bedeutet Gränze, Schutz; Pallia eine Gränzmarke, ein Denkzeichen des Schutzes. Walker a. a. O. S. 279.

30) Vgl. The administration of the East India Company etc. by J. W. Kaye, S. 357.

31) Schon Thevenot, der im 17. Jahrhunderte Indien durchreiste, erzählt von mannigfaltiger, oft höchst sinnreicher List, durch welche die Thug's ihre Opfer heranlockten. Sie bedienten sich dazu namentlich schöner Frauen.

32) Der Hindu ruft höchstens aus: Mur gya, er ist mit Tode abgegangen, und zieht ruhig seine Straße weiter.

33) Die Namen der um die Vernichtung des Thuggiesystems hochverdienten Männer sind: Sleeman, Borthwick, Ramsay, Reynolds, Malcolm, Etwall, Hollings, Lowis, Graham, Paton, Riddell, Ludlow, Birch, Miles, Marsh, Whiteford. Vgl. Kaye, S. 377.

34) Letter from the Committee of Circuit to the Council of Fort William, dated at Cossimbazaar, Aug. 15. 1772. Colebrooke's Digest. Supplementary Volume.

35) Vgl. die sehr vollständigen Notizen darüber bei Kaye, S. 399 flg. Vor Allem arbeiteten die umfangreichen Aussagen gefangener Dakoit's, die sich ihrer Thaten förmlich rühmten, den Engländern in die Hände.

36) Es kam nicht selten vor, daß Personen, die beraubt oder deren Angehörige getödtet waren, den Raubmord absichtlich verheimlichten, um nur nicht zur Reise nach dem fernen Tribunale und zum Zeugenverhöre gezwungen zu werden. Eines schrecklichen Symptomes von der Verworfenheit indischer Räuber wollen wir noch schließlich gedenken. In allen Theilen Indiens werden fast täglich Kinder, des Schmuckes wegen, mit dem die Aeltern sie behangen haben, getödtet.

37) J. W. Kaye, the Administration etc. S. 392.

4.

Mission, Erziehung und Civilisation.

> Es liegt im Wesen des angelsächsischen Volks, die schreienden Bedürfnisse der Bildung und Erziehung nie ganz außer Acht zu lassen. Neumann, II, 222.

> „We are a board for wasting public money, for printing books which are of less value than the paper on which they are printed was while it was blank."
> T. B. Macaulay.

Nachdem wir viele Seiten mit der Schilderung der mannigfachen Verbrechen gefüllt haben, welche vor Allem Irrthum, Aberglauben und religiöse Schwärmerei in den Hindu's hervorgerufen und bis auf den heutigen Tag genährt haben, wenden wir unsere Aufmerksamkeit erfreulicheren Erscheinungen zu, welche zugleich von der geistigen Begabtheit und der Religiosität dieser interessanten Nation ein günstigeres Zeugniß ablegen. Hindu's und Muselmänner sind offenbar von religiösen Empfindungen und Regungen erfüllt, ja viele unter ihnen haben einen solchen Drang nach dem Göttlichen, daß sie sich religiösen Betrachtungen gern hingeben, jeder Religionslehre ihr Ohr leihen und sich selbst in Wettkämpfe und Disputationen darüber einlassen. In Bezug auf den Heilsweg bilden die Hindu's im Allgemeinen drei Parteien. Die große Masse sucht das Heil in der Verrichtung religiösen Werkes, die kleinere Minderzahl in philosophischem Wissen und die größere in gläubiger Hingabe. Bei den natürlichen Anlagen, und der angeborenen geistigen Regsamkeit der Hindu's [1]) erscheint es nicht allzuschwer, dem Worte der Wahrheit Eingang zu verschaffen; aber das Evangelium muß diesen Heiden von wahren, ächten Missionären verkündet werden, nicht von solchen, wie sie noch heute allzuhäufig sind und in schönen Bangalo's, von allem Comfort umgeben, in unpassender

Tracht und Weise, oft auch ohne gründliche Kenntniß der Landessprachen zu dem Volke predigen ³). Die Missionäre müssen, gleich Johannes dem Täufer, wie eine Art Fakire, sich unter das Volk begeben, unter und mit ihm leben, seine Gewohnheiten und seine Denkweise studiren, Freud' und Leid mit ihm theilen und ihm so das reine lautere Wort des Evangeliums verkünden. Gerade an dem Bilderwesen der Katholiken, an der Anbetung einer Jungfrau und vieler Heiligen, nehmen besonders die Mohamedaner Anstoß. „Ihr sprecht, so pflegen sie zu sagen, euer Gott ist ein Geist, den man im Geiste und in der Wahrheit anbeten soll, aber was sind denn das für Christen, welche von anderen Göttern, einer Marie und den Heiligen reden?³) Wenn wahre Missionäre⁴) in Indien das Evangelium predigen werden, so ist an dessen Ausbreitung nicht zu zweifeln. Wie im alten Rom schon zu Christi Zeit, hangen und kleben die Eingeborenen wohl noch an ihrem götzendienerischen Wesen, aber der Glaube daran ist erschüttert und hin und wieder werden Zweifel rege. Dann aber, wenn sich unter den Indiern das Christenthum zu verbreiten anfängt, wenn sich Heerden Gläubiger bilden, dann ist es die heilige Pflicht der Regierung, ihnen die Hülfe angedeihen zu lassen, welche ihre Existenz sichert, ⁵) dann suche man nach solchen Hirten, welche die Ehre Gottes im Auge haben und nicht ihren irdischen Vortheil. Missionäre und Geistliche in einem solchen Lande müssen, den ersten Aposteln gleich, ihr erhabenes Werk beginnen. Die ersten christlichen Gemeinden müssen sich jedweder Unterstützung versichert halten können. Vor allen Dingen muß ein Erziehungssystem eingerichtet werden, durch das die Massen zur Erkenntniß geführt werden; jene verkehrte Methode muß ganz aufgegeben werden, nach der man Menschen, die sich von ihrer Hände Arbeit nähren sollen, vielerlei Dinge lehrt, die ihnen nicht allein im Leben zu nichts dienen, sondern sie noch dazu unzufrieden, unglücklich und neidisch machen ⁶). Einfach und mit weiser Berücksichtigung der Bedürfnisse und des täglichen Treibens dieser Massen muß diese Erziehung geleitet werden. So sollten überall Dorfschulen eingerichtet sein, wo nur Lesen und Schreiben und solche Dinge gelehrt würden, die mit dem Berufe der Bauern in enger Verbindung stehen. Vor allen Dingen aber dürfte die Erziehung des weiblichen Geschlechts nicht vernachlässigt werden, weil der Einfluß, den die Mutter auf das kindliche Gemüth ausübt, oft die Lebensrichtung und Denkweise des Mannes bestimmt. „Daß aber auch für den Mädchenunterricht gesorgt werden müsse, daran denken die Aeltern nicht in Hindostan. Die Mädchen sind sogar absichtlich von dem mangelhaften, dem Knaben ertheilten Hausunterrichte ausgeschlossen. Denn unter Hindufrauen geht die abergläubische Meinung im Schwange, daß Mädchen, die schreiben und lesen können, bald nach der Verheirathung Wittwen werden — das größte erdenkbare Unglück in jenem Lande." (Neumann, II. 235.)

Die ersten britischen Colonisten hatten in Indien nie daran gedacht, wie die Portugiesen unter Albuquerque, das Evangelium zu verbreiten [7]). Sie schienen es vielmehr zu vermeiden, sich als Christen zu zeigen, sich ihres Glaubens zu rühmen und nahmen absichtlich von dem Götzendienste der Hindu's keine Notiz. Nachdem sich die Engländer wenige Jahre in Madras niedergelassen hatten, entstand ein Streit zwischen den Hindu's und einem katholischen Geistlichen, indem dieser den ersteren nicht erlauben wollte, mit ihren Götzen in Procession vor seiner Kirche vorüber zu ziehen. Die englischen Behörden wollten sich aber schon damals nicht einmischen [8]). Nachdem die Engländer sich in Bombay festgesetzt hatten, wurde eine Verfügung veröffentlicht, in der es heißt: „Die protestantische Religion soll begünstigt werden," ohne jedoch denen unnöthigen Zwang aufzuerlegen, welche sich zu einem anderen Glauben bekennen [9]). Unter Karl II. wurden 14 Geistliche für Indien ernannt; am Ende des 17ten Jahrhunderts befanden sich 23 daselbst; die erste Kirche in Bombay wurde erst 1718 vollendet und eingeweiht; in Madras war die Marienkirche schon 1680 durch den Gouverneur Streynsham eröffnet worden. Wilhelm's III. Charter für eine zweite Indische Compagnie 1698 that der christlichen Kirche großen Schaden. Indessen förderten Humphrey Prideaux und Boyle die Verbreitung der evangelischen Kirche und der erstere drang ernstlich auf Vermehrung der Kirchen und Schulen; die Katholiken und das unmoralische Benehmen der in Indien lebenden Engländer hemmten aber diese Fortschritte. Prideaux schlug nun vor, dem Beispiele der Holländer zu folgen und drang auf Einsetzung eines Bischofs. Die Folge war, daß die Compagnie jedem Schiffe von 500 Tonnen einen Geistlichen geben und Schullehrer anstellen mußte. Im südlichen Indien hatten Missionäre schon zu Anfang des 17. Jahrhunderts das Christenthum nicht ohne Erfolg gelehrt; es waren glaubensfeste und mit der Willenskraft und dem Geschick begabte Männer, die ein so erhabenes Amt erfordert. Sie lebten mitten unter den Eingeborenen, machten sich mit deren Wesen und Denkweise vertraut und sprachen alle Dialekte der Landessprache mit Leichtigkeit. Auf die Jesuiten, die hier wirkten, folgten von Dänemark ausgesandte Lutheraner und endlich widmete sich die englische Missionsgesellschaft dem ernsten Werke. Auch diese Missionäre, beinahe ausschließlich Dänen und Deutsche, waren Männer von Talent, voll Liebe für ihren Beruf und einfach in ihren Lebensbedürfnissen. Am Ende des 18. Jahrhunderts zeichnete sich der Baptist Wilhelm Carey als Missionär aus und ersetzte durch Ausdauer und Hingebung für seinen Beruf, was ihm an Bildung abging. Obgleich er seines Lebensunterhaltes willen eine Anstellung bei einem Indigopflanzer annehmen mußte, so fand er doch noch Zeit genug zum Studium des Sanskrit und des Bengalischen, um christliche Schriften übersetzen und verbreiten zu können. Seine hoffnungsreichen Berichte waren die Veranlassung, daß sich in England eine Gesellschaft bildete, um ihn in seinem Werke zu unterstützen und so wurden 1793 einige Missionäre zu seinem Beistande nach Indien gesandt, aber die Regierung, die namentlich auch jedem Beamten die Betheiligung an Missionsbestrebungen auf das Strengste verbot, wollte deren Niederlassung in Calcutta nicht gestatten und so wandten sie sich nach Serampur. Hier bildete sich nun die erste protestantische Missionsgesellschaft, welche in den Sprachen der Eingeborenen predigte, Schulen anlegte und durch Vertheilung von heiligen Schriften und Traktaten einen Kampf gegen Islam und Götzendienst begann, der nicht ohne Erfolg blieb. Der damalige General-Gouverneur, Lord Wellesley, zeigte sich diesen Bestrebungen nicht abgeneigt und verlieh Carey eine Professorstelle an dem kürzlich errichteten Collegium von Fort William. Die Errichtung von Schulen, einer Buchdruckerei und einer Papierfabrik von Serampur erleichterte das Werk, welches nun von den Bibelgesellschaften Englands und des Continents unterstützt wurde. Die Missionäre Judson und Newell waren um dieselbe Zeit nach Pegu geflüchtet und wirkten von dort aus mit Erfolg.

Als Lord Wellesley Indien verlassen hatte, begann sich in Folge des der Jugend in Calcutta ertheilten Unterrichts eine etwas aufgeregte Stimmung zu zeigen, welche die Regierung um so besorglicher machte, als die Eingeborenen den Militär-Aufstand zu Vellore (Bd. 1, 198) mit diesem Missionswirken in Verbindung brachten. Den Missionären wurde nun das öffentliche Predigen, die Vertheilung von Traktaten und die Aussendung von eingeborenen Predigern verboten; ja der neue General-Gouverneur, Lord Minto, der wie seine Vorgänger an sich der Verbreitung des Christenthums unter den Eingeborenen nicht abgeneigt war, glaubte dem Antrage des großen Rathes nachgeben zu müssen, stellte die Presse unter strenge Controle und verordnete andere Einschränkungen. Die Veranlassung dazu hatten Pamphlete der beleidigendsten Art geboten, welche ein Neubekehrter gegen Mohamed veröffentlicht hatte. Die Missionäre hatten in den 8 Jahren ihres Wirkens (1799—1807) nur etwas über hundert Eingeborene in die christliche Kirche aufgenommen — ein wenig ermunterndes Resultat. Dagegen hatte die Theilnahme am Unterrichte, dem die Missionäre sich mit Eifer widmeten, unter den Eingeborenen stark zugenommen.

Was Halle und Franke früher für die dänische Mission gewesen waren, wurde jetzt Cambridge und der treffliche Lehrer am King's College, Simeon, für die englisch-protestantische Kirche. David Brown, Claudius Buchanan, Henry Martyn, Daniel Corrie, Thomas Thomason gingen aus dieser Pflanzschule hervor, um in Bengalen als Kaplane zu wirken. Sie waren keine Missionäre, aber der Geist der Mission beseelte sie wie einen Xavier (S. Anm. 4.) und Ziegenbalg. Einen großen Einfluß auf die Mission übte auch der für Indien in England rastlos wirkende Präsident Charles Grant (Bd. 1, 335.). Unterdessen arbeitete in Indien selbst der Schotte Buchanan an dem Aufbau der christlichen Kirche in Indien, durch den allein er die Regeneration des Landes zu ermöglichen glaubte. Er verlangte vor Allem einen Erzbischof für Indien mit weit ausgedehnter Vollmacht und Wirksamkeit. Was sollten aber hohe Würdenträger in einem unbekehrten Lande? Ein Häuflein „Regierungschristen" hätte sich vielleicht gesammelt, aber zu einer wahren Bekehrung des Volkes sind ganz andere Leute nöthig. 1813 brachte Lord Castlereagh die Religionsangelegenheiten Indiens im Parlamente zur Sprache und es wurde unter Anderem die Anstellung eines Bischofs und dreier Archidiakonen beschlossen[10].) Ueber die Missionsfrage entspann sich aber ein sehr lebhafter Kampf, in dem besonders Wilberforce mit Erfolg für das Christenthum focht. Den 28. Nov. 1814 kam der erste Bischof nach Calcutta und predigte zuerst am Weihnachtsfeste vor 1300 Personen, von denen 160 communicirten. Viele, vor Allem der Hindufreund Charles Marsh, hatten eine große Aufregung, möglicherweise ein Blutbad, prophezeiet; nichts von dem geschah; auf die gebildeteren Classen der Eingeborenen machte dies Selbstvertrauen und dies offene Bekenntniß der Christen sogar einen guten Eindruck. Auch als der Bischof seine erste Rundreise machte, wurde er überall freundlich empfangen. Er besuchte die großen Pagoden in Chillumbrum und die Brahmanen drängten sich hinzu, um den Oberpriester der „Feringhee's" zu sehen und baten um eine Gabe für den Restaurationsbau ihres Tempels. Von da an zeigte es sich klar, daß alle die kirchlichen Einrichtungen, welche von der britischen Legislatur ausgehen mochten, die Hindu's nicht beunruhigten. Die Zahl der Geistlichen war freilich auch sehr gering. Als der Bischof Middleton 1814 nach Indien kam, fand er in ganz Bengalen 8, in Madras 5 bis 6, in Bombay 1 Kaplan. Vom Bischof autorisirte Missionäre gab es gar nicht. Durch die Akte vom Jahre 1833 wurden 3 Bischöfe und 3 Archidiakonen eingesetzt. Um diese Zeit waren 37, 1850 61 Kaplane in Bengalen; in Madras, dem Sitze des 2ten Bischofs, 23 und 1850 29, in Bombay, wo der 3te Bischof residirt, 15 und 1850 23 und 1851 kosteten diese kirchlichen Institute im Ganzen 112,000 L. Sterl.

Aber weit wichtiger als diese Ausdehnung der Episcopalkirche war die Entfernung der lästigen Beschränkungen, welche bisher die Thätigkeit der Missionäre gehindert hatten. 1830 waren schon 10 Missionsgesellschaften in Indien in voller Thätigkeit, 1850 260 mit 403 Missionären [11]). Am Auffälligsten treten die Fortschritte des Christenthums in Tinnevelley und Travancore hervor und zwar hier, wie eigentlich überall, unter den niederen Casten. Auch im Pendschab nehmen die Uebertritte zum Christenthume in der neuesten Zeit zu. So macht z. B. die Bekehrung der Kol's im Chota Nagpore-Distrikte, einer Mittheilung der „Bombay Gazette" zufolge, rasche Fortschritte. Vor einem halben Jahre hatten 2000 Leute des genannten Stammes die Taufe empfangen. Nicht minder groß ist die Zahl derer, welche sich von ihrer Caste losgesagt und zur Taufe gemeldet haben. Ein Missionär schreibt, daß in der Nachbarschaft von Ranchi die Bibel sich wie ein Waldbrand (!) ausbreite, schon sei sie in 800 Dorfschaften heimisch und so viele strömen von den Khol's zu, daß drei Missionäre den ganzen Tag mit dem Unterrichte derselben vollauf zu thun haben. Auch aus der Provinz Pachete Kabripuntis hatten sich 46 Personen aus 11 verschiedenen Dörfern zur Taufe gemeldet, und dabei versichert, daß viele ihrer Genossen ein Gleiches zu thun bereit seien. In Chota Nagpore sind sechs deutsche Missionäre in Thätigkeit. In Lucknau und dessen Nachbarschaft wurden seit der Rebellion 89 getauft; die amerikanische Mission in Ahmednuggin zählt viele Convertiten und in Sealcote treten immer noch viele eingeborene Soldaten zum Christenthume über.

Maharadschah Dhelip Singh, der letzte König des Fünf-strom-landes aus Ranabschit's Geschlecht, welcher seit der Einziehung seines Reiches als anglikanischer Christ in England lebt, macht jetzt (1861) eine Reise nach Indien, welche vielleicht für die Mission bedeutend werden kann. Dabei bemerkt man in den letzten Jahren immer mehr den Verfall der alten Tempel und Religionsgebräuche. Großes Aufsehen als etwas Unerhörtes erregte z. B. in Bombay die Wiederverheirathung einer jungen Brahmanenwittwe und zwar um so mehr, als Braut und Bräutigam der strengen Caste der Gudschrati-Brahmanen angehörten. In Calcutta wirkt eine Gesellschaft gegen das Aussetzen der Kranken am Ganges und gegen das Schwingen an eisernen in den Rücken eingesetzten Haken am Charak Pûja. Das sind einzelne immerhin erfreuliche Symptome, aber eine vollständige Christianisirung Indiens würde eine Colonisation des Landes voraussetzen. England ist aber vor einer solchen durch die nordamerikanische Revolution gewarnt und fürchtet wohl mit Recht, eine so große Colonie werde sich früh oder spät vom Mutterlande emancipiren. Wenn nun auch auf politischem Gebiete die Regierung sich den Landesverhältnissen vielfach accommodiren kann, so geräth sie doch auf dem pädagogischen immer wieder in neue Schwierigkeiten. Die wahre Erziehung ist nun einmal mit der Religion des Landes verwebt; so kommt es, daß die Engländer zugleich mit den Fortschritten, die ihre Schulen machen, bei den Hindu's Besorgnisse einflößen. „Wir müssen uns, schreibt Sir W. H. Sleeman in einem Briefe an Mr. Erskine vom 28. August 1848, mit einem kleinen und langsamen Fortschritte begnügen und solche Zweige des Wissens, die dem Volke nützlich sind, werden von den großen Ortschaften aus dadurch Eingang finden, daß wir Gutes thun." Wir hegen aber begründeten Zweifel, ob dadurch mehr erreicht wird, als eine gewisse äußerliche Cultur, eine Erziehung von innen heraus wird auf diesem Wege nie gedeihen. Das Volk giebt den Einflüssen der Autorität nach oder läßt sich durch selbstsüchtige Motive bestimmen, den Wünschen seiner Herren nachzukommen, ohne die rechte und wahre Ueberzeugung. So etwa wirkten auch die Industrieschulen, welche Sleeman in Inbbulpore für die Kinder der Thug's, Outram in Candeish für die kleinen Bheel's, Macpherson für die aus den Händen der Khond's befreiten Meriah's einrichtete. Erst in der neuesten Zeit hat die britische Regierung sich zu entschiedeneren Maßregeln zur Förderung der Volkserziehung entschlossen. In dem Charter vom Jahre 1813 befindet sich eine Klausel, daß eine Summe von nicht weniger als einem Lack Rupien jährlich auf die Belebung und Förderung der Literatur, auf die Unterstützung eingeborener Gelehrten und auf die Einführung und Verbreitung gelehrter Bildung unter den Bewohnern der britischen Territorien verwandt werden soll. (Act 53rd George III., chap. 155, clause 43). Was man eigentlich damit gewollt habe, ist nicht recht klar; man scheint vorzugsweise an orientalische Gelehrsamkeit gedacht zu haben; auch geschah thatsächlich in den nächsten 10 Jahren nichts und erst 1823 bildete sich ein Comité für den öffentlichen Unterricht in Calcutta, dem die unterdeß angesammelten Fonds zur Disposition gestellt wurden. Die Regierung hatte bis da nur an eine Förderung der Erziehung durch die Panditen und Guru's gedacht [12]. Zum Glück traten aber nun Männer auf, welche über die orientalische Gelehrsamkeit als Bildungsmittel richtigere Ansichten hatten und die Beschränktheit ihrer Mittel, ja selbst ihres Wissens durch ihre Begeisterung und Energie ersetzten. Vor Allem ist David Hare (eigentlich ein Uhrmacher) zu erwähnen, der die Hindu-Schule in Calcutta, welche 1817 im Beisein des Sir Hyde East, Oberrichters von Bengalen, des Herrn Harrington und anderer angesehenen Personen eröffnet worden war, aber aus Mangel an Theilnahme einzugehen drohte, 1823 vor ihrem Untergange rettete. Es entstanden nun auch andere von der Regierung unterstützte Institute, welche bis 1835 [13] durchweg einen ganz orientalischen Charakter zeigen, aber sich nirgends zu frischem Leben entwickeln. Endlich trat Lord William Bentinck gegen diese Bevorzugung des orientalischen Unterrichts sehr schroff auf [14] und Männer wie Macaulay und Trevelyan, unterstützten ihn so kräftig, daß von dieser Zeit an die englische Erziehung in den Gouvernementschulen die Oberhand gewann und besonders das Studium des Sanskrit und Arabischen, weniger das der Landessprache, an Ausdehnung und Bedeutung verlor. Um dieselbe Zeit stellte William Adam sehr sorgfältige Untersuchungen über den Zustand der einheimischen Schulen an und fand dieselben in Bengalen und Behar in traurigem Verfalle. In einigen Thanna's (Polizeidistrikten) genossen von den Kindern zwischen 5 und 14 Jahren kaum 2½ % regelmäßigen Unterricht, für den höheren Unterricht stellte sich dies Verhältniß noch ungünstiger.

Das System Bentinck's wurde auch von seinen Nachfolgern mit wenigen Abänderungen aufrecht erhalten und der nun eingesetzte Erziehungsrath verbreitete mit Erfolg europäisches Wissen unter der sehr befähigten Jugend der Hindu's und Mohamedaner; aber wenn sie auch den europäischen Lehrstoff leicht und gewandt in sich aufnahm, so vergaß sie leider eben so schnell einen großen Theil wieder unter den Eindrücken des orientalischen Lebens; statt intelligenter, gründlich gebildeter junger Leute gewann man nichts als mechanisch abgerichtete, für den praktischen Staatsdienst kaum in seinen niedrigsten Branchen brauchbare Copisten. Lord Auckland suchte diesem Uebelstande dadurch abzuhelfen, daß er für die aus den gewöhnlichen Schulen abgehenden jungen Leute eine Art academischer Studien errichtete und Lord Hardinge interessirte sich, ehe der Krieg seine ganze Thätigkeit in Anspruch nahm, sehr lebhaft für die höhere Erziehung der Eingeborenen zum Staatsdienste. Er förderte dieselbe wesentlich, indem er in einem Manuskripte vom 10ten Oktober 1844 erklärte, daß diejenigen Candidaten bei der Berufung zu Staatsämtern besonders berücksichtigt werden sollten, welche in den höheren Schulen gebildet wären und gute Censuren aufweisen könnten. Leider ließ man dabei Zöglinge von Privatinstituten, wenn sie auch trefflich herangebildet waren, ganz unbeachtet. Andererseits erwarben sich nun viele junge Hindu's alle die für ihr Staatsexamen verlangten Kenntnisse in den Collegien und harrten dort vergebens auf Anstellung. (Vgl. Anm. 5 und den Bericht des Delhi-College vom Jahre 1850.) Nur sehr unvollkommen suchte man diesem Uebelstande dadurch abzuhelfen, daß man die jungen Leute in ähnlicher Weise wie die Fellows an den englischen Collegien so zu sagen auf ein dürftiges Wartegeld setzte. Sie glaubten noch zu fest daran, daß, nachdem sie die ihnen fremdartige Erziehung in den Staatsinstituten sich angeeignet, nun auch der Staat für sie sorgen müsse und waren meist zu unpraktisch, um deren Früchte als Aerzte, Advokaten und Lehrer u. s. w. verwerthen zu können.

Unter der Ackerbau treibenden Bevölkerung der nordwestlichen Provinzen wurde 1845 das Interesse für europäische Bildung unter Anderem merkwürdig genug durch die damals der Landsteuern wegen vorgenommenen Ackervermessungen angeregt. Jeder wollte nun möglichst bald wenigstens so viel lesen, schreiben, rechnen und messen können, um seine Rechte zu wahren. So seltsam hängt also dort das Steuerwesen mit der Volkserziehung zusammen und die Steuereinnehmer selbst, besonders die eingeborenen Tehsildar's, wurden aufgefordert, für die Volkserziehung nach Kräften zu wirken. Die Regierung wollte nicht selbst Volksschulen einrichten, (sowie sie ja überhaupt nach allen Seiten zugewartet hat) aber den Volksunterricht wenigstens indirekt fördern. Man sammelte zugleich statistische Notizen und überzeugte sich, daß kaum 5% der schulfähigen Jugend einen noch dazu sehr ungenügenden Unterricht erhielten [15]). Um dieses traurige Verhältniß zu verbessern, schlug der bereits erwähnte Thomason vor, in jedem größeren Dorfe eine Schule einzurichten, welcher Land zugewiesen werden sollte, um mit dessen Einkünften einen Schulmeister besolden zu können. Der Hof der Direktoren billigte indeß diesen Vorschlag nicht, da man wohl mit Recht befürchtete, daß durch diese Ausstattung mit Landbesitz sich ein erblicher Schullehrerstand heranbilden könnte, gegen den man in Fällen mangelnder Befähigung nicht recht freie Hand behielte. Dennoch wurde der Thomason'sche Plan schließlich festgehalten, nur mit dem Zusatze, daß in jedem Steuerdistrikte (Tehsseldarrie) eine Musterschule errichtet und von dieser aus die anderen inspicirt werden sollten. In den regulirten Provinzen befinden sich überhaupt gegen 80,000 Mouzah's oder Dörfer, von denen etwa 18,000 100 bis 200, 5440 über 200 Häuser zählen. In diesen größeren Dörfern sollten nun Schulmeister durch den Zemindar und die angesehensten Dorfbewohner ernannt werden, aber nur solche, welche wenigstens 4 Elementarbücher in Urdu und Hindie erklären könnten. Der Collektor oder Stellvertreter sollte die Controle haben und die Anstellung bestätigen. Die Erziehung liegt trotzdem meist im Argen; die Putwarrie's, welche die Register führen sollen, können oft nicht einmal ordentlich schreiben und lesen.

Es ist indeß nicht zu läugnen, daß sich die Dorfschulen heben und vermehren. Der beste Beweis dafür ist das Verlangen nach Ram Surren Doß (Elementarbüchern). In kurzer Zeit sind gegen 22,000 verkauft worden. Das Bestreben der Collektors richtet sich darauf, zuerst ihre eigenen Omlah's, die Canungons und die Dorf-Putwarrie's zu unterrichten und dann das Volk, damit es vor unehrlichen Verzeichnissen in den Listen sicher gestellt sei. Die Dorfschaften ziehen die monatliche Zahlung an die Schulmeister vor, ein unsicherer Modus, dem sich die Regierung zu widersetzen pflegt. Diese hat Musterschulen errichtet, wo die Schüler, welche regelmäßig kamen und sich auszeichneten, Prämien erhielten. Solche sind zuerst in acht Distrikten eingeführt worden und kosteten jährlich 36,000 Rupien. Ein engl. Civilbeamter erhielt die Oberaufsicht. Die Schulmeister erhalten außerdem, was ihnen die Regierung giebt, noch das gewöhnliche Schulgeld von den Kindern. Der Zillah-Besucher ist zugleich der Agent für die Schulbücher und muß jährlich über den Zustand der Schulen berichten.

In der Provinz Nimar ist für die Unterhaltung von Dorfschulen eine bestimmte Summe ausgesetzt. Der ertheilte Unterricht ist fast ganz elementär. Die Schülerzahl belief sich 1849 im Mittel auf 591 Knaben, was beweist, daß das Landvolk den Nutzen dieser Schulen einzusehen anfängt. Daneben sind besonders durch den Hauptmann French Volksbibliotheken eingerichtet worden, indem er unter den Eingeborenen selbst durch Subscription gegen 1400 Reis aufbrachte. Die Regierung richtete dazu Lesezimmer ein. So gaben die Leute im Burwai und Büharburpore (britisch Scindiah) 60—150 Rupien für die Errichtung hübscher Lesezimmer; diese Volksbibliotheken versprachen großen Einfluß auf die Denkweise und Bildung der Inder zu gewinnen; auch sind im Mundlaisir-Distrikte die Schulen jetzt ziemlich besucht, gewiß von 600 Knaben.

In den Pergunnah's Sunnerpur, Moudha, Rath, Punwarie und Khurka existiren beinahe gar keine Schulen; in den Städten und Dörfern aller 5 Distrikte sind wohl kaum 500 Hindu's zu finden, welche Unterricht im Schreiben, Rechnen und Lesen erhalten; im Persischen werden 25—30 Knaben unterrichtet. Bei Pareil, der Residenz des Gouverneurs, hat Lady Falkland zwei Schulen angelegt. Es ist zu der bedeutenderen die Veranda eines alten Hindu-Doktors gemiethet. Das Haus liegt in einem lieblichen Garten, in dem 3 Götzen aufgestellt sind, Nandi, der Stier des Çiva, Ganesa mit dem Schmeerbauche und ein dritter, den Graul (III, 53) nicht näher zu bezeichnen weiß, vor dem der Schulmeister, ein Heide, seine Morgenandacht verrichtet, um gleich nachher den versammelten heidnischen, muhamedanischen und christlichen Kindern unter Anderem auch biblischen Unterricht zu ertheilen.

Wir gehen nun noch zu einigen kurzen statistischen Angaben über, da es uns zu weitläuftigeren Excerpten aus den Parlamentspapieren an Raum gebricht. [16]) In den untern Provinzen der Präsidentschaft Bengalen zählt man 30 Gouvernements-Collegien und Schulen, in denen Englisch gelehrt wird, mit 283 Lehrern und 5465 Schülern, ferner 33, in denen die Landessprache gebraucht wird, mit 4685 Schülern, 1852 überhaupt 11,000, von denen nur 103 Christen waren. In den nordwestlichen Provinzen sind 7 Collegien und Schulen mit 112 Lehrern und 1582 Zöglingen; außerdem 8 Normalschulen. In Madras besteht nur eine höhere englische Schule mit 13 Lehrern und 180 Schülern und auch die einheimischen Schulen haben sich dort am wenigsten entwickelt. In Bombay steht es besser; 14 englische Schulen zählen 62 Lehrer und 2066 Schüler, und 233 einheimische mit 11,394 Schülern. Die Kosten belaufen sich für die 3 Präsidentschaften ungefähr auf eine halbe Million Thaler. Die Hindu-Universität in Calcutta zählte 1851 471 Studenten [17]). In Calcutta befindet sich noch eine stark besuchte medicinische Hochschule ¹⁸). Bedeutende Frequenz haben auch die Collegien zu Dacca, Midnapore, Chitagong und Sylhet. Erwähnenswerth ist endlich noch die Ingenieurschule zu Rurkhie in den nordwestlichen Provinzen ¹⁹).

Neben den administrativen Bemühungen der Compagnie sind aber auch die Privatinstitute und Missionäre nicht zu vergessen, welche die Erziehung des Volkes an manchem Orte wesentlich gefördert haben. Welchen feurigen Eifer widmete z. B. der Schotte Alexander Duff, der mit seinen presbyterianischen Begleitern im Mai 1830 nach Indien kam, dem edeln Werke christlicher Erziehung! Er eröffnete seine Schule mit 7 Zöglingen und hatte nebst seinen Genossen bald 1200! Auch die Schulen in den größeren Orten der nordwestlichen Provinzen werden meist von Privaten oder Missionsgesellschaften geleitet und zwar die wichtigen Missionsanstalten zu Benares und Agra von Männern, denen die Erziehungsberichte die größte Anerkennung zu Theil werden lassen.

So ist es denn mit Gottes Hülfe wenigstens dahin gekommen, daß die heranwachsende Jugend nach etwas Höherem und Besserem in Denkweise und Leben strebt, daß sie sich bemüht, aus den englischen Instituten Nutzen zu ziehen und die Engländer nicht mehr als ihre Feinde, sondern als ihre Wohlthäter zu betrachten, unter deren Leitung die Wiedergeburt ihres Vaterlandes gefördert werden kann. Im Civildienste sind auch die Wenigen, welche sich der letzten großen Verschwörung anschlossen, fast nur niedere mohamedanische Beamte gewesen, wogegen der in den Schulen gebildete Hindu sich meist treu erwies. Erscheint aber die Zahl der in Schulen Gebildeten immer noch ansehnend gering, so muß man sich mit dem Gedanken trösten, daß Viele von ihnen Lehrer werden und daß sich so die Bildung in jährlich steigender Progression auszubreiten verspricht ²⁰).

Quellen-Angaben und Erläuterungen.

1) Die Indier haben Geist und Gedanken und, wie die meisten Orientalen, eine lebhafte Phantasie. Wir haben aus Indien durch die Vermittelung der Araber unsere Decimalrechnung erhalten; die Fabeln des Aesop oder Pilpay sind aus dem Hitopadesa entnommen, das Schachspiel und noch manches andere Produkt der vollen Geisteskraft verdanken wir diesem merkwürdigen Volke, einem Volke, dessen Vorfahren bereits epische und dramatische Werke von hohem Werthe verfaßt und philosophische Systeme von eigenthümlicher Kraft der Erfindung aufgebauet hatten, als unsere Stammväter ihre Tage noch als Barbaren in Krieg und Jagd verlebten. Das heutige Geschlecht der Hindu's besitzt viele Gaben, welche ein Volk zu Größe und Macht erheben können und wenn dereinst das Evangelium in Indien Wurzel gefaßt haben wird, so kann sich hier das Wesen des Christenthums so herrlich und erhaben entwickeln, wie es unsere schwache Menschennatur nur in sich aufzunehmen vermag. Indien kann in sofern ein Centralpunkt der Cultur werden für ganz Asien, ja selbst Einfluß gewinnen auf das Glück und Gedeihen der gesammten Menschheit.

2) Kiernander, ein alter dänischer Missionar, erzählt 1797 in seinem Journale von den englischen Geistlichen Blanshard, Owen und Johnson, welche damals mit ihren kleinen Ersparnissen sich zur Heimreise anschickten. Sie hatten, nach seinen Angaben, jährlich im Durchschnitte 2500 L. (über 16,000 Thlr.!) verdient.

3) Sehr treffend sagte Dwarkanauth Tajore zu einem vornehmen Geistlichen in Rom, der ihn zum Uebertritte in die katholische Kirche veranlassen wollte: »I see no advantage in changing my idols for yours.«

4) Wir finden diesen ächten Missionsgeist in der ersten Begeisterung für das heilige Werk. Im Jahre 1545 landete der Jesuit St. Francis Xavier im südlichen Indien und begann sein Missionswerk mit feurigem Eifer und Selbstaufopferung, aber auch mit mancherlei Rarrheiten, wie die Folge lehrte und wie sie sich in der Schule von St. Paul zu Goa und zu Madura kund thaten. Hier begannen die Studien des Sanskrit. Aus dieser Schule macht sich Robert de Nobili besonders berühmt, der kein Mittel zur Bekehrung unversucht ließ, sich für einen Brahmanen ausgab, dann für einen Sprößling des Brahma, und in seinen religiösen Werken die Ueberlieferungen der Beda's mit denen des Evangeliums zu verschmelzen suchte. Er starb 1656. Dann studirte der Deutsche Heinrich Roth Sanskrit, um mit den Eingeborenen streiten zu können. 1699 landete der Jesuit Hangleben auf der Küste Malabar und widmete die letzten dreißig Jahre seines Lebens der Mission. Doch der größte Sanskritforscher des Zend, des Persischen und Hindostani, war Dr. Perron, der Herausgeber der Zendavesta; sein Werk verfolgte der dänische Philolog Rask. Dann folgen Jones, Wilkins, Prinsep, Dr. Wilson, Lassen, Bopp, Max Müller, Prof. Weber, Schott, Benfey und Andere.

5) Obgleich sich das von selbst zu verstehen scheint, so hat die Regierung bisher der Verbreitung des Christenthums eigentlich nur Hindernisse in den Weg gelegt. Ein Brahmane, der als Offizier in der Armee diente, wurde auf Befehl des General-Gouverneurs aus derselben entfernt, als er zum Christenthume übertrat (man vgl. z. B. den Bericht des Major M. Bonh an den Oberstlieut. Ricol, Mirat, den

23. Okt. 1819); vor den Processionen der Mohamedaner und Hindu's salutiren die Truppen noch heute; gewissen Götzen werden im Namen der Regierung Geschenke gegeben und in vielen Schulen ist das Bibellesen streng verboten. Und doch erwartet in Indien, wo seit Jahrtausenden Alles von dem Regierenden abgehangen, wo sich ein die Menschheit verdummendes Centralisationssystem gebildet hat, eigentlich ein Jeder, daß die herrschenden Ideen des Fürsten auf ihn übergehen müssen, und sowie die Mongolen Millionen mit Gewalt in die Moscheen trieben, so erwartet auch der heutige Indier, daß er zum Christenthume bekehrt werden soll.

6) Während die Erziehung fortschreitet, haben die Kenntnisse und die Verbreitung der englischen Sprache unter der Hindu-Jugend so zugenommen, daß nur Wenige eine ihrer geistigen Bildung angemessene Stellung bekommen können. So kommt es, daß eine hochgebildete Classe von Eingeborenen sich in großen Städten zusammenfindet, welche vergeblich auf eine ihren Kenntnissen angemessene Stellung wartet und um nicht dem Hunger anheim zu fallen, sich mit den niedrigsten kaum ihr Leben fristenden Aemtern begnügen muß. Im Jahre 1857 gab es in Indien 856 Aemter für Eingeborene unter 120 £. Sterl. Jahresgehalt, 1377 zwischen 120 und 240 £., nur 6 mit 840—960, endlich 5 mit mehr als 960 £. Gehalt. Der durchschnittliche Jahresgehalt der englischen Civilbeamten beträgt dagegen 1750 £. (Return laid before Parliament 1856.)

7) Revd J. Anderson, History of the Church of England in the Colonies. Vol. II. 2. Edit. 1856. p. 106 u. flg.

8) In einem Schreiben an den Hof der Direktoren vom 18ten Januar 1650 heißt es: »By this you may judge of the lyon by his paw, and plainly discerne, what small hopes, and how much danger wee have of converting these people, y' are not lyke y" naked and brut Americans, but a most subtle and pollitique nation, who are so zealous in their religion, or rather superstitions, y' even amongst their owne differing casts, is grounded an irreconcilable hatred, wch often produceth very bloodic effects« — Bruce Annals, I, 455.

9) Vgl. Bruce II, 105, 134, 135, 198, 226. Für diese älteste Geschichte der Mission ist auch die indische Reise des würdigen Chaplain Edw. Terry von Interesse, welche 1622 erschien (2te Aufl. 1655). Sehr reichhaltiges Material giebt ferner J. W. Kaye, the Administration etc. S. 625 flg. in dem Kapitel über das Christenthum in Indien; ferner K. Graul in seiner Reise in Ostindien.

10) Genaueres über diese Parlamentsverhandlungen bei Kaye, S. 611 flg.

11) Vgl. Results of Missionary Labors in India (wahrscheinlich vom Rev. Mr. Mullins) in der Calcutta Review. Kaye stellt 1853 folgende Uebersichtstabelle auf:

	Missionäre.	Eingeborene Prediger.	Kirchen.	Mitglieder.	Christen.
In Bengalen, Orissa und Assam	104	135	71	3,416	14,401
In den nordwestl. Provinzen	58	39	21	608	1,828
In der Präsidentsch. Madras	164	308	162	10,464	74,512
In der Präsidentsch. Bombay	37	11	12	223	554
In Ceylon	43	58	43	2,645	11,459
Totalsumme	403	551	309	17,356	103,154

12) Als das mohammedanische Collegium zu Calcutta (1781) und das Sanskrit-Collegium zu Benares (1792) gegründet wurde, wollte man das Interesse der Eingeborenen an ihrer eigenen Literatur erregen und Mullavie's und Panditen heranbilden, welche die europäischen Richter unterstützen könnten; dieß geschah zu einer Zeit, wo es noch zweifelhaft erschien, ob die Eingeborenen den Engländern erlauben würden, sich mit der Erziehung der indischen Jugend zu beschäftigen. Die Panditen, welche damals hülfreiche Hand boten, ahnten nicht, daß sie eine Macht ins Leben gerufen hatten, welche ihren Einfluß und ihr Lügensystem dereinst zerstören würde. Im Jahre 1816 traten viele der reicheren Hindu's und die Panditen zu Calcutta zusammen, um eine Anstalt zu gründen „für die Erziehung ihrer Kinder mit so liberalen Einrichtungen, wie sich solcher die vornehmeren Engländer erfreuen." Der Unterricht im Christenthume war ausgeschlossen, aber „die allgemeinen Pflichten gegen Gott" und das „englische Moralsystem" wurden in den Plan aufgenommen. Auf diesen Anfang folgte schon 1817 ein anderes Unternehmen; es bildete sich nämlich in Calcutta aus Hindu's, Muselmännern und Engländern eine Schulbuch-Gesellschaft „zur Verbreitung solcher moralischen Schriften, welche die religiöse Denkweise der einzelnen Confessionen nicht angreifen, sondern dahin wirken, daß die Vernunft und der Charakter des Lesers gehoben werde" (!). Es war die Aufgabe dieser Gesellschaft, die unter den Hindu's und Muselmännern verbreiteten Schriften, in welche mancherlei unmoralische Elemente eingemischt waren, zu unterdrücken, was man auch erreichte. Unter der Jugend selbst fing jetzt ein Geist der Prüfung an sich zu regen; denn, als einer der Hinduschüler trotz seines Widerstrebens von seinen Aeltern nach altem Brauche in die Pagode der Kalikatta, der Schutzgöttin von Calcutta, geführt wurde, um ihr seine Ehrfurcht zu bezeugen, nahm er dem abscheulichen Götzenbilde den Turban ab, machte eine spöttische Reverenz und rief mit lauter Stimme: „Wie befinden Sie sich, Frau Kali?" Kann man von einem jungen Rationalisten mehr verlangen?

13) Im Jahre 1835 entschied sich das General-Comité für öffentlichen Unterricht zu Calcutta dafür, daß bei der Erziehung der Jugend die englische Sprache und Literatur vorwalten solle und ohne dabei den Unterricht im Sanskrit, dem Persischen und Arabischen, zu unterdrücken, beschränkte man doch die für denselben bisher ausgeworfenen Unterstützungsgelder. Seitdem entstanden in Calcutta und an anderen Orten neue Schulen und Collegien, für welche geeignete Bibliotheken eingerichtet wurden. In allen diesen Schulen gehörte die christliche Religionslehre nicht zu dem Unterrichtsplane; wohl aber wurde den jungen Leuten die Bibel in die Hand gegeben und jede erforderliche Auslegung zum Verständnisse derselben dargeboten. Endlich gestattete auch die Regierung dem Herrn James Thomason die Einrichtung von Dorfschulen, wo dem Volke Unterricht in der christlichen Religion gegeben werden sollte, doch so, daß der Denkfreiheit kein Abbruch geschehe. Es sollte auch hier die Aufgabe der Regierung bleiben, sich nicht unmittelbar mit dem Missionswesen zu befassen, sondern sich nur dessen Beaufsichtigung vorzubehalten. Das Werk selbst sollte dem freien(?) Wirken der Missionsgesellschaften überlassen bleiben. Der Schutz, welchen diese beanspruchen können, wird ihnen allerdings auch mehr und mehr zu Theil. Wollte die Regierung selbst hier Partei nehmen, so könnte sie für den Augenblick der erhabenen Aufgabe in den Augen der Eingeborenen leicht schaden; sie würde ein bestimmtes Glaubensbekenntniß als Richtschnur aufstellen müssen, also, da es nur Eines giebt, das wahre und reine Wort Christi. Statt dessen hat sie es für jetzt als ihre Hauptaufgabe erkannt, die Universitäten, Collegien und Schulen aus-

zustatten, zu leiten und in ein den Bedürfnissen der Zeit und den Umständen angemessenes System zu bringen.

14) Er erklärt in einem Aktenstücke vom 7ten März 1835, daß seiner Meinung nach die britische Regierung europäische Literatur und Wissenschaft unter die Eingeborenen zu verbreiten und darauf allein alle Fonds zu verwenden habe. Die für ziemlich unnütze Studien ausgesetzten Stipendien seien nicht mehr zu bewilligen und die vakant werdenden Stellen der Lehrer orientalischer Wissenschaft nur sehr bedingungsweise wieder zu besetzen. Auch für den Druck orientalischer Werke will er keine Fonds hergeben und überhaupt die englische Literatur und Sprache überall einführen.

15) In Preußen über 90%, in Rußland wenigstens 10! Vgl. Government of the North-Western Provinces to Governm. of India, Nov. 18, 1846.

16) Besonders interessant sind in dieser Beziehung die uns vorliegenden »Copies of Correspondence with the Indian Government, showing the Progress of the Measures adopted for carrying out the Education Despatch of 19 July 1854. (in continuation of Parliamentary Paper, No. 393 of session 1854, James C. Melvill; ferner A Copy of a Letter from the Court of Directors etc., 13. April 1858, relating to Educational Proceedings in Behar. Henry J. Baillie. Was die Lehrergehalte anbelangt, so scheint ein Tehsildaric-Schulmeister im Durchschnitte monatlich 10, ein Pergunnah-Visitator 26, ein Zillah-Visitator etwa 66, ein General-Visitator 600 und ein Lehrer an einer Normalschule 100 Thaler zu erhalten. Das Schulgeld für einen Knaben wird im Süden von Indien auf 5 Thlr. jährlich berechnet, aber es muß an anderen Orten noch viel niedriger sein. In Bengalen und Behar besteht es oft nur aus etwas Korn, Gemüse und dgl. Der Unterricht selbst wird mit Hülfe von Unterlehrern (Monitoren, d. h. zum Unterrichte eingeübte Schüler) ertheilt. Die wohlhabenderen Classen schicken ihre Kinder selten in öffentliche Schulen, sondern lassen dieselben zu Hause von dazu angenommenen Brahmanen unterrichten. Gerade in den höheren Zweigen der Wissenschaft wird oft ohne Honorar unterrichtet, indem sich die Lehrer selbst und mitunter auch einen Theil ihrer Schüler von Geschenken erhalten, die ihnen Fürsten oder reiche Personen geben. Ganz wie bei uns, kommt es häufig vor, daß gerade die talentvollsten und fleißigsten Schüler sehr arm sind. So kommen in das Puna-College Schüler von ferngelegenen Dörfern her, erbetteln sich täglich ihr Brod in der Stadt und schlafen in den Höfen des Schulgebäudes.

17) Es dürfte von Interesse sein, dieselbe noch etwas näher zu betrachten. Nach den Verordnungen vom Jahre 1859 wurde zum Baccalaureats-Examen an der Universität von Calcutta Folgendes verlangt:

Englische Literatur: die ersten 6 Bücher von Milton's Paradise Lost, Pope's Essay on Criticism etc., Defoe's History of the Plague und 3 von Lord Macaulay's Essays.

Griechisch: Demosthenes, de corona; Aeschines, de corona; Euripides, Medea.

Lateinisch: 4 Bücher Oden des Horaz, Agricola und Germania von Tacitus.

Hebräisch: Genesis mit dem Targum des Onkelos in den letzten 9 Kapiteln; Jesaias, 90—116. Psalm 92—139 und das Buch Hiob.

Der Examinand muß ferner verschiedene Werke im Arabischen, Persischen, Sanskrit, Bengali-Hindostanischen und in Urdu verstehen und Sätze aus einer Sprache in die andere übertragen können.

Geschichte: Principles of Historic Evidence, wie sie Isaac Taylor in seinen beiden Werken behandelt hat und andere darauf Bezug nehmende Werke. Die Geschichte von England und von Indien bis zum Ende des Jahres 1845; Elphinstone's History of India; alte Geschichte von Griechenland, Rom, Judäa und alte Geographie jener Länder.

Mathematik: Arithmetik, Algebra, Logarithmen, Geometrie, Trigonometrie, Mechanik, Optik und Astronomie, Physik und Chemie, thierische Physiologie, physikalische Geographie — Logik und Moral-Philosophie.

Hat dann ein Eingeborener dies Alles gelernt und sein Examen bestanden, so kann er, wenn es gut geht, ein Aemtchen mit 15 Rupien monatlich(?) erjagen. Der höchste Amtsgehalt, der einem Eingeborenen überhaupt zu Theil werden kann, beläuft sich kaum auf 1000 L. Sterling. Malcolm erzählt (Vol. II. p. 270), daß 1804 den jungen Leuten im Collegium zu Fort William die Aufgabe gestellt wurde, welche Vortheile den Eingeborenen aus Uebersetzungen solcher Bücher erwachsen würden, welche die Prinzipien ihres Glaubens und des Christenthums darlegen. Mehrere der achtbarsten Mohamedaner Calcutta's beschwerten sich darüber, die Aufgabe wurde zurückgenommen und jede religiöse Discussion in einem öffentlichen Dokumente als die Religion der Eingeborenen herabwürdigend verboten. Eine sehr interessante Sammlung indischer Examenaufgaben (Scholarship Examination Questions) steht im Appendix B., zu dem General Report of Public Instruction, in the lower Provinces of the Bengal Presidency Calcutta: G. H. Huttmann. 1844. Im ersten Anhange stehen die 1844 gegebenen Aufgaben für das juristische Examen und zwar zuerst allgemeine Fragen, dann über Handelsgesetz. In dem erwähnten 2ten Anhange folgen dann zuerst die sogenannten Senior Scholarships von 1843 und zwar Fragen aus der Literatur (namentlich Pope!), Geschichte (z. B. Welche Politik befolgte Heinrich VII. in der inneren Verwaltung des Staats und welcher Mittel bediente er sich zu deren Ausführung?[!] Geometrie (incl. Trigonometrie), Algebra und Physik. Daran schließt sich die 2te Stufe, die Junior Scholarships.

18) Sehr genaues Detail über dieses Medical College hat Kaye gesammelt. (The Administration etc. S. 616 flg.)

19) Vgl. Report on Roorkhee College, printed by order of Government of North-Western Provinces in 1851.

20) Wir geben zum Schlusse noch einige kurze Bemerkungen aus dem bereits oben erwähnten General-Berichte über den öffentlichen Unterricht in der Präsidentschaft Bengalen. Wir finden hier Specialberichte über das Hindu-College, Patshalla, die Schule der Schulgesellschaft, Sanscrit-College, Calcutta, Madrissa, Medical College und Hooghly College, nebst den demselben untergeordneten Instituten zusammengestellt. Auf regelmäßigen Schulbesuch wird an allen diesen Anstalten in der neuesten Zeit mit großer Aufmerksamkeit geachtet. Halbjährige Examina sind Ende Juni und Anfang Juli und gegen Weihnachten eingeführt und mit Prämienvertheilung verbunden. Die Lehrerlisten zeigen viele indische Namen, aber die obersten Stellen sind immer in den Händen von Europäern. Auffallend erschien es mir, daß diesen öfters längerer Urlaub, z. B. dem 2ten Lehrer am Hooghly College auf 2 Jahre, ertheilt wird. In solchen Fällen treten dann meist eingeborene Lehrer ein, die sich mit geringerem Gehalte begnügen müssen. Die größeren Schulen, über die außer den genannten vollständige Berichte vorliegen, sind die zu Dacca, Jessore, Chittagong, Commillah, Pauleah, Cuttack, Midnapore, Gowahatty, Sibsagur, Assam, Ramree, Moorshedabad, Rizamut, Patna, Bhaugulpore, ditto Hill, Monlmein, Chybassa und Chota Nagpore, Sylhet, Burrisaul, Bancoorah und Russapagla.

5.

Lebensweise und Charakter nebst einigen Bemerkungen über indische Kunst und Wissenschaft.

> Der Geist der Eingebornen ist keineswegs abgestorben; er schlummert nur und fristet ein träumerisches Dasein fort mit Trennung, mit Wiederverbindung und Umgestaltung der Fabeln und Speculationen vergangener Jahrhunderte. (Adam.) — Q. Curt. de gestis Alex. VIII, 31 seq.

Hindostan und Deckan kommen an Ausdehnung etwa Europa gleich, wenn man Rußland davon abschneidet und die in diesen weit ausgedehnten Ländern wohnenden Völkerschaften sind unter sich fast ebenso verschieden, wie die Nationen Europa's. Eben deßhalb würde eine nur einigermaßen vollständige Schilderung der Charaktere, Sitten und Gebräuche dieser verschiedenen Volksstämme an sich schon einen starken Band füllen. Wir müssen also darauf verzichten, und weisen nur auf manchen Beitrag hin, den sowohl die Schilderungen in den vorhergehenden Abschnitten, als in dem Reisewerke über Ostindien brachten. Dennoch können wir es uns nicht versagen, einige Züge hervorzuheben, die sich in dem Wesen der Hindu's ziemlich allgemein finden. Ein solcher ist vor Allem eine gewisse Passivität und Nachgiebigkeit. Ein merkwürdiger Beleg dafür ist der Umstand, daß die Hindu's selbst die Macht und Gewalt verehren, welche sie bedrückt. „Diese Eindringlinge," sagen sie von den Mohamedanern, so erbarmungslos sie uns drückten oder geradezu vernichteten, müssen doch von Gott zu einem großen und nützlichen Zwecke gesandt sein, sonst wäre ihnen ihr Werk nie gelungen!" Deßhalb betet auch die Masse des Volkes zu den Heiligen der Mohamedaner und besucht deren Wallfahrtsorte. Aus dieser Passivität läßt es sich ferner allein erklären, daß die Reiot's, von denen wir noch genauer sprechen, in ihrer nahe an Sklaverei gränzenden Lage sich der Rebellion enthalten. Auch der Selbstmord geht aus dieser Schwäche der Willenskraft hervor. Vom 13. Januar bis 10. Februar stürzen sich, um zu vielen früher erwähnten Beispielen nur noch eines hinzuzufügen, viele Pilger am Zusammenflusse des Jamna und Ganges in den heiligen Strom. Mit dieser Passivität hängt die abergläubische Furcht und Bangigkeit, welche den Hindu leicht überfällt, eng zusammen. Glänzende Beweise von Tapferkeit haben eigentlich nur einige Gebirgsvölker gegeben. Selbst der berühmte Heider Ali antwortete einst seinem Lieblinge, der ihn fragte, warum er sich im Schlafe so ängstlich bewegt habe: „Mein Freund, der Zustand eines Jogie (religiöse Bettler) ist herrlicher als meine beneidete Königsmacht; wenn sie aufwachen, sehen sie keine Verschwörer, und wenn sie schlafen, träumen sie von keinen Meuchelmördern."

Der Hindu liebt ferner Unterhaltung und Vergnügungen; selbst im Verkehre der niederen Classen zeigt sich eine gewisse Artigkeit und Höflichkeit, die freilich bei der geringsten Erregtheit auch schnell in ein sehr rücksichtsloses Benehmen umschlagen kann. Wenn sich die Hindu's einander besuchen oder vor den Thüren ihrer Häuser unterhalten, so dreht sich ihr Gespräch fast stets um die Frauen, um deren Alter, Tugenden, deren Anzahl, um die Aussichten zu neuen Heirathen u. s. w. In Hindostan ist das ewige Thema Liebe und Heirath, in England die Politik, in Frankreich die Fonds und der Kaiser, in Preußen das Militär. Die Hindu's pflegen sehr laut zu reden, was anfänglich jedem Fremden auffällt, aber ihr Organ ist meist angenehm. Ueber die Europäer pflegen sie, wenn unbeachtet, sehr harte Urtheile zu fällen. (Siehe die Beispiele am Schlusse der Anmerkungen.) Vor Allem ist ihnen europäisches Militär sehr zuwider und man erzählt als Belege dieser Abneigung eine Menge von Anekdoten. „Kauf Dir doch Deinen Käse in Europa!" sagte ein Käsehändler zu einem Unteroffizier, der den geforderten Preis zu hoch fand. Ein mohamedanischer Soldat rief aus: Warum verdammt ihr Christen den Mohamed, wir Mohamedaner verdammen doch nie Jesus Christus! Der Eingeborene pflegt den europäischen Soldaten Jänglah (wilder Mann) zu nennen. Der Hindu sieht ihn mit Abscheu Ochsenfleisch, der Muselmann mit ähnlichen Gefühlen Schweinefleisch verzehren. Diese Abneigung gegen die Feringhi (Fremden) ist aber bei den Frauen keineswegs allgemein. Schöne Mädchen sind gegen hübsche junge Offiziere nicht allzu spröde, sie bringen sogar ihre religiösen Vorurtheile zum Opfer. So entfloh z. B. ein reizendes Mädchen bei Bombay nach einer kurzen Fenster-Intrigue mit dem Lieut. Leith, nachdem sie sich in die schönsten Stoffe gekleidet und (als eine moderne Jessica) reich mit Juwelen behangen hatte. Ein junger Civilbeamter in Surate hatte eine reizende Hindu-Wittwe in ihren Rechten geschützt; sie wollte ihm persönlich ihren Dank abstatten und empfing ihn verschleiert und von ihren Dienern umgeben, um ihm einen kostbaren Juwel zu schenken. Er zog es vor, nur die Juwelen ihrer Augen zu betrachten und sah nun ein Weib von blendender Schönheit vor sich, das ihm mit würdevoller ernster Haltung begegnete, aber doch — ein zweites Rendez-vous gewährte. Als er sich pünktlich einstellte, fand er aber nur eine hübsche Mongolin vor, die ihn durch ihre Grazie und Anmuth und durch ihren Witz unterhalten sollte.

Merkwürdig ist das Verhalten der Indier gegen die Thiere, welche sie im Allgemeinen sehr zart und milde behandeln und von denen sie gerade die gefährlichsten am wenigsten tödten. So fürchten sich die Einwohner im Tarai-Walde, die Spuren von Tigern, welche Menschen getödtet haben, anzugeben, indem sie erklären, daß die Geister der Getödteten über dem Haupte des Tigers schweben und ihn vor Kugeln schützen. Der Löwe heißt Abol hûrs, der Vater der Cultur, weil er von dem Wilde lebt, das dem Getreidebau am verderblichsten ist. Leider contrastirt mit dieser milden Behandlung der Thiere sehr häufig die gegen Menschen verübte Grausamkeit. So wurden unter den Mahratten die Bheel's und Garcia's gleich wilden Thieren zu Tode gehetzt. Als Forbes sich in Dhuboy aufhielt, wurde ihm einmal bei Tische der zubereitete Kopf eines Garcia vorgesetzt. Diese Garcia's hatten bis 1783 in blühenden Distrikten gelebt, bis sie durch die Tyrannei der Mahratten in solche Noth geriethen, daß sie sich der Räuberei ergaben. Die Mahrattenhäuptlinge pflegen von Weibern und Kindern auf Kriegszügen begleitet zu werden. Letztere reiten auf Pferden, Ochsen oder Eseln, während der Gatte an ihrer Seite zu Fuß geht. Erreichen sie dann das Lager, so beginnt der Dienst der Frau, sie streckt dem Manne die Matten hin, reibt und reckt seine Glieder, striegelt und füttert die Pferde, und bereitet den Reis und Curry und knetet Brodkuchen, damit der Gatte das Mahl fertig findet, wenn er erwacht. Ragonath führte sogar 7 Concubinen mit sich und ließ eine, die ihm untreu geworden war, in einen Sack nähen und ertränken.

Aus der oben erwähnten Vergnügungssucht des Hindu erklärt es sich, daß er Pracht, prunkende Aufzüge und glänzende Höfe liebt. Die vielen Casten des Volkes, von der höchsten bis zur niedrigsten etwa 27, werden stets nur einer mit Luxus und Pracht auftretenden Regierung willig folgen. Von diesem

Gesichtspunkte aus läßt sich auch allein die verweichlichende, meist asiatisch üppige Lebensweise der Civilbeamten, welche zu schildern wir für überflüssig halten, einigermaßen entschuldigen. Von dem Glanze indischer Feste haben wir schon viel erzählt; besonders kostbar sind die Hochzeitfeste. Ein reicher Kaufmann gab zu Bekanier ein solches, zu dem sich mehrere Tausende einfanden und wobei mehrere Personen im Gedränge erdrückt wurden.

Von dem Aberglauben der Hindu's haben wir schon manches Beispiel gegeben; er zeigt sich namentlich auch in den Anfragen an die Schicksalsgöttin, deren man sich fast allgemein bedient, wenn ein Diebstahl in einem Hause begangen worden ist. Man findet dazu mehrere Beispiele in den Oriental Memoirs von James Forbes. Auch zum Belege für die prophetischen Gaben mancher Brahmanen läßt sich Forbes von der Dame, in deren Hause er in Bombay die erste gastfreie Aufnahme fand, ein glänzendes Beispiel erzählen, das indeß eine sehr einfache Erklärung zuläßt. Der Brahmane konnte davon Nachricht erhalten haben, daß der junge Hindu Jesuit geworden war und nun vermuthen, daß er seine Mutter nie wieder sehen würde. Die Hindu's glauben ferner, daß einzelne Menschen die Fähigkeit besitzen, verborgene Schätze aufzufinden. In solchem Rufe stand z. B. ein blinder Mann, von dem Forbes Folgendes erzählt. Ein Goldschmidt beschuldigte seine Frau der Untreue; diese raffte alle Juwelen und Goldsachen des Mannes zusammen und stürzte sich in einen Brunnen. Der Leichnam wurde gefunden, aber nicht die Kostbarkeiten, die sie nach der Aussage einer Vertrauten geraubt hatte, damit der Mann keine zweite Ehe eingehen könne. Der blinde Mann, welcher ungewöhnlich lange tauchen konnte, fand den Sack mit Kostbarkeiten wirklich in einem andern Brunnen und verlangte, wie er vorher ausgemacht hatte, ⅕ des Werthes der aufgefundenen Sachen. Der Goldschmidt wollte nicht zahlen, wurde aber durch ein Urtheil des Panchajât dazu genöthigt. Diese kleine Erzählung erinnert uns zugleich an einen Vorwurf, der dem Hindu oft gemacht worden ist, nämlich, daß er undankbar sei. Derselbe scheint jedoch im Allgemeinen nicht gerecht zu sein. Wenn z. B. Herren wirklich gütig und freundlich sind, so finden sie bei ihren indischen Dienern ein so reges Dankgefühl als irgendwo sonst in der Welt. Die Anhänglichkeit der Hindu's an ihre eigenen Häuptlinge ist sprichwörtlich und wurzelt doch jedenfalls mit im Gefühle des Dankes. Auch ist dasselbe schon oft in Fällen bewahrt worden, wo einflußreiche und mächtige Personen nach ihrem Sturze in Europa nur zu häufig von dem Troß guter

Freunde, die denselben ihr ganzes Glück verdanken, verlassen oder gar verspottet werden. Auch zeigt der Hindu gegen Gefangene mehr Erbarmen als irgend ein anderes asiatisches Volk. Tippu ließ allen denen, welche ihm aus dem britischen Lager in die Hände fielen, die rechte Hand und die Nase abschneiden. Der letzte Peschwa gab denselben Gefangenen, nachdem sie von seinen Truppen ausgeplündert worden, je eine Rupie und etwas Lebensmittel und schickte sie fort. Die Hindu's sind überhaupt gewöhnlich mitleidig und wohlwollend; aber es fehlt ihnen an aktiver Menschenfreundlichkeit, woran die sondernden Castenvorurtheile und eine gewisse Apathie schuld sind, welche sie selbst gegen das eigene Unglück abstumpft. Kaltblütige Grausamkeit, wie man sie den Brahmanen vorgeworfen hat, liegt eigentlich nicht in ihrem Charakter, und selbst ihr Jähzorn macht sich vorzugsweise in Worten Luft. Wenn demnach der Hindu die Person, mit der er sich verfeindet, sowie deren nächste Verwandten mit einer Fluth von Schimpfreden überschüttet, so rächt doch der beleidigte Theil seine Ehre auch wohl noch anders, z. B. indem er ihn mit einer wirklichen Regenfluth überschüttet. Er streuet nämlich in der Nacht Reis und Korn auf das Dach seines Gegners, die Affen merken dies bald und indem sie die zwischen die Ziegel gefallenen Körner aufsuchen, verschieben sie diese oder werfen sie ganz weg. Da nun die Dächer in Hindostan nur einfach gedeckt sind, so ist in wenigen Stunden durch den hereinströmenden Tropenregen Alles im Hause verdorben.

Zu Intriguen und mannigfacher List sind die Indier überhaupt ganz geschickt, sowie überhaupt Wahrheitsliebe ihnen mangelt. Selbst unter den orientalischen Völkern zeichnen sie sich durch Lügenhaftigkeit aus, ein Laster, das überhaupt bei unterjochten Völkern vorzugsweise angetroffen wird.

Die indischen Häuser sind im Allgemeinen höchst einfach und wurden bereits in der Reise in Ostindien näher beschrieben. In den größeren Orten sieht man oft bei reichen Kaufleuten viele Stuben mit Bildern schöner englischer Frauen behangen, man bemerkt illustrirte Prachtwerke, Uhren, Spiegel, Kronenleuchter und Möbel in neuestem Geschmack; aber dies Alles dient bei den Meisten nicht zum Gebrauche, sondern ist nur zur Schau ausgestellt. Der Besitzer lebt gleich seinen Vätern in einem einfachen Gemache, sitzt mit untergeschlagenen Beinen, oft kaum bekleidet, da, wie diese und ißt mit den Fingern. Nena Sahib richtete für den britischen Residenten in Bithur ein Haus aufs Prachtvollste ein; aber er selbst benutzte es auch nach dessen Abreise nicht, sondern ließ Europäer, die ihn besuchten, darin wohnen. Selbst die Babu's in Calcutta legen, wenn ihre Amtsstunden vorüber sind, nachdem sie in ihr Haus getreten, ihre besseren Gewänder ab und unterwerfen sich einer förmlichen Reinigung durch reichliches Waschen. Den übrigen Theil des Tages sitzen sie gewöhnlich fast nackt auf dem Boden, indem nur ein leichter Shawl um ihre Hüften geschlungen ist.

Wenn die Indier früh aufzustehen im Begriffe sind, so recken sie ihre Glieder auf eine eigenthümliche Weise aus, indem sie Arme und Füße mit Schnelligkeit fortstoßen; dann begeben sie sich vor die Hausthür, hocken dort im Kreise, reinigen ihre Zähne und waschen sich Zähne und Mund; die Gentu's verrichten dabei einige besondere Ceremonien. Ohne Schuh vor Jemand zu erscheinen, ist der größte Beweis von Achtung und die Schuhe, nachdem man vorher hineingespuckt, Jemanden ins Gesicht werfen, der Superlativ von Verachtung.

Der Hindu, vor Allem der Brahmane, wäscht oder badet täglich den ganzen Körper, die Hände werden vor und nach jedem Mahle gewaschen. Personen verschiedener Casten essen nicht zusammen; auch müssen die Speisen für jede Caste in besonderen Gefäßen gekocht werden und zwar durch Mitglieder der Caste auf der Erde und nicht in Gegenwart Anderer. Deßhalb werden auch die Hindu's nicht ins Gefängniß gesetzt, sondern bekommen Wächter ins Haus, wenn sie arretirt und festgesetzt werden. Der Indier ist überhaupt in seinen Speisen sehr ekel und wählerisch. Sie sagen, die Engländer essen jedes Ding und fechten gegen jedes Wesen. Frösche gelten für sehr delikat und werden viel gegessen. Die niederen Casten in Mysur und dem Carnatic essen Insekten und Ameisen. Eine beliebte Leckerei ist bekanntlich die Betelnuß in einem Betelblatte, mit gestoßenen Perlen oder feinem Kalk bestreut. Bei der Mahlzeit bedienen sich die Gentu's desselben irdenen Geschirres stets nur ein Mal; statt der Teller und Schüsseln brauchen sie Banyanenblätter. Löffel kennt man nicht, nur große Vorlegelöffel aus Cocosnußschale sind in Gebrauch. Die Brahmanen enthalten sich bekanntlich aller thierischen Nahrung. Es machte daher einen erschütternden Eindruck auf einen hochgebildeten Brahmanen, als ihm ein befreundeter Engländer ein gutes Sonnenmikroskop zeigte, und er nun sah, daß auch in der vegetabilischen Kost unzählige Thiere lebten. „Ich bin elend geworden" rief er aus und muß es bleiben, bis ich in einen anderen Zustand des Daseins versetzt werde." Um aber Andere vor einer ähnlichen

Vernichtung ihres Seelenfriedens zu bewahren, ruhte er nicht eher, als bis er dem Engländer das vortreffliche Instrument abgekauft und an einem Steine zerschmettert hatte.

Auf die gesammte Lebensweise hat natürlich der Wohnort den entschiedensten Einfluß. Man vergleiche das städtische Leben mit dem im Jangle oder auf dem Gebirge! Die Urstämme in den Jangles müssen dort aufgesucht und ihre Kinder in den Dörfern selbst unterrichtet werden, denn diese pflegen in den Städten stark am Heimweh zu leiden, wie man z. B. in Pieplode bemerkte. Die rohen Bhil's, Bhulala's und Kurku's sind wenigstens so weit cultivirt worden, daß sie Häuser bauen, Brunnen graben und ihre Jangles urbar machen. Diese wilden Stämme arbeiten mit der Axt ungemein leicht und geschickt und bewachen in der Nacht ihre Felder mit der Flinte oder dem Bogen. Sie essen das Wild, das sie erjagen. In schroffem Gegensatze zu diesen Naturzuständen steht das Leben an den indischen Höfen. Die fürstlichen Hofhaltungen pflegen enorme Summen zu kosten. So ließ z. B. der Maharaja von Jodpur, der neben 8 Gemahlinnen 9 Concubinen mit je 1200 Thlr. Nadelgeld hält, für dieselben 9 Frauenpaläste bauen. Jede Rani oder Ehefrau hat 15—20 Badaran's, Kammerfräulein, die von ihrer Tafel bewirthet werden; wenn sich diese schlecht aufführen, so werden sie mit dem Jerband gezüchtigt oder in Kotha's (geheime Gemächer) gesperrt.

Unter die mancherlei Vergnügungen, denen die Hindu's nachjagen, gehören auch die Kampfhähne und Kampfwachteln. Diese sind sehr beliebt; die Eingeborenen können ganze Nächte hindurch diesen Kämpfen zusehen und machen Wetten. Auch lassen selbst Erwachsene, wie in China, Drachen fliegen und suchen dabei dem Nachbar die Drachenschnur abzugewinnen. Man sieht ferner selbst die ältesten Leute mit einem langen Bambusrohre, an dem oben ein rothes Tuch befestigt ist, auf dem Hausdache durch Schreien und Wehen mit dem Tuche ihre Taubenschwärme treiben und die des Nachbars an sich locken (ein lukratives Vergnügen, welches nach dem Berichte eines Augenzeugen auch Berliner Taubenliebhaber exerciren sollen). In den Häusern findet man häufig Kuhmist, welcher für ein treffliches Mittel gegen Ungeziefer gehalten wird. Auch waschen die Gentu's die Stellen mit Kuhmist rein, welche ein Christ berührt hat, besonders, wenn Europäer im Kriege die Pagoden betreten oder benutzt haben.

Kunst und Literatur nebst Bemerkungen über altindisches Leben.

Wir werfen zuerst einen Blick auf die Entwickelung der schönen Künste bei den Indiern und beginnen mit der Musik. Was diese anbetrifft, so ist sie nach den Darstellungen des Sir W. Jones und Paterson's systematisch und fein ausgebildet. Wenn man von 84 Tonarten spricht, so erklärt sich dies daraus, daß die Indier ihre Skalen, wie wir, mit den 12 verschiedenen Tönen der Tonleiter beginnen, jede einzelne aber nicht bloß nach Dur und Moll, sondern durch die Stellung der halben Töne siebenfach variiren; aber von diesen 84 Skalen sind nur 36 im allgemeinen Gebrauche. Sie sind nach den Jahreszeiten und den Stunden des Tages und der Nacht benannt, da jede Eigenschaften besitzen und Stimmungen erregen soll, die diesen Zeiten angemessen sind. Die Musik soll übrigens, wie die anderen Künste, in Verfall gerathen sein und überhaupt sind die indischen Melodien, gelind gesagt, sehr eintönig. Sie haben etwas besonders Weiches, Süßes und Klagendes und klingen am Besten, wenn sie Solo und in Begleitung der Veina, der englischen Lyra, vorgetragen werden. Das Accompagnement von Geigen und mit den Fingern geschlagenen Trommeln erscheint dem Ohre des musikalisch gebildeten Europäers stets zu laut und unschön, wobei freilich zu beachten ist, daß die indische Musik von den bei Festen, Hochzeiten u. s. w. aufspielenden und singenden Musikanten ebenso ungenügend repräsentirt wird, wie etwa die europäische von Bänkelsängern und Dorfgeigern.

Die Malerei steht auf einer sehr tiefen Stufe. Die Wände der Häuser sind oft mit Wasser- oder auch mit Oelfarben bemalt. Man sieht mythologische Gegenstände, Schlachten, Processionen, Ringer, männliche und weibliche Figuren und Thiere, aber keine Landschaften, höchstens ein paar Bäume oder ein ohne alle Kenntniß der Linear- oder Luftperspektive hingemaltes Haus. Die Bilder haben einige Aehnlichkeit mit denen an den Wänden ägyptischer Gräber. Die Porträtmalerei ist ebenfalls sehr dürftig. Dagegen verstehen es die Hindu's Manuskripte fein und kunstvoll zu verzieren; der Glanz und die Zusammenstellung der Farben ist hier ausgezeichnet, aber die menschlichen Gestalten gleichfalls unschön.

Von der Sculptur ist schon vielfach die Rede gewesen; wir bemerken deßhalb nur noch, daß leider den indischen Bildhauern, so graciös und geistvoll auch einzelne ihrer Figuren sein mögen, jede Kenntniß der Anatomie abgeht und daß sie von künstlerischer Gruppirung auch nicht die geringste Idee haben.

Ueber die Architektur hat Rám Ráz ein recht verdienstliches Werk veröffentlicht, aus dem hervorgeht, daß einige Formen und Proportionen den europäischen nahe verwandt, andere aber ganz eigenthümlich sind. Es werden dort nicht weniger als 64 Arten von Vasen aufgeführt. Bestimmte Säulen-Ordnungen giebt es nicht. Die Säulenhöhe variirt von 6—10 Durchmessern. Man hat oft auf die Verwandtschaft der indischen Baukunst mit der ägyptischen hingewiesen, indessen beweisen doch wieder mancherlei Verschiedenheiten, daß diese eine nicht allzu nahe ist. Die schräg nach innen zulaufenden Wände mit dem flachen Dache, das ein tiefer, kühner Karnieß umschließt, finden sich nicht in gleicher Weise in Indien vor. Man findet wohl auch pyramidische Dächer, aber sie sind hohl und von innen durch Wände oder Pfeiler getragen. Die massiven Pyramiden Aegyptens sind unbekannt. Auch stehen die Wände meist senkrecht. Im Süden bestehen die Thürme im Allgemeinen aus vielen Stockwerken, von denen jedes Höhere etwas gegen das Untere einspringt. Nördlich vom Godavery kommen jene thurmartigen Gebäude häufig vor, welche, auf kleiner Basis stehend, sich gegen die Mitte stark ausbauchen und dann sich zu einem Fußgestelle verjüngen, auf dem irgend ein Symbol (Dreizack, Vase u. dgl.) oder eine Metallzinne angebracht ist. Von der Einrichtung der Tempel haben wir bereits gesprochen. Die Hindu's entfalten in ihnen im Detail viel Reichthum und hier und da auch überraschende Schönheit (z. B. in den Arabesken), aber es fehlt an großartiger Auffassung des Ganzen und effektvoller Beherrschung der Massen. Was die Paläste der Fürsten anbetrifft, so sind die ältesten ziemlich planlos oder der ursprüngliche Plan ist durch die vielen Anbauten verdeckt und unkenntlich, was hier um so leichter geschehen kann, da man oft mehrere Neubauten nicht an die älteren Gebäude, sondern auf deren solide, terrassirte Dächer setzt, weßhalb diese Paläste oft eine unverhältnißmäßige Höhe haben. Die inneren Höfe sind stets mit Colonnaden umgeben. Die Staatszimmer liegen nie im Parterre, die zu ihnen führenden Treppen sind häufig steil und eng. Von der Architektur der Privathäuser kann kann die Rede sein, aber dennoch macht das Gewirr und Gedränge kleiner Bauten mit vermittelnden und verknüpfenden Veranda's und prächtigen Baumgruppen, obgleich kein eigentlicher Baustil nachzuweisen ist, oft einen höchst malerischen Eindruck. Zu den großartigsten neueren Bauten der Hindu's sind unbedingt die Wasserbehälter zu rechnen, welche entweder ausgegraben, also unter dem Niveau der Erdfläche, oder durch Dämme an der Ausmündung von Thälern über dem Niveau des umgebenden Landes gebildet werden. Nur die ersteren sind rings von schönen Steinterrassen umgeben und manchmal ungemein groß, so daß der Umfang selbst über eine Meile beträgt. Diese seeartigen Bassins dienen dann zugleich zur Bewässerung. Merkwürdig sind auch gewisse Steinbrücken, wie sie im Süden Indiens vorkommen. Der Stein ist an ihnen balkenartig verwandt. In früheren Zeiten war die Construktion der Bogen den Hindu's wahrscheinlich ganz unbekannt; daher haben auch die prachtvollen Triumphbögen oder besser Triumphgebäude, wie z. B. zu Barnagar im Norden von Guzerat, viereckige Oeffnungen. Von einzeln stehenden schönen Säulen, z. B. in Chietore (abgebildet und beschrieben in Tod's Rájasthán), war schon die Rede. Auch über die Industrie der Indier ist in der „Reise in Ostindien" schon soviel zusammengestellt, daß wir sie hier unbeachtet lassen und sogleich zu einigen Bemerkungen über die Wissenschaft der Hindu's übergehen.

Die ganze wissenschaftliche Entwickelung des Hindu-Volkes ist bekanntlich in ihren heiligen Büchern niedergelegt, sowie die indische Kunst sich fast allein in den Tempeln offenbart. Die Veda-Hymnen sind in derselben Form veröffentlicht, wie sie 800 vor Chr. in Manuskripten existirten. Bei der kritischen Sichtung der Sanskrit-Literatur besteht die schwierige Aufgabe darin, diejenigen Werke aufzufinden, welche dem Veda-Zeitalter angehören. Gewisse grammatische Formen und orthographische Eigenheiten charakterisiren zwar dieselben, aber selbst Menu, der Verfasser der Mánava-dharma-sástra, bediente sich bei Abfassung seines Gesetzwerkes mancher Vedaformen oder behielt sie vielmehr beim Uebertragen der Vedaverse bei. Die Veda-Prosa hat allerdings auch ein bestimmtes Gepräge, aber, um die Poesie der Veda's von den fremden Elementen zu scheiden, muß man vor Allem das Versmaaß prüfen. M. Müller kommt hierbei zu dem Resultate, daß vor dem Ende des 8ten Jahrhunderts vor Chr. keine elegische Poesie abgefaßt worden ist. Das Veda-Zeitalter zerfällt in 4 Epochen (Chhandas, Mantra, Bráhmana und Sutra), alle anderen Sanskrit-Werke sind späteren Ursprungs. In den Bráhmana findet sich zuerst die prosaische Schreibart. Der Mantra-Periode gehört nur der Rig-Veda an, es liegt so zu sagen schon etwas Alexandrinisches in dieser Literatur. Von den 10 Büchern bezieht sich jedes auf je eine der alten Familien Indiens. Es zeigen sich Spuren, daß ein überwachender Geist die ganze Abfassung des

Werkes leitete. Die Mandala's wurden wahrscheinlich in verschiedenen Theilen Indiens und von verschiedenen Familien unter der Leitung einer bestimmten Autorität veranstaltet. Von Autoren finden sich erst in der Sútra-Periode einige Spuren. Der Commentar ist von Sâyana Acharya, einem Manne von vornehmer Geburt und hoher Stellung, der zugleich ein berühmter Sprachforscher war. Er ward am Hofe des Raja von Bijayanagar, Birá Bukka, im 14ten Jahrhunderte erzogen. Der erste Theil seiner Scholien enthält den Originaltext, aber in ein mehr modernes Sanskrit übergetragen.

Einige eingeborene Fürsten finden Gefallen an der Astronomie; so hat der Raja Jai Sing zu Jaipur ein mit vortrefflichen Instrumenten versehenes Observatorium. Die auf die Astronomie bezügliche Sanskrit-Literatur [1]) ist in der letzten der Vedânga's unter dem Namen Jyotisha enthalten und nicht von Bedeutung (M. Müller, 211). Aus der ältesten Epoche besitzen wir keine Schrift, welche im Stile der Sútra's abgefaßt wäre. Der Mond galt als Zeitmesser, woher auch sein Name im Sanskrit, Griechischen, Lateinischen, Deutschen u. s. w. Der 13. und Schaltmonat war der Anhaspati geheiligt. Sie unterschieden im Jahre überhaupt 3 Jahreszeiten nach ihrem physischen Charakter, machten aber 6 Abtheilungen: Vasanta (vgl. ver, altlat. ves), Grishma (heiße Zeit), Varscha (Regenzeit), Saraba (schwül), Hemanta (hiems), Sisira (Zeit des Thaues).

Verschiedene dem Saunaka und zweien seiner Schüler zugeschriebene Werke gehören nicht der Vedânga an und sind unter dem Namen der Anukramani's bekannt. Es sind systematisch geordnete Verzeichnisse der alten Veda-Literatur (M. Müller 216, welcher sich erlaubt, die Gränzen des Zeitalters, in welchem die brahmanische Literatur im Stile der Sútra's verfaßt wurde, versuchsweise zwischen 600 und 200 vor Chr. zu legen). Später und von geringerer Bedeutung als die Sútra's sind die Parishhta's, gleichsam die letzten Ausläufer der Veda-Literatur. Man erkennt aus ihnen die geschichtliche Entwickelung der Hindu's. Wenn wir in der Chhandas-Epoche sehen, wie die ersten arischen Ansiedler Indiens ihren Gedanken und Empfindungen in voller Freiheit nachgingen und sich so fast unbewußt eine Welt von religiösen und politischen Ideen schufen, wie sie in dem Mantra-Zeitalter das Erworbene sorgsam ansammelten, wie sie in der Brahmanenepoche systematisch ordneten und die Gedanken ihrer Vorväter erklärten, da deren Sprache und Denkweise ihnen heilig, aber zugleich oft unerklärlich geworden war, wie in der Sudra-

Epoche alle Kräfte darauf verwandt wurden, das schwer verständliche Religionssystem und die Ceremonien der Brahmana's zu vereinfachen, — so geht das Bestreben der Parisishta's dahin, die in den Sûtra's übersehenen theologischen und ceremoniellen Punkte volksthümlich (aber auch oberflächlich) zu beleuchten. Man merkt heraus, daß die Schüler nicht mehr 20 Jahre lang die Geheimnisse und Irrgänge der Brahmanen-Literatur durchforschen wollten und daß eine ihrer Macht bewußte Priesterschaft unbedingten Glauben und Gehorsam auch ohne tiefere Forschung verlangte. Die Parisishta's bilden insofern eine Art verbindendes Glied (wie später die Aranyaka's, Abhandlungen des Waldes. Müller, 313) zwischen der Brahmana- und Sûtra-Literatur. Diese werden noch heute gelesen und zwar vorzugsweise ihre philosophischen Kapitel, die Upanishad's (wenigstens 10 von den 100 zum Theil aus neuerer Zeit stammenden). Die Aranyaka's sind in einer Beziehung alt, denn sie erforschen den ersten Keim des Gedankens, in anderer Beziehung gehören sie neueren Zeiten an, denn sie sprechen von diesem ersten Erwachen mit einer aus langen Zeitperioden gesammelten Erfahrung. In diesen letzten Erzeugnissen der Brahmana-Periode begegnet man Stellen, welche an Größe, Kühnheit und Einfachheit der Gedanken unübertrefflich schön sind; nur war das Geschlecht, aus dessen Mitte diese herrlichen Werke hervorgingen, dieser Größe und Erhabenheit nicht gewachsen. Die Brahmana's sind theologische Abhandlungen, welche, wie wir oben sahen, namentlich die Ausübung des Gottesdienstes zu lehren behaupten, aber nur Gebote für den Opferdienst und viele Erklärungen und Erläuterungen enthalten. Man kann bekanntlich die Veda's in 2 Theile Mantra's und Brahmana's theilen. Auch muß man zwischen alten Brahmana's, welche seit undenklichen Zeiten in mündlicher Ueberlieferung unter den verschiedenen Charana's lebten, und neuen Brahmana's, welche die großen Sammlungen der Werke enthalten und an denen der Einfluß der Herausgeber bemerkbar ist, unterscheiden. Es war ursprünglich, wie wir ebenfalls bereits oben bemerkten, die Pflicht jedes Brahmanen, seine Svâdhyâya, welche die Hymnen und die Brahmana's in sich begriff, zu lernen. Als dies vernachlässigt wurde, bildeten sich später 3 Classen von Charana's, die, welche aus den Texten der Sanhitâ's oder der Brahmana's entsprungen waren oder den Sûtra's angehörten.

Mahâbhârata ist nach Roth [2]) nach Buddha's Tode zusammengetragen; diese epischen Geschichten zeigen nur eine oberflächliche Kenntniß des Veda.

Die Religion des Agni, Mitra und Varuna ist eine ganz andere geworden, indem sich auch das ganze religiöse Leben verändert hat. Dasselbe läßt sich von den Purâna's sagen ³), welche einer späteren Zeit angehören.

Die Balladen und Gesänge der Hindu's stehen stets mit ihrer Religion in engster Verbindung. Die lyrischen Gedichte der Chond's sind an ihren Schlachtengott Lala Pennu und an die Erdgöttin Bira Pennu gerichtet; so wie diese, sind die Gesänge der Hindu's im Allgemeinen meist blutig und kriegerisch. Die aus dem Sanskrit entnommenen Balladen des Königs Karna und Pralhand Charitra werden unzählige Male gelesen und dabei geweint und gelacht. Der König Karna, weit berühmt wegen seiner Tugenden und Menschenliebe, in dessen Palaste die Elenden Schutz suchten und Hülfe fanden, erregte den Neid der Götter und Krishna stieg vom Bycaut in der Gestalt eines blinden Brahmanen herab ihn zu versuchen. Er bat Karna um Obdach und Nahrung und der König versprach ihm Alles, was er wünsche, zu gewähren. Da erklärt der boshafte Krishna, daß ihm nichts genügen könne, als das Fleisch von Karna's Kinde. Gebeugten Hauptes theilt der König seiner Gattin das Verlangen des Gastes mit und sie beschließen, damit sie kein Vorwurf treffe, ihren geliebten Brisacatu zu schlachten. Der sorglose Knabe wird vom Felde, wo er spielte, gerufen und von Karna und seiner Frau in Stücke gesägt. Als das Mahl bereitet war, verlangte der unmenschliche Gast, daß die Aeltern auch daran Theil nehmen und daß Karna noch eine andere Person aufsuchen solle, die er erwarte. Kaum hat der König seinen Palast verlassen, siehe, da steht in geringer Entfernung Brisacatu und kommt ihm mit seinen Spielgenossen freudig entgegen gelaufen. Mit unaussprechlicher Freude umarmt der Vater den Sohn, trägt ihn entzückt zu seiner sterbenden Gattin und fällt dem nun erkannten Gotte zu Füßen.

Die Bydya Sandar ist das populärste und am meisten gelesene Buch von Bharat Chander's Werken; denn die schwülstige Schreibweise, die Schilderungen von der Schönheit, den Tugenden und dem Wissen der anmuthvollen Bydya haben soviel Anziehendes für das weibliche Geschlecht, daß die Schönen in Bengalen dies Buch stets zur Hand haben. Es thut ihrem Herzen wohl, zu lesen, wie Bydya, die Jungfrau von fünfzehn Sommern, so überaus schön war. Ihr Antlitz war reizender als der Herbstmond, bei ihrem Anblicke entfaltete sich freudig die Lotusblume, ihre dunkeln Augen waren durchsichtiger als die der flüchtigen Gazelle, ihre Haltung war gerade und majestätisch und ihre Stimme ertönte herrlicher, denn die köstlichste Musik von der Vina (Leier) von Sarsetti; ihre schwarzen Haare hingen in natürlichen Locken herab und ihre Nägel waren roth wie Rubinen. Ihre Augenbrauen glichen dem Bogen des Cama, Lichter schossen unter ihnen hervor, die das Herz des sie Anblickenden durchbohrten, Perlen konnten mit ihren schön geformten Zähnen nicht verglichen werden u. s. w.

Solche Lektüre ist also den Frauen willkommen; aber die tieferen Lehren der Religion wollen und dürfen sie nicht kennen lernen. Die Hindu's glaubten, daß, wenn die Frauen die Lehren der Veda's verstehen lernten, sie gegen Schmerz und Vergnügen gleichgültig werden und nicht mehr die Sklavinnen ihrer Männer bleiben würden, oder daß sie, wenn sie jene Doktrinen **halb** verstünden, geschwätzig werden und ihre Kenntnisse auch denen mittheilen würden, welche kein Recht dazu hätten. Deßhalb finden wir auch in den Ceremonial-Sûtra's nur erwähnt, daß Frauen an gewissen Opfern zugleich mit ihrem Gatten Theil nehmen durften. Aus diesen Ansichten erklärt es sich zugleich, daß noch heute, wie wir bereits oben bemerkten, die weibliche Jugend nur einen höchst ungenügenden Unterricht genießt.

Der Rig-Veda selbst ist eine Sammlung von ungefähr 1000 Hymnen verschiedenen Inhalts, von denen jede eine Sûkta genannt wird. Das ganze Werk wird in acht Bücher, Ashtakah's oder Kânda's, getheilt. Jede Ashtakah zerfällt wiederum in Adhyaya's oder Capitel, welche in sich eine willkürliche Anzahl von Sûkta's enthalten. Die Varga's zerfallen wiederum in Unterabtheilungen, jede aus ungefähr fünf Stanzen bestehend, damit sich dieselben dem Gedächtnisse leichter einprägen. Aber diese Sonderung ist eine mehr künstliche; denn nach einem anderen Plane ist das Ganze in zehn Mandala's getheilt, deren jede wiederum in ungefähr hundert Anuvaka's zerfällt. Eine Anuvaka kann irgend eine Zahl Hymnen in sich begreifen, von 1 bis 20. Von den Mandala's werden sechs denselben Individuen oder Mitgliedern derselben Familie zugeschrieben.

Jede Hymne hat einen Rishi oder begeisterten Lehrer zu ihrem Verfasser; aber die Namen derselben sind nicht immer in den Hymnen angegeben, sondern in einem Index aus späterer Zeit angeführt, der zugleich die Metra, die Anzahl der Stanzen in jeder Hymne und die Gottheit oder die Götter angiebt, an welche dieselbe gerichtet ist. Professor Wilson hat vier Aſhtaka's, welche 502 Hymnen enthalten, ins Engliſche überſetzt. Colebrooke's Analyſis der Veda's iſt meiſterhaft, aber in Bezug auf die Chronologie mit Vorſicht zu gebrauchen. Für die Hindu's ſind dieſe engliſchen Bearbeitungen von geringem Nutzen; das in Apathie verſunkene Volk hat ſeine heiligen Schriften lange vernachläſſigt und erſt in der neueſten Zeit wieder angefangen, dieſelben in der Urſprache zu leſen, nachdem die Veda's gemeinſames Eigenthum der Babu's und Gebildeten geworden ſind und ein Sudra und Mlechcha ſie nach Gefallen leſen kann.

Die Veda-Hymnen ſind im Ganzen überaus monoton und ſo mit Wiederholungen überladen, daß die Geduld des Leſers ſehr in Anſpruch genommen wird; aber ſie werfen ein helles Licht auf den Geiſt, die Denkweiſe und den geſellſchaftlichen Zuſtand eines Volkes der Urzeit, eines Volkes, welches ſich bereits dem Nomadenleben entſchwungen und ſeine Reichthümer in Vieh, Pferden, Schaafen, Ziegen und Büffeln beſaß, dem aber gemünztes Geld oder Goldwerth unbekannt war; denn außer dem Gebrauche deſſelben zum Schmucke, geſchieht des Goldes nur zweimal Erwähnung. „Der Riſhi Garga, heißt es, empfängt vom Raja Divadaſa zehn Klumpen von Gold in zehn Beuteln;" aber es war ein Theil der Beute eines beſiegten Feindes; und Kakſhivat empfängt hundert Niſhka's Gold vom Raja Swanaya, was Sayana als ein beſtimmtes Gewicht Gold und an anderer Stelle als ein Halsband bezeichnet.

Wir werfen noch einen Blick auf dieſe Urzuſtände des indiſchen Volkes.

In der Zeit der Riſhi's war die Kuh der wahre Reichthum. Die Zahl der Kühe bedingte Macht und Ueberfluß; die Kuh war dem Hindu das, was uns heute das Geld iſt. Der Himmel iſt eine Kuh, die Wolken ihr Euter und der Regen ihre Milch. Die Erdgöttin Prisni iſt eine Kuh und ihre Milch die Nahrung, welche aus der Erde gewonnen wird. Die Kuh war die lieblichſte ihrer Gedanken, das All ihrer Gebete; ſie baten um Kühe, ſie fochten für Kühe und wer einem Riſhi ein Geſchenk von Kühen gemacht hatte, war ſicher, daß ſeiner ehrenvoll in den Veda's gedacht wurde. Der große Raja Divadaſa empfängt vier Verſe voll Lobes von Garga für zehn Pferde, zehn Klumpen Gold, hundert Kühe, zehn Streitwagen, Gewänder und Nahrung. Der heilige Bharadwaja und ſeine Brüder widmen drei Verſe und viele Lobpreiſungen dem Bribhu, dem Tiſchler, für ſein Geſchenk von Tauſenden von Vieh. So kommt es, daß der Riſhi Vamadeva frägt: „Wer kauft dies, mein Indra, für zehn Milchkühe?" von Göttern und Menſchen Kühe erflehend.

Damals war aber noch keine Idee von Heiligkeit mit der Kuh verbunden; die uralten Hindu's schlachteten und aßen die Kuh, wie ja auch in den Veda's die thierische Nahrung für die beste erklärt wird. Opfermahle fanden statt, an denen 300 Büffel getödtet, theils gebraten, theils gekocht und gemeinsam verzehrt wurden. Mit Dank wird dabei des köstlichen Geruches gedacht, die Brühe wurde in besondere Gefäße vertheilt, bedeckte Schüsseln und Messer werden erwähnt und erzählt, wie für den Gutschmecker das Fleisch in besonderen Formen bereitet wird. Die Königinnen und Frauen leisteten den Opfernden hülfreiche Hand beim Kochen und bereiteten das Mahl, welches bei ganz besonderen Gelegenheiten aus Pferdefleisch bestand. Dazu erfrischten sie sich mit einem berauschenden, aus der Somapflanze bereiteten Getränke. Einer der Rishi's dankt Aswins auf das Herzlichste für das Geschenk eines Fasses, welches hundert Bars Wein enthielt (das heutige Bar enthält drei Bushels). Es kann uns da nicht Wunder nehmen, wenn nach solchen Gelagen Indra all seine Macht mit einem Ungestüm entwickelt, daß die wildesten der Asura's seinem Andringen erliegen.

Aus den Veda's ersehen wir ferner, daß die Hindu's Kunststraßen und Fähren besaßen; sie maßen ihre Felder mit einer Meßkette, fuhren in Wagen, fochten in Streitwagen von Pferden gezogen und bedienten sich der von Ochsen gezogenen Wagen. Der Wagen aus Holz mit metallenen Rädern und eisernen Gittern und Säulen und mit Sitzen und einem Verdeck fuhr sich leicht und war zuweilen sogar mit Gold ausgelegt.

Sie trugen goldene Hals- und Armbänder, Ohrringe, Ringe an den Fußknöcheln*) und goldene Tiara's. Eisen war allgemein im Gebrauche und es scheint, daß die Indier es zuerst in Stahl umzuarbeiten verstanden. Porus gab 30 Pfund Stahl an Alexander als das beste Geschenk, das er ihm anzubieten vermochte. Wir lesen in den Veda's von Panzern aus Eisenstahl, von glänzenden Lanzen und Helmen; von Schwerdtern und Speeren, von Pfeilen mit Stahlspitzen, von Kürassen, die mit Gold ausgelegt waren. Weber und Seiler werden erwähnt; die Frauen bedienten sich der Nadel. Pferdeknechte reinigen die Pferde. Kameele und Esel waren in Indien heimisch und von vielen Thieren geschieht des Löwen, Wolfes, Hundes, des Hirsches und der wilden Kuh Erwähnung. Wir lesen von Heerden wilder Elephanten, aber nur eines zahmen Elephanten wird gedacht. Im Kriege wußte man die Elephanten noch nicht zu gebrauchen. Weder der Elephanten Indra's noch Civa's und seines Stieres geschieht Erwähnung.

Die Hindu's lebten in gut und fest gebauten und luftigen Häusern und verglichen den Himmel mit einer von tausend Säulen getragenen Halle. Sie lebten in Städten und auch der Städte ihrer Feinde wird gedacht, doch niemals des Namens derselben.

Man stößt auch auf die dunkeln Schattenseiten des Lebens: Betrug, Spiel, Verstoßen der Kinder, Diebstahl, Höflinge und Eunuchen! All dieser Verbrechen gedenken die Rishi's mit Gleichgültigkeit, wogegen der Wilddieb keine Vergebung erwarten konnte. Auch See- und Flußschiffe und Kaufleute, die um des Gewinnstes willen das Meer befahren, werden erwähnt. Obgleich Bhújyu, der Sohn des Königs Tugra, ein hundertrudriges Schiff fährt und aus dem Schiffbruche durch die Zwillinge Aswins, die Söhne der See (d. i. durch die Sterne, welche ihm die Richtung angaben, um nach einem großen Sturme sich wieder zurecht finden zu können), gerettet wird, so läßt sich doch nicht behaupten, daß die alten Hindu's Seefahrer gewesen seien. Wenn Turvasú und Jadú eine Seereise unternehmen, so wird dies als etwas Wunderbares geschildert. In der Legende von Bhújyu (Wilson, Vol. I. p. 307) heißt es: „Tugra sandte (seinen Sohn) Bhújyu auf das Meer, sich von ihm trennend wie ein sterbender Mensch von seinen Reichthümern, aber ihr brachtet ihn zurück in euren eigenen Schiffen, über dem Meere schwimmend ohne die Wasser eindringen zu lassen. Drei Nächte und drei Tage, Rasatya's, habt ihr Bhújyu in drei schnell sich selbst bewegenden Wagen fortgebracht, aus hundert Rädern bestehend und von sechs Pferden gezogen, längs dem trockenen Bette des Oceans nach der Seeküste. Dies Unternehmen vollführtest Du, Aswins, im Ocean, wo nichts ist, was Stütze gewährt, nichts, worauf Du ruhen kannst, nichts, Dich daran festzuhalten, indem Du Bhújyu in dem hundertrudrigen Schiffe nach seines Vaters Haus zurückbrachtest." (Die Aswins galten für die drei Sterne des Aries (Eris) und werden im Hindu-Zodiacus durch einen Pferdekopf dargestellt.)

Die Raja's schickten einander Gesandte; es gab Hallen der Gerechtigkeit, Hallen und Gemächer für das Opfer; aber weder Tempel, noch Götzenbilder. An den großen Straßen, welche oft von Räubern gefährdet wurden, lagen Sarai's (Caravansereien). Sie hatten Aerzte und Arzneimittel ohne Zahl, unter der besonderen Obhut des Rudra und der Aswins; zu ihrer Belustigung hatten sie Puppen und Theater.

Der Frauen geschieht in hoher Achtung Erwähnung, ihrer wird liebevoll als „des Lichtes der Heimath" gedacht, der Rishi geht mit seiner Gattin zum Opfer. Liebenswürdige Mädchen erscheinen in Aufzügen, erwachsener unverheiratheter Mädchen, die noch im Vaterhause leben, wird nicht vorwurfsvoll gedacht. Dagegen finden wir, daß Kakshivat, einer der berühmtesten der Rishi's, zehn Schwestern auf einmal heirathet.

Dies Geschlecht, welches sich im Schlachtenstaube wohl fühlte, in weite Fernen vordrang, verlangte von den Göttern nicht weniger als ein Leben von hundert Wintern.

Von einem Feste an den Ufern des Indus heißt es: „Aswins, sagt Kakshivat, euere bewunderungswürdigen (Pferde) zogen den Wagen, welchen Du ausgerüstet hattest, im ruhmvollen Wettrennen nach dem Ziele der Bahn und das Mädchen, welche der Preis war, kam aus Liebe zu Dir, und erkannte Euch an, sprechend, ihr seid meine Herren." (Vol. I. p. 322.). Im Streitwagen-Kampfe wurde die Schöne gewonnen.

Als Alexander nach Indien kam, war dieser ritterliche Sinn verschwunden. Wir geben zum Schlusse nur einige Züge von dem Bilde, das Curtius (VIII, 32) von den indischen Fürsten entwirft.

Der abscheuliche Luxus ihrer Fürsten übertrifft alle anderen Nationen. Er ruht in goldenem Palankin mit Perlengehänge. Die Gewänder, in die er sich kleidet, sind mit Purpur und Gold verziert. Die Säulen seines Palastes sind vergoldet und ein fortlaufendes Muster von Traubengehängen aus Gold geschnitzt und Figuren von Vögeln in Silber zieren jede Säule. Der Derbar wird gehalten, während er sich kämmt und sein Haar ordnet; alsdann empfängt er Gesandte und entscheidet Streitsachen . . . Die Frauen bereiten das Mahl und schenken den Wein ein, dem alle Inder im hohen Grade zugethan sind. Wenn er oder seine Königin sich auf Reisen begeben, so sind sie von einer Schaar tanzender Mädchen in vergoldeten Palankins begleitet; und wenn er sich berauscht hat, so tragen ihn diese nach seinem Ruhekissen." —

Diese wenigen, aber charakteristischen Züge mögen genügen, um sich ein Bild des altindischen Lebens aus ihnen zusammenzustellen. Wir erwähnen schließlich nur noch, daß die Fingersprache den Indiern schon in den ältesten Zeiten wohlbekannt war. Sie wurde offenbar beim Vedastudium gebraucht und mag zu größerer Geheimthuerei, und, um damit zu imponiren, erfunden worden sein. Die Benennung und Symbolik der Finger reicht jedenfalls bis in die ältesten Zeiten hinauf. (Vgl. Böhtlingk-Roth im Sanskrit-Wörterbuche unter Anâmikâ, Ringfinger. Annabîtomâ ist der Zeigefinger) Einer anderen, fast pythagoräischen Symbolik wollen wir auch noch gedenken, nämlich der der Zahlen. Die Brahmanen beschäftigen sich eifrig und gern mit dergleichen Spekulationen. So suchen sie z. B. durch ihre 31 (8 + 11 + 12) Götter mit Hinzuzählung von Indra und Prajâpati die alte überlieferte, mysteriöse Zahl von 33 Göttern zusammenzubringen, die auch dem Avesta bekannt ist und sich auf eine Elfzahl von Göttern je in den drei Reichen des Himmels, der Luft und der Erde bezieht. Dieselbe Dreizahl finden wir auch bereits in der Brâhmana-Periode für den Numerus in der bereits sehr fein und scharfsinnig ausgebildeten Grammatik, sowie die Zahl der Casus in den Prâtisâkhya's schon auf 7 fixirt wird.

Quellen-Angaben und Erläuterungen.

1) In den Hinduschriften wird der Mondwechsel nicht erwähnt. Das Jahr bestand aus 360 Tagen; der Festcyclus umfaßte aber 5 Jahre; im letzten wurde wahrscheinlich ein Monat eingeschaltet, um das Sonnenjahr voll zu machen. Die spätere Monats-Eintheilung kam erst mit und nach Asóka in Gebrauch. Von Sternbildern hieß z. B. der Krebs Aswins, die Krippe der Streitwagen, die 3 Sterne, welche die Römer Aselli, die Griechen Onoi nannten, sind bei den Indiern der 3räbrige Kampfwagen. 90 Grad vom Krebse stehen die 3 Sterne im Widder, wohin sie den Indra versetzen, statt des Steinbockes dachten sie sich Pushan, auf seinem Ziegenbocke reitend. Man findet auch Andeutungen ihrer Kenntniß des Zodiakallichts, sowie von der siebentägigen Woche. Wenn die Sonne im Widder (mesha) stand, malten sie die Jungfrauen mit farbigem Staub auf dem Boden und beteten sie Morgens und Abends an. Im Monate Margasirsha zogen sie zierlich gekleidet und singend durch die Ortschaften und brachten Gott die ihnen gereichten Geschenke. Wenn die Sonne im Krebse (Karkata) stand, zur Zeit des Púrvâ Phalgunî (Februar), beteten sie Umâ an und vertheilten geröstete Bohnen und Salz und wenn die Sonne in Uttarâ Phalgunî stand, beteten sie zur Gottheit Srî.

Mit Bûddha beginnt eine neue, dem Brahmanenthum abholde Zeit, in der sich die unteren, gedrückten Casten emporarbeiten. Mit ihr änderte sich die ganze Literatur. Max Müller findet in den Hymnen und Brahmana's der Veda's, als den älteren, eine viel größere Einfachheit als in denen der Mahâbhârata, Râmâyana oder den Pûrana's. Diese epischen Gedichte scheinen nach Sprache und Versmaaß sowohl als nach ihrem moralischen und religiösen Systeme in einer Zeit niedergeschrieben zu sein, als die Vedawelt noch in der Ueberlieferung fortlebte; ihre Compilatoren gehörten einer viel späteren Zeit an als die Helden, die sie besingen, und waren streng orthodoxe Brahmanen aus Menu's Schule. Daß übrigens die Sprache der Veda's mit der in den Inschriften zu Persepolis gebrauchten nahe verwandt ist, glauben wir schon erwähnt zu haben.

2) In seinem Werke: Zur Geschichte des Veda.

3) Die Bhagavatapûrana von Prof. Burnouf und Auszüge aus den 17 anderen Pûrana's von Prof. Wilson.

4) Die indischen Tänzerinnen tragen noch heute die Rûpura, goldene mit Edelsteinen besetzte Ringe, an den nackten Füßen.

Ueber die Sitten der Eingeborenen und über die scharfen Urtheile, welche sie über die Engländer fällen, finden sich treffliche Bemerkungen und Beobachtungen in **Miss Emma Roberts, Scenes and Characteristics of Hindostan 3 Vols. 12°**

London 1835. Es pflegen in persischer Sprache geschriebene — nicht gedruckte — Tagesnachrichten unter den vornehmen Eingeborenen im Geheimen zu circuliren, welche mit den lebhaftesten Farben ausgeschmückte und auch mit mancherlei Erfindungen gewürzte Schildereien und Erzählungen über die Engländer und ihre Sitten enthalten. In einer solchen wird ein englisches Mittagsmahl, wie folgt, geschildert:

„Die hochwürdigen Gentlemen hatten gestern Abend ein großes Festmahl, zu welchem viele höhere Militärpersonen geladen waren. Da trug man ein kleines Schwein auf die Tafel und setzte es vor Herrn M. hin, der es in kleine Stücke schnitt und Jedem von der Gesellschaft etwas mittheilte. Selbst die Damen aßen davon! In ihrer Sprache nennen sie es „ham" (Schinken). Nachdem sie diese unreine Nahrung (nebst vielen verschiedenen Fischen) verschlungen und viel Wein getrunken hatten, machten sie einen entsetzlichen Lärm, der ohne Zweifel durch die Trunkenheit veranlaßt wurde, sprangen einige Male auf, schrieen „hip, hip!" brüllten und tranken noch mehr Wein. Nach Tische tanzten sie in ihrer abscheulichen Weise, ihre Frauen herumzerrend."

Noch carikirter ist die Schilderung einer neu angestellten Magistratsperson, die sich allerdings vor den verschlagenen Indiern einige Blößen gegeben zu haben scheint. Die indische Aristokratie fühlt sich überhaupt zurückgesetzt, die Massen gehen einer großen Veränderung entgegen und die arbeitenden Classen sind überbürdet. Es finden sich aber auch Beispiele von aufrichtiger Verehrung der Eingeborenen für verdienstvolle Engländer. Zu den Gräbern einiger Engländer, z. B. des Bischofs Heber, des Generals Wallace zu Serur, wird sogar gewallfahrtet. Man sieht alte Sepoys ihre Kinder zu den Gräbern der Offiziere führen, unter deren Commando sie einst Ruhm und Ehre einernteten. Noch vor 30 Jahren trat die Wache des sogenannten Piquet-Hügels zu Serur in der Nacht zu einer bestimmten Stunde unters Gewehr, um dem General Wallace, der, wie die Sepoys sagen, dann auf seinem weißen Paradepferde erscheine, die militärischen Ehren zu erweisen. So befindet sich auch in der Nachbarschaft zu Rajmahl ein prachtvolles Grabmahl, das dem früheren Richter in Boglipur, August Cleveland, zu Ehren von den dankbaren Bewohnern der anliegenden Distrikte in indischem Stile erbaut ist. Zwei Fakire erhielten daneben Tag und Nacht brennende Lampen und am Todestage pilgerte das Volk hin, um dem Andenken des edlen Mannes seine Verehrung zu zollen. Ein anderes Grabmahl bei Agra, welches die Hülle eines Offiziers birgt, der die Eingeborenen liebevoll behandelte, wird gleichfalls in ehrenvollem Andenken gehalten. Solche Erscheinungen veranlassen uns zu tieferem Nachdenken und sollten von den Engländern noch weiser beachtet werden.

Zwischen den höheren und niederen Classen besteht übrigens in Indien nicht der große Unterschied, der in Europa den Vornehmen von einem Arbeitsmanne trennt. Die niederen Classen sind auch mit allen Lebensverhältnissen genau bekannt und voll Intelligenz vertheidigen sie ihre eigene Sache mit großem Geschick, wogegen die höheren Classen von ihrer glänzenden Stellung meist bald herabsinken, da Glück und Wohlleben in Indien zu geistigem und moralischem Verfall zu führen pflegt. Wenn sich ein Hindu aus der niedrigsten Lebensstellung in eine hohe erhebt, tritt er auf, als sei er für dieselbe geboren. Wenn er im geselligen Leben in den Kreis der Gebildeten geführt wird, so zeigt er solchen Takt, oft selbst solche Grazie des Benehmens, daß man glauben muß, er sei schon längst an den Umgang mit solcher Gesellschaft gewöhnt. (Vgl. Modern India and its Government. By George Campbell 1852. S. 63.)

Ueber die Kleidung hat der Verf. in seiner Reise in Ostindien bereits an vielen Orten gesprochen. Sie ist so mannigfaltig wie wohl kaum in einem anderen Lande der Welt. Gewöhnlich aber besteht sie aus zwei langen Stücken weißen baumwollenen Zeuges, von denen das eine um die Mitte des Körpers gewunden und zwischen den Beinen zusammengeschürzt wird, während ein Theil bis etwas unter die Kniee hinabhängt. Das andere Stück wird über die Schultern gelegt und gelegentlich über den Kopf gezogen, der sonst unbedeckt ist. (Arrian Indica, 16.) Haupt- und Barthaar werden gewöhnlich abgeschoren, nur auf dem Wirbel pflegt man einen langen Busch Haare stehen zu lassen. Schnurrbärte sind sehr allgemein und werden nur von strengen Brahmanen nicht getragen. Sehr häufig findet man jetzt auch die weiße Baumwollen-, Ziß- oder Seiden-Tunika mit einer farbigen Binde um die Taille oder einer Schärpe über die Schultern. Beinkleider sind mohamedanische Tracht. Zum vollen Anzuge gehört ein langes, weißes Gewand von fast durchsichtigem Musselin über den ganzen Körper. Tänzerinnen tragen oft überaus feinen und durchsichtigen Musselin. Der Frauenanzug ist dem der Männer sehr ähnlich, nur länger und bunter in den Farben. Schmucksachen lieben die Frauen überaus, aber auch Männer tragen Ohrringe, Arm- und Halsbänder. Hals und Beine sind unbedeckt. An letztere ziehen die Frauen gestickte Pantoffeln, welche vorn eine emporgebogene Spitze haben. In den Häusern gehen beide Geschlechter gewöhnlich barfuß. In den einzelnen Staaten finden sich von dem beschriebenen Costüm die mannigfachsten Abweichungen. So binden z. B. die Chond's im Tafellande von Gumsur nur ein Tuch um die Mitte des Körpers, dessen Zipfel hinten wie ein Rockschoß herunterhängt. Ihr Haar ist an dem Schlafe oder der Stirne in einen Busch zusammengebunden und wird mit einem wollenen, wo möglich rothen Bande oder selbst mit Papierstreifen verziert. Jedermann trägt hier eine Axt, viele auch Bogen und Pfeile. In Bekanier trägt man ganz allgemein 2 Schmucksachen um den Hals, ein Medaillon von Gold oder Silber mit dem Bilde der Sictula, der Göttin der Pocken, ferner ein dünnes, flaches Stückchen Gold gleich einem Wappenschilde, mit rother und grüner Emaille und den Namen Srie Ram-jie oder Lachmienath (ein Lieblings-Heiliger). Auch Korallenhalsbänder werden getragen. Der gelbe Turban hat 2 Spitzen und gleicht einem Kameelsattel. Ebenso häßlich ist das lange, weiße Oberkleid, das an Brust und Armen eng anliegt und wie ein Unterrock in vielen Falten herabhängt. Selbst hoch im Himálaja beim Ragúr Ghât tragen die Frauen um den Hals, in den Ohren und in der Nase Schmucksachen und, wenn sie diese nicht kaufen können, wenigstens Blumen, besonders die starkriechende, weiße Rose.

Regierung und Justizverwaltung.

> Das wahre Volkswohl ist durch die größte Einfachheit der Gesetze bedingt. Die höchste Verderbtheit ist gerade in solchen Staaten zu finden, deren Gesetzcoder am dicksten ist.

Wir haben bereits im ersten Bande auf die große Gewalt der General-Gouverneure, welche Indien fast wie unabhängige Herrscher regieren, mehrfach hingewiesen. Ebenso ist schon an mehreren Stellen der Entwickelung des Gerichtswesens in Indien bis zu der wichtigen Akte vom Jahre 1843 hin gedacht worden. Trotz dieser wesentlichen Fortschritte muß doch Jedermann, der nur einige Studien über diesen Gegenstand gemacht hat, zugeben, daß die gegenwärtige Regierung der Größe des Reiches keineswegs gewachsen ist und daß die Gesetze, nach denen es regiert werden soll, unvollkommen sind und zum Theil zu den gegebenen Verhältnissen gar nicht passen. Die Zeit nahet heran, wo irgend eine große Veränderung nicht länger abzuweisen ist [1]). Das Verhalten der Regierung muß ebenso würdevoll als gemäßigt sein, Gerechtigkeit muß jede ihrer Handlungen leiten und der Vornehmste wie der ärmste Paria muß erkennen, daß Unrecht weder geduldet, noch ausgeübt wird.

In Ländern, die vom Mutterlande weit abliegen und überdies in Sprache und Gewohnheit von denselben bedeutend abweichen, pflegen Oberbeamte mit beinahe königlicher Vollmacht und Autorität zu regieren. So verhält es sich auch in Indien, wo die ganze Gewalt sich in den Händen einer verhältnißmäßig geringen Zahl von hochbesoldeten Engländern concentrirt. Es erscheint aber absolut nothwendig, daß den Eingeborenen wenigstens allmählig ein größerer Antheil an der höheren Verwaltung eingeräumt werde. Diese von den Hindu's oft ausgesprochenen Wünsche fanden erst 1831 einige Berücksichtigung, wo Lord William Bentinck den Eingeborenen einen Antheil an den richterlichen Funktionen im Lande einräumte. Es wurden damals höhere Richterstellen für Eingeborene eingerichtet, nachdem es bis dahin nur zwei Classen eingeborener Richter mit sehr beschränkter Macht und sehr mäßigem Einkommen gegeben hatte, die Sudder Ammin's und Munsiff's. Die ersteren konnten seit 1803 in Bagatellsachen bis zu 100 Rupien entscheiden, welche Gränze 1821 bis zu 500 Rupien ausgedehnt wurde, während die Munsiff's Processe bis zu 150 Rupien entschieden. 1827 wurden die Befugnisse dieser Gerichtshöfe noch mehr erweitert und 1000 Rupien als Maximum hingestellt. Doch wir betrachten zunächst die höheren Magistrate.

Die erste Person in der Provinz ist der Gouverneur. Alle gerichtlichen Verfügungen und Urtheile des Commissionärs oder Magistrats kommen dem oberen Gerichtshofe oder den Sitzungsrichtern zur Einsicht zu; diese haben aber keine Autorität über den Magistrat bei Polizeistrafen und können sich daher auch keine klare Idee über dessen juristische Befähigung bilden.

Die zweite Stelle nimmt der Sudder Nizamût Adawlût oder oberste Criminal-Justiz-Hof ein. Die Richter an demselben empfangen die Criminal-Verhandlungen des Magistrats zur Durchsicht, haben aber keine administrative Verantwortlichkeit. Der dritte höhere Beamte ist der Polizei-Commissär, welcher der Regierung für seine Handlungen direkt verantwortlich ist; er hat die beste Gelegenheit, die Befähigung des Magistrats zu beurtheilen, aber keine Macht, ihn zu controliren oder die gerichtlichen Akte zu unterstützen. Der vierte Beamte, unter welchem der Magistrat steht, ist der Sitzungsrichter, welcher seiner Stellung nach in dem Distrikte eigentlich nichts thun, sondern nur ungeschehen machen und Urtheile verhindern kann; denn an ihn kann der Verurtheilte appelliren und die vom Gesetze dazu gegebene Ermuthigung ist so groß, daß alle Processe dadurch ungemein in die Länge gezogen werden. Der fünfte ist der Inspector der Gefängnisse, der sechste hat die Polizei und Posten zu beaufsichtigen.

Die britische Regierung ist durch ihre Macht befähigt, ihren Unterthanen einen Schutz zu gewähren, wie ihn kein einheimischer Staat ihnen bieten kann. Auch sichern sie die englischen Gesetze und Institute in einer in diesen Staaten bisher nicht gekannten Ausdehnung vor häuslicher Bedrückung; aber diese Wohlthaten sind theuer erkauft und zwar durch die Aufopferung der Unabhängigkeit des Nationalcharakters und Alles dessen, was ein Volk achtungswerth macht. Die Bewohner der britischen Provinzen können ohne Furcht ihren verschiedenen Geschäften nachgehen, sie können der Früchte ihrer Anstrengungen in Ruhe und Frieden froh werden, aber kein Einziger kann nach etwas Höherem als diesem so zu sagen animalischen Gedeihen streben, keiner darf auf eine direkte Mitwirkung bei der Gesetzgebung und der Civil- und Militärverwaltung seines Vaterlandes hoffen. Nach Männern, die öffentliche Aemter bekleiden oder doch zu solchen wählbar sind, bildet eine Nation ihren Charakter; wo diese fehlen, kann sich auch in anderen Classen der Gemeinde keine Energie entwickeln. Die Wirkung dieser Zustände ist in allen britischen Provinzen bemerkbar, unter deren Einwohnern sich die verworfenste Race der indischen Bevölkerung entwickelt hat. Die Eroberung Indiens durch die englische Armee hat insofern nur die Erniedrigung des ganzen Volkscharakters herbeigeführt. In den unabhängigen Staaten ist bei allen Wirren und Unruhen doch Jedermann die Möglichkeit offen gelassen, sich zu erheben und daher begegnet man hier noch einem Geiste der Nacheiferung, der rührigen Unternehmung und der Unabhängigkeit, welcher der Servilität der britischen Unterthanen weit vorzuziehen ist. (Thomas Munro). Auch muß man nicht glauben, daß die Regierung der eingeborenen Staaten durchweg eine schlechte sei. Ueber Sattara schreibt George Clerk, daß die dortige treffliche Regierung für die britische nur eine „Quelle der Stärke" gewesen sei. Um so mehr ist das ungerechte Benehmen der Engländer gegen diese Regierungen zu tadeln. Ihr Betragen gegen Curg [2]) ist abscheulich. Der Raja wurde dort ohne Grund entthront und seines Landes beraubt. Von Curg bemerken wir nachträglich, daß dort die Castenunterschiede gänzlich unbekannt sind, auch konnten sich die Brahmanen nie dort festsetzen. Tantri-Brahmanen durchziehen das bekanntlich westlich von Meisur liegende Land nur von Zeit zu Zeit und lassen sich von den Curg's, welche vor diesen Priestern eine abergläubische Furcht haben, beschenken. Dieses geschieht besonders bei dem vor dem Eintritte des Monsun gefeierten Bhagavati-Feste. Doch wir eilen zur näheren Betrachtung der Justiz.

Als die Engländer ihre Macht in Indien begründeten, bemerkten sie bald, daß den Einwohnern ein geordnetes Gesetzwesen und eine geregelte Rechtsverwaltung unbekannt war. Da wo die Mohamedaner, wie im oberen Indien, die Herrschaft besaßen, waren nur wenige, schwache Spuren der Hindu-Einrichtungen übrig geblieben und was an deren Stelle getreten war, hatte in seiner Unvollkommenheit keine festen Wurzeln gefaßt; selbst in den Mahrattenstaaten hatten die Hindu-Rechte oder Gebräuche unter dem tumultuarischen und willkürlichen Verfahren der Herrscher gelitten. Die Gerechtigkeit lag ganz in dem Willen des Befehlenden; meist waren die Ausübung des Rechtes und der Polizei und die Einziehung der Abgaben denselben Personen anvertraut und das Volk hatte keine Idee davon, daß es durch Gesetze gegen den Mißbrauch der Gewalt geschützt werden könnte. In der Person des Königs oder Raja's lag die Quelle des Gesetzes und der Gerechtigkeit und nach ihm beanspruchten der Subahdar, der Nawab und der Jaghirdar in ihrer kleineren Sphäre dieselbe Gewalt. In größeren Städten lebten Kazi oder Nyayadhipati, mohamedanische oder Hindu-Gesetzausleger, aber ihre Autorität hatte kein Gewicht und ihre Bemühungen wurden schlecht belohnt. Dagegen war der Foujdar oder Kotwal, welcher in großen Orten die Polizei verwaltete und dem Gouverneur des Ortes oder Distrikts verantwortlich war, die entscheidende Behörde, sowie auf dem Lande die Patels oder Zemindare kleine Streitigkeiten schlichteten, aber auch in Criminalsachen entschieden. Aber all dieser Uebelstände ungeachtet blühten die Länder der Mahratten und es scheint, daß die Regierung, indem sie äußerst wenig für die Ausübung der Gerechtigkeit that, es dem Volke überließ, sich dieselbe selbst zu verschaffen und daß dieses sich dabei zufrieden fühlte. Die eingeborenen Richter, in Religion, Sprache, Sitte und Gewohnheit dem Volke homogen, kannten die Triebfedern des nationalen Lebens und die Denkweise ihrer Landsleute und gaben die Entscheidung nach ihrer gesunden Einsicht und ohne ihrem guten Rufe zu schaden. So wurde das Recht einfach, ohne Kosten, ohne Zeitverlust und ohne technische Kunstgriffe ausgeübt. Dieser aus uralten Hindu-Zeiten stammende Gerichtshof war das Panchayat, welches aus wenigstens fünf Richtern bestehen mußte, aber auch mehr, bisweilen sogar 50 Mitglieder zählte. Dieses Panchayat verlor aber allmählig alles Ansehen und beschäftigte sich meist nur noch mit der Regelung des Ceremonien- und Sektenwesens (S. d. Anhang).

Die Bildung regelmäßiger Gerichtshöfe der Zilla's und der Provinzialhöfe durch die Engländer verursachte anfänglich große Uebelstände, indem Jedermann sich schon durch die geringfügigsten Dinge zur Klage berechtigt glaubte, so daß in dem einen Jahre 1797 in Bengalen mehr als 331,000 Processe anhängig gemacht wurden, welche zwar nach 10 Jahren auf die Hälfte reducirt waren, aber wegen der mannigfachen Rücksichten auf mohamedanische, Hindu- oder englische Gesetze große Kosten und viel Zeitverlust verursachten. Da man zu der Redlichkeit der Eingeborenen kein Vertrauen hatte, so wurden diese anfänglich beinahe ganz von der Verwaltung ausgeschlossen und dadurch die Kosten nur noch vergrößert, so daß sie sich in ganz Indien im Jahre 1813 auf 1,572,492 L. beliefen. Der Zilla-Richter hatte sowohl die Civil- als die Criminalprocesse zu führen und war auch mit der Leitung der Polizei-Magistratur betraut.

In Nimar werden die einfachen Streitigkeiten auf der Stelle geschlichtet, wobei sich das Volk versammelt. Durch die Panchayat sind dort viele in wenigen Stunden beigelegt worden; die klagenden Parteien kommen an einem bestimmten Tage im Zelte des die Pergunnah durchreisenden Commissionärs zusammen, wo das öffentliche Verfahren ungerechte Forderungen verhindert und die Wahrheit an den Tag bringt; freilich können in den Landdistrikten nur wenige Leute dahin gebracht werden, vor Anderen sogleich die reine Wahrheit zu sagen.

Wilson giebt im Allgemeinen zu, daß das Gerichts- und Steuerwesen, welches die Briten in den eroberten Landestheilen einführten, den Erwartungen nicht entsprochen habe, die man bei der Einführung hegte; denn obgleich das englische System auf Recht und Menschenliebe gegründet war, so trug es doch zu viel von der europäischen Civilisation in sich, als daß der Inder nach seinen Gewohnheiten und gesellschaftlichen Begriffen sich damit hätte befreunden können. Ohne hinreichende Kenntniß von den Gesetzen und Gebräuchen der Inder, hatte man ihnen ein System plötzlich aufgezwungen, welches mit ihren bisherigen Gewohnheiten im Widerspruche stand, und Unzufriedenheit verbreitete. Weder unter den Hindu-Regierungen noch unter denen der Mohamedaner herrschte ein regelmäßig gebildetes Verwaltungs- und Gerichtswesen. Im nördlichen Indien waren noch Spuren uralter Hindu-Institutionen aus den Zeiten der mohamedanischen Herrschaft geblieben; was diese an deren Stelle eingeführt hatte, war unvollkommen und von dem Regierenden abhängig und verschwand beinahe gänzlich in Folge anarchischer Bewegungen. Ein ähnlicher Zustand trat in der Präsidentschaft Madras unter den mohamedanischen Regierungen ein; selbst in den Mahrattenstaaten verschwanden die uralten Hindugebräuche, weil solche der tyrannischen Regierungsweise der Herrscher im Wege standen.

Ueberall waltete bei der Verwaltung das Prinzip absoluter Autorität des Herrschers vor, in dessen Händen allein die Festsetzung der Abgaben, die Ausübung des Rechts und die Handhabung der Polizei vereinigt waren, welche er nach eigenem Ermessen und mit Rücksicht auf seinen Vortheil und seine Sicherheit ausübte. In dem Fürsten waren Gesetz und Gerechtigkeit vereinigt, und die Subahdare, Nawabe oder Jaghirdare beanspruchten dieselbe Gewalt. Mohamedanische Gesetz-Ausleger (Kazi's) oder die Nyayadhi pati der Hindu's fungirten zwar in den großen Städten als Richter für Civil- und Criminalfälle; aber ihre Autorität war eine beschränkte, sie waren schlecht besoldet und gewährten dem Kläger nur sehr geringen Schutz. Ihnen zur Seite übte ein besonders angestellter Beamter, der Foujdar oder Kotwal die Polizei aus, er blieb aber dem Gouverneur des Distrikts oder der Stadt verantwortlich. In den Dörfern oder auf dem Lande versah dies Amt der Patel oder erste der Gemeinde oder der Zemindar, welcher als Grundbesitzer nicht nur die Abgaben einzog, sondern auch die Polizei ausübte und selbst in Civil- und Criminalfällen das Urtheil abgab. Den eingeborenen Fürsten war es vor allen Dingen darum zu thun, ihre Einnahmen so hoch als möglich zu steigern, weshalb alle Personen, die mit der Einziehung der Abgaben beauftragt waren, zugleich die richterliche und polizeiliche Gewalt ausübten; in ihren Händen lag das Schicksal des Volkes. — Es kam, wie wir schon sagten, dem Volke nie in den Sinn, daß das Gesetz gegen den Mißbrauch der Gewalt schützen könne. Wenn ein Amil in zu tyrannischer Weise verfuhr, so konnte das Volk seiner nur los werden, wenn es in Masse sich bei seiner vorgesetzten Behörde beschwerte; es war aber eigentlich seiner Gnade überlassen.

Während der Herrschaft der Mohamedaner in Bengalen war es in den großen Zemindari's, die aus mehreren Pergunnah's bestanden, gebräuchlich, pergunnah Cutscheri's (Gerichtshöfe) zu haben, in denen des Zemindar's Agent, der Tehsildar oder Einsammler der Abgaben, die kleinen Klagfälle entschied. In den Dörfern übten die Gomashta's oder Agenten dieselbe Autorität aus. Die Zemindar's und ihre Dervan's entschieden Civilfälle nach den alten Hindugebräuchen; in Städten waren zu diesem Zwecke Kazi's angestellt. In den Mahratten-Ländern übte auf dem Lande der Patail die Civil-Gerichtsbarkeit aus, über ihm stand der Mamlütdar oder Distrikt-Collector und Sirsubahdar (der Oberste über einen großen Distrikt) und über alle der Peischwa oder sein Minister. Die Jaghirdare übten die Gerechtigkeit in ihrem Besitzthum aus und je größer diese waren, je unumschränkter und unabhängiger von der Regierung walteten sie. In einigen Städten versah diese Pflicht der Nyáyádesi (Nyáya, Gerechtigkeit), der sein Amt unter der Autorität des Peischwa ausübte ³). —

Ungeachtet der damit verbundenen Uebelstände, sagt Elphinstone, blüheten die Mahratten-Staaten und das Volk wußte nichts von den Uebeln, die unter dem pedantisch geordneten Systeme der Briten sich eingeschlichen haben. Es scheint, daß die Selbsthülfe, die man dem Volke überließ, wohlthätig dabei mitwirkte. So wenig verträglich dies mit den Gefühlen und Prinzipien des Briten war, so störte es doch keineswegs das Lebensglück des Indiers. Die über sie gestellten Personen gehörten ihnen an; vertraut mit ihren Gebräuchen und durch Religion und Sprache mit ihnen verbunden, verstanden sie es, sich das allgemeine Vertrauen zu erwerben. Ihre Entscheidungen gründeten sich mehr auf die Kenntniß der Personen und Verhältnisse als auf Gesetzbücher; das Verfahren der aus ihnen selbst hervorgegangenen Gerichtshöfe war höchst einfach und ihr Urtheil ein allgemein verständliches; keine verwickelten oder den klagenden Theilen unverständlichen Formen, keine technischen Spitzfindigkeiten störten das Verfahren, und das Volk entging großen Kosten und Zeitverlust, welche von einer gelehrten Justizverwaltung unzertrennlich sind. Wo irgend möglich, vermied man es, vor britischen Gerichtshöfen zu klagen und zog es vor, die Klagen dem Urtheile selbstgewählter Richter zu unterwerfen. Diese sind nach der Weise der urältesten Zeiten, in der Form und unter dem Namen des Pancháyat, von dem wir bereits sprachen, bis auf unsere Tage gekommen. Aber auch dies System war in den meisten Theilen Indiens in Verfall gerathen und hatte sich nur noch im Süden und in den Mahrattenstaaten in seiner ursprünglichen Weise erhalten; selbst hier bediente man sich dessen mehr für Dinge, welche die Disziplin und Beobachtung von Ceremonien betrafen, wie solche, die Gewohnheiten und Gebräuche der verschiedenen Religionssekten verlangen. Eine richterliche Autorität übten sie nicht aus ⁴). Dennoch hielten die competentesten Männer, wie Elphinstone, Oberst Munro, Walker und Grant Duff, das Pancháyat für ein bedeutendes Werkzeug zur Ausübung der Gerechtigkeit. Zwar wurden dessen Mitglieder von den betreffenden Parteien gewählt, lebten jedoch der Hoffnung, von der einen oder vielleicht von Beiden dafür beschenkt zu werden, ihr Erscheinen war nur zu oft unregelmäßig, indem es kein Mittel gab, Pünktlichkeit zu erzwingen; das Interesse der Parteien mußte hier das Meiste thun. In den Dörfern wurden die Panchâyat-Verhandlungen mehr gesprächsweise abgehalten, nichts Schriftliches wurde aufgesetzt, oft nicht einmal das Urtheil. Das Verfahren richtete sich nach ihren Rechtsbegriffen, Gesetzbücher wurden nicht zu Rathe gezogen, wohl aber in einzelnen Fällen der Sastri (Hindu-Rechtsgelehrte) befragt. Das Panchâyat besaß keine Macht, das Urtheil in Vollzug zu setzen, es mußte sich deshalb an den Regierungsbeamten wenden, wodurch dieser nicht ohne Einfluß auf die Verhandlungen blieb. Dennoch gefiel diese Gerichtsweise dem Volke, sie hatte so wohlthätig gewirkt, daß das Volk sich des Sprichwortes bediente: „Panch-Parameswara" (Panchâyat ist Gott der Allmächtige) [5]).

Als die ostindische Compagnie regelmäßige Gerichtshöfe einrichtete, vor denen Jedermann seine Klage vorbringen konnte, welche von diesen in gerechter und unparteiischer Weise untersucht werden sollte, suchte alle Welt eine Abhülfe von dem wirklichen oder eingebildeten Unrecht, die Gerichtshöfe wurden übermäßig in Anspruch genommen. Solchen Anforderungen waren die Gerichtshöfe, die über weite Landesstrecken und große Bevölkerungen ihre Wirkungskreise auszuüben hatten, nicht gewachsen. Denn in Bengalen umfaßte die Thätigkeit eines einzigen Zilla-Gerichtshofes gegen eine Million Menschen; in Madras waren dieselben zahlreicher, hatten aber doch über je eine halbe Million zu richten, und in den abgetretenen Distrikten befanden sich in einem Gebiete von 29,000 ☐ Meilen zwei Zilla-Höfe [6]). Mit der Zeit verminderten sich, wie wir schon oben sahen, die Klagefälle, so, daß 1813 nur noch 184,790 Fälle vorkamen; aber auch diese Anzahl war einer Verhandlungsweise hinderlich, welche nach bestimmten Formen und strikter Verfahrungsweise zwar aufs Genaueste den Fall untersuchte, aber die Entscheidung viel zu spät abgab. Rücksichten auf die Hindu- und mohamedanischen Gesetze erschwerten dies noch mehr und die Möglichkeit von einem Tribunale an ein anderes zu appelliren, steigerte die Processucht, verzögerte die Entscheidung und schadete den Gerichtshöfen in der Meinung des Volkes. Wenn man dabei erwägt, daß die mit dem Richteramte betrauten Engländer sehr oft eine unvollkommene Sprachkenntniß besaßen, die Gewohnheiten der Eingeborenen nicht kannten und auf die Formen mehr Gewicht legten, als auf den Geist des Gesetzes, so kann es uns nicht überraschen, daß ihre Verfahrungsweise und ihre Urtheile keinen

Anklang fanden. Um die Proceßsucht zu mäßigen und die Massen der unentschiedenen Fälle zu bewältigen, erhöhte man die Kosten; Hülfs-Gerichtshöfe wurden gebildet, die dem Staate zur Last fielen, und endlich gab man den Richtern größere Vollmacht und unterwarf das Vorrecht, zu appelliren, neuen Beschränkungen. Dennoch zählte man noch 1813 in Bengalen allein 145,168 Fälle, zu deren Beseitigung in den Zillahöfen drei Jahre und in den Provinz-Gerichtshöfen vier Jahre erforderlich gewesen wären [7]. Mit der Vergrößerung der Höfe und Vermehrung der Richter stiegen die Ausgaben in Bengalen von 306,000 Pf. Sterl. 1809—10 auf 806,000 Pf. Sterl. und im ganzen Reiche auf 1,260,840 Pf. Sterl.

Diesen Uebelständen einigermaßen durch vermehrte Anstellung von eingeborenen Richtern abzuhelfen, widerstand den Vorurtheilen, welche man gegen dieselben hatte. Viele der Briten, welche Gelegenheit hatten, deren richterliche Thätigkeit kennen zu lernen, erklärten, daß sie zu höheren Aemtern nicht zugelassen werden könnten, indem sie der Bestechung offen wären und deshalb stets unter der Aufsicht von Europäern stehen müßten. Andere erfahrene Männer, wie Sir Henry Strachey, die Obersten Munro und Walker, sprachen sich dahin aus, daß man den Eingeborenen das richterliche Amt allein übertragen, sie dann aber auch so besolden sollte, daß sie nicht der Versuchung, Bestechungen anzunehmen, ausgesetzt wären. Ihre Fähigkeit, die höchsten Aemter zu verwalten, bezweifelte Niemand, und der beste Beweis für ihre Begabung war, daß sie mit Geschick und zur Zufriedenheit des Volkes, ehe die Europäer Indien betraten, das Richteramt vollzogen hatten. Wo dies nicht der Fall gewesen, war es die Schuld der daselbst herrschenden Regierung. Obgleich diese Ansichten von erfahrenen Männern befürwortet wurden, so blieben doch die Dinge unter Lord Minto's Regierung beinahe unverändert. Unter seinem Nachfolger traten einige Veränderungen ein, wodurch sowohl in Bengalen als in Madras die richterliche Gewalt der Zillahöfe besser geordnet wurde. In der Präsidentschaft Bombay, wo das mohamedanische Gesetz bei Criminalfällen allein galt, wurde festgesetzt, daß die Hindu's fortan nach ihren Religionsgesetzen verurtheilt werden sollten.

Wenn bei Civilklagen sich so bedenkliche Uebelstände ergaben, so stellte sich Aehnliches, obgleich nicht in demselben Maaße, bei der Criminal-Rechtspflege heraus. Noch schärfer trat dies jedoch bei den Magistratspersonen hervor, welche mit der Verwaltung der großen Städte und Distrikte beauftragt waren.

Mit der Abwickelung der Civilklagen beschäftigt, vernachlässigten sie ihre Pflichten als Magistrate, wobei es oft vorkam, daß der Unschuldige der Gefängnißstrafe verfiel. Diesem vorzubeugen, stellte die Regierung neben den Zilla- und Stadtrichtern in eigenen Gegenden Magistrate an, denen jedoch nur bei Criminalfällen eine besondere oder theilweise richterliche Gewalt verliehen war, oder gesellte ihnen Magistratspersonen bei, um ihnen zu helfen oder je nach den Umständen unabhängig das Richteramt zu übernehmen.

Die den Richter in seinen Amtsverrichtungen unterstützende Polizei befand sich in Bengalen in einer noch schwierigeren Lage als die Criminal-Justiz und Civil-Justiz selbst. Unzählige Banden kühner und listiger Räuber, von Thûg's, Dakoit's, Choar's, Kûzzak's und Budhuk's, beunruhigten die unteren Provinzen von Bengalen, von deren Treiben schon die Rede war. Schon 1774 errichtete Hastings Thannah oder Polizei-Stationen, und verfügte, daß auch solche Personen, welche die Straßenräuber unterstützt oder von ihnen Geld angenommen hätten, gleich den Räubern selbst mit dem Tode bestraft werden sollten. Zugleich bildete er von Neuem die alten Aemter des Foujdar und Thannadar [*]). Nach den Verfügungen vom 6. April 1781 wurden die Foujdar's und Thannadar's wieder abberufen, die Richter der verschiedenen Dewanie Adawlût's wurden mit der Vollmacht als Magistrate bei Festnehmung der Dakoit's belehnt, obgleich die Macht, solche Verbrecher zu bestrafen, den Gerichtshöfen des Nizamût Adawlût zufiel, die im Namen des Nabob handelten. Aber um alle diese Criminal-Verfügungen und Polizeiberichte dieser Höfe unter eine Controle zu bringen, wurde ein besonders verpflichteter Beamter als »Remembrancer of the Criminal Courts« angestellt. Auf diese Weise übten britische Beamte im Namen des Nabob in etwas sehr willkürlicher Art die Gerechtigkeit aus.

Im Jahre 1787 finden wir den Distrikt-Verwalter als Richter, Einnehmer und als Magistrat, der über kleine Fälle entscheidet und die Gefängnisse überwacht. Die großen Criminal-Sachen wurden wie zuvor im Namen des Nabob in seiner Eigenschaft als Naib Nazim verhandelt. Drei Jahre später, in Folge unzähliger Räubereien und Mordthaten und anderer täglich sich ereignender Grausamkeiten, wurden neue Veränderungen ins Werk gesetzt. Der General-Gouverneur Lord Cornwallis erklärte, daß die dem Nazim, wenn auch nur dem Namen nach zugestandene Gerechtigkeitspflege zu Ende sei, und daß die britischen Behörden die Verwaltung der Criminal-Gerichts-Verwaltung in den britischen Provinzen ausschließlich allein handhaben würden. Vier Gerichtshöfe, drei für Bengalen und einer für die Behar-Provinzen, wurden errichtet; zwei eidlich bestellte britische Beamte, von einem Kazi und Mufti unterstützt, hatten Sitz und Stimme in diesen Höfen. Der erste Criminal-Gerichtshof oder Nizamût Adawlût wurde von Murshedabad nach Calcutta verlegt und der General-Gouverneur und Mitglieder des Rathes präsidirten daselbst mit dem Haupt-Kazi der Provinzen; wobei zwei Mufti's als Gesetz-Ausleger angestellt waren. Die Urtheile dieses obersten Gerichtshofes wurden in gewissen Fällen nach den mohamedanischen Gesetzen gefällt; wonach z. B. die Verwandten des Ermordeten nicht mehr das Recht hatten, dem Mörder Verzeihung angedeihen zu lassen. Aber erst 1791 wurde die Strafe der Verstümmelung abgeschafft, und der Verlust eines Gliedes mit 7 Jahren Gefängniß, zweier Glieder mit 14 Jahren bestraft.

Im Jahre 1792 wurde verordnet, daß die Polizei, welche die Landbesitzer bisher ausübten, von besonders durch den Magistrat angestellten Polizei-Dienern besorgt werden sollte. Der Polizei-Daroga erhielt den Auftrag, alle müßigen und verdächtigen Subjekte festzunehmen und dem Magistrate zuzusenden. Dies war der erste Anfang der späteren „Bûd-mâash," Bestimmungen. Der Dorfwächter, dieses nützliche Glied in der Polizeikette, wurde unter Controle des Daroga gestellt, der 20 bis 50 bewaffnete Polizisten befehligte. Polizei-Dâks oder Stationen wurden errichtet und gewisse piratenartig ausgerüstete Boote auf dem Ganges wurden verboten.

Im Jahre 1793 trennte Lord Cornwallis das Amt des Magistrats oder Richters von dem des Einnehmers. Der Gerechtigkeitssinn und die praktische klare Auffassung britischer Beamten war von großem Werthe, aber das englische Gesetz den Hindu's aufzudrängen, war ein arger Mißgriff. Millionen verfluchen den Tag, an welchem es in Indien eingeführt wurde. Nach demselben muß der Bauer den Tehsildar zu Hülfe rufen, der Tehsildar, nachdem er dessen Aussage vernommen, den Collector von dem Vorfalle in Kenntniß setzen; dieser beruft nun den Regierungs-Vakiel, dieser begiebt sich zum Magistrate, welcher endlich einen Brahmanen, der sich und sein Kind zu tödten droht, wenn man ihn zwingen will, eine Rupie zu zahlen, herbeirufen läßt, denselben zur Verständigung zu bewegen. Dies mißlingt gewöhnlich und nun wird ein Chûprassey abgeschickt, die Verhandlung fortzusetzen, und da es diesem und einem anderen Brahmanen nicht gelingt, erhält der mohamedanische Bauer den Auftrag, den Widerspenstigen ins Gefängniß zu bringen, vorausgesetzt, daß er noch seiner habhaft werden kann. Dieser kommt zu spät, der Brahmane hat seine Familie getödtet und verbrannt und der Verbrecher wird nun entweder selbst verbrannt oder transportirt *). Diese Formen finden sich nicht mehr in den Criminal- und Revenue-Verwaltungen, aber noch in den Civilgerichtshöfen.

Während einer Periode von 50 Jahren, von 1780 bis 1830, wurden 4534 Personen in Bengalen angestellt und im Civildienste durchschnittlich 30 Personen jährlich nach Indien gesandt. Im Militärdienste war diese Zahl natürlich weit größer. Wenn man so häufig von den vielen Beamten liest, welche England in Indien in reich dotirte Stellen einsetzen soll, so ist dagegen zu bemerken, daß auf 200 ☐ Meilen mit durchschnittlich 200,000 Einwohnern nur ein Civilbeamter kommt. Oft werden junge Leute, welche eben erst die Hochschule verlassen haben und im Lande fremd sind, mit der Verwaltung von Aemtern betraut, die sie über Tausende stellen. Natürlich müssen sie dann Vieles den Eingeborenen und noch dazu ohne die gehörige Controle überlassen. Ihr Amt wird noch dadurch erschwert, daß in Indien jede Kleinigkeit zu Papier gebracht und weit mehr geschrieben als gehandelt wird. Mächtige Aktenstöße wandern täglich in die Criminalhöfe und doch läßt diese Schreibseligkeit mitunter gerade da Lücken, wo sie recht wünschenswerth wäre, z. B. in Bezug auf die Geschichte der Staatseinnahmen und Ausgaben. Die Distrikte selbst sind von verschiedener Größe. Der bedeutendste in den Nordwest-Provinzen ist Goruckpur mit 7346 ☐ Meilen und 2,376,533 Seelen. Delhi und Benares haben wenig Umfang, weil die Städte allein genug zu thun geben. Im Durchschnitte haben die Distrikte über 750,000 Seelen und 2322 ☐ Meilen.

Ein Distrikt ist in Einnahme- und Polizeikreise getheilt; erstere, welche aus fünf bis zehn bestehen, stehen unter je einem Tehsildar, welcher gemeinhin auch die Polizei oder Tehsildarie beaufsichtigt. In dieser Tehsildarie sind, je nach Größe und Bevölkerung, zwei oder mehrere Thanna's oder Haupt-Polizeistationen. Der Tehsildar hat als Deputirter des Magistrats die Vollmacht eines Magistrat-Beistandes, d. h. er kann kleine Geldstrafen und kurze Gefängnißstrafen in solchen Fällen verfügen, welche sein Vorgesetzter ihm überwiesen hat. Dagegen darf er keine Processe annehmen. Im gewöhnlichen Leben hat er streitende Parteien (über Besitz u. s. w.) zu verständigen, und ein Tehsildar als stellvertretender Magistrat hat eine sehr wichtige und einträgliche Stellung

(1—200 Rupien den Monat). Unter ihm steht der Polizei-Thannadar oder Kotwal (100 Rupien den Monat), welcher den Tehsildar in dem ihm anvertrauten Thanna zu vertreten hat. Unter dem Thannadar steht der Jemadar (8 Rupien) der Polizei, welcher unter ihm als Beistand oder Deputirter handelt, und in jedem Thanna ist ein Schreiber (Mohûrrir), der wieder seinen Deputirten hat, und außerdem 20—30 Burkûnday (4 Rupien), die Wächter der Polizei; der letzte derselben ist der Dorf- und Stadtwächter. Außerdem unterhält der Landbesitzer in jedem Dorfe einen Bûlahûr oder Goreyt. Endlich hat der Magistrat noch über 50—60 berittene Polizisten zu verfügen. Im Burdwan-Distrikte waren 1788 noch 2400 Pasbans oder Dorfwächter und 19,000 Paiks oder Polizeibeamte. Bezahlte Spione (Goyendas), eine Art geheimer Polizei, werden noch immer für nothwendig gehalten.

Quellen-Angaben und Erläuterungen.

1) Vgl. The Political History of India from 1784 to 1823. By Major General Sir John Malcolm. (London, 1826. 2 Vols. 8.) I, 8.
2) Vgl. Revᵈ. H. Moegling, Coorg Memoirs. Bangalore, 1855.
3) Elphinstone's Report on the Mahratta Provinces, Selections from the Records IV. p. 158. Cox, Records 47.
4) Sir Henry Strachey, Answers; Selections p. 53. — Capt. A. Grant-Duff Selections. II, 192.
5) Elphinstone, Selections. IV, 191.
6) Wilson, Vol. I. p. 390.
7) Committee of the House of Commons. 1832.
8) Colebrooke in his Supplement to the Digest of Regulations and Law. 19. April 1774. The Proceedings of the Governor and Council.
9) Raikes, a. a. O. S. 206. Wir entlehnen aus demselben Werke (S. 265) zum Schlusse eine lebendige Schilderung der Thätigkeit indischer Beamten. „Der frühe Morgen sieht die Magistratsperson schon anreiten oder ausgehen, um in der Nähe oder Ferne einen Straßen- oder anderen öffentlichen Bau zu besichtigen, ein streitiges Grundstück aufzusuchen oder die Gefängnisse zu durchwandern. Auf der Straße wird er von Personen belagert, welche, obgleich er täglich viele Stunden in dem »Cutcherry« zubringt, doch versichern, daß sie noch nicht zu einer Audienz hätten gelangen können. Wenn er nach Hause kommt, wartet schon ein ganzer Haufe von Polizeiberichten auf ihn, welche der Dâk des Distriktes überbracht hat, auch die öffentliche Post langt an mit ihrem Briefbeutel voll Gesuchen. Nachdem die Polizeianzeigen mit ihren Verbrecherlisten durchgesehen sind, fangen die Eingeborenen an, ihre Besuche noch vor der Morgenmahlzeit anzumelden. Es ist Zeit, nach dem »Cutcherry« zu gehen, aber noch 3 bis 4 Bittsteller haben höchst dringliche Sachen vorzutragen. Nur ein Wort haben sie zu sagen, das sich aber, wenn sie einmal vorgelassen sind, zu einer langen Geschichte ausdehnt. Endlich stürzt er verzweifelt nach der Thüre zu, begegnet aber in derselben dem Tehsildar von irgend einem fernen Posten mit Berichterstattungen, die unmittelbare Beachtung verlangen. Nach halbstündiger Conferenz wird der Tehsildar entlassen und der schon halbmüde Beamte macht sich nun endlich auf den Weg nach dem Gerichtslokale. An seinem Hausthore wird ihm ein Polizeibericht in den Wagen geworfen. Ein Blick auf denselben und auf einen Leichnam, den vier Bauern auf einer Bahre tragen, nöthigt ihn, zu dem Chirurgen des Distriktes zu gehen und sofort eine Todtenschau zu halten. Er kommt etwas zu spät in das Cutcherry, wo er durch eine lange Reihe ungeduldiger Sollicitanten passiren

muß. Wenigstens eine Stunde vergeht, ehe er alle die ihm vom Volke überreichten Suppliken lesen und seinen Bescheid abgeben kann. Man bringt ihm die Liste der zu verhörenden Verbrecher, der zu vernehmenden Zeugen, der zum Urtheil reifen Fälle; Briefe an die Polizeicommissäre und Gefängniß-Aufseher werden geschrieben und der Tag neigt sich schon zu Ende, wenn ein Steuerbeamter mit einem ganzen Stoße von Papieren erscheint. Auch in diesen Angelegenheiten warten eine Menge Personen darauf, vorgelassen zu werden. Keiner soll eigentlich warten oder auf den folgenden Tag bestellt werden. Aber aus den Gefängnissen, dem Stempel- und Bauamt, der Registratur c. drängen noch Beamte heran und lassen den abgematteten Magistrat erst in der Abenddämmerung nach Hause eilen. Er macht dann vielleicht noch eine kurze Spazierfahrt oder einen Ritt auf derselben Straße, die er seit Monaten besuchte und sieht dort fast täglich dieselben Leute. Dann dinirt er, versucht einen Artikel des »Quarterly Review« oder einen ungewöhnlich anziehenden officiellen Bericht zu genießen und wenn er ja noch in Gesellschaft geht, so ist er zu müde, um sich dort zerstreuen zu können. Er hat nur Verlangen nach seinem Bett. So verlaufen alle Wochentage des Magistrats, der Gott für den Sonntag dankt, wo er endlich einmal Ruhe hat.

Eine Bemerkung über die Verwaltung in der neuesten Zeit.

Die Verwaltung der indischen Compagnie hatte einen entschieden kaufmännischen Charakter. Ihr Gewissen hielt gleichen Schritt mit der Bilanz des Hauptbuches, aber in einer Hinsicht besaß sie ein unläugbares Verdienst: sie stand zwischen dem Uebermuthe der Eroberer und der Servilität der Eroberten. Seit der zweiten Eroberung Indiens durch Lord Clyde und seitdem die indischen Besitzungen direkt von Downingstreet aus regiert werden, hat sich dieser Zustand der Dinge bedeutend geändert. Der Uebermuth der Eroberer ist gewachsen, die Servilität der Eroberten hat einem lauernden, in thatkräftigen Haß ausartenden Mißvergnügen Platz gemacht. So herrscht z. B. selbst in der während der großen Rebellion vollkommen ruhigen Präsidentschaft Madras in Folge der neuen Einkommensteuer eine bedenkliche Stimmung, wozu freilich der Umstand mit beiträgt, daß Sir Charles Trevelyan, der von dort abberufene Governor, seine Mißbilligung dieser Maßregel offen ausgesprochen hat. Die Eingeborenen sind entwaffnet, und die „weiße Aristokratie" allein hat das Privilegium, unter der Form von Freiwilligencorps Waffen zu tragen; die Regierung selbst, anstatt zu vermitteln und abzuwehren, nimmt entweder entschieden Partei für die Unterdrücker oder erklärt sich im besten Falle neutral. Letzteres hat sie in den nun schon seit einem Jahre andauernden Zwistigkeiten zwischen den indischen Feldarbeitern und den englischen Indigobauern gethan und sich dadurch den bittersten Angriffen von Seiten der europäischen Aristokratie in Indien und der „Times" ausgesetzt.

In den Präsidentschaften von Madras und Calcutta stehen eigentlich mohamedanisches und brahmanisches Gesetz noch immer unvermittelt neben einander und nur nachträgliche Verordnungen des General-Gouverneurs auf Antrag seines gesetzgebenden Rathes schleifen allmählig die scharfen Ecken weg und durchdringen beide Seiten je länger je mehr mit dem Geiste christlicher Billigkeit. In der Präsidentschaft Bombay dagegen wurden die vorgefundenen Bestimmungen für die Rechtspflege durch den Gesetzcodex des Gouverneurs Elphinstone mit einem Male beseitigt. (S. Grant III. 105). Ueber diese Elphinstone'schen Reformen in Bombay bemerkt der Geograph

Ritter: „Vielleicht, daß eben hieraus für Bombay eine neue Gefahr hervorgeht, wenn bei der noch vorhandenen niederen Stufe der Entwickelung statt Humanität Frechheit das Ergebniß der Milde sein sollte — was der trübe Blick der Gegenpartei wenn auch nur vermuthet." Die von Lord William Bentinck dem Lande geschenkte Einrichtung der Geschwornengerichte war nie populär. Indien erscheint noch nicht reif für die englischen Geschwornengerichte. Hier sowie in vielen anderen Verhältnissen erkennt man bald, daß das erste und hauptsächlichste Hinderniß einer besseren Rechtspflege in den Zuständen der Eingeborenen selbst liegt. Das englische Gerichtsverfahren mißfällt dem Hindu. Es ist überhaupt die Schattenseite der englischen Gesetzgebung, daß sie nicht auf einer vollständigen Kenntniß der Bedürfnisse und Wünsche des Volkes begründet ist. Auch haben der Entwickelung des Gesetzwesens die fast ununterbrochenen Kriege natürlich stark Eintrag gethan. Ein Code geschriebener Gesetze wurde zuerst von Lord Cornwallis in Indien eingeführt. Wenn übrigens Barlow von Gesetzen sprach, so corrigirte Lord Cornwallis dafür immer Regulative (regulations. S. Kaye, S. 5). Cornwallis ist überhaupt der erste englische Herrscher, dem man eine eigentliche Verwaltung zuschreiben kann. Das Glück der Regierten wurde im Anfange als ein Mittel zum Zwecke, nicht als der Zweck selbst angesehen. Als Hauptzweck galt vielmehr der, die politische Sicherheit der indischen Besitzungen festzustellen und den Besitz selbst für die ostindische Compagnie und die britische Nation so Nutzen bringend als irgend möglich zu machen.

7.

Produkte und Handel, Finanzverwaltung.

> Minima computatione millies centena milia sestertium annis omnibus India et Seres Arabiaque imperio nostro adimunt. Tanto nobis deliciae et feminae constant. Plin. XII. 41. Vgl. IX. 56. 58.

Indien hat schon seit den ältesten Zeiten, wie auch die zum Motto gewählte Stelle beweist, eine Fülle der mannigfaltigsten Erzeugnisse nach dem Occidente exportirt, die sich von den Produkten Europa's meist dadurch unterscheiden, daß sie nicht zu den nothwendigen Lebensbedürfnissen gerechnet werden können. Das indische Reich ist überhaupt, da es alle denkbaren Verschiedenheiten des Klimas, Bodens und der Mineralien besitzt, fähig, jedes Produkt der Erde, theilweis sogar in Ueberfluß, zu gewähren. Ein großer Uebelstand, auf den wir gleich zu Anfang hindeuten wollen, ist aber der Mangel an Häfen, in welche Schiffe von irgend bedeutendem Tonnengehalte einlaufen oder in welchem sie Schutz finden können, und ebenso der Mangel an schiffbaren Strömen, einige in den Meerbusen von Bengalen einmündende ausgenommen. Der Indus, obgleich schiffbar, kann kaum zu den Flüssen gerechnet werden, auf denen die Schifffahrt gedeihen könnte. Er wird von den fruchtbarsten Gegenden Indiens durch die Thurr getrennt und auch sein Delta ist mit anderen berühmten und äußerst fruchtbaren Flußdelta's kaum zu vergleichen. Den einzigen wichtigen Seehafen in Indien bildet der Hugly und die ganze Ostküste des Golfs hat sonst kaum einen sicheren Hafen. Balasore, südlich vom Hugly, hat trockene Docks und Wasser für Schiffe von ungefähr 100 Tonnen. 5 Meilen westlich von der Palmyra-Spitze kann ein Fluß, von Melburn Kannaka genannt, Schiffe von ungefähr 12 Fuß Tiefgang aufnehmen. Fahrzeuge von ungefähr 200 Tonnen können in den Coringa-Hafen einfahren und überhaupt werden dort häufig Schiffe ausgebessert. Masulipatam und Madras selbst haben gefährliche Rheden und felsige Untiefen bilden die sogenannte Adamsbrücke. Ceylon besitzt aber einige vortreffliche Häfen. Vom Cap Comorin bis Bombay ist dagegen nur die Bucht von Cotschin ganz brauchbar. Mit diesem Mangel an sicheren Ausgangspunkten der Seestraßen läuft der Mangel an Landstraßen parallel, obgleich nicht zu verkennen ist, daß die Engländer in dieser Beziehung bereits viel geleistet haben [1]). Fast noch nothwendiger zum Gedeihen des Landes ist aber bei dem Klima Indiens eine gute Bewässerung. Indien würde fast in seiner ganzen Ausdehnung das fruchtbarste Land der Welt werden, wenn man überall für eine vortreffliche Canalisirung und Berieselung sorgte, welche bei Indiens klimatischen Verhältnissen unbedingt nothwendig ist [2]). Die Vernachlässigung dieses dringenden Bedürfnisses hat aber unter Anderem auch die jetzige Hungersnoth mit veranlaßt. Dieselbe tritt an schiffbaren Strömen gelinder auf, aber die armen Reiot's im Innern leiden furchtbar und werden ihre Abgaben nicht entrichten können, sowie auch die Grundsteuer wenig abwerfen wird. Am ärgsten wüthet diese Landplage in den nordwestlichen Provinzen, so daß z. B. in Amballah eine grobe Hülsenfrucht (Gram), mit der man sonst Pferde füttert, mit 10 Sgr. à Pfund bezahlt wird. Die Getreidepreise im Süden sind auf das Achtfache des gewöhnlichen Satzes gestiegen. Gerade das Ganges- und Jamna-Duab, wo für die Bewässerung schon viel geschehen sein soll, und also auch das Pendschab, ist von Mißwachs heimgesucht und wenigstens 4¼ Millionen Menschen haben von der Hungersnoth zu leiden. — Ueber die Bewässerung bei Delhi theilen wir aus Sir John Lawrence's Berichten Folgendes mit. Der Sherien oder Mietha ist eine Bewässerung, welche in regelmäßigen Jahreszeiten keine außerordentliche Ernte gewährt, wohl aber in trockenen. Mutwalla oder hartes (aus süßem und salzigem gemischtes) Wasser giebt in gewöhnlichen Jahren treffliche Ernten, nicht so in trockenen. Mulwalla, die Bewässerung mit salzigem Wasser, ist in trockenen Jahren schlecht. Kharyshore, die Berieselung mit noch salzigerem Wasser, gewährt in regelmäßigen Jahreszeiten mit Regen die beste Frucht, in trockenen gar nichts. Bei dem Sherien wird das Wasser, vermöge eines Strickes, in ledernen Gefäßen aus dem Brunnen gezogen; gewöhnlich gehören 3 Gefäße zu einem Brunnen und 15 Acker zu einem Lao (Gefäß). Brunnen (catscha) können nur gegraben werden, wo das Erdreich sehr fest ist.

Das Wasser kommt nur ausnahmsweise bei 12—30' Tiefe, die durchschnittliche Tiefe ist 90, in einigen Dörfern steht es sogar 140' tief. Ein Packa-Brunnen kostet wenigstens 200, ein Catscha-Brunnen 50 Rupien.

An den Strömen selbst ist in der neuesten Zeit wenigstens ein Anfang für bessere Bewässerung gemacht worden. So baute Oberst Arthur Cotton (vgl. Anm. 4) Wasserwerke am Godavery, durch welche 1,200,000 Acres überrieselt werden, sie kosteten 188,000 Pf. Sterl., der Zuwachs der Einnahme belief sich aber schon in 8 Jahren auf 360,000 Pf. Sterl. (Vgl. Anm. 2 am Ende). Der 525 (engl.) Meilen lange Ganges-Canal mit einem Breite-Maximum von 170 Fuß hat bereits 1,400,000 Pf. Sterl. gekostet und wird nahebei 1¼ Million Acres in Cultur setzen. Es ist gegenwärtig die Rede vom Ausbau dieses großen Werkes, welcher nach Lord Canning's Schätzung noch etwa 21 Lack Rupien erfordern würde. Die jetzt wüthende Hungersnoth hat bewiesen, daß er seinem Zwecke noch nicht ganz entspricht; hoffentlich wird die das Land bedrückende Noth wenigstens in sofern wohlthätige Folgen haben, als man die so nothwendige Bewässerung fortan in weit größerer Ausdehnung herstellen wird; denn fast alle die Hauptprodukte Indiens verlangen viel Feuchtigkeit. Auf die wichtigsten Produkte wollen wir nun zunächst einen Blick werfen.

Wir beginnen mit dem Indigo, der schon durch seinen Namen sich als ächt indisches Produkt charakterisirt, dessen Erzeugung aber fast gänzlich in die Hände englischer Spekulanten übergegangen ist, welche den Eingeborenen nur einen kleinen Antheil am Gewinne lassen. Gerade in den Indigo-Bezirken soll aber in der letzten Zeit eine beklagenswerthe Anarchie eingerissen sein, die sogar zu einer neuen indischen Rebellion führen kann [3]). Die einzige Gegend, wo der Indigo-Bau größere Bedeutung erlangt hat, ist in den nördlichen Provinzen des eigentlichen Bengalens zu suchen, namentlich im Norden des Ganges zwischen dem Brahmaputra und Gundack, in dem dortigen milden und feuchten Klima. Der Calcutta-Correspondent der Times schreibt derselben in einem Berichte (Nov. 1860): „Die Bebauer des Bodens fühlen sich durch ihre früheren Siege, durch die erklärte Unthätigkeit der Regierung und durch die Hoffnung, die Bezahlung ihrer Rente zu vermeiden, so sehr ermuthigt, daß sie fast allgemein sich geweigert haben, Geldvorschüsse anzunehmen und ihre Contrakte zu erfüllen; in mehreren Fällen haben sie sogar das Land der Pflanzer mit ihrer eigenen Saat besäet, sie haben alle Zufuhr von Hühnern

Enten und anderen Lebensbedürfnissen, welche von den Weißen bisher aus den Dörfern bezogen wurden, eingestellt und verhindert und ihre eingeborenen Dienstboten gezwungen, ihren Dienst zu verlassen." Die Indigopflanzer, welche mit den schwierig gewordenen Landbauern kurzen Proceß zu machen wünschten, bestürmten die Regierung, um ausnahmsweise Criminalgesetze, durch die sie die Erfüllung von einseitig auferlegten Civilverpflichtungen zu erzwingen gedachten, zu erlangen, erhielten jedoch den Bescheid, daß für Civilangelegenheiten die bestehenden Civilgerichtshöfe das competente Forum seien. Die Indigopflanzer zerfallen in 2 Classen; die einen sind Grundeigenthümer und miethen sich ihre Arbeiter zur Bestellung des Bodens. Das ist ein einfaches Verhältniß und auf ihren Besitzungen sind daher keine Unruhen ausgebrochen. In dem bei weitem größeren Theile des bengalischen Indigodistrikts dagegen hat der Reiot, wie man sich euphemistisch ausdrückt, ein possessory interest an dem Boden, d. h. auf gut Deutsch: das Land, auf welchem er Indigo baut, ist sein Eigenthum. Der sogenannte Indigopflanzer ist nichts anderes als ein kaufmännischer Spekulant, der mit einer ganzen Dorfgemeinde in einen Contrakt tritt, wodurch die einzelnen kleinen Grundbesitzer sich verpflichten, auf ihrem Boden Indigo zu bauen und denselben zu einem gewissen Preise an den europäischen Contrahenten abzulassen. Dieser verpflichtet sich, Vorschüsse zur Bestreitung der Aussaat und der Cultivationskosten zu leisten. Der Versuch, aus diesem freiwilligen Contractverhältnisse einen feudalen Zwang zu machen, hat die Indigo-Unruhen erzeugt. Diese Reiots haben sich davon überzeugt, daß der von ihnen und ihren Vorfahren abgeschlossene Handel für sie unvortheilhaft sei und daher rührt ihr „strike" und ihre Weigerung, ihren eigenen Boden zwangsweise zum Vortheile Anderer zu bebauen. Man sieht daraus, wie entsetzlich (nach der Times nämlich) das Verbrechen ist, daß die Landbauern das „Land der Pflanzer" (sic) mit ihren eigenen Saaten zu bebauen wagen. Die rücksichtslose Energie des englischen Abenteurers dürfte aber auch hier zuletzt den Sieg davon tragen und aus freien grundbesitzenden Reiots eine Art von Indigo-Leibeigenen machen. Uebrigens zeigt es sich jetzt, daß der Jammer, den die Calcuttaer Presse über die Vernichtung dieses Culturzweiges, in welchem so große Capitalien angelegt seien, erhebt, eine leere Phrase war, und daß sogar die diesjährige Indigo-Ernte sehr beträchtlich ist. (1856/57 93,068 Mahnds; 1857/58 83,577; 1858/59 83,611; 1859/60 97,844; 1860/61 111,733! Es giebt verschiedene Mahnds, welche etwa zwischen 34 und 37½ franz. Kilogrammen schwanken und also ungefähr ¾ preuß. Centnern gleichkommen.)

Ein anderes vielbesprochenes Produkt Indiens ist das Opium. Die Cultur desselben erfordert viel Mühe; der Boden muß wenigstens siebenmal gepflügt und so gereinigt werden, daß kein Steinchen darin bleibt; auch die Pflanze selbst will sorgfältig gehalten sein. Nach der Bewässerung muß die obere Bodenkruste 6—7 Mal aufgerissen werden. Die Mohnköpfe werden aufgeschlitzt; der Saft schwitzt dann nach einigen Stunden heraus, wird gesammelt und in Oel gethan. Dies ist der Chick oder rohes Opium, den der Landmann dem Händler übergiebt, der ihn dann weiter bearbeitet [4]).

Die Baumwolle (Kârpâsa) ist fast überall ziemlich leicht und in Masse zu bauen; aber das Reinigen derselben und vor Allem der Landtransport erhöhen die Schwierigkeit. Sie ist jetzt durch die amerikanische Krisis in den Vordergrund getreten und die britische Industrie wird sich vielleicht genöthigt sehen, sich namentlich auf die bezügliche Produktionsfähigkeit Indiens zu stützen. Das wichtigste Baumwollenfeld innerhalb der Präsidentschaft Bengalen und vielleicht in Indien überhaupt liegt in den nördlichen Theilen des Nizamstaates und in Nagpur und Berar. In jüngster Zeit hat England durch einen Tauschvertrag mit dem Nizam die beiden Ufer des Godavery erworben und dieser soll künftig zur Verbindung jenes Binnenlandes mit dem Meere benutzt werden. Unter den 22 Bezirken der Präsidentschaft Madras exportiren nur 8 Baumwolle, nämlich Guntur, Bellary, Cabdapah, Karnul, Madura, Tinnevelly, Coimbadore und Nellore. Ungleich mehr producirt aber die Präsidentschaft Bombay, der eigentliche Baumwollenmarkt Indiens. Etwa ¹/₁₄ des ganzen Flächenraums wird zur Baumwollencultur benutzt. Der Export von Gudscherat allein betrug 1850 nach A. Mackay 56% der ganzen indischen Baumwollenausfuhr. Indien liefert jetzt überhaupt etwa ⅕ des ganzen Bedarfs von Großbritannien [5]).

Bis in die Mitte des 6. Jahrhunderts war Indien fast der alleinige Markt für die Seidenstoffe Europa's; noch unter Kaiser Aurelian galt ein Pfund Seide mehr als ein Pfund Gold. Die Produktion der Seide könnte in Indien noch bedeutend erhöht werden, obgleich sich z. B. in Murshedabad [6]), Cossimbazar, Radnagore u. s. w. bedeutende Seidenspinnereien befinden.

Für die Färbereien liefert Indien außer dem schon besprochenen Indigo noch manche werthvolle Pflanze. So wächst z. B. im Distrikte Seharanpore außer Zuckerrohr und Baumwolle von geringer Qualität die mannigfach brauchbare Frucht Al oder Morinda citrifolia, deren Wurzeln eine schön dunkelrothe Farbe liefern. Die Bearbeitung ist schwierig und der Zoll hoch. Von der gelbfärbenden Curcuma war schon öfter die Rede. Es ist ferner allgemein bekannt, daß Indien die Heimath vieler Gewürze und aromatischen Gewächse ist. Rosen werden zur Bereitung des Atar und Rosenwassers in einigen Gegenden auf weit ausgedehnten Feldern gebaut. Auch an officinellen Pflanzen ist großer Ueberfluß. Merkwürdig und nicht unwichtig ist der bei Delhi wachsende Pala-Strauch, eine Art wilder Pflaume. Die Blätter dienen zugleich dem Vieh zur Nahrung und der dornige Busch zum Schutze und als Gränzmarke [7]).

Wenn wir auf eine nur einigermaßen vollständige Aufzählung der Produkte Indiens verzichten mußten, so fassen wir uns in der Darstellung der Handelsverhältnisse noch kürzer [8]). Der aufmerksame Leser wird überdies bemerken, daß wir viel hierher gehöriges Material schon an anderen Stellen gelegentlich mit verarbeitet haben. Wir bemerken nur, daß seit 60 Jahren, wo die Ausfuhr Indiens nach Arabien und Persien zur See kaum ⅛ Million Pfd. Sterl. betrug, der Privathandel der ostindischen Compagnien sich gewaltig ausgedehnt und wahrhaft riesige Dimensionen angenommen hat. Er belief sich 1826/27 auf 13,549,146 Pfd. Sterl. und in den folgenden 15 Jahren durchschnittlich auf 17 Millionen. Außer den bekannten Hauptstapelplätzen des indischen Handels entstand eine große Zahl von Faktoreien [9]).

Obgleich die Ausdehnung Indiens so bedeutend ist, bestehen in dem gewaltigen Reiche doch nur 3 Münzen, zu Calcutta, Bombay und Madras, und es giebt fast nur eine Rechnungsmünze, die seit 1835 immer allgemeiner in Gebrauch gekommene Compagnie-Rupie, welche an feinem Silber 165 engl. Troy-Grän enthält, sowie der Gold-Mohur dasselbe Gewicht an feinem Golde enthalten soll [10]). Da aber nun weder die Goldwährung recht in Gebrauch ist, noch Wechsel mit Leichtigkeit umgesetzt werden können, so müssen fast fortwährend starke Geldsendungen bis in die entferntesten Theile Indiens escortirt werden. Diese Geldtransporte wirken aber zerstörender auf die Disciplin der Armee, als irgend eine Art des Dienstes im Frieden oder im Kriege. Der Soldat thut diesen Dienst mit Widerwillen, weil die der Hitze und der Fieberluft ausgesetzten Truppen ihr Leben ohne Lohn und Ruhm aushauchen. In den ersten zehn Monaten des Jahres 1856 wurden dazu 25,716 Mann Infanterie, 3364 Mann Cavallerie, mithin 29,080 Mann verwandt. Hierin liegt auch die Ursache, weßhalb die Regierung wenigstens 8% Ueberschuß aus den Revenuen vorräthig halten muß, ja von 1849 bis 1857 betrug der Geldvorrath im Schatze und in den Cassen durchschnittlich 12 Millionen Pf. Sterl.

Geldsendungen zwischen Privaten sind nicht minder schwierig. Jede Rupie muß gezählt und abgenutzte Münzen müssen gewogen werden, weil 1000 Rupien 31¼ Troy-Pfund wiegen sollen. Die eingeborenen Kaufleute und Bankiers bedienen sich zum Geldtransporte einer besonderen Classe von Trägern, von denen jeder 1000 Rupien in seinen Gewändern verborgen trägt; aber obgleich diese Träger erfahrene und kräftige Leute sind, so unterliegen sie doch nicht selten den Thug's und Straßenräubern; überdies ist diese Art des Transportes natürlich kostspielig und zeitraubend. An edelem Metall sind in Indien beinahe 200 Millionen Pfd. Sterl. im Gebrauche (nach Mr. Newmarch's Angabe sogar 400 Mill.), ohne die bedeutenden Summen zu rechnen, welche vergraben oder zu Ornamenten verwandt werden; denn in Indien besteht die Ausstattung der Frauen vorzüglich in Schmucksachen, ja viele derselben tragen alle ihre Schätze, welche sich selbst bei Frauen des Mittelstandes oft auf 2000 Rupien belaufen, am Körper. Zum Vergraben der Schätze haben die Eingeborenen von jeher eine Neigung gehabt und so kommt es, daß viele Familien in Indien sich ihren Unterhalt durch Schätzegraben in den Ruinen alter Städte erwerben.

Indien besitzt fast keine Minen und obgleich es reich ist an kostbaren Ausfuhrprodukten, so bedarf es doch noch der Unterstützung an Metall, womit es besonders vom Westen aus versorgt wird. Sein Handel mit China (d. h. die Opiumausfuhr, welche bekanntlich alle Kriege mit China veranlaßt und dessen Eröffnung gewaltsam herbeigeführt hat) ist der einzige, durch den es einen Silberüberschuß gewinnt. Von 1855—56 betrug Indiens Ausfuhr 23,039,268 Pfd. Sterl. und die Einfuhr in Gütern 13,447,027 Pfd. Sterl., wogegen in demselben Jahre von England und den Mittelmeerhäfen aus 9,303,516 Pfd. Sterl. in Silber und 37,148 Pfd. Sterl. in Gold eingeführt werden mußten. Im Jahre 1857 wurden von denselben Häfen 13,246,684 Pfd. Sterl. in Silber und 226,750 Pfd. Sterl. in Gold nach Indien verschifft, die Einfuhr edler Metalle von China aus nicht eingerechnet. Mithin wurden beinahe 4¼ Million Pfd. Sterl. in Silber mehr nach Indien gesandt, als die Silberminen Amerika's in demselben Jahre hervorbrachten, und wenn man die Silber-Ausfuhr nach China in Rechnung bringt, so wird sich die Summe ziemlich auf 12 Millionen Pfd. Sterl. belaufen. In dem neunzehnten Jahrhunderte sind jedenfalls weit über 150 Millionen Pfd. Sterl. in Silber nach Indien ausgeführt worden; von 1851 bis 1856 5 Millionen in Gold und 36 in Silber. Aus solchen Verhältnissen ergiebt sich die Nothwendigkeit, die Goldmünze in Gebrauch zu bringen. Es befinden sich bereits Gold-Mohurs in Bengalen (seit dem 1. Juli 1835 einfache zu 15 Rupien, doppelte, ⅔ und ½ Stücke), Stern-Pagoden (zu 45 Fanams à 80 Cash), zu Madras und Bombay, aber deren Werth ist, obgleich das Verhältniß des Goldes zum Silber auf 15 : 1 fixirt ist, immer noch wechselnd. Als die Goldsendungen aus Californien und Neu-Süd-Wales stark zunahmen, wurde die Regierung mit Besorgniß erfüllt, daß ihre Kassen mit Gold überladen werden könnten und erließ 1852 die Verordnung, daß Goldmünzen fernerhin von den öffentlichen Kassen nicht mehr angenommen werden sollten, wodurch mithin das Silber wiederum zur einzigen laufenden Münze erklärt wurde. Es ist daher die Ansicht erfahrener Staatsmänner, daß die Goldmünzen allmählig in Indien in Gebrauch kommen sollten, wodurch auch China wahrscheinlich an dieselben gewöhnt werden könnte und darauf muß dann ein geordnetes und sicher fundirtes System für Papiergeld eingeführt werden, ohne welches die große Handelswelt kaum noch bestehen kann. Der Plan einer Paper Currency (Papiergeld-Einführung) unterliegt der Erwägung. Die fortwährende Silberausfuhr nach dem Osten muß endlich für Europa höchst gefährlich werden. Es ist daher eine von den großen finanziellen Aufgaben des civilisirten Abendlandes, die Verbreitung der edeln Metalle unter den Völkern des Ostens in einer natürlichen Weise zu regeln; dies kann aber nur dadurch ermöglicht werden, daß neben dem Silber auch das Gold als Münze verwendet und sein reeller Werth in ganz Asien wieder zur Geltung gebracht wird.

Wir gehen zunächst zu einigen Bemerkungen über die Einnahmen und Ausgaben über. Die Gesammteinnahme aller Präsidentschaften schwankte in den Jahren 1853—1857 zwischen 26,510,185 und 29,344,960 Pfd. St.; 1857—1858 belief sie sich auf 31,706,776 Pfd. Sterl., von denen nach Abzug der laufenden Totalzahlungen aus dem Einkommen (6,162,326 Pfd. Sterl.) 25,544,450 Pfd. Sterl. wirklich in den Staatsschatz flossen. Die Einnahmen waren damals:

	Pfd. Sterl.
Landrevenuen	17,310,195.
Zölle	2,148,843.
Salz	2,131,346.
Opium	6,864,209.

Der Rest erwuchs aus den kleineren Steuern. Hierzu gehört z. B. die Steuer auf geistige Getränke, wodurch deren Verbrauch leider nur zugenommen hat, ja sogar hier und da erst eingeführt worden ist. In Madras giebt es eine Tabak- und Moturpha-Steuer, ferner werfen die Münze und Post ebenfalls etwas ab. Die Einnahmen in Pendschab betrugen 1849/50 1,850,000 Pfd. Sterl. Die sämmtlichen Ausgaben betrugen 1857—1858 39,570,998 Pfd. Sterl., woraus sich ein Deficit von 7,864,222 Pfd. Sterl. ergiebt.

Die veranschlagte Revenue für 1858—1859 war 33,806,294 Pfd. Sterl., die Ausgaben stiegen aber auf 47,199,431 Pfd. Sterl., also blieb ein Deficit von nicht weniger als 13,393,137 Pfd. Sterl. zu decken und der Ausfall betrug in 2 Jahren über 20,000,000 Pfd. Sterl.! Die Armee- und Kriegskosten vom 1. Mai 1856—1. April 1857 betrugen 10,537,305 Pfd. Sterl. Es kosteten z. B.

	Pfd. Sterl.
Die königlichen Truppen 1855	960,000.
Die Sepoy-Cavallerie	1,207,000.
Artillerie und Ingenieure	652,000.
Die Sepoy-Infanterie	3,616,000.
Der Stab	416,000.
Das Medicinal-Departement	142,000.
Das schwere Geschütz	155,000.
Das Commissariat	1,249,000.
Casernen, Festungen, Munition	1,701,000.
	10,098,000.
Dazu 6⅙ % Unterschied zwischen Sicca- und Compagnie-Rupien	656,000.
	10,754,000.
Militär-Auslagen in England	1,300,000.
	12,054,000.

oder 12 Crore 5 Lack und 40,000 Rupien.

	Pfd. Sterl.
Die Armee von Bengalen kostete	5,296,000.
" " Madras "	2,536,000.
" " Bombay "	2,293,000.

	Pfd. Sterl.
Für die königlichen Truppen	300,000.
Militär-Arsenale	250,000.
Transport von Truppen und Material	40,000.
Pensionen für Offiziere	600,000.
Pensionen für Sepoys	70,000.
Rekrutirungen	40,000.
	1,300,000.

Mithin kostete die gesammte europäische Armee in Indien ungefähr 28% der Gesammtkosten für die Armee. Der Generalstab beanspruchte in Bengalen 149,217, in Madras 148,106 Pfd. Sterl. Im Einzelnen kostete ein Dragoner durchschnittlich 90 Pfd. Sterl., ein Sepoy-Cavallerist 70, ein irregulärer Native-Cavallerist 37, ein europäischer Infanterist 39, ein Sepoy-Infanterist 21 $^1/_4$, ein irregulärer Native-Infanterist 11. — Das Board of Control, der Hof der Direktoren, Pensionen, Gerichtskosten und Verschiedenes nahm jährlich gegen 400,000 Pfd. Sterl. in Anspruch. Englands Lasten für die indischen Besitzungen betrugen 1857—1858 4,492,470 Pfd. Sterl. und die für 1858—1859 waren auf 6,051,566 Pfd. Sterl. veranschlagt. Der wirkliche Ausfall in der Einnahme von allen wirklichen Besitzungen unter der unmittelbaren Verwaltung der indischen Regierung betrug 1857—1858 11,610,734 Pfd. Sterl. und 1858—1859 ist er auf 15,900,754 Pfd. Sterl. veranschlagt [11]).

Es könnte nun allerdings scheinen, als ob Indien unter dem gewaltigen Drucke, den die hohen Summen der Steuern ausüben, fast erliegen müsse; aber es ist einerseits nicht zu vergessen, daß die gewaltig große Opium-Revenue eigentlich dem Lande gar nicht zur Last fällt; andererseits fällt, wie wir schon erwähnten, die Salzsteuer, welche etwa ein Drittel der gesammten Staatseinnahme liefert, im Allgemeinen nicht lästig. Die Opiumsteuer wird durchaus nur von Fremden, vor Allen von den Chinesen bezahlt und hat sich schon bis auf 5 Millionen Pfd. Sterl. belaufen. Diese Einnahme ist der Regierung natürlich sehr willkommen, ob aber der ganze Handel, den sie mit diesem Artikel treibt, gebilligt werden darf, ist freilich eine andere Frage und es wäre sehr zu wünschen, daß die englische Regierung ernstlich an andere Mittel und Wege dächte, ihre Einnahmen zu regeln, die allerdings mit den Ausgaben auch trotz dieser bedeutenden Revenuen in Mißverhältniß stehen. Es ist überhaupt eine merkwürdige Erscheinung, daß zugleich mit der Vergrößerung des indischen

Reiches die Mittel zu dessen Verwaltung keineswegs zugenommen haben, sondern sich immer unzureichender erwiesen und daß die Regierung von Zeit zu Zeit zu Anleihen ihre Zuflucht nehmen mußte. Im Jahre 1792 betrug die zu verzinsende Schuld 7 Millionen Pfd. Sterl., für welche 600,000 Pfd. Sterl. Interessen gezahlt wurden; 1799 war die Schuld bereits auf 10, 1805 auf 21 Millionen gewachsen; in den folgenden zwei Jahren stieg sie bis auf 26 Millionen, für welche 2,288,000 Pfd. Sterl. Zinsen gezahlt wurden; aber dieser hohe Zinsfuß wurde 1814, wo die Schuld sich auf 27 Millionen belief, durch Anleihen reducirt, so daß man nur noch 1,636,000 Pfd. Sterl. Zinsen zu zahlen hatte.

Bekanntlich soll in der neuesten Zeit die neue Einkommensteuer der indischen Finanznoth abhelfen. Man ist aber in Indien über dieselbe sehr mißgestimmt. Seitdem an die Stelle der früheren höchst verwickelten Formen einfache getreten sind und die Mißvergnügten ihre Oppositionsversuche nicht mehr mit dem Vorwande entschuldigen können, daß sie die Steuervorschrift nicht verstehen, scheinen sie jetzt geneigt, die Zahlung ganz und gar zu verweigern. Viele von den reichen Eingeborenen verdammen diese Illoyalität und thun ihr Bestes, dieselbe dadurch zu entmuthigen, daß sie selbst prompt zahlen, aber die Masse der kleinen Kaufleute und Krämer bleibt hartnäckig gegen jede Warnung. In Puna demonstrirten einige Tausend Eingeborene, indem sie sich vor dem Steueramte versammelten und die dort angehefteten Formulare herabrissen. Die Regierung nahm davon fast gar keine Notiz; sie ließ die blinde Wuth der Leute austoben und brachte es schließlich doch dahin, daß die Steuern bezahlt wurden. Während der jetzt herrschenden Noth werden dieselben freilich aus einem großen Theile Indiens nicht regelmäßig einkommen [12]).

Wir schließen mit einigen Auszügen aus Tucker's Werke über die indischen Finanzen [13]). „Von Faktoreien, heißt es dort, zu Befestigungen, von Befestigungen zu Besatzungen, von Besatzungen zu Armeen, von Armeen zu Eroberungen, das war der fortwährende Fortschritt der Europäer im Orient.

Nach Lord Clive's großer Eroberung fand eine Parlaments-Untersuchung statt, 1767, in Folge deren die Compagnie sich anheischig machte, gegen Garantirung der Eroberung während dreier Jahre der Regierung jährlich 400,000 Pfd. Sterl. zu zahlen; und 1769 wurde dies Uebereinkommen auf vier weitere Jahre mehr festgesetzt. Aber die Compagnie konnte ihren Verpflichtungen nicht nachkommen und war 1773 genöthigt, ein Anlehen von 1,400,000

Pfd. Sterl. zu machen, welches unter der Bedingung bewilligt wurde, daß sie ihre Interessen von 10 auf 6 Procent herabsetzten.

Die Finanzen hoben sich nicht; 1782 erhielt die Compagnie Erlaubniß, über ein neues Anlehen von 800,000 Pfd. Sterl. zu unterhandeln, und als Fox 1783 seine India Bill einbrachte, betrug die Schuld der ostindischen Compagnie 11,200,000 Pfd. Sterl., welchen zu begegnen die Compagnie nur 3,200,000 Pfd. Sterl. aufbringen konnte. Fox' Bill wurde verworfen, dagegen Pitt's Bill angenommen, welche nun gleichsam die Grundlage für Indiens Verwaltung bis auf unsere Tage ausmachte. Bei der Erneuerung der Charter im Jahre 1793 hatte Lord Cornwallis den Krieg mit Tippu Sahib glorreich beendet und dessen halbes Reich in den Besitz der Compagnie einverleibt. Diese neuen Länderbesitze, sowie die Tribute von eingeborenen Fürsten, brachten die Revenuen auf gegen 8 Millionen Pfd. Sterl. jährlich, und man hoffte, davon einen Ueberschuß von jährlich 1,240,000 Pfd. Sterl. zu gewinnen. Aber diese goldenen Berge schwanden in der Wirklichkeit, 1795 wurde die schwebende Schuld vermehrt mit 2 Millionen, die 20,000 Aktien, à 173 Pfd. Sterl., abgesetzt, gaben 3,460,000 Pfd. Sterl.; demnach mußten 1797 neue Bonds im Betrage von 1,417,000 Pfd. Sterl. ausgegeben werden, ohne den Finanzen aufzuhelfen, indem 1799 Mr. Dundas, nachher Lord Melville, im Unterhause im März ein Deficit von 1,319,000 Pfd. Sterl. ankündigte.

Während des Marquis Wellesley Verwaltung stiegen die Einnahmen in Folge der Eroberung 1805—6 von 8,059,000 Pfd. Sterl. auf 15,403,000 Pfd. Sterl., wogegen die gesammten Ausgaben 17,672,000 betrugen, ein Deficit von 2,269,000 Pfd. Sterl. 1806 war die Einnahme eine Million geringer, die Ausgaben dieselben.

Bei Erneuerung der Charter im Jahre 1813 gab die Compagnie ihren Stock auf 49,064,694 Pfd. Sterl. an; ihre Schulden auf 46,130,190 Pfd. Sterl.; hiernach überstiegen die Assets der Compagnie gegen 3 Millionen; dies war jedoch ein Irrthum. Im Jahre 1821 waren die Einnahmen 21,503,207 Pfd. Sterl. und die Ausgaben 21,060,871 Pfd. Sterl.; im Jahre 1823 überstieg die Einnahme die Ausgabe um 86,974 Pf. Sterl.; wogegen 1824 die Ausgaben die Einnahmen um 749,891 Pfd. Sterl. überstiegen.

1823 waren die Schulden der ostindischen Compagnie 34,579,498 Pfd. Sterl. und deren Assets 22,440,319 Pfd. Sterl., also blieb noch eine Schuld von 12,139,179 Pfd. Sterl. übrig.

Quellen-Angaben und Erläuterungen.

1) Ueber die Straßen Indiens enthält Kaye's inhaltreiches Buch treffliche Zusammenstellungen. (S. 306 flg.) Einen guten Ueberblick über die Straßen und Eisenbahnen, von denen das Parlament im Ganzen 3652 Meilen bewilligt hat, bietet ferner die bei Wm. H. Allen & Co. in London erschienene Map of the Routes in India with Tables of Distances between the Principal Towns and Military Stations. Man ersieht aus ihr, daß noch nicht einmal das gesammte Gangesthal mit Straßen hinlänglich versehen ist. Während an der Coromandelküste von Calcutta aus eine Straße bis Tranquebar hinabführt, ist dieselbe auf der Küste Malabar noch unvollständig und fehlt z. B. in dem Godavery-Thale gänzlich. Dagegen führt eine wichtige Straße von Bombay nördlich über Indore nach Agra und in das Jamna-Thal. Auch sind bedeutende Telegraphenlinien vollendet (die Karte bezeichnet sie blau) und noch größere projektirt. Einzelne Provinzen sind besonders reich an guten Straßen. So war z. B. Nimar früher fast ohne Wege. Jetzt führt eine Straße von Simrole nach Assierguth und außer dieser sind hier noch viele andere, z. B. von Burhanpur nach Simrole Ghat eine 97 Meilen lange Chaussée, durch welche indirekt auch auf die Abschaffung der cannibalischen Menschenopfer unter den Khond's hingewirkt werden sollte (Reports on the Prov. of Nimar S. 112), angelegt worden. Ueberall sind Thùrmsala's (Häuser zum Ausruhen) gebaut und auf einer Schiffbrücke überschreitet die Burhanpur-Straße den Nerbudda. Die Thùrmsala's sind zugleich Versammlungshäuser für die Dorfbewohner, welche zu dem Bau derselben beisteuern und in Jummabundie-Zeiten ist ein solches Haus die Kutscherry.

2) Die hohe Wichtigkeit einer guten Bewässerung erkannten schon die mongolischen Kaiser und sorgten auch von Zeit zu Zeit, freilich in ihrer tumultuarischen, ungeregelten Weise für dieselbe. Im Codex des Menu wird der, welcher einen Damm durchsticht, zu langer Untertauchung verurtheilt, und Timur verfügt: "Wer immer den Anbau wüsten Landes unternimmt oder eine Wasserleitung baut oder einen Kanal gräbt oder Bäume anpflanzt oder die Cultur eines verlassenen Distriktes erneuert, der soll das erste Jahr ganz abgabenfrei sein, im 2ten nach Gutdünken seine Steuer zahlen und erst im 3ten von der Regierung besteuert werden." Von eigentlichen Canälen kann übrigens vor der Zeit der mohamedanischen Herrschaft nicht die Rede sein. Man hat sehr richtig gesagt: »God meant rivers to feed canals« und insofern ist Ober-Indien überaus reich an „Canalfutter." Welch ein großartiges Flußsystem breitet sich über die Abhänge des Himalaja und wie viele für den Ackerbau höchst wichtige Canäle könnte es speisen! Die Engländer faßten auch bald nach der Eroberung des Landes die Canalbewässerung und namentlich die Reste der alten

mohamedanischen Bauten ins Auge. Mercer wollte auf eigene Kosten den alten Delhi-Canal wieder herstellen, wenn man ihm auf 20 Jahre den Ertrag desselben garantire. Aber, wie in vielen anderen Dingen, verhielt sich auch hier die Regierung sehr passiv und erst 1810, unter Lord Minto's Verwaltung, fing man an, den Zustand der alten Canalreste durch eine Commission untersuchen zu lassen, deren widersprechende Berichte indessen den für Indien so wichtigen Plan durchaus nicht förderten. Erst unter Lord Hastings wurde endlich wenigstens ein Anfang gemacht. Die Linie des westlichen Jamna- oder Delhi-Canals wurde vom Lieutenant Blaine vermessen. Leider unterbrach der Gurkha-Krieg diese Vorarbeiten. Als der tüchtige Ingenieur nach dem Kriege den Canalbau energisch vollenden wollte, sah er seine so nützlichen Arbeiten durch die nur sehr spärlich bewilligten Gelder gelähmt; dennoch gelang es ihm, den Canal wieder nach Delhi zu führen. Die Ingenieure Hauptmann Tickle und nachher Oberst John Colvin bauten weiter und letzterer erhielt 1823 die Oberaufsicht über die zur Bewässerung des Delhi-Distrikts anzulegenden Werke. Trotz der Beschränktheit der bewilligten Mittel gelang es nun, den Jamna-Canal vom Fuße des Gebirges bis nach Delhi und Hissar zu führen. Seine Totallänge beträgt 425 Meilen; 159 steinerne, 54 hölzerne und eine Hängebrücke wurden vollendet und an 700 Ableitungscanäle mit Schleusen zur Bewässerung angelegt. In den im Bewässerungsdistrikte liegenden Dörfern ist die wirklich bewässerte Fläche verschieden. Am günstigsten zeigt sich das Verhältniß in dem 1807 noch ganz verödeten Distrikte von Hissar. Nach der Beschaffenheit des Bodens und dem Werthe der erzeugten Produkte wird für den bewässerten Acre eine Steuer von 1—10 Schillingen erhoben, die 1851 bereits bis auf 26,681 Pfd. Sterl. gestiegen war. Geregeltere Zustände in den gesammten Agriculturverhältnissen, von denen wir im nächsten Abschnitte sprechen, werden auch auf diese noch keineswegs vollkommenen Bewässerungsanlagen wohlthätig einwirken und insofern mag die jetzt wüthende Hungersnoth für die Zukunft vielleicht segensreich wirken. Man wird endlich einsehen, daß mit halben Maßregeln hier wie überall nichts gewonnen wird. Außer den erwähnten Bewässerungsabgaben bringen auch die Mühlen in der Nachbarschaft von Kurnaul, Delhi und Hissar, die Holzflöße und gewisse Dörfer, die selbst das Wasser für das Vieh aus dem Canal nehmen müssen, ganz erhebliche Summen ein.

Der östliche Jamna-Canal ist nur 155 engl. Meilen lang und durchschneidet großentheils eine prächtige Gegend zwischen dem Ganges und Jamna; er selbst mit seinen schönen Baumalleen, seinen üppig bewachsenen Ufern und netten Stationshäusern ist besonders in der südlichen Partie für den Reisenden ein wahrer Juwel. Tod, Debude, Robert Smith, Cautley, haben ihn nach Besiegung mannigfacher Hindernisse zu Stande gebracht. Er zeigte sich besonders während der großen Hungersnoth 1837—38 sehr segensreich und warf bedeutende Summen ab, worüber man genaue Details bei Kaye (S. 285 flg.) findet.

Der große Ganges-Canal verspricht aber alle die erwähnten Arbeiten bei weitem zu übertreffen. Der erste großartige Entwurf zu diesem ungeheuren Canalbau rührt vom Oberst Colvin her und scheint 1836 entstanden zu sein, wo derselbe die Oberaufsicht über alle Canäle hatte und den Gedanken faßte, das ganze Duab mit dem heiligen Ganges-Wasser zu befruchten. Die Hungersnoth zeitigte den Plan, über den sonst vielleicht erst länger nutzlos discutirt worden wäre. Der General-Gouverneur Lord Auckland ordnete praktische Untersuchungen des Terrains an und schon 1840 setzte Major Cautley in seinen detaillirten Berichten die Ausführbarkeit des großen Unternehmens außer Zweifel. Leider traten jetzt durch Afghanistan und Duranie Störungen ein, welche namentlich die Finanzen der Compagnie stark beanspruchten; dennoch ließ man den Plan nicht fallen. Ein Comité von 3 tüchtigen Ingenieuren, Frederick Abbott, Baker und Cautley, berichtete im Februar 1842 mit Umsicht und Begeisterung über die zuerst zu ergreifenden Maßregeln und zu gleicher Zeit kam Lord Ellenborough nach Indien, um Alles — ins Stocken zu bringen! Nach einer Periode trauriger Stagnation trat er endlich mit der Ansicht hervor, daß der Canal vor Allem zur Schifffahrt eingerichtet werden müsse, nur das überflüssige Wasser möge nebenbei zur Bewässerung benutzt werden. Die Berücksichtigung des Handels drohte so den für den Landbau gehofften ungeheuren Gewinn ganz und gar zu vernichten. Selbst nach Ellenborough's Weggange stiegen neue Bedenken auf; man fürchtete, daß die durch den Canal hervorgebrachten Miasmen das ganze Land höchst ungesund machen würden. Endlich, nachdem auch diese Bedenken von Baker und Dr. Dempster niedergekämpft waren, gab Lord Hardinge seine Einwilligung und der Bau begann, nachdem zuerst 1 1/4 Million dazu ausgeworfen war. Dieses großartigste Werk, das je in Indien unternommen worden, hat mit seinen verschiedenen Abzweigungen eine Länge von weit über 800 Meilen. Der Canal beginnt bei Hurdwar, wo 2 1/2 Meile nördlich von der Stadt ein Zweig das rechte Ufer des Ganges verläßt und gegen 40 Meilen nach Süden wieder in den Fluß einmündet. Von Alighur verfolgt dann der Canal zwei verschiedene Linien, eine nach dem Ganges bei Cawnpur, die andere nach dem Jamna bei Humirpur. Auf der Strecke von Hurdwar nach Alighur zweigen sich noch 3 kleinere Canäle ab, einer nach Futtehghur am Ganges, einer nach Bolundshahur und ein dritter nach Coel. Die schwierigsten Stellen für den Bau befinden sich innerhalb der ersten 20 Meilen zwischen Hurdwar und Rurkhi. Eine sehr detaillirte Beschreibung giebt Kaye (the Administration etc. S. 293 flg.). Von den Canälen in Pendschab wurde bereits in der ersten Abtheilung dieses Bandes gesprochen. Auch über die Bewässerung des südlichen Indiens wäre noch Manches zu sagen, wenn nicht diese Note sich schon zu übermäßig ausgedehnt hätte. Man baut z. B. den sogenannten Cauvery Annikut am Cauvery und ähnliche Arbeiten sind für den Godavery und Kistnah in Angriff genommen, und warum sollte die Regierung auch nicht große Summen zu derartigen Arbeiten bewilligen, da die Rentabilität aller solcher Unternehmungen besonders in Zeiten der Trockenheit überaus groß ist?

3) Die jetzt in den Zeitungen öfter besprochene Indigofrage verdient die ernstfeste Aufmerksamkeit von Seiten aller Menschenfreunde, da es sich bei derselben um nichts Geringeres handelt, als um den frevelhaften Versuch, freie Landbauern zu glebae adscriptis, zu Leibeigenen gewissenloser englischer Abenteurer zu machen. Herr Layard hat darüber vor Kurzem im Parlamente Klage erhoben. Die sogenannten Contrakte, durch welche ein Reiot seine und seiner Kinder Freiheit für ewige Zeiten verkauft, pflegen auf Grund von Geldvorschüssen abgeschlossen zu werden und diese mit jenen vereinigt, sollen den Landbauer zwingen, unter allen Umständen sein Land mit Indigo zu bepflanzen und der freien Verfügung über sein Eigenthum zu Gunsten des Indigopflanzers zu entsagen. Viele dieser Contrakte erwiesen sich noch dazu als gefälschte Dokumente. Es ist nur zu verwundern, daß diese Wirthschaft noch nicht eine neue Rebellion veranlaßt hat.

4) Der Opiumhandel mit China von Indien aus belief sich 1790 auf 4054 Kisten, 1830 schon auf 16,577, 1840 auf 20,619, 1850 auf 52,925 und 1857 auf 76,000 Kisten!

5) Wir erlauben uns, eine kurze Notiz über einen für Indien wichtigen und

bereits öfter erwähnten Mann hier einzufügen, welche nicht etwa bloß durch seinen zufällig „Baumwolle" bedeutenden Namen gerechtfertigt erscheinen wird.

Oberst Sir Arthur Cotton gehört zu jenen praktischen, in mehrere Sättel gerechten Männern, die aus der Bildungsschule der alten ostindischen Compagnie hervorzugehen pflegten, die als Soldaten und Beamte, als Richter, Pflanzer und Verwalter Tüchtiges zu leisten verstanden, und namentlich auch im Comptoir ebenso zu Hause waren wie im Feldlager. Sir Arthur hat 40 Jahre in Indien als Ingenieur gewirkt und durch Ausführung seiner (anfangs als phantastisch verlachten) Bewässerungspläne und Canalbauten, oder deren Wiederherstellung (Anm. 2.) — denn in alten Zeiten, noch unter der mohamedanischen Herrschaft, war besonders Südindien wohlbewässert — sich um die Fruchtbarkeit und den Wohlstand jenes asiatischen Reiches ungemeine Verdienste erworben. Als Militär hat er sich in den 2 birmanischen Kriegen hervorgethan. Sein Vater, General Sir Willoughby Cotton, befehligte im ersten birmanischen Kriege (1825) eine Brigade und gewann den Sieg bei Kosin. Diesem Manne zu Ehren ward am 20. Februar 1861 ein Bankett gegeben, an welchem 400 Gentlemen, meistens Männer, die in amtlichen oder Handelsverbindungen mit Indien stehen, theilnahmen, und bei welchem der Graf von Shaftesbury den Vorsitz führte. Als besonders glänzendes Beispiel von der Wirksamkeit des Gefeierten ward angeführt, daß er durch ein Wehr über einen Arm des Godavery im Bezirke Radschamundey, dessen Bau er im Jahre 1844 begann, die Bewässerung von 700,000 Morgen Landes ermöglicht hat, und daß in Folge dessen die Staatseinnahmen von dem genannten Gebiete in kurzer Zeit von 196,000 auf mehr als 300,000 Pfd. Sterl. gestiegen sind. Im Tandschor-Distrikte, ebenfalls im Deckan, hat sich die Einnahme, in Folge seiner Bauten, verdoppelt. Wenn der Gangescanal (über welchen, wie erwähnt, eben jetzt insofern geklagt wird, als er der Hungersnoth im Duab nicht vorzubeugen vermocht habe) nicht alles leiste, was man von ihm erwartet, und sich nicht rentire, so liege dies an dem Umstande, daß seine Seitenarme nicht ausgebaut seien. Diese mangelhafte Ausführung bemerkt man leider an allen Regierungsbauten in Indien, so am Godavery, Kistnah und anderwärts, und die nächste Ursache sei der Mangel an Fonds. Am oberen Godavery, äußerte Sir Arthur Cotton, habe er das beste Baumwollenland gefunden, das es, nach seiner Ansicht, außerhalb Amerika's gebe; aber um es nutzbar zu machen, müßte die Regierung noch viel Geld und Sorgfalt auf dessen Canalisirung und die Organisation der Arbeitereinwanderung verwenden. Dazu, sowie zu kostspieligen Straßenbauten, will sich aber die Regierung nicht verstehen.

6) In Murshedabad beschäftigten sich schon 1803 3000 Menschen mit Seidespinnen.

7) Ich unterdrücke eine große Menge ähnlicher Notizen, die ich aus den Berichten über die einzelnen Pergunnah's zusammengestellt hatte, da sie doch kein genügendes Bild von der höchst mannigfaltigen Production Indiens geben. Nur ein paar Bemerkungen mögen hier noch einen Platz finden. In der Pergunnah Punassa findet sich Eisen, sowie auch Chandgurh in Nimar, Candeut und die Umgegend an Eisenerzen sehr reich ist. In Punassa findet man außerdem feinen, zum Lithographiren sehr brauchbaren Kalkstein, Khürrmuttie, eine Erde zum Tünchen der Wände, Rus, ein Gras, aus welchem ein gegen Rheumatismus sehr wirksames Oel gewonnen wird, ferner das schöne Unzīln-Holz, in welches die weiße Ameise nicht eindringt. Steinkohlen hat man 40 Meilen vom Nerbudda in den Satpura-Bergen gefunden; sie würden, zum Baroche heruntergebracht leicht nach Bombay zu transportiren sein. Einzelne Versuche sind schon geglückt.

8) Zur Geschichte des Handels mit Indien finden sich vortreffliche Beiträge im 23sten Bande von Macgregor's Commercial Tariffs, p. 1—115; ferner in K. F. Neumann's Gesch. des englischen Reiches in Asien.

9) Im Jahre 1813 hatte die Compagnie folgende Faktoreien eingerichtet:

In der Präsidentschaft Bengalen: Benares, Banleah, Hurrial, Hurripaul, Junghpur, Kirpur, Midnapur, Ludipur, Chittagong, Cossimbasar, Connercolly, Malba, Patna, Radnagur, Rungpur, Santipur, Burron, Dacca, Sunanucki, Mow, Cossipur, Etawah, Calph, Gorrudpur.

In der Präsidentschaft Madras: Tinnevelly, Ramnad, Salem, Ragore, Cudbalore, Palicat, Maddepollam, Masulipatam, Ingeram, Vizagapatam, Chandschain, Pevicotta.

In der Präsidentschaft Bombay: Scindy oder Tattah, Cutch, Amedabad, Surat, Cambay, Brodera, Baroach, Carwar, Tellitcherry, Onore, Barcelore, Mangalore, Calicut, Cranganore, Cotschin, Andschengo.

10) Vgl. über die Münzverhältnisse C. und F. Roback's Taschenbuch ꝛc. Bd. 1. unter Bombay, Madras und namentlich Kalkutta. S. 384.

11) Vgl. Report to the House of Commons: Territorial Accounts, July 1859. Fol.

12) Nach dem »Friend of India«, der in Calcutta erscheint, ist der Ertrag der Einkommensteuer für 1860/61: Bengalen 560,000; Madras 290,000; Bombay 310,000; Nordwestliche Provinzen 340,000; Pendschab 90,000; Pegu u. s. w. 90,000; Audh 120,000; von Amtssalarien 150,000 — zusammen 1,910,000 Pfd. Sterl. oder, da ungefähr 10% Erhebungskosten abgehen, nicht ganz 1¾ Million.

13) A Review of the Financial Situation of the East-India Company in 1824 by Henry St. George Tucker, Esq. 8. London 1825. Vgl. noch East-India Annual Revenue Accounts. Printed by Order of the House of Commons, 9. May 1826.

Wir geben nachträglich noch eine kurze Notiz über die indischen Posten und Eisenbahnen. Das Briefporto scheint viel zu hoch und mehr für den Gebrauch der Regierung, als zur Bequemlichkeit des Publikums eingerichtet zu sein, indem die Privatbriefe allein die bedeutenden Kosten decken, welche aus den vielen Sendungen in Regierungssachen erwachsen. Monatlich gehen von Europa vier Posten durch Aegypten nach Indien über Southhampton und Marseille, an welche sich zweimal die Dampfboote von Triest nach Alexandrien anschließen. Die Fahrpreise sind theuer. Die Reise in Aegypten ist durch die Eisenbahn nach Suez erleichtert. Die Dampfschifffahrt auf dem rothen Meere ist gut eingerichtet, aber die Passagiere haben oft von drückender Hitze zu leiden. Wenn es gelingen sollte, von Smyrna nach Bagdad eine Eisenbahn zu bauen, so würde die Verbindung mit Indien sehr direkt und schnell sein. Die Regierung sollte dann auch die alten Caravansereien, welche sich auf der Straße nach Bagdad befinden, wieder herstellen.

Am 15. Oktober 1860 wurde die Fortsetzung der von Calcutta auslaufenden bengalischen Eisenbahn bis Radschmahal am Ganges eröffnet, von welchem Schienenwege nun 202 engl. (ca. 43½ deutsche) Meilen im Betriebe sind. Der Weg wird in nicht ganz 6 Stunden zurückgelegt. Radschmahal, die alte Hauptstadt Bengalens, ist jetzt ziemlich verfallen, zählt aber doch noch 30,000 Einwohner. Der Personen- und Güterverkehr auf der Bahn ist bereits recht lebendig und sie wirft 8% Gewinn ab. Nachdem sie den Ganges erreicht hat, wird sie wahrscheinlich dem langsamen Transporte in Booten auf dem Hugly, dem Nebenarme des Ganges, an dem Calcutta liegt, starke Concurrenz machen. Radschmahal und Calcutta sind auf dem Wasserwege 426 engl. (über 91 deutsche) Meilen von einander entfernt. Bei der Eröffnung fand ein Festmahl unter einem prächtigen Zelte statt, bei welchem Lord Canning seinen Vorgänger im Amte, Lord Dalhousie, als den Staatsmann feierte, dem Indien seine Eisenbahnen zu verdanken habe, die übrigens für Indien um so wichtiger sind, weil die gewöhnlichen Straßen und Wege vom Regen und den Torrenten häufig zerstört werden und so der Verkehr unterbrochen wird.

Einem in London veröffentlichten amtlichen Ausweis über die Eisenbahnen Indiens zufolge waren am Schlusse des Jahres 1860 überhaupt 842 (engl.) Bahnmeilen dem Verkehre übergeben, also im Laufe des Jahres etwas über 200 hinzugekommen. Hiervon haben nur 100 doppeltes Geleise. Neue Bahnstrecken wurden für jetzt nicht concessionirt, doch sind 2932 Meilen im Bau begriffen, von denen ca. 1350 im Laufe des Jahres 1861 vollendet werden sollen, namentlich die Hauptbahn von Calcutta nach Delhi. Auf den bereits im Betriebe befindlichen Bahnen sind 18,789 Personen angestellt, darunter 1137 Europäer. Der Rest besteht aus Eingeborenen und diese lassen sich so gut verwenden, daß ihnen in neuester Zeit auch wichtigere Posten, z. B. Bahnhof-Inspektionen, übertragen worden sind. Die mittlere Geschwindigkeit der indischen Bahnzüge beträgt 4—5 deutsche Meilen die Stunde. Der Ertrag des letzten Jahres belief sich auf 400,000 Pfd. Sterl. Von 3,112,500 Reisenden hatten 5 durch Unfälle das Leben verloren. Zur Vollendung der projektirten Bahnlinien sind noch ungefähr 14 Millionen Pfd. Sterl. nöthig. Zunächst wird die Eisenbahn von Calcutta nach Bagalpur (264 engl. Meilen) weiter geführt.

Die Dampfschifffahrt ist nur auf dem Ganges bedeutend. Auf dem Nerbudda zwischen Meheswar und Mundlaisir hält Hollar ein Schrauben-Dampfboot, zu dem sich 1854 noch ein 2tes gesellte.

8.

Landbau, Pachtsystem und Rajats oder Reiots.

> In all villages there are two descriptions of tenants, who rent the lands of the village landholders and those of the Government... These tenants are commonly called ryots, and are divided into two classes, — permanent and temporary.
>
> *Elphinstone.*

Indien ist das Land des Bauernstandes; vom Boden lebt die große Masse der Menschen. Aber dieser Boden ist meist dem Besitze jener alten Familien entrissen, welche ihre Besitzungen in Hindostan mehr vermöge der geheimnißvollen und doch mächtigen Einwirkungen eines patriarchalischen Systems, als durch ihre Tugenden oder durch weise Einrichtungen verwalteten. Der Feudalherr war meist das Haupt einer alten Familie und oft eines alten Stammes, der die seiner Sorge anvertrauten Bauern, von Liebe und Stolz geleitet, beherrschte. Die gewaltsamen Bewegungen der letzten hundert Jahre brachten Abenteurer zur Herrschaft, welche, von den verwerflichsten Motiven geleitet, das Land verwüsteten und den Rajat grausam und rücksichtslos behandelten. Die einfachsten Ansprüche, welche jeder Stand an das Recht stellen, und ohne welche die menschliche Gesellschaft nicht gedeihen kann, wurden verhöhnt und mit Füßen getreten. In dieser Beziehung wenigstens wirkten Englands Gesetze und mächtiger Schutz segensreich; unter ihm können die eingeborenen Agenten ihr Amt sicher verwalten. In Bengalen giebt es heute Landherren, welche fast alle den niedrigsten Classen angehören, die erst kleine Gutsbesitzer waren, dann Banditen beherbergten, und einen Handel mit Landesprodukten trieben oder vielmehr Handelsleute ausplünderten, wobei ihnen ihre eigenen Frauen und Schwestern als Spione dienten. Das Dorfleben in Indien ist nämlich ein unaufhörlicher Kampf zwischen dem eigentlichen Stamme des Volkes, welches den Aberglauben der Casten-Reinheit und Abschließung bewahren will, und jenen Tausenden von Castenlosen, welche durch gesetzlose Verbindungen in die Welt gesendet werden. Für diese giebt es nur Eine Existenz — Räuberei. Aus einem Berichte (Report on the State of the Police in the Lower Provinces, for the first six months of 1842. — Calcutta 1844) ersehen wir, wie die Polizeiagenten selbst an den Räubereien Theil hatten und sogar Unschuldige auf die Tortur gebracht wurden, um Geständnisse zu erpressen und die Schuldigen entkommen zu lassen. Andererseits sind Mißernten, wie sie in Indien leider oft vorkommen, den alten Besitzern, in deren Familie das Land seit Jahrhunderten gewesen war, wenn sie in ihrer Noth die Steuern nicht zahlen konnten, verderblich gewesen. Der Grund und Boden fiel dann oft Speculanten zu, die Regierung hat es aber doch für zweckmäßig erkannt, bei der ersten passenden Gelegenheit die alten Besitzer, welche selbst auch nach dem Verkaufe immer noch ein Recht auf ihre alten Ländereien zu haben glauben, wieder einzusetzen. Wir wollen, ehe wir auf diese Verhältnisse der Landbauern näher eingehen, uns zunächst den Boden selbst etwas genauer betrachten.

Die Dörfer in Indien haben zwei, drei oder auch wohl mehr Bodenarten, welche die Bewohner genau kennen; gewöhnlich ist der den Wohnungen am nächsten liegende der beste (Barah, Gohanie oder Gundäh), oder die Wohnungen sind in der Nähe des besten Bodens erbaut. Dann folgt der mittlere (Münjha oder Manj), endlich der an der Gränze (Burhar oder Har). In der Provinz Benares heißen diese 3 Classen: Goindh, Bichkür und Palo. Im Central-Duab bedienen sich die Landbewohner des Wortes Touzie oder Towjie, welches ein abgesondertes Stück Land bedeutet. Man berechnete nun den Bodenwerth, indem man das gewöhnliche Feldmaaß noch zufügte. Hiernach war ein Touzie Bigah gleich vier gewöhnlichen Bigahs Land der ersten Classe, gleich 6 der 2ten und gleich 8 der dritten. Das Aussehen der Dörfer selbst ist schon vielfach beschrieben worden. Dennoch möge sich der geneigte Leser von dem trefflichen Raikes, dem wir diese Schilderung entlehnen, in ein Radschputendorf führen lassen. Wenn man sich den auf beherrschender Anhöhe liegenden alten befestigten Dörfern nähert, in welchen einst Radschputenhäuptlinge gleich Königen lebten, um mit ihrem Clan zu ackern oder zu kämpfen, so kommt man gewöhnlich erst durch ein strauchartiges Gehölz, in welchem das

Vieh weidet, zu dem mit Lotusblumen bedeckten Teiche und umherliegenden Grabmalen oder Fruchtgärten. Ein von Menschen und Vieh ausgetretener Pfad bezeichnet den Weg zum Eingange des Walles; die dichten Bambushecken, welche früher hier standen, sind verschwunden, die Gräben mit Schutt ausgefüllt, die Mauern sind verfallen, die gewaltigen Thore verfault; aber dennoch zeigen sich noch Spuren des früheren Glanzes. Sobald man den massiven Eingang hinter sich hat, und in den vierseitigen Dorfraum eintritt, den hohe Thürme an den Ecken begränzen, stößt man auf ländliches Leben. Auf einer Seite liegen die Büffel und Kühe wiederkäuend oder fressen das Futter aus irdenen, in die Erde eingelassenen Gefäßen, auf der anderen ist ein bedeckter Raum für Pferde, Ochsen und anderes Vieh; und dabei ein weiter, offener Raum mit Palankins und Ochsenwagen für die Familien. Nicht weit davon sind die Gemächer, wo die rohen Erzeugnisse des Gutes: Getreide aller Art und Oelkuchen, oder Zucker in mächtigen Behältern aus ungebranntem Thon, der Feuchtigkeit und Insekten abhält, aufs Sorgsamste aufgehäuft sind. Am äußersten Ende dieser Einwallung führt eine kleine Treppe nach den flachen Dächern dieser Ställe und Vorrathskammern. Auf denjelben befinden sich die Ruheplätze des männlichen Geschlechts der Familie, wogegen verdeckte Gallerien zu den Gemächern der Frauen führen; die Männer schlafen auf einfachen Bettstellen aus Geflechten, über welche ein Teppich ausgebreitet ist und auf welchem ein rothes mit Baumwolle gestopftes Kopfkissen liegt, Schwert und Schild über dem Haupte. Der Stuhl ist ein rohes Stück Holz oder ein umgelegtes Wagenrad. Sonstige Bequemlichkeit oder Möbel sind unbekannt; ein Haufen Papiere, ein Pulverhorn, ein Tintenfaß und vielleicht das Bild eines Gottes oder eines Helden ist alles, was man sieht. Tauben fliegen aus kleinen Kasten, die an den Mauern hängen, oder ein Pfau wandelt umher, und zu Zeiten hört man das plötzliche Herablassen des Vorhanges im Frauengemache oder das Aneinanderstoßen der Arm- oder Fußbänder der Weiber. Ein Pipûl oder Banyanbaum erhebt sich über dem Ganzen, dessen Zweige, sorgsam geleitet, einen wohlthuenden Schatten ausbreiten. Die argwöhnisch abgeschlossenen Frauen mahlen das Korn, backen das Brod, besorgen die Milch und spinnen die Baumwolle für den häuslichen Bedarf, oder pflegen die Kinder in ihrer ersten Kindheit. Ein Radschpute wird der treulosen Gattin nie vergeben; es ist vorgekommen, daß er, nachdem er sie getödtet, sich den Gerichten übergeben hat, weil auch für ihn, da seine Ehre gebrandmarkt ist, das Leben keinen Werth mehr hat. Tapfer und unerschrocken, fürchtet er den Tod nicht und liebt den Kampf; arbeitsam ohne ein System, gastfrei ohne Gränzen und sittenrein ohne Prinzipien, ist er bald freigebig und liebevoll, bald boshaft und grausam. Er liebt das Geld, aber nicht, um sich dem Wohlleben hingeben zu können; denn seine Bedürfnisse sind gering; ungesäuertes Brod, Gemüse, Milch und einige Süßigkeiten stillen seinen Hunger und ein einfaches Baumwollengewand und ein Turban machen seine Kleidung aus; in Mußestunden ist die Hukah seine einzige Erholung. Er ist ein hingebender Freund und ein bitterer Feind, und nächst seiner Ehre und seinem Sohne ist ihm auf der Welt nichts so werth als sein Land. Wenn der auf seinem Lande wohnende Eigenthümer dasselbe in den Händen behält und selbst bewirthschaftet, so heißt dies Land Sier.

Die Dorfgemeinden, sagt Lord Melcalfe in seinem Minute to the House of Commons vom 7. Nov. 1830, sind kleine Republiken, welche alles für ihren Bedarf Nöthige in sich besitzen; sie haben sich erhalten, wenn alles Andere verschwunden ist. Dynastie auf Dynastie ist untergegangen, Revolution auf Revolution gefolgt, Hindu, Patan, Mongole, Mahratte, Sikh und Engländer, jeder war der Reihe nach Herr, aber die Dorfgemeinde ist dieselbe geblieben. In Zeiten der Gefahr bewaffnen und verschanzen sie sich, und sobald eine feindliche Armee durchs Land zieht, treiben sie ihr Vieh in ihre Verstecke und hinter ihre Wälle und lassen den Feind vorüberziehen. Sollte Plünderung oder Verwüstung sie bedrohen, und ist die Macht des Feindes zu stark, so flüchten sie, Schutz suchend, zu befreundeten Dörfern; wenn aber der Sturm vorüber ist, so kehren sie in die Heimath zurück und setzen ihre Beschäftigungen fort. Selbst wenn ein Land Jahre lang der Plünderung und dem Gemetzel ausgesetzt ist und die Dörfer nicht bewohnt werden können, so kehren die Reste der nach allen Seiten zerstobenen Dorfbewohner doch wieder zurück, sobald sie friedliche Beschäftigungen wieder gesichert glauben. Ein Geschlecht mag dahinsterben, das folgende zieht wieder in seine alte Heimath. Die Söhne treten an der Väter Stelle, sie suchen die Plätze wieder auf, wo die Hütten ihrer Väter standen und nehmen die Familienäcker wieder in Besitz. Oft auch leisten Gemeinden gegen Plünderung und Unterdrückung erfolgreichen Widerstand.

Am gleichmäßigsten haben sich solche Gemeinden im Delhi-Distrikte und in Bandelcand, in einigen Gegenden des Duab, am rechten Jamna-Ufer, und im südlichen und westlichen Theile von Rohilcand erhalten; selbst in der Provinz Benares findet man einzelne, die seit hundert Jahren unverändert geblieben sind.

Diese Vereinigung von Dorfgemeinden, deren jede einen kleinen Staat in sich bildet, hat die Völker von Indien, aller Revolutionen und alles Wechsels ungeachtet, so stabil erhalten und ist vorzüglich die Ursache ihres Glückes und des Genusses der Freiheit und Unabhängigkeit gewesen, deren sie sich noch hier und da erfreuen. Dies muß die Regierung zu erhalten suchen und nicht mit Individuen, sondern stets mit Gemeinden Abfindungen treffen, wodurch sie die Selbstregierung fördert und alle unnöthige Einmischung in das Leben und Treiben der Eingeborenen vermeidet. Tausende von Gemeinden zahlen ohne Controle ihre Abgaben willig und verwalten ihre eigenen Angelegenheiten.

Die Besitzer eines untheilbaren Mehals sind gegenwärtig gemeinsam verpflichtet, der Regierung die festgestellte Summa zu entrichten. Es ist unter gewissen Bedingungen einzelnen Besitzern gestattet, sich aus dem gemeinsamen Verbande zu lösen, wenn nämlich der Antheil derselben am Lande genau festgestellt ist. In Ausnahmsfällen kann auch zum Besten der Gemeinde der gemeinsame Verband gelöst oder die Gesammtabgabe ermäßigt werden. Die Land-Abgabe beruht auf dem Principe, daß nach dem uralten Gesetze des Landes die regierende Macht zu einem Theile der jährlichen Ernte von jedem Bigah berechtigt ist, ausgenommen, daß diese Macht auf eine Zeit oder für immer auf dieses Recht ganz oder zum Theil verzichtet oder eine bestimmte verhältnißmäßige Summe Geldes auf eine Anzahl Jahre oder auf immer festgesetzt hat. Alle bewohnten Theile des Landes werden durch festgestellte Gränzen in Mehals oder Güter getheilt, auf jedes Mehal wird auf 20—30 Jahre eine Rente festgesetzt, wobei dem Bebauer ein hinreichender Ertrag bleiben muß; so lange er pünktlich zahlt, darf ihm das Land nicht genommen werden und er erhält zugleich ein erbliches Recht auf dasselbe.

Alle Eigenthümer eines Mehals müssen sich gemeinsam für die richtige Zahlung verpflichten, und sind deren sehr viele, so wird der Vertrag nur mit einigen Aeltesten und Einflußreichsten gemacht. Zuerst wird das Land in Mouzah's oder Ortschaften getheilt, deren ein Mehal mehrere enthalten kann. Der Name und Umfang jener bleibt unverändert, wogegen dieser sich verändern kann. In einzelnen Fällen zeigen sich Spuren, daß ein Besitzrecht auf Land besonderen Individuen gehörte, wobei jedoch bestimmte Gränzen nicht vorkommen. Bei den Verpachtungen muß der Pächter ⅔ des reinen Ertrages geben, wogegen ihm alle Vortheile bleiben, die er selbst durch Verbesserungen während der Pachtzeit schafft. Jede Dorfgemeinde wählt sich Deputirte, mit denen die Regierung den Contrakt abschließt, wobei auf die besonderen Rechte Einzelner Rücksicht genommen wird. Die Gemeinde muß aber für den Einzelnen, wenn dieser seinen Pflichten nicht genügt, aufkommen.

Es fällt schwer, berechtigte Landeigenthümer von Unberechtigten zu unterscheiden; diese sind gewöhnlich die Nachkommen früherer, des Besitzrechts beraubter Rajats, oder sind noch bei Lebzeiten derselben eingewandert. Solche Assamies machen den Reichthum des Zemindars aus und er hütet sich wohl, sie hart zu behandeln, um sie nicht zu verlieren. Die erblichen Landbauern werden je nach dem Lande: Chupperbund, Khubkasht, Kudiemie, Mourusie, Hükdar genannt; Kutcha Assamies oder Paikasht heißen die, welche das erbliche Recht nicht besitzen. Der Stellvertreter einer Gemeinde heißt Lumbürdar; er ist für die pünktliche und richtige Zahlung der Rente verantwortlich; sollte er jedoch nicht zahlen, so hält sich die Behörde an jeden einzelnen Püttiedar. Solche, welche nur einzelne Theile übernehmen, heißen Thoke, Behrie oder Püttie. Der Lumbürdar erhält entweder eine kleine Abgabe von den Bewohnern, oder er fühlt sich durch den Einfluß, den er dadurch über die Gemeinde gewinnt, genugsam entschädigt. Dies Amt wird entweder durch Wahl übertragen, oder es ist insofern, als der Erbe dazu befähigt ist, erblich. Die Feststellung der Rechte und Pflichten zwischen dem Lumbürdar und den Bauern heißt Zumah-bundie.

Seit undenklichen Zeiten haben in Indien alle Regierungen ihre Haupteinnahmen aus Grund und Boden bezogen; nach uralten Gesetzen ist die regierende Macht zu einer bestimmten Quote aus dem Ertrage, den der Bauer aus seinem Bigah gewinnt, berechtigt und diese Abgabe wird in Geld oder in Produkten geliefert. Der Landmann hat sie von jeher willig entrichtet, selbst wenn sie in Kriegszeiten oder bei Regierungswechseln sich auf den sechsten Theil der Einnahme und noch höher belaufen hat. Der regierende Herr giebt allein die Erlaubniß zur Bebauung des Landes, es ist nach den Hindugesetzen sein Eigenthum und Privatländereien haben in ganz Indien nur an der Küste Malabar existirt.[1]) In den frühesten Zeiten mußte sich der Bebauer mit dem begnügen, was ihm die Kosten deckte und den Unterhalt für ihn selbst und seine Familie gewährte, der Rest gehörte dem Könige. Später änderte sich dies und das Besitzrecht wurde dem zuerkannt, welcher den Boden zuerst reinigte und bebaute; des Königs Rechte dagegen gründeten sich auf Eroberung oder auf den Schutz, den er gewährte. Sie sind überhaupt meist mohamedanischen Ursprungs. Diejenigen, welche dem Individuum einen Besitz zuerkennen, schreiben alles unbebaute Land dem Könige zu und räumen ihm das Recht ein, demjenigen das Land zu entziehen, der es vernachlässigt und es einem Andern zu geben, ja selbst den Boden-Ertrag als Eigenthum zu beanspruchen. Aber obgleich die Indier das Recht des Fürsten auf das von ihnen bebaute Land der Theorie nach anerkennen, so betrachten sie sich doch wirklich als die eigentlichen Besitzer, so lange sie nämlich dem Fürsten den ihm gebührenden Antheil entrichten.

Nach Menu erhielt der Raja seinen Antheil in Produkten, das zwölfte, achte oder sechste Korn, und in Kriegszeiten war es kein Unrecht, den vierten Theil zu entnehmen, wogegen das mohamedanische Gesetz den Landmann zu einem Tagelöhner erniedrigte, indem es ihn verurtheilte, außer dem Samen und der für seinen und seiner Familie Unterhalt nothwendigen Nahrung den ganzen Ertrag dem Fürsten zu überlassen [2]). Akbar erkannte die ungerechte und unkluge Härte eines solchen Gesetzes und setzte die Abgabe an den Fürsten auf den dritten Theil der Ernte im Geldwerthe fest, einige Hindufürsten dagegen, wie der Raja von Bijnagar, der letzte unabhängige Fürst im südlichen Indien, auf den vierten Theil. Hiernach interessirten sich also zwei Personen für die Bodenprodukte, der Rajat oder Landbauer als Producent und der Raja oder Renten-Empfänger. Es ist aber für die bäuerlichen Verhältnisse in Indien charakteristisch, daß der Landbesitz mehr ein Eigenthum ganzer Dorfschaften als einzelner Individuen ist. Die frühesten Berichte schildern bereits die ackerbauende Classe als in kleinen Gemeinden vereinigt, und Menu verordnet, daß ein Theil des Bodens, je nach der Größe der Ortschaft, in deren nächster Umgebung als gemeinsames Weideland unbebaut bleiben solle. Ein von dem Raja ernannter Beamter hat in den Dorfschaften die Polizei- und Steuerverwaltung, sowie die Rechtspflege; einige der angesehensten Personen des Dorfes stehen ihm zur Seite [3]). Außer den eigentlichen Bauern leben oft noch Personen in den Dörfern, welche für Dienste, die sie der Gemeinde leisten, einen Theil der Ernte erhalten oder als Handelsleute oder Künstler ihren Erwerb suchen. Die Dorfgemeinden gehören seit Jahrhunderten dem Boden an, welchen sie bebauen; sie sind desselben Stammes und gleicher Caste. Wenn das Castenwesen im Großen die Menschen trennt, so bringt es die Mitglieder der einzelnen Caste nur um so enger zusammen und schützt sie gegen gewaltsame Erpressungen. Dennoch ist es vorgekommen, daß ein mächtigerer Stamm, namentlich unter den Radschputen, einen anderen vertrieb oder völlig vernichtete und sich in den Besitz der Ländereien desselben setzte. Einige Dörfer, welche von den Eroberern ihren Officieren unter der Bedingung geschenkt wurden, daß diese in Kriegszeiten mit einer bestimmten Zahl von Reisigen sich stellen mußten, haben diesen militärischen Charakter behalten, andere sind wieder zu Dorf-Gemeinden geworden. Einige Theile Indiens haben in Folge unerträglicher Bedrückungen viele Dorf-Gemeinden verloren, wie in Bengalen und Telingana, wogegen sie sich in Canara, dem Dekan, Bandelcand und in den westlichen Provinzen erhalten haben.

In einzelnen Fällen gehört ein Dorf oder mehrere Dörfer einem Besitzer, doch öfter sind mehrere Personen an dem Besitze betheiligt und zwar unter gewissen Bedingungen, je nachdem ihnen Eigenthumsrechte oder nur gewisse Privilegien durch Erbschaft zugefallen sind. Wenn Land an einen fremden Käufer — namentlich um Schulden zu tilgen — abgetreten wurde, so wurde ihm damit weder die Theilnahme an der Verwaltung, noch die Aufnahme in die Gemeinde eingeräumt und der eigentliche Besitzer hatte das Recht, sein gleichsam nur als Pfand gegebenes Land wieder zu erstehen. Dagegen lebten in den meisten Dörfern, namentlich im südlichen Indien, in den Mahratten-Staaten und in Hindostan, wo die Bodenbesitzer nicht zu Tagelöhnern herabgesunken waren, solche Landleute, welche gegen Zahlung einer bestimmten Rente kleine Landstrecken bebauten. Von diesen hatten einige das Recht erblichen Besitzes, so lange sie die Rente entrichteten, andere nur auf eine bestimmte Zahl von Jahren. Ueberhaupt haben sich die Besitzrechte im Laufe der Zeit wesentlich umgestaltet und ihr Ursprung ist oft schwer festzustellen; sie entstanden entweder aus uralten Rechten, durch Colonisation oder Eroberung.

Damit das Recht jedes Besitzers gesichert werden kann, wird nach dem Hindusysteme ein Beamter (Mokaddam, Mandal oder Patel) über jedes Dorf oder jede größere Ortschaft gesetzt, welcher einem über zehn Dörfer gestellten Zemindar oder Talukdar verantwortlich ist. Dieser steht wieder unter einem 100 Dörfer beaufsichtigenden Beamten, der dem Gouverneur über 1000 Dörfer Rechenschaft ablegen muß. Die Würde des Mandal hat allein allen gewaltsamen Veränderungen Trotz geboten und sich beinahe unverändert erhalten. Sie ist sogar meist bei derselben Familie als ein erbliches Recht geblieben. Diese unantastbare Erbberechtigung brachte es ferner mit sich, daß in einigen

Ortschaften Mandal-Erben einen Theil des Bodens oder Rechte an erbberechtigte Familienglieder abtraten, woraus es sich erklärt, daß man irrthümlich behaupten konnte, gewisse Dorfschaften seien von zwei Mandals verwaltet worden. Wie einflußreich, namentlich in großen Ortschaften, der Mandal oder Patel werden kann, geht daraus hervor, daß der Begründer der Scindia-Dynastie ein Patel war, so daß es volksthümlich hieß: „Madhaji-Scindia machte sich zum Herrn von Indien, indem er sich Patel nannte."

Zwischen den Würden eines Talukbar⁴) und Zemindar besteht kein anderer Unterschied, als daß der letztere in einzelnen Dingen mehr Gewalt ausüben kann. In einigen Gegenden ist der Zemindar der Eigenthümer des Bodens, in anderen der Feudalherr und in den englischen Besitzungen der verantwortliche Steuereinnehmer irgend eines Distrikts, wofür er einen Antheil erhält, abgesehen davon, daß er auch zugleich Landbesitzer ist. Seine Würde ist erblich und seine Stellung von nicht geringem Einflusse auf die Landbewohner, weil er diese leicht bedrücken oder sich auf Kosten des Staates bereichern kann. Wenn der Zemindar die Einziehung der Landabgaben oder das Geschäft Nankar (Brodarbeit) verweigert, weil er etwa die für einen Distrikt ausgeschriebene Taxe für zu hoch ansieht, so kann ihm dennoch sein Recht nicht genommen werden. Ein Zemindar über mehrere Ortschaften übte eine nicht geringe Gewalt über die Rajats aus⁵); aber wenn er sie nicht allzusehr bedrückte, so leisteten sie nicht nur willig die gebräuchlichen Abgaben, sondern die Rajats zeigten sich auch bereit, mit den Waffen in der Hand das Leben und Eigenthum des Zemindars zu vertheidigen. Ueberhaupt vermag der indische Bauer durchaus keinen Unterschied zwischen der Regierung und ihren Agenten zu machen.

Das Recht des Zemindars als Landbesitzer ist von den meisten Autoritäten anerkannt worden, doch haben es einige, wie der Verfasser der Mahratten-Geschichte, M. Grant-Duff, auf das Bestimmteste in Abrede gestellt und die Ansicht Duff's fand in einem Theile der Präsidentschaft Madras und in einigen Distrikten von Bombay ihre Bestätigung. Daher kam es, daß die englische Regierung bei der Feststellung der Bodeneinnahme der neu eroberten Landestheile ein Reiot-System einrichten, d. h. sich unmittelbar mit dem Reiot über die Abgaben einigen wollte. Aber die bereits eingegangenen Verpflichtungen führten so viele Schwierigkeiten herbei, daß man das System aufgab und auch hier Zemindare aufstellte, denen man auf 10 Jahre die Einziehung der Abgaben übertrug, mit der Aussicht auf Erneuerung. Das Zemindarsystem hat als ein permanentes in Bengalen meist nachtheilig gewirkt; die in Geld festgestellten Abgaben waren oft nicht zu erschwingen, wenn der Preis der Produkte bedeutend sank und so kam es, daß viele Zemindare ihren Verpflichtungen nicht nachkommen konnten [6]); ihre Länder wurden verkauft und viele von den Reiots kamen in die Lage von Tagelöhnern. Dies gab den Anlaß dazu, daß auch in den westlichen Provinzen die Zemindar-Verwaltung auf bestimmte Zeit festgestellt wurde. Außer der Abgabe von dem Bodenertrage wollte man 1813 in Benares, Behar und Orissa eine Haussteuer einrichten, veranlaßte aber dadurch einen gefährlichen Aufstand in Benares. Es ist übrigens anzuerkennen, daß das britische System der Besteuerung der Boden-Cultur günstiger ist, als das der eingeborenen Regierungen; die Abgabe ist auf den reinen Gewinn gelegt und soll $2/_3$ desselben nie übersteigen, wogegen sie in den meisten Hindustaaten 2 bis 3 Fünftel des rohen Gewinnstes beträgt. Die Salztaxe, welche jährlich ungefähr 3 Millionen Pfd. Sterl. abwirft, ist zugleich die einzige, welche der Arbeiter entrichtet und über die nie erhebliche Klage geführt worden ist. Neun Zehntel aller Revennen sind vom Lande und dessen Cultur genommen [7]).

Der König, Raja oder Zemindar, sagen die Hindu's, soll seine Revennen allmählig sammeln, sowie die Sonne acht Monate des Jahres hindurch die Feuchtigkeit an sich zieht; sowie aber Indra während der übrigen vier Monate Regen sendet, so muß er Wohlthaten auf das Volk regnen lassen; sowie der Wind in alle Fugen und Ritzen dringt, so muß er alle Dinge durch seine Boten erkennen; sowie Yama die Verstorbenen richtet, so muß er die Verbrecher strafen, damit nicht der Schwächere von dem Stärkeren gebraten werde, wie der Fisch am Spieße. Dieser Mißbrauch der Gewalt blieb aber selbst bei der regelmäßigen Verwaltung der Engländer nicht aus und man vergaß namentlich, daß man den Rajats nicht bloß Steuern abzunehmen, sondern auch für sie Pflichten übernommen hatte. Man sah daher bald ein, daß das ganze Reiotsystem mannigfacher Reformen bedürfe. Diese mit festem Charakter und praktischem Blicke ins Werk zu setzen, war das eifrige Bestreben mehrerer edeln Männer, von denen vor Allen M. Robert Bird zu erwähnen ist. Er drang zunächst auf eine ordentliche Vermessung der Ländereien, wobei die Gränzen jeder Ortschaft, die besonderen Besitzungen, Rechte, Privilegien und Pflichten der Gemeinde festgestellt und auch die verschiedenen Interessen der Individuen berücksichtigt werden sollten. Ein Verfahren, welches in dem einen

Dorfe seit langen Zeiten üblich war, konnte in einem anderen unpraktisch, ja selbst verderblich werden. Der englische Beamte muß sich nur, wie der Missionar, mit dem Volke vertraut machen und unter ihm leben. Diese Lebens- und Erwerbsverhältnisse der Reiots wollen wir nun auch selbst noch etwas näher ins Auge fassen.

Die meist ganz armen Reiots pflegen in ganz Indien ihre Sämereien durch Vorschüsse der Bunniah's oder Dorf-Banquiers anzukaufen. Der Bunniah kauft dann gleich die ganze Ernte zu einem ihm vortheilhaften Preise im Voraus und der Reiot selbst gewinnt sehr wenig. Die Vermessung der Felder wird in Gegenwart der Reiots von einem Karkun vorgenommen und durch ein Panchayat der benachbarten Patels festgestellt. Die Unzufriedenen bringen ihre Klage vor den Amil, und wenn dieser den Streit nicht beilegen kann, vor den Commissär bei Abschließung des Rugwat (Pacht-Contrakts), wo dann die Zahl der Bigah's, die er erhalten, und seine Rente festgestellt wird. Nachdem dies mit jedem Dorfe genau durchgemacht ist, versammeln sich an einem Tage alle Patels und Putwaries in Gegenwart des Zemindars und Amils und es wird nun über alle die Regierungsbauten, über Teiche, Wehre, Brunnen, Wege und Sûraes verhandelt. In Nimar ist so eine Fahrstraße über den einst ungangbaren Simrole Ghat, eine andere über den Küttie-Paß bei Assierghur nach Burhanpur und Indore entstanden und 105 Teiche nebst 59 Sûraes sind vollendet. (1847.)

Das Khalsa-Pachtsystem versetzt die Regierung in die Lage eines Dorfverwalters, und indem sie dessen Pflichten und Verantwortlichkeit übernimmt, wird jede aus einem Gemeindeleben entspringende Energie durch eine Classe von Beamten unterdrückt, welche schwer zu überwachen ist und großes Unheil anrichten kann. Das Monzawara-System, wo die ganze Gemeinde für jeden Einzelnen einsteht, war in Nimar schwer einzuführen. Nachdem die Ländereien vermessen waren, machte man jedoch mit einigen Dörfern den Anfang. Die Pacht gilt auf 30 Jahre; kein Bebauer darf seine Felder aus Mangel an Bewässerung zurückgeben; kein Feld darf unbebaut bleiben; dem Nachlässigen können die Felder abgenommen und der Gemeinde gegeben werden.

Die Unvollkommenheiten der indischen Gesetze sind eine Ursache, daß Europäer sich nicht in Indien niederlassen; die Pflanzer und Kaufleute beklagen sich mit Recht über die Art und Weise, mit welcher an den Civilhöfen und besonders in Bodenstreitigkeiten über Ländereien verfahren wird. In den heißen Ebenen werden Colonisten stets Schwierigkeiten finden, dagegen in den höheren Gegenden, im gebirgigen Theile und im Pendschab wird das Clima kein Hinderniß sein. Die Regierung sollte diese Colonisationen nach Kräften unterstützen und namentlich den Colonisten die Möglichkeit geben, ihre Kinder zweckmäßig in Indien erziehen lassen zu können. Selbst die Soldaten der europäischen Regimenter sollten nach Ablauf der Dienstzeit zur Niederlassung veranlaßt werden. Durch die Colonisation der Europäer könnte die Cultur des Weines, der Oliven, Kartoffeln, des Thees und der Baumwolle, sowie die Federviehzucht ɛc. gefördert werden. Muster-Meiereien sollten in allen Theilen eingerichtet werden, denn Lebensmittel und Arbeit sind billig und der Boden vortrefflich, daher könnte Fruchtbarkeit und Reichthum verbreitet werden. Statt dessen haben die Europäer Banken begründet. Aber diese Bank-Etablissements waren nur Institute, in welchen Betrug und Diebstahl gelehrt wurde; die vielen Bankerotte haben Tausende ins Elend gestürzt und die Urheber dieser abscheulichen Handels-Unternehmungen sind ungestraft entkommen. Es muß ein ordentliches System von Banken eingerichtet werden, mit sicherer und fester Handhabung der Gesetze.

Wir gehen nach diesen allgemeinen Bemerkungen an eine specielle Betrachtung der einzelnen Distrikte und betrachten zuerst die nordwestlichen Provinzen. Die Dörfer in den Nordwestprovinzen haben ihre bestimmten Gränzen und Namen, sie mögen bewohnt sein oder „ohne eine Lampe," (d. h. be chiragh) wenige oder viele Häuser besitzen. Als die Völker vom Norden aus vordrangen, die Ureinwohner unterwarfen oder vertrieben und die Wälder ausrotteten, bildeten sich überall kleine, von hohen Mauern und Thürmen umgebene Wohnungen, um welche die Fruchtfelder herumlagen und zu denen Heerden gehörten, die in den angränzenden Jaugle's weideten. Diese Dorfgemeinden opferten den mohamedanischen Eroberern ihre politischen Rechte, damit sie sich um so sicherer die häuslichen und geselligen Einrichtungen bewahren konnten. Die Oberhäupter jeder Familie oder jedes Stammes, unterstützt von der Stimme der gemeinsamen Brüderschaft, übten unangefochten die Verwaltung aus; aber sollten diese irgend Widerstand finden, so entschied der Dorf-Rath oder das Pünchayat, dessen Urtheile in der öffentlichen Meinung so hoch standen, daß ihnen unbedingt Gehorsam geleistet wurde. Wenn auch der Inder dem Gesetze Hohn spricht, der öffentlichen Meinung wagt er nicht zu widersprechen.

Außer den wirklichen Eigenthümern des Bodens giebt es in jedem Dorfe eine Classe von Leuten, deren Beschäftigungen und Rechte in der Gemeinde sich vom Vater auf den Sohn vererbt haben; sie heißen Mourusi oder Erbberechtigte; Chupperbund oder Hauseigenthümer; Kûdiem (uralter) und Bearbeiter des Bodens von anderen Dörfern werden Paikasht genannt. Die Rechte dieser kleinen Pächter festzustellen, ist schwierig; sie geben in Produkten oder Geld ⅔ oder ¾ und manchmal die Hälfte des Ertrages an den Eigenthümer und dies heißt Ram Kotûlea (Gottes Antheil). Zu den Paikasht gehören die Jâts- und Kashistämme, die besten Bearbeiter des Bodens. Sie wohnen gleichsam als dienende Classe — Tagelöhner — in Hütten außerhalb dem kleinen Fort, cultiviren die Singhara-Wurzel in den Teichen, den Hanf und alle Gemüse. Sie leben von dem schlechtesten Brode mit etwas Zucker oder Ghie; ein kleiner von ihren Frauen gearbeiter Shawl, welcher um die Hüften geschlungen wird und ein grobes Turbantuch, ist ihre einzige Kleidung; eine wollene Decke, welche der Hirte webt, dient zur Bedeckung in der Nacht. Einige Messingtöpfe, Pflüge, Brunnenseile, einige abgetriebene Ochsen und eine Kuh oder Büffelkuh, welche sie mit Milch versorgt, ist ihr ganzer Reichthum. Mit Tagesanbruch sieht man sie schon in ihren Feldern und auch in den Mondnächten des Sommers pflegen sie fleißig zu arbeiten. Männer, Frauen und Kinder sind gleich thätig und arbeitsam; ihre vortrefflich bebauten Ländereien gewähren den höchsten Ertrag. Jahr aus Jahr ein wird der Boden für Zuckerrohr, für Opium und jedwede Getreideart mit solch einer Sorgsamkeit beackert, daß jeder Erdklumpen mit dem Pfluge oder einer hölzernen Keule zu Pulver verarbeitet wird. Im Oktober säet der Kashi Waizen und Gerste, erntet es im März und April und säet sogleich wieder Wassermelonen oder Kürbisse, welche, fleißig bewässert, im Juni reifen und dann kommt die Herbstfrucht.

Thomason theilt in seinen reichhaltigen Dispatches (Calcutta, 1856) mit, daß in Bezirken, wo keine unbebauten Strecken sind, die Gräser und Bäume geschützt sein sollen, weshalb streng verboten wurde, daß die der Regierung gehörigen Thiere, Elephanten, Kameele, Ochsen ꝛc. unrechtmäßig davon erhalten werden sollen. Ein Bûniah wird dort von den Sipahi's als ihr gemeinsamer Feind angesehen. Es gilt als Regel, öffentliche Arbeiten an Sonntagen einzustellen; man fand, daß die Leute nach einem solchen Rasttage ihre Arbeit besser verrichteten. Die Baumwolle, von der die Umraotie für die beste gilt, wurde mehr und mehr ausgeführt und der darauf gelegte Zoll betrug 5%; sie kann in großen Mengen nur zur See ausgeführt werden. Zucker wird am meisten in den Ländern nördlich und östlich vom Ganges gewonnen, ausgeführt wird er nur aus den britischen Besitzungen nach Bikanier. Der Zoll auf Salz ist keine Last für das Volk, unter allen Tausenden von Bittschriften ist der Salzzoll nie erwähnt worden. Seit 1837 wurde das neue Pachtsystem eingeführt, den Pächtern wurde ihr Zemindarie-Recht und der Pacht entzogen, wenn Dorf-Zemindare dasselbe gerechtlich beanspruchen konnten; wo dies nicht der Fall war, traten Pächter als Zemindare ein.

Im Distrikte Banda⁸) in Bandelcand wird der Name Bhej Bûrar denjenigen Gütern beigelegt, in welchen die Forderung der Regierung und die Dorf-Ausgaben vermöge einer Taxe (Bûrar) vom Lande gedeckt werden und nicht nach Taxen der Vorfahren; die Art der Erhebung ist verschieden in den Dörfern und nicht festgestellt, sondern den Umständen nach wechselnd. Es ist eine Art Bhyachara und die Pachten können Püttiedarie, unvollständige Püttiedarie oder Zemindarie sein. In der vollständigen, reinen Püttiedarie ist das ganze Land cultivirt, Bûnjûr und das wüste Land ist unter die verschiedenen Besitzer vertheilt. Unvollständige Püttiedarie ist die, in welcher ein Theil des Mehal von verschiedenen gehalten wird, und der Rest ist entweder wüst, Bûnjûr, oder gemeinsam von Assamies bebauet. In Zemindarie-Dörfern ist kein bestimmt gesondertes Eigenthum im Lande; Jedermann ist nach seinen Mitteln taxirt und die Bebauung wird im Anfange jeden Jahres je nach den Umständen festgestellt; wobei es ganz gleichgültig ist, ob die Pachtungen in Thokes oder Püttics getheilt sind.

Der Boden in Bandelcand ist sehr fruchtbar, aber der Ertrag unsicher wegen der Unmöglichkeit(?) der Bewässerung. Es giebt drei bestimmte Pachtsysteme: a. die Rûkbah-Bûrar oder reine Püttiedarie, wo alles Land vertheilt ist; der Antheil der Jumma wird nach der vorher festgesetzten Weise von jedem Besitzer gezahlt, Jedermann muß seine Auslagen selbst decken und ist für Alles verantwortlich; b. die Mûzzua oder Mûlguzarie-Bûrar — wo der culturfähige oder nicht culturfähige Antheil des Mohals allein vertheilt ist, — und c. die Annah-Bûrar, wo das Land von Eigenthümern und Nicht-Eigenthümern nach bestimmten Summen cultivirt ist, dann in eine gemeinsame Masse geworfen wird, die unter den Eigenthümern je nach ihrem erbberechtigten Antheile vertheilt ist.

Die größte Veränderung in der Steuerverwaltung bestand darin, daß die Regierung freiwillig sich ihres Antheils an der Ernte begab, die Bauern zu der Cultur ermuthigte, ihnen freie Hand zum Verkaufe ließ und sich daraus ihren Antheil bezahlen ließ. Anfangs betrachteten die Landleute dies neue Verfahren mit Mißtrauen, die kleinen Collectors waren dagegen, weil sie mehr Mühe dabei hatten und kleiner Vortheile verlustig gingen, und die Bünniah's und Geldleiher waren dagegen, weil sie dabei keine Geschäfte machen konnten. Wo die Pachtungen niedrig sind, ist das Land blühend und die Revenue wird willig und regelmäßig gezahlt; die Gelder werden in größeren Summen und nur viermal des Jahres entrichtet. Die schlimmste Zeit ist der Oktober, wo manchem die Zahlung schwer wird.

In den Nordwest-Provinzen sind viele Dorfschaften von Gemeinden gepachtet, deren gegenseitige Verbindungen durch besondere Regeln und in der verschiedensten Form festgestellt sind. Getrennte oder gemeinsame Verpflichtung sind die vorherrschenden Prinzipien; jeder Besitzer ist für seine der Regierung schuldige Pacht verantwortlich, die Gemeinde für den Betrag des ganzen Mehals. Die Regierung sucht hierbei Unabhängigkeit und Selbst-Regierung der Gemeinden zu fördern.

Ueber die Polizei-Einrichtungen bemerkt Thomason ferner: Seit den 65 Jahren, daß sich die Engländer im Besitze von Bengalen und der Nordprovinzen befinden, hat sich der Charakter des Volkes gänzlich verändert; es ist nicht mehr plünderungssüchtig, Mord-Anfälle werden seltener, Thuggie und Dakoitie haben beinahe aufgehört, und von Landberaubungen ist kaum noch zu hören. Die Verbrechen, welche heute am meisten vorkommen, sind Mord oder hinterlistige Ermordung, Tödtung im Streite, Betrug und Diebstahl und seltener Beraubung auf der Straße. Alle diese Verbrechen entspringen aus dem moralisch versunkenen Zustande, und diesem abzuhelfen fällt schwer. Vor Jahren sammelte ein Beleidigter seine Freunde um sich, um den Nachbar, mit welchem er Streit hatte, offen anzugreifen, heute sieht er sich nach einem Meuchelmörder um. Wer früher seines Nachbars Land an sich zu ziehen suchte, begann Streit, griff ihn an und vertrieb ihn aus seinem Eigenthume, heute bemüht er sich, es durch Betrug und falsche Dokumente vor Gericht zu erlangen. Die Polizei früherer Zeiten erforderte Leute von persönlichem Muthe, heute unbestechliche Männer höherer Einsicht. Früher überwachten die Gemeinden die Verbrecher; die große Masse der Einwohner in den nordwestlichen

Provinzen besteht aus Landbauern, sie leben allein von dem Ertrage des Bodens, sind mit dem Dorfe eng verwachsen und besitzen eine Art erblichen Stolz, und nichts kann in ihrem Orte vorgehen, wovon sie nicht Kunde hätten. Sie müssen mehr als die Verwalter der Regierung angesehen werden, weshalb bei Mißcruten auch auf sie Rücksicht genommen werden muß. Es ist der Collector, welcher die Fäden der Controle in seinen Händen hat.

Die Jat's haben ihren kriegerischen Geist verloren und leben mehr dem Landbau; die Gujúr's und Ahier's des Duab entsagen mehr dem Hirtenleben und finden, daß ihre Heerden von Gräsern und cultivirtem Korne besser leben können; die Mewattie's des Gurgaon-Distrikts sind aus schlauen Dieben gute Landleute geworden; und selbst die Ranngúr's und Bhúttie's an den Gränzen der Wüste im Westen fühlen sich in friedlichen Beschäftigungen glücklicher.

Seitdem leichte Pachtsysteme eingeführt sind, haben die Plündereien in den großen Dorfschaften, in Paniepút, Rohtúk und den Hansie-Distrikten, aufgehört, jetzt ist daselbst eine Bauernschaft zu finden, die sich durch eigene Thätigkeit erhält, stolz und unabhängig ist, und sich dem Gesetze und der Ordnung fügt. Offener Widerstand gegen die gesetzliche Behörde ist jetzt unbekannt, während die Cultur und der Reichthum zunehmen. Streitigkeiten entstehen gemeinhin aus Kleinigkeiten und die Leidenschaften werden durch intriguante niedere Beamte angefacht; deshalb ist Magistrat und Collector eine und dieselbe Person und die Tehsildar's sind jetzt mit Polizeigewalt bekleidet. In Städten versehen Kotwal's die Stelle der Tehsildar's mit 100—200 Rupien monatlichem Gehalte. Bei der Bildung der Polizei-Bataillone aus Freiwilligen der Sipahi-Reste gingen übrigens die schlechtesten Leute dahin. In Bandelcand besteht die Polizei aus Infanterie und Cavallerie; erstere bildet 2 Bataillone, letztere 3 Rissallah's; die Tehsildar's sind mit Polizeigewalt bekleidet, um die Zemindare auf dem Lande verantwortlich zu machen und die Polizei-Bataillone sind hier aus den besten Leuten gebildet, welche gut bezahlt werden.

Der Preis des Holzes steigt von Jahr zu Jahr und großes Bauholz ist schwer zu erhalten. Es war Gebrauch, die Waldungen an Pächter auf eine gewisse Anzahl Jahre zu überlassen, wodurch die Regierung sich jeder Controle beraubte; dies System ist aufgegeben. Die Pachten in Dhun und verschiedener Wälder in Rohilcand sind nun der Beaufsichtigung der Lokalbeamten übergeben, um die besten Mittel ausfindig zu machen. Die besten Theile der Wal dungen sollten dazu befähigten Beamten anvertraut, der Rest verpachtet und, um die besten Bauhölzer fortzuschaffen, die nöthigen Wege angelegt werden. Auch die Steinbrüche werden verpachtet.

In dem Pergunnah Secunderpur waren die Rechte des Landbesitzers so widersprechend, daß gesetzliche Feststellungen nicht gemacht werden konnten.

Der Mißwachs von 1837 kostete der Regierung 1 Million Pfd. Sterl. und Tausende arbeitsamer Menschen. Die Hungersnoth im Guntur-Distrikte in Madras vom Jahre 1833 während sechs Jahren kostete der Regierung 66 Lack und 256,806 Menschen, 74,260 Ochsen, 159,340 milchgebendes Vieh und 325,694 Schaafe und Ziegen starben vor Hunger. — Die gegenwärtige Hungersnoth hat sich bis Kabul ausgebreitet, wüthet aber am stärksten in den nordwestlichen Provinzen. In Patna leidet durch dieselbe der Opiumbau.

In Ajmere sind abgabenfreie Länder wie die Jaghire in Dörfern, Ländereien, die zu religiösen Zwecken bestimmt sind, Theile von Dörfern, die Individuen laut Verschreibung besitzen. Die Jaghir-Dörfer gehören entweder den mohamedanischen Gotteshäusern zu Ajmere oder den Hindutempeln zu Pohkür; — solcher sind 61. Die Landtaxe in den Khalisah-Dörfern ist der Rham, d. h. jeder Einzelne zahlt nach Umfang der Cultur oder nach dem Jahres-Ertrage aus seinem Felde im Jahre; die Zahlungen sind in Geld, in festen Renten auf die Felder (Zübtie) und für einen Theil des dabei angenommenen Ertrages nach Schätzung (Rûn) normirt.

Die Biswahdar's besitzen erbliche und übertragbare Rechte an gewissen Theilen des Landes, aber sie erkennen das Prinzip gemeinsamer Verantwortung an, und ihr Land hat in Folge besserer Ueberwässerung viel höheren Werth und Ertrag. Langjährige Verpachtungen sind die gesuchtesten, das Rham-System sagt den Leuten nicht zu.

Der Mhairwarrah-Distrikt besteht aus drei Theilen, welche zu Ajmere, Meywar und Marwar gehören. Aber diese Landsonderungen haben keinen Einfluß auf den Charakter des Volks. Sie sind ein ganz besonderer Stamm, der von den Jeypurie's abstammt, und sind durch besondere Verfassung unterschieden. Die Mairat's sind Mohamedaner, die Mhair's Hindu's, aber sie heirathen untereinander und besitzen weder den Fanatismus noch die Vorurtheile oder den Aberglauben dieser beiden Religionssekten. Sie sehen auf die Bewohner der Ebene mit Geringschätzung herab und verachten und haſſen die Radſchputen, weshalb ſich dieſe nie hier feſtſetzen konnten. Die Mhair's unternehmen ſtets Raubzüge in die Ebenen und immer mit furchtbarer Grauſamkeit. Die Briten unterwarfen ſie; nach dem Aufſtande von 1820 traten dieſe Staaten ihren von Mhair's bewohnten Antheil ab, Marwar gab 20 Dörfer von geringem Werthe, Meywar überließ 76 Dörfer, wofür ihm 16,000 Rupien gezahlt wird; dieſe gewähren jedoch heute über 90,000 Rupien, womit das Meywar Bhiel-Corps beſoldet wird. Die wilden und grauſamen Mhair's ſind durch Oberſtl. Hall's und Major Dixon's weiſe Maßregeln in friedliche und arbeitſame Landleute umgewandelt worden; wo einſt undurchdringliche Jangles waren, findet man heute blühende Dörfer. Man pflanzt dort Baumgruppen und Brunnen in beſtimmten Entfernungen, welche dem Reiſenden nützlicher ſind, als Baum-Alleen an den Straßen.

Die Saugor- und Nerbudda-Länder geben ein recht auffälliges Beiſpiel dazu, daß in Indien in den Landbeſitz-Rechten die größte Verſchiedenheit beſteht. Nachbarliche Länder, Diſtrikte und ſelbſt angränzende Dörfer zeigen Verſchiedenheiten, weshalb es unmöglich iſt, die Vertheilung des Landbeſitzes unter den Bundelah, Thakur's von Saugor und den Goud-Häuptlingen ſüdlich der Nerbudda, in dem reichen Thale der Nerbudda und unter den wilden Bergen von Sohadſchpur auf gleiche Rechte zurückzuführen.

Scindia's Beſitzungen ziehen ſich in Form eines Gürtels ſüdlich und nördlich vom Chumbul, wo dieſer mit dem Jamna ſich vereinigt, bis zur Nerbudda. Die nördlichen Diſtrikte werden von verſchiedenen Radſchputſtämmen und Anderen bewohnt, die das Land nach ihren beſonderen Gebräuchen beſitzen und mit Leib und Seele daran hängen; ſie derſelben zu berauben, würde die größte Ungerechtigkeit ſein. Die Siekurwar's, die Tuar's, die Gor's, die Kiechie's und die Unnuts ſind alles kräftige, erregbare Clans, welche beſtimmte Ländereien ſeit Jahrhunderten nach ihren beſonderen Gebräuchen beſitzen. In der reichen Provinz Malwa dagegen beanſprucht Niemand ein Eigenthumsrecht auf das Land; die Regierung oder ihre Bevollmächtigten werden als die einzigen Eigenthümer angeſehen, denen das Recht gehört, nach Gefallen darüber zu verfügen. Nachdem die Regierung hier 45 Jahre ungerecht regierte, nahm ſie die in den nordweſtlichen Provinzen eingeführten Einrichtungen an.

In dieſen Diſtrikten herrſcht die größte Verſchiedenheit; bei Einigen werden die Eigenthums-Rechte vom Lande wenig beachtet, bei Anderen beſtehen ſie in langen Verſchreibungen und ſind ſehr geſchätzt. Die ganze Statiſtik dieser Länder liegt noch im Argen. Das Recht des Erstgeborenen wird von einigen Familien festgehalten, Andere ziehen das freie Erbrecht vor. Die Hindugesetze in Bezug auf Erbschaft sind eng mit ihrer Religion und ihren Einrichtungen verknüpft, unter Häuptlingen oder Fürsten ist das Erstgeburt-Recht vorherrschend, bei anderen Familien sehr selten. Unter den Hindu's ist dies Gesetz hinderlich, denn die Söhne folgen dem Geschäfte des Vaters, weshalb die jüngeren Söhne eines reichen Landbesitzers sich nicht vom Eigenthume trennen. Der Besitz muß dann alle ernähren, wobei es nur die Frage ist, ob sie alle gleichen Antheil haben sollen und wer dabei bevorzugt werden soll. Dies findet sich besonders unter den Häuptern der Radschputen, wo das Haupt zwar der reichste ist, aber alle jüngeren Zweige ihm zur Last liegen. Diesen Uebeln vorzubeugen, hat man jetzt Vermessungen eingeführt und sucht die Rechte zu ordnen; doch warnt Thomason, dies nicht mit der Eile zu thun, die in den Nordwest-Provinzen geschadet hat. — Die tributären Staaten halten sehr ängstlich auf ihre Zoll-Einrichtungen, weil sie in der Erhebung auf Güter ein besonderes Recht fürstlicher Würde sahen und so nach Gutdünken darin verfahren; außerdem sind religiöse Gemeinden und Bettler dem Kaufmanne eine Last. Diese Lasten hängen nicht nur von der Macht der eingeborenen Regierung ab, sondern werden je nach dem Range, dem Einflusse, den der Kaufmann hat, oder der Caste, der er angehört, bestimmt. So wissen sich noch heute die Charûn's und Bhat's (die Barbensänger von Radschputana) Erleichterungen zu verschaffen. Große Kaufleute treffen oft ein Uebereinkommen mit den betreffenden eingeborenen Regierungen, ehe sie mit ihren Waaren durch deren Länder ziehen; die Last fällt auf den Kleinhändler so schwer, daß er vom Markte ausgeschlossen ist. In einigen eingeborenen Staaten sind die Zölle an irgend einen großen Kaufmann verpachtet, der dann auch allein den Handel im Lande hat. Von Barah nach Riemûch sind 120 Meilen, 100 Ochsen können 262$\frac{1}{7}$ Maund (270 Bushel) fortschaffen, die in Barah 520 Sicca Rupien kosten und hierauf werden 61 Rupien oder 12 Proc. von den drei Staaten (Kotah, Holvar und Jubia Pattûn) erhoben! Kein Nativ-Staat erhebt Zoll an den Gränzen, sondern nur im Innern, an gewissen Marktplätzen oder Orten, durch welche die Kaufleute kommen müssen.

Neue Handelswege im Innern führen von Agra nach Bombay, von Agra nach Ajmere, von Agra nach Riemûch (durch die Getreide-Distrikte von Hurrowtie und den centralindischen Opium-Distrikt), von Ajmere nach Hanfi und Niemûch und von hier nach Ahmedabad, (durch Radschputana) nahe Khairwara, durch das Bhielland; von Mhow nach Bhopal und Saugor und weiter nach Malwa; eine andere über Ujein, Mehdipore und Mûndisur nach Niemûch; und von Mhow nach Barodah und Tunkeriah Bûnder. Statt der erwähnten zwei- und dreifachen Zölle sollten überall Eingangs- und Ausgangs-Zölle eingeführt sein.

Bei der auf diesen Straßen mehr und mehr zunehmenden Sicherheit sollte auch die Prägung des Geldes vereinfacht werden. Die Nativ-Staaten sehen es aber als eines ihrer wichtigsten Privilegien an, Gelder prägen zu dürfen, was ihnen indeß große Kosten verursacht. Es sind erst 24 Jahre verflossen, seitdem britische Münzen in Indien geschlagen werden. Der Staat, welcher die größten Silbervorräthe besitzt und am geschicktesten in der Prägung ist, wird alle anderen verdrängen, deshalb wird die englische Regierung dies leicht erreichen. In Kupfer circuliren in den Nordwestprovinzen 30 Lak Rupien.

In dem Pergûnnah Jounsar in Dhera Dhoon wurde die ganze Taxsumme von 20,000 Rupien vom Chonntu oder dem beständigen Comité der vier ersten Häupter über die 35 Khût's oder Kreise, in welche das Pergûnnah zerfällt, vertheilt. Die Sieana's oder Häupter jedes Khût vertheilten ihren Antheil über die Dörfer ihres Kreises und die Häupter der Dorfschaften über jeden einzelnen Landbauer. Die Vertheilung geschah nicht nur im Verhältnisse des Landes, was er besaß, sondern auch nach seiner Wohlhabenheit an Vieh, Gütern oder arbeitsfähigen Gliedern seiner Familie. Das ganze Pergûnnah ist für die Steuer verantwortlich; wenn ein Bauer nicht zahlen kann, muß die Dorfschaft für ihn einstehen, kann das Dorf nicht zahlen, muß der Khût es gut machen, und fehlen dem Khût die Mittel, muß das ganze Pergûnnah es ersetzen.

Ehe die Briten in Besitz des Landes kamen, war das Recht des Bodenbesitzes in Rohilcûnd unsicherer, als in irgend einem Theile von Indien, eine Folge der vielen Revolutionen, die hier herrschten und der gänzlichen Entvölkerung, die selbst in den fruchtbarsten Theilen eintrat. Die Khûterriah-Radschputen mußten den mohamedanischen Eroberern weichen, von denen die mongolischen Kaiser daselbst Colonien bildeten. Diese ersetzten die Rohilla-Afghanen unter Ali Mohamed Khan und seinen Anhängern; auf diese kam der Nawab von Audh, von welchem die Briten das Land bekamen. Während dieser Wechsel begründete die Macht allein das Recht, die alten Hindu-Dorfverfassungen verschwanden mit ihren Bewohnern, und wenn die wüsten Länder wieder in Cultur gebracht wurden, so geschah dies durch einflußreiche Personen, welche Dörfer gründeten, Bauern einsetzten und ihre Renten in Geld oder Frucht so lange einzogen, bis wieder ein Stärkerer kam und sich in Besitz dessen brachte, was sie gegründet hatten. In vielen Fällen bildete die Regierung selbst durch ihre Lokalbeamten eine Gemeinde, die, obgleich sie auf erbliches Besitzrecht keinen Anspruch machen konnte, allmählig doch nach englischem Systeme in den Besitz kam. Daher kam es auch, daß Personen Zemindarie oder Eigenthumsrecht beanspruchten, zu dem sie der That nach kein Recht besaßen. Seitdem nun die Rechte sicher festgestellt sind, hat das Land an Werth gewonnen, es wird gesucht, wüste Strecken werden in Cultur gesetzt und die Bevölkerung vermehrt sich. Es giebt hier: Mustajürrie Mehals, solche, wo man mit Pächtern abgeschlossen hat, weil sich kein sicheres Eigenthumsrecht ergründen ließ. 2. Maafie-Mouzah's sind unbekannt. 3. Mocüddümnie, Abfindung (Settlement), wo mit den Häuptern der Dörfer abgeschlossen wurde, in deren oder der Gemeinde Interesse re. Es wurde die Einrichtung getroffen, den Leuten noch 12 Jahre Zeit gelassen, um während derselben vermeintliche Rechte zur Sprache zu bringen.

Der Strich Landes südlich von Delhi, in der Umgebung von Shahjehnabad, welcher sich vom Rüjjüfgürh Thiel bis zum Jamna hinzieht und 100—200 □ Meilen weit aus niedrigen Hügeln (den Mewatbergen) besteht, bedarf der Ueberrieselungs-Canäle. Es war einst sehr bevölkert, ist bedeckt mit Ruinen großer Städte, vom höchsten Interesse für den Geschichtsforscher und zeigt die Reste alter Canäle.

Der östliche Jamna-Canal dient auch zur Fortschaffung von Bauholz und wird von Booten benutzt; die Pflanzung guter Mangobäume hat sich reichlich bezahlt gemacht. Der Canal wird auch zu ummauerten Ghats benutzt, zu welchen Treppen führen und in welchen sich das Volk baden kann; auch findet man Trinkschaalen am Wege für Vieh und Menschen. Für Reisende sind noch in der Entfernung eines Tagemarsches Lagerplätze an den Hauptstraßen bei den Dörfern eingerichtet, stets zwei, jeder 400 Schritte im Quadrat und zur Aufbewahrung von Bürdasht (Lebensmitteln: Korn, Mehl, Milch, Eiern, Holz re.) sind Bürdasht Khanna's erbauet und an Kaufleute überlassen.

Serais sind von Zemindaris oder wohlthätigen Personen errichtet; alle 2 Meilen steht ein Murhilla, aus 2 Zimmern und einer Veranda bestehend, worin ein Bürkündauz und zwei Chowkiedar's wohnen, den Weg zu bewachen;

desgleichen Chowkie's (größere Häuser), aus sechs Zimmern und Stall für 2 Pferde, worin ein Semadar, zwei Sowars und einige Púrkúndauzes stationirt sind.

Der Muudloie ist ein Zemindar oder Chowry, meist aus der Brahmanencaste. Er hält sich einen Dufter über die Gesammteinnahme, übt die Controle über den Amil, mit dem er einsammelt, das Land vermißt, die Ausbesserungskosten für Bewässerung 2c. abschätzt. Er leitet auch die Polizei. Seine Hūgs belaufen sich bis auf 6% von dem Bodenertrage und er erhält einen Antheil an der Sewai Junma-Ernte. Die Patels hatten früher keine Hūgs, jetzt gehören ihnen 5% von der Regierungs-Einnahme. Der Patel ist im ganzen Süden Indiens ein erblicher Dorfältester, aber Land und Bäume, die zum Pateljie gehören, werden unter die Erben vertheilt, wobei der Kambar etwas mehr als die andern erhält. Der Patel und Pūtwarie sammeln im Dorfe die Abgaben ein. Er ist Mitglied der Gemeinde und selbst Landbauer und zugleich Stellvertreter der Gemeinde und Regierung und ein großes Stück Land, „Mocúb" genannt, wird ihm gegen eine kleinere Rente überlassen. In den Khalsa-Dörfern in Nimar gehören die meisten Länder der Regierung und können an Jedermann verpachtet werden; in den Ijara-Dörfern ist aber der Pächter im Besitze dieses Rechtes. Holz und die Produkte der Jaugles zu sammeln und zu fischen, steht Jedem frei. In Indore sind der Patel und der Dorfpriester, der Pūrsai (gewöhnlich der Pūtwarie), mit den Būllai's und Nihal Bhiel's die einzigen Wūltúndar's; der Patel ist zum Khunt berechtigt, einer kleinen Abgabe auf Kaufmannsgüter, und beim Thierkaufe oder Verkaufe, sowie zu 25 Bigah's Land. Der Pūrsai erhält von jedem Pfluge 14 Siers Getraide und Geschenke bei Heirathen und anderen Familienfesten. Der Pūtwarie erhält 1 Rupie oder 40 Siers per Pflug; der Būllai dasselbe; der Zimmermann und Schmidt 40—60, der Barbier 14, dasselbe der Nihal oder Bhiel, der Chmnar 26; auch der Dhubie (Wäscher), Cumar (Töpfer) und Sunar werden so bezahlt. Mohamedaner besitzen keine Dörfer.

In dem Gebirgspergūnnah Burreah heißen die Dörfer nach dem Pachtsysteme Aont Bundie oder Pflugabgabe. Ein Pflug zahlt 8 Rupien und auf ihn werden höchstens 32 Bigah's gerechnet. Das Pergūnnah Khundwah ist in 5 Zilla's getheilt und umfaßt 245 Dörfer, welche den größten und besten Distrikt von Nimar bilden. Die Nimarie's sind rentenfreie Länder, die Zirant's Ländereien, welche zu wohlthätigen oder religiösen Zwecken forterben oder den

Zemindars seit langer Zeit gehören oder unter der Bedingung verliehen wurden, daß der Besitzer gewisse Pflichten übernahm. Die Zemindare haben in Nimar dieselben Pflichten und Rechte, wie im übrigen Indien. Der Aelteste der Familie muß durch seine Person oder durch seinen Muktear in der Cutcherry vertreten sein, alle Zahlungen controliren und Streitigkeiten zwischen den Regierungsbeamten und Reiots schlichten; er muß die Regierungsbevollmächtigten durch das Pergunnah begleiten und über alle Rechte und Gewohnheiten Auskunft geben.

Die Pergunnah's von Calpe am Jamna sind durch die übermäßigen Pachtforderungen der Regierung seit 1830 gänzlich verarmt; früher warf dort die Baumwollencultur große Summen ab. Im ganzen Bandelcand fehlt es an Bewässerung; Wasser ist meist erst in 100—125 Fuß Tiefe zu finden und dabei der Boden von Löchern und Rissen vielfach durchzogen; dieser zerfällt in 4 Classen: Mar, Kabur, Purwa und Rakur. Von einer Anhöhe bei Jelalpur sieht man z. B. unzählige Hügelrücken, die einem bewegten Meere gleichen, von denen aber alle Zeichen der Cultur in die Tiefen gespült sind. Nur bei Khurela verändert sich die Gegend; große Felsmassen thürmen sich hier gleich Eisbergen über einander. In dem Pergunnah Kunch liegt Sumtur bedeutend hoch; es fällt hier viel Regen und das Wasser überfluthet einen großen Theil des Distrikts wie ein See und läßt außer der Feuchtigkeit auch fruchtbare Erde zurück, so, daß eine reiche Rubbie-Ernte gewonnen werden kann. Diese natürliche Ueberrieselung eines Fünftels des ganzen Pergunnah heißt Pow. Da hier an den Dörfern stets viel Feld brach liegt, so haben die Bauern nach ihren entferntesten Feldern oft mehrere Stunden weit zu gehen und müssen noch dazu in der brennenden Sonnengluth ihren Wasserbedarf mitnehmen, da es an Brunnen und selbst an Bäumen fehlt. Die alten Zemindare haben, nachdem sie eine Zeit lang Spekulanten, die sich auch nicht halten konnten, Platz gemacht hatten, an vielen Orten ihre Rechte wieder erlangt und sind einfach, pflichtgetreu und loyal. Viele der Güter sind zu ausgedehnt, indem einige bis zu 18,000 Acres halten. Das Khurela Khaß umfaßt 28½ ☐ Meile, von denen nur 1090 Acres keiner Cultur fähig sind. Die Zemindare haben sich übrigens auch einer Theilung der großen Güter gern und willig gefügt.

In den 20 Pergunnahs des Distriktes Saharanpur unterscheidet man drei Bonitätsclassen: Rouslie, Dakur und Budah. Dakur ist schwerer Boden, die beiden anderen sind leicht. Die Schätzung war hier zu hoch, denn die frühere Wohlhabenheit ist verschwunden. Die ehemals hier lebenden Radschputen sind von den Jat's, Garüh's und anderen arbeitsamen Classen verdrängt worden. Das Eigenthumsrecht (Zemindarie) gehört in diesem Distrikte beinahe allgemein den Gemeindebewohnern selbst, jeder Bauer baut sein eigenes Land. Ein Dorf von 50 Häusern giebt dem Chokiedar jährlich 24, 75 Häuser 30, 75—100 Häuser 36 Rupien. Im Distrikte Sommerpur befanden sich von 621 Dörfern nur 139 in den Händen alter Besitzer, 75 besaß die Regierung; diese wurden den alten Zemindaren zurückgegeben, weil sie viel zu hoch besteuert worden waren. Capitalisten, welche hier Land kauften oder pachteten, verarmten und die Dörfer kamen, wenn die Mittel ihrer Besitzer vollständig erschöpft waren, in den Besitz der Regierung. Dazu kamen die Mißjahre von 1829, 1833 und 1837, wo das Vieh hinstarb und es an Dünger für das Zuckerrohr fehlte. 1837 entvölkerte diese Noth, zu der sich noch ansteckende Krankheiten und starke Auswanderung gesellten, den ganzen Distrikt. Die Regierung suchte nach Kräften zu helfen, die eingeborenen Beamten zogen aber die dazu gelieferten Gelder und Lebensmittel an sich und ließen das arme Volk verhungern. (!)

An Saharanpur stößt die Provinz Kumaon in Nepal mit dem Distrikte Gharwal, über den wir Einiges aus Batten's Berichten mittheilen. Es sind 4000 □ Meilen eines noch nicht genügend chartirten, theilweise noch unbekannten Berglandes, das 234,410 Rupien bei 20 bis 30jährigem Pachtmodus abwirft. Weite Strecken der Provinz bestehen aus kahlen Felsmassen oder bewaldeten Bergkuppen, während die Abhänge und Thäler mit den herrlichsten Wiesenmatten bedeckt sind. Manchmal liegt der Jaungle oberhalb des cultivirten Landes, manchmal unterhalb; Dörfer und Häuser sind oft durch unzugängliche Abgründe und tiefe Flüsse von einander getrennt; ein Püttie zeichnet sich durch seinen Reichthum aus, während der angränzende ärmlich erscheint. Als die Engländer das Land erhielten, war es entvölkert und verwüstet, aber bald traten durch Mr. Trail's umsichtige Maßregeln bessere Zustände ein und die Bewohner konnten, obgleich nicht ohne Schwierigkeit, zu 20jähriger Pacht veranlaßt werden. Drei Viertel der Dörfer wird von den eigentlichen Besitzern cultivirt, von denen nur die Dorfsteuer erhoben werden kann. Sonst wohnen noch Leute da, die eine gewisse Geldsumme und einen Theil von den Früchten zahlen, sowie die gebräuchlichen Geschenke, z. B. eine Ziegenkeule bei Heirathen ꝛc. an den Thokedar oder Sicana (den eigentlichen Dorfeigenthümer).

Der Dorfbeamte, welcher die Regierungssteuer einzieht und die Polizei ausübt, heißt hier Pŭdhan. Er wird durch Geschenke bei Heirathen und durch Land bezahlt und gewöhnlich erbt der Sohn diese Würde vom Vater. Die Thokedar's zerfallen in 2 Classen und zwar 1) in solche, welche mit der Ausübung der Dorfpolizei beauftragt sind, dafür bei der Heirath einer Tochter des Pŭdhan 1 Rupie und eine Ziegenkeule und außerdem von der britischen Regierung 3% von der Jŭmma erhalten. 2) Große Sieana's, die Häupter begüterter Familien, welche kleine Streitigkeiten zu schlichten haben, über den Tod von Leuten ohne Erben berichten, Verbrecher verhaften und Culie's für die Regierung stellen. Eine besondere Art von Pächtern sind die Kŷnie's, eine Art Vasallen, die, wie Tagelöhner, das Land des Besitzers bebauen und seinen Jhampan oder Dandie und sein Gepäck tragen müssen. Die Halia's, eine Art Sklaven, sind jetzt verschwunden. Dorf-Chowkiedar's giebt es hier nicht, sondern sogenannte Pŭhrie's, welche für ihre Dienste als Boten 2c. durch Land oder Geschenke belohnt werden.

In dem Distrikte Mynpurie waren nach Edmonstone's Berichte die alten Besitzer und guten Verwalter Kŭrar's, heute befinden sich die meisten Güter in den Händen der Kaith's, Thakur's oder Ahier's. Die Länder nahe beim Dorfe heißen hier Barah, die entfernteren Mŭnjah und der Rest Bŭrreh. Die Gegend ist von Schluchten durchzogen und die Lage der meisten Dörfer so versteckt, daß man nur mit Hülfe eines Führers auf Viehwegen den Eingang zu ihnen finden kann. Als Holkar 1804 mit seinen Armeen Indien durchzog, wurde hier der Talukdar der Rechte über 116 Dörfer (von 158 D., die er von seinen Vorfahren ererbt hatte) beraubt. Auf ähnliche Weise verloren die Talukdare in Alŷgurh, Tekun Sing und der Raja von Mursann viele Dörfer. Ueber das Territorium von Delhi und namentlich über die Pergŭnnah's Riwari, Borŭh, Khŭrkhonda, Mandowty, Rohtak Berie und Gohana hat Sir John Lawrence sehr genaue Mittheilungen herausgegeben (Agra 1846). Riwari stand, ehe die Mahratten dort herrschten, unter eingeborenen Raja's, welche das Pergŭnnah verwalteten und eine Abgabe an den königlichen Schatz zahlten. Sie bauten das Schloß Gokŭlgŭrh, dessen Ruinen noch von seiner Größe und Festigkeit zeugen. Daselbst wurden die sogenannten Gokul sicca geprägt. Als die Engländer 1803 Delhi einnahmen, erhielt der Bhartpur-Raja das Pergŭnnah, welches aber die Engländer 1805 zurücknahmen. In einigen Theilen der Provinz pflegen sich die Pächter stark zu überbieten und so zu ruiniren. Die Einziehungsweise der Steuern ist Butai (Frucht) oder Zubtie (Geld), welches die Malguzar's von den kleinen Pächtern einsammeln, dabei jedoch für das ganze Dorf verantwortlich sind. Beim Butai, der am beliebtesten ist, bekommt der Besitzer gewöhnlich die Hälfte des Ertrages.

Die ursprüngliche Dorfverfassung ist die Bhyacharah, d. h. das Land wird von der „Brüderschaft" cultivirt, welche die Masse der Bevölkerung, die erblichen Landbauern mit eingeschlossen, bildet. Eine Ausnahme davon machen die Byran-Dörfer, die unter den Aeltesten anderer Dörfer stehen, welche hier wie Zemindare wirthschaften. Ein Pergunnah ist in Hauptdörfer, Tuppa's, getheilt und bei Streitigkeiten hält die Brüderschaft eines Tuppa zusammen. In Criminal- und Fiskalsachen üben die Mocuddum's einen großen Einfluß aus; die Engländer wollten, als sie sich im Lande festsetzten, neue ernennen, mußten aber endlich die alten wieder einsetzen. Wenn sich der älteste Sohn zu dieser Stelle eignet, so folgt er dem Vater. In Ermangelung von Erben wählt der Thola des Dorfes mit Genehmigung des Collectors die geeignete Person, und wenn der Mocuddum wegen schlechter Führung abgesetzt wird, die Brüderschaft.

Die ackerbauende Bevölkerung besteht hier hauptsächlich aus Jat's und Radschputen; die Hindu-Radschputen, doch auch oft die die Mehrzahl bildenden Muselmänner heißen Ranghar's, Brahmanen sind nur wenige zu finden. Die Jat's sind äußerst fleißige und geschickte Landbauern und zerfallen in Gote's, eine Art Clan's; der Ranghar ist dagegen faul, diebisch und betrügerisch. Vor der englischen Occupation lebten viele Ranghar's vom Viehdiebstahle. Die Brahmanen sind zum Müßiggange geneigt. Ein besonderes System der Steuererhebung ist das sogenannte Chowbacha in 4 Formen: 1) Kury, eine Heerdabgabe auf jede Familie, 2) Pag, eine Abgabe, der jede männliche Person unterworfen ist, 3) Aug, von jedem Stück Vieh für die Weideberechtigung und 4. Thurtie, vom jährlich bebauten Lande. Die Muhajun's (Handwerker) und solche, die sich nicht mit Landbau abgeben (Kunien's), zahlen die Kury-Taxe, welche bei wohlhabenden Kunien's sich bis auf 15 Rupien beläuft. Der Aug beträgt 1 Rupie für den Ochsen oder die Kuh (Ochsen kosten das Paar 30—100, Kühe 10—40 Rupien). An Byragie's, Jogie's und andere religiöse Bettler geben die Gemeinden gewöhnlich etwas Land steuerfrei, welches Dohlie heißt (Bohnda im Duab). Diese Bettler sind oft die Wohlthäter des Dorfes, indem sie mit ihren Ersparnissen Brunnen anlegen oder ein Chopal (Dorfhaus) errichten. Das Chowkiedarie-System ist hier Osra oder Thiekur, d. h. jeder Einwohner übernimmt dieses Amt der Reihe nach. Die Namen der dazu befähigten Leute stehen im Buche des Putwarie, werden auf Topfscherben geschrieben und im Chopal in einen großen Topf geworfen. Jeden Tag begiebt sich der Putwarie mit dem Dhamk dahin, zieht die erforderliche Anzahl Namen aus dem Topfe und der Dhamk bringt den Gewählten die Nachricht, daß sie den Nachtdienst zu versehen haben. Wenn der Topf leer ist, beginnt dieser Proceß von Neuem.

Im Distrikte Cahnpur (im untern Duab) herrscht das Zemindarsystem. Die Bevölkerung hat hier seit den mehrmaligen Verheerungen der Hungersnoth sehr abgenommen. Der Stamm der Kurmie's übertrifft noch die Jat's an Arbeitsamkeit. Einige wenige reiche Wechsler (Mohamedaner und Hindu's) haben sich nach und nach ziemlich den dritten Theil des ganzen Distriktes anzueignen gewußt und binnen 30 Jahren sind ³/₄ der alten Landbesitzer verschwunden.

Im Pergünnah Panipati, nördlich von Delhi, fiel uns das Kuminie Baach als ein ein eigenthümliches Dorfsystem auf; jeder, der nicht Ackerbau treibt, außer den Fakirs und Chmar's, ist nämlich zu einer Art Bodenabgabe von dem Lande verpflichtet, welches sein Hauswirth besitzt. Diese Abgabe dient zur Deckung der Dorfausgaben, in einigen Dörfern ausschließlich zur Bezahlung der Chowkiedar's und der Polizei.

Noch weiter nach Norden, bei Saharanpur, liegt im Gebirge das Pergünnah Dehra Dun. Hier kam es unter den Berg-Raja's öfter vor, daß sie die alten Zemindare verdrängten und das Land an Fremde gaben, welche dann bald wieder ihrer Willkür verfielen. Diesen Thickadar's wurden von den Engländern die beanspruchten Zemindar-Rechte nicht gewährt. Mehrere Dorfgruppen oder Taluka's bilden hier einen Mehal; die Gesammtmasse der Rugba's der so gebildeten Monzah's (der Zahl nach 4—30) machen die Rugba des ganzen Mehal aus. Jede dieser Monzah's ist das Eigenthum einer Gemeinde von Eigenthümern und steht unter der Leitung eines Sieana (Dorfältesten), der wieder dem Sieana des ganzen Mehals unterworfen ist. Wüstes Land und Wälder sind Gemeingut.

In Mirzapur, dem Liverpool Indiens, trifft man zwischen den Felsen und Höhen der Vindhya-Kette zerstreut ein Urvolk, als Feldarbeiter oder kleine Landpächter, Cole's, Bhiel's, Chond's, Dhungar's, Mair's, Mina's u. s. w. mit beinahe schwarzer Hautfarbe, von Gestalt klein und unansehnlich. Die

Chern's sollen sie schon vor Jahrtausenden aus den Ebenen hinaufgedrängt haben. Von den Chern's stammen die Bhur's, Rajbhur's oder Bhurputwa ab, welche ehemals in Radschputana saßen. Dieser Stamm soll auch die mächtigen Bauwerke aufgeführt haben, von denen man noch Ruinen bei Benares findet. Vier Radschputengeschlechter theilten das den trunksüchtigen Bhur's abgewonnene Land unter sich. Aus dem Mirzapur-Distrikte vertrieb Gubun Deo aus der Ghurwar-Familie, der auf einem Pilgerzuge von Kanouj nach Ramgurh begriffen war, den trunkenen und ausschweifenden Bhurfürsten. Auch im Azimgurh-Distrikte findet man Ruinen solcher colossalen Rajbhur-Bauten.

Unter den Radschputen wird jedem Manne des Dorfes der Antheil am Eigenthume gesichert, zu dem ihn seine Geburt berechtigt. Gleiches Recht und gleicher Antheil ist hier Grundprincip, wogegen unter den Hindu-Raja's das Recht der Erstgeburt gilt. Der Radschpute ging kampfgerüstet hinter seinem Pfluge und die Dorfgemeinden widerstanden gleich kleinen Republiken den gewaltsamen Revolutionen aller Zeiten. Wenn der Feind in das Land zog, wußten sie sich mit ihren Heerden in ihre Wälle oder Wälder zurück zu ziehen; aber sie kehrten, sobald der Sturm vorüber war, stets zu der heimathlichen Flur zurück. Jeder nahm wieder Besitz von seinem Lande und fremde Eindringlinge waren bald vertrieben. Zu einer Geschichte des trefflich organisirten Ryotowar unter Timur, Akbar und Aurengzib, welche wir vollständig ausgearbeitet hatten, fehlt uns leider der Raum. Erst nach dieser Zeit bildete sich jene einflußreiche und zugleich raubsüchtige Classe der Zemindare von Bengalen und der Talukdare in den oberen Provinzen, deren drückende Willkür die Existenz der Landbesitzer in Bengalen gefährdete und vernichtete. Als daher die ostindische Compagnie 1765 mit dem Rechte der Dewauny belehnt wurde, waren die alten Dorfgemeinden fast in allen Dörfern verschwunden. Mächtige Zemindare hatten fast alles Land an sich gerissen und die Talukdare in Behar, Benares und dem Duab suchten, wenn auch nicht so erfolgreich, ihrem Beispiele zu folgen. Daher wußten die britischen Beamten bei der Uebernahme der Dewauny selbst nicht recht, wem das Land eigentlich gehöre.

In den Pergunnah's Punassa, Mundie, Attode und Seylanie sind die eigentlichen Ackersleute Bhil's, Bhulalah's und Kurku's, die in Jangles leben. Chond's kamen nach dem südlichen Ufer des Tapti und gründeten im Pergunnah Pieplode 21 Dörfer. Diese Chond's sind treffliche Ackerbauern und höchst zuverlässige Menschen. Sie erwerben durch ihren Fleiß viel Geld, vertrinken aber das Meiste wieder. Seltsam ist ihr schon erwähnter Gebrauch, selten länger als 7 Jahre in demselben Dorfe zu bleiben. Die unbedeutendste Veranlassung kann sie forttreiben. Nach einem von 8—10 Dakoits auf ein Chonddorf mit 50 waffenfähigen Männern unternommenen Angriffe wollten diese nicht ins Dorf zurückkehren. Von Mr. Keatinge zur Rede gestellt, entgegneten sie: „Fechten ist Sache des Soldaten, wir verstehen das nicht." Ihre Häuser sind daher meist bloße Bambushütten, aber sie versprachen 1853, sich Häuser aus Ziegeln zu bauen. Ueberhaupt pflegen die Bauern in ganz Indien, wenn sich eine Armee von Eingeborenen nähert, ihr Dorf in Masse zu verlassen (wulsa), sie bleiben aber ruhig darin, wenn Engländer kommen. Wulsa hieß auch das Wegtreiben der ganzen Bevölkerung aus einem Distrikte, wie dies Heider Ali im Kriege gegen die Mahratten öfter ausführte.

In den Pergûnnah's Sumerpur, Moudha, Rath Punwarie und Khurka mit etwa 154,000 Einwohnern, kommen durchschnittlich 150 Menschen auf die (engl.) □ Meile. Die Biga'hs sind hier sehr klein, weniger als ⅕ Acre (also ca. ¼ preuß. Morgen). Unter der sehr bunt zusammengemischten Bevölkerung sind die Khûngar's die herrschende Caste und also auch die Chowkedar's, welche letztere deßhalb auch kurzweg Khûngar's genannt werden. Der von den Flüssen jährlich überschwemmte Boden heißt hier Turie (tur, feucht) und Kuchar (Uferrand). Ersterer ist der beste. Mar ist eine schwarze, fette Erde, die auf der rechten Seite des Jamna-Gebiets in Bandelcand, Malwa und in den Nerbudda-Ländern vorkommt. Kabur ist ihr ähnlich, nur mit Konkur und Sand vermischt. Purwa ist ein leichter, sandiger Boden von gelblicher Farbe, der, gut bewässert, sehr ergiebig ist. Der dürftigste, stark mit Kunkur (es giebt 2 Arten Kunkur, den rothen und den weißen; jener enthält mehr Eisen, der andere kohlensauren Kalk, Kieselerde, Alaun und Magnesia) vermischte und nur bei starkem Regen ertragfähige Boden heißt Rakur. Wir fügen dieser Bodenbeschreibung noch eine Notiz über die indischen Pflüge zu. Der Ragur wird zum Pflanzen des Zuckerrohres benutzt, ist sehr schwer und erfordert 6—8 Ochsen, indem er tief in die Erde einschneidet. Der leichtere Pflug beim Getreidebau 2c. heißt Bukkar. Ein großer Feind der Cultur ist das besonders im Bandelcand häufige, tief in den Boden eindringende und sich schnell verbreitende Kans-Gras (saccharum spontaneum). Um es zu vertilgen, läßt man den Boden brach liegen; es stirbt dann in 8 bis 9 Jahren von selbst ab und giebt dem Boden einen trefflichen Dünger.

In **Malwa** giebt es 3 Sorten Land: 1) Adan oder Pieut, 2) Mateitru, oder Mabit, 3) Purrut. Adan heißt der treffliche, saftige Boden an Flüssen, Teichen oder Brunnen, der zur Cultur von Opium, Zuckerrohr, Ingwer und feinen Gemüsen benutzt wird und zwei Ernten giebt. Er zerfällt in zwei Bonitätsclassen, Kudmie und Rakhur. Auf dem Mateitru baut man Waizen, Gerste, Baumwolle, Til, Mung, Tour, Rameilie (Oelsamen), Bajra, Jowra u. s. w. Es giebt 2 Ernten, Sicallu oder Khurrief genannt, zu welchen Jowra, Bajra, Mukkie, Baumwolle u. s. w. gesäet wird und Unallu oder Rhubbie, wo Waizen u. s. w. gebauet wird. Jene beginnt mit der Regenzeit und endigt im November, diese fängt mit dem Opium im November an und endet im Februar und März. Purrut ist hügeliger Boden oder Grasland. Wenn dieser in Cultur gesetzt wird, zahlt er das erste Jahr keine Steuer, das 2te die Hälfte und die volle Summa erst im 3ten Jahre. Der Bauer pflügt das Khurrief-Land zweimal und besäet es ohne es zu bewässern, was er dem (oft ausbleibenden) Regen überläßt. Die Felder für Unallu oder Rhubbie werden drei bis viermal gepflügt und im November besäet. Die Ernte reift ohne Bewässerung, die nur der Adan unbedingt erfordert.

In Malwa begegnen wir dem oberen Laufe des Tschambal, der, von Tausenden kleiner Bäche genährt, mit seinem nie versiegenden Wasser stets Fruchtbarkeit über das Land verbreitet. Am Tschambal ziehen sich fruchtbare Länder hin. Felsmassen thürmen sich chaotisch über einander, bald kahl, bald waldbedeckt; weite Ebenen mit schwarzer, höchst fruchtbarer Erde breiten sich aus, von Gebirgsabhängen begränzt, die mit ihrem rosenfarbenen Quarz das Auge blenden; zwischen dem fetten Humus liegen Wüsten von Sand oder dürrer Salzkruste bedeckt. Auf den hohen Bergspitzen thronen die Burgen der Häuptlinge. Hier und da breiten sich Seeflächen in der Niederung aus mit paradiesischen Inseln und weiterhin wieder Salzmoore, deren Ausdünstung tödtlich wirkt. Oft sind die Bergabhänge terrassenförmig auf das Herrlichste bepflanzt.

Quellen-Angaben und Erläuterungen.

Vorbemerkung. Das oft gebrauchte Wort Reiot ist eigentlich arabisch, Reiat, und bedeutet „Unterthan." In Indien bezeichnet es zunächst eine Steuer zahlende Person, dann einen Landbauer im Allgemeinen und endlich eine Person, welche in der im Texte angegebenen Abhängigkeit steht, in welcher die Reiots auch in ihrem Verhältnisse zum Grundherren Assámi's heißen.

1) Im Menu heißt es: „Uralte Weisen besitzen diese Erde, Prithivi, die Frau des Prithu genannt; sie gaben das Feld dem, der es reinigte oder dessen Hand die wilden Thiere tödtete." Tarka-Panchanana, der die Digesten zusammentrug, stellt das Recht auf Privatbesitz nicht in Abrede und sagt: „Es giebt an 100 Arten von Landbesitz in Indien; Besitzer ist der, welcher den Boden bebauet, auf welchem er wohnt; wenn aber das irgend einer Person gehörige Land durch den König verkauft wird, so begründet dieser Verkauf kein Recht des Besitzes."

2) Der Gesetzgeber Shams-ul-Aima von Sarakz, aus der Schule des Hanifia, sagt: „Wenn der Imam ein Land erobert und die Einwohner darin läßt, mit dem Kharáj von ihren Ländern und der Jezia (Kopfsteuer) belastet, so ist das Land deren Eigenthum; denn es soll Jedem, der den Boden bebauet, so viel verbleiben, als er für seinen und seiner Familie Unterhalt und zur Saat bedarf. Der Rest Kharáj soll in den Schatz abgeliefert werden."

3) Diese Personen waren: Der Reddi oder Pedda Reddi als erster Beamter, der Karnam (Buchführer), Purohit (Priester), der Schmidt, Zimmermann, der Tischler, Wechsler, der Kavel (Polizeiwächter), der Töpfer, Wäscher, Barbier, Varikudu (Bote), Chekari (Schuhmacher oder Lederarbeiter, Bara-ballowati) und in einigen Dörfern der Wasserträger.

4) Bei der Besitznahme der Nord-Provinzen fand sich's, daß Talukdare sich auf gewisse Dörfer Rechte anmaßten, welche ihnen nicht gebührten. Sie wurden den Dorfbesitzern zurückgegeben; in einigen Dörfern hatten die Dorfbesitzer neben den Talukbaren besondere, theils erbliche, theils übertragbare Rechte. Der Talukdar ist überhaupt der größere Besitzer, welcher auf Grund eines Patents oder einer Bewilligung von Seiten der obersten Gewalt oder durch Wahl der Lokalbehörde oder durch einen freiwilligen Akt des Volkes selbst als vermittelnde Person zwischen der Regierung und den Landleuten auftritt und von diesen die Abgaben einzieht, welche die Rajats (Bauern) an die Regierung zu zahlen verpflichtet sind. Er bezahlt mithin in runder Summe die Abgaben mehrerer Dörfer und entschädigt sich selbst dabei so weit als Gebrauch oder Patent es ihm gestatten. Die kleineren Besitzer sind entweder Zemindare, Biswahdare oder Mucaddam's. Ein Taluk besteht gewöhnlich aus meh-

reren Dörfern, die oft nach und nach, indem Reichthum und Macht des Talukdar's zunahmen, in dessen Besitz kamen.

5) Zemindare großer Distrikte pflegen das Doppelte aller der Ausgaben von ihren Reiots zu entnehmen, welche ihnen die Vergrößerung ihres eigenen Hausstandes oder die Ausübung religiöser Ceremonien u. s. w. veranlaßt. Die Geburt eines Enkels kostet z. B. dem Zemindar 1200 Rupien, mithin verlangt er von den Reiots 2400, sowie diese auch alle Reisen durch den Distrikt, den Ankauf eines Elephanten, die religiösen Ceremonien und Heirathen bezahlen muß. Dem Zemindar seinen Besitz und den arbeitsamen Reiot vor Beraubung und Bedrückung zu sichern, ist in Indien die beste Wehr und Waffe gegen fremde Feinde oder innere Unruhen. Am besten erreicht man dies aber mit Hülfe der begüterten Landeigenthümer, welche Einfluß und Gewalt über die Leute haben und sie namentlich auch von dem unter vielen Stämmen so häufigen Auswandern abhalten — zugleich aber auch dafür sorgen, daß sie nicht reich werden; denn Reichthum erweckt Ehrgeiz, Ehrgeiz sehnt sich nach Macht und dieses Trachten führt in Asien stets zum Verrath.

6) In der Präsidentschaft Bombay, besonders im Dekan, waren die veräußerten Besitzthümer so bedeutend und verzehrten einen so großen Theil der Einnahmen, daß der sogenannten Inam-Commission die Regelung dieser Angelegenheit übertragen wurde. Die ostindische Compagnie machte sich hier zum Richter in ihrer eigenen Sache, ohne die früheren Versicherungen Elphinstone's und Brown's zu beachten. Wir geben über die Thätigkeit dieser 1851 zusammentretenden Commission keine weiteren Details, da dieselbe mit der Revolution gänzlich aufgehört zu haben scheint.

7) Ueber das Steuersystem der Nordwestprovinzen fügen wir gleich hier eine Notiz ein. Es befinden sich hier 31 Distrikte mit 12,485 Beamten. Diese 31 Distrikte sind in 219 Thüsildaries getheilt mit eben so vielen Thüsildaren oder eingeborenen Collectoren mit einem Monatsgehalte von 100—300 Rupien. Unter diesen stehen 10,595 Mirdar's, Jomadar's und Bauern (Peon's), Leute in Caste, Charakter und Gehalt gleich den Burkundauzes. Der Einnehmer hat in jedem Dorfe einen Putwarie, den der Chowkiedar, sowie die anderen Dorfbeamten sehen in ihm den Beschützer ihrer Rechte. Die Thüsildaries sind kleine Distrikte und umfassen 1—3 Thannah's, deren einige ein Zillah bilden. Daher würde der Thüsildar, mit Polizeigewalt bekleidet, in seinem kleinen Distrikte das sein, was der Collector und Magistrat im Zillah, der Commissionär in der Abtheilung und der Lord Gouverneur in der ganzen Provinz. Die Regierung wird am besten bedient, wenn die Thüsildarie's und Darogah's unter einem guten Magistrate und Collector und diese unter guten Commissioners stehen, nicht etwa, wenn der Darogah den Thüsildar oder der Magistrat den Collector überwacht.

8) Dieser Distrikt Banda veranlaßte unter anderen der Regierung große Schwierigkeiten, die noch dadurch vermehrt wurden, daß der übrigens sehr fruchtbare Boden dem Wechsel der Jahreszeiten sehr ausgesetzt, die Bewässerung überaus künstlich und schwierig ist und überdies die Pachtsummen zu hoch gegriffen wurden. Die Bewohner sind ein kühnes, regsames Volk und, umgeben von kleinen, unabhängigen und kriegerischen Staaten und an ein schwer zugängliches Gebirgsland stoßend, schwer an eine Unterordnung unter das Gesetz zu gewöhnen.

9) Wir stellen über das ganze allerdings bereits erwähnte Polizeiwesen noch folgende Notizen zusammen. 1774 richtete Hastings Thannah's oder Polizeistationen ein und verfügte, daß nicht bloß die Räuber, sondern auch ihre Helfershelfer und alle, welche von ihnen Geld annähmen, mit dem Tode bestraft werden sollten. Zu-

Quellen-Angaben und Erläuterungen. — Anhang.

gleich erneuerte er die alten Aemter des Fousdar und Thannadar. Unter den Delhi-Kaisern verwalteten in allen Theilen Indiens die Zemindare die Polizei oder waren vielmehr in den ihnen gehörenden Ländereien für Aufrechterhaltung der Ruhe und Ordnung verpflichtet. Unter der britischen Regierung ist zwar eine besondere Polizei eingerichtet, aber die Dorfbesitzer werden außerdem verantwortlich gemacht, ihre Bezirke zu bewachen und verdächtige Individuen zur Bestrafung zu ziehen. Der Zemindar wird im Settlement besonders dazu angetrieben, denn es sind Fälle vorgekommen, wo jene sich von den Thug's und anderem Gesindel ein Schutzgeld zahlen ließen. Auch hat es sich ergeben, daß unter den Gujur's, Mewatie's und Mhair's die Zemindare selbst zu den Verbrechern gehörten.

In den Dörfern selbst wird ein Wächter oder Chowkiedar auf je 60 Häuser gerechnet und ein Bote soll jedes Verbrechen, welches in dem Bezirke jenes Chowkiedar's ausgeführt worden, sofort der Thannah berichten. Jener soll aus einem Jaghir 3, dieser 2 Acres als Lohn erhalten. Das Land giebt der Zemindar, die Taxe bestimmt die Regierung. In einigen Gegenden hat man dem Chowkiedar auch 2—3 Rupien Monatslohn gegeben.

Längs der großen Handelsstraßen befinden sich in Distanzen von 2 Meilen Polizeiwachen von je 3 Mann, welche zur Distrikt-Polizei gehören und uniformirt und bewaffnet sind. Von 10—4 Uhr Nachts müssen stets 2 dieser Leute auf der Straße patrouilliren. Außerdem sind berittene Polizisten an gewissen Punkten stationirt und jeden Abend geht eine schriftliche (oder mündliche) Parole vom Magistratshofe aus die ganze Linie entlang und muß, nachdem alle Posten unterzeichnet haben, zurückgesandt werden. Auf 40 Meilen Länge kommen 3 berittene Jemadars, welche schriftlich berichten müssen, auf welcher Stelle sie jeden der berittenen oder Fußposten antrafen. Die größeren Zweigstraßen, wie die nach Agra, werden ebenso bewacht. Im Jahre 1851 passirten die große Straße 25,168 von 99,714 Stieren gezogene Wagen und außerdem 34,820 Kameele, Tragochsen und Packpferde. Straßenräubereien kamen auf diesem Wege nicht vor. Ganz besondere Noth machte der Regierung die Provinz Nimar. In den Berichten von den Jahren 1854 und 55 wird erzählt, daß die Phil's, Bhilala's und Chond's fortwährender Beaufsichtigung bedürfen, um sie einigermaßen in Ordnung zu halten. Ein Streit zwischen Betrunkenen, ein Zank zwischen Weibern oder irgend eine Mißhelligkeit mit dem Patail reicht hin, binnen einem Tage die ganzen Einwohner eines Dorfes zu zerstreuen, dessen wohnliche Einrichtung 5 Jahre gekostet hat. Es ist unter diesen Leuten ein Ehrenpunkt, ein Dorf zu verlassen, wo sie beleidigt worden zu sein wähnen, und wenn der Streit nicht sogleich geschlichtet wird, so sind sie im Stande abzuziehen, wenn selbst die Ernte reif ist. Ueberdies sind z. B. die Chond's stets bereit, ein Dorf selbst aus sehr unbedeutenden Gründen sofort zu verlassen.

Anhang.
a. Geographische Notizen.

Die Größe Indiens wird gegenwärtig auf 1,466,576 ☐ Meilen berechnet; davon stehen 837,412 ☐ Meilen unter britischer Herrschaft, 627,910 ☐ Meilen unter eingeborenen Fürsten und 1254 gehören den Franzosen und Portugiesen. Die Bevölkerung im britischen Indien beläuft sich höchstens auf 132 Millionen, die in den unabhängigen Staaten auf 48½ Millionen, die in den französischen und portugiesischen Besitzungen auf 517,000.

In Macgregor, XXIII. S. 263 ist die Größe und Bevölkerung angegeben:

	Quadr. Meilen.	Einwohner.
Bengal, nebst den nordwestlichen Provinzen	220,312.	69,710,071.
Distrikte mit zweifelhafter Bevölkerung	85,700.	
Madras	141,923.	13,508,535.
Bombay	59,438.	6,251,546.
Zweifelhafte Distrikte	5,550.	
	512,923.	89,470,152.

Letztere liegen namentlich in Concan, Bera und Nerbudda und sind nur dünn bevölkert. Hamilton in seinem Indian Gazetteer giebt die Größe der abhängigen Staaten auf 614,610 ☐ Meilen an und die Bevölkerung, Nisam 10,000,000, Nagpur Rajah 3,000,000, Audh 3,000,000, Guickwar 2,000,000, Sattara 1,500,000, Mysore 3,000,000, Travancore und Cotschin 1,000,000, Radschputana und mehrere kleinere Staaten 16,500,000, zusammen 40,000,000 Einwohner.

Die Bevölkerung der unabhängigen Staaten schätzt Hamilton wie folgt: Scindia 4,000,000, Lasore 3,000,000, Scind 1,000,000, Nepal 2,000,000, Kaschmir und andere nach Cabul gehörige Distrikte 1,000,000, zusammen 11,000,000, und so würde sich eine Totalbevölkerung Indiens von 140,000,000 ergeben, welche Zahl aber nach zuverlässigeren Schätzungen bis auf 113,000,000 herabsinkt.

Nach Campbell (India as it may be, I. Vol. London, Murray 1853) stellt sich folgende Tabelle zusammen:

	Quadr. Meilen.	Einwohner.
Präsid. Bengalen	222,609.	41,961,513.
Pendschab	112,671.	24,652,633.
Bombay und Scind	131,564.	11,790,042.
Nordwest-Provinzen	74,686.	23,337,033.
Präsid. Madras	132,099.	22,437,247.
Mysore	30,856.	3,460,696.
Nagpur	76,432.	4,650,000.
Europ. Ansiedelungen	62,993.	687,151.
Das gesammte Indien	943,911.	133,176,315.
Dagegen Europa	867,606.	132,081,768.

Nach den letzten Vermessungen enthalten die Nord-West-Provinzen 117,586 ☐ Meilen mit 34,265,876 Einwohnern, mithin 291 Seelen auf die engl. ☐ Meile. Die gesammten Einkünfte betrugen dort 56,639,885 Rupien oder 5 Crore 66 Lack und 39,685 Rupien. Mithin kam auf jeden Einwohner durchschnittlich 1.65 Rup. = 1 Thlr. 3 Sgr.

Die Präsidentschaft Bombay hat 75,806 ☐ Meilen und 10,265,746 Einwohner, mithin 135 Seelen auf die ☐ Meile. Die Gesammteinnahme des Staates betrug 19,666,558 Rupien, also auf den Kopf ungefähr 1 Thlr. 8 Sgr. 2 Pf. Bombay selbst war 1661, als es die Portugiesen an die Engländer abtraten, ein Fischerdorf mit 15,000 Seelen. 1849 hatte es 566,119 Einwohner. (Vgl. Graul, III, 322.) Die brahmanischen Hindu's bilden etwa die Hälfte der ganzen Bevölkerung; ziemlich der 40ste dieser Hindu's ist ein Brahmane. Eigentliche Priester heißen Bhatta's, im Gegensatze zu den Schastri's, den Theologen. Die sogenannten Schenvi-Brahmanen haben den Haupttempel zu Balukeschwar inne.

Colonel Waugh, welcher das Vermessungs-Departement unter sich hat, giebt Indiens Größe folgendermaßen an:

	Quadr. Meil.
1. Sind	60,240.
2. Jalander, Duab und Rohistan	16,400.
3. Protected Sik & Hill States	15,187.
4. Das Panj'ab Proper	78,000.
	169,827.

British India (obige Sind ꝛc. und Tenghserim einbegriffen) ist 800,758 ☐ Meilen und die Nativ-Staaten 508,442 ☐ Meilen, also im Ganzen 1,309,200 ☐ Meilen; es umfaßt eine äußere Grenzlinie von 11,200 ☐ Meilen in Länge (Vgl. M. Elphinstone p. 3.)

Im Jahre 1852 waren in ganz Indien nicht mehr als 10,000 Engländer (Männer und Frauen) ansässig; als Indigo- oder Zuckerpflanzer in allen drei Präsidentschaften 317 Engländer. „Wann kann ich wieder heimkehren?" ist der tägliche Gedanke jedes Engländers und jeder Engländerin. In ganz Bengalen und den Nordwestprovinzen sind, die unteren Beamten eingerechnet, noch nicht 1000 englische Colonisten zu finden. Familien-Verbindungen mit Eingeborenen wurden früher nicht selten geschlossen. Der Oberst Fitzpatrick, der mehrere Jahre als Resident am Hofe des Nizam lebte, verheirathete sich nach den Gesetzen des Landes mit einer Prinzessin des regierenden Hauses. Man sieht noch die Ruinen des zierlichen in orientalischem Stile gebauten Wohnhauses seiner Gattin und ihr Grab ist ein Wallfahrtsort für die Mohamedaner Hyderabads, die sich ihrer Tugenden und Wohlthätigkeit dankbar erinnern. General Palmer heirathete eine der Begums von Audh und seine Nachkommen bekleiden unter den Curastern hohe Stellen. Manche Offiziere hatten bis zur Heirath führende Liebschaften mit Landestöchtern; aber in der neuesten Zeit ist die Spaltung schroffer geworden; die gesellige Verbindung zwischen Eingeborenen und Engländern hat fast aufgehört und die Muselmänner wollen mit den Engländern selbst nicht mehr essen. Jedenfalls ist es auch eine Thorheit, die englische Sprache über ganz Indien verbreiten zu wollen; sie wird nur in den Handelsplätzen naturgemäß in Gebrauch kommen. Die verbreitetste Landessprache ist Hindostani. Die Eingeborenen zeigen mit Recht eine Abneigung gegen Natives, welche Englisch sprechen und englische Manieren annehmen. Auch befindet sich die englische Presse in einer seltsamen Lage und ist innerlich krank. Eine freie Presse kann unter einer absoluten Regierung nicht gedeihen. Die Redakteure sind unzufriedene Leute; sie lernen meist die reine Wahrheit nicht kennen, haschen nach jeder Nachricht und sind meist gegen die Regierung feindlich gestimmt.

Die Staaten der Südwestgränze.

Die Staaten der Südwestgränze, ungefähr 44,000 ☐ Meilen mit mehr als 4 Millionen Einwohnern (nach O. an Bengalen, nach N. an Behar, nach S. an Orissa gränzend), zerfallen in 6 Abtheilungen: 1) Hazaribagh mit Ramgur, 2) Lohurdugga mit Tschota Nagpur, 3) Maunbhum mit Patschiti, 4) Singbhum, 5) Sumbhulpur, 6) die tributpflichtigen Staaten Sirguja u. s. w. Das Klima und das Naturbild dieser Länder ist mannigfach, meist sehr schön. Hier werden Diamanten und andere Edelsteine gegraben, es findet sich Gold, Kupfer und Eisen und vielversprechende Kohlengruben. Der Boden ist meist sehr fruchtbar und eignet sich für alle Cerealien, namentlich Reis und Oelban. Auch Kaffee- und Theepflanzungen sind mit

Erfolg versucht worden. Wenn nicht der Mangel an Verkehrswegen den Transport sehr erschwerte, so könnte der Export nach den nordwestlichen Provinzen sehr bedeutend sein. Hazaribagh ist gebirgig und hat viel unbebautes Land; an der Ostgränze liegt das Sikhar-Gebirge, das besser als Parasnath, der Wallfahrtsort der Jaina's, bekannt ist. Die Einwohner sind größtentheils Hindu's und ihre Sprache Hindi. Hier und da liegt ein Santal-Dorf in dichten Jangles. Dieser Stamm ist wahrscheinlich mit den Munda's und Singbhum Coles gleichen Ursprungs. Der Santal pflegt in der Wildniß Land zu bebauen, zieht aber, nachdem er es mehrere Jahre cultivirt hat, ruhig weiter. Er betet den Tiger an, schwört auf dessen Fell und ist wahrheitsliebend. Man findet die Santal's namentlich auch in Kattack. — Tschota Nagpur ist ein Hochland, 2000' über dem Meere. Das Volk zerfällt in verschiedene Casten, Uran's, Munda's u. s. w. Sie glauben aus dem Norden gekommen zu sein und die Munda's im Lande vorgefunden zu haben und sind thätig und intelligent. Unter dem Namen Dhangur's oder Berg-Culi's begegnet man ihnen in ganz Indien. In Calcutta werden sie wie Lastthiere betrachtet, obgleich sie eigentlich ein schöner Menschenschlag sind. Maunbhum erhebt sich als ein Plateau über Nieder-Bengalen; die dort wohnenden Hindu's sprechen Bengali. — Singbhum ist ein ganz ähnlicher Landstrich, aber die Bevölkerung ist eine ganz andere. Sie nennen sich Hos, essen Kuhfleisch und lieben Spirituosen; wahrscheinlich sind sie mit den Munda's verwandt. In Sumbhulpur wohnen Hindu's, welche die Uriasprache reden. Die steuerpflichtigen Staaten sind noch ziemlich unbekannt und das Meria Opfer kommt in ihnen hier und da noch vor. In den Bergstrichen von Sirgudscha und Palamon giebt es Stämme, welche nie in die Ebene herabkommen und mit den Bewohnern derselben durchaus nicht verkehren. Die Hindu's in diesen Ländern theilen sich in Ram und Hari und zerfallen in unzählige Unterabtheilungen. Einzelne Stämme beten, außer einer Menge Dämonen, die Sonne an und bringen ihr auf jedem hohen Berge oder unter dichtbelaubten Bäumen Opfer. Der sittliche Zustand dieser Stämme ist sehr traurig, der Mord namentlich sehr gewöhnlich. Streitigkeiten um Landbesitz führen oft zu blutigem Kampfe. Der Glaube an Zauberei und Hexen ist allgemein verbreitet und veranlaßt nicht selten sehr tragische Ereignisse. Die Unsittlichkeit der Frauen und Mädchen ist beklagenswerth; aber es ist erfreulich, daß die Coles von Tschota Nagpur sich zu der Annahme des Evangeliums willig und geneigt zeigen. Da die Eisenbahn den Zugang zu dem nordwestlichen Theil dieser Länder eröffnet hat, so müssen wir noch einmal auf die dort wohnenden Santal's, einer zahlreichen und merkwürdigen Race von Bergbewohnern, zurückkommen. Von Moharbanja in Orissa, als ihrer Südgränze, sind sie durch die Tributstaaten, westlich von Balasore, Tschellasore, Midnapur, Bankura, Birbhum, Radschmahal und von da westlich durch Bhagalpur und Monghyr über einen Landstrich von 400 Meilen Länge verbreitet. In Orissa sind sie ein kühnes, betriebsames Volk, derb und stämmig, mit groben Zügen, dunkler Hautfarbe und krausem Haar. Sie sind gesellig, umgänglich, gastfrei und leicht zu behandeln, wenn man ihre Sprache kennt. Der Fremde, der sich einer Santalwohnung nähert, wird sogleich eingeladen, auf einer Bank am Hause Platz zu nehmen. Dabei ist bei der Arbeit und bei Vergnügungen ein viel freierer Verkehr der Geschlechter als bei den Hindu's zu bemerken und der Mann benimmt sich gegen die Frau weit rücksichtsvoller und freundlicher. Daher zeigen auch die Santalfrauen ein freieres, offeneres Wesen und sie sprechen ohne die sonst bei den Frauen des Orients gewöhnliche blöde Zurückhaltung, selbst mit Fremden. Sie üben die Gastfreundschaft oft auf höchst liebenswürdige Weise. Die Fruchtbarkeit in den Santal-Familien ist meist sehr groß und man trifft in den Dörfern gewöhnlich ganze Schaaren munterer, dreister Kinder, welche mehrentheils ganz nackt herumlaufen. Nach ihren Ueberlieferungen entsprang das erste Menschenpaar, Bruder und Schwester, Pilchu-hauam und Pilchubrudhi aus Enteneiern und verheirathete sich unter dem Einflusse des Handia (also in der Betrunkenheit) durch Sita oder Marang Buru (vielleicht der Çiva oder Mahadev der Hindu's). Diese Urältern gingen nackt, bis ihnen Gott eine Kleidung gab. Die Verbreitung ihrer Kinder, die Sündfluth, welche in ihren Traditionen auch angedeutet wird — Alles dies erinnert an Moses. Auch die Eintheilung der Santal's in Stämme ähnelt der der Israeliten. Sie kennen keine Castenabstufungen und essen und verkehren frei mit einander. Aber unter sich selbst bilden sie eine abgesonderte Caste und genießen mit Ausnahme der mit ihnen verwandten Krumbi's nur von ihren Stammgenossen gekochte Speisen. Der Santal sucht sich stets seine Frau aus einem anderen Stamme. Ein großes Uebel ist ihre durch ihre Religion sogar geschätzte Vorliebe für starke Getränke, welche bei allen Festen und feierlichen Gelegenheiten nicht fehlen dürfen. Der Handia ist ein aus Reis bereitetes gegohrenes Getränk, welches, mäßig genossen, selten berauscht. Sie trinken es aber in großen Massen und lieben außerdem noch alle Arten von Spirituosen. Sie treiben Ackerbau und gelangen, wenn sie von ihren kleinen Hindutyrannen nicht zu hart bedrückt werden (wie dies in Orissa leider gewöhnlich ist), oft zu einem gewissen Wohlstand. Dabei lieben sie abgelegenes, culturfähiges, aber noch nicht bebautes Land und kommen selten in die Nachbarschaft großer Städte, weil sie die wilde Freiheit des Waldlebens über Alles lieben. Als Diener oder Kulies findet man sie selten. Während der trockenen Jahreszeit schneiden sie Bauholz und verkaufen dies, sowie Brennholz, Holzkohlen, Blätter, Gummi und andere Produkte aus den Jangles. Man kann dann oft Gruppen von Männern, Frauen und Kindern sehen, die mit festen, elastischen Schritten, fast unbekleidet, nach einem wohl 10 Meilen entfernten Marktplatze wandern und ihre Bürde gegen einige einfache Lebensbedürfnisse — manchmal nur gegen etwas Reis — austauschen. Wenn es hoch kommt, so erhält ein starker Mann etwa 2½ Sgr. für seine Last. Kleine Mädchen von 8—10 Jahren begleiten oft diese Caravane; nur ein kleines Tuch ist um ihre Hüften geschlungen und dabei schreiten sie kerzengerade und flüchtig wie ein Reh unter ihrer Bürde daher. Gewöhnlich singt, schwatzt und lacht der ganze fröhliche Zug, sowie der Santal auch sonst Musik und Tanz ungemein liebt; an letzteren nehmen auch beide Geschlechter Theil. Der Santal unterscheidet sich auch dadurch von dem Hindu, daß er den Stier nicht als Lastthier benutzt, sondern die Kuh, die er überdies auch an den Pflug und Wagen spannt. Bei ihrer Agricultur brauchen sie auch häufig Büffel. In ihren Dörfern giebt es Ueberfluß an Schaafen, Ziegen, Schweinen und Federvieh; auch lieben sie die Hahnenkämpfe.

b. Sanität.

Indien hat bekanntlich ein für den Europäer im Allgemeinen nicht gesundes Klima. Man hat daher bald Orte aufgesucht, welche für Gesundheitsstationen gelten können.*) Unter diesen steht die Gegend von Darjieling, das fast unter dem Meridian von Calcutta 4—6000' hoch am Himalaya liegt, wohl obenan; das Klima ist hier vortrefflich und der Boden eignet sich für alle europäischen Früchte und Ge-

---

*) Ueber diese Stationen geben die Papers relating to the Settlement of retired Officers of the Indian Armies (Return etc. dated 25 March 1858) manchen Aufschluß, obgleich in ihnen vorzugsweise die Colonisation ins Auge gefaßt wird.

müsse. Der südöstliche Himalaya hat überhaupt weniger Sonne und mehr Feuchtigkeit und wird von den Europäern vorgezogen. Gewaltige Rinderheerden werden in der heißen Jahreszeit aus der Ebene zur Weide in das Gebirge getrieben. Für sehr gesund gilt auch die Gegend von Tschôta Ragpur im Ghat-Gebirge am Myneput-Flusse, 3500' über dem Meere, westlich von Calcutta.

Außer der Cholera und bösen Fiebern richten namentlich die Pocken große Verheerungen an; die Hindu's bedienen sich aber eines aus Pflanzenstoffen und Oel bereiteten Mittels, um die Pockennarben zu verhindern.

c. Zwei nachträgliche Bemerkungen über den Panchaydt-Gerichtshof und den bengalischen Gesetzcodex.

Sir E. J. Gambier, welcher 16 Jahre als Oberrichter in Madras gelebt hatte, schreibt im April 1856 an v. Orlich auf dessen Fragen Folgendes:

Der Panchaydt oder alte Gerichtshof der Hindu existirt noch, namentlich im Gouvernement Madras; er hat aber nicht die Gewalt, irgend Jemand vor seine Schranken zu citiren. Er wird nur aus freien Stücken von den Parteien zum Schiedsrichter erkoren, 5 Personen werden dann gewählt, um ihn zu constituiren und ihrer Entscheidung müssen sich in diesem Falle die Parteien unterwerfen.

Die Eingeborenen sind innerhalb der Hauptstädte der Präsidentschaften Calcutta, Madras und Bombay den höchsten englischen Gerichtshöfen unterworfen und werden nach englischen Gesetzen verhört, außer bei Erbschaften und Contrakten, in welchen Fällen das Hindu-Gesetz auf Hindu's, das mohamedanische auf Mohamedaner Anwendung findet. Sonst richten sich die englischen Richter — kürzlich eroberte Provinzen ausgenommen — nach dem Rechtsverfahren, wie sie es unter den mohamedanischen Fürsten vorgefunden. Sollte Lord Macaulay's Codex Gesetzeskraft erhalten, so würde das gesammte Criminalrecht in Indien danach abgeändert werden.

An den obersten Gerichtshöfen sind die Kosten noch sehr bedeutend, obgleich sie während der letzten 20 Jahre erheblich reducirt worden sind. Ebenso in den Mofussil, so daß auch an den ehemaligen Compagnie-Gerichtshöfen die Kosten den Processirenden sehr beschwerlich fielen. Bei Criminaluntersuchungen werden die Kosten im Allgemeinen von der Regierung übernommen, die Anklage müßte denn ein Gegenstand von öffentlichem Interesse sein oder von Privaten ausgehen.

Englische Unterthanen stehen nirgends unter dem Hindugesetze und sind durchaus nur den Gerichtshöfen der Königin unterworfen. Man hat indeß versucht, sie in dem Mofussile unter die Gerichtsbarkeit der Compagnie-Gerichtshöfe zu bringen. In Criminalfällen ist dies indeß nie gelungen. Der Black-Act soll sie zwar auch vor einheimische Gerichtshöfe bringen, ist aber noch nicht angenommen.

Der Gerichtssprengel eines Zillah-Hofes richtet sich räumlich nach der Ausdehnung des Bezirkes und nicht nach der Zahl der Einwohner. Eingeborene werden nur in den Gerichtshöfen als Richter angestellt und haben sich, da sie entsprechend bezahlt werden, im Allgemeinen als ehrlich und zuverlässig, einige sogar als vortrefflich bewiesen.

Wir bemerken noch nachträglich, daß an die Spitze der englischen Gesetzcommission, welche 1833 in Folge der Akte 53 gebildet wurde, Lord Macaulay stand. Man erwartete, daß in wenigen Jahren Gesetzbücher für das Civil-, Criminal- und Handelsrecht erscheinen würden, aber die Sache schlief wieder ein.

Noch ein Wort über den bengalischen Gesetzcodex! Derselbe beginnt eigentlich mit den allgemeinen Regulativen für die Verwaltung der Gerechtigkeit, wie sie das

Comité zu Cossim bazar vorschlug und der Präsident und Rath von Bengalen 1772 bestätigte. Nach diesen sollte der Einnehmer eines jeden Distrikts nicht nur in dem Provinzialhofe des Dewanie an der Stelle der Compagnie, in deren Eigenschaft als des Königs von Delhi, Dewan, auftreten, sondern er sollte den Verhandlungen des Foujdarrie Adawlût beiwohnen und dessen Verhandlungen überwachen. Die Gewalt sollte damals von dem Nazim oder obersten Magistrate abhängen, dessen Autorität, als vom königlichen Hofe zu Delhi herstammend, anerkannt war; aber die wirkliche Gewalt lag in Warren Hasting's Händen. Damals war das Dakoitwesen eine Plage von Bengalen und nach dem 35sten Artikel dieser neuen Bestimmungen sollte jeder Theilnehmer an diesem Raubwesen den Tod erleiden, seine Familie aber ewig der Sklaverei verfallen. Hastings verfügte den 10. Juli 1773, daß alle solche Personen als Sklaven verkauft oder in die Sklaverei nach dem Fort Marlborough transportirt werden sollten. Auf diese Weise, fügte er, um seine harte und ungerechte Bestimmung zu rechtfertigen, hinzu, wird die Regierung der großen Ausgaben enthoben, welche die Erhaltung von Gefängnissen erfordert. Der Verkauf von Sklaven muß überdies die Fonds vermehren und die Maßregel selbst auf die Bewohner einen günstigen Eindruck machen. Endlich suchte er sich mit der Verfahrungsweise der mohamedanischen Herrscher in Indien zu entschuldigen, welche, um kein Blut zu vergießen, das Gesetz bei Seite setzten, weßhalb es auch ihm und seinen Räthen rathsam schiene, in außerordentlichen Fällen von dem Buchstaben des Gesetzes abzuweichen.

d. Nachträge über die Armee.

[Wie wir schon in der Vorrede bemerkten, kann es kaum von Interesse sein, den Uebergangszustand, in welchem sich die britisch-indische Armee gegenwärtig befindet, weitläufig zu schildern. Eben deßhalb halten wir die vollständige Veröffentlichung eines Memoir über die Armee in Ostindien (mit einer Uebersichts-Karte und einem Plane des Lagers von Ferospur), welches L. v. Orlich schon im Septbr. 1843 abgefaßt hat, selbst wenn sich in diesem Bande noch Raum dazu fände, für unpassend und zwar um so mehr, als der Verf. bereits viele Stellen dieser Schrift in der ersten Abtheilung des 2. Bandes, S. 371. flgg. benutzt hat. Dagegen dürften einige Fragmente dieses Memoirs, denen wir mehrere Notizen voranschicken, wohl von Interesse sein. B.]

Die Armee bestand 1635—1850 aus 183,000 Mann und kostete 8,050,000 Pfd. Sterl., sie stieg darauf bis auf 288,000 und kostete nun über 12 Millionen. 1853 betrug der Bestand in runder Zahl 310,000 Mann. darunter 22,000 Mann Contingent-Truppen unter europäischen Officieren und von den eingeborenen Officieren besoldet. Die bengal. Armee (Agra und Pendschab einbegriffen): 165,000 Mann; Madras: 65,000, Bombay: 58,000. Davon kamen auf die Infanterie: 234,000, auf die Kavallerie 35,000, auf Artillerie und Ingenieure: 19,000. Europäer, incl. die Offiziere der eingeborenen Truppen: 50,000 M., Eingeborene, 236,000 M. Unter den Europäern waren: königliche Truppen: 29,460 M., Artillerie und Infanterie der Compagnie 14,579; im Gehalte der Compagnie stehende Offiziere: 6297 M. Nach den Waffengattungen stellten sich die Zahlen, wie folgt: Kavallerie. Europäer 3700. Eingeborene, regulär 10,200, irregulär 21,100. Infanterie. Europäer 32,500. Eingeborene mit europäischen Offizieren 162,000, Eingeborene mit eingeborenen Offizieren, irregulär 39,500. Artillerie und Ingenieure 7700, Sepoys-Kanonen-Lascars, die Fuhrleute der Kanonen einbegriffen 11,300 M. Die Madras-Armee hatte allein reguläre Truppen, meist Mohamedaner und Eingeborene vom nördlichen Circora und Deckan, die Bengal-Armee meist Radschputen und Brahmanen aus dem südlichen Hindostan, Audh ꝛc. Die Bombay-Armee enthielt niedere Casten und kleinere, unansehnlichere Leute, desgl. Christen und Juden. Ein Theil der Bombay-Armee besetzte den Scind und die Madras-Armee in Central-Indien, Sangor, Rougong, Jubbulpore, Aurangabad und Mhow u. s. w. Die Kavalleristen sind meist Mohamedaner und in der irregulären Kavallerie dienen überhaupt meistentheils die besseren Classen. Patan-Reiter aus dem nördlichen Hindostan dienen überall in Indien. Die irreguläre Infanterie zeigt große Mannigfaltigkeit und ist oft aus allen Classen und Casten gemischt; in einigen Regimentern gehört die Mehrzahl einer bestimmten Lokalität an; man findet so Sikh's, Gurka's, Mair's, Bheel's und Afghanen-Gränzer beisammen. Das Avancement richtet sich nach der Dienstzeit; Regiments-Commandeure sind stets über 40 Jahre alt und höhere Stellungen erhalten die Meisten erst nach dem 55sten Lebensjahre. Während die Eingeborenen in Civil-Anstellungen vorgerückt sind, hat in der Armee ein relativer Rückschritt stattgefunden; man will den Eingeborenen nicht einmal Compagnien anvertrauen. Das Commissariat ließ früher viel zu wünschen übrig; es mangelte an Thieren und Wagen bei Bewegungen; trotzdem ist die Verwaltung kostbar und verschwenderisch, die Belege sind wohl in Ordnung, aber die Eingeborenen werden nicht selten hintangesetzt und bedrückt. Die meisten Officiere in diesem Zweige verstehen ihr Amt nicht recht und fallen eingeborenen Spekulanten in die Hände. Man sollte das Commissariat aus Eingeborenen unter der Leitung von Europäern bilden, welche diesem Corps ganz angehören müßten und nicht in die europäischen Regimenter zurückkehren dürften.

In der neuesten Zeit werden im gesammten Heerwesen bald sehr wesentliche Aenderungen eintreten. In Calcutta ist die „Amalgamation Order," d. h. das Dekret zur Verschmelzung der indo-britischen Armee, welche unter der ostindischen Compagnie als besonderes Corps bestand, mit der königl. britischen Armee erschienen. Sie ward, scheint es, am 20. April 1861 veröffentlicht. Zugleich ist man endlich mit Ernst daran, die numerische Stärke der eingeborenen Truppen wesentlich zu vermindern. Es heißt, daß vierzehn Regimenter eingeborener Infanterie in der bengalischen Armee aufgehoben werden; desgleichen das Arracan-Bataillon, die leichte Pegu-Infanterie, das Assam-Corps und andere auswärts stehende Abtheilungen. Die gesammte Reduktion beträgt nicht weniger als 25,000 Mann. Sofort werden alle eingeborenen Regimenter der Bengal-Armee ihre bisherigen Titel und Namen verlieren und in einer neuen Liste numerirt werden. Zudem sollen sie alle nach dem Systeme der irregulären Truppen mit Officieren versorgt werden, so daß bei keinem Regimente das alte Zahlenverhältniß der Officiere bleibt. Man glaubt, daß 200 bis 300 eingeborene Officiere dadurch überzählig werden, deren Wiederverwendung einige Verlegenheit bereiten dürfte. Die Regierung soll damit umgehen, jedem derselben ein Stück steuerfreies Land anzuweisen.

Wir geben nun, an den Schluß der ersten Abtheilung dieses Bandes anknüpfend, noch einige Auszüge aus dem oben erwähnten Memoir und werfen namentlich einen Blick auf die Ausrüstung, Bekleidung und taktische Ausbildung der Armee.

Das Material der britischen Armee läßt in der That nichts zu wünschen übrig. Sie ist von dieser in technischen und industriösen Dingen so weit vorgeschrittenen Nation reich und praktisch ausgestattet. Fünf große Zeughäuser: in Bombay, Madras, Calcutta, Allahabad und Delhi, deren jedes mehr als 40,000 Mann aller Waffengattungen mobil zu machen vermag, besorgen die Ausrüstung; wie denn außerdem noch jedes Regiment seine eigenen Vorräthe an Waffen und an Kleidung besitzt. Die Gewehre, Büchsen, Säbel und Pistolen werden in England gearbeitet; die metallenen Geschütze sind dagegen in Calcutta gegossen, in einer Dampf-Kanonengießerei, welche vielleicht die großartigste und zweckmäßigste der Erde ist, und mit welcher Bohr-Anstalten und Werkstätten verbunden sind, so, daß das Geschütz als vollendet zum Gebrauche übergeben werden kann. Alle eisernen Geschützröhre läßt man aus Woolwich kommen, weil man sie dort billiger und besser erhält. Wenden wir uns zu den einzelnen Waffen:

1. Der Infanterist im Felde

ist bekleidet mit: Hemde, Socken, Schuhe, weite weite Hosen ohne Strippen, Tragbänder, Binde, rothe Jacke, Czakot, Brodbeutel und blechernen Wasserflasche. Patrontasche und Bajonetbandelier, aus schmalen, weißen Lederriemen bestehend, wird gekreuzt um Schulter und Brust getragen; darüber der Tornister und auf demselben der überrockartige Mantel. In dem Tornister *) befindet sich eine Uniform, 1 Paar Tuchhosen, 2 Paar weiße Hosen, 2 Hemden, 2 Paar Schuhe, 2 Paar Socken, 2 wollene Jacken, eine weiße, baumwollene Jacke, eine Binde, eine Mütze und das Putz- und Waschzeug nebst 2 Handtüchern. Die Patrontasche hat einen blechernen Einsatz, aus drei Abtheilungen bestehend, in deren jeder 20 scharfe Patronen liegen. Das Gewehr des englischen Infanteristen ist schwerer als das Preußische, mit Perkussionsgewehren sind nur wenige Regimenter bewaffnet, indem sich erst 50,000 solcher Gewehre in Indien befinden. Alles, was der Infanterist an und um sich trägt, wiegt 41 Pfd. 2 Loth**). Ein Sergeant, 1 Corporal und 14 Mann liegen in einem Zelte, in dessen Mitte die Waffen und zwei Lampen angebracht sind; jeder Soldat hat eine wollene Decke zur Unterlage, eine baumwollene zum Bedecken und ein Kopfkissen, weshalb Alles mit dem Zelte verpackt wird. Ein Claschy dient zum Zelt-Aufschlagen, ein Behischty zum Wasserholen und ein Toby, um die Wäsche zu reinigen. Auf drei Soldaten wird ein Kameel gerechnet.

Der eingeborene Soldat ist einfacher equipirt, er besitzt keine Hemden, keine Socken, weder wollene noch weiße Jacken, und auch nur eine Decke; hier kommt auf sechs Soldaten ein Kameel. Sein Czakot, den zu tragen er sich erst dann bequemte, als man ihn einigen Regimentern als Auszeichnung verlieh, ist ohne Schirm und hat, gleich dem des europäischen Soldaten, einen weißen baumwollenen Ueberzug. Hier gehören 2 Sergeanten, 2 Corporale und 28 Mann zu einem Zelte, welches 2 Claschy's aufschlagen und dessen Mannschaft 2 Wasserträger bedienen.

Der Kavallerist.

Die europäischen Kavallerie-Regimenter werden gemeinhin mit arabischen Pferden beritten gemacht, deren Jedes durchschnittlich 600 Rupien = 60 Pfd. Sterl. zu stehen kommt; die übrigen Kavallerie-Regimenter erhalten, wo die arabischen Pferde nicht ausreichen, Pferde aus den Gestüten des Gouvernements oder vom Lande,

---

*) Man beabsichtigt jetzt, in der englischen Armee die Kalbfell-Tornister abzuschaffen und statt deren wasserdichte, aus starker Wachsleinwand gemachte Tornister einzuführen, an welchen das schmale Lederzeug sehr zweckmäßig, vermöge Widerhaken, befestigt wird. Sie scheinen allen Anforderungen zu genügen, sind leicht, dauerhaft, bequem und wohlfeil.

**) Gewehr und Ausrüstung: (Patrontasche nebst Riemen) 18 Pfd.; Munition (60 Patronen) 3 Pfd. 2 Loth; Mantel 5 Pfd. 4 Loth; Mantelsack und Lederriemen 3 Pfd. 2 Loth; Tuchhosen 2 Pfd. 5 Loth; weiße Pantalons, Hemden, Schuhe 2c. 8 Pfd. 5 Loth.

welche durchschnittlich 500 Rupien = 40 Pfd. Sterl. — kosten. Die Gestütpferde sind ein von arabischer und englischer Zucht mit dem eingeborenen Schlage vermischtes Pferd; an Größe den unsrigen gleich, an Ausdauer dürften sie dasselbe übertreffen, doch sind sie weniger schön.

Der Kavallerist ist bekleidet mit: Hemde, Socken, kurze Stiefeln, Tuchhosen mit Leder besetzt, Tragbänder, Binde von lackirtem Leder, Uniform, Chapka oder Czakot und ledernen Handschuhen. Säbel, Pistole und bei den Uhlanen die Lanze, sind seine Waffen; nur 6 Mann sind bei jedem Trupp mit Karabinern versehen. Vorn am Sattel des Pferdes ist der Futterbeutel, der Mantel und die Wasserflasche angebracht; im Pistolenhalfter sind 2 Hufeisen, Mütze und Putzzeug fürs Pferd, daneben der Fuß- und Halfterstrick, indem in Indien jedes Pferd noch an den Hinterfüßen gebunden ist. Im Mantelsacke befinden sich: 3 Paar weiße, baumwollene Hosen, 1 weiße Jacke, 1 rothe Tuchjacke, 3 Paar Unterhosen, 3 Handtücher, 3 Hemden, 3 Paar Socken, 2 wollene Jacken, Binde, Putzzeug und Waschapparat; und auf demselben eine Blechschüssel. Ein vollständiger Parade-Anzug und der Kochapparat wird auf Kameelen oder Heckaries nachgeführt.

Jeder Soldat hat einen Pferdehalter, welcher das Pferd putzt und füttert, zwei einen Behischty (Wasserträger) und zwei einen Grasschneider. Die Zeltmannschaft besteht aus 2 Sergeanten, 1 Corporal und 14 Mann, zu denen ein Claschy (Zeltaufschläger) und ein Doby (Wäscher) gehören. Bei den Regimentern der Eingeborenen fallen auch hier diejenigen Kleidungsstücke weg, wie bei denen der Infanterie; dagegen führt der Eingeborene sein weißes Gewand mit sich, welches er, sobald er ins Lager gerückt ist, anlegt. Hier kommt auf 2 Mann ein Pferdehalter, ein Grasschneider und ein Wasserträger. Sie sind nur mit Säbel (Karabiner, 12 M. per Schwadron) und Pistolen bewaffnet und ihre Uniform husarenartig von hellblauer Farbe.

Die irregulären Kavallerie-Regimenter sind ganz national, in gelb, roth oder dunkelgrün gekleidet; ihre Bewaffnung ist der Säbel, die Pistolen, der Dolch, einige mit dem langen Mahratten-Speer, die Meisten mit langen Luntenflinten. Auch hier gehören 1 Wasserträger und 1 Grasschneider zu 2 Pferden; die Besorgung des Pferdes liegt dem Soldaten ob.

Der Artillerist.

Der Artillerist zu Fuß ist gleich dem Infanteristen gekleidet, nur statt des rothen Rockes hat er eine dunkelblaue Uniform; und statt des Gewehres oder vielmehr des Bajonets trägt er ein kurzes, breites Schwert. Der Tornister wird nicht von ihm getragen, er befindet sich auf dem Munitionskarren oder am Protzkasten; dagegen hat er den Mantel über der rechten Schulter zusammen geschlagen. Seine Kopfbedeckung ist eine hohe Kappe mit einer kurzen Feder als Zierrath. Er führt mit sich ins Feld: 1 kurzen Ueberrock, 1 Mantel, 1 Jacke, 2 Hemden, 3 Paar weiße Pantalons, 2 Paar Stiefeln, 1 Fourage-Mütze, 3 Paar Socken, 1 Binde, 2 Handtücher, 1 Cantine und das nöthige Putzzeug. Jedes Geschütz hat 4 Wasserträger, 4 Grasschneider, 4 Pferdeputzer, 4 Waschleute und 1 Zelt-Aufschläger.

Der reitende Artillerist trägt einen Helm, woran ein Roßschweif, husarenartige Uniform, lederne Beinkleider, hohe Stiefeln und Handschuhe. Er nimmt ins Feld: 1 Tuchjacke, 1 Mantel, 1 Paar lange Stiefeln, 1 weiße Jacke, 2 Hemden, 2 Paar weiße Pantalons, 2 Paar Schuhe, 1 Mütze, 3 Paar Socken, 2 Handtücher, 1 wasserdichten Mantelsack, Putzzeug und Cantine. Jeder Zug formirt eine Zelt-Mannschaft und führt gemeinsame Küche; jedes Pferd hat seinen Pferdehalter und immer zwei einen Grasschneider und einen Wasserträger. —

Die Pioniere sind gleich den Infanteristen (aber in dunkelblau) gekleidet und bewaffnet, nur mit dem Unterschiede, daß sie statt der Bajonetscheide ein kurzes, breites Schwert, zum Sägen und Hauen eingerichtet, tragen. Ihr Handwerkszeug wird auf Kameelen nachgeführt.

Aus dem eben Erwähnten ersehen wir, mit welchen Schwierigkeiten der General einer indischen Armee zu kämpfen hat. Ihm liegt die Sorge für die Erhaltung zweier Heere ob, des Bewaffneten, Fechtenden und des Trosses; wo dieses das größere, weniger geordnete, schwerfälligere ist. Freilich ist seit dem Kriege gegen die Birmanen, wo Klima und Natur des Bodens einen ungewöhnlich großen Troß erforderten, großer Mißbrauch damit getrieben worden, und man ging so weit, dies auch auf Afghanistan im ersten Kriege anzuwenden. Wenn man bedenkt, daß Lord Keane, als er mit 14,000 Mann den Indus passirte, noch 40,000 Kameele mitschleppte, (er für seine Person allein hatte deren 290 und der politische Agent Mr. Roß-Bell über 700,) so könnte ihn allein dies entschuldigen, daß er zwischen diesem Flusse und Candahar auf keine Unterhaltsmittel sicher rechnen konnte. Aber es wird ihm mit Recht vorgeworfen, daß er allein 100 Kameele und Roß-Bell deren an 300 bloß mit Kisten voll Wein beladen hatte, während Kisten mit Medicamenten und anderen nothwendigen Dingen liegen bleiben mußten, weil es an Transportmitteln mangelte. In dem letzten Feldzuge, wo es an Kameelen fehlte, war man gezwungen, sich einfacher einzurichten; hier finden wir zum ersten Male, daß 2, ja selbst 3 Offiziere ein Zelt hatten, und dennoch war der Troß ungeheuer. Als die für den Krieg bestimmte Reserve-Armee zusammenkam, hielt der commandirende General Sir Jasper Nicolls seinen Einzug ins Lager mit 80 Elephanten, 300 Kameelen, 136 Zugochsen und über 1000 Dienern, bloß für sein dienstliches Etablissement und für diese Thiere; nicht diejenigen Diener und Thiere mitgerechnet, welche für seine Person und die seiner Umgebung gehörten und wohl das Doppelte betragen mochten. Sein Lager bestand aus 20 großen und einigen 50 kleinen Zelten; es war eine förmliche Zeltstadt. Noch größer erschien der General-Gouverneur, welcher allein 120 Elephanten und 700 Kameele hatte, und dessen Lager noch viel umfangreicher war. Der Reserve-Armee, aus 5 Regimentern Kavallerie, 12 Regimentern Infanterie und 48 Geschützen bestehend, waren zu ihrem Transporte 164 Elephanten, 1745 Kameele, 2000 Zugochsen und 5422 Troßdiener geliefert; wobei die den Regimentern reglementsmäßig zukommenden Diener und die der Offiziere nicht gerechnet sind, welche das Dreifache betragen mochten. Als sich die aus Afghanistan heimkehrenden Truppen mit ihr bei Feroßpur vereinigt hatten, befanden sich gegen 36,000 Mann und 102 Geschütze daselbst unter den Waffen, zu denen 400 Elephanten, 25,000 Kameele, 6000 Zugochsen und gegen 80,000 Diener aller Art gehörten. Diese Armee nahm ein Lager über 2 deutsche Meilen ein und hätte nach genauer Berechnung auf dem Marsche eine Länge von 80 englischen Meilen bedurft.

Unvergeßlich wird mir der Eindruck sein, welchen General Sale's Brigade auf mich machte, als dieselbe am 17. Decbr. den Sedletj passirte. Schon Tages vorher waren die Reserve-Zelte hinübergegangen. An diesem Morgen um 6 Uhr defilirte die Brigade in 2 Abtheilungen: die Truppen (13. Königin-Regiment, 35. Nativ-Regiment, 1 Eskr. Kavallerie, 1 Fußbatterie, 1 Bergbatterie und 2 Compagnien Pioniere) über die eine der beiden Brücken, die Bagage über die andere. Auf die Truppen folgte der Troß, das wundersamste, treueste Bild eines Zuges der Kreuzfahrer. Leichte Kranke auf Elephanten und Kameele, schwere in Palankinen oder Dulies; dann Kameele, Esel, Bullocks, schwer bepackt; hier eine Afghanin, tiefverschleiert in weitem Ueberwurfe, der nur die zarten Füße mit den goldgestickten Schuhen erkennen ließ, dort eine Mutter mit einem Kinde auf einem Ochsen oder einem Kameele; dann wieder Kinder auf kleinen Pferden, hier eine Katze, dort einen Hund streichelnd, oder mit Tauben und Hühnern in Körben spielend; oder gefesselte Kampfhähne und Kampfwidder. Männer, Frauen, Kinder in den sonderbarsten Kostümen, Afghanen-Häuptlinge mit ihren Familien und ihren Dienern; Kaufleute, Händler und Diener der verschiedensten Länder und Gewerbe, Schaaf- und Ziegenheerden und langsam hingezogene Heckurie's. Dieses bunte Getreibe einer Brigade zog über beide Brücken volle 4 Stunden!

Wir werden uns nun zur Beantwortung der Frage wenden, wie denn die taktische Ausbildung der Armee beschaffen ist, welche eines solchen Trosses bedarf, ihn zu schützen versteht und sich stets so heldenmüthig geschlagen hat. Gedenken wir zuerst

der Infanterie.

Die Ausbildung des einzelnen Soldaten ist weder sehr peinlich noch paradenmäßig, und wer von der Parade desselben auf seine Brauchbarkeit im Felde schließen wollte, möchte leicht zu einer sehr ungünstigen Meinung gestimmt werden. Der Offizier, wie der Soldat, sind der Parade zwar nicht abgeneigt, sie betrachten sie als etwas zu dem Stande Gehöriges; aber sie legen keinen hohen Werth darauf. Sehr charakteristisch war es, als bei der großen Parade in Ferospur, vor dem General-Gouverneur und mehreren indischen Fürsten, ein europäisches Regiment mit Gewehr über vorbeidefilirte. Der Commandeur hatte es vergessen, und es scheint, daß weder sein Adjutant noch einer der anderen Offiziere es der Mühe werth hielten, ihn daran zu erinnern.

Die taktische Ausbildung des einzelnen Infanteristen ist verschieden von der unsrigen, in den Griffen weniger einfach und weniger präcis. Er trägt das Bajonet statt des Säbels in einer ledernen Scheide, und steckt dasselbe nur auf, wenn es zum wirklichen Handgemenge kommen sollte, oder wenn er sich gegen Kavallerie vertheidigen will, und selbst hier oft nur das erste Glied. Im Allgemeinen haben die Bewegungen ihrer Infanterie sehr viel Aehnliches mit denen der unsrigen vor 40 Jahren. Ihr Tempo ist dreierlei: Der Schritt (Slow time), 75 in der Minute (Quick time), 108 und (Double march) 150 in der Minute. Man kann sagen, daß bei der englischen Infanterie die Linien-Taktik noch recht eigentlich zu Hause ist. Die Formation eines Bataillons ist in 2 Gliedern und in 10 Zügen, die leichte Compagnie auf dem linken Flügel, die Grenadier-Compagnie auf dem rechten; erstere ist gemeinhin mit Büchsen bewaffnet und wird zum zerstreuten Gefechte verwandt. Die Angriffs-Colonne ist der englischen Armee nur dem Namen nach bekannt. Ihre Bewegungen und Frontveränderungen geschehen durch Achsenschwenkungen, Contremärsche der rechts oder links abmarschirten Colonne und des Deployements; bei letzterem brechen die Rotten zu Dreien ab, ähnlich der Kavallerie, und schwenken beim Einrücken ins neue Alignement ein. Eine Lieblingsweise des Angriffs ist bei den Engländern der échelonartige Angriff aufmarschirter Bataillons mit Distancen von 50 Schritt. In dieser Art war mehrentheils das Vorgehen ihrer Infanterie im letzten Kriege, und dies war die Weise, in welcher Sir Charles Napier seine beiden Schlachten im Scind geliefert hat. So, ohne Quarré's zu formiren, hat die englische Infanterie selbst Angriffe bedeutender Kavalleriemassen abgeschlagen.

In der englischen Armee ist nur allein das offene Quarré im Gebrauche. Es wird gewöhnlich nach den beiden mittleren Compagnien formirt, deren erster und zweiter Zug abbrechen und sich dahinter setzen, und die Compagnien des rechten Flügels in rechts abmarschirten Zügen die rechte Flanke, die des linken Flügels in derselben Weise die linke Flanke bilden; wogegen die Grenadiere und leichte Compagnie den Queue formiren.

Dies Quarré ist schneller hergestellt, als es den Anschein hat. Nach jeder Seite vertheidigen vier Glieder dasselbe, dessen erstes Glied auf das rechte Knie fällt, mit vorgestelltem Gewehre. Die englischen Offiziere sind von dieser Quarréformation so eingenommen, daß ich auf alle Einwendungen über dessen geringere Festigkeit und inneren Zusammenhalt die rechtfertigende Antwort erhielt, daß es noch nie von Kavallerie gesprengt worden wäre, weder in den Kriegen gegen Napoleon, noch in denen in Indien, ja, daß im Gegentheile die den Quarré's so schädliche Artillerie von viel geringerer Wirksamkeit sei, und den eigenen Artillerie-Mannschaften hinreichend Schutz gewähre. In Europa wie in Indien ist sehr oft der Fall vorgekommen, daß diese sich darin gerettet, ohne ihr Geschütz eingebüßt zu haben.

Das Tirailleursystem ist in der englischen Armee nicht so allgemein, als in der Preußischen; eigentlich sind es dort nur die leichten Compagnien und diejenigen Mannschaften, die sich unter dem Namen Schützen bei jeder Compagnie befinden, welche man für die zerstreute Fechtart verwendet. Besonders sichtbar wird dies bei der Formation der Compagnie-Colonnen. Im Kriege pflegt man aus den leichten Compagnien einer Division ein leichtes Bataillon zu formiren. An Schützen fehlt es in Indien gänzlich; erst in letzter Zeit hat man angefangen, aus den Gurka's, den Bewohnern der Vorgebirge des Himalaya, eine solche Truppe zu bilden. Nach den Schießübungen zu urtheilen, sowohl denen der Infanterie als der leichten Compagnien, steht die britische Armee der preußischen nach. Zwar wird in einem sehr gut abgefaßten Aufsatze in der United Service Gazette, worin unsere letzte Revue am Rhein besprochen ist, der preußische Tirailleur als sehr unbeholfen geschildert; aber was ich von den Bewegungen der englischen leichten Infanterie gesehen, erschien noch sehr in der Kindheit.

Die Kavallerie.

Wir glauben uns auch hier, mit Andeutung der wesentlichen Unterschiede und Hervorhebung des Besonderen begnügen zu müssen.

Die englische Kavallerie befindet sich auf einem sehr hohen Standpunkte, was sie der langen Dienstzeit ihrer Leute, dem Vertrautsein mit den Pferden verdankt. Bei ihr sieht man, wie Mann und Pferd Eins sind. Ihre Bewegungen sind einfach, schnell und geschlossen; wenn sie zur Attacke übergeht, ist es ein lebendiger Ball, welcher sich vorwärts bewegt. Die Formation in Divisions-Colonnen und das Ausfallen der vierten Züge findet man hier nicht; die englischen Offiziere verwerfen selbiges als völlig unzweckmäßig. Dagegen decken die bei jedem Trupp mit Karabinern bewaffneten 6 Mann als Scharmützler die Front. Im letzten Kriege hat oft eine einzige Schwadron den vierfach überlegenen Gegner geworfen und große Infanteriemassen auseinander gesprengt. Die Kavallerie der Afghanen, ihre beste Waffe, fürchtete die englische so sehr, daß sie zuletzt bei keiner Gelegenheit mehr Stand hielt. Auch an Ausdauer hat die englische Kavallerie Ungewöhnliches geleistet, indem beinahe 6 Wochen lang der Kavallerist auf 8 Tage das Futter für sein Pferd, und auf 4 Tage Lebensmittel für sich selbst mitführen mußte, wodurch das Pferd mit 22 Stein (à 14 Pfd.) = 308 Pfd. beladen wurde. Eine vortreffliche Waffe ist die irreguläre Kavallerie, welche sich als gleich brauchbar in Massen wie im einzelnen Gefechte bewiesen hat und durch ihre Wachsamkeit und Ortskenntniß von großem Nutzen gewesen ist. Sie versieht hauptsächlich den leichten Dienst und das harte Werk und ist der regulären Kavallerie der Eingeborenen in jedem Betracht vorzuziehen.

Wir finden die Regimenter (in England) in drei oder vier Schwadronen formirt, die Schwadron in 2 Trupps, den Trupp in 2 Züge. Ihre Bewegungen sind: In Linie, in geschlossener Colonne, in offener Colonne und in doppelter Colonne.

In Linie geschehen alle Front-Veränderungen vermöge Schwenkungen nach einem der Flügel oder nach der Mitte, oder durch Abbrechen, und zwar stets in Schwadronsfront oder in Trupps. Bei den Bewegungen in der geschlossenen Colonne, wo die Distance zwischen den Schwadronen zwei Pferdelängen beträgt, wird die Eskadronsfront angewandt und die Front durch Deployiren oder successives Einschwenken gewonnen. In offenen Colonnen richtet sich die Distance nach der Länge der Schwadronen oder der Trupps, und hier finden die Bewegungen mehrentheils in Trupps statt, die Herstellung der Front durch Einschwenken, Aufmärsche und Deployements. Die Formation der doppelten Colonne findet bei 3 Schwadronen in der Weise statt, daß die mittelste zwei Pferdelängen vorrückt und ihre Trupps ebenso viel Intervalle nehmen, wogegen die rechte Flügel-Schwadron in Trupps abgebrochen und in Trupp-Distance sich hinter den ersten Trupp der zweiten Schwadron, die dritte Schwadron in derselben Art sich hinter den 2 Trupp setzt. Von ihrer Anwendung wird nur sehr selten Gebrauch gemacht.

Die Artillerie ist in ihrer taktischen Organisation von der unsrigen in vielen Dingen abweichend. Wir finden bei der Fuß-Artillerie nur 9pfündige Geschütze und 10zöllige Haubitzen. Die Bedienungs-Mannschaften sind dieselben, befinden sich jedoch, von dem Augenblicke an, wo die Batterie aktiv wird, sitzend bei dem Geschütze, und zwar, 2 Mann auf dem Protzkasten, 2 Mann zu jeder Seite des Geschützrohrs und 4 Mann auf dem Munitionskarren. Alle Bewegungen geschehen durch Signale. Die Organisation der reitenden Artillerie ist in den Provinzen verschieden; im Bombay- und Madras-Gouvernement gleich der unsrigen, in Bengalen dagegen, wo alle Pferde aus Hengsten bestehen, fand man das Koppeln so schwierig, daß man die Bedienungs Mannschaften theils auf den Zugpferden, theils auf dem Protzkasten und am Geschützrohre sitzen läßt. Hier sind nur 6pfündige Geschütze und 8zöllige Haubitzen.

Eine originelle, durch die Natur des Bodens bedingte Einrichtung sind die Kameel- und Elephanten-Batterien. Bei ersteren ziehen 6 Kameele in Brustsielen gespannt ein 9pfündiges Geschütz und 2 Kameele den Munitionskarren. Auf jedem der Kameele befindet sich ein Eingeborener als Reiter und per Batterie 2 Hornisten auf Kameelen. Bei der Elephanten-Batterie ziehen zwei Elephanten in Brustsielen hintereinander gespannt ein solches Geschütz und werden dabei von den Mahut's (den Elephantentreibern) geleitet. Ihre Bewegungen waren ungemein schnell und wurden in größter Ordnung ausgeführt.

Sowohl die jungen Offiziere, als die aus Europa geschickten Rekruten werden in Dam-Dam, dem Woolwich Indiens, im praktischen Dienste ausgebildet und nach vollendetem Cursus den Batterien überwiesen. Nach den Schießübungen, Batteriebauten und Exercitien zu urtheilen, stehen sie unserem Offizierkorps dieser Waffe nicht nach. Auch an Schnelligkeit werden sie es erreichen, denn mit Geschossen fiel der erste Schuß aus den Kanonen nach 60 Sekunden, aus den Haubitzen nach 72, und ohne Geschosse gemeinhin nach 50 Sekunden. Von der Anwendung der großen Congreve'schen Rakete, welche aus einem Tubus geschossen wird, ist man in Indien abgekommen. Diese Raketen sind zu sehr der Witterung unterworfen und haben, bei Versuchen sowohl, als im letzten Kriege, sehr oft die eigene Mannschaft durch Sprengung im Rohr ober rückwärtiger Entladung beschädigt. Die Rakete wurde aus einem 8' langen Tubus, der 3½'' im Durchmesser hatte und auf zwei Böcken stand, unter einer Elevation von 15° abgeschossen und ging bis 800 Schritt. Die Rakete selbst war 14 Zoll lang, hatte 3'' 2''' Durchmesser, am Punkte a befand sich eine mit Sprengungssatz gefüllte Hohlkugel, beim Punkte b ein Spiegel von Eisen mit 5 Löchern, aus denen der Zündfaden ausging, und einem Schraubengange in der Mitte, in welchem die Stange c eingelassen wurde, welche 8' lang war. Die ganze Rakete, in Eisenblech gehüllt, glich einer Kartätschbüchse. Dagegen haben sich die Shrapnels als außerordentlich vortheilhaft erwiesen und den Feind gewöhnlich schon nach dem dritten Schusse zum Abzuge genöthigt.

Das Ingenieur-Corps hat mit seinen Mannschaften alle Jahre in den Monaten Decbr., Januar und Februar praktische Uebungen aller dahin schlagenden Arbeiten. Einige ihrer Offiziere werden zu den Vermessungen des Landes benutzt. Merkwürdig ist es indeß, daß sich in ganz Indien kein vollständiger Pontontrain befindet; daher war man genöthigt, sich zum Brückenschlagen sowohl auf dem Indus, Sedletsch als Ganges, der dort üblichen Kähne zu bedienen, was mit großen Schwierigkeiten verknüpft und sehr zeitraubend ist.

e. Rammohún Roy, eine biographische Skizze.

(Vgl. Biographical Memoir of the late Raja Rammohún Roy with a Series of illustrative Extracts from his Writings. Calc. 1834.)

Rammohún Roy, geb. 1774, stammte aus einer alten, vornehmen Brahmanenfamilie, welche sich dem geistlichen Leben seit undenklichen Zeiten gewidmet, aber die geistigen Forschungen weltlichen Zwecken und Reichthümern geopfert hatte. Sein Großvater diente unter dem Nero von Bengalen, dem Subahdar Shúrajadowla, welcher ein Vergnügen darin fand, die Häuser seiner Hindu-Unterthanen in Brand zu stecken oder mit Menschen angefüllte Boote im Ganges zu versenken.

Seine Mutter, eine streng orthodoxe Hindufrau, erklärte ihrem Sohne ein Jahr vor ihrem Tode, daß sie von den Narrheiten ihres Glaubens überzeugt sei, denselben jedoch aus angeborner Gewohnheit nicht entsagen könne. Trotz dieser Ueberzeugung unterwarf sie sich mit solcher Hingebung den Vorschriften ihres Glaubens, daß sie auf ihrer Pilgerfahrt nach Jaggernauth keine Dienerin mitnehmen wollte. Als sie in Puri anlangte, fegte sie den Tempel, in welchem das abscheuliche Götzenbild steht. Auch sie starb auf dieser Fahrt, wie beinahe immer der achte Theil aller nach Jaggernauth, Dol und Rathjatras wandernden Pilger dem Tode anheim fallen, in Folge der verpesteten Luft dieser Orte und der Strapazen der Reise.

Roy empfing die Lehren von den Geheimnissen des Súbankar von einem Gúrúmahashay. Dennoch erhob er die Bengali-Sprache zu einer solchen Stufe der Vollkommenheit, daß sie eine Literatur erhalten kann. Er und der Raja Krishna Chúnder Roy wurden die größten Zierden ihrer Zeit und entfalteten eine Fülle genialer Ideen, aber leider konnte ersterer in seinem Werke (Bida-Súnder), so trefflich er auch das menschliche Herz schildert, das sittliche Element nicht festhalten. Nachdem er in Patna persische und arabische, in Benares Sanskrit-Studien gemacht hatte, erkannte er die Falschheit seiner Religion und entsagte dem Hinduismus, trat aus seiner Caste und setzte sich den Verfolgungen seiner Angehörigen aus. Er verließ seine Heimath, reiste nach Tübet, verabscheute Lama und von seinem Vater, mit dem er sich aussöhnte, heimgerufen, widmete er sich dem Studium der Veda's und Purana's. Erst in seinem 28sten Jahre lernte er Englisch, das er vortrefflich schrieb, weniger gut sprach.

Rammohún verlor seinen Vater 1803, entsagte dem mit Schulden belasteten Erbtheile, nahm englische Dienste, wurde Dewan und Zemindar und der Verdacht, daß er gegen Bestechungsversuche nicht taub gewesen sei, lastete auf ihm, wie auf so vielen seiner Amtsgenossen. Er kam nach Calcutta, kaufte sich ein Haus mit Garten und zog sich zurück, um abgeschlossen von der Welt im 51sten Lebensjahre nur den Studien der Veda's und des Mesnavi zu leben. (Letzteres ist ein berühmtes persisches Werk des Maulano Ram über Religion, Moral und Politik, voll der erhabensten Gedanken.) Die Hindu's beten zu ihren Göttern in ihnen unbekannten Mantra's, welche ihnen als ein Mittel, den Himmel zu erlangen, gelehrt werden. Rammohún suchte seinen Landsleuten begreiflich zu machen, daß sie ihren Schöpfer im Geiste und in der Wahrheit anbeten müßten. Sein erstes Werk war die Uebersetzung der Bedaunta in Bengali und Hindostani, wozu er eine Vorrede an die Gläubigen des einen und wahren Gottes richtet, welche in meisterhafter Form seine geistigen Kämpfe den Lesern offen an das Herz legte. Dann folgten Streitschriften über die Bibel und ein religiöser Kampf entspann sich, indem Rammohún Reformator seines Glaubens werden wollte. Auch gegen die Suttie's und das Recht des Shahamaran schrieb er eine Abhandlung.

Der König von Delhi schickte ihn als Gesandten nach England, um gewisse Rechte auf Ländereien für ihn zu vertheidigen und 1830 segelte er nach Liverpool ab. Dort herrschte damals die Reformbewegung, in welcher er die Vorboten einer Umwälzung sah, welche nicht nur Englands Wohl, sondern auch das seiner Colonien, ja der ganzen Welt fördern müßte. Roscoe empfing ihn auf seinem Sterbebette. Ueberall mit Enthusiasmus aufgenommen, reiste er über Manchester nach London. Er traf mit Jeremy Bentham zusammen, welcher ausrief: „Rammohún Roy hat 330 Millionen Götter weggeworfen und uns gelehrt, die Vernunft als das wichtigste Feld der Religion zu betrachten." In London war sein Haus in Regent-Street von Wagen förmlich belagert. Der König gab ihm Audienz und die ostindische Compagnie veranstaltete ihm zu Ehren ein Diner. Er wollte seine Reise beschreiben und darin besonders die weiblichen Tugenden und Vorzüge der Frauen in England schildern, aber die fortwährende fieberhafte Aufregung, in der ihn das Londoner Leben erhielt, untergrub seine Gesundheit und er starb im Septbr. 1833 nach manchem Tage brünstigen Gebetes. Vor seiner Abreise von Calcutta hatte er gesagt, die Christen, Hindu's und Muselmänner, jeder wird sagen, daß ich seiner Religion angehörte, aber ich gehöre zu keiner dieser Sekten. Die Liebe zu Gott und zu den Menschen soll jeden meiner Schritte leiten.

Register.

Abahan, 140.
Abarana Pujah, 111.
Abel Remusat, 202.
Aberglauben, 281.
Abgaben vom Bodenertrag, 341 flg.
Abhidharma (Buddha's), 67.
Abhora, 122.
A'bû, Jaina=Tempel in —, 159. 183.
Achanta, 10.
Acharya, 10. 11.
Achûl Einab 229 flg.
Ackervermessungen 272. 280. 317.
Agôla, 67. 68. 69. Seine Grifte 69.
Adawulut 312.
Abbhuta-brahmana 84.
Addi Karl 191.
Adhvaryu, 60. 61. 62.
Adi-Buddha 80.
Adi-Sila 150.
Adi-Natha 76.
Adi-Prakriti 134.
Aditi, 54. 83. 101.
Aditya's, 51. 52. 101. 128.
Affe, im Buddhadienst, 72.
Affengott 90. 104. 105.
Agama 135.
Agni, 54. 59. 90. 103.
Agni=Purana 104.
Agra 101.
Agrahajana (Monat) 172.
Ahavaniya, 95.
Ahier's 352.
Ahlabat 150.
Ahina's, 61.
Ahmedabad 157. 160.
Ahola der Shakta's 136.
Aitareya-brahmana, 57. 58.
Ajanta, Felsentempel zu —, 71. 72. 73. 75. 76. 203.
Ajevsi 224.
Ajigarta, 57.
Ajmere 353.
Akra's 153.
Al 324.
Alâuv=din 221 flg.
Alcananta 197.
Alexander's Zug nach Asien, 1.
Alia Bhye, d. Mahrattenfürstin 237.
Allahabad 64. 181.
Altar, 61.

Amalgamation Order 376.
Amaravati 103.
Ambir 218.
Amil 317.
Amrita 130.
Amulete 109.
Ananda 79.
Ananta 91. 92.
Anasuya 98.
Anaswara 110.
Angirad 83.
Anhulwara 221.
Anjani, Çiva in —, 96.
Anna Devata, 56.
Anna Pûrna 97.
Anta=Pâla 130.
Anthropomorphismus 56. 89.
Antilopen 72.
Anutramani's 291.
Anuvakas 291.
Apanishad des Chândogya 55.
Apastamba, 19.
Aranyakas, 14. 292.
Architektur 258.
Arcot 169.
Ardha=nari 95.
Arganath 85.
Aryha 95. 135. 141.
Arier, Aryas, 1; — Züge der A. 1. 2. 42. 47.; Schönheit der arischen Race, 7. Abstammung des Wortes, 43. Menschenopfer bei den Ariern 52.
Arihanta 178.
Arjun 208.
Armee, Kosten der A. 327 flg. Nachträge über d. A. 375 flg.
Artie Pânch Pardip 121. 126.
Artillerie 352.
Arunifapanishad, 14.
Aryaman, 52.
Asarha (Monat) 103.
Aschenurnen, 69.
Aseklepias 201. 245.
Ashana 140.
Ashan Subbhi 138.
Ashtakah's 291.
Ashwina (Monat) 107.

Affamies 312. 350.
Astronomie der Hindu's, 51. 291.
Asura's 95. 211. 294.
Aswalayana 59. 60.
Aswins, 52. 206. 297.
Atharva=Priester 230.
Atharva=Weda, 18. 200.
Athem, Anhalten des —, 40. 139.
Atri 93. 98.
Auchmana 137.
Aubh, 33. 99. 100. 102. 211. 275.
Aurungabad 70. 75.
Ausbreitung d. Christenthums 269.
Auswendiglernen der Weda's, 9.
Avatar, Erscheinungen 71. 90. Incarnationen 91. 95.
Avater 78. s. Avatar.
Aylen Albery 185.

Babbichar=bberma 116.
Babriawar 141.
Babu 295.
Backergunge 191.
Bad 266.
Badami, Felsentempel zu B. 71. 78.
Badecerimonien 119.
Baden im Ganges 108; des Jagannath 193.
Badul 222 flg.
Bagalpur 151.
Bagh 71.
Baghi Bazar 117.
Bahar 76. Wiege des Jaina=Glaubens 155.
Bahvricha=brâhmana 62.
Baikantha 161.
Baisakh (Monat) 158.
Baischnab's 109.
Bakra in Nord=Behar 68.
Bakta Bahû 135.
Balafore 319.
Balbaum 126.
Balgerund 121.
Bali 142. 186.
Baliban 141. 213.
Balladen der Hindu's 291.
Palla Rama 99.
Pamunia 230.
Bananenbäume, der Shasti geheiligt 162.

25

Banda 350.
Bandelkand 214. 310. 350.
Bannerman 249.
Bappa Rawûl 220.
Bär (großer) 206.
Barbeianes 81.
Bar Derval in Puri 188.
Barnanyas 139.
Baroche 2c.
Baroda, Fakirbegräbniß zu —, 30.
Barolli 50.
Basiliken, verglichen mit Buddha-Tempeln, 72.
Bátsalva 152.
Bauernstand Indiens 337 flg.
Baumwolle 321. 349.
Bavanti 149.
Bawlpur 220.
Bayirathi 183 s. Bhagirathi.
Bhabra 166. 178.
Bhadrinath 108.
Bhagavata-purâṇa 67. 104.
Bhagavat Gita 208.
Bhagavati-Fest 305.
Bhagirathi 159. 161. 197.
Bhagwan 118. 122.
Bhairav 142.
Bhairava 70. 142. 143. 146. 178.
Bhalta's 151.
Bhakti 152.
Bhalta 160.
Bhan-bhojan 165.
Bhangulpore 199.
Bhanu 125.
Bharadwaja 93. 295.
Bharat Chander 293.
Bhart-Fest 104.
Bhaut's oder Bhats in Guzerat, 29. 45. 252. 262. 352.
Bhavani 86. 90. 92.
Bheels 281. 287.
Bhera-Fest 104.
Bhiemsi 222.
Bhilsa-Denkmal, 64.
Bhiru Buddha's, 60.
Bhobaneser 184. 186.
Bhovisawata's 81.
Bhog 123.
Bhog Mandap 188.
Bholsh 123.
Bhowani 181.
Bhriju 93. 97.
Bhujnu 207.
Bhulala's 287.
Bhumia 219.
Bhûta Sûbbhi 139.
Bhutayajna 139.
Bhuwaneswar 184.
Bhyachara 350.
Beamte, der Tag eines —, 318 flg.
Begraben leb. Menschen 30 flg. 16. 217.
Beiragas 40.
Belanier s Bikanir.
Belessur 157.
Bella Pennu, Sonnengott bei den Khond's 247.
Benares, Hauptsitz des Buddhismus, 63 bis zum 11 Jahrh. 81. Çiva-Tempel in —, 95. Vishnu-Tempel 196. Schulen 278.
Bengalen, Verfall des Buddhismus in —, 83.
Bentinck 256. 271. 301.
Betel 286.

Bewässerung 320. 331. bei Delhi 320.
Bibrai 204.
Bibba's 137.
Bigah, ein Feldmaaß 338.
Bijayanagar 291. 343.
Bij mantra 145. 148.
Bikanir 215. 284. 302.
Bikramajiet 226.
Bilawul Püttun 230.
Binbabashni 97.
Bira Pennu 293.
Bird, James, 72. 86. 202. Rob. — 316.
Birmanen 177.
Bischöfe in Indien 208 flg.
Bis Bishnur 103.
Biswabear's 353.
Blutopfer 142. 170.
Boa Constrictor 160.
Boab-Distrikt 251.
Boden und sein Besitz 337 flg. Arten des B. 338.
Bodegboro 246.
Boghiland 244.
Bohren eiserner Werkzeuge durch den Körper 175.
Boileau, Lieut. —, 39.
Brahma 90. 91. vom Feuer des Bhavani-Auges verzehrt 92; sein Schaffen 93. Incarnationen 97.
Brahmacharies 116.
Brahmachârin 10. 59.
Brahmadika's, die 10 —, 93.
Brahmagnani, 112.
Brahmana's 45. 290. 292.
Brahmaspati 94.
Brahmanen, erringen die Oberherrschaft 2; B. der Beda's, 5. 6. Hohe Stellung 7. 8. Privilegien, 9. Abschnitte im Leben des alten B. 10. B. als Priester und Minister 12. 13. 80. Kleidung 13. 14. B. als Richter, 17. Reichthum d. Br. 17. 18. Stellung des heutigen B. 22. 23. 24. 25. 43. Ereisen d. — 246.
Brahmani 111.
Brahmanismus geht dem Buddhismus voran 62. Herrschaft des Brahm. bis jetzt 65.
Brahmaputra 101.
Brahmatempel 90.
Brajamehûn 205.
Braut 260.
Brihabaradwala, 11.
Bribasrati, 81.
Bribut Achamani 122.
Brinda 91.
Brinbaban 150. 152. 170.
Brown, der Missionär 265.
Brunnen 320 flg.
Buchanan 268.
Buddha, Reformator 65. 68. — seine Lehre 66. 67 flg. 202. — Eisten 80. 81. 155. 179. — Statuen 75. 77. — als Incarnation v. Vishnu 99. — Tempel 70. 71. 72. — Vihara's 203.
Buddhismus, dessen Verbreitung 67. Einfluß auf den Brahmanismus 82. Ausrottung des — 83.
Budrud's 257. 312.
Buhsbur 228.
Buj 213.
Bulbhuttra 158. 159.

Bulbul 102.
Bundi 214. 226.
Buni 245.
Bunniah's 347. 349. 351.
Bura Pennu, Lichtgott bei den Khond's 251.
Burar 160.
Bürgen (Bhat's) 252.
Büßende, 33. 34. 211. 212. — unter den alten Brahmanen, 14. 83. — unter den Muselmännern, 35. — gehen barfuß durch glühende Kohlen 161.
Büsungen des Tarifa, 32.
Bustar 249.
Byeunth 107. vgl. Bailantha.
Byoanthnauth Bamajie 288.
Bybha Sandar 293.
Byragie's 195.

Cailasa 107.
Caiva's 82. 107. 132.
Câkya Muni (Buddha) 63 flg.
Calcutta 28. Woher der Name? 151. Schulen in — 274. 278.
Calluca 5.
Cama s. Rama.
Camals 94.
Campbell 249.
Canalisirung 320 flg. 331 flg.
Canderli 270.
Candee 102.
Candoi 101.
Canmarie 103.
Canning, Lord, Generalgouverneur, der nach Dalhousie einen schweren Stand. Es fehlt ihm an Originalität und Initiative. Er erteilt das Adoptivsystem der eingebor. Aristokratie an.
Capila, Buddha's Geburtsort, 62.
Caraminasa 239.
Carey 267.
Carnotie 246.
Carneval, eine Art inv. —, 174.
Cartileya s. Kartileya.
Caswara s. Kaswara.
Catscha (Brunnen) 320.
Cattak 55 s. Kattat.
Caschmir (Schlangen in —,) 165; 210.
Caste, Abstammung des Wortes, 11. — verschiedene Namen, 6. Gemischte C. 25. Verlust der Caste, 29.
Casten-Wesen der Hindu's 1. 13. Strenge der Castensonderung, 6. 21. 27. Allgemeinheit des C.-W. 7. In der Neuzeit 26. 27. 313.
Caspara s. Kaswara.
Caviri 104.
Cavatha's s. Gayeten.
Gayeten, 21. 25. 27. 30.
Ceremonien beim Opfer ıc. 60 flg.
Chaitanva 150 flg.
Chaitanva-Charitâmrita 150.
Chaitanya Sikha 151.
Chaitra-Tempel 203.
Chakra (des Vishnu) 94. 115. 130; 155.
Chakrischwari 178.
Chakributan 110.
Champa 184.
Chandala 112. 147. 167.
Chandara 101.

Chandernagor 238.
Chandogga 58.
Chandrent 207.
Chandragupta (Sandracottus) 65.
Chandujasana 149.
Charak 149. 176. 214.
Charak puja 175. 251. 270.
Charana's 62. 282.
Charned 239.
Charu's 252. 253.
Chattisgarh und Seoni-Inschriften 79.
Chaurala's 114.
Chauri-Träger 74.
Cheral-Feste 160.
Chhanta's 280. 281.
Chhandoga-Priester, 61.
Chietore 220 fg.
China, Buddhismus in —, 52.
Chindipatan 157.
Chitagong 275.
Chohan-Mährchen 261.
Chohan Thakur 229. 232.
Choitra (Monat) 175.
Chond's f. Khond's.
Chota-Nagpore 269.
Chowlidar 261.
Chuar 220. 232.
Churassie 261.
(Siva 70. 71. 76. 80. 85. 90. 92. als Schöpfer von Dämonen 93; 95 fg. 155. 160. 211 fg. (Graul 111. 69.)
— Anbetung, nimmt in Bahar und Orissa ab 189.
— Büste 201.
— Glauben 72.
— Incarnationen 101.
Cobra capella 106. 166.
Cocusnüsse 161.
Codulen 219.
Colebrooke 295.
Colonisation 317 fg.
Conjeveram 181.
Coorverjee Rustomjee Mody 246. 261.
Coriat Thomas —, oder Coryate, der erste europäische Reisende, welcher des Vergnügens wegen Indien durchpilgerte, sich mit 2 Pence täglich durchbettelte und mit dem Rev. Edward Terry, Chapl. des Sir Thomas Roe in Surate wohnte.
Coringa 320.
Cossimbazar 323.
Cotschin 320.
Cotton 321. 334.
Critu 93.
Crokodill, vergöttert 101. 106.
Curcuma 331.
Curg, Verfahren gegen —, 305.
Curtius über Indien 295.
Cürds 101.
Cutscheri 308. 316.
Cuvera, 90.

Dacca 275.
Dadha oder Dattha 93. 102.
Daghor 203. f. Deghor.
Takeitte 257 fg.
Dasshinagni 95.
Dalhousie † 19. Dec. 1860. Seine Verwaltung wird nachträglich sehr ungünstig beurtheilt.
Dampfschifffahrt 336.
Dana 147.

Dânastatitra, 61.
Dank- Mululu 246.
Danksagungsbrunnen, 61.
Darga f. Durga.
Darma Raja 78. Vgl. Tharma.
Darmarowsawmy 166. 177.
Darega 311.
Darsapûrnamâsa, 51.
Daru 155.
Darva-Gras 138.
Dasabara-Fest 97. 162.
Das-Avatar 76.
Dasbla 97.
Dasses, 27.
Datwa 152.
Debauß 160.
Debrafies 116.
Debnaties 116.
Debta f. Devata.
Debjop, Steinthurm 70. 72. 74.
Deberhwara 77.
Deismus der Veda's 56.
Dekan, 21. 24. 99.
Delhi, 65. 151. 221 — Canal 332.
Deosinung 181.
Derran's 308.
Deva 85. 122.
Devangbari-Alphabet 77.
Devarajjwani 182.
Deva Sena 103.
Devata's 131. 151.
Devi, 51. 78. Titel des Devi 127.
Devie-Kund 269.
Devie-Mata 157.
Dewäld 61. 94. 111.
Dhakshina, die rechte Hauptform des Gottesdienstes 137. 142.
Dhaltshinachari's 137.
Dharma, 35. 69. 77.
Dharma Açoka 69.
Dharmaraj 160. 176.
Dharma Sobha in Calcutta, 25.
Dharmasûtras, 11.
Dhauli, 68.
Thelip Singh, 269.
Thentic 101. 159. 211.
Thoms, 28.
Thotic des Brahmanen, 120.
Dhotura 125.
Thûbon 105. 210.
Thûng 153.
Dhurban 122.
Thurbanie 122.
Thup-Gras 124. 127.
Dhurisa's 179.
Dhurmsala's 331.
Digambara 72. 179.
Dipaca 91.
Disciplin der Hindu-Orden, 40.
Divabafa 295.
Divakara 128.
Diwali 190.
Dol-Fest 174.
Dombango, 41.
Dorfgemeinden 340 fg.
Dorfleben in Indien 338. Schilderung eines Rabschruten-D. 338 fg.
Dorfschulen 265. 273.
Dosad's 257.
Do-tala 17.
Dreiheit der Bhavani 82.
Dreijahl 290.
Drepabie 161. 177.
Dschaina 211.
Dschamna f. Jamna.
Dscheffalmir 218. f. Jeffalmier.

Duab 227 fg. 329. 340.
Dûdhyaghar 77.
Dûmar-tena 76. 77.
Dunmar 201.
Durga 70. 78. 86. 90. 97. 135. im Ziegestaumel tanzend 169.
Durga-Fest 167.
Durga Puja 26. 149.
Durmareswamy 177.
Dûsra 230.
Dvasta 141.
Dwadsjotieling des Mahadev 180.
Dvârâta 101. 180. 188.
Tvâna 119.
Dyce 251.

Eber, Vishnu als —, 98.
Ehe, mit der Cousine verboten 65.
Einfachheit der alten Hindus, 53.
Eingeborene als Richter 204.
— von allen höheren Posten ausgeschlossen 305.
Einkommensteuer 329. 335.
Einnahmen in Pilgerorten 215.
Einnahme und Ausgabe des Staats 320 fg.
Eins und Ausfuhr 325 fg.
Eisen 334.
Eisenbahnen 335. 336.
Eliam 115.
Elephanta, Insel -, 71. 73. 80. 81. 86. 201.
Elephanten 296.
Ellora, Felsentempel, 19. 70. 71. 73. 76. 81. 86. 157. 203.
Elphinstone, L. 249.
Englische Sprache in Indien 277 fg.
Entsündigung des Menschen 112.
Epistolarkirche in Indien 265 fg.
Epochen der Religionsgeschichte, 50.
Ernte, hängt von Menschenopfern ab 215 fg.
Erntefest 172.
Erôline 76. 80.
Erziehungssystem, d. richt'ge 265 fg.
Etruscische Gräber 199.
Eule, vergöttert 104.
Examenaufgaben 270.

Fa-hian, der chinesische Reisende in Indien 82. 184.
Fakire 55. 199. 301.
Kalabari Puja 149.
Felsentempel 68. 71. Der Brahmanen 73. Warum verlassen? 85. Fünf Classen nach Fergusson 202.
Feste der Hindu's 155 fg.
— in Jagannaib 191 fg.
Feuer, von den Parsi's angebetet 290.
Feuer-Fest 177.
Ficus Indica, heilig 69. 101.
Finanzjahr 329.
Finanzwesen 321 fg. 329.
Fingersprache 295.
Fisch, Vishnu als — 98.
Flamingo Brahma's 91.
Fleisch, wo gegessen? 23.
Flußgötter 90.
Forbes 195. 210. 283. 284.
Formen der Anbetung, 53.
Forstwesen 352.
Foujdar oder Fojdar 308. 312. 369.
Frauen bei den alten Sinen's 287.
Fremdenhaß der Hindu's 252 fg. 309 fg.

25*

Frösche, Brahmanen mit F. verglichen 201.
—— beliebtes Essen 286.

Gagatri-Jap-Gebet 121.
Gahinga 41.
Gambier, Sir —, 374.
Gamulbi 121.
Ganavama's 132. 135.
Gandha 140.
Ganebares 211.
Ganesa 75. 86. 80. 101. 102. 12 Titel des G. 129. 135. 137.
Ganesa Gumrha 202.
Ganga 85. 90. 113. 110. 161. 205.
Gangafest 162.
Gangaratie's 162.
Gangatri 207.
Ganges 96. 101. 107. 108. — Canal 321. 332.
Gangoutri 197.
Gand, vergöttert 104.
Garcia's 253.
Garhapawa 95.
Garuda 101. 188.
Garutmat, 51.
Gastfreundschaft, 27. 112.
Gaura 72.
Mauritius Vaishnava 152.
Gautama 93.
Gavarghün 214.
Gayà 182. 208.
Garatri des Rig-Veda 57.
Garawall's 174.
Gebete der Brahmanen 117 flg.
Gebetscontrafte, 56.
Gedächtnißstärke d. alten Völker, 44.
Gefängnisse 311. Die Leute müssen dort Papier, Stricke, Matten, grobes Tuch, Teppiche u. s. w. verfertigen.
Geistige Getränke, beim Gottesdienst 144.
Geld und Geld-Transport 324 flg.
Gelübde, Orrend —, 31.
—— der Brahmanen, 26.
Gerichtswesen b. Engländer 307 flg.
Geschichte der Erziehung 270 flg.
—— der Mission 266 flg.
—— der Justiz 307 flg.
Gesetzwesen 305 flg. 374. 375.
Ghana 76. 78.
Ghatastapana 138.
Ghat's am Ganges 108. 109. 110.
Ghentu (Kräße) 174.
Ghünta 122.
Ghy, 20. 35. 130.
Girnar 180. 181.
Girraj 155.
Girrar 68.
Glaube an Zauberei 230 flg.
Glückswechsel in Indien, 31.
Gnanigurule 205.
Goeullahbad 210.
Godaverry 184. 321. 323.
Gogo 155.
Gohel, Häuptling von Lathie 180.
Golatali 215.
Gomashta 191. 305.
Gondal 211.
Gorangena 190.
Gorah 223.
Gorait 261.
Gosayen's, 24. 33. 35. 40. 191.
Goscomani's 133. 151.
Gosharami 153. 166.

Gotama 81.
Gotra 139.
Götterparadies 113.
Gottesdienst der alten Hindu's, 55.
Gour 166.
Gourbata 153.
Gourhari 152.
Gouverneur 304.
Grant-Duff 345.
Graufamkeit 255.
Griechische oder baktrische Kunst in Indien, 73.
Grihastas, 12.
Grihva, häusl. Opfer, 11. 59.
Grihya-fútra's 59.
Gritsamata, 43.
Gujár's 182.
Gumfur 217. 219. 302.
Gunah, 41. 134.
Gunbad 321.
Gunpati 130.
Guntur-District 353.
Guru, Lehrer, 10. 11. 12. 117. 154. 155. 271.
Guru Yâdsrava 153.
Gujerat 101. 215. 241. 323.
Gwalior 203.

Habutra's 219.
Häfen 319 flg.
Haine, heil., bestehen woraus? 207.
Handel 321 flg.
Hanuman 99. 105. 130. 131. 197.
Har 218.
Hartwâr, Gemetzel zu —, 35.; 104. Pilgerfahrten nach —, 106.
Hardwicke 196.
Hare, Dawld, 271.
Haretali 138.
Harkâtsblok beim Opfer 143.
Hari oder Krishna 151.
Hastinapur 101.
Hastings, Lord —, 28.
Häuptlinge der Radschputen 219.
Haus, das indische, 285.
Haus-Gottesdienst, 55. 59. 115.
Heerwesen 375 flg.
Heider Ali 252.
Heiligenschein 84. 168.
Heilsweg, Ansichten darüber 264.
Heirath als Ceremonie bei den alten Hindu's, 59.
Heirathen zwischen versch. Casten, 27. bei den Vaishnava's 164.
Herrathsgebräuche 231 flg.
Heiße Quellen 181.
Hele 166.
Hemanta (hiems) 201.
Heren 229.
Him (Kälte) alaya (Wohnung.)
Himavan 98.
Himnauch 181.
Hindu 273.
Hindu, Mangel histor. Nachrichten bei den Hindu's 1.; — Urstamm des Kriegsgeschlechts 2; — Lebensphilosophie der alten H. 2. 3. Ihr Vordringen n. Indien I. 42. Götterverehrung, Kriegführung und Ackerbau der alten H. 8. Lebensweise u. Charakter 25 flg. Einfluß d. Fanatiker auf d. H. 41.
Siranna Kasipa 82.
Hirna 180.
Hitopadesa über Civa 95.
Hiuen Thsang, von China, 68.

Höchstes Wesen, 50. 51. 65.
Hochzeiten, festspielige —, 212 flg.
Hochzeitsgesang 259.
Hodason 201.
Hofleben in Rajahhan 220 flg.
Holcar's, die —, 31.
Holi-Fest 174. 214.
Höllen, verschiedene —, 111.
Homa, 86. 141. 245.
Hotri, 60. 61. 62.
Hribabishyas 121.
Hugly, Schlangenfest zu —, 105. 164.; 319.
Hulah's 173. 340.
Humajum von Delhi 227.
Hund, vergöttert 104.
Hungersnoth von 1833 333., von 1838 27 die neueste 329.
Hanuman s. Hamuman.
Hurba 158.
Hurdwar s. Hartwar.
Hurrie's 257.
Hurri hârnund 239.
Hyderabad 219.

Icharapâ oder Chakti 133.
Ihalawar 235.
Iharija's 230 flg. 242. 244. 252.
Ibednigh 121.
Ihulana Yâtra 164.
Ilavatta 113.
Im 257.
Incarnationen, s. die incarnirten Götter.
Indien 321 flg. 333.
Indra, 8. 50. 56. 66. 67. 90. 103.
Indra rûmna 191. 165.
Indra Sabhas 76.
Indud 319.
Industrieschulen 270.
Inschriften 81 flg. vgl. Wischna Schastri.
Irische Rundthürme 190.
Ischwara-Chatera 105.
Ishta-Devata 123. 149.
Iabinna's 36.
Jabs-Stämme 215. 230.
Jagabbhatti 149. 169. 170.
Jagal 152.
Jagannath 101. 152. 161. 162. 189. 214. Tempel 151.
Jagannatha 76.
Jaghirtar 306 flg. 309.
Jaghir-Dörfer 353.
Jahr, und seine Eintheilung 200.
Jahreszeiten 200. 201.
Jahrmärkte 180. 196.
Jaina-Feste 178.
Jaina-Glauben 150 flg.
Jaina's (Heilige) 71. 72. 76. 83. 153. 157. (Graul 111. 521.) Von den Brahmanen verachtet 174 flg.
Jaina-Tempel 203.
Jaisara (Monat) 161.
Jam von Kutsch 230.
Jambagani 93.
Jambu-dwipa 175.
Jamna 18. 100. 104. 181.; — Canal 332.
Jamular 230.
Janata Vaideha 65.
Janaur Gott 257.
Janeo s. Juneo.
Jangles 287. 316.
Janir s. Junir.
Janno s. Juneo.

Register.

Jantra's 136. 139. 145.
Janne 102.
Janswaffa 76. 78.
Jap 147.
Japamala 153.
Jape im Rosenkranze 136.
Jati's 136.
Jatt 349. 352.
Jehangery 90.
Jemabar 313.
Jenco 123. 124. 125 f. Juneo.
Jenkery 249.
Jessalmier, ein Lebendigbegrabener zu —, 39.
Jeypur, 31. 353.
Jibbuboro 215.
Jodhpor 157. 210. 257.
Jogabeva 95.
Jogie-Stamm 219.
Jobur 224. 226.
Jowar 220.
Joygopal Babu 116.
Jubbulpore 270.
Jugmohun 188.
Jultravie 118.
Jumma 344. 350.
Juner, 23. 121. 124.
Jungfernfest 172.
Junir 70. 75. 86.
Justiz vor d. brit. Eroberung 305 flg.
—— bei d. Mohamedanern 305 flg.
—— Distrikte 313 flg.
Jvetund 227.
Jvepur 232.
Jye Singh 232.

Kabajan Dathel 141.
Kavamati 143.
Kailas 76. 175.
Kailasa 74.
Kailwarra 221.
Kajastha's f. Cayeten.
Kakshivat 13. 298.
Kali 41. 51. 86. 97. 255. (Graul III, 70.)
Kali Das 171. 174.
Kalifa Puran 142.
Kaline 27.
Kali Puja 149.
Kalita Damana 204.
Kalitempel 118.
Kalki 150.
Kalpa 90. 150.
Kalpa-sutra 178.
Kaltinjar 210.
Kama 90.
Kama Deva 70. 102. 104. 116. 200.
Kamalafana 139.
Kameel 119.
Kanari 70. 74.
Kangsa 100.
Kannala 319.
Kanuj 221.
Kararbin 87.
Karli 70. 75. 86.
Karmagrani 112.
Karma Doran 134.
Karna 203.
Kartals 109.
Kartika (Monat) 169. 170.
Kartikeya oder Kartikija 86. 90. 101. 102. 103. 171.
Kashi 149.
Kashyapa 42. 93. 104.
Kaibjic 157.
Katschli (und Ratbi) 227.

Kattai 152. 156. 191. 203. 215. 250.
Kattie's 253.
Kattiwar 63. 234. 242. 253.
Kauri's 172.
Kaula's 143. 145.
Kavallerie 341.
Karashta Rissba, ein Vedadichter 13.
Kaji 300. 308. 313.
Keild's 86.
Kenessen 220.
Kersura 214.
Khalisa 219. 353.
Khantagiri 263.
Kharga (Opfermesser) 142.
Kharia-Bhaja's 151.
Khat (Pabre) 109.
Kheejud's 257.
Khila's 201.
Kholes 109.
Khoman 220.
Khonb's oder Chonb's, 41. 51. 215. 216. Sie zerfallen in Senniah- und Maliah Khonb's 247 flg.
Khumbho 223.
Khututsu 101.
Kindermord 240 flg. 252. 263.
Kirtibas, 26.
Kleidung 301. 302.
Klöster der Hindu's 31. Buddhisten —, 71.
Klosterleben der Buddhisten 83.
Komarpal 155.
Königliche Sänger, 2.
Kosha 139.
Kotab 214.
Kotan 82.
Kottingiah 215.
Kotwal 308. 352.
Krishna (Fluss) 101.
Krishna, 61. 86. 91. 99. 100. 150. 153. 161. 170.
Krishna Das 150.
Krishna Roy von Naviba, 26.
Krishna Chunder Roy 183.
Kshatrija-Caste, ihre Ausrottung 2. 8. 12. 99.; — im Menu, 5. 17. Charakteristik der Caste 15.
Kuchenfest 171.
Kudsta 106.
Kuh, heilig, 51. 72. 83. 104. 137. 285.
Kuhdünger als Reinigungsmittel, 25. 257.
Kula Shakti 148.
Kulina 113.
Kumar Sambhaba 171.
Kumarwara 76.
Kuntubha oder jar, 72.
Kuncurra 102.
Künstler, welcher Caste angehörig? 22.
Kurula 150.
Kurassa 229.
Kurlu's 287.
Kuxmia 150.
Kurna-swad 121.
Kurnavati 220.
Kürüt-Kshetra 101.
Kusa, 56.
Küsch 230. 212.
Kuttorie 122.
Kuvera 73.

Laghu Kaumani 122.
Lahore, Runjit Sing zu —, 36.
Laing, Sir Samuel, der Nachfolger

Wilson's, kein fruchtbares Finanz- genie, aber vorsichtig.
Laskmana 99.
Lakshmi 73. 90. 92. 94. 135. 169. 189. 206.
Lala Pennu 203.
Lalita-Vistara 11.
Lämchen auf dem Ganges 102.
Landbauern 337 flg. Namen der erbl. Lamb. 342.
Landbesitz 337 flg. 343 flg.
Lassen 65.
Lath (Obelisk) 68.
Lath Inschriften 69. 70.
Lehrer der alten Brahmanen, 12.
Lehrergehalte 279.
Leichnesser 110.
Leichnahme bei gewissen Ceremonien 147.
—— fast unbeachtet an Wegen lie- gend 255.
Lelehi Mudra 141.
Lingabbarts 177.
Lingam 71. 78. 87. 95. 113. 122. (Graul III, 75.) 180. 189. 211.
Lingam-Anbetung 121. 175. 215.
Linga Sharir 112.
Lolenath 157.
Lotusblatt 68. 113.
Lotusblume 72. 74. 189.
Luifbin 197.
Lumbdebar 342.
Lunta's 179.

Macaulay 271. 374.
Macpherson schreibt (1852) über die Chonb's 247. 250.
Mädchen, getötet 240 flg. ihre Er- ziehung 265 flg.
Madrea 251.
Madhai 152.
Madhava Acharjya 135.
Madhurva 152.
Madhuvanam 183.
Madhva Sampradayi 150.
Madhya Lila 150.
Madhyamad 201.
Madras 151. 271. 307. 320.
Matva 143.
Magadi 157.
Magha 171.
Magura 142.
Maha Bali 98.
Mahabalipur 91.
Mahabharata 2. 11. 101. 292.
Mahadeva 75. 86. 102. 135. 150.
Mahamalapur 78. 79.
Mahanava 97. 134.
Mahnabby 181.
Mahavürshad 195.
Mahar am Dansut 70. 75.
Mahavellipore 203.
Mahavira 156. 159. 178.
Mahendra Dro 154.
Mahendra Gebirge 12.
Mahesafur 78.
Mahesvara 75. 126.
Mahisa 162.
Mahmud in Pattan 180.
Mahratten, Brahmanen bei v. — 21. Ob Sudra's? 30. Gottes- dienst in ihren Lagern 116. In Jaggernath 186. Hindu-Recht bei v. —, 306.
Mahta Nirnari 181.
Mais's 243.

Mairwarra 213. f. Mhairwarrah.
Maithuna 143.
Makara 151.
Makara's, fünf — der Bami's 113.
Mâl (Schlangenbändiger) 165. 166.
Mala 227.
Malabar-Brahmanen 189.
Malavçalis 123.
Malerei der Hindu's 258.
Mallapahari-Fluß 70.
Maltia 252.
Malwa 143.
Malwa 65.
Mamlütkare bei den Mahratten 308.
Manab, 198.
Manasa Devi 105, 106.
Manasavrati 178.
Manava-dharma-Sastra 290.
Mandal 311.
Mandala, 49. 291. 294.
Mandiram 209.
Mantor 157.
Mangoblätter 138.
Mangta's 232.
Manikvâla im Pendschab, 69.
Mani's 172.
Manomaya-kosh 112.
Mantra oder Ritual-Veda 18. 76. 132. 140. 290. 292.
Mantra arahana 145.
Mantra-Periode 290. 291.
Mantra Sabhana 146.
Marichi 93.
Markunderu Puran-Buch 127.
Marmar 218.
Mars 192.
Martern, 34.
Mârûts 52.
Marwar 353.
Maßregeln gegen den Kindermord 244. 261. gegen Menschenopfer 240 flg., gegen die Thugs 256, gegen die Dakoit's 257.
Masulipatam 320.
Mata 110.
Matali 103.
Math 153. 186. 191.
Mathiab 68.
Mathura 100. 131.
Matrikanvas 139.
Matsi's-Purana 91.
Maya 92. 102. 111. 133. 134.
Meerba, 58.
Medal 341. 351.
Meisere, Casten in —, 41. 157. 256.
Mela 196.
Menschenopfer, 15. 57. 142. 247 flg.
Menu, Gesetzbuch des M. 4. 290. — Zeit der Abfassung, 5. — seine Rettung aus der Fluß, 49. — Schiff des —, 49. — seine Vermählung 49.
Meriah's 243 flg. Das Schlachten derselben 248 flg. 262. Handel mit —, 249.
Merie 103.
Messen an Wallfahrtsorten 180.
Mewar 218. 219. 353.
Mewattie's 352.
Mewo 158.
Mhairwarrah-Distrikt 353.
Micnapore 275.
Milchmädchen 116. 118. 150. 152.
Mina's 214. 261.
Minen 325.
Missernten 338.

Missionsgesellschaften 269 flg.
Missionswesen 264 flg.
Mitgift 213 flg.
Mitra, 51. 52.
Mlechha 205.
Moyen Mohan 117. 191.
Mofussiliten 167. 374.
Mohaerem 176.
Mohamed Ali Schah 106.
Mohamed Begbhra 180.
Mohants, Aebte, 33. 191.
Mohinie, Vishnu in dieser Gestalt, 81.
Mohinie, Çiva in —, 98.
Molangres, 30.
Mönchsorden, 31. 32. Mangel an Disciplin in den Orden 40. 41.
Mond, 54. als Zeitmesser 291.
Mondor 182.
Monotheismus, 53. 55.
Monumente des Buerhidnus, 68. 69.
Moschushirsch 119.
Moses, Anklänge an — in den Veda's, 49.
Mousch 311.
Mougawara 317.
Mrieanga's 164. 167.
Mudra's 120. 127. 141. 143. Mudun s. Modon.
Mûdavier s. Mahavira.
Muß 183.
Muthum, St., Dek., Dien., Chontak, 120.
Mula-Mantra 112. 146.
Mula-Prakriti 134. 135.
Mul Dwarka 180. 181.
Müllenath 157.
Müller, Dr., oft citirt; über Buddha 202. 209.
Münder 90.
Muni's 93.
Munkhs 301.
Münzwesen 324 flg.
Murschidabad 183. 184. 321. 334.
Musik der Hindu's 258.
Muttadstsir 257. 258.
Muth s. Math.
Mutra s. Mathura.
Muturrica-Brahmanen 214.
Mynpurie 261.
Mysore f. Meisore.
Nacktheit bei gewissen Ceremonien 146.
Nabika, 26. 105. 151.
Nâgas, 35. 41.
Nagpur 152. 219.
Nair von Malabar, 35.
Nandana 307.
Nandotsaba 166.
Naran 159.
Narasinha 79.
Naravans 92. 151.
Nareb (Hermes) 93. 101.
Narethba 111.
Nargamey-Puja 117.
Narghenny-Gottesdienst 205.
Naruppa Terunaul 177.
Nâsik 70. 74. 157.
Nat's 198.
Natschmädchen 168.
Naturanbetung 55.
Naturgötter 51.
Nawab 306 flg. von Surate 161.
Nayita's 118.

Nellore 321.
Nena Sahib 255.
Neval, die Dynastien von —, s. Blubha's in N. 60.
Nerbudra 336.
Neujahrstag 211.
Niedere Götter 52. 53.
Nilkantha 76. 78.
Nimai 151.
Nimar 273. 307.
Nimba 191.
Niritti, 51.
Nirvâna, 68.
Nisambba 169.
Niwafria 116.
Nizam des Delan, 21.
Nizamut Adawlæ 313.
Nordwestliche Provinzen. Dörfer daselbst 348.
Noab Kullebur 190.
Nändic 121.
Nupura an den nackten Füßen der Tänzerinnen 300.
Rüstler u. vdin Hyder 106.
Nvaga 174.
Nvavadesi 309.
Nvavadhi vati 308.

Ola Bibi 175.
Om (Graul 111., 71.) 87. 205. 208.
Ongirasa's 201.
Opfer, massenhafte —, 26. Beschreibung der Opferceremonien, 59 flg.
Opferpriester, 60.
Opium 321. 323. — Steuer 325.
Opiumvergiftung 212 flg.
Orajen 112 flg. 161. 213.
Orissa, 25. 68. 101. 152. 181. Geschichtliches 185. 247.
Osten, der Betende blickt gen —, 115.
Dule Chând 151.
Outram und Ovans bei den Bheels 250.
Ova 192.

Pabujie 157.
Pachtwesen 311 flg. 347. 350. 353.
Padmanidhi 201. 204.
Padma Vani 79.
Pagoden, Dewüls 81.
Pait-Compagnie 250.
Paisabt 312. 319.
Paisacha 231.
Palastbauten 289.
Pala-Strauch 324.
Palcah's in Malabar 30.
Pali-Sprache 60. 70. 76. 157.
Pallia 215. 253. 292.
Pancha Pandavas 164. 177.
Pancha Tantra 293. 294.
Panchavat 243. 308. 309. 348. 374.
Pancha-urâsal 132.
Pancherachâra 140.
Pandaram 211. 212.
Pandarama's 35. Carty-patry —, 36.
Panditen, 6. 28. 271.
Pându 101.
Pandu-Lena 71.
Panibati 116.
Panwa, 41.
Paragei 116.
Paramahansa 110.
Parâshara, 48.
Parasnath 156. 157.

Parasu-Ráma, 42.
Parawati 91. s. Parvati.
Paria's, 7. 30. 43.
Paribrama 74.
Parishtha's, 61. 291.
Paris Ram 99.
Parnu Brahm 100.
Parsi-Religion, 48. 56. 199.
Parswa-Natha 77.
Parvati 78. 90. 92. 96. 101. 136.
(s. auch Tévi, Bhávani, Durga).
Passivität der Hindus 251 flg.
Patal 113.
Patala Lota 70.
Patels 306. 309. 344.
Patita 133.
Pattan 180.
Pávana 90.
Peema 94.
Peischwa, 31. 309.
Penschab 104.
Pergunnah 307.
Perioden im Leben der alten Brahmanen 10—17.
Persepolis, 47.
Pfau, vergöttert 90. 104.
Pfauenwedel 81.
Phalguna (Monat) 174.
Pharaouen, 48.
Pilgerfahrten 179 flg.
Pilgersteuer 161. 185. 186.
Pilrav 204. 276.
Pinda 115.
Pipalbaum, heilig, 100. 207. 339.
Pipulswurg 151.
Pirtha 221.
Pirthi Raj 221. 225.
Pitamaha 92.
Planeten als Götter 90.
Platon's Republik, 43.
Poaiba s. Pouib.
Polizeiwesen 312 flg. 351.
Polytheismus 59. Der Jaina's 156.
Pongalfest 249.
Pontontrain 383.
Postwesen 335.
Poush (Monat) 173.
Pousvati 173.
Prajápati 299.
Prakrit 76.
Prakriti 133. 134. 211. 212. Prakriti Ahanta 112.
Pranawaya-Kosh 112.
Pranawain 139.
Pranawama 170.
Praupratishta 140.
Pravaywale 181.
Priester, bei den Buddhisten 67. in Sagannath 191.
Priesterherrschaft bei den Hindu's, 9.
Prinsep 77.
Prischwa 235.
Prisni, 51. 295.
Prit Uralap 151.
Privatländereien, selten 312.
Privatschulen 275.
Procession der Buddhisten 62.
Procesfucht der Hindu's 310.
Produkte Indiens 319.
Probut 215.
Prubbu 222.
Prütti-parri 191.
Pudmani 222.
Puja ob. Pujah besteht aus 2 Theilen 140.

Puja an Devie 127.
— an die Sonne 128.
— an Ganesa 129.
— an Hanuman 130.
— an Mahabera 124.
— an Vishnu 121.
Pulahu 93.
Puna, Casten in —25; Felsentempel 74.
Punassa 334.
Punchavât 213. s. Panchavat.
Pûnvabbûmi 69.
Purah Devle Thode 195.
Purana's 4. 27. 48. 86. 89. 97. 111.
Purbas Pattan 130.
Purcha's in Puri 191.
Purbarrie 191.
Puri 164 flg. 187.
Pûrmeswar 122.
Purnahisheta 148.
Purneah-Distrikt 257.
Purohita's, 8. 13. 43. 63.
Purolása, 55.
Pushan 300. — Bhaga 52.
Pushkar, 40. 60.
Pushpa 140.
Putastya 93.
Püttie 342.
Püttiebar 342. 350.

Racen in Mahabharata 7. Die „Nasenlosen". 7.
Radha 163. 171.
Radnagore 223.
Radschruten 21. 39. 218 flg. 329 flg. Castenstolz 28. 45.; 199. Geschichte der — 219 flg. Kindermord 241.
Naga 91.
Nâgaputra Kandra, der Barde 2.
Raquies 91.
Rábar 68. Begräbnißplätze von Rabats 70.
Rahtor Radschruten 157. 221.
Raises 259. 310. 338 flg.
Raja (Felsenstadt) 131.
Rajahmunery 184.
Raja's 7. 21. Stellung zu den Reicts 313. Macht der — 306.
Raja's (musik. Weisen) 109.
Rajasa 142.
Rajat s. Reict.
Rajebuhtee 241.
Rajekumar's 211.
Rajgriha 183.
Raketen 353.
Rathi, von Radschrutenfrauen an ihren Ritter gesandt 227.
Rakhisbünd Bae 227.
Rakshasa 231.
Rakta Bija 160.
Rama (Graul III. 75) 86. 99. 150.
Ramachandra 197.
Ramaswara 76.
Rámáyana, 2. 26. 99.
Ramchander Deo 180.
Rameses, 48.
Rameswana 79.
Ramgar 163.
Ram Kotúlea 340.
Ramnohun Roy 200. 383.
Rám Ráj, über Architektur 259.
Rana Lakumsi 222 flg.
Randon 158.
Rasa-Jatra 170.
Rasia 31.

Ratha-Jatra 163.
Rathas 79.
Rati 102. 200.
Ratte 101. 110.
Ratti s. Rati.
Ratûnanic 180.
Räuberei 338.
Raubri 134.
Raungúrs 352.
Ravana, der Riese 7s. 99.
Ravi 128.
Rawa 244.
Regierung 302 flg. der eingeborenen Fürsten 305. ihr Einfluß auf den Volkscharakter 305.
Regierungsschriften 268. 270.
Reinigungen des Tempels zu Jagannath 194. 195.
Reict 332. 337 flg. 347 flg.
Religion der Hindu's 41 flg.
Rhaba 164. 167.
Rhubirabava 142.
Rid-Ravan 76.
Rig-Weda, 3. 49. 204. Ursprüngl. nicht niedergeschrieben, 11. Mythologie des —, 49.
Rig-veda-sanhitá für die Brahmanen, 62. 64.
Rischi's, 5. 6. 60. 63. Die sieben — 93. 294.
Rishoba 156.
Rishyadinya's 139.
Rita, 55.
Ritwij, 60.
Rohileand 310. 352.
Roo Euchman Singh von Patán 229.
Rose, Sir Hugh — wirkt durch einen Tagesbefehl darauf hin, den gemeinen Soltaten im Frieden durch nützliche Lektüre, männliche Spiele und Handarbeit zu beschäftigen. Auch darf der Soldat wieder seine „pets" (Lieblingsthiere) halten, namentlich Hunde, die sich im Lager nützlich machen.
Rosenfelder 324.
Rosenkranz 81. 136. 153.
Rotwal 308.
Rovah 77.
Rudra 87. 297. — Samprabáyi 150.
Rudrah 124.
Rudrakska 136.
Runchorsi 151.
Runzil Sing, 36.
Rupadeo 157.
Rurkhee 275.
Rutanti 149.
Ruth Jatra 180. 191. 192. 193.

Sači 101.
Sabajoy, 81.
Sádhanó's 148 flg. 153.
Sâgar-Insel, 34.
Sahya 152.
Sakta's 51. 53. 54. 65. 70. 76. 132. 135. 136. 140. 154.
Sakta-Zeichen 136.
Sakti 91. 118. 133. 135. 137. 141.
Sakti-Theorien 135.
Sakwa-Fest 149.
Salva s. Shalya.
Salbabún 229.
Saligram 122.
Salone 31.
Salsetta 84. 86.

Salzsteuer 316. 350.
Samantra-pantschaka, Teen 12.
Samanva Argha Jthapana 134.
Samarsi 221.
Samasti 111.
Sama-Veda 18. 133. — sanhitâ 61. 62.
Sâmanâ Çârika 10. 11. 19. 43.
Samitha 169.
Sam Bischne 250.
Samitry 51.
Sampralnis 122.
Sampradavi's (1) der Vaishnava's 150.
Sanata Sampradâvi 150.
Sanafa Familie 218.
Sancara Acharya 81. 135.
Sandal-Blumen 222.
Sandel 207.
Sanga 226.
Sanhitâ 48. 202.
Sani 101.
Sankalpa 139.
Sankaracharitra f. Sancara Acharya.
Sancara Varna's 27.
Sânkhâvana-sûtras 87.
Sankhya-Philosophie 134.
Santini's 113.
Santra 145.
Sannyasin 14. 17.
Sannvasis 175.
Sansâra's 59.
Sanskrit als Ursprache 17. Alphabet 213. — Studien 276.
Santa 152.
Saraswati 54. 90. 104.
Saraswati, die Göttin 55. 91. 92. 135. 171.
Sarganey-Puja 117.
Sarju (Fluss) 228.
Sarnath 71.
Sastri 310.
Satapatha brahmana, 48. 62. 200.
Sati f. Suttie.
Sattra's, 61.
Satwa 131.
Satwika 112.
Satyavama 91.
Satyavati, 48.
Saugorländer 211. 351.
Säulen 68. 74. 289.
Saunaka 291.
Saura's 132. 135.
Savitri, 51.
Savitrivrata 159.
Sâvana Acharya 291.
Schaaffresser 110.
Schach, Tschaturanga, b. 4gliedr. Spiel (hasti Läufer oder Elephanten Pferd, Springer, ratha Wagen, Thurm, padatam (pedites Bauern).)
Schakal 104. 107. 137.
Schattenseiten des Volkschar. 217.
Schiffe bei den alten Hindu's? 291.
Schildkröte (Vishnu) 95. 150.
Schlange als Gottheit 90. 104. 121. 161. 165.
Schlegel 55.
Schmucksachen 206. 302.
Schnur, heilige — der Brahmanen, 19. 23. 32.
Schöpfungsgeschichte, 49.
Schreibmaterial, 11.
Schulen 272 — 289. Statistisches darüber 271 flg.

Schulmeister 273.
Schützen aus den Gurka's gebildet 351.
Schwingbalken, Büser am —, 31. 160. 176.
Schwingfeste 160. 161.
Schwimmende Statue 85.
Sculptur der Hindu's 73. 110. 288. 294.
Sechszehn Gegenstände beim Puja 121.
Secundenpaar 353.
Seelenwanderung, von Buddha gelehrt, 68. 82. 111; innerhalb derselben Familie 218.
Seemuschel beim Puja 121.
Seide 323.
Sekten der Hindu's 132.
Selbstbeschauung der Buddhisten 73.
Selbstmord 254 flg. 291 flg.
Seligkeiten, 4 Arten 113.
Senger's in Audh 211.
Serow's, verglichen mit Ashatria's, 6. fallen den Thugs als Opfer 255.
Serampore 163. 267. 323.
Seringham 81.
Serur 301.
Escha-Schlange 70. 91. 91.
Set-Priester 153.
Shah Puna Ata, 31.
Shaktis 136.
Shakta's f. Sakta's.
Shakti f. Sakti.
Shaktya f. Saktya.
Shalva oder Salva 69. 71. 81.
Shalgaram 104. 159.
Shalivahana-Shak 77.
Shandala 136.
Shasti 162. 173.
Shastri Bachana 137.
Shastras, 25. 27. 110. 112. 132. 211.
Shastur's 238.
Shaum 141.
Shava Sârbanâ 147.
Shehla der Buddha-Statuen 75.
Shibba's 144. 149.
Shitala 175.
Shib 121. 125.
Shorasopa chára 140.
Shrabana (Monat) 164.
Shudra's, 35. f. Sudras.
Shült 123.
Shulut 172.
Shüterus 123.
Shvâma 109.
Sibbha-chakra-puja 178.
Sieben, heilige Zahl, 210.
Sihim wird angesührt, wie der Bengal Hunkara meldet.
Simrole Ghat 317.
Sindflut, 49. 98.
Sinhasan oder Singhasan, Fussgestell der Götzenbilder 72. 73. 122. 155.
Sinh Dürwazeh 157.
Sirdars 191. 257.
Sirsutie 150.
Sisha-Schlange f. Escha.
Sishu 151.
Sita 169.
Sitra 11.
Skanda Purâna 92.
Sklaven, unter den Sudras? 21. 30.
Sleeman 250. 259. 271.
Smashâna 147.

Smiriti, 27. 50. 63. 67. 118.
Soorabby 103.
Soma 90.
Somarflanze, 55. 56. 290.
Somnath (Pattan) 180. 215.
Sonne, als Gottheit, 18. 50. 103.
Sonnen-Dynastie in Chietore 225.
Soruth 180. 215.
Soura's 103.
Spashoba Târaka's 134.
Speisebereitung, 21. 27. 286.
Spatia 136.
Sprache in den Veda's, 55.
Sprachverwandtschaft, 17.
Srdislimala 127.
Srenics 27.
Srenika 184.
Sri 91. 300.
Srinagur 197.
Sri Bhagavata 71.
Sri Chakra 144.
Sri Krishna Chaitanya 150. 151.
Sri Sampradavi 150.
Erotica's 27.
Sruti's, 61. 67. 118.
Staatsschulen 330.
Stabilität der Dorfgemeinden 310 flg.
Stahl 290.
Statue, merkwürdige 85.
Staub von Brahmanenfüssen, 26.
Steinkohlen 334.
Sterbende am Ganges, 109.
Steuerwesen der Engländer 307. 346. 350.
Sthul Shapir 112.
Stier beim Puja 122.
Stiftungen bestehen in Indien unter den Hindu's und Muhamedanern; die Verwaltung bisher ohne Controle den Eingebornen überlassen und oft von Priestern besorgt, welche die Gelder zu Zwecken verausgaben, die den Intentionen der Stifter fern liegen.
Strassen 331. 347.
Subadar 306 flg.
Subhara 155 f. Subhadra.
Subba 113.
Subhudra 159.
Sudalu Chibbal 175.
Sudalu-Feste 160. 175.
Sudder Auming 301. — Nizamut Aramldt 301.
Sudra's in Menu 5. Tiefe Stellung z. 17. Charakteristik der S. 19. 20. Neugeburt der S. 19. 26. Aussterben der Caste 27. 171.
Sukshma 112.
Sukta 291 f. Sakta.
Sümerû 113.
Sûmrut 128.
Sunabsepha, 57.
Sunkhya gutika 136.
Sundhya 65. 117 flg. 130.
Supan 125.
Suparie 126.
Surajmut 225.
Surate 100. 161. 283.
Sürgiwar 187.
Surya (Sour) 51. 90. 103. 128. Verschied. Namen des S. 128. 158.
Suta, 48.
Sutie f. Suttie.
Sutra-Periode, 63. 291.

Register.

Sutra's 1. 10. 15. 62. 64. 290.
Sutri, 59.
Sûtan-gange 90.
Suttie oder Sattie 97. 176. 214 flg. 253. 260. Rammohun gegen den S. 364.
Swadhyaga 202.
Swamin, 60.
Swagata 140.
Swerga Lola 70.
Swetambara 72.
Sylaputrie 127.
Sythet 275.

Tak, das (höchste Wesen) 110.
Tairutrie 122.
Talsie Pflanze 159.
Talukar 311.
Tama 111.
Tamas 135.
Tam-tam 167.
Tamulen 100.
Tangara 206.
Tanjore 91.
Tanna 71.
Tantra's 1. 135. 110.
Tantri-Brahmanen 305.
Tantrika 71. 72. 76.
Tapti-Fluß 161.
Tarabandy 215.
Tarafa 102.
Tarika 92.
Tari Pennu, Erdgöttin bei den Khonds 217.
Tartarei, wird kurzhistorisch 62.
Tschilvar 261. 272. 308. 311. 314. 252.
Telingana 311.
Telugu 177. 189.
Tempel und Tempeldienst 114 flg. Der Jaina's 157.
Tempelbauten 54. 115.
Tempelgeräth 122 flg.
Tempelspekulationen 117.
Terapanthi's 179.
Terry Jungle 131.
Thacur 220.
Thabba Pennu 262.
Thalie 122.
Thallud 57.
Thannabar 257. 261. 312.
Thanna's 312.
Theile des Menschen 112.
Thesilvar f. Teschilvar 261.
Threenat 262.
Thiere als Götter 90. 104, mild behandelt 288.
Thieropfer 112 flg.
Thomason 273. 319. 331.
Thug's 215. 255.
Thûpâs, Grab-Denkmale 69. 70.
Thurmbauten 269.
Thure 216. 319.
Tilaka oder Tilut 117. 153. 233.
Tilockunvie Byses 229. 260.
Tilwara 157.
Tinsfesa oder Tin-tala 77.
Tinnevelley 289. 323.
Tin Tal 75.
Tirhût, 65. 70.
Tirtankera's 166. 157. 183, f. Tirthankaras.
Tirtha, 71.
Tiribankaras 72. 203.
Todesstrafe 26. 44. 45.

Tonka-Fest 218.
Tonse 114. 118.
Tonsur 53.
Topasvies, 31.
Touzie oder Tomsie 339.
Tragga 252. 253. 254.
Travancore, 24. 269.
Trennung, zeitweilige — der Seele vom Körper 209.
Trevedwan 271.
Trimurtti 67. 128.
Triretro 94.
Tri-Ratna 79.
Troß in der Armee 379.
Tschilka-See 185. 160.
Tübet, Buddhisten in —, 65. 82.
Tulassi 104. 153. 151.
Tulsie-Grad 122.
Tulsiescham 180. 181.
Turmerica 167. 262.
Toastri 52.

Ugatri, 60. 61.
Ubha Deole Shore 195.
Udipur 242.
Una 71. 136.
Ummisita 181.
Unpant, den Hindus vorgeworfen 244.
Ungul 251.
Universitäten 274 flg.
Upakit 175.
Upanayana, 19.
Upanishad, 14. 48. 202.
Upa-Purana's 89.
Urbu 273.
Urgeschichte der Hindu's I.
Urgha 121. 122. 125. 128.
Urn 212.
Urzustände des indischen Volkes 205.
Usbas, 51.
Ushwata 104.

Vahana 60.
Vaisja's, 27.
Vaijayanta 103.
Vaikantha 150.
Vaisakha's 61.
Vaira 103.
Vairagi 153 flg.
Vaishnava oder Vaischnawa 40. 71. 72. 92. 100. 107. 132. 135. 149. 168.
Vaischnavi 134.
Vaisja's im Menu 5; im Mahabharata 7. 17. Charakter der Caste 19. Aussterben der V. 27.
Vaiswadvata 114.
Vallabha Acharya 135.
Valmiki 89. 174.
Vamachari's 137. 142. 143.
Vamadeva 295.
Vamana 79.
Vami's 143.
Vanaprastha 14.
Vanglaga's 27.
Vansa 185.
Varasabad 205.
Varaha 28. 79.
Varga's 294.
Varna's 19.
Varuna, 8. 50. 52. 54. 59. 90. 103. Vasishtha 14. 51. 93. 200; als Zauberer 240.
Vassant oder Vasanta (ver) 102.
Vasudeva 100. 103. 135.

Vayu 103.
Vedanta 133. 174.
Vedanvas, 65. 291.
Veda's Inhalt 3. 4. 47. 295. Zeitalter der V. 4. 290. Bedeutung, 4. Mangel an vollständigen Exemplaren, 6. Moderne Studien der V. 6. 43. 290. 291. als Sanhita, 48.
Vellore, Militairaufstand 207.
Venatura 69.
Veranda's 115.
Veränderungen im Castenwesen, 22 flg.
Verbrennung von 13000 Frauen 226.
Vergnügungsfucht der Hindu's 282 flg. 287.
Verwaltung der Tempelgüter 216. der ind. Compagnie 317.
Vicharamaya-Kosh 112.
Vihara's oder Klöster, 73. 202.
Bilwabaum 141.
Binava (Buddha's) 67.
Vira Bhatta 201.
Vira's 145.
Virbadra Swamy 160. 177.
Visbavajirmana 178.
Visnanur 117.
Vishnu, 52. 71. 78. 86. 90. Pagode des V. 51. 54 flg. Incarnationen des V. 97. 160.
Vishnu-Bad 162.
Vispati, 43.
Visramitra 51. 56. 57. 58. 60. 65. 93. 201.
Viswakarma 77.
Visweswara 94.
Vithoba (Groul 114. 75. 76).
Vivamarten 209.
Voisfatha f. Vaisatha.
Volksbibliotheken 274.
Vopati 111.
Grihaspati-Zeitrechnung 77.
Vutul 104.
Vutu 104.
Vyása, 4. 15. 174.

Wade, Sir Claude —, 30.
Wagen der alten Hindu's für Götzen 116. 100. 260.
Wagenfest 161.
Wahrheitsliebe, fehlt den Hindu's und Hindugöttern 190.
Walter 261.
Wallfahrtsorte 179 flg.
Wasserbauten 290.
Weibliche Tugend bei den Hindu's 210 flg.
Wein 114 flg.
Weintrinker als Birds 145.
Wellesley 191.
Weltall in 3 Theile getheilt 112.
Wilson 74. 200. 295.
Wischna Schastri, der Pandita der Höhlentempel-Commission der Bombay Asiatic Society hat unter den Auspicien der Regierung die Uebersetzung von 85 Pali-Inschriften der Höhlen von Salsette, Karba, Nasik und Ajanta vollendet.
Wissenschaften bei den Hindu's 270 flg.

v. Orlich, Indien und seine Regierung. 2.   26

Wittwenverbrennung 215 flg. Gesetzliche Bestimmungen über — 239.
Wolf, heilig, 106.
Wölfin säugt einen Knaben 207.
Wudie oder Chopra 252.
Wupiewancha 252.
Wurun Weritie 252.

Xavier, der Missionär 268. 276.

Yagûr Veda's 4. 18.
Yagûrveda-sanhita, 61.

Yâjnavalkya und Maitreyi, Dialog, 14 flg.
Yâjneyavalkin 125.
Yama, 51. 65. 67. 90. 98. 113. 172. 346.
Yamanas, 53.
Yara, 51.
Yâtumant 230.
Yavana's 184 flg. 215.
Yayamâna, 60.
Yoginî's 113.
Yogis, 34. 35. 40. 252.
Yoni 93. 113. 189.
Yudhishthira 100.

Yûg (Satya, Treta, Dwapar, Kali —) 141.
Zahlensymbolik 299.
Zeichen auf der Stirn 123. 124. 216.
Zemindar 257. 306. 344 flg.
Zendschriften 200.
Ziege 72.
Ziegenbalg (Missionär) 205. 269.
Zillah 273. 306.
—— Gerichtshöfe 310 flg.
Zoroaster, 50.
Zucker 319.
Zwerg, Wishnu als — 98.

Berichtigungen.

Seite 1 Zeile 13 von unten statt „vor Alexanders" lies: „von Alexanders".
Seite 45 Zeile 3 von oben statt „Ephinstone" lies: „Elphinstone".
Seite 51 Zeile 13 von unten statt „Rafsischtha" lies: „Vasishtha".
Seite 54 Zeile 12 von unten statt „Usha's" lies: „Ushas".
Seite 60 Zeile 5 von unten statt „Asvatayana" lies: „Asvalayana".
Seite 81 Zeile 1 von oben lies, als Ueberschrift: „Ansichten der Buddha-Sekten".
Seite 86 Zeile 5 von unten statt „Raua" lies: „Rama".
Seite 22 Zeile 7 von oben statt „Vaishnara's" lies: „Vaishnava's".
Seite 94 Zeile 1 u. 2 von oben sind 2 Kommata wegzulassen.
Seite 94 Zeile 2 von oben statt „brachte" lies: „brachten".
Seite 106 Zeile 4 von oben statt „Dilkuscha" lies: „Dilkuscha".
Seite 131 Zeile 1 von oben statt „Hauruman" lies: „Hanuman".
Seite 136 Zeile 13 von oben statt „und herabfallen" lies: „herabfallen und".
Seite 151 Zeile 5 von oben statt „2 Monate" lies: „2 Jahre".
Seite 244 Zeile 3 von unten statt „Saugor" lies: „Saugor".
Seite 247 Zeile 15 von oben statt „dnrauf" lies: „darauf".
Seite 270 Zeile 10 von oben statt „Christinisirung" lies: „Christianisirung".
Seite 303 Zeile 20 von unten statt „Tojdar" lies: „Fojdar".
Seite 335 Zeile 17 von oben statt „Commonis" lies: „Commons".

Druck von Breitkopf und Härtel in Leipzig.

www.ingramcontent.com/pod-product-compliance
Lightning Source LLC
Chambersburg PA
CBHW022123290426
44112CB00008B/782